DIREITO PROCESSUAL CONTEMPORÂNEO

Estudos em homenagem a Humberto Dalla Bernardina de Pinho

Coordenadores

José Roberto Sotero de Mello Porto

Roberto de Aragão Ribeiro Rodrigues

DIREITO PROCESSUAL CONTEMPORÂNEO

Estudos em homenagem a Humberto Dalla Bernardina de Pinho

Autores

Anderson Paiva • Ángel R. Oquendo • Antonio Aurelio Abi-Ramia Duarte • Antônio Pereira Gaio Júnior • Bianca Oliveira de Farias • Bruno de Sá Barcelos Cavaco • Bruno Freire e Silva • Daniel Brantes Ferreira • Daniel Vianna Vargas • Diogo Assumpção Rezende de Almeida • Felipe Carvalho Gonçalves da Silva • Francesco Conte • Franklyn Roger Alves Silva • Humberto Santarosa de Oliveira • José Roberto Sotero de Mello Porto • Leonardo Faria Schenk • Marcelo Mazzola • Márcia de Paula Galvão Faria • Márcia Michele Garcia Duarte • Márcio Carvalho Faria • Marco Antonio dos Santos Rodrigues • Maria Eduarda de Oliveira Brasil • Murilo Strätz • Odilon Romano Neto • Osmar Mendes Paixão Côrtes • Paulo Cezar Pinheiro Carneiro Filho • Rafael Estrela Nóbrega • Raphael Jorge de Castilho Barilli • Roberto de Aragão Ribeiro Rodrigues • Rodrigo Cunha Mello Salomão • Ronaldo Campos e Silva • Teresa Arruda Alvim • Trícia Navarro Xavier Cabral

GZ

EDITORA

Rio de Janeiro

2018

1ª edição – 2018

Presidente do Conselho Editorial
Nelson Nery Costa

Diagramação
Olga Martins

CIP – Brasil. Catalogação-na-fonte.
Sindicato Nacional dos Editores de Livros, RJ.

D635

Direito processual contemporâneo: estudos em homenagem a Humberto Dalla Bernardina de Pinho / Anderson Paiva ...[et al.], coordenação José Roberto Sotero de Mello Porto, Roberto de Aragão Ribeiro Rodrigues. - 1. ed. - Rio de Janeiro: LMJ Mundo Cristão, 2018.
576 p.; 24 cm.

Inclui índice
ISBN 978-85-9524-039-1

1. Direito processual. I. Porto, José Roberto Sotero de Mello. II. Rodrigues, Roberto de Aragão Ribeiro. III. Título.

18-48920

CDU: 347.91/.95(81)

Av. Erasmo Braga, 299 – sala 202
CEP: 20020-000 – Rio de Janeiro – RJ
Tels.: (0XX21) 2240-1406 / 2240-1416 – Fax: (0XX21) 2240-1511
contato@editoragz.com.br
www.editoragz.com.br

Impresso no Brasil
Printed in Brazil

NOTA DOS COORDENADORES

Conheci o professor Humberto Dalla no primeiro dia de aula do quarto período da faculdade. Foi um dia particularmente marcante, também em razão de ser meu primeiro dia de estágio na Defensoria Pública. Hoje, oito anos depois, tenho a realização de manter os vínculos (indeléveis, se Deus quiser!) com a DP e com esse grande mestre.

De lá para cá, tivemos a felicidade de jamais nos separarmos: o professor me acompanhou em conquistas que iam crescendo (orientação na monografia de graduação, aprovação no concurso público, nova orientação no mestrado em Direito Processual, meu casamento e o nascimento do meu primeiro filho, ingresso no doutorado...) e eu tive a honra de vê-lo receber ainda maior projeção, com a assunção à titularidade na nossa UERJ e à chefia de departamento.

Essas alegrias foram sentidas como próprias por grande número de alunos e amigos do homenageado. O sentimento destacado, nesse momento, é o de gratidão. Diante de um professor que reconhecidamente busca puxar seus alunos e colegas para cima, os convites para contribuir nessa obra coletiva foram prontamente aceitos, revelando o carinho que nutrem, os autores, pelo mestre.

Esperamos que essa singela recordação, reunindo trabalhos densos e de qualidade assinalável, seja digna de homenagear nosso caríssimo professor.

José Roberto Sotero de Mello Porto

Tive a sorte de ser aluno do Professor Humberto Dalla nos anos de 1998 e 1999, ainda na graduação em Direito da UERJ. Extremamente jovem à época, já se mostrava brilhante, eis que recém-formado, mas já lecionando numa das mais importantes Faculdades de Direito do Brasil.

Aproximadamente dez anos mais tarde, reencontrei o Mestre, novamente em nossa querida UERJ. Na ocasião, aguardei o término de uma das suas aulas no curso de mestrado e o abordei no corredor da Faculdade, pedindo-lhe para participar das aulas como ouvinte, eis que pretendia aplicar para uma vaga naquele curso no ano seguinte. A resposta não poderia ter sido melhor: “Será um prazer! Venha a partir da próxima semana. Será muito bem-vindo!”

A partir de então, vieram a orientação de mestrado e doutorado, ambos na UERJ, bem como inúmeros incentivos à publicação de artigos, livros e o desenvolvimento de diversos projetos acadêmicos. Em todas essas etapas, uma nota comum: a generosidade extrema do Professor Humberto Dalla, incansável na missão de estimular e desenvolver ao máximo seus alunos.

Hoje, passados mais de vinte anos, tenho a enorme honra e alegria de trabalhar ao seu lado como docente no IBMEC-RJ.

Receba esta justa homenagem, querido amigo Humberto Dalla!

Roberto de Aragão Ribeiro Rodrigues

PREFÁCIO

Não pode haver satisfação maior e mais profunda para um professor do que a de ver seu aluno, seu discípulo, alcançar a culminância intelectual e acadêmica na mesma matéria que seu mestre lecionava e, mais do que isto, seguindo os seus mesmos passos na academia.

Posso afirmar que tive e continuo a ter, a cada ano de forma mais intensa, esta imensa satisfação de que antes falava.

Conheci o jovem Humberto Dalla nos idos de 1992. Era meu aluno no curso de bacharelado da Faculdade de Direito da Universidade do Estado do Rio de Janeiro e, já naquela época, prometia.

Participou como aluno e depois como mestrando, doutorando e professor, de praticamente todos os projetos acadêmicos que desenvolvi através do Departamento de Direito Processual.

Dentre esses projetos, o primeiro e talvez o mais importante sob o aspecto social, desenvolvido com inúmeros outros alunos da graduação e da pós-graduação, teve início com uma pesquisa de campo durante cerca de quatro anos sobre o funcionamento dos juizados especiais cíveis e da ação civil pública e que resultou na implantação de um juizado especial no campus da UERJ que se tornou modelo dentre todos os que existiam à época. Milhares de pessoas carentes foram atendidas por estagiários, alunos da UERJ, inclusiverecém-formados.

Programas complementares interdisciplinares relacionados à mesma linha de pesquisa de Acesso à Justiça foram desenvolvidos, tais como: direito à informação, as cartilhas e as esquetes de teatro abordando temas jurídicos.

O Prof. Humberto Dalla participou deste projeto inicialmente como aluno do bacharelado e continuou durante os seus cursos de pós-graduação.

Ingressou no mestrado de direito processual na UERJ (1995), destacando-se, mais uma vez, pela sua competência, pela sua dedicação e pelo seu entusiasmo. Tão logo concluído o mestrado com uma inovadora tese para a época (1997), – "A Introdução do Instituto da Transação Penal no Direito Brasileiro e as questões daí decorrentes" – habilitou-se para ingressar na UERJ como professor assistente, submetendo-se a concurso público, no qual foi aprovado de forma brilhante por rigorosa banca que tive a honra de presidir (1998). Como integrante do Departamento de Direito Processual da UERJ dedicou-se como poucos à implantação denovos projetos acadêmicos, destacando-se, dentre tantos outros: o curso de doutorado na área de direito processual e a clínica de mediação.

Implantado o doutorado, o Prof. Humberto prestou novo concurso e foi aluno da primeira turma. Concluiu mais esta importante etapa de sua vida com uma importante tese intitulada "A Natureza Jurídica do Direito Individual Homogêneo e sua Tutela pelo Ministério Público como forma de Acesso à Justiça", na qual foi aprovado com distinção e louvor (2000).

Com a titulação obtida foi promovido a Professor Adjunto do Departamento de Direito Processual (2000) e, finalmente, através de novo concurso público, tornou-se Professor Titular da Universidade do Estado do Rio de Janeiro (2017) com uma excelentee moderna tese intitulada "JURISDIÇÃO E PACIFICAÇÃO: limites e possibilidades do uso dos meios consensuais de resolução de conflitos na tutela dos direitos transindividuais e pluri-individuais", na qual apresenta importantíssima contribuição para o estudo do uso dos meios consensuais de resolução de conflitos na tutela dos direitos transindividuais e pluri-individuais.

O Prof. Humberto aprofundou a sua atividade acadêmica realizando um pós-doutorado na Universityof Connecticut Schoolof Law, no ano de 2003, instituição na qual também é Martin-Flynn Global Law Professor (2015/2018).

A produção acadêmica do Prof. Humberto Dalla é algo invejável, não só pelas centenas de artigos que escreveu, pelas teses inéditas e brilhantes que apresentou em seus diversos concursos e pelos livros que publicou, que demonstram a excelência de um jovem mestre, já consagrado dentre os melhores processualistas de sua geração.

Dentre os livros que publicou, merecem especial destaque:

- *A Introdução do Instituto da Transação Penal no Direito Brasileiro e as Questões daí Decorrentes*, Rio de Janeiro, Lumen Juris, 1998.
- *A Natureza Jurídica do Direito Individual Homogêneo e sua Tutela pelo Ministério Público como forma de Acesso à Justiça*, Rio de Janeiro, Forense, 2001.
- *Teoria Geral da Mediação à luz do Projeto de Lei e do Direito Comparado* (coordenador), Rio de Janeiro: Lumen Juris, 2008.
- *Novo CPC anotado e comparado* (co-autoria com Paulo Cezar Pinheiro Carneiro), Rio deJaneiro, GEN, 2015.-O novo marco legal da mediação no Brasil (em co-autoria com Tricia Navarro e Durval Hale), Rio de Janeiro, Atlas, 2015.
- *Direito Processual Civil Contemporâneo*, vol. 1, 6ª edição, Rio de Janeiro: Saraiva, 2015.
- *Direito Processual Civil Contemporâneo*, vol. 2, 3ª edição, Rio de Janeiro: Saraiva, 2016.

Durante os anos, e foram muitos, que exerci a Chefia de Departamento, contei, de forma incondicional, com a força do trabalho, a lealdade, a competência e o carinho do Prof. Humberto.

Toda a sua trajetória e dedicação à Universidade do Estado do Rio de Janeiro foram reconhecidas de forma definitiva e consagradas com a indicação, unânime, na última reunião do Conselho Departamental de Direito Processual realizada no dia 10/10/2017, que o elegeu como Chefe de Departamento de Direito Processual.

Quantos professores poderão desfrutar, ainda atuantes,de satisfação tão plena, tão completa em todos os sentidos: profissional e pessoal?

Esta homenagem prestada pelos alunos que ele acompanha, ajuda, incentiva e prestigia é mais um tributo à pessoa, ao mestre que ele se tornou pelos seus próprios e exclusivos méritos. De minha parte, quero simplesmente dizer: muito obrigado, Prof. Humberto Dalla, por tudo.

Janeiro de 2018.

Paulo Cezar Pinheiro Carneiro
Prof. Titular de Teoria Geral do Processo da
Universidade do Estado do Rio de Janeiro

SOBRE OS COORDENADORES

JOSÉ ROBERTO SOTERO DE MELLO PORTO
Doutorando e Mestre em Direito Processual pela UERJ. Pós-graduado em Direito Privado pela UCAM. Defensor Público do Estado do Rio de Janeiro.

ROBERTO DE ARAGÃO RIBEIRO RODRIGUES
Doutor em Direito Processual pela UERJ. Professor de Direito Processual Civil do IBMEC-RJ. Advogado da União, atualmente no cargo de Subprocurador-Regional da União na 2ª Região.

SOBRE OS AUTORES

ANDERSON PAIVA
Mestre em Direito Processual pela UERJ. Juiz Substituto do Tribunal de Justiça do Estado do Rio de Janeiro, aprovado em 1º lugar no XLVII Concurso. Anteriormente, atuou como Delegado de Polícia do Estado do Rio de Janeiro e do Estado de Santa Catarina.

ÁNGEL R. OQUENDO
George J. and Helen M. England Professor of Law, University of Connecticut; CAPES Visiting Professor from Abroad, Federal and State Universities of Rio de Janeiro; DAAD Visiting Professor, Free University of Berlin. Ph.D., M.A. (Philosophy), A.B. (Economics and Philosophy), Harvard University; J.D., Yale Law School.

ANTONIO AURELIO ABI-RAMIA DUARTE
Juiz de Direito do TJERJ. Membro do Instituto Brasileiro de Direito Processual e do Instituto Carioca de Processo. Autor de livros e artigos publicados em revistas especializadas. Mestre em Processo pela UERJ.

ANTÔNIO PEREIRA GAIO JÚNIOR
Pós-Doutor em Direito pela Universidade de Coimbra – PT. Pós-Doutor em Processo e Democracia pelo Ius Gentium Conimbrigae – Faculdade de Direito da Universidade de Coimbra-PT. Doutor em Direito pela UGF. Mestre em Direito pela UGF. Pós-Graduado em Direito Processual pela, UGF. Prof. Adjunto de Direito Processual Civil e Teoria Geral do Processo da Universidade Federal Rural do Rio de Janeiro – UFRRJ. Membro da International Bar Association – IBA. Membro Efetivo do Instituto Iberoamericano de Direito Processual – IIDP. Membro Efetivo do Instituto Brasileiro de Direito Processual – IBDP. Membro da Associação de Direito e Economia Europeia – ADEE. Membro Efetivo da Comissão Permanente de Processo Civil do Instituto dos Advogados Brasileiros – IAB NACIONAL. Membro da Comissão de Educação Jurídica da Ordem dos Advogados do Brasil – OAB/MG. Advogado. www.gaiojr.com

BIANCA OLIVEIRA DE FARIAS
Doutora em Direito Processual pela UERJ. Diretora Acadêmica do Centro Brasileiro de Mediação e Arbitragem. Professora da UCAM, EMERJ e da FEMPERJ. Advogada e Árbitra no Rio de Janeiro.

BRUNO DE SÁ BARCELOS CAVACO
Mestre em Direito Processual pela Uerj. Membro Efetivo do Ibdp. Promotor de Justiça no Estado do Rio de Janeiro.

BRUNO FREIRE E SILVA
Advogado em São Paulo, Rio de Janeiro e Brasília. Doutor e Mestre em Direito Processual na PUC-SP. Professor Adjunto de Teoria Geral do Processo na UERJ. Professor do Programa de Pós Graduação em Direito do Trabalho da GV law em São Paulo. Membro do Instituto Brasileiro de Direito Processual, do Centro de Estudos Avançados de Processo e do Instituto dos Advogados de São Paulo.

DANIEL BRANTES FERREIRA
Doutor e Mestre em Direito Constitucional e Teoria do Estado pela PUC-Rio. Vice-Presidente de Assuntos Acadêmicos do CBMA, Advogado e Professor de Direito.

DANIEL VIANNA VARGAS
Mestrando em Direito Processual/UERJ. Mestre em Direito (mestrado próprio)/Universidade de Barcelona y Universidade Pompeu Fabra (Espanha). Juiz de Direito TJRJ.

DIOGO ASSUMPÇÃO REZENDE DE ALMEIDA
Professor Adjunto de Direito Processual Civil da FGV Direito Rio. Mestre e Doutor em Direito Processual pela Universidade do Estado do Rio de Janeiro. Advogado.

FELIPE CARVALHO GONÇALVES DA SILVA
Mestrando em Direito Processual pela UERJ. Ex-Defensor Público do Estado do Rio de Janeiro. Juiz de Direito do Estado do Rio de Janeiro.

FRANCESCO CONTE
Meste em Direito Processual pela UERJ. Procurador do Estado do Rio de Janeiro.

FRANKLYN ROGER ALVES SILVA
Mestre e Doutorando em Direito Processual pela UERJ. Defensor Público do Estado do Rio de Janeiro. Professor da UCAM e da FESUDEPERJ.

HUMBERTO SANTAROSA DE OLIVEIRA
Doutorando e Mestre em Direito Processual pela Universidade Estadual do Rio de Janeiro (UERJ). Advogado.

JOSÉ ROBERTO SOTERO DE MELLO PORTO
Doutorando e Mestre em Direito Processual pela UERJ. Pós-graduado em Direito Privado pela UCAM. Defensor Público do Estado do Rio de Janeiro.

LEONARDO FARIA SCHENK
Professor Adjunto de Direito Processual Civil da UERJ. Doutor em Direito Processual pela UERJ. Advogado.

MARCELO MAZZOLA
Mestre em Direito Processual Civil na UERJ. Advogado. mmazzola@dannemann.com.br

MÁRCIA DE PAULA GALVÃO FARIA
Graduada em Direito pela Faculdade Metodista Granbery. Graduada em Administração de Empresas com habilitação em Cooperativas pela Universidade Federal de Viçosa. Especialista em Finanças pela

Faculdade de Administração e Economia da Universidade Federal de Juiz de Fora. Assistente Técnico Administrativo do Ministério da Fazenda. Contato: marciagalvao@yahoo.com.br.

MÁRCIA MICHELE GARCIA DUARTE
Professora Adjunta da Universidade Federal Fluminense (UFF) e da Universidade do Estado do Rio de Janeiro (UERJ). Pós-Doutora em Democracia e Direitos Humanos pela Universidade de Coimbra. Pós-Doutora em Direito Processual pela UERJ. Doutora e Mestra pela Universidade Estácio de Sá (UNESA). Contato pelo site http://www.professoramarciaduarte.com.

MÁRCIO CARVALHO FARIA
Doutor e Mestre em Direito Processual (UERJ). Professor Adjunto de Direito Processual Civil (UFJF). Presidente do Instituto dos Advogados de Minas Gerais, seção Juiz de Fora/MG (IAMG/JF). Membro do Instituto Brasileiro de Direito Processual (IBDP) e da Associação Brasileira de Direito Processual (ABDPro). Advogado. Contato: marciocfaria@gmail.com // twitter.com/marciocfaria // facebook.com/professormarciofaria

MARCO ANTONIO DOS SANTOS RODRIGUES
Procurador do Estado do Rio de Janeiro. Professor Adjunto de Direito Processual Civil da Faculdade de Direito da Universidade do Estado do Rio de Janeiro. Mestre em Direito Público e Doutor em Direito Processual pela Universidade do Estado do Rio de Janeiro. Pós-doutor pela Universidade de Coimbra. Membro do Instituto Brasileiro de Direito Processual, do Instituto Ibero-Americano de Direito Processual, da International Association of Procedural Law e do Instituto Português de Processo Civil. Professor de cursos de Pós-Graduação pelo Brasil. Advogado.

MARIA EDUARDA DE OLIVEIRA BRASIL
Bacharel em Direito pela Universidade do Estado do Rio de Janeiro (UERJ). Pós-graduada pela Escola da Magistratura do Estado do Rio de Janeiro (EMERJ). Servidora pública integrante dos quadros do Tribunal de Justiça do Estado do Rio de Janeiro.

MURILO STRÄTZ
Advogado da União (membro da AGU) lotado na Procuradoria Regional da União – 2ª Região, é graduado em Direito pela UFSC, pós-graduado em Direito Público pela UnB, Mestre em Teorias Jurídicas Contemporâneas pela UFRJ, autor de artigos e livros na área jurídica (Filosofia do Direito, Direito Processual e Direito Constitucional) e professor da Escola da Advocacia-Geral da União (EAGU) e do Curso de Pós-Graduação em Advocacia Pública da UERJ.

ODILON ROMANO NETO
Mestre e Doutor em Direito Processual pela Universidade do Estado do Rio de Janeiro. Membro do Instituto Brasileiro de Direito Processual (IBDP) e da Comissão de Acompanhamento das Reformas da Legislação Processual Civil da AJUFE. Coordenador da Comissão dos Juizados Especiais da Escola da Magistratura Regional Federal da 2ª Região (EMARF). Juiz Federal nas Turmas Recursais dos Juizados Especiais Federais do Rio de Janeiro.

OSMAR MENDES PAIXÃO CÔRTES
Pós-Doutor em Direito pela UERJ. Doutor em Direito pela PUC/SP. Mestre em Direito pela Universidade de Brasília. Secretário-geral adjunto do Instituto Brasileiro de Direito Processual. Professor do IDP/DF. Advogado.

PAULO CEZAR PINHEIRO CARNEIRO FILHO
Doutorando e mestre em Direito Processual pela UERJ.Advogado.

RAFAEL ESTRELA NÓBREGA
Mestre em Direito Processual pela UERJ. Juiz de direito do Tribunal de Justiça do Estado do Rio de Janeiro.

RAPHAEL JORGE DE CASTILHO BARILLI
Mestrando em Direito – Universidade Federal do Rio de Janeiro. Especialista em Direito Público – Universidade Cândido Mendes. Delegado de Polícia no Estado do Rio de Janeiro.

ROBERTO DE ARAGÃO RIBEIRO RODRIGUES
Doutor em Direito Processual pela UERJ. Professor de Direito Processual Civil do IBMEC-RJ. Advogado da União, atualmente no cargo de Subprocurador-Regional da União na 2ª Região.

RODRIGO CUNHA MELLO SALOMÃO
Mestrando em Direito Processual na UERJ. Advogado.

RONALDO CAMPOS E SILVA
Professor de Direito Processual Civil da graduação em Direito do Faculdade de Ciências Sociais Aplicadas IBMEC-RJ e de Processo Tributário da pós-Graduação lato sensu da Universidade Federal Fluminense (UFF). Mestre em Direito Processual pela UERJ. Procurador da Fazenda Nacional.

TERESA ARRUDA ALVIM
Livre-docente, doutora e mestre em Direito pela PUC-SP. Professora nos cursos de graduação, especialização, mestrado e doutorado da mesma instituição. Professora Visitante na Universidade de Cambridge – Inglaterra. Professora Visitante na Universidade de Lisboa. Diretora de Relações Internacionais do IBDP. Membro Honorário da Associazione italiana fra gli studiosi del processo civile, do Instituto Paranaense de Direito Processual. Membro do Instituto Ibero-americano de Direito Processual, da International Association of Procedural Law, do Instituto Panamericano de Derecho Procesal, do Instituto Português de Processo Civil, da Academia Paranaense de Letras Jurídicas, do IAPPR e do IASP, da AASP, do IBDFAM e da ABDConst. Membro do Conselho Consultivo da Câmara de Arbitragem e Mediação da Federação das Indústrias do Estado do Paraná – CAMFIEP. Membro do Conselho Consultivo RT (Editora Revista dos Tribunais). Coordenadora da Revista de Processo – RePro, publicação mensal da Editora Revista dos Tribunais. Advogada.

TRÍCIA NAVARRO XAVIER CABRAL
Pós-Doutoranda em Direito Processual pela USP. Doutora em Direito Processual pela UERJ. Mestre em Direito Processual pela UFES. Juíza de Direito no Estado do Espírito Santo. Foi Coordenadora do CEJUSC – TJES. Membro da Comissão Acadêmica do FONAMEC. Membro efetivo do IBDP. tricianavarro@hotmail.com

SUMÁRIO

OS CÓDIGOS DE PROCESSO PENAL/41 E PROCESSO CIVIL/2015: UMA QUIMERA À LUZ DE UM MANIFESTO ANTROPOFÁGICO

Anderson Paiva

1. A CONSTITUCIONALIZAÇÃO DO PROCESSO

A constitucionalização do ordenamento jurídico se expandiu pelo mundo com o fim da Segunda Guerra Mundial, alcançando, como visto, o Brasil em 1988, ano de promulgação da chamada *Constituição Cidadã*. Foi através desta que o Estado Democrático Brasileiro restou devidamente alicerçado em nossa pátria.

A Constituição Federal, mais do que qualquer outra, além de regular os temas materialmente constitucionais, como a organização do Estado e dos poderes, a forma e regime de governo, assegurou um amplo rol de direitos e garantias fundamentais, trazendo ainda normas atinentes aos Direitos Civil, Penal, Tributário e Processual.

No tocante ao Direito Processual, torna-se imperioso reconhecer que diante da consagração de inúmeros direitos e garantias tipicamente processuais, revelou-se uma nova conformação ao processo, seja em relação ao processo civil ou penal (e até mesmo nos procedimentos administrativos), adequada ao Estado Democrático de Direito. Os juristas, atentos aos efeitos expansivos dos enunciados constitucionais, passaram a reconhecer-lhes uma supremacia material e axiológica.

No ponto, não podemos deixar de elencar alguns: inafastabilidade do controle jurisdicional (5º, XXXV); Juízo natural (5º, XXXVII); princípio da legalidade e anterioridade da norma penal (5º, XXXIX); devido processo legal (5º, LIV); direito ao contraditório e à ampla defesa (5º, LV); fundamentação racional das decisões e publicidade (art. 93, IX); duração razoável do processo (5°, LXXVIII), princípio da presunção de inocência (5º, LVII); além das garantias do *habeas corpus* (5º, LXVIII), mandado de segurança (5º, LXIX), mandado de injunção (5º, LXXI), *habeas data* (5º, LXXII) e ação popular (5º, LXXIII).

O fenômeno da constitucionalização do processo tornou imperiosa a releitura de diversos institutos, tanto de direito material quanto processuais, reconhecendo-se que vários dispositivos dos Códigos de Processo Civil e Penal simplesmente não foram recepcionados. Há de se repensar, portanto, as normas processuais à luz de uma perspectiva Constitucional, impondo o redescobrimento da trilogia clássica: Jurisdição, Ação e Processo. Importante destacar que, segundo Rosemiro Pereira Leal:

> Conceber jurisdição sem processo é retornar às superstições, às ordálias, ao totalitarismo sacerdotal e dos pretores, porque jurisdição, sem o controle e a disciplinação das garantias históricas e fundamentais do processo moderno, já universalmente normatizadas pelas

> Constituições de povos relativamente civilizados, é meio retórico de salvação da imagem do judiciário pelo aceno fantasmagórico de justiça rápida e popular.[1]

Como arremate, invocamos a perspicaz conclusão de Kildare Gonçalves Carvalho:

> A constitucionalização do processo impedirá, dessa maneira, que ele seja entendido tão somente como uma sequência de atos coordenados, passando a se destacar como um sistema de garantia dos direitos fundamentais. Nessa linha de pensamento, há o reconhecimento da supremacia da Constituição sobre as normas processuais, e se concebe a Constituição não apenas como um estatuto jurídico do político ou das atividades estatais, mas como um texto articulador e legitimante de direitos de instituições jurídicas, entre elas o processo e seus princípios do contraditório, da ampla defesa e da isonomia, reunidos pelos institutos do devido processo legal.[2]

No renomado ensaio de Fix-Zamudio, este faz referência a obra de Couture, noticiando a ascensão do — *derecho constitucional procesal*, surgido como — *resultado de la confluencia de otras dos ramas de la ciencia jurídica: el derecho constitucional y el derecho procesal.*[3] Haveria, na verdade, o surgimento de duas disciplinas: o direito constitucional processual, relativo aos remédios constitucionais (mandado de segurança, mandado de injunção, *habeas corpus* e *habeas data*), e o direito processual constitucional, responsável pela análise das normas e princípios processuais sob o prisma constitucional, ante a pena de inconstitucionalidade ou mesmo não-recepção.

Assim, o processo no Estado Democrático de Direito não se satisfaz com o regular e formal acesso à Justiça, demandando que se proporcione uma tutela procedimental e substancialmente justa a quem quer que necessite, levando a uma nova dimensão do devido processo legal, hoje encarado como "processo justo"[4]. Há de se buscar, portanto, o modelo constitucional do processo, isto é, "o conjunto de princípios e regras constitucionais que garantem a legitimidade e a eficiência da aplicação da tutela".[5]

---

1 LEAL, Rosemiro Pereira. *Teoria geral do processo: primeiros estudos.* 7ª ed. Porto Alegre: Síntese, 2008, p.43.

2 CARVALHO, Kildare Gonçalves. Processo Constitucional. In: *Revista do Instituto dos Advogados de Minas Gerais*, v. 11. Belo Horizonte, 2005, p. 15 *et seq.*

3 FIX-ZAMUDIO, Héctor. El pensamiento de Eduardo J. Couture y el Derecho Constitucional Procesal. In: *Boletín Mexicano de Derecho Comparado*, a. X, vol. 30, Ciudad Del México, 1977, 315.

4 GRECO, Leonardo. Garantias Fundamentais do Processo: O Processo Justo. *Revista Jurídica*, ano 51, nº 305, São Paulo: Notadez, 2003, p. 61; O princípio do contraditório. In: *Estudos de direito processual.* GRECO, Leonardo (Coord). Campos dos Goytacazes: Faculdade de Direito de Campos, 2005; A busca da verdade e a paridade de armas na jurisdição administrativa. In: Revista do Centro de Estudos Judiciários da Justiça Federal – CEJ, n° 35, outubro-dezembro de 2006, Brasília, pp. 20-27.

5 THEODORO JÚNIOR, Humberto; NUNES, Dierle José Coelho. Uma dimensão que urge reconhecer ao contraditório no Direito Brasileiro: sua aplicação como garantia de influência, de não surpresa e de aproveitamento da atividade processual. *Revista de Processo*, v. 168. São Paulo: Revista dos Tribunais, 2009, p.108.

A constitucionalização e a internacionalização dos direitos fundamentais se solidificaram na jurisprudência dos tribunais constitucionais e nas cortes internacionais de direitos humanos, cabendo ressaltar a importância da Corte Europeia e da Corte Interamericana de Direitos Humanos, as quais consagraram a efetividade da tutela jurisdicional como direito fundamental, elencando garantias fundamentais para o processo, que se espraiaram pelo ordenamento de todos os países que primam pelos direitos humanos, considerando-os como um dos alicerces do Estado Democrático de Direito[6].

Baracho aduz que: "o processo constitucional é a metodologia de garantia dos direitos fundamentais"[7], qualificando o disposto no art. 24.2[8] da Constituição Espanhola de 1978 como "síntese de pressupostos e cláusulas constitucionais de defesa da cidadania considerada processualmente". Saliente-se que o citado dispositivo é apontado como uma das prováveis fontes de inspiração da nossa Constituição Federal[9]. Essas garantias consubstanciam o devido processo legal, instituído também pelas Emendas 5ª e 14ª da Constituição americana, ou o denominado processo justo, na concepção da Convenção Europeia de Direitos Humanos e do artigo 111 da Constituição italiana.

Esse arcabouço garantístico foi acolhido pelo ordenamento brasileiro, e nele se destaca o princípio do contraditório. Corroborando esse entendimento, imperioso trazer à baila insuperáveis lições de Leonardo Greco:

> Talvez a mais importante dessas garantias, porque ela própria engloba diversas outras, é a garantia do contraditório, consagrada no inciso LV do artigo 5° da Constituição Federal. Contraditório como implementação no processo judicial do princípio político da participação democrática ou da chamada democracia participativa. Contraditório como a garantia que assegura aos sujeitos parciais do processo a mais ampla possibilidade de influir eficazmente em qualquer provimento jurisdicional, especialmente o provimento jurisdicional final, submetendo à cognição do juiz todas as alegações e provas que possam contribuir para essa influência. Contraditório como influência com paridade de armas.[10]

---

6 CAPPELLETTI, Mauro; TALLON, Denis. *Les garanties fondamentales des parties dans le procès civil.* Milano: Giuffrè, 1973, p. 661 *et seq.*; COMOGLIO, Luigi Paolo. Garanzie costituzionali e 'giusto processo' (modelli a confronto). In: Revista de Processo, v. 90. São Paulo: Revista dos Tribunais, 1998, pp. 95-150; COMOGLIO, Luigi Paolo; FERRI, Corrado; TARUFFO, Michele. *Lezioni sul Processo Civile*, 5ª ed., Bologna: Mulino, 2011, cap. 3; Serge Guinchard et alii, *Droit processuel – droits fondamentaux du procès*, 6ª ed., Dalloz, Paris, 2011; M. MORELLO, Augusto. *Constitución y Proceso – la nueva edad de las garantías jurisdiccionales*, La Plata-Buenos Aires: Abeledo-Perrot, 1998.

7 BARACHO, José Alfredo de Oliveira. *Processo Constitucional.* Rio de Janeiro: Forense, 1984, p. 40.

8 *"Asi mismo, todos tienen derecho al Juez ordinario predeterminado por la ley, a la defensa y a la asistencia de letrado, a ser informados de la acusación formulada contra ellos. a un proceso público sin dilaciones indebidas y con todas las garantias, a utilizar los medios de prueba pertinentes para su defensa. a no declarar contra si mismos, a no confesarse culpables y a la presunción de inocencia."* Disponível em http://www.boe.es/boe/dias/1978/12/29/pdfs/A29313-29424.pdf, acesso em 22 jan. 2017.

9 BRÊTAS, Ronaldo. *Processo constitucional e Estado Democrático de Direito*. Belo Horizonte: Del Rey, 2010.

10 GRECO, Leonardo. Novas perspectivas da efetividade e do garantismo processual. In: Processo Civil: estudos em homenagem ao professor doutor Carlos Alberto Alvaro de Oliveira. MITIDIERO, Daniel;

A renovação da ordem jurídica tornou-se indispensável, evidenciando a necessidade de se "reinterpretar o Direito pátrio como um todo, à luz da Constituição da República Federativa do Brasil, o que pressupõe uma atividade interpretativa da própria Lei Fundamental"[11].

Visualiza-se, assim, uma dupla atuação da Constituição sobre o processo[12], garantindo, de um lado, a concretização de seus valores no exercício da atividade jurisdicional por meio de remédios processuais idôneos; e, de outro, legitimando a própria ordem constitucional, em razão da existência de um processo justo e adequado.

Neste cenário, expandiu-se e consolidou-se uma nova consciência jurisdicional, calcada primordialmente na efetividade dos direitos e garantias fundamentais constitucionalmente assegurados,[13] que, no entanto, parece alcançar nova dimensão com a promulgação do novo Código de Processo Civil.

Surge, assim, a necessidade de um reexame do processo penal à luz das normas fundamentais do CPC/2015, englobando a conduta das partes e a própria figura do juiz, a fim de redimensioná-lo, adequando-o ao dinamismo vivenciado pelo Brasil globalizado.

Emerge dessa visão contextualizada a jurisdição contemporânea, prestada através do processo justo, tendo por traço distintivo o contraditório participativo, através do qual os personagens do processo interagem, cooperam e dialogam, influenciando na convicção do julgador e permitindo a formação dialética da melhor decisão, ao mesmo tempo em que a legitimam, tornando-a digna à luz do Estado Democrático de Direito.

2. O CÓDIGO DE PROCESSO PENAL DE 1940 COMO UMA QUIMERA

Se o nosso Código de Processo Civil (Lei nº 5.869, de 11 de janeiro de 1973) havia se tornado um *Frankenstein*[14], violado em sua essência e desprovido de um espírito, em razão da CRFB/88 e de diversas reformas, o CPP (Decreto-Lei nº 3.689, de 3 de

AMARAL, Guilherme Rizzo (coord.); FEIJÓ, Maria Angélica Echer Ferreira (Org.). São Paulo: Atlas, 2012. p. 3-4.

11 GUERRA FILHO, Willis Santiago. *Processo Constitucional e Direitos Fundamentais*. 4 ed. São Paulo: RCS Editora, 2005, p.29.

12 MENDONÇA JÚNIOR, Delosmar. Princípio Constitucional da Duração Razoável do Processo. In: ASSIS, Araken de et al. *Direito Civil e Processo: Estudos em Homenagem ao Professor Arruda Alvim*. São Paulo: Revista dos Tribunais, 2007, p.991.

13 GRECO, Leonardo. Novas Perspectivas Da Efetividade e do Garantismo Processual. In: *Processo civil: estudos em homenagem ao Professor Doutor Carlos Alberto Alvaro de Oliveira. MITIDIERO, Daniel; AMARAL, Guilherme Rizzo (coords.) FEIJÓ; Maria Angélica Echer Ferreira (Org.).* São Paulo: Atlas, 2012.

14 Trata-se de figura literária consagrada na cultura mundial, alicerçando-se na obra de Mary Wollstonecraft Shelley (1797-1851), mais conhecida por Mary Shelley, escritora britânica. No Brasil, pode ser encontrada a tradução na seguinte obra: SHELLEY, Mary. GOETTEMS, Doris (tradutor). *Frankenstein*ª ed. Landmark, 2016.

outubro de 1941) é uma verdadeira *Quimera*[15] (criatura mitológica com cabeça e corpo de leão, com duas cabeças anexas, uma de cabra e outra de dragão, cauda de serpente e asas).

A analogia se faz necessária, pois ainda havia alguma harmonia no CPC/1973, enquanto o Código de Processo Penal afronta a razoabilidade, consistindo num diploma oriundo da década de 40, em que vigorava a "Polaca", e que ainda atravessou uma ditadura militar e a redemocratização.

Assim, prosseguindo na metáfora, enquanto o CPC/1973 era um *Frankenstein*, deformado por ser constituído de partes de diferentes cadáveres humanos (gize-se a natureza humana de todos os membros) o CPP/41 pode ser considerado uma *Quimera*, cujo corpo engloba membros de vários animais, completamente distintos entre si.

Evidente, portanto, que no âmbito do processo penal a situação é ainda mais dramática. A tentativa de adaptá-lo às diferentes realidades que o diploma atravessou, levou a promulgação de um sem-número de leis com o fim de efetivar reformas pontuais, acarretando o desvirtuamento do diploma legal e um infindável número de contradições e antinomias.

Aliás, há de se reiterar que o CPP possui em seu seio, inclusive, conflito de ideologias. O referido diploma nasceu durante a Era Vargas, atravessou o populismo de

---

15 BULFINCH, Thomas. *O Livro de Ouro da Mitologia – Histórias de Deuses e Heróis*. 12ª edição. Rio de Janeiro: Ediouro, 2000, pp.152-155. A figura mítica faz parte da mitologia greco-romana, integrando a história do herói Belerofonte, que junto com o cavalo alado denominado Pégaso, conseguiu derrotá-la. Segue trecho da obra citada, narrando de forma sucinta o mito: "A quimera era um monstro horripilante, que expelia fogo pela boca e pelas narinas. A parte anterior de seu corpo era uma combinação de leão e cabra e a parte posterior, a de um dragão. Causava grandes estragos na Lícia, de sorte que o rei do país, Iobates, procurava um herói para destruí-la. Naquela ocasião, chegou à sua corte um jovem e bravo guerreiro, chamado Belerofonte, que trazia carta de Proteu, genro de Iobates, recomendando-o em termos calorosos como um herói invencível, mas acrescentando, no fim, um pedido ao sogro para matá-lo. O motivo disso é que Proteu tinha ciúme de Belerofonte, por desconfiar de que sua esposa, Antéia, nutria demasiada admiração pelo jovem guerreiro. Ao ler as cartas, Iobates ficou hesitante, não querendo violar as regras de hospitalidade, mas desejoso de satisfazer a vontade do genro. Teve, então, a idéia de mandar Belerofonte lutar contra a Quimera. Belerofonte aceitou a proposta, mas antes de entrar em combate, consultou o vidente Pólido, que o aconselhou a recorrer, se possível, para a luta, ao cavalo Pégaso. Para esse fim, jovem deveria passar a noite no templo de Minerva. Asssim fez Belerofonte e, enquanto dormia, Minerva procurou-o e entregou-lhe uma rédea de ouro, que se encontrava na mão do jovem quando ele despertou. Minerva mostrou-lhe, também, Pégaso bebendo água no poço de Pirene, e, mal avistou a rédea dourada, o cavalo aproximou-se docemente e se deixou cavalgar. Nele montado, Belerofonte elevou-se nos ares, não tardou a encontrar a Quimera e obteve uma fácil vitória sobre o monstro. Depois de vencer a Quimera, Belerofonte foi exposto a novos perigos e trabalhos por seu pouco amável hospedeiro, mas, com a ajuda de Pégaso, triunfou em todas as provas, até que Iobates, vendo que o herói era particularmente favorecido pelos deuses,deu-lhe sua filha em casamento e tornou-o seu sucessor no trono. Afinal Belerofonte, por seu orgulho e presunção, incorreu na ira dos deuses; chegou, segundo se conta, a tentar voar até o céu em seu corcéu alado, mas Júpiter mandou um moscardo atormentar Pégaso. O cavalo atirou no chão o cavaleiro, que, em consequência, se tornou coxo e cego. Depois disso, Belerofonte vagou pelos campos aleanos, evitando o contato dos homens, e morreu miseravelmente."

João Goulart, a ditadura militar e a redemocratização, permanecendo vigente até os dias de hoje.

Lamenta-se que, no âmbito do processo penal, ainda façamos uso de um código nascido em 1941, o que num paralelo científico se equipararia ao código de processo civil de 1939, sendo que este que já havia sido suplantado em 1973.

Agora somos brindados com mais um Código de Processo Civil, através da Lei nº 13.105/2015. Enquanto isso, inúmeras tentativas de reformulação do processo penal fracassaram, tais como as que foram capitaneadas por Hélio Tornagui e Frederico Marques, ressaltando-se que o projeto de CPP encaminhado em 2009 (PL 56/2009[16]) continua parado.

Nesse sentido, o reexame do vetusto código à luz da Constituição Cidadã se faz ainda mais imperiosa, demandando não só a realização de verdadeira filtragem constitucional, mas também a readequação dos artigos recepcionados e harmonização com os dispositivos inseridos por leis extravagantes.

Com tal desiderato, ganha relevo a atuação do juiz, já que o poder judiciário é o principal pilar do Estado Democrático de Direito, devendo garantir os direitos fundamentais insculpidos na nossa Carta Magna.

O jurista belga François Ost[17] afirma que o magistrado democrático deve, no seu atuar, inspirar-se também no Deus Grego Hermes, patrono das comunicações, zelando por um contraditório verdadeiramente participativo[18]. Tanto a concepção napoleônica

---

16 Andamento disponível em: https://www25.senado.leg.br/web/atividade/materias/-/materia/89655 acesso em 20 dez.16.

17 OST, François. Júpter, Hércules, Hermes: Tres modelos de Juez. In: DOXA, nº 14, 1993. pp. 169-194. Disponível em: http://www.cervantesvirtual.com/servlet/SirveObras/01360629872570728587891/index.htm, acesso em 20 ago. 2015.

18 Sobre o assunto, Lenio Luiz Streck: " [...] Uma discussão que atravessa os anos institucionalizou os modelos de juiz, como sendo Júpiter, Hércules, Hermes, a partir de um conhecido texto de François Ost (1993, p.170-194), em que o professor belga propõe uma espécie de juiz pós-moderno-sistêmico (Hermes) que atuaria em rede e superaria, com grande vantagem, os "modelos anteriores". Com efeito, para Ost, basicamente a teoria do do direito trabalha com dois modelos de juiz, que também simboliza (ria)m "modelos de direito" (Júpiter e Hércules). Consequentemente, simbolizaram também os modelos de jurisdição. O primeiro representaria o modelo liberal-legal, de feição piramidal-dedutivo, isto é, sempre dito a partir do alto, de algum "Monte Sinai"; esse direito adota a forma de lei e se expressa em forma de imperativo, vindo a ser representado pelas tábuas da lei ou códigos e as Constituições modernas, sendo que dessa parametricidade é que são deduzidas as decisões particulares. Já o modelo herculeano está sustentado na figura do juiz, que seria a única fonte do direito válido. Trata-se de uma pirâmide invertida, no dizer de Ost. É Dworkin quem, no dizer do autor, ao revalorizar até o extremo a figura do juiz moderno, atribui-lhe as características de Hércules. Embora diga que não pretende "equiparar" a tese de Dworkin aos realistas ou pragmatistas, Ost termina por colocar no Hércules dworkiano os "defeitos" que caracterizariam o juiz "monopolizador da jurisdição" no modelo de direito do Estado Social, em que o direito "se reduz ao fato", enfim, à indiscutível materialidade da decisão. Esse juiz propiciaria um decisionismo, a partir da proliferação de decisões particulares. Como contraponto, Ost apresenta um tertium genus, o juiz Hermes, que adota a forma de rede; nem um polo, nem dois, isto é, nem a pirâmide e nem um

de julgador, caracterizada pela postura passiva e na qual este é tido como simples "boca da lei", quanto a figura desarrazoadamente ativista, típica do Estado Social, restam superadas.

Virtus in medium est! A virtude está no meio-termo, no equilíbrio garantista que permite a legitimação democrática das decisões judiciais, ainda que contramajoritárias.

Assim, conscientes de sua missão ética, e gerindo processos efetivamente justos, os magistrados podem se transformar em instrumento de uma justiça socialmente equilibrada e equitativa, hábil a ampliar os espaços de democracia real.

Nesse diapasão, há de se destacar as ponderações sobre a atividade criativa do aplicador da lei realizadas por Jane Reis Gonçalves Pereira[19], ao analisar a natural expansão da atuação do Poder Judiciário na produção jurídica:

> A teoria da interpretação constitucional passou por intensa evolução a partir da segunda metade do século XX. Diversos fatores históricos impulsionaram uma participação mais ativa do Poder Judiciário no processo de produção jurídica, tornando anacrônica a hermenêutica jurídica tradicional, a qual concebia a interpretação das leis como mera revelação da vontade legislativa.
>
> Na atualidade, o Direito tem sido entendido como uma obra coletiva, iniciada pelo constituinte, mediada pelo legislador e concluída pelo juiz, que, conciliando as normas jurídicas com a realidade, confere soluções aos problemas concretos[...] A interpretação constitucional compreende um processo de construção. Porém, adotar essa tese não implica afirmar que a atividade criativa do intérprete seja ilimitada ou desprovida de parâmetros. Esta permanece vinculada à Constituição, à experiência jurídica e às regras de linguagem. É também imprescindível que a interpretação seja dotada de coerência, objetividade e capacidade de persuasão...
>
> O reconhecimento de que a interpretação constitucional tem uma irrefragável dimensão criativa e que as insuficiências do sistema normativo autorizam o juiz a, por vezes, buscar a solução além do texto não importa em legitimar o arbítrio ou subjetivismo.[20]

---

funil, e tampouco a superposição dos dois, senão uma multiplicidade de pontos de inter-relação; um campo jurídico que analisa como uma combinação infinita de poderes, tanto separados como confundidos, amiúde intercambiados; uma multiplicação dos atores, uma diversificação de regras, uma inversão de réplicas; tal circulação de significados e informações não se deixa aprisionar em um código ou em uma decisão: expressa-se sob a forma de um banco de dados. Assim, segundo Ost, o Direito pós-moderno, o direito de Hermes, é uma estrutura em rede que traduz em infinitas informações disponíveis instantaneamente e, ao mesmo tempo, dificilmente matizáveis. Trata-se, em síntese, de uma teoria lúdica do Direito. O juiz Hermes não é nem transcendência nem imanência; encontra-se em uma e outra dialética ou paradoxalmente (uma e outra)". In: STRECK, Lênio Luiz. O (pós-) positivismo e os propalados modelos de juiz (Hércules, Júpiter e Hermes) – dois decálogos necessários. *Revista de Direitos e Garantias Fundamentais*. Vitória: nº 7, pp.15-45, jan.-jun. 2010.

19 PEREIRA, Jane Reis Gonçalves. *Interpretação Constitucional e Direitos Fundamentais*. Rio de Janeiro: Renovar, 2006, pp.499-500.

20 BARBOSA MOREIRA, José Carlos. O processo civil brasileiro entre dois mundos. In: *Revista Forense*, v. 359. Rio de Janeiro, 2002, pp.123-130.

O modelo constitucional de processo tem como escopo fazer com que todas as leis processuais sejam lidas à luz dos valores propalados pela Constituição, conferindo-lhe um espírito único.

O CPC/2015, incorporando a devida constitucionalização do processo em seu bojo, bem como ao estabelecer as normas fundamentais do processo, faz renascer o processo civil, mas também lança luz sobre o processo penal, conferindo-lhe uma sobrevida democrática até que seja editado um novo código.

3. O CÓDIGO DE PROCESSO CIVIL DE 2015: UM DIPLOMA PROCESSUAL ANTROPÓFAGO

Em março de 2015 foi promulgado o novo Código de Processo Civil (Lei nº 13.105/15). O ministro Luiz Fux, que presidiu a Comissão responsável por sua elaboração, ao proferir palestra aos magistrados do Estado do Rio de Janeiro[21], salientou que o grupo, atento à garantia constitucional da duração razoável do processo, diagnosticou três grandes problemas em nosso processo, os quais nortearam os debates em busca de soluções e do aprimoramento do processo: o formalismo excessivo, a litigância desenfreada[22] (o CNJ constatou que de cada dois brasileiros, um litiga[23]) e a prodigalidade recursal. O CPC/2015 buscou, portanto, conciliar as garantias constitucionais, dentre as quais sobressaem o contraditório participativo, aeconomia processual, a isonomia e a segurança jurídica.

O debate sobre o papel do Estado na resolução dos conflitos levou a uma preocupação com a celeridade, uma vez que esta encontra-se intrinsecamente ligada à efetividade, já que a prestação jurisdicional tardia nada mais é do que uma injustiça travestida de justiça. O novel diploma se fazia necessário não só pelo decurso do tempo como pela flagrante morosidade na prestação da justiça.

Como se não bastasse, após a inserção em nossa Carta Magna, através da EC nº 45/2004, da cláusula pétrea que assegura a razoável duração do processo, o novo Código de Processo Civil se fazia ainda mais urgente, uma vez que com base nos ensinamentos de Konrad Hesse sobre a força normativa da Constituição[24], o CPC/1973 estava a caminho da inconstitucionalidade (ou de uma não-recepção).

---

21 A Escola da Magistratura do Estado do Rio de Janeiro deu início, no dia 02 de março de 2015, ao "Congresso Brasileiro sobre o novo Código de Processo Civil", recebendo o Presidente da Comissão responsável pela criação do anteprojeto do novo CPC, ministro do Supremo Tribunal Federal, Luiz Fux para a palestra "O Código de Processo Civil Democrático", que foi proferida na EMERJ no dia 02/03/2015.

22 Justiça em números 2016 – Infográficos: ano-base 2015/Conselho Nacional de Justiça – Brasília: CNJ, 2016. Disponível em: http://www.cnj.jus.br/files/conteudo/arquivo/2016/10/50af097ee373472788dd6c94036e22ab.pdf, último acesso em 28/01/2017.

23 Justiça em números 2016: ano-base 2015/Conselho Nacional de Justiça – Brasília: CNJ, 2016. Disponível em: http://www.cnj.jus.br/files/conteudo/arquivo/2016/10/b8f46be3dbbff344931a933579915488.pdf, último acesso em 28/01/2017.

24 HESSE, Konrad. A força normativa da constituição. Tradução de Gilmar Ferreira Mendes. Porto Alegre: Sergio Antonio Fabris, 1991.

No ponto, cabe gizar que a demora excessiva na solução do litígio prejudica ambas as partes, causando o chamado dano marginal. Inegavelmente, a parte vencedora é mais prejudicada, contudo, o estado de incerteza prolongada prejudica também o vencido. O réu também tem direito à celeridade do processo, como reflexo não só do direito à tutela jurisdicional efetiva, mas principalmente do direito de defesa e da garantia de não ser submetido ao poder estatal – jurisdicional ou administrativo – por mais tempo que o necessário.[25]

Cumpre, contudo, esclarecer que direito à duração razoável não é sinônimo de direito à celeridade do processo, já que a busca pela celeridade não pode importar em supressão de direitos e garantias fundamentais ou atropelamento do devido processo legal. Assim, os prazos devem permitir ao autor e ao réu a prática dos atos que estão localizados dentro do direito de influir sobre o convencimento judicial.

As partes têm, em virtude do direito à duração razoável do processo, o direito ao prazo adequado, o qual pode ser extraído do devido processo, isto é, do "processo justo", relacionando-se intimamente com o princípio do contraditório, garantido na Constituição Federal brasileira no art. 5º, LV: "aos litigantes, em processo judicial ou administrativo, e aos acusados em geral são assegurados o contraditório e ampla defesa, com os meios e recursos a ela inerentes".

Explique-se. O transcurso do tempo é uma necessidade do juiz, sem o qual ele não pode formar adequadamente a sua convicção, sendo ainda uma necessidade do Estado Democrático de Direito e da garantia de um contraditório participativo, isto é, do direito das partes participarem efetivamente do processo, buscando influir no convencimento do juiz e, assim, legitimar a decisão final, que deverá ser proferida tão somente quando estiver devidamente "amadurecida".[26]

Assim, a duração razoável do processo encontra seu ideal no momento em que, asseguradas as devidas garantias processuais, exaure-se o contraditório apto a ensejar a convicção do magistrado, legitimando a sentença a ser proferida e tornando-a digna do Estado Democrático de Direito.

Embora o debate tenha sido centrado no Processo Civil, não há dúvidas quanto a sua plena aplicabilidade em relação ao processo penal. Aliás, com ainda mais propriedade.

Não podemos esquecer do caráter instrumental do processo, ressaltando-se que o direito penal busca tutelar os bens jurídicos mais importantes para nossa sociedade e, com tal mister, o processo penal envolve diretamente a liberdade.

Considerando o encarceramento ou a implícita ameaça deste ocorrer, não há dúvidas de que a duração razoável do processo, ainda que não fosse uma garantia

---

25 CABRAL, Antonio do Passo. A duração razoável do processo e a gestão do tempo no projeto de novo Código de Processo Civil. In: *Alexandre Freire; Bruno Dantas; Dierle Nunes; Fredie Didier Jr.; José Miguel Garcia Medina; Luiz Fux; Luiz Henrique Volpe Camargo; Pedro Miranda de Oliveira. (Org.). Novas tendências do Processo Civil: estudos sobre o projeto de novo CPC, v.1.* Salvador: Juspodivm, 2013, pp.73-99.

26 MARINONI, Luiz Guilherme. *Abuso de defesa e parte incontroversa da demanda.* São Paulo: Revista dos Tribunais, 2007, pp.46-47.

constitucional, se imporia com muito mais razão no processo penal (o que abrange o inquérito policial ou qualquer outro procedimento investigativo).

Portanto, a preocupação do novo Código com a referida garantia deve inspirar também a reinterpretação do processo penal. Nesse diapasão, as soluções encampadas pelo CPC/2015 deverão ser observadas também no processo penal, o que abarca a promoção da solução consensual do processo, o estímulo ao emprego da mediação, o dever de cooperação, a preocupação com a ordem cronológica dos processos, o respeito aos precedentes etc.

O magistrado, enquanto garantidor dos direitos fundamentais e gestor do processo, deve assegurar, também no processo penal, o contraditório na vertente participativa, por ser este traço distintivo do Estado Democrático de Direito.

Curioso notar que o CPC/2015 revela um hibridismo vanguardista entre a *civil law*, derivado do sistema romano-germânico e no qual nosso direito possui raízes mais profundas, e *a common law*, oriunda do direito anglo-saxão e cuja influência se fez notar com mais força em nossa CRFB/88 e em nosso modelo de controle de constitucionalidade.

Barbosa Moreira, referindo-se ao CPC/1973, afirmava que:

> [...] é possível concluir com segurança que, nos alicerces e na estrutura básica, o processo civil brasileiro é fruto genuíno do sistema jurídico romano-germânico. Filia-se, pois, à família a que tradicionalmente se vem aplicando a denominação inglesa de *civil law*, em oposição à de *common law*, pela qual se designa o direito dos países anglo-saxônicos e daqueles que o assimilaram em razão de vicissitudes históricas.[27]

Destacava, ainda:

> Isolados, contudo, até pouco tempo atrás, eram os casos de institutos processuais oriundos de outros sistemas jurídicos que não o dominante no continente europeu. Correlatamente, a doutrina brasileira só costumava abeberar-se na produção científica da Europa continental, com manifesta preferência pela italiana. Para tanto contribuíram vários fatores: entre eles, de modo compreensível, a facilidade de acesso resultante da afinidade linguística, mas também a marca duradoura do justo prestígio firmado em nosso país pelo grande mestre peninsular Enrico Tullio Liebmanm cuja presença no Brasil, por vários anos, foi poderoso catalisador dos estudos processuais entre nós.[28]

No entanto, o próprio mestre assentava que a paisagem começava a se modificar, com a crescente curiosidade por institutos norte-americanos, acentuando a influência da globalização[29].

---

27 BARBOSA MOREIRA, José Carlos. O processo civil brasileiro entre dois mundos. In: *Revista Forense*, v. 359. Rio de Janeiro, 2002, p.124.

28 Ibidem, p.125.

29 Idem: "A paisagem começou a modificar-se há cerca de três décadas, com crescente curiosidade em relação a institutos norte-americanos, sobretudo, de início, na área de proteção de interesses

Por outro lado, defendia que não estava ocorrendo um progressivo deslocamento do processo civil brasileiro para a órbita do *common law*, em razão do distanciamento de notas essenciais do sistema processual brasileiro e do norte-americano, como por exemplo a forte inclinação dos americanos pelos meios conciliatório (ADR – *alternative dispute resolution*)[30].

O questionamento ensejou célebre artigo, cuja conclusão é de imperiosa transcrição:

> Em última análise, o que sugere a realidade é que o processo civil brasileiro e o norte-americano se inserem – para empregar expressão vaga, mas talvez insubstituível – em culturas jurídicas distintas. Não significa isso que não possamos servir-nos dos frutos da experiência dos Estados Unidos, tão interessante por mais de um prisma: já o temos feito, e estamos por fazê-lo de novo, se vingarem as propostas da reforma constitucional. Significa, entretanto, a meu ver, que, como até aqui, as importações se limitarão em regra à periferia do sistema, sem penetrar-lhe o âmago. Transplantes mais profundos correrão provavelmente o risco da rejeição. Para o bem e para o mal, o ordenamento pátrio é – e continuará a ser – um rebento da família romano-germânica, e, portanto, de *civil law*.[31]

Quinze anos se passaram desde o predito alerta. Não ousamos discordar de Barbosa Moreira, mas a promulgação e vigência do CPC/2015 podem estar dando

---

supraindividuais, onde passaram a atrair certa atenção figuras como a da *class action*. Seja como for, é indubitável que o peso do universo anglo-saxônico tem aumentado no direito brasileiro, talvez mais noutros campos, agora diretamente alcançados pelas vagas da globalização econômica, mas também no terreno do processo civil. Vejamos alguns exemplos: a) No plano dos princípios, ponto que chama a atenção é a presença inédita até 1988 em texto constitucional, da fórmula "devido processo legal", tradução quase literal da expressão *due processo of law*, de antiga linhagem anglo-saxônica. Viu-se ela inserida no art. 5º, LIV, da vigente Carta da República, onde, do ponto de vista processual, funciona como norma de encerramento, a incidir em casos não cobertos por disposições consagradoras de garantias específicas, como a do contraditório e ampla defesa (LV), a do juiz natural (LIII), a publicidade dos atos do processo (LX) e outras – garantias que, por sinal, não se podem propriamente considerar peculiares ao mundo de common law[...]".

---

30 Ibidem, p. 9: "[...] leva-nos à consideração de outro ponto em que os dois sistemas diferem claramente em seu funcionamento concreto, a saber a forte inclinação dos norte-americanos a fazer uso dos meios conciliatórios – ou, em termos mais genéricos, dos expedientes que se costumam reunir sob a denominação de *alternative dispute resolution* (*ADR*, na conhecida abreviação). Embora os Estados Unidos tenham a fama de ser uma nação litigiosa, vale-se o seu povo com crescente intensidade de negociação, da mediação, da arbitragem e de diversas formas de combinação entre essas figuras, florescendo no país uma quantidade surpreendente, para nós, de órgãos e instituições, que se encarregam de exercer extrajudicialmente tais atividades. Enquanto isso, no Brasil, setores doutrinários atuantes conseguem, sim, que o legislador se mova no sentido de prestigiar os métodos alternativos, mas até agora nem a doutrina, nem as leis vêm obtendo êxito em desviar para esse canal um volume de litígios comparável, nem mesmo de longe, à torrente dos que deságuam na Justiça".

31 BARBOSA MOREIRA, José Carlos. O processo civil brasileiro entre dois mundos. Revista Forense, Rio de Janeiro, v. 359. pp. 123-130, 2002.

azo a um novo tempo. É indubitável que nascemos na família *civil law* e não podemos negar ou esquecer nossas origens. Todavia, apesar da inegável influência familiar no desenvolvimento de um indivíduo, bem como das tradições culturais em que foi criado, chega um momento em que todo ser humano tende a se tornar independente de seus pais, com personalidade própria.

O novo Código de Processo Civil consubstancia a nossa maturidade jurídica, representando o advento de nossa maioridade. Não se trata de um diploma que simplesmente reproduz o que a legislação de outro país, seja da família da *civil law* ou da *common law*, mas que acolhe os ensinamentos e a experiência de cada uma delas, transmutando-os em institutos próprios, numa singularidade peculiar à nossa realidade.

Exemplo disso é o incidente de resolução de demandas repetitivas[32]. Trata-se de procedimento, previsto pelo novel diploma, que será aplicável quando houver efetiva repetição de processos que contenham controvérsia sobre a mesma questão de direito com risco de ofensa à isonomia e à segurança jurídica. Há grande celeuma doutrinária quanto a origem do instituto no direito comparado, permeando tal discussão a referência aos termos "causa-piloto" e "procedimento modelo", conforme se faça a alusão a *Group Litigation Order* inglesa e o *Pilotverfharen* austríaco (causa-piloto) ou ao *Musterverfahren* alemão (procedimento-modelo)[33]. Contudo, o IRDR é um instituto processual brasileiro de inspiração plural[34], não se trata de um mecanismo simples

---

32 CAPÍTULO VIII
DO INCIDENTE DE RESOLUÇÃO DE DEMANDAS REPETITIVAS
Art. 976. É cabível a instauração do incidente de resolução de demandas repetitivas quando houver, simultaneamente:
I – efetiva repetição de processos que contenham controvérsia sobre a mesma questão unicamente de direito;
II – risco de ofensa à isonomia e à segurança jurídica.
§ 1º A desistência ou o abandono do processo não impede o exame de mérito do incidente.
§ 2º Se não for o requerente, o Ministério Público intervirá obrigatoriamente no incidente e deverá assumir sua titularidade em caso de desistência ou de abandono.
§ 3º A inadmissão do incidente de resolução de demandas repetitivas por ausência de qualquer de seus pressupostos de admissibilidade não impede que, uma vez satisfeito o requisito, seja o incidente novamente suscitado.
§ 4º É incabível o incidente de resolução de demandas repetitivas quando um dos tribunais superiores, no âmbito de sua respectiva competência, já tiver afetado recurso para definição de tese sobre questão de direito material ou processual repetitiva.
§ 5º Não serão exigidas custas processuais no incidente de resolução de demandas repetitivas.

33 CABRAL, Antonio do Passo. Comentários ao novo Código de Processo Civil. Rio de Janeiro: Forense, 2015, p.1417. Ver, ainda, do autor: "o novo procedimento-modelo (*Musterverfahren*) alemão: uma alternativa às ações coletivas". Revista de Processo, 2007, vol. 147, pp. 123-146 e "A escolha da causa-piloto nos incidentes de resolução de processos repetitivos". Revista de Processo, vol. 231, maio/2014.

34 TEMER, Sofia. *Incidente de resolução de demandas repetitivas*. 1ª ed., Salvador: Juspodivm. 2016, pp.65-79.

mente importado, como já ocorreu muitas vezes em nossa história, mas sim de incidente genuinamente nacional, que foi criado pelo CPC/2015.

Podemos, aqui, traçar um paralelo com o movimento modernista que marcou nossa literatura, em especial, o "Manifesto Antropófago" [35]ou "Antropofágico". Trata-se deum manifesto literário escrito por Oswald de Andrade, publicado em maio de 1928, que tinha por objetivo repensar a dependência cultural brasileira.

O manifesto foi publicado na primeira edição da Revista de Antropofagia, meio de comunicação responsável pela difusão do movimento antropofágico brasileiro. A linguagem do manifesto era majoritariamente metafórica, contendo fragmentos poéticos bem-humorados e tornou-se a fonte teórica principal do movimento[36].

Propunha, basicamente, a devoração da cultura estrangeira e das técnicas importadas e sua reelaboração com autonomia, transformando o produto importado em exportável. O nome do manifesto recuperava uma crença indígena[37]: os índios antropófagos comiam o inimigo em um ritual, como forma de assimilar suas qualidades.[38]

Nesse sentido, qualificamos o novo Código de Processo Civil como um diploma processual antropófago por se tratar de um Código genuinamente brasileiro, que traz em seu espírito as idéias provenientes tanto da cultura jurídica romano-germânica quanto da anglo-saxã, isto é, tanto da *civil law* quanto da *common law*, mas sem que se trate de uma simples importação.

---

35 LIMA, Bruna Della Torre de Carvalho. *Vanguarda do Atraso ou Atraso da Vanguarda?* Oswald de Andrade e os teimosos destinos do Brasil. Dissertação (Mestrado em Antropologia Social). Faculdade de Filosofia, Letras e Ciências Humanas. Departamento de Antropologia da Universidade de São Paulo, 2012. Disponível em: http://www.teses.usp.br/teses/disponiveis/8/8134/tde-11032013-122116/pt-br.php, último acesso em 22/01/2017.

36 "Só a ANTROPOFAGIA nos une. Socialmente. Economicamente. Filosoficamente. Única lei do mundo. Expressão mascarada de todos os individualismos, de todos os coletivismos. De todas as religiões. De todos os tratados de paz. *Tupi, or not tupi that is the question.*" Disponível em: http://www.ufrgs.br/cdrom/oandrade/oandrade.pdf, acesso em 28 jan.2017.

37 CLASTRES, Pierre. *Arqueologia da violência – pesquisas de antropologia política.* São Paulo, 2004.

38 No ponto, imperioso traçar alguns esclarecimentos: a antropofagia praticada pelos índios tupis, em especial os tupinambás, assustava os portugueses que colonizaram o Brasil, mas era restrita aos prisioneiros de guerra e considerada uma honraria tanto para o prisioneiro quanto para seus algozes, ensejando o eterno ciclo de vingança tribal próprio da cultura tupinambá. Tanto que, ao contrário do que um europeu julgava natural, um índio prisioneiro não desejava fugir, já que a fuga seria uma desonra imperdoável para sua tribo. Incumbia a esta apenas vingar a sua morte, já que os combatentes valorosos eram justamente aqueles que morriam em solo inimigo. O guerreiro capturado, antes mesmo de sua morte, já estava definitivamente excluído de sua comunidade, e ainda que conseguisse escapar, seria rejeitado pelos líderes de sua aldeia. Ao devorar um inimigo temido, os tupinambás acreditavam que incorporavam sua bravura e habilidades em combate. Assim, pela mesma razão, não comiam a carne daqueles que consideravam covardes, nem de animais como a preguiça, acreditando que isso os tornaria piores na batalha. GUARACY, Thales. *A conquista do Brasil.* São Paulo: Planeta, 2015, pp.35-57.

No Manifesto Antropofágico, Oswald de Andrade fez uso de teorias de diversos autores e pensadores mundiais, como Freud, Marx, Breton, Francis Picabia, Rousseau, Montaigne e Hermann Keyserling, retomando características dos primórdios da formação cultural brasileira, quais sejam: a combinação das culturas primitivas (indígena e africana) e da cultura latina, formada pela colonização europeia.[39]

Havia, ainda, a preocupação de que houvesse efetiva absorção cultural e não mera utilização de elementos importados, de modo que a cultura brasileira não se tornasse um amontoado de fragmentos de culturas exteriores.

Nesse diapasão, o Manifesto Antropofágico foi um marco no Modernismo brasileiro, pois propôs a alteração da forma com que o brasileiro encarava o influxo de elementos culturais do mundo, ensejando a ascendência de uma identidade nacional e o orgulho da produção cultural própria.

O novel Código, em verdade, também busca assimilar as melhores qualidades de cada uma das tradições, exsurgindo em seu bojo institutos próprios e que almejam ser adequados a nossa realidade, tornando-se passível de verdadeira "exportação", ou seja, de se tornar um referencial para outros países acatarem ao criarem novos diplomas.

Resgata-se, assim, como metáfora, a crença cultural tupinambá, que através da antropofagia ritualística buscava incorporar as qualidades dos inimigos das mais variadas etnias. Pois bem, também nós, com o CPC/2015, buscamos abarcar as virtudes do modelo europeu e do modelo americano, criando um diploma próprio e vanguardista, com espírito único.

Oportuno ressaltar que, tratando das diferenças do *common law* (Americano e Inglês) e do sistema Continental (Romano Germânico), verifica-se que mesmo dentro de cada país é possível encontrarmos modelos híbridos – servindo realmente os modelos puros mais para fins acadêmicos e de pesquisa do que propriamente para refletir a realidade dos sistemas processuais.[40]

Contudo, na verdade, assentam-se eles em concepções diferentes da própria justiça e é aqui que reside o traço único do CPC/2015, que não só concilia a jurisprudência com os diplomas legais, como funde a busca pela pacificação dos litigantes (*conflict-solving process*) com a implementação de políticas públicas (*policy-implementing process*), sem descurar da observância das garantias fundamentais processuais.

A nossa maturidade jurídica inaugura uma nova era e nos permite uma concepção brasileira de processo e justiça.

39 FREYRE, Gilberto. *Casa Grande e Senzala: formação da família brasileira sob o regime da economia patriarcal.*São Paulo: Editora Global, 2006.

40 DAMASKA, Mirjan. *I volti della giustizia e del potere: analisi comparatistica del processo.* Edizione originale: The faces of justice and State Authority. Tradução de Andrea Giussani (capitoli III, IV e V) e Fabio Rota (capitoli I, II e VI). Bologna: Società editrice il Mulino, 2002. p. 41.

4. A APLICABILIDADE DO CÓDIGO DE PROCESSO CIVIL DE 2015 AO PROCESSO PENAL: A ÁRVORE PROCESSUAL E O DIÁLOGO DAS FONTES

A partir das premissas dos modernos mestres italianos, como Ferri, Comoglio, Taruffo, Trocker e Varano, entre outros[41], o processo é visto, necessariamente, sob o prisma constitucional. Se o ordenamento jurídico fosse uma árvore, o direito constitucional seria o tronco e o processo civil seria um ramo ou galho dessa árvore.

Nessa ordem de ideias, a confluência das normas processuais constitucionais com as normas fundamentais previstas no CPC/2015 resulta no ponto em que nasce a copa da árvore e de onde se originam todos os ramos.

Por sua vez, as normas processuais penais, nascidas em sua maioria em 1941, são ramos antigos e, por vezes, já secos e sem vida, num evidente descompasso com o restante da árvore processual. Enquanto isso, as normas emanadas do CPC/2015 brotam e florescem, como se chegassem a primeira primavera, dando vida a densa e robusta copa metafórica.

Evidencia-se, portanto, a notória integração entre os diversos ramos do processo, como resultado de sua origem comum, qual seja, o paradigma processual oriundo de nossa Carta Magna.

Marcelo Cattoni adverte com propriedade:

> Assim, no Brasil e cada vez mais em toda parte, a Constituição estabelece um verdadeiro Modelo Constitucional do Processo, estruturante do Direito Processual, que não pode ser desconsiderado, sob pena de inconstitucionalidade e até mesmo de descaracterização do instituto do processo enquanto tal. Nosso controle de constitucionalidade pode dar-se como preliminar de mérito em qualquer processo, cível ou penal, de tal forma que todo cidadão tem o direito de se opor ou de arguir uma inconstitucionalidade e todo juiz ou tribunal, da primeira a última instância, não só pode, mas deve, como atividade típica e função intrínseca à jurisdição brasileira, apreciar a constitucionalidade da lei ou ato normativo de qualquer espécie, negando a aplicação de comando eivado de inconstitucionalidade.[42]

Outra não é a lição de José Alfredo Oliveira Baracho[43]:

> Existem diversas concepções sobre a Teoria ou doutrina geral do processo ou do Direito Processual que parte da sistematização dos princípios, conceitos e instituições comuns a todos os ramos do processo, estudados de maneira unitária, de conformidade com as instituições fundamentais de toda a disciplina processual. Em cada um dos segmentos pertencentes

---

41 Ver, por todos, TROCKER, Nicolò. *Processo civile e costituzione: Problemi di diritto tedesco e italiano.*Milano: Giuffrè, 1974.

42 CATTONI DE OLIVEIRA, Marcelo Andrade. Contribuições para uma teoria discursiva da constituição e do processo constitucional. In: Fredie Didier Junior. (Org.). *Teoria do Processo-Panorama doutrinário mundial-segunda* série. 1.ed.Salvador: Juspodivm, 2010, v. 1, pp.615-644.

43 BARACHO, José Alfredo de Oliveira. *Direito processual constitucional: aspectos contemporâneos.* Belo Horizonte: Fórum, 2006, pp.320-322.

> ao campo do Direito Processual, existem matizes e modalidades peculiares que não impedem a existência de direcionamentos gerais. A independência das diversas disciplinas processuais, a respeito do direito substantivo, é relativamente recente, sendo que a distinção se iniciou com o Direito Processual Civil e o Direito Processual Penal, sendo que apenas mais tarde surgiram outros segmentos, como o Direito Processual Administrativo, o Direito Processual do Trabalho, o Direito Processual Agrário e novos segmentos da processualística. Com o tempo apareceu a mais moderna orientação processualística, através do processo constitucional.

Aliás, por oportuno, cabe assentar ser necessária uma desmistificação das distinções envolvendo processo penal e civil. De fato, são muitas as peculiaridades envolvendo cada um dos ramos e não estamos aqui a propor a sua reunificação. Entretanto, a usual alegação de que o processo penal envolve a liberdade e o processo civil o patrimônio, e que por tal razão a distinção entre ambos seria ampla, simplesmente é uma grande falácia.

O processo civil pode envolver a liberdade, como é a hipótese da prisão do devedor de alimentos, enquanto que muitos dos processos penais hoje em dia dificilmente levam a uma pena de prisão. É o caso das infrações de menor potencial ofensivo, cujo contingente é enorme, destacando-se, ainda, que mesmo os crimes apenados com mais de 2 anos de prisão resultam, muitas vezes, em penas restritivas de direito ou pecuniárias, quando não ocorre a suspensão condicional do processo.

Noutro giro, contudo, em diversas ocasiões a questão patrimonial, típica do processo civil, pode levar o indivíduo a um desespero ainda maior do que a restrição temporária de sua liberdade. Ademais, temas essenciais como família, filiação e paternidade tem notório viés publicista.

Ante o exposto, resta evidente que tanto o processo penal quanto o civil, guardadas as suas especificidades, devem ser "justos", ou seja, há de se zelar pelo respeito aos direitos fundamentais e se assegurar as garantias processuais constitucionais.

Marcelo Lessa Bastos exclama:

> Ora, o princípio do devido processo legal não escolhe o ramo do processo para incidir. Dever ter aplicação tanto no processo civil, como no processo penal, e em sua dimensão substantiva, como é de conhecimento geral. E, dentro do ramo do processo em que está sendo aplicado, também não distingue a natureza do direito em questão."[44]

Não obstante a existência de diversos autores negando uma teoria geral do processo única[45], posição com a qual não concordamos, inegável até mesmo para estes é a influência do processo civil no processo penal, a qual é ratificada pelos tribunais superiores em diversos julgados.

---

44 BASTOS, Marcelo Lessa. A prova como realização do direito das partes e o papel do juiz numa teoria geral do processo. In: *BASTOS, Marcelo Lessa (Org.). Tributo a Afrânio Silva Jardim – Estudos e Escritos.* Rio de Janeiro: Lumen Juris, 2010. v. 1. p. 389.

45 LOPES JÚNIOR, Aury. *Introdução crítica ao processo penal: fundamentos da instrumentalidade garantista*. Rio de Janeiro: Lúmen Júris, 2004.

A aplicação supletiva e subsidiária se faz não só por força do disposto no art. 3º do CPP[46], como também por absoluta necessidade. E esta certamente aumentará com a vigência de um Código de Processo Civil moderno, cujos dispositivos e institutos podem revigorar as anacrônicas previsões do Código de Processo Penal, conferindo-lhe uma unidade interpretativa à luz do devido processo constitucional. Trata-se do diploma de maior relevo do Estado Democrático Constitucional.

Apenas a título ilustrativo, na época em que o nosso Código de Processo Penal entrou em vigor, isto é, em 1941, a máquina de escrever era o que havia de mais moderno e a principal forma de comunicação da população era através das cartas distribuídas pelos correios, enquanto em 2015, data de promulgação do CPC/2015, vive-se a era da informática, com *notebooks*, *smartphones* e *whatsapp*.

A atuação dos juízes, enquanto garantidores dos direitos fundamentais no Estado Democrático de Direito, é imperiosa para consecução dos valores propalados pela Constituição também no processo penal.

O fenômeno aludido encontra paralelo no processo penal espanhol, conforme aponta Lorenz M. Bujosa Vadell (Catedrático de Derecho Procesal – Universidad de Salamanca):

> A parte mais importante da legislação processual penal espanhola é contida basicamente na chamada *Ley de Enjuiciamiento Criminal*, o nosso Código processual penal centenário, promulgada em setembro de 1882. Foi esta uma lei muito avançada no seu tempo, que instaurou em nosso país o julgamento oral e público, aberto unicamente pela dedução da acusação por alguém diferente do juiz ou tribunal sentenciador, não somente o Ministério Público, também o acusador particular, ou seja, a vítima ou o prejudicado pela infração criminal, e mesmo pelo acusador popular, isto é, qualquer cidadão que defende o interesse geral no processo penal. A regra claramente acusatória e garantista da fase de julgamento não se estendeu na fase precedente, que remanesceu em seus caracteres inquisitórios. No século XX, houve algumas regressões em reformas mais concretas. Mas foi a Constituição de 1978 e, principalmente, com o trabalho gradual do nosso Tribunal Constitucional quando se fez uma releitura do processo penal desde o ponto de vista dos direitos fundamentais, das liberdades públicas e das garantias essenciais, que se avançou para um processo justo.[47]

Vadell faz ainda salutar reflexão:

> Ainda hoje naturalmente o problema da efetividade das garantias constitucionais de conteúdo processual é uma questão central em qualquer Estado de Direito. Não pode ser de outra maneira também no ordenamento espanhol. A complexa tarefa de constitucionalização não pôde ainda terminar. É uma missão permanente. Temos problemas velhos que não tem ainda uma solução idônea na lei processual penal, e questões relativamente

---

46 Art. 3º A lei processual penal admitirá interpretação extensiva e aplicação analógica, bem como o suplemento dos princípios gerais de direito.

47 VADELL, Lorenzo M. Bujoso. Direito Processual Penal: novas orientações. In: *DIDIER Jr., Fredie (coord.). Teoria Geral do Processo: panorama mundial.* v. 02. Bahia: Ed. JusPodivm, 2010, p. 500.

> novas que precisam de normas concretas que não podiam ter sido previstas precisamente pela sua relativa novidade.[48]

As normas processuais constitucionais configuram o elemento nuclear de nosso sistema processual, no entorno da qual gravitam todas as demais normas de processo. Há, entretanto, profunda confluência entre as previsões constitucionais e as normas fundamentais do processo previstas no CPC/2015, que não só consolidam aquelas como conferem maior dimensão, razão pela qual devem se espraiar pelos demais ramos processuais.

Positivando o caráter central do Código de Processo Civil no direito processual pátrio, o art. 15[49] determinou a aplicação subsidiária e supletiva do diploma ao processo eleitoral, trabalhista e administrativo quando ocorrer a ausência de normas próprias.

Curiosamente, todavia, a referida norma não faz referência ao processo penal. Contudo, não se trata de silêncio eloquente, já que o próprio CPP, em diversas passagens reconhece a aplicação subsidiária do CPC. Sepultando qualquer dúvida, a doutrina[50] e nossos tribunais superiores também possuem consolidada jurisprudência nesse sentido[51].

Registre-se que os processos criminais chegaram a ser previstos na redação do dispositivo durante a tramitação, mas, inacreditavelmente, a referência foi suprimida. Portanto, o art. 15 do CPC/2015 deve ser objeto de interpretação extensiva, de forma a abranger o processo penal.

Cabe esclarecer, acolhendo-se as lições de Hermes Zaneti Junior[52], que:

> a aplicação do CPC aos demais processos depende, contudo, de um duplo filtro de adaptação: (a) as normas do CPC não podem estar em conflito com os princípios e a lógica próprias do direito processual que será completado; (b) há necessidade de conformação constitucional no resultado obtido com a aplicação do CPC... Não havendo conflito entre as normas do ramo processual específico e não ocorrendo desconformidade com os direitos fundamentais previstos na Constituição Federal é possível a aplicação.

---

48 Ibidem, p.501.

49 Art. 15. Na ausência de normas que regulem processos eleitorais, trabalhistas ou administrativos, as disposições deste Código lhes serão aplicadas supletiva e subsidiariamente.

50 PACELLI, Eugênio; FISCHER, Douglas. *Comentários ao Código de Processo Penal*. 2ª ed. Rio de Janeiro: Lumen Juris, 2011, pp.10-12; TOLEDO, Francisco de Assis. *Princípios Básicos de Direito Penal*, 5ª ed., 10. tir. São Paulo: Saraiva, 2002, p.29.

51 HC 63720/DF, Relator Ministro Felix Fischer, Quinta Turma, data do Julgamento 05/10/2006, data da publicação/fonte DJ 13/11/2006 p. 285

52 ZANETI JR., Hermes. Aplicação supletiva, subsidiária e residual do CPC ao CPP. Precedentes normativos formalmente vinculantes no processo penal e sua dupla função. Pro futuro in malam partem (matéria penal) e tempus regit actum (matéria processual penal). In: *DIDIER JUNIOR, Fred (Coord.); CABRAL, Antonio do Passo. PACELLI, Eugênio; CRUZ, Rogério Schietti (Org.); Coleção Repercussões do Novo CPC: Processo Penal.* Salvador: Juspodivm, 2016.

O art. 3º do CPP admite expressamente o emprego da interpretação extensiva e da aplicação analógica, reconhecendo, ainda, a possibilidade de suplementação pelos princípios gerais do direito. No tocante a estes, grassa alguma controvérsia na doutrina, mas podemos afirmar, com convicção, que abarcam os princípios constitucionais.

Assim, a dignidade da pessoa humana, enquanto fundamento de nossa república, bem como o devido processo legal, o contraditório, a duração razoável dos processos, entre outros direitos fundamentais, devem não só nortear a interpretação de qualquer norma processual penal, como balizar o próprio processo penal.

O CPC/2015 reafirma uma série de princípios de lastro constitucional, como é o caso do contraditório, tornando-lhes normas fundamentais do processo e conferindo-lhes uma dimensão ainda mais ampla (no caso do contraditório, a versão participativa), sendo, portanto, imperiosa a sua aplicação supletiva e subsidiária a todos as demais legislações processuais.

Nesse diapasão, por exemplo, os princípios da boa-fé processual (art. 5º), cooperação (art. 6º), fundamentação adequada (art. 489, §1º) e respeito aos precedentes (art. 489, §1º, V e VI; 926 e 927) devem ser observados em todos os ramos.

Como salienta Hermes Zaneti Junior, "mesmo que o Código de Processo Penal, a legislação eleitoral e o microssistema de processo coletivo não contenham normas sobre precedentes, a regra geral estabelecida no art. 927, que prevê que todos os juízes e tribunais observarão os precedentes, é aplicável para todos estes sistemas".[53]

O advento do CPC/2015 atrai a invocação do "diálogo das fontes", permitindo que diversos de seus dispositivos tenham seu campo de aplicação espraiado para outros ramos processuais.

Trata-se de uma teoria pós-moderna, idealizada pelo germânico Erik Jayme e aplicada, no Brasil, pela primeira vez, por Cláudia Lima Marques, a fim de preservar a coexistência entre o Código de Defesa do Consumidor e o novo Código Civil, permitindo que normas gerais mais benéficas supervenientes suplantassem a aplicação de norma especial (concebida para conferir tratamento privilegiado a determinada categoria), a fim de preservar a coerência do sistema normativo.

A referida autora, ao discorrer sobre a teoria, asseverou ser um método da nova teoria geral do direito muito útil e que pode ser usada na aplicação de todos os ramos do direito, privado e público, nacional e internacional, como instrumento útil ao aplicador da lei no tempo, em face do pluralismo pós-moderno de fontes, que não parece diminuir no século XXI[54].

---

53 ZANETI JR., Hermes. Aplicação supletiva, subsidiária e residual do CPC ao CPP. Precedentes normativos formalmente vinculantes no processo penal e sua dupla função. Pro futuro in malam partem (matéria penal) e tempus regit actum (matéria processual penal). In: DIDIER JUNIOR, Fred (Coord.); CABRAL, Antonio do Passo. PACELLI, Eugênio; CRUZ, Rogério Schietti (Org.); *Coleção Repercussões do Novo CPC: Processo Penal*. Salvador: Juspodivm, 2016.

54 MARQUES, Cláudia Lima. O "Diálogo das Fontes" como método da nova teoria geral do Direito: um tributo a Erik Jayme. In: *MARQUES, Cláudia Lima. Diálogo das Fontes do Conflito à Coordenação de Normas no Direito Brasileiro*. São Paulo: Revista dos Tribunais, 2012, pp.18-19.

A ideia não é nova. Santi Romano, desde 1918, defendia uma visão concreta do direito como um corpo vivo de normas, isto é, uma ordem jurídica seria um fenômeno da vida real[55]. Por sua vez, em 1935, Karl Larenz defendeu que a unidade do direito ensejava uma intepretação sistemática e coerente de normas[56].

Analisando a evolução jurídica ocorrida desde a ascensão do positivismo até o florescimento do neoconstitucionalismo, Bruno Miragem assevera que:

> A neutralidade judicial e sua vinculação estrita ao texto da lei são concebidas como limitação do poder do Estado, e sua ingerência sobre as relações entre particulares exigiu a formação de uma lógica rigorosa, que pressupõe a unidade do sistema normativo e a não contradição entre normas pertencentes ao mesmo ordenamento.... Ocorre que essas soluções ofertadas pela ciência do direito, com expresso objetivo de assegurar sua validade e autoridade frente ao caráter dinâmico das relações da vida sobre as quais deve incidir a norma, perdem atualidade em vista da crescente complexidade da sociedade contemporânea e da afirmação dos direitos fundamentais e da dignidade da pessoa humana como valores superiores do ordenamento jurídico. Esta circunstância, que remonta ao segundo pós-guerra e o constitucionalismo de valores que lhe sucede, determina que a interpretação e aplicação das normas jurídicas se orientam no sentido da realização dos direitos fundamentais.[57]

Erik Jayme, ao analisar o reflexo da cultura da comunicação no direito, afirma que a "solução dos conflitos de leis emerge agora de um diálogo entre as fontes mais heterogêneas..." e que "[...] estas fontes todas não mais se excluem, ou não mais se revogam mutuamente; ao contrário, elas falam uma às outras e os juízes são levados a coordenar estas fontes escutando o que as fontes dizem."[58]

Assim, o "sistema jurídico pressupõe uma certa coerência – o direito deve evitar a contradição. O juiz, na presença de duas fontes... com valores contrastantes, deve buscar coordenar as fontes, num diálogo das fontes (*Dialog der Quellen*)"[59].

Cláudia Lima Marques[60] destaca que:

> Ao valorar os princípios, normas e o sistema de valores imanentes nas Constituições na lista de direitos fundamentais de cada país, a teoria de Erik Jayme homenageia a lógica de aplicação das leis de Perelman, pois para este autor o direito tem uma função social a realizar,

---

55 ROMANO, Santi. *L'ordre juridique*. Reimp. Paris: Dalloz, 2002, p. 5.

56 KRAMER, Ernst A. *Juristiche Methodenlehre.* München: Beck, p. 65.

57 MIRAGEM, Bruno. Eppur si muove: Diálogo das Fontes como método de interpretação sistemática no Brasil. In: *MARQUES, Cláudia Lima. Diálogo das Fontes do Conflito à Coordenação de Normas no Direito Brasileiro.*São Paulo: Revista dos Tribunais, 2012. pp. 70-71.

58 JAYME, Erik. Identité culturelle et integration: le droit international privé postmoderne. *In: Recueil des Cours de l'Academié de Droit International de La Haye, Haye,* Nijhoff, 1995, II, p. 259.

59 JAYME, Erik. Direito Internacional e privado e cultura pós-moderna. In: *Cadernos do PPGD/UFRGS* 1, nº 1, p. 59-68, mar. 2003, p. 109.

60 MARQUES, Cláudia Lima. O "Diálogo das Fontes" como método da nova teoria geral do Direito: um tributo a Erik Jayme. In: *MARQUES, Cláudia Lima. Diálogo das Fontes do Conflito à Coordenação de Normas no Direito Brasileiro.* São Paulo: Revista dos Tribunais, 2012. pp. 18-19.

> e, portanto, de uma forma realista, não pode ser concebido sem que se leve em conta a sociedade que deve reger.[61]

Nessa linha de ideias, há de destacar o art. 5º da Lei de Introdução às normas do Direito Brasileiro (LINDB)[62], que deve balizar a aplicação de todas as leis, e o art. 8º do CPC/2015[63], que segundo a nossa compreensão, é norma fundamental do processo, alcançando todos os ramos processuais.

Ambos impõem ao magistrado que, ao interpretar e aplicar as normas jurídicas, o faça buscando atender os fins sociais a que ela se dirige e às exigências do bem comum, sendo que a norma processual, por ter sido editada já sob a égide da CRFB/88, ainda determina que se procure resguardar e promover a dignidade da pessoa humana, observando a proporcionalidade, a razoabilidade, a legalidade, a publicidade e a eficiência, isto é, valores constitucionais.

O diálogo das fontes deve ser norteado pelos valores constitucionais e pelos direitos humanos ou fundamentais, possibilitando influências recíprocas entre diplomas diversos (por exemplo o CPC/2015 e o CPP), bem como a aplicação conjunta de duas normas ao mesmo tempo e ao mesmo caso, seja complementarmente, seja subsidiariamente.

Trata-se, portanto, de uma expressão que simboliza um novo paradigma de coordenação e coerência, próprio para a interpretação de normas em tempos de fontes plúrimas. A aplicação do direito é, na pós-modernidade, um fenômeno complexo que dificilmente admite a simples subsunção do fato à norma, como ocorria no período napoleônico.

O diálogo das fontes, portanto, pode ser usado em várias áreas jurídicas, pressupondo que os direitos fundamentais e os valores constitucionais norteiem a aplicação, seja simultânea, complementar ou subsidiária, de várias fontes.

Através de seu emprego, afastam-se eventuais lacunas e até evita-se a necessidade de um exame concreto da inconstitucionalidade de alguma das normas, permitindo a escolha das leis a aplicar, na sua ordem e na interpretação delas conforme a Constituição.

Cabe destacar elucidativo trecho sobre a teoria, proferido em acórdão da relatoria do ministro Napoleão Nunes Maia Filho[64]:

> O Direito deve ser compreendido, em metáfora às ciências da natureza, como um sistema de vasos comunicantes, ou de diálogo das fontes (Erik Jayme), que permita a sua interpretação de forma holística. Deve-se buscar, sempre, evitar antinomias, ofensivas que são aos princípios da isonomia e da segurança jurídica, bem como ao próprio ideal humano de Justiça.

---

61 PERELMAN, Charles. *Logique Juridique* (reimpressão histórica da 2ª edição de 1979). Paris: Dalloz, 1999, p. 175.

62 Art. 5º Na aplicação da lei, o juiz atenderá aos fins sociais a que ela se dirige e às exigências do bem comum.

63 Art. 8º Ao aplicar o ordenamento jurídico, o juiz atenderá aos fins sociais e às exigências do bem comum, resguardando e promovendo a dignidade da pessoa humana e observando a proporcionalidade, a razoabilidade, a legalidade, a publicidade e a eficiência.

64 AgRg no REsp 1483780, Relator: Ministro Napoleão Nunes Maia Filho, Órgão Julgador: Primeira Turma, data do julgamento: 23/06/2015, data da Publicação/Fonte DJe 05/08/2015.

Nesse sentido, destaque-se que os Tribunais brasileiros acolheram plenamente a "teoria do diálogo das fontes"[65], reconhecendo, inclusive, sua aplicação de forma específica no âmbito processual[66].

Consoante Cláudia Lima Marques:

> Como os critérios da escolástica eram três – hierarquia, especialidade e anterioridade -, esta nova visão deve ter "diálogos": a nova hierarquia, que é a coerência dada pelos valores constitucionais e a prevalência dos direitos humanos; a nova especialidade, que é a ideia de complementação ou aplicação subsidiária das normas especiais, entre elas com tempo e ordem nesta aplicação, primeiro a mais valorativa, depois, no que couberem, as outras; e a nova an-

---

65 REsp 1272827 (repetitivo), Relator: Ministro Mauro Campbell Marques DJe 31/05/2013, REsp 1184765 (repetitivo) Relator: Ministro Luiz Fux DJe 03/12/2010, RMS 49370, relator: Ministro Herman Benjamin, 20/05/2016, AgRg no REsp 1483780, Relator: Ministro Napoleão Nunes Maia Filho. DJe 05/08/2015, REsp 1321614, Relator: Ministro Paulo de Tarso Sanseverino DJe 03/03/2015, AgRg no AREsp 360490, Relator: Ministro Herman Benjamin DJe 07/03/2014, REsp 1216673, Relator: Ministro João Otávio de Noronha DJe 09/06/2011, REsp 1009591, Relatora: Ministra NANCY ANDRIGHI DJe 23/08/2010

66 PROCESSUAL CIVIL. EMBARGOS À EXECUÇÃO FISCAL. EFEITO SUSPENSIVO. LEI Nº 11.382/2006. REFORMAS PROCESSUAIS. INCLUSÃO DO ART. 739-A NO CPC. REFLEXOS NA LEI Nº 6.830/1980. PRECEDENTES. 1. A defesa do executado, seja por meio de impugnação ao cumprimento da sentença (art. 475-M), ou pelos embargos ao título extrajudicial (art. 739-A), é desprovida de efeito suspensivo, podendo o juiz conceder tal efeito se o executado requerer e desde que preenchido os pressupostos do fumus boni iuris e periculum in mora e, como regra, garantido integralmente o juízo, consoante a nova sistemática do processo satisfativo, introduzida pelas Leis nºs 11.232/05 e 11.382/06. 2. A mesma ratio deve ser estendida às Execuções Fiscais (Lei nº 6.830/1980), posto receber aplicação subsidiária do CPC (art. 1º, da LEF) e não possuir regra específica acerca dos efeitos dos embargos à execução fiscal. 3. É cedido que: "No atual quadro normativo, a execução fiscal supõe prévia formação do título executivo, mediante procedimento administrativo em que se assegura o contraditório, no âmbito do qual se promove a constituição do crédito tributário e a inscrição em dívida ativa. Ademais, a própria execução fiscal comporta embargos do devedor com efeito suspensivo, se for o caso (CPC, art. 739-A, § 1º)" (AgRg na MC 13249/SP, Rel. Ministro Teori Albino Zavascki, DJ 25/10/2007). 4. Conforme decidiu a 2ª Turma desta E. Corte, no Resp. nº 1.024.128/PR, Rel. Min. Herman Benjamin: "A novel legislação é mais uma etapa da denominada "reforma do CPC", conjunto de medidas que vêm modernizando o ordenamento jurídico para tornar mais célere e eficaz o processo como técnica de composição de lides. Sob esse enfoque, a atribuição de efeito suspensivo aos embargos do devedor deixou de ser decorrência automática de seu simples ajuizamento. Em homenagem aos princípios da boa-fé e da lealdade processual, exige-se que o executado demonstre efetiva vontade de colaborar para a rápida e justa solução do litígio e comprove que o seu direito é bom. Trata-se de nova concepção aplicada à teoria geral do processo de execução, que, por essa ratio, reflete-se na legislação processual esparsa que disciplina microssistemas de execução, desde que as normas do CPC possam ser subsidiariamente utilizadas para o preenchimento de lacunas. Aplicação, no âmbito processual, da teoria do "diálogo das fontes" (DJ. 19/12/2008). 5. Deveras, a aferição pelo Tribunal a quo acerca de serem "relevantes os fundamentos dos embargos, e podendo a execução causar ao executado grave dano de difícil reparação" (fl.88) é insindicável pelo E. STJ, ante o óbice da Súmula 07. 6. Recurso especial não conhecido. (REsp 1065668/SC , Relator: Ministro Luiz Fux , Primeira Turma do STJ, data do Julgamento: 25/08/2009, data da Publicação/Fonte: DJe 21/09/2009) (grifado).

terioridade, que não vem do tempo de promulgação da lei, mas sim da necessidade de adaptar o sistema cada vez que uma nova lei nele é inserida pelo legislador. Influências recíprocas guiadas pelos valores constitucionais vão guiar este diálogo de adaptação sistemático.[67]

A autora sustenta serem possíveis três tipos de diálogo entre as variadas leis:

uma lei pode servir de base conceitual para outra, no que seria um "diálogo sistemático de coerência", em especial se uma lei for geral e a outra especial, bem como se uma for centro do sistema e a outra configurar um microssistema específico; b) uma lei pode complementar a aplicação de outra, quando suas normas, princípios e cláusulas gerais encontrarem uso subsidiário ou complementar, hipótese em que resta afastada a revogação e ab-rogação clássicas ("diálogo de complementaridade e subsidiariedade"); e, por fim, c) o "diálogo de coordenação e adaptação sistemática", em que ocorrem influências recíprocas entre sistemas, através das quais há a transposição das conquistas do *Richterrecht* (Direito dos juízes) alcançadas em uma lei para outra.[68]

Como podemos observar, os três diálogos se mostram não só possíveis, como necessários, para um processo penal efetivo e ao mesmo tempo garantista. Imperiosa a leitura do vetusto CPP à luz a Constituição Federal e do vanguardista CPC/2015, já que as normas fundamentais previstas neste propalam justamente os valores previstos na Carta Magna, permitindo uma redemocratização do processo penal.

---

67 MARQUES, Cláudia Lima. O "Diálogo das Fontes" como método da nova teoria geral do Direito: um tributo a Erik Jayme. In: *MARQUES, Cláudia Lima. Diálogo das Fontes do Conflito à Coordenação de Normas no Direito Brasileiro.* São Paulo: Revista dos Tribunais, 2012. pp.30-31.

68 Ibidem, p.32.

THE BRAZILIAN WRIT OF SECURITY: FROM A LATIN AMERICAN AND U.S. STANDPOINT[1]

Ángel R. Oquendo

In contrast to most other Latin American nations, Brazil has not a writ of protection, but rather a writ of security. The latter developed partly under the influence of – and therefore resembles considerably – the former, particularly the Mexican version.[2] Both writs offer a special, speedy procedure to vindicate constitutional and other entitlements.

In Mexico and Venezuela, for example, the protection suit incorporates the writ of *habeas corpus*. The Brazilian Constitution, in turn, resembles the rest of its Latin American counterparts insofar as it separates the writ of securityfrom the writ of *habeas corpus*. In fact, the former mechanismis available only when the writ of *habeas corpus* or *habeas data* does not lie.[3] In Brazil, like in many other countries in the region,[4] the *habeas data* enables individuals to access and to correct information about them in the government's possession.[5]

The history of the *habeas corpus* and that of the writ of securityare intimately intertwined in Brazil. Brazilian law borrowed the concept of *habeas corpus* from English law early in the nineteenth century.[6] The judiciary gradually extended the writ to cover cases of violation of not only personal liberty but also any of the constitutionally gua-

---

1 I would like to thank Roberto Rodrigues and Claudia Schubert for their invaluable contributions to the development of the ideas outlined in this paper. I have myself undertaken the translations of the quoted non-English-language materials and vouch for their accuracy.

2 *See* HELY LOPES MEIRELLES, MANDANDO DE SEGURANÇA 22 n.2 (2000); CARLOS ALBERTO MENEZESDIREITO, MANUAL DO MANDADO DE SEGURANÇA 7 (1999).

3 CONST. (Braz.) (1988), art. 5(LXIX). *See*ARRUDA ALVIM, MANDADO DE SEGURANÇA E DIREITO PÚBLICO 351 (1995).

4 *See* CONST. (Arg.) (1994), art. 43; CONST. (Bol.) (2009), art. 130(I); L. 19.628 (Chile) (1999), arts. 12-16; CONST. (Colom.) (1991), art. 15; CONST. (Ecuad.) (2008), art. 92; CONST. (Guat.) (1985), art. 31; CONST. (Nicar.) (1987), art. 26(4); L. 6 (Pan.) 2002; CONST. (Para.) (1992), art. 135; CONST. (Peru) (1993), art. 200(3); CONST. (Venez.) (1999), art. 28.

5 CONST. (Braz.) (1988), art. 5(LXXII). *See*A PANORAMA OF BRAZILIAN LAW 389 n.5 (Jacob Dolinger & Keith S. Rosenn eds., 1992).

6 *See, generally*, Phanor J. Eder, "*Habeas Corpus* Disembodied: The Latin American Experience" in XXTH CENTURY COMPARATIVE AND CONFLICTS OF LAW 463 (Kurt H. Nadelmann, Arthur von Mehren & John N. Hazard eds., 1961); DIREITO, *supra* note 83, at 8.

ranteed freedoms. In order to stop this development and reduce the courts' caseload, a 1926 constitutional amendment established "that *habeas corpus* was applicable only where one suffers or is in imminent danger of suffering violence by imprisonment or illegal constraint in his freedom of locomotion."[7] "To protect those rights left unprotected when *habeas corpus* was cut back to cases involving threatened or actual restraints on personal movement, the Brazilians created a new juridical institution, the writ of security (*mandado de segurança*), which combines in a single writ the effective characteristics of the Anglo-American writs of mandamus, prohibition, *quo warranto*, and injunction."[8] Because the writ has historically sought to fill in the gaps left upon the curtailment of the *habeas corpus*, Carlos Alberto Menezes Direito argues for an expansive and flexible interpretation.[9]

The 1934 Constitution, in its Article 113, No. 23, introduced the writ of security, while Law 191, of January 16, 1936, regulated its details.[10] With the ascent of authoritarianism in 1937, the writ suffered significant limitations. It regained its previous status with the reinstallation of democracy in 1946. Law 1533 of December 31, 1951 subsequently provided the detailed regulation.[11] Law 12016 of August 7, 2009, in turn, revoked the preceding statute and regulated the details of the writ anew.[12]

The writ of security, according to the current 1988 Constitution, "protects summarily and clearly ascertainable rights" in cases in which "the party responsible for the illegality or abuse of power" is "a public official or the agent of a legal entity performing governmental duties."[13] The constitutional text thus specifies a couple of basic procedural requirements. It limits the protection to a certain category of entitlements, namely, those demonstrable through irrefutable documentary evidence, and it imposes a state action requirement.

Brazil's Supreme Court notes that the assertion of a summarily and clearly ascertainable right is "a constitutional prerequisite for the admissibility of a writ of security petition."[14] It insists that this "procedural requirement" means "that there must be unequivocal proof of the facts on which petitioner bases his claim, but does not bear on the claim's ultimate validity, which pertains to the merits."[15] The expression "summarily and clearly ascertainable right" in the current 1988 Constitution derives from

7 Eder, *supra* note 84, at 469. *See also*ALVIM, *supra* note 84, at 347-348.

8 KENNETH L. KARST & KEITH S. ROSENN, LAW AND DEVELOPMENT IN LATIN AMERICA: A CASEBOOK (1975). *See also*DIREITO, *supra* note 83, at 9, 53; ALVIM, *supra* note 84, at 362-363.

9 DIREITO, *supra* note 83, at 53-54.

10 ALVIM, *supra* note 84, at 345.

11 L. 1533 (Braz.) (1951).

12 L. 12016 (Braz.) (2009).

13 CONST. (Braz.) (1988), art. 5 (LXIX).

14 RE 117936-RS (Supr. Ct.) (Braz.) (1990) (Summary).

15 *Id.*

that of "clear and uncontestable right" contained in the 1934 Constitution.[16]The proof required must be exclusively documentary. In other words, there may be no genuine controversy regarding the facts. Hely Lopes Meirelles notes that in these cases "it is not the facts that are in dispute, but rather the legality of the responsible authority's act. . . ."[17] The Brazilian justices have declared that "the requirement that the right be summarily and clearly ascertainable refers to the facts. If the facts can be facially corroborated, the writ may be granted."[18]

The writ of security covers entitlements equivalent to those on which a court in the United States would issue a summary judgment.[19] The claims must, accordingly, be ascertainable from the pleadings and accompanying documents, such as affidavits and certificates.[20] If the judge would have to undertake a protracted evidentiary probe involving witnesses, judicial inspections, or experts in order to adjudicate the right, the writ will not lie.[21]

The reason for requiring a summarily ascertainable entitlement is that the writ of security, like that of protection, purports to be a speedy remedy. "Writ of security proceedings," according to the regulatory statute, "shall have priority over all other judicial actions, except the *habeas corpus*."[22]Direito elucidates this point:

> The writ of security presupposes that the evidentiary assessment of the rights submitted to judicial consideration will not entail any delay whatsoever. The necessary proof must already be in place at the time of filing so that the court may immediately protect the petitioner's right.[23]

Hence, the writ of security serves to vindicate exclusively summarily ascertainable entitlements. The protection of other rights must take place through an ordinary cause of action.

Other Latin American jurisdictions also require that the consideration of a writ of protection request take place through a summary process.[24] They often do not, however, follow Brazil in strictly excluding non-documentary evidence.

---

16 MEIRELLES, *supra* note 83, at 35 n.2; DIREITO, *supra* note 83, at 62 (1999); ALVIM, *supra* note 84, at 348.

17 MEIRELLES, *supra* note 83, at 106.

18 MS 21188/AgR-DF (Supr. Ct.) (Braz.) (1991) (Summary). *See also* MS 21098-DF (Supr. Ct.) (Braz.) (1991) (Summary) (It goes to the "essence of the writ of security's procedure the characteristic of only admitting literal, pre-constituted evidence, except for situation in which the law provides otherwise."); MS 23310-RJ (Supr. Ct.) (Braz.) (2002) (Summary). (The writ of security requires "a liquid and certain right" and therefore "presupposes non-contested facts.").

19 *See, e.g.*, FED. R. CIV. P. 56.

20 ALVIM, *supra* note 84, at 346, 349.

21 MEIRELLES, *supra* note 83, at 36.

22 L. 12016 (Braz.) (2009), art. 20.

23 DIREITO, *supra* note 83, at 64. *See alsoid.* at 69 & 71. *See also*ALVIM (1995) at 349.

24 *See* CONST.(Arg.) (1994), art. 43; CONST. (Bol.) (2009), art. 129; CONST. (Colom.) (1991), art. 86; CONST. (D.R.) (2010), art. 72; CONST. (Pan.) (1972), art. 54; CONST. (Para.) (1992), art. 134; CONST. (Venez.) (1999), art. 27.

In Brazil, a denial of the writ of security based on the absence of a summarily and clearly ascertainable entitlement is not a decision on the merits and is therefore without prejudice. Petitioner may re-file the writ once she secures new documentation that sufficiently supports her claim. Article 16 of the Writ of Security Act states unequivocally: "A petition for a writ of security may be renewed . . . , if the initial dismissal did not go into the merits."[25] Alternatively, the claimant may commence an ordinary suit with a full evidentiary probe. The Supreme Court stresses this possibility in its Summation 304: "If the denial of the writ of security does not constitute res judicata, the petitioner may subsequently bring an appropriate action."[26] Of course, the plaintiff always has the option of altogether abandoning her claim at this juncture.

The distinction between a procedural and a substantive finding on the complaint is key. Procedurally, the tribunal determines whether the alleged right is ascertainable summarily. It may, at this juncture, either facially "recognize" or dismiss the claim. A dismissal does not preclude the plaintiff from re-filing or instituting an ordinary cause of action. The recognition of the claim merely means that the judge may go on to examine the merits.

Substantively, the adjudicator then reviews the documented facts and applies the relevant law in order to determine whether to grant or deny the writ. A decision at this point conceding the requested remedy constitutes res judicata.[27] The petitioner may not reinstate the petition. Moreover, the parties generally may not pursue an ordinary action on the same matter. They may sue again only if the underlying issue does not entirely overlap with that involved in the original complaint. For instance, a journalist who secures a writ of security against an official prior restraint may subsequently start ordinary litigation to recover damages. The Supreme Court's Summation 271 is consistent on this point: "The writ of security shall not include economic damages, which the claimant must seek through the appropriate administrative or judicial procedure."[28]

Brazilian scholars disagree on whether a substantive denial of a writ of security should be with prejudice. Meirelles, for one, answers the question affirmatively,[29] while Arruda Alvim takes the opposite position.[30] The Supreme Court ultimately sided with the former;[31] yet it has at times made unclear pronouncements on the matter. The statute's imprecise wording has further contributed to the confusion.

Nonetheless, giving res judicata effect to a decision on the merits is as sensible in the case of a writ of security as in that of a summary judgment in the United States.

---

25 L. 12016, (Braz.) (2009), art. 6(6).

26 Summation 304 (Supr. Ct.) (Braz.) (1963).

27 MEIRELLES, *supra* note 83, at 101.

28 Summation 271 (Supr. Ct.) (Braz.) (1963).

29 MEIRELLES, *supra* note 83, at 101-02.

30 ALVIM, *supra* note 84, at 349-50 & 355 (1995).

31 RT 459/252 (cited in MEIRELLES, *supra* note 83, at 101).

This approach advances judicial efficiency and fairness. Once a court has fully adjudicated the dispute on the basis of pleadings and uncontested sworn statements, the law need not allow the parties another bite at the apple.

An example may help explain all of these procedural distinctions. Suppose a woman alleges that an administrative agency has unconstitutionally discriminated against her on the basis of sex. The court first passes on whether it can verify her claim based exclusively on documentary evidence. If so, she has met the procedural prerequisite.

If, on the contrary, the court would have to consider unwritten evidence, such as the testimony of the administrative officials involved, in order to adjudicate, it will formally dismiss the petition. The plaintiff may nonetheless file again, if she secures undisputed sworn statements from the officials that sufficiently settle all factual disputes. Alternatively, she may launch an ordinary suit with a full evidentiary examination.

If the court admits the writ, it will then proceed to an assessment of the merits. If the documents and legal principles establish that the agency has violated the claimant's entitlements, the tribunal will grant the writ. Otherwise, it will refuse the writ. Under the proposed interpretation, the petitioner may not thereafter renew her action, whether she prevails or fails the first time around. She may not initiate an ordinary action either. The flow chart in Figure 1 illustrates the entire procedural sequence.

→ Yes → Writ Granted
→ Yes → Valid?
| → No → Writ Denied → P must give up.
Summary/Clear
|
→ No → P may re-file, sue ordinarily, or give up.

As previously noted, Brazil's Constitution contains another procedural prerequisite, namely, that of state action. In other words, it restricts the category of defendants to "a public authority or an agent of a legal entity performing governmental duties."[32] Like the writ of protection in Mexico and many other Latin American countries,[33] the Brazilian security action is unavailable against private parties.[34] It diverges in this regard from the writ of protection in Argentina, the Dominican Republic, Venezuela, and several other jurisdictions in the region.[35]

---

32 Const. (Braz.) (1988), art. 5 (LXIX).

33 *See* Const. (Colom.) (1991), art. 86; Const. Adj. Act, L. 7135 (C.R.) (1989), art. 29;L. 000 (Ecuad.) (1997), art. 46; Decr. 2996 (El Salv.) (1960), art. 12; Decr. 1-86 (Guat.) (1986), art. 9; Const. (Hond.) (1982), art. 183; Const. (Mex.) (1917), art. 103(I); Const. (Nicar.) (1987), art. 188; Const. (Pan.) (1972), art. 54.

34 Const. (Braz.) (1988), art. 5(LXIX).

35 *See* Const. (Arg.) (1994), art. 43; Const. (Bol.) (2009), art. 128; Decr. Ct.Supr. 1552 (Chile) (1976), arts. 3 & 12; Const. (D.R.) (2010), art. 72; Const. (Ecuad.) (2008), art. 88; Const. (Para.) (1992), art. 134; Const. (Peru) (1993), art. 200(2); L. 16011 (Uru.) (1988), art. 1; L. Amparo (Venez.) (1987), art. 2.

In Brazil, the writ of security applies in first instance to public officials. "A public official,I" Direito elucidates, "should be understood as anyone who holds office or performs official functions, at the state or federal level, and is capable of making governmental decisions."[36] Meirelles, in turn, proposes interpreting the term "official" as "a person invested with decision-making power within his or her legally assigned sphere of action."[37] The concept covers, first and foremost, administrative agency directors,[38] but also a variety of government officials.

The constitutional text establishes that the writ applies to acts that amount to a violation of the law or an abuse of discretion.[39] The complainant may attack administrative actions to the same extent as omissions,[40] whether actual encroachments or threats.[41] She may not sue, however, while she still has the possibility of staying and appealing the challenged administrative decision without having to pay a deposit.[42]While most other Latin American jurisdictions similarly require plaintiffs in constitutional suits to exhaust remedies,[43] a few do not.[44]

In Brazil, individuals may not seek a writ of security against the national Congress to challenge particular statutes. The Supreme Court establishes the following principle in its Summation 266: "The writ of security is unavailable against a law in the abstract."[45] Facial challenges of specific statutes must take place through a direct action of unconstitutionality under Article 102 of the Constitution. Article 103 grants standing in these suits only to the President, an Executive Committee of the federal legislature, the solicitor general, state governors, political parties represented in Congress, unions, and national organizations.[46] "A law in the abstract or, for that matter, any normative act," according to Supreme Court Justice Carlos Velloso, "may not be subject to judicial review by means of the writ of security because such a law is characterized, in the material sense, by generality, impersonality, and abstraction."[47] A

---

36 DIREITO, *supra* note 83, at 26.

37 MEIRELLES, *supra* note 83, at 32.

38 ALVIM, *supra* note 84, at 359.

39 CONST. (Braz.) (1988), art. 5, LXIX. *See*ALVIM, *supra* note 84, at 346, 350.

40 MEIRELLES, *supra* note 83, at 31 & 33.

41 *Id*. at 99.

42 L. 12016 (Braz.) (2009), art. 5(I). The Supreme Court has held that in the case of an administrative omission, the writ of security may lie despite the possibility of an administrative appeal and stay. Summation 429 (Supr. Ct.) (Plenary Chamber) (Braz.) (1964).

43 *See* L. 16986 (Arg.) (1966), art. 2;L. 1836 (Bol.) (1998), art. 94; L. 12016 (Braz.) (2009), art. 5(I); DECR. 2996 (El Salv.) (1960), art. 1; DECR. 1-86 (Guat.) (1986), art. 19; L. 49 (Nicar.) (1988), art. 27(6); CD. JUDICIAL (Pan.) (1987), art. 2615(2); L. 23506 (Peru) (1982), art. 27; L. 16011 (Uru.) (1988), art. 2.

44 *See*DECR. 2591 (Colom.) (1991), art. 9;L. 7135 (C.R.) (1989), art. 31; L. AMPARO (Venez.) (1988), art. 5.

45 Summation 266 (Supr. Ct.) (Braz.) (1963).

46 CONST. (Braz.) (1988), art. 103.

47 Writ of Security (MS) 22132-1 (Supr. Ct.) (Braz.) (1996) (Opinion by Carlos Velloso, J., *Rapporteur*). *See also*DIREITO, *supra* note 83, at 42 (1999): "The *writ* may serve to attack an act that directly

law of general application to the population as a whole is therefore immune from the writ of security. This principle also excludes from the writ's scope general regulations issued by administrative agencies.[48]

Nonetheless, if a law is concrete and is aimed at a specific individual or group, those affected may seek a writ of security.[49] Justice Velloso elucidates this point: "The writ of security may certainly target purely formal normative acts that have the substantive characteristics of an administrative act and that have concrete effects and therefore are essentially administrative acts."[50] If the legislature passes a law or adopts a resolution that directly bears upon the rights of certain people, the individuals in question may sue for a writ of security. For example, if the Brazilian Congress approved a measure expropriating a particular citizen's land to construct a public highway, that person would be able to pursue the writ.

In Brazil, as in most of Latin America,[51] with notable exceptions like Argentina and Paraguay,[52] judges lack the authority to invalidate the challenged statutes in these suits. They may simply declare them inapplicable to the parties in the case at hand. In many Latin American nations, constitutional complainants may prosecute an unconstitutionality action as part of, parallel to, or subsequent to the original proceeding.[53] In Mexico, a super-majority of the Supreme Court or a unanimous circuit court may declare a law unconstitutional, with general effect, in a writ of protection suit if the relevant tribunal has already established the unconstitutionality in four previous consecutive decisions.[54] In Brazil, two-thirds of the Supreme Court may issue an authori-

infringes upon a clear and certain right of the petitioner. What characterizes a law in the abstract is the generality of the command. If the challenged act is a non-individualized norm, the writ of security is inadmissible. . . . Acts in the abstract are those that deal with general and impersonal situations, have a generic reach, and regulate hypotheses that are conceived abstractly."

48 ALVIM, *supra* note 84, at 351-52.

49 *Id.* at 351-52, 358.

50 MS 22132-1 (Supr. Ct.) (Braz.) (1996) (Opinion by Carlos Velloso, J., *Rapporteur*).

51 *See, e.g.*, DECR. 2591 (Colom.) (1991), art. 29(6); DECR. 2996 (El Salv.) (1997), art. 81; DECR. 1-86 (Guat.) (1986), art. 49(a); L. AMPARO (Hond.) (1936), art. 47; CONST. (Mex.) (1917), art. 107(II); L. 44 (Nicar.) (1988), art. 44; L. 23506 (Peru) (1982), art. 3; L. AMPARO (Venez.) (1988), art. 3.

52 CONST. (Arg.) (1994), art. 43; CD. PRO. CIV.(Para.) (1988), art. 582.

53 *See*L. 1836 (Bol.) (1998), arts. 58(II) & 65; CONST. (Colom.) (1991), art. 241; L. 7135 (C.R.) (1989), art. 48; CONST. (D.R.) (2010), art. 185(1); CONST. (El Salv.) (1983), art. 183; DECR. 1-86 (1986) (Guat.), art. 123; CONST. (Hond.) (1982), art. 185; CONST. (Nicar.) (1987), art. 187; CONST. (Pan.) (1972), art. 206(1); L. ORG. TRIB. SUPR. (Venez.) (2010), art. 33.

54 L. AMPARO (Mex.) (1936), arts. 192 & 193. Article 43 of the Guatemala's Writ of Protection, *Habeas Corpus*, andConst.Act, in turn, establishes the following. "The Constitutional Court's interpretation of constitutional and legal norms in three consecutive decisions establishes legal doctrine that other tribunals must respect." DECR. 1-86 (1986) (Guat.), art. 43.

tative holding "after reiterated prior decisions on point" whenever lower courts are divided and there is a situation of "serious legal uncertainty."[55]

Under certain circumstances, Brazilians may also seek a writ of security against the judiciary. The litigants, or affected third parties,[56] may challenge "final judicial decisions not subject to stay that may cause irreparable harm to the petitioner."[57] Needless to say, in addition to showing that they otherwise have no way of preventing an irreparable injury, complainants must allege the violation of a summarily and clearly ascertainable entitlement.

With respect to many judicial decisions, appellate review and stay are available and the writ is therefore inadmissible. "The writ of security," according to the Supreme Court's Summation 267, "shall not lie against judicial acts subject to appeal or modification."[58] Interlocutory orders, however, often do not allow an appeal and are consequently exposed to review through the writ of security. "Obtaining a writ of security to quash a preliminary order issued as a preventive measure," Direito reports, "has been common."[59]

Even with respect to appealable final decisions, the writ will lie if the appeal does not stay the original decision. The plaintiff must, once again, allege the violation of a summarily and clearly ascertainable right and irreparable injury, in addition to the unavailability of a stay. In Brazil, courts tend to treat the writ as an extraordinary motion for stay within the underlying cause and have therefore insisted on petitioners simultaneously pursuing the ordinary appellate procedure. Direito and others have taken exception to this approach and have insisted that the writ of security sets off an independent action and makes a regular appeal unnecessary.[60] Direito cautions that the writ is not available to challenge a judicial denial of the writ, even if an appeal does not stay the judgment.[61]

In addition to state officials, Brazil's constitutional text allows tribunals to issue a writ of security against the representatives of quasi-public entities, *viz.*, "legal entities performing governmental duties."[62] In its Summation 510, the Supreme Court holds that: "The writ of security or a judicial measure is appropriate against an act that is carried out by an official exercising delegated functions."[63] The Writ of Security Act, in turn, regards as "officials . . . administrators of semi-public entities,

55 Const. (Braz.) (1988) (As Amended, 2004), art. 103(A).

56 Direito, *supra* note 83, at 58.

57 STF, RTJ 95/339, 103/215 (Acórdão). *See also*Direito, *supra* note 83, at 49.

58 Summation 267 (Supr. Ct.) (Braz.) (1963).

59 Direito, *supra* note 83, at 57. Direito cites, as an example, a decision of the Fourth Chamber of the Superior Court. *Id.* at 57-58 (citing RSTJ 24/218).

60 Direito, *supra* note 83, at 54.

61 Direito, *supra* note 83, at 57.

62 Const.(Braz.) (1988), art. 5, LXIX.

63 Summation 510 (Supr. Ct.) (Braz.) (1969).

directors of legal entities, and individuals exercising functions delegated by the public authorities. . . ."[64]

To determine whether the claimant may sue the agents of a non-governmental body, the court must decide whether the government has delegated duties to that entity. If so, the agents are subject to suit. The defendant category may, accordingly, include heads of companies in charge of public transportation, utilities, or education.

In these cases, however, plaintiffs may sue only with respect to acts performed as part of the entity's delegated authority. "The deciding criterion is that of the nature of the act."[65] If the government authorizes a private company to tow illegally parked cars, for instance, individuals may sue the company when it violates constitutional entitlements while towing, but not while repairing cars. Needless to say, the question of whether a particular act is part of an entity's delegated authority is not always straightforward and may give rise to litigation.

The writ of security does not lie, at any rate, to challenge day-to-day managerial decisions within state agencies or within private enterprises exercising delegated official powers. Consequently, employees of these entities may not seek such an instrument against the labor determinations of their employers. The relevant provision of the Writ of Security Act reads thus: "The writ of security shall not lie against commercial, managerial acts performed by the administrators of public agencies, semi-public entities, or public concessionaries."[66]

The Brazilian Constitution does not directly specify who has standing to seek a writ of security. It merely suggests that individuals and legal entities whose entitlements are at stake may sue. "When the violated or threatened right belongs to various individuals," the Writ of Security Act provides, "any one of them may request the writ of security."[67]

While the Constitution specifies the basic procedural requirements for the writ of security, the Writ of Security Act details the way in which the procedure unfolds. The lawsuit commences with the institution of a complaint denominated "the initial petition."[68] This document must formulate the claim and include the relevant documentary proof. The plaintiff may obtain by judicial order any necessary evidence that the defendant or any other administrative agency refuses to yield.[69]

The petitioner must present the complaint within 120 days of becoming aware of the alleged violation.[70] If she is suing for an omission, the clock starts ticking on the

---

64 L. 12016 (Braz.) (2009), Art 1(1).

65 Direito, *supra* note 83, at 30.

66 L. 12016 (Braz.) (2009), Art 1(2).

67 *Id.* art. 1(3).

68 *Id.* art. 6.

69 *Id.* art. 6(1).

70 *Id.* art. 23. *See also*Alvim, *supra* note 84, at 353.

date on which the defendants had an obligation to perform the omitted act. If there is no deadline for performance or in case of a continuing violation, she may bring the action at any time.

In its Summation 430, the Supreme Court establishes that a petition of reconsideration of an administrative act does not affect the statute of limitations.[71] If there is the possibility of appeal, however, the statute of limitations starts running after the appellate decision or after the deadline for lodging the appeal.

If it notices any reparable defects in the complaint, the tribunal must give the complainant ten days to amend. If it finds that the complaint requires no amendment, it may, on petitioner's or its own motion, make an initial assessment as to whether the defendant has actually threatened or infringed upon the asserted entitlements and whether it must stop the allegedly infringing conduct, while the case is pending, in order to avert irreparable injury.[72] Speaking for the Supreme Court in a writ of security case, Justice Marco Aurélio Mello states the following with respect to the preliminary measure:

> The judge's decision lies within his discretion and is independent of the party's request. He must consider the circumstances described in the complaint and decide whether to suspend the act on the basis of whether the legal conditions have been met. In other words, he must assess the merits of the petition and the possibility that the final concession of the writ of security will be of no avail.[73]

If the court makes a positive determination at this stage on both issues, it orders the defendant to stop the challenged actions while it considers the case.[74] In its Summation 405, the Supreme Court establishes that if the court ultimately denies the writ, it must suspend the preliminary judgment retroactively.[75]

These provisional measures resemble temporary restraining orders, as defined in the United States Federal Rules of Civil Procedure.[76] They are similarly extraordinary, inasmuch as the court issues an order against respondent without giving her advance notice or a hearing. They go beyond their U.S. counterparts because they do not automatically expire within ten days, but rather remain until the pronouncement of the final judgment.[77] The Brazilian Supreme Court has held, moreover, that no interlocutory

---

71 Summation 430 (Supr. Ct.) (Braz.) (1964).

72 L. 12016 (Braz.) (2009), art. 7(III). *See*Alvim, *supra* note 84, at 363.

73 RTJ 136/588.

74 Direito, *supra* note 83, at 21.

75 Summation 405 (Supr. Ct.) (Braz.) (1964).

76 *See*Fed. R. Civ. P. 65.

77 L. 12016 (Braz.) (2009), art. 7(III)(iii). Arruda Alvim notes that in ordinary cases the preliminary judgment lasts as long as the trial and argues that treating the writ of security differently would neither stand to reason nor pass constitutional muster. Alvim, *supra* note 84, at 354, 356.

appeal (*agravo*) lies with respect to the preliminary injunction.[78] By the same token, the parties may not seek a writ of security against such an order.[79] Coincidentally, the Venezuelan Supreme Court struck down, on due process grounds, a similarly unappealable preliminary measure in writ of protection cases.[80]

Subsequent to her ruling on provisional orders, the judge overseeing the security suit orders the notification of the defendant, who must receive the initial petition and the accompanying documents. The defendant has ten days to answer.[81] Within five days, the Public Ministry must take a position on the controversy.[82]

Upon making its factual findings, the tribunal goes on to determine the law. "If the facts are facially verifiable," in the words of the Supreme Court,

> the decisive prerequisite for an adjudication on the writ of security is met. What follows then is what I would call the ascertainment phase, in which the judge applies the norm of positive law to the uncontested facts. That application may or may not confirm the existence of a right.[83]

The adjudicator, in other words, first makes a determination as to whether the facts alleged in the complaint are true and then decides whether these facts lead to the conclusion that there has been a violation of petitioner's entitlements. She may not award attorney's fees,[84] as she would ordinarily do in other civil actions.[85]

Meirelles points out that a writ of security is "self-executing."[86] He means that prevailing plaintiffs need not subsequently commence an execution action. All the same, the complainants may encounter difficulties in securing their remedy against an uncooperative defendant. Alvim notes that the law in Brazil "offers the judiciary no efficient instrument to enforce judgments against public officials." He explains that courts often depend on the executive branch to enforce their writs of security.[87]

---

78 MS 21676/AgR-PR (Supr. Ct.) (Braz.) (1990).

79 RTJ 114/448.

80 File # 644, Plenary Chamber, Supreme Court of Venezuela (Invalidation for Unconstitutionality of Article 22 of the Writ of Protection Act) (Majority Opinion by Humberto J. La Roche, J.) (reprinted in César Augusto Montoya, El amparo constitucional en Venezuela 55 (1997)).

81 L. 12016 (Braz.) (2009), art. 7(I).

82 *Id.* art. 12.

83 MS 21188/AgR-DF (Supr. Ct.) (Braz.) (1990) (Opinion by Carlos Velloso, J.), at 156.

84 L. 12016 (Braz.) (2009), art. 25; Summation 405 (Supr. Ct.) (Braz.) (1964).

85 Cd. Pro. Civ., L. 13105 (Braz.) (2015), art. 85.

86 Meirelles, *supra* note 83, at 97, 98.

87 *See*Alvim, *supra* note 84, at 354, 356.

The parties may appeal the trial judgment.[88] So may the Public Ministry and affected third parties.[89] The appeal normally does not stay the original decision.

As already noted, the decision on a writ of security generally does not establish a precedent. The court in a similar second case is not bound by the original determination. It may arrive at a different conclusion without overruling, distinguishing, or apologizing for the prior holding. The Brazilian approach on this matter resembles that of other Latin American jurisdictions.

88 L. 12016 (Braz.) (2009), art. 18.

89 MEIRELLES, *supra* note 83, at 99.

A FUNDAMENTAÇÃO E SEUS CONTORNOS GARANTÍSTICOS

Antonio Aurelio Abi-Ramia Duarte
Maria Eduarda de Oliveira Brasil

I. INTRODUÇÃO

"Presentes os requisitos, defiro.". "Uma vez inexistentes contradição, omissão ou obscuridade no julgado, rejeito os embargos de declaração.". "Indefiro a prova testemunhal pleiteada pela parte, porquanto prescindível à resolução da controvérsia.".

Ainda que estranhas ao estudo ideológico realizado na academia, *"decisões"* como as acima enumeradas encontram eco alarmante nas cortes de todo o país. Talvez como resposta à judicialização dos conflitos – fenômeno responsável pelo considerável aumento da quantidade de processos judiciais nas últimas décadas –, talvez como mero automatismo adotado por muitos na rotina forense, é certo deparar-se de mais a mais com julgados de tal natureza.

Uma das maiores preocupações reveladas pelo nosso novo Código de Processo Civil foi o resguardo das garantias fundamentais do processo, item primeiro do Projeto Fux.

Nesse cenário, o presente trabalho objetivo ponderar o princípio da fundamentação analítica, o tratamento conferido a ele tanto pela Constituição da República, quanto pelo novo Código de Processo Civil, e a sua importância prática na concretização das normas jurídicas.

II. CONSTITUIÇÃO, PROCESSO E FUNDAMENTAÇÃO

Não causa espanto a mais ninguém a afirmação de que o Direito Processual (como os demais ramos da ciência jurídica) finca profundas bases na disciplina constitucional. Após a Segunda Guerra Mundial, especialmente em países recém-saídos das agruras experimentadas no curso dos regimes totalitários, assistiu-se a um progressivo fenômeno de constitucionalização dos direitos fundamentais e, dentro deles, das garantias mínimas ínsitas a todo processo judicial.[1]

---

1 A respeito, Joan Picó I Junoy salienta que o "fenómeno de constitucionalización de los derechos fundamentales de la persona, y dentro de éstos, una tutela de las garantías mínimas que debe reunir todo proceso judicial" pretendia "evitar que el futuro legislador desconociese o violase tales derechos, protegiéndolos, en todo caso, mediante un sistema reforzado de reforma constitucional". JUNOY, Joan Picó I. *Las garantías constitucionales del proceso.* 2ª ed. Barcelona: Bosch Editor, 2012, p.29.

Não poderia ser diferente. Na busca por um sistema que ajudasse na prevenção a novas ondas de atrocidades como a da Alemanha nazista, natural que muito se investisse na proteção de um núcleo mínimo de direitos e garantias dos cidadãos, como forma de salvaguardá-los de positivismos exacerbados e, como a história havia acabado de demonstrar, extremamente agressivos. Assim, ao conferirem *status* constitucional a certas diretrizes básicas, os legisladores constituintes nada mais faziam do que revestir de maior segurança linhas que, no fim das contas, seriam verdadeiramente essenciais à manutenção da própria noção de Estado Democrático, resguardando o primado da dignidade da pessoa humana, trave mestra do nosso sistema processual.

No Brasil, o advento da Constituição da República, em 05 de outubro de 1988, representou essa tentativa de romper a barreira imposta pelas políticas totalitárias e violentas. Recém-egressos de um regime ditatorial que ignorou, mutilou e aniquilou direitos individuais e coletivos por anos a fio, o Estado brasileiro clamava pela garantia de que seus valores basilares seriam respeitados nos tempos vindouros. Novos ventos eram bem-vindos.

Ressalta Bonavides o papel da Constituição e do Tribunal Constitucional, cuja atuação interpretativa e vinculante atualiza o tema correlato aos direitos fundamentais e à limitação dos poderes políticos, removendo, assim, ambiguidades e controvérsias, pela via hermenêutica, aproximando o texto constitucional da realidade social para que seja efetivamente implementado[2].

Nesse contexto, encontram-se elencados na Carta Magna não só os fundamentos e objetivos da República (arts. 1º e 3º), como também os direitos e garantias fundamentais de cada um de seus cidadãos, tais como listados no extenso art. 5º e em uma série de outros preceitos do documento.

Nessa linha de intelecção, parece intuitivo desenhar-se o Direito Constitucional como tronco comum, do qual partem as ramificações atinentes a todos os demais ramos do Direito[3]. Nada faz sentido nem se legitima se não calcado na *lex mater* do ordenamento jurídico e expressão máxima do espírito democratizador, a Constituição elaborada em 1988[4].

Em termos específicos atinentes ao processo, Fredie Didier Jr. destaca que o fenômeno da constitucionalização funciona em via dúplice, uma vez que, de um lado, "há a incorporação aos textos constitucionais de normas processuais, inclusive como

---

2 Bonavides, Paulo. Curso de Direito Constitucional. 11ª ed. São Paulo: Malheiros Editores, 2001, p. 530.

3 Ideia cunhada pelo Prof. Luigi Paolo Comoglio.

4 Por se tratar de uma lei rígida, ou seja, que apresenta maior dificuldade para ser modificada, a Constituição possui supremacia sobre todas as demais normas da ordem jurídica. É dizer, "[t]oda autoridade só nela encontra fundamento e só ela confere poderes e competências governamentais. Nem o governo federal, nem os governos dos Estados, nem os dos Municípios ou do Distrito Federal são soberanos, porque todos são limitados, expressa ou implicitamente, pelas normas positivas daquela lei fundamental. Exercem suas atribuições nos termos nela estabelecidos." SILVA, José Afonso da. *Curso de direito constitucional positivo*. 32ª ed. São Paulo: Malheiros, 2009, p. 46.

direitos fundamentais" – como acima abordado – e, de outro, "a doutrina passa a examinar as normas processuais infraconstitucionais como concretizadoras das disposições constitucionais"[5]. Realçam-se, assim, tanto a preocupação da Lei Maior com a proteção de garantias e direitos de tratamento tipicamente infraconstitucional, quanto o caráter intercomplementar e interpenetrativo dos diplomas legais em relação à norma fundamental.

Dito de outro modo, é preciso examinar a questão por dois espectros. Por um deles, à Constituição da República, na qualidade de diploma central do ordenamento, compete zelar por prerrogativas processuais essenciais (como ampla defesa e contraditório, elencados no art. 5º, LV), por vezes sob o *status* de direitos fundamentais e, portanto, cláusulas pétreas. Em contrapartida, à legislação infraconstitucional cabe dialogar com os valores da Carta, concretizando-os nos processos e procedimentos que tramitam nos juízos de todo o país, sempre gravitando em torno da dignidade da pessoa humana como eixo central de qualquer interpretação. Daí operamos os escopos primordiais do Estado Democrático de Direito.

Dentre tais garantias essenciais, o art. 93, IX, 1ª parte, ao tratar dos princípios atinentes ao Poder Judiciário, elenca o chamado princípio da fundamentação das decisões judiciais, estabelecendo que *"todos os julgamentos dos órgãos do Poder Judiciário serão públicos, e fundamentadas todas as decisões, sob pena de nulidade (...)"*. Essa 1ª parte do dispositivo (o qual se estende, em seguida, a abordar as hipóteses excepcionais nas quais a publicidade das sessões deve ser restringida), que possui a mesma redação desde 1988, veio demarcar a importância do tema, da qual ora se passa a tratar. Conceito primordial, a publicidade permite que a sociedade controle e fiscalize a atuação do julgador. Portanto, além da indigitada função de legitimar eventual decisão proferida pelo julgador, permite dar absoluta credibilidade à sua atuação, a qual, obviamente, decorre da já mencionada fiscalização pública.

Com efeito, *"[s]ão Poderes da União, independentes e harmônicos entre si, o Legislativo, o Executivo e o Judiciário"*. Assim ensinam o art. 2º da Lei Maior e os professores de Direito Constitucional espalhados pelas universidades de todo o país. Em acréscimo, convém dizer que cada um desses Poderes desempenha um feixe de funções típicas (legislar, administrar e julgar, respectivamente) e atípicas (para poderem manter sua autonomia e independência face aos demais), e que, em conjunto, regem a vida da nação.

Esse cenário, mister destacar, guarda a mais estreita relação com a realidade democrática do Brasil. Isso porque a soberania, primeiro fundamento elencado na CR/88 (art. 1º, I), pertence ao povo, não a uns e outros que, apenas por haverem alcançado posição de relevo na estrutura pública, entendem por bem-dispor com absoluta liberdade de recursos que, no fim das contas, são de todos os administrados. O povo é soberano, pois somente ele pode escolher quem preencherá as funções de

---

5 DIDIER JR., Fredie. *Curso de direito processual civil: introdução ao direito processual civil, parte geral e processo de conhecimento*. Vol. 1. 17ª ed. Salvador: JusPodivm, 2015, p. 46.

administração e legislatura. Tanto é assim que, como visto, uma vez alterada a opinião pública, pretensos grandes políticos não conseguem se manter em suas posições. Não possuem qualquer direito subjetivo vitalício. Sua representação se mantém apenas na justa medida em que há representados a endossá-los.

Eis, então, a chave da questão: como estender essa lógica ao Poder Judiciário? Afinal, como bem se sabe, seus quadros não são compostos por membros eleitos pela sociedade, e sim por aqueles que logram a aprovação em concurso público de provas e títulos (art. 37, II, da Carta), ou seja, sem qualquer ingerência prévia do detentor do poder soberano.

Para Canotilho, embora a posição dos membros do Poder Judiciário não seja pautada pela relação de representação característica dos outros Poderes, essa especificidade não significa que sua posição jurídico-constitucional se diferencie, pois a função judicial, sob a ótica constitucional, consubstancia-se em contribuir para a concretização e desenvolvimento das normas constitucionais[6].

No entanto, seria inviável e manifestamente afrontoso à Constituição que somente o Judiciário, dentre todos os Poderes, pudesse atuar sem qualquer tipo de controle ou limite. Sem, enfim, a necessária legitimidade.

Eis o papel do princípio da fundamentação analítica: conferir legitimidade posterior aos atos do Poder Judiciário.

III. A LEGITIMIDADE DEMOCRÁTICA E O NOVO CÓDIGO DE PROCESSO CIVIL

Como *supra* enunciado, a atuação de cada um dos Poderes da República Federativa do Brasil se justifica na exata medida em que legitimada pelo detentor do poder soberano, ou seja, pelo povo. Ao passo que o Executivo e o Legislativo, em essência, sofrem um controle *a priori*, pelas vias eleitorais (embora admitidos modos posteriores de correção), o Judiciário passa por um controle *a posteriori*, através da fundamentação das decisões que profere[7].

Em termos práticos, basta visualizar o seguinte cenário: um cidadão, angustiado por suposta violação a um de seus direitos, busca o Estado-Juiz para tutelar sua posição jurídica. Munido de assistência especializada de seu defensor, vai aguardando o desenrolar, moroso e por vez incompreensível do processo, o que não raro toma anos e anos de sua vida, até que, finalmente, uma decisão é proferida pelo julgador.

---

6 CANOTILHO, J. J. Gomes. Direito Constitucional e Teoria da Constituição. 4ª ed. Coimbra: Editora Almedina, 2001, p. 642.

7 José Afonso da Silva, neste particular, observa que "[d]ividas as funções da soberania nacional por três Poderes distintos, *Legislativo*, *Executivo* e *Judiciário*, os órgãos deste (juízes e tribunais) devem, evidentemente, decidir atuando o direito objetivo; não podem estabelecer critérios particulares, privados ou próprios, para, de acordo com eles, compor conflitos de interesses, ao distribuírem justiça. Salvo o *juízo de equidade*, excepcionalmente admitido, como referimos ao tratar do mandado de injunção, normalmente o juiz, no Brasil, pura e simplesmente aplica os critérios que foram editados pelo legislador." SILVA, José Afonso da. *Op. cit.*, p. 554.

Bifurcando-se o exemplo, primeiro se vai admitir um cenário no qual a tão esperada sentença não é devidamente fundamentada, trazendo apenas expressões genéricas, conceitos em latim e jargões jurídicos, sem o necessário enfrentamento das questões postas a exame e das provas dos autos. Como, então, se sentiria o aflito jurisdicionado, se não frustrado, incompreendido e mesmo não representado pelo Estado?

Todavia, se, por outro lado, a sentença correspondesse ao modelo esperado, com a indicação precisa dos fundamentos que conduziram à conclusão adotada, a rejeição dos argumentos impertinentes e a análise, enfim, do caso concreto escrutinado, seria completamente diferente o final desta questão.

O lúdico facilita a compreensão da assertiva basilar deste incipiente estudo: o Poder Judiciário, para legitimar sua atuação republicana e democrática, deve prestar contas, ato a ato, da parcela do poder soberano a ele delegada pelo povo, através de decisões adequadamente fundamentadas. Devemos ter, como norte, o que o processualista e professor Eduardo Cambi chama de "fundamento do fundamento".

Não são poucos os doutrinadores que se propõem a tecer agudas considerações sobre o assunto ora abordado. Michele Taruffo, por exemplo, faz questão de ressaltar que a distinção entre o exercício arbitrário do poder exercido pelo juiz e a prestação válida e legal da atividade judicante reside, sobretudo, na sua *"obligación de justificar sus propias decisiones"*[8]. Do contrário, teríamos um juiz ditador ou legislador.

O processualista oferece, ainda, um rol de razões pelas quais as normas ordinárias impõem a obrigação de motivação, dentre as quais cita a persuasão das partes e de seus advogados, mormente a parte perdedora, acerca *"de la bondad y la justicia de la decisión, así como del hecho de que el juez valoró los fundamentos de las exigencias y excepciones contrapuestas"*[9]. Diminuir-se-ia, com isso, a quantidade de recursos interpostos em face da decisão. Quanto melhor e mais adequadamente fundamentada a sentença, maior o conformismo da parte vencida.

Por outro lado, Taruffo também destaca que, uma vez fundamentado o pronunciamento, torna-se mais fácil precisar os vícios capazes de embasar eventuais im-

---

8 "En todo caso, se debe establecer una distinción entre el albedrío y la decisión correcta. El juez que decide sobre la base de sus preferencias subjetivas, o de cuántas horas durmió a noche, de las impatía o enemistad que siente por el acusado, o sobre la base de una posición económica de éste, o de alguna de las partes, incluso, que decide con miedo para no molestar o pisar los callos de los que están al rededor, pues es un juez que no está francamente interpretando la ley, es un juez parcial, para nada independiente, que decide de forma arbitraria, es decir, de acuerdo a intereses que se encuentran a su al rededor, personales o del poder y, por ello, se trata de un juez que decide según su arbitrio o albedrío, y eso no debe de suceder así. Entonces, ¿dónde está la línea de distinción entre el ejercicio arbitrario del poder que ejerce el juez y el ejercicio válido y legal de esa actividad? Creo que ello radica en **los criterios que el juez utiliza al interpretar la ley, es decir, en la medida que provengan de ciencia jurídica, de la jurisprudencia y de la cultura general del jurista; pero, sobre todo, derivan de su obligación de justificar sus propias decisiones**." (grifou-se) TARUFFO, Michele. *Proceso y* decisión: lecciones mexicanas de Derecho Procesal. Madrid: Marcial Pons, 2012, p. 33.

9 TARUFFO, Michele. *La motivación de la sentencia civil*. Madrid: Editorial Trotta, 2011, p. 336.

pugnações dos litigantes e individualizar-se o conteúdo decisório, o que acabaria por simplificar a atividade interpretativa a ser exercida sobre ele[10].

Observa-se, na espécie, ligação direta com o princípio do contraditório participativo, apreendido em sua noção substancial, a partir do desenvolvimento conjunto, colaborativo e comparticipativo do processo, até a prolação de um *decisum* derradeiro que haja, de fato, considerado os argumentos apresentados pelas partes[11].

Ainda sobre o tema, Didier Jr., com pertinência, frisa o papel assumido pelo contraditório enquanto *"reflexo do princípio democrático na estruturação do processo"*, ou seja, impende-se considerar que democracia é participação, e a participação no processo é operada pela via do contraditório, o qual *"deve ser visto como exigência para o exercício democrático de um poder"*[12].

Assim, no melhor e mais ideal dos contextos, ao fim de um procedimento desenvolvido a partir do diálogo, em um processo multifacetário e da cooperação[13] entre todos os sujeitos, proferirá o juiz uma decisão adequadamente fundamentada. Uma vez seguido tal roteiro, o processo despontaria tal qual delineado por Dierle Nunes, a saber, *"uma verdadeira garantia contra o exercício ilegítimo de poderes públicos e privados em todos os campos (jurisdicional, administrativo, legislativo), com o fim de controlar os provimentos dos agentes políticos e garantir a legitimidade discursiva e democrática das decisões"*[14].

Mas em que, de fato, consiste uma "decisão adequadamente fundamentada"? Como pode o magistrado saber, no caso concreto, que prolatou uma decisão conforme a Constituição, sem qualquer pecha de nulidade[15]?

---

10 *Ibid.*, p. 336-340.

11 AgInt no AREsp 871.076/GO, Rel. Ministro MAURO CAMPBELL MARQUES, SEGUNDA TURMA, julgado em 09/08/2016, DJe 19/08/2016: "(...) o recurso somente é viável se houver a possibilidade de distinção em relação ao precedente firmado ou superação do entendimento fixado no precedente (seja vinculante, seja persuasivo) através do enfrentamento de seus fundamentos determinantes, argumentos que devem ser trazidos pelo recorrente. Interpretação do at. 489, §1º, do CPC/2015 que, mutatis mutandis, se traduz também em obrigação para as partes".

12 DIDIER JR., Fredie. *Curso de direito processual civil*. Vol. 1. 15ª ed. Salvador: 2013, pp. 56-57.

13 Bruno Garcia Redondo conceitua a cooperação como "o dever, de todos os sujeitos processuais, de adotar condutas, sempre de acordo com a boa-fé e a lealdade, que cooperem com a maior eficiência e transparência do procedimento". REDONDO, Bruno Garcia. *Princípio da cooperação e flexibilização do procedimento pelo juiz e pelas partes*. Revista Dialética de Direito Processual, São Paulo: Dialética, nº 133, abril. 2014, p. 09-14.

14 NUNES, Dierle José Coelho. *Processo jurisdicional democrático*: uma análise crítica das reformas processuais. Curitiba: Juruá, 2012, p. 209.

15 Anote-se que, antes mesmo da edição do CPC/2015, o Supremo Tribunal Federal, interpretando o art. 93, IX, da CR/88, firmou alguns entendimentos, em sede de Repercussão Geral, acerca da fundamentação de decisões judiciais. Assim, por exemplo, admite o Excelso Pretório a prolação de julgados que "sejam fundamentados, ainda que sucintamente, sem determinar, contudo o, exame pormenorizado de cada uma das alegações ou provas, nem que sejam corretos os fundamentos da decisão" (AI nº 791.292 QO-RG/PE, Rel. Min. Gilmar Mendes, julgado em 23/06/2010). Também

Para ajudar nessa árdua tarefa, a Lei nº 13.105/2015, mais conhecida como Projeto Fux, optou por incluir no antigo art. 458, atual art. 489, uma lista de padrões, como uma receita do que não se pode fazer, sob pena de se tomar por não fundamentado o pronunciamento jurisdicional[16].

De forma a facilitar a visualização e a compreensão da matéria, eis a redação do §1º do art. 489, *ipsis litteris*:

> Art. 489. (*omissis*)
> §1º. Não se considera fundamentada qualquer decisão judicial, seja ela interlocutória, sentença ou acórdão, que:
> I – se limitar à indicação, à reprodução ou à paráfrase de ato normativo, sem explicar sua relação com a causa ou a questão decidida;
> II – empregar conceitos jurídicos indeterminados, sem explicar o motivo concreto de sua incidência no caso;
> III – invocar motivos que se prestariam a justificar qualquer outra decisão;
> IV – não enfrentar todos os argumentos deduzidos no processo capazes de, em tese, infirmar a conclusão adotada pelo julgador;
> V – se limitar a invocar precedente ou enunciado de súmula, sem identificar seus fundamentos determinantes nem demonstrar que o caso sob julgamento se ajusta àqueles fundamentos;
> VI – deixar de seguir enunciado de súmula, jurisprudência ou precedente invocado pela parte, sem demonstrar a existência de distinção no caso em julgamento ou a superação do entendimento.

Primeiramente, há de se salientar que, embora extenso, o rol *retro* reproduzido possui caráter meramente exemplificativo, nos termos do entendimento entabulado através do Enunciado nº 303 do Fórum Permanente de Processualistas Civis: "As hipóteses descritas nos incisos do §1º do art. 489 são exemplificativas.". De toda sorte, ainda que não exaustivas as hipóteses legalmente elencadas, inegável que já representam considerável – e bem-vinda – ajuda ao sistema jurídico e forense pátrio.

Afinal, mesmo uma leitura superficial do dispositivo é capaz de revelar uma realidade que talvez não estivesse, em verdade, escondida: não são poucas as decisões judiciais que padecem dos vícios apontados pelo Código de 2015. Julgados que se limitam a paráfrases de atos normativos (inciso I) – como "presentes o *fumus boni iuris* e o *periculum in mora*, defiro a tutela de urgência" –, conceitos jurídicos indeterminados e cuja incidência no caso concreto no caso concreto não é explicada (inciso II) – como *proporcionalidade, justo motivo, interesse público* – ou comandos genéricos, que se

---

entende a Corte ser possível ao "colégio recursal fazer remissão aos fundamentos adotados na sentença", sem que isso viole o preceito constitucional (RE nº 635.729/SP, Rel. Min. Dias Toffoli, julgado em 30/06/2011).

16 Ainda em seu Capítulo I ("Das normas fundamentais do processo civil"), o CPC já se preocupa em trazer a inspiração constitucional para suas páginas, ao reproduzir a norma do art. 93, IX, em seu art. 11, *caput*, que estabelece que "[t]odos os julgamentos dos órgãos do Poder Judiciário serão públicos, e fundamentadas todas as decisões, sob pena de nulidade".

prestariam ao emprego em qualquer caso[17] (inciso III[18]) – como "presentes os requisitos, defiro" –, ainda que jamais permitidos, agora estariam categoricamente banidos da ordem jurídica.

Ainda analisando o preceito em referência, insta destacar, por relevante, a norma contida no inciso IV, que acaba suscitando intensos debates e motivando a apresentação de muitos recursos, principalmente embargos de declaração[19].

Segundo o dispositivo, não se reputa fundamentado o *decisum* que não argumenta todos os argumentos deduzidos no processo "capazes de, em tese, infirmar a conclusão adotada pelo julgador". Acontece, porém, que muitos não apreendem o real significado da expressão entre aspas, e insistem na apreciação judicial de absolutamente todos os argumentos invocados por ambas as partes – o que, na maioria das vezes, representa laudas e mais laudas do processo.

Em verdade, o que pretende a lei é, ao mesmo tempo em que não permite ao juízo simplesmente ignorar as teses suscitadas pelas partes (postura que, embora muito comum sob a égide do CPC/1973, é inaceitável e representa afronta ao modelo constitucional de processo comparticipativo e ao princípio do contraditório

---

17 E, nos dizeres de Alexandre Câmara, "decisão que serve para qualquer caso, na verdade, não serve para caso algum". CÂMARA, Alexandre Freitas. *O novo processo civil brasileiro*. 2ª ed. São Paulo: Atlas, 2016, p. 17.

18 HC 384.923/SP, Rel. Ministro ROGERIO SCHIETTI CRUZ, SEXTA TURMA, julgado em 09/03/2017, DJe 16/03/2017: "(...) O Juízo monocrático traz motivação que se encaixa em todos os casos nos quais o autuado seja preso em flagrante pela suposta prática de roubo, o que contraria o disposto no art. 489, § 1º, III, do Código de Processo Civil. A prevalecer a argumentação da decisão acima transcrita, todos os crimes de roubo ensejariam a prisão cautelar de seus respectivos autores, o que não se coaduna com a excepcionalidade da prisão preventiva, princípio que há de ser observado para a convivência harmônica da cautela pessoal extrema com a presunção de não culpabilidade".

19 Veja-se, como exemplificação, a ementa do AgInt no REsp nº 1.662.345/RJ, Rel. Min. Regina Helena Costa, julgado no STJ em 13/06/2017 pela 1ª Turma e publicado no DJe em 21/06/2017 (grifou-se): PROCESSUAL CIVIL. AGRAVO INTERNO NO RECURSO ESPECIAL. CÓDIGO DE PROCESSO CIVIL DE 2015. APLICABILIDADE. **OFENSA AO ART. 489 DO CPC/2015. AUSENTE**. HONORÁRIOS. REVISÃO. IMPOSSIBILIDADE. SÚMULA Nº 7/STJ. INCIDÊNCIA. ARGUMENTOS INSUFICIENTES PARA DESCONSTITUIR A DECISÃO ATACADA. I – Consoante o decidido pelo Plenário desta Corte na sessão realizada em 09.03.2016, o regime recursal será determinado pela data da publicação do provimento jurisdicional impugnado. *In casu*, aplica-se o Código de Processo Civil de 2015. II -**O art. 489 do Código de Processo Civil de 2015 impõe a necessidade de enfrentamento dos argumentos que possuam aptidão, em tese, para infirmar a fundamentação do julgado, não estando o julgador obrigado a responder a todas as questões suscitadas pelas partes, quando já tenha encontrado motivo suficiente para proferir a decisão. Precedentes**. III -*In casu*, rever o entendimento do Tribunal de origem, o qual consignou que, em virtude de o contribuinte ter decaído de parte mínima do pedido, o município réu deve arcar com os honorários advocatícios em 10% sobre o valor dado à causa, demandaria necessário revolvimento de matéria fática, o que é inviável em sede de recurso especial, à luz do óbice contido na Súmula nº 7/STJ. IV – O Agravante não apresenta, no agravo, argumentos suficientes para desconstituir a decisão recorrida. V – Agravo Interno improvido. (Disponível em: <https://ww2.stj.jus.br/processo/revista/documento/mediado/?componente=ITA&sequencial=1612807&num_registro=201602480049&data=20170621&formato=PDF>. Acesso em 12/09/2017.

participativo[20]), evitando que se prendam os julgados ao escrutínio de fundamentos que em nada alterariam o resultado da causa[21].

É saber: uma vez que o órgão jurisdicional haja "encontrado um fundamento suficiente para decidir favoravelmente a uma das partes, não há qualquer utilidade (e, portanto, não há interesse) em que sejam examinados outros fundamentos deduzidos pela parte e que também levariam a um resultado a ela favorável", já que esses argumentos não analisados não poderiam levar a uma conclusão diferente. Em contrapartida, a parte vencida tem o direito de *"ver na decisão que lhe é desfavorável a exposição dos motivos que levaram à rejeição de todos os fundamentos que suscitou em seu favor"*[22].

Certamente que não se pretende esgotar o exame de todo o §1º do art. 489. Como facilmente constatado, trata-se de extenso e relevantíssimo dispositivo, o qual, nessa qualidade, merece o mais minucioso dos olhares, em páginas e mais páginas de estudos e na prática incessante da vida forense. Intentou-se, assim, na presente reflexão, tão somente chamar atenção para a estreita relação do preceito com o princípio constitucional da fundamentação, funcionando como uma ferramenta de auxílio para sua imperiosa concretização no seio jurídico.

IV. CONCLUSÃO

Não é leviano afirmar que os Poderes da República sofrem, atualmente, uma crise de representatividade. Em meio aos escândalos diários e à cultura degradante de corrupção que parece reger a vida pública brasileira (ambos ampla e fartamente noticiados pela imprensa), cresce o número de cidadãos insatisfeitos com a forma com a qual o país vem sendo guiado.

Em relação aos Poderes Executivo e Legislativo, cujos quadros são compostos pela via eleitoral, o controle apriorístico exercido pelas massas, no primeiro domingo de outubro a cada dois anos, tem o papel de retomar as rédeas de condução do Estado brasileiro e conduzi-lo ao destino almejado pela maioria indicada nas urnas. Mas e o Poder Judiciário, como é limitado?

---

20 Para o querido amigo e Professor Câmara, o vício apontado no inciso IV "demonstra, de modo muito claro, a intrínseca ligação existente entre o princípio da fundamentação das decisões e o princípio do contraditório", na medida em que o segundo "não garante às partes só o *direito de falar*, mas também o *direito de ser ouvido*", de modo que "não haverá contraditório efetivo e dinâmico se os argumentos deduzidos pelas partes não forem levados em consideração na decisão judicial". *Ibid.*, p. 17.

21 REsp 1663459/RJ, Rel. Ministro HERMAN BENJAMIN, SEGUNDA TURMA, julgado em 02/05/2017, DJe 10/05/2017: "(...) Afasta-se a alegada violação dos artigos 489 e 1022 do CPC/2015, porquanto é pacífica a jurisprudência do Superior Tribunal de Justiça no sentido de que não viola tais dispositivos, o acórdão que, mesmo sem ter examinado individualmente cada um dos argumentos trazidos pelo vencido, adota fundamentação suficiente para decidir de modo integral a controvérsia, apenas não adotando a tese defendida pela recorrente".

22 *Ibid.*, p. 17.

Buscou-se aqui, ainda que em poucas linhas, traçar um panorama do controle exercido *a posteriori* pela população no tocante ao único dos Poderes que não é eleito, e sim formado a partir de certames públicos que coroam com base no mérito individual de cada candidato[23]. Em suma, sem que haja qualquer participação social na composição do corpo de magistrados.

Nesse cenário, deve o Estado-Juiz, ato a ato, intentar legitimar sua atuação através de decisões adequadamente fundamentadas, na esteira da norma do art. 93, IX, da Constituição de 1988.

Decerto que a indeterminação do conteúdo abstrato do preceito, por vezes, pode dificultar sua plena concretização. Somada a isso, não se desconhece a realidade de assoberbamento dos juízos, com a crescente e inclemente quantidade de demandas ajuizadas (algumas até fabricadas), não raro sem a correlata aparelhagem estatal apta a cuidar de seu trâmite com celeridade, eficiência e presteza. Nesse contexto verdadeiramente caótico, de massificação dos conflitos, também acabam padronizadas as respostas estatais, às vezes genéricas e aplicáveis a um sem-número de hipóteses, às vezes simplesmente diminutas e incompletas, proferidas com pressa e sem zelo.

Em uma tentativa de auxiliar os aplicadores do Direito, o novo Código de Processo Civil, em seu art. 489, §1º, detalha um rol de posturas que, se adotadas no momento de decidir, implicarão justamente em uma decisão com falsa fundamentação e, portanto, eivada de nulidade.

Não se ignora que os desafios de aplicabilidade do artigo são muitos. Afinal, a cultura judiciária brasileira possui características peculiares já enraizadas no dia-a-dia forense, e mudar a mentalidade do sistema processual tal qual ele se verifica na prática (ainda que jamais dessa forma sancionado pela ordem positiva) não é tarefa simples. No entanto, a Lei nº 13.105/2015, com inspiração garantística, vem ao menos tentar indicar novos rumos para o Direito Processual Civil brasileiro, um caminho pelo qual todos os sujeitos colaborem e dialoguem na construção do resultado final – falando, sendo ouvidos e podendo influenciar o juízo, que deve se esforçar para produzir decisões adequadas, isto é, decisões bem fundamentadas. A decisão deve ser construída calçada no diálogo, fruto de um processo policêntrico.

Esse modelo constitucional de processo, enfim, veste o Poder Judiciário com uma nova roupagem: é preciso que ele esteja disposto a ouvir e a se deixar convencer pelos argumentos invocados pelos jurisdicionados, e que construa seu convencimento de modo suficientemente fundamentado.

Afinal, o processo deve ser encarado como a garantia que todos têm de, uma vez socorrendo-se ao órgão jurisdicional, dele receberem o justo, efetivo e eficaz tratamento que suas questões demandam.

---

23 Aliás, vivas ao concurso público! Trata-se, sem a menor sombra de dúvidas, da melhor e mais qualificada forma de compor os quadros do Poder Judiciário. Nada até hoje implementado no Estado brasileiro teve melhor resultado. A sociedade deve permanecer vigilante para tentativas pouco republicanas, diria nefastas, de selecionar nossos Magistrados por vias outras que não o concurso. Aqui, repudiamos a ideia bizarra da eleição de Juízes.

CONSIDERAÇÕES SOBRE O DOCUMENTO ELETRÔNICO COMO OBJETO PROBATÓRIO NO PROCESSO CIVIL BRASILEIRO

Antônio Pereira Gaio Júnior

1. INTRODUÇÃO CONCEITUAL

Utilizada no processo como meio de fundamentar a razão das partes nas questões controversas, a prova é em seu fim a ponte para que seja atingida uma possível verdade, ou mesmo, que nos aproximemos o mais perto possível deste ideal quiçá muitas vezes inatingível[1].

Conforme preceitua Carnelutti, na "linguagem comum, prova se utiliza como comprovação da verdade de uma proposição; somente se fala de prova a propósito de alguma coisa que foi afirmada e cuja exatidão se trata de comprovar; não pertence à prova o procedimento mediante o qual se descobre uma verdade não afirmada senão, pelo contrário, aquele mediante o qual se demonstra ou se encontra uma verdade afirmada".[2]

Citando Neves e Castro, é nestes termos que atesta Amaral Santos ao indicar que pode a prova ser entendida como "o meio pelo qual a inteligência chega à descoberta da verdade"[3]

É reconhecido o direito que tem as partes de empregar todos os meios legais possíveis, bem como os moralmente legítimos, ainda que não especificados no CPC, para fins de provar a verdade dos fatos em que se funda o pedido ou a defesa, possibilitando assim influir de forma efetiva na convicção do magistrado, conforme inteligência do art.369 do Código de Processo Civil de 2015.

Nisso o autor, ao ajuizar uma ação, comunica uma série de fatos que, de acordo com sua avaliação, têm condições de justificar o seu direito e necessidade da intervenção judicial. O réu, da mesma maneira, o faz quando apresenta a sua defesa, ressaltando fatos que, de algum modo, justificam, no seu entender, a sua resistência à pretensão do autor.

Assim, na fase de instrução do processo, estabelecida a controvérsia, é de competência das partes a produção das provas que vão demonstrar a veracidade de suas

---

1 Sobre o assunto, confira a célebre obra de João de Castro Mendes sobre o assunto: *O Conceito de Prova em Processo Civil*. Lisboa: Ática, 1961, p.14-26.

2 CARNELUTTI, Francesco. *A prova civil*. Campinas: Bookseller, 2002, p. 67.

3 SANTOS, Moacyr Amaral. *Prova Judiciária no Cível e Comercial*. 2 ed. Vol. I. São Paulo: Max Limonad, 1952, p.11.

alegações, possibilitando o convencimento do magistrado e, logicamente contribuindo para sua persuasão racional[4],, pois que apreciará a prova constante dos autos, independentemente do sujeito que a tiver promovido, devendo indicar em decisão as razões da formação de seu convencimento (*ex vi* do art. 370 do CPC).

Pode-se, então, concluir que provar é demonstrar ao Estado, personificado na figura do juiz, circunstanciado nas necessidades probatórias que o processo em si necessita, i.e., a verdade de um fato ou de uma alegação nele deduzida.[5]

Muito embora caiba às partes produzir as provas (princípio dispositivo), o art. 370 do CPC/2015 pontua significativa participação do juiz como importante ator na construção qualitativa da razão prática processual bem como na cooperação para uma melhor instrução do feito, objetivando necessário alcance da pacificação social e da segurança jurídica, principais escopos do Estado no monopólio da atividade jurisdicional, esclarecendo dito dispositivo legal ser de competência do juiz, de ofício ou a requerimento da parte, determinar as provas necessárias à instrução do processo, indeferindo as diligências inúteis ou meramente protelatórias (parágrafo único do art. 370), tudo em busca da maior proximidade possível do ideário da verdade.[6]

Vale dizer que, cabe ao magistrado democrático, um diálogo constante com as partes, permitindo que estas, efetivamente, acompanhem o desenvolvimento da formação de suas convicções e assim possam propor e produzir provas úteis e relevantes para o processo, tão somente intervindo subsidiariamente na promoção de provas caso não requeridas pelas próprias partes, desde que se fizerem necessárias e, repetimos: de forma motivadamente útil ao próprio processo.[7]

Insta ainda pontuar neste ínterim que, tal interesse dos partícipes do processo – diga-se aqui, as partes e o juiz – na construção qualitativa probatória, cujo alcance, re-

---

4 Pautado na importância de uma decisão racional do juiz, esta orientada pela própria determinação da verdade dos fatos , leciona com propriedade, Michele Taruffo (*Simplementela verdad. El juez y la construcción de los hechos.* Madrid: Macial Pons,2010, p. 220) :
"*(...) la decisión sobre los hechos no puede ser tampoco el fruto de uma intuición irracional, o de uma introspección a través de La cual el juez penetre em los pliegues más recônditos de su espíritu para emerger com uma certeza subjetiva (tal vez calificable como 'moral' o 'absoluta', inescrutable y misteriosa, sobre La verdad de los hechos.*
Por el contrario, el estar orientada hacia La determinación de La verdad de los hechos, La decisión debe constituir el resultado de um procedimiento racional, que se desarrolla conforme a reglas y principios, esto es, conforme a um método que permita someterla a control y que determine su validez."

5 GAIO JÚNIOR, Antônio Pereira. *Instituições de Direito Processual.* 3 ed. Salvador: JusPodivm, 2017, p. 411.

6 Juan Montero Aroca atribui a Carnelutti a destruição do mito da verdade formal, estabelecendo que a verdade é uma só: ou a verdade formal coincide com a verdade material, não sendo mais do que simplesmente a verdade, ou com ela se choca, caso em que é apenas uma não verdade (*Los Princípios Políticos de la Nueva Ley de Enjuiciamento Civil: los poderes del juez y la oralidade.* Valencia: Tirant lo Blanch, 2001, p.112).

7 No mesmo sentido, GRECO, Leonardo. A Prova no Processo Civil: Do Código de 1973 ao Novo Código Civil.In: COSTA, Hélio Rubens Batista Ribeiro; RIBEIRO, José Horácio Halfeld Rezende; DINAMARCO, Pedro da Silva. *Linhas Mestras do Processo Civil.* São Paulo: Atlas, 2004, p. 404.

pito, interessa inegavelmente a todos, é razão inspiradora de um Processo Cooperativo[8], onde o diálogo processual leal, plenamente garantido e igualmente conduzido pelo juiz somando-se ao reforço das posições jurídicas das partes, conferem marcas ao processo civil cooperativo[9], manifestando-se ao longo de todo a marcha processual.[10]

Importante ainda observar que, a despeito do objetivo do processo ser a busca da verdade real, entendida aqui como a mais próxima do que seria o ideal de justiça[11], hão de ter vozes que, reacionariamente, procuram ainda hoje declararem que o direito processual satisfaz-se somente no campo da denominada verdade formal, ou processual, *quod non est in actis non est in mundo* (o que não está no processo não está no mundo).

2. ÔNUS DA PROVA

O ônus da prova é divido da seguinte maneira no art. 373 do CPC/2015:

I – ao autor, quanto ao fato constitutivo de seu direito;

II – ao réu, quanto à existência de fato impeditivo, modificativo ou extintivo do direito do autor.

Quando o réu, na contestação, se limita a negar o fato que fundamenta o pedido do autor, o ônus da prova recai todo sobre este último (*actori incumbit onus probandi*). Como exemplo, pode-se citar: em ação de indenização, o réu nega ter causado o dano; em ação de despejo fundada em contrato de locação verbal, o réu nega que existe contrato de locação entre as partes, etc. Nestes casos, se o autor não obtiver sucesso ao demonstrar o fato constitutivo do seu direito, seu pedido será julgado improcedente sem que o réu tenha sido obrigado a produzir qualquer tipo de prova (*actori non probante réus absolvitur*).

Lado outro, caso o réu alegue, na sua defesa, fato impeditivo, modificativo ou extintivo do direito do autor (art. 350 do CPC/2015), o ônus da prova passa a ser dele já que suas declarações tornam incontroversos os fatos constitutivos do direito do au-

---

8 "O processo cooperativo parte da ideia de que o Estado tem como dever primordial propiciar condições para a organização de uma sociedade livre, justa e solidária, fundado que está na dignidade da pessoa humana. Indivíduo, sociedade civil e Estado acabam pó ocupar, assim, posições coordenadas. O direito a ser concretizado é um direito que conta com a *juris prudentia*, nada obstante concebido, abstrativamente, como *scientia juris*. Por essa vereda, o contraditório acaba assumindo novamente um local destaque na construção do formalismo processual, sendo instrumento ótimo para a viabilização do diálogo e da cooperação no processo, que implica, de seu turno, necessariamente, a previsão deveres de conduta tanto para as partes como para o órgão jurisdicional (deveres de esclarecimento, consulta, prevenção e auxílio)." MITIDIERO, Daniel. *Colaboração no Processo Civil*. 2 ed. São Paulo: RT, 2011, p. 114.

9 Agora, expressamente consignado no texto do novel CPC:
"Art. 6º Todos os sujeitos do processo devem cooperar entre si para que se obtenha, em tempo razoável, decisão de mérito justa e efetiva."

10 MITIDIERO, Daniel.. Ob. cit., p. 114..

11 GAIO JÚNIOR, Antônio Pereira. Ob.cit., p.575.

tor. Por exemplo: fato impeditivo, em ação de reivindicação, o réu alega ocorrência de usucapião; deve, assim, provar a ocorrência da prescrição aquisitiva; fato modificativo, em ação de cobrança, o réu alega ocorrência de compensação, deve, portanto, provar o seu crédito; fato extintivo em ação de despejo por falta de pagamento, o réu alega que já pagou os aluguéis; logo deve juntar os comprovantes de tal pagamento.

Destaca-se aqui que, com o advento do CPC/2015, se fez reconhecida formalmente a possibilidade do juiz atribuir ônus da prova de modo diverso, ou seja, distribuição dinâmica do ônus probatório, como já cediço, p. ex., em conflitos com a presença forte de hipossuficiência de uma das partes como o é comumente nos conflitos envoltos às relações de consumo desde que evidentemente, por decisão fundamentada, no entanto, concedendo à parte oportunidade e se desincumbir do ônus a que lhe fora atribuído.

Os parágrafos 1º e 2º do art. 373 bem retratam tal hipótese:

> "§ 1º Nos casos previstos em lei ou diante de peculiaridades da causa relacionadas à impossibilidade ou à excessiva dificuldade de cumprir o encargo nos termos do caput ou à maior facilidade de obtenção da prova do fato contrário, poderá o juiz atribuir o ônus da prova de modo diverso, desde que o faça por decisão fundamentada, caso em que deverá dar à parte a oportunidade de se desincumbir do ônus que lhe foi atribuído.
> § 2º A decisão prevista no § 1o deste artigo não pode gerar situação em que a desincumbência do encargo pela parte seja impossível ou excessivamente difícil".

É possível ainda pelo próprio novato *Codex,* que as partes *ex adversas* possam convencionar entre si a distribuição diversa do ônus probante, salvo quando a prova recair sobre direito indisponível de uma delas ou tornar-se excessivamente difícil a uma parte o exercício do direito, ou seja, da própria produção da prova em si (§3º do art. 373 do CPC/2015).

Cabe ainda destacar a possibilidade de tal convenção ser pactuada durante o processo ou mesmo antes dele, tal como autoriza o §4º do art. 373, notadamente, configurando autêntico negócio jurídico processual, à luz do que já disciplina o art. 190 do CPC/2015.

3. FATOS QUE INDEPENDEM DE PROVA

Somente os fatos controvertidos ou controversos dependem de prova no processo, isto é, alegados por um e negados pela outra parte, que sejam relevantes para o destino da causa. Importante observar ainda que o art. 374 do CPC/2015 expressa claramente que não dependem de prova os fatos:

a) Notórios

Quanto à definição do que seriam fatos notórios, há certa dissensão entre doutrinas. A divergência se fixa principalmente quanto à abrangência que o conceito deve invocar. A despeito de divergências, pode-se conceituar fatos notórios como aqueles conhecidos e tidos como verdadeiros dentro de certo grupo social (*v.g.*, não é preciso provar o dano moral que advém: da morte do filho, da morte do cônjuge, devolução indevida de cheque; protesto indevido de duplicata etc.). O juiz deverá, em caso concreto, quando fixar os pontos controvertidos no despacho de saneamento do processo, avaliar, considerando o lugar, o tempo, a cultura e as regras da experiência se, de fato, prescinde ou não de prova.

b) Afirmados por uma parte e confessados pela parte contrária

A redação deste inciso não se faz absoluta uma vez que assevera não depender de prova os fatos afirmados por uma parte e confessados pela parte contrária, não sendo lembrado pelo legislador que a "confissão" é um meio de prova (art. 389 do CPC/2015). Na verdade, se na sua contestação ou em depoimento pessoal a parte afirma ser verdadeiro fato que é contrário aos seus interesses, esta afirmação dispensa outras provas, entretanto, caso o magistrado desconfie da atitude das partes ou perceba que o fato confessado se apresenta contraditório, poderá determinar a realização de outras provas com o objetivo de verificar a veracidade dos fatos, tudo pautado, inclusive, no interesse do Estado, em estabelecer a preservação do ordenamento e segurança jurídica.

c) Admitidos, no processo, como incontroversos

Cabe ao réu, ao contestar a ação, impugnar especificamente os fatos articulados na petição inicial pelo autor, sob pena de serem tidos como verdadeiros os fatos que não forem impugnados expressamente (verdade formal), exceto: se não for admissível a seu respeito a confissão (*v.g.*, escritura pública); se estiverem em contradição com a defesa, considerada em seu conjunto (art. 341 do CPC/2015).

d) Em cujo favor milita presunção legal de existência ou de veracidade

Presunção é o processo mental através do qual se deduz o desconhecido ou ignorado, partindo-se de um fato conhecido, ou seja, é a consequência ou conclusão que a lei ou o juiz tiram, tendo como base um fato conhecido, para chegar a outro ignorado. Existem dois tipos de "presunção legal": absoluta (*juris et de jure*), que não admite prova em contrário (*v.g.*, todos conhecem a lei, art. 3º, LINB) ou relativa (*juris tantum*), que admite prova em contrário (*v.g.*, a entrega do título ao devedor firma a presunção de pagamento, arts. 322 e 324 do Código Civil).

O art. 376 do CPC ressalta, quanto às leis, que, se a parte alegar direito municipal, estadual, estrangeiro ou consuetudinário, provar-lhe-á o teor e a vigência, caso o juiz o determine.

4. MODALIDADES DE PROVAS

Conforme já pontuado em linhas atrás, sustenta o art. 369 do CPC/2015 que as partes *"têm o direito de empregar todos os meios legais, bem como os moralmente legítimos, ainda que não especificados neste Código, para provar a verdade dos fatos em que se funda o pedido ou a defesa e influir eficazmente na convicção do juiz."*

Nestes termos, o Código, mediante aludida norma, determina o princípio da atipicidade dos meios de prova, isto é, além dos meios de provas expressamente indicados pela lei, no CPC ou no Código Civil (art. 212), usados para demonstrar a verdade de um fato, outra forma que seja moralmente legítima pode ser usada. Neste sentido, importante observar o inciso LVI do art. 5º da Constituição Federal que afirma que "*são inadmissíveis, no processo, as provas obtidas por meios ilícitos*" (*v.g.*, gravação oculta de diálogo por terceiros estranhos à conversa, gravação clandestina). Geralmente, compete ao juiz avaliar, no caso concreto, se determinada prova apresentada pela parte pode o não ser usada no processo.

O CPC/2015 determina claramente os seguintes meios de prova:

I – ata notorial (art. 384);

II – depoimento pessoal (arts. 358 a 388);

III – confissão (arts. 389 a 395);

IV – exibição de documento ou coisa (arts. 396 e 404);

V – prova documental (arts. 405 a 441);

VI – prova testemunhal (arts. 442 a 463);

VII – prova pericial (arts. 464 a 480);

VIII – inspeção judicial (arts. 481 a 484);

IX – prova emprestada (art. 372).

O autor deve mencionar, na petição inicial, os meios de prova que tenciona produzir (art. 319, VI do CPC/2015), devendo o réu fazer o mesmo na contestação (art. 336 do CPC/2015). Ressalta-se que simples protesto genérico de provas é insuficiente para atender à determinação legal; é preciso que a parte aponte explicitamente as provas que pretende produzir, sob pena de preclusão.

5. PROVA DOCUMENTAL

Para fins de análise do tema central em comento, quer seja, o documento eletrônico, necessário se faz debruçar sobre o seu gênero, documento, e daí, prova documental, objetivando descortinar suas principais nuances, implicando, de certo, em um propício substrato para a compreensão da natureza documental probatória do objeto "documento eletrônico".

Em sentido amplo, documento é todo registro material de um fato, podendo citar como exemplo as certidão de nascimento, o contrato escrito de compra e venda, um recibo de pagamento, fotografias, filmes, fita magnética, *e-mail*, cartas, bilhetes, telegramas, pinturas etc.

O documento, não se pode negar, sempre foi um tipo de prova singular no processo devido à inegável força de convencimento que possui sobre o espírito do julgador.

O autor como regra geral, deve juntar os documentos que tem na petição inicial e o réu, na contestação. Deste modo, afirmar o art. 434 do CPC/2015: "*Incumbe à parte instruir a petição inicial ou a contestação com os documentos destinados a provar suas alegações.* "

A juntada de documentos novos fora destas ocasiões só é legalmente permitida quando eles forem destinados a fazer prova de fatos que aconteceram após a distribuição da petição inicial ou o protocolo da contestação (art. 397 do CPC/2015), cabendo ao juiz possibilitar oportunidade para que a parte contrária se manifeste no prazo de 15 (quinze) dias, podendo o juiz, a requerimento da parte, dilatar aludido prazo para manifestação sobre a prova documental produzida, levando em consideração para isso a quantidade e a complexidade da documentação. (art. 437, §§1º e 2º do CPC/2015).

Na mesma toada, o parágrafo único do art. 435 do CPC/2015 autoriza a possibilidade da juntada posterior de documentos formados após a petição inicial ou a contestação e ainda aqueles documentos que se tornaram conhecidos, acessíveis ou disponíveis após tais atos processuais, cabendo à parte que os produzir comprovar o motivo que a impediu de juntá-los anteriormente e incumbindo ao juiz, em qualquer caso, avaliar a conduta da parte de acordo com a boa-fé processual (art. 5º do CPC/2015).

Importante observar, em coro com a questão supra, que o próprio art. 493 do CPC/2015, ao especificar que se *"depois da propositura da ação, algum fato constitutivo, modificativo ou extintivo do direito influir no julgamento do mérito, caberá ao juiz tomá-lo em consideração, de ofício ou a requerimento da parte, no momento de proferir a decisão"*, vetoriza para o propósito de que, mais que as partes, o próprio Estado tem o "interesse direto" (entendido aqui como justificador do próprio monopólio jurisdicional) na consecução da pacificação social e, observando ou mesmo sendo provocado acerca de questões que podem influir na decisão do julgado, deve determinar o recebimento de provas, evitando-se, muitas vezes, a prática automática e condenável da preclusão temporal das mesmas, arrastando com isto o julgado para soluções que, em nome da celeridade, são por diversas vezes eivadas de uma carência de instrução razoável ou mesmo plena e desejável.[12]

Não podemos deixar de reconhecer a crescente prática da ideia supra no âmbito da judicatura, onde dotados de tal espírito estão juízes, amparados na vontade de buscar a verdade real, com intuito de que a futura decisão seja a mais justa possível para o caso *sub judice*.

Aliás, corroborando com importante ideário, o CPC/2015 estabelece no próprio art. 493, mais precisamente em seu parágrafo único que, poderá o juiz constatar o fato novo. Neste caso, notadamente, ouvirá as partes sobre ele antes de decidir.

---

12 Neste assunto, pertinente é o contributo de Jordi Ferrer Beltrán (*La valoración racional de la prueba*. Madrid: Marcial Pons, 2007, p.54-55), assentado na importância ilimitada da produção probal, seja no aspecto temporal ou mesmo em sede de conteúdo:
"La debida protección de este derecho (direito a utilizar todas as provas de que se dispões para demonstrar a verdade dos fatos que fundam a pretensão) supone que se imponga a los jueces y tribunales el deber de admitir todas lãs pruebas relevantes aportadas por La partes. ES decir, deberán ser admitidas todas aquellas pruebas que hipotéticamente puedan ser idôneas para aportar, directa o indirectamente, elementos de juicio acerca de los hechos que deben ser probados. (...). Por otro lado, también supodría uma violación del derecho a la prueba la limitación a La posibilidad de aportar pruebas relevantes impuesta, no ya por el órgano juzgador, sino legislativamente."

Caso a parte discorde quanto à autenticidade de documento juntado pela outra parte, seja na petição inicial, na contestação ou, posteriormente, poderá o interessado alegar "incidente de falsidade"[13] na própria contestação, em preliminar, ou, quando for o caso, da juntada de documento aos autos, no prazo de 15 (quinze) dias por petição devidamente fundamentada que deverá denotar ainda os meios pelos quais o requerente pretende provar a referida falsidade (arts. 430 e 431 do CPC/2015).

Uma vez arguida, a falsidade será resolvida como questão incidental, salvo se a parte requerer que o juiz a decida como questão principal, nos termos do inciso II do art. 19 do CPC/2015.[14]Em todos os casos, o juiz mandará intimar a parte que apresentou o documento para responder no prazo de 15 (quinze) dias, sendo-lhe facultado requerer a retirada do documento contestado, o que será estipulado pelo juiz caso não se oponha aquele que produziu o incidente. Se achar necessário, o juiz estipulará a realização de exame pericial no documento, devendo observar que o ônus da prova neste aspecto é dividido pelo ordenamento processual civil, art. 429 do CPC/2015, da seguinte forma:

> *"Art. 429. Incumbe o ônus da prova quando:*
> *I – se tratar de falsidade de documento ou de preenchimento abusivo, à parte que a arguir;*
> *II – se tratar de impugnação da autenticidade, à parte que produziu o documento. "*

Caso a declaração sobre a falsidade do documento venha a ser suscitada como questão principal do processo, esta constará da parte dispositiva da sentença e sobre ela incidirá também a autoridade da coisa julgada (art. 433 do CPC/2015).

6. PROVA DOCUMENTAL E DOCUMENTO ELETRÔNICO

O art. 369 do CPC/2015 aponta para a ideia de que todos os meios legais, bem como os moralmente legítimos, ainda que não especificados no *codex*, são hábeis para provar a verdade dos fatos, em que se funda a ação ou a defesa.

Todavia, a doutrina aponta outros meios probatórios e, conforme bem salienta Theodoro Júnior,[15] têm-se meios de prova descritos em outras legislações, sendo que algumas das formas de se provar não estão diretamente contempladas na legislação

---

13 Nos processos eletrônicos, "a arguição de falsidade do documento original será processada eletronicamente na forma da lei processual em vigor" (art. 11, § 2º, da Lei nº 11.419/2006), devendo os originais de tais documentos ser preservados pelo seu detentor até o trânsito em julgado da sentença ou, quando admitida, até o final do prazo para interposição de ação rescisória (art. 11, § 3º, da Lei nº 11.419/2006).

14 *"Art. 19. O interesse do autor pode limitar-se à declaração:*
(...)
II – da autenticidade ou da falsidade de documento."

15 THEODORO JÚNIOR, Humberto. *Curso de Direito Processual Civil.* Vol. 1. 50 ed. Rio de Janeiro: Forense, 2009, p. 425.

tal como a "presunção", esta referendada no art. 212 do Código Civil – Lei nº 10.406 de 2002, mas com relevância no processo hodierno, sendo admissível desde que em sintonia para com as garantias do contraditório e com a participação da parte contra quem deva operar, devendo-se também não perder de mira o próprio art. 5º, inciso LVI da Carta Maior, onde, conforme cediço, assinala como inadmissíveis no processo as provas obtidas por meios ilícitos.

Partindo deste pressuposto, toma-se a linha da prova documental, revelando no contexto geral a definição de documento já trazida alhures, como todo registro material de um fato, conforme se tem mediante umacertidão de nascimento, um contrato escrito de compra e venda, um recibo de pagamento, filmes, fotografias, fita magnética, *e-mail*, bilhetes, telegramas, cartas, pinturas dentre outros.

A legislação vigente e a doutrina ainda tratam o fator físico da prova documental como legitimador de sua veracidade, tropeçando-se em um antigo princípio conferido ao meio físico do documento que é o princípio da cartularidade, mesmo que aludia ideia venha perdendo fôlego com a novata visão sobre a produção documental eletrônica.

Em se tratando da prova documental apresentada na legislação e sua relação com a aceitação da prova eletrônica no processo, se faz necessária a apresentação do conceito que referencia o Documento Eletrônico como dado relevante em um processo, tomando assim como base os apontamentos de Patrícia Peck[16] analisando conceitualmente o documento conforme transcrito no Decreto Italiano nº 513/97, i.e., *"a representação eletrônica ou digital de atos, fatos ou dados juridicamente relevantes"*.

Sob a ótica pátria, temos na mesma direção a Portaria do Ministério da Fazenda nº 528/96, de 2 de setembro de 1996, publicada no *DOU* em 10-10-1996, que regulamentou o Sistema Setorial de Gestão de Documentação e Informações – SGDI, do Ministério da Fazenda, onde expressa que *"compreende-se por documento, qualquer que seja o suporte utilizado, o conjunto de informações que registre o conhecimento humano, de forma que possa ser utilizado como elemento de consulta, estudo e prova"*.

Bem se observa, portanto, conforme se faz presente em outros ordenamentos já algum tempo, uma tentativa em demonstrar a possível aceitação do documento produzido em meio eletrônico, entre os demais admitidos no universo jurídico, desde que sendo relevantes ao esclarecimento de fatos, apresentem-se na demonstração de atos ou mesmo passível de consulta e estudos probantes na questão discutida.

Vê-se desta forma a preocupação por parte do legislador brasileiro em propor soluções às questões que cercam os paradigmas eletrônicos, sendo cediça a necessidade de verdadeira atenção à questão, dado não existirem moldes que contenham de maneira aceitável uma referência representativa das condições criadas pelas novas proposições tecnológicas.

Cabe ainda ressaltar o papel do Código Civil brasileiro onde, em cláusula genérica versa sobre a regulação de documentos produzidos por equipamentos eletrônicos passíveis de aceitação como meios probatórios:

16 PINHEIRO, Patrícia Peck. *Direito Digital*. 3 ed, São Paulo: Saraiva, 2009, p. 300.

> *"Art. 225. As reproduções fotográficas, cinematográficas, os registros fonográficos e, em geral, quaisquer outras reproduções mecânicas ou eletrônicas de fatos ou de coisas fazem prova plena destes, se a parte, contra quem forem exibidos, não lhes impugnar a exatidão."*

Ao tratar da criação e reprodução de arquivos em máquinas e equipamentos mecânicos ou eletrônicos o legislador legitima os documentos produzidos como registro válido na constituição da prova documental, desde que sejam conferidos alguns cuidados para a efetiva validação do arquivo como válido, seguindo o deferimento pelo juiz e a aceitação do documento pela contra parte, este poderá compor a instrução probatória do processo.

O documento armazenado no papel é idêntico ao produzido em suporte eletrônico, e guardadas as devidas proporções, se faz necessário que sejam tomados os mesmos cuidados em uma situação da verificação da autenticidade como se presta a um documento em papel.

Para que se entenda como é possível demonstrar que a prova documental produzida por meio eletrônico, assim como os meios de sua produção sejam aceitos e valorados dentro de um processo, é preciso que se conheça a construção do Direito Eletrônico, em seu papel de explicar diante de alguns aspectos jurídicos como os novos meios de circulação de documentos e suas particularidades no meio eletrônico podem assegurar a veracidade da informação neles contida.

6.1. ASPECTOS JURÍDICOS DO DOCUMENTO ELETRÔNICO

Em diversas situações o documento tem deixado de se apresentar por meio do papel, ou deve-se dizer, por meio de uma mídia considerada como uma forma padrão que ateste sua originalidade, tendo em vista a facilidade de armazenagem ou troca de dados por outros meios de mídia, o que vem gerando diversos questionamentos sobre a veracidade dos documentos em questão até que a lei os regulamente.

Conforme lembra Patrícia Peck "a questão sobre documentos eletrônicos não é criação da Internet. É um assunto que já se discute há muito tempo devido à documentação de operações em redes eletrônicas de bancos, seja via intranet de computadores ligados com operadoras de cartão de crédito, seja quanto a aplicações financeiras realizadas remotamente na Bolsa de Valores, seja via telefone em operações conduzidas pelo cliente em uma gravação eletrônica, nos serviços de *bank phone*."[17]

O fato é que tais operações são realizadas há bastante tempo, muito antes que se falasse em uma rede mundial de computadores, portanto, se vê que os documentos eletrônicos já estão presentes há muito no mundo jurídico. Há algum tempo atrás os arquivos eram armazenados em grandes computadores, em cartões perfurados, em antigas fitas cassette ou DAT; ou em antigos disquetes, de 5 e ¼ ou de 3 e ½; ou mesmo em grandes centrais telefônicas, utilizados para a armazenagem de um grande

---

17 Ob. cit., p. 151.

número de dados em menor espaço, visando à recuperação rápida destes dados para que o cliente conseguisse em tempo hábil e satisfatoriamente resolver seu problema com a empresa.

Hoje, continuam presentes em outras mídias, como CDs, DVDs, *Pen Drives*, *memory cards* e outras memórias de armazenagem em diversas espécies de aparelhos eletrônicos.

Alguns exemplos das legislações que balizaram as operações em rede são dados pela autora supracitada, quando esta faz referência à lei da Microfilmagem, – Lei nº 5.433/68 – que regula a microfilmagem de documentos particulares e oficiais arquivados, criada no Brasil muito antes de se pensar em compartilhamento de dados pela web; ou a Lei de registros públicos – Lei nº 6.015/73 que dispõe sobre os registros públicos e dá outras providências, alterada posteriormente por vários diplomas legais, mas que mantém o propósito de que cabe ao tabelião de registro de títulos e documentos fazer o registro de documentos particulares para fazer prova de obrigações convencionais independendo do valor a elas atribuído.

Neste contexto, vale lembrar que na atualidade já é utilizado em cartórios de registro o armazenamento de informações por meio de mídias digitais, e que seus tabeliães estão balizados na legislação vigente para se prestar a tal situação. Por conseguinte os documentos eletrônicos nesses termos já são presumidos como válidos ou passíveis de validação, se considerados os requisitos de prestação de fé pública depositado aos tabeliães de registro de documentos, portanto, perfeitamente utilizáveis como prova, ao se cercarem deste argumento.

Entretanto há que se trabalhar neste meio com algumas feições inerentes ao documento, projetado como passível de representatividade probante no processo, que serão tratados adiante.

Dentre as diversas representações apresentadas por um documento passível de se aceitar como prova válida em um processo, a integridade é o primeiro aspecto que deve ser tomado como relevante.

Conforme trata Bennucci,[18] a integridade de um documento parte do pressuposto de que o mesmo "não tenha sido alterado durante a transmissão em meio eletrônico." Para que esta validade seja conferida, há que se tomar em consideração a relação entre a identidade do criador do documento produzido em meio eletrônico e a autenticidade do próprio documento, visto que o documento eletrônico, analisado isoladamente, não possui qualquer atributo que lhe confira tal pessoalidade.[19]

Em se tratando de tais perspectivas, para que se considerem relevantes, a integridade e a autenticidade devem ser tomadas com cautela, pois, até que se cerque da certeza de que é valido o documento em questão, se faz necessária a observação de alguns requisitos de segurança e validade para demonstrar as garantias de que o documento é proveniente de quem alega tê-lo fabricado. O papel de verificação de

---

18 BENUCCI, Renato Luís. *A tecnologia aplicada ao Processo Judicial.* Campinas: Millenium, 2006, p. 86.

19 Idem.

tais requisitos prestado pelo juiz no procedimento probatório, nesses casos necessita de auxílio da tecnologia para atestar a devida confiabilidade às informações contidas no documento digital.

7. O DIREITO À PROVA DOCUMENTAL ELETRÔNICA

Com as hodiernas tecnologias o Direito Processual se vê diante de perspectivas que ainda assombram o referencial jurídico e desafiam a sociedade de modo agressivo oferecendo uma nova maneira de viver em sociedade diante de uma nova ordem mundial que se agrega a sede de conhecimento e trabalha oferecendo informações em abundância ao alcance de um só clique. Percebe-se assim que "a informação já não pode ser dispensada, quer pela qualidade, quer pela quantidade, pois se transformou em novo *bem jurídico*, de primeiríssima ordem para o homem contemporâneo."[20]

Ao tratar das novidades advindas da informatização que representam um novo momento para a sociedade e para o Direito, Paesani expressa que "a própria realidade das coisas não é somente a *material*, mas se limitou em produzir seus efeitos para transformar-se em *virtual*. A desmaterialização não de limitou em produzir seus efeitos na linguagem, mas incide frontalmente em fundamentadas teorias jurídicas e cita-se como exemplo, a *transferência eletrônica de fundos (Eletronic Fund Transfer,* EFT), que se destina a desmaterializar o título de crédito do papel. Para Galgano (1989:359), o fenômeno já existe em diversos países e nas relações interbancárias, a circulação do papel termina nas mãos do banqueiro que o detiver em primeiro lugar. Afirma ainda em sequência que *"a teoria do Título de Crédito, admirável criação de diversas gerações de juristas, deverá ser revista desde a base, visto que está fundamentada na materialidade do papel, como coisa móvel suscetível de apropriação e, portanto, de aquisição a* non domino."[21]

Tratando o contexto eletrônico como o responsável pela desmaterialização do documento de maneira geral, e demonstrando que há uma tendência em se desprender os conceitos enredados no mundo jurídico, da materialidade como referencial participativo do conceito de documento, sem, contudo, se desprender de todo o aporte referencial jurídico, vista a necessidade de se manter as teorias basilares do Direito nutridas de suas capacidades de definição dos preceitos legais, o Direito se vê desafiado pelo aporte tecnológico na construção de conceitos em que se concedam as características de seus institutos, sem que estas se prendam a detalhes tecnicistas sobre o suporte a que devam se submeter para a efetivação de sua validade no universo jurídico.

Outrossim, baseado na formalização e tratamento das informações, na sua divulgação de maneira própria através da *telemática*[22] e do conteúdo a que se prestam

---

20 PAESANI, Liliana Minardi. *Direito de Informática: comercialização e desenvolvimento internacional do software*. 5 ed. São Paulo: Atlas, 2005, p. 18.

21 Ibidem, p. 25.

22 Neste sentido, Paesani apresenta o conceito de telemática, nos seguintes termos: "Telemática corresponde ao procedimento da elaboração das informações à distância e, por conseguinte, ao

essas informações que, uma vez transformadas em dados, são disponibilizadas a todos aqueles que, interessando-se, podem buscá-las em um ambiente multifacetado, trocando-as entre si por meio de ferramentas próprias deste ambiente, se valendo para tanto, do universo eletrônico e de suas técnicas.

Disso, portanto, podem os indivíduos produzir informações que, de maneira geral, serão tratadas como documentação e, por consequência, como prova jurídica.

Cabe ao Direito, contudo, ajustar o que vem de novo atrelando-se a técnicas de segurança eletrônicas e ao tratamento de dados circulantes no ambiente virtual. Tarefa árdua que certamente irá demandar dos profissionais da informática e dos juristas um trabalho amplo que deverá se realizar, dentro de seus parâmetros, em conjunto.

Ademais, tratando-se do ambiente virtual, chamado de internet, e conjuntamente dos computadores ou de outros equipamentos capazes de produzirem um texto e lançá-lo ao ambiente em epígrafe, entende-se que é possível a produção e o tráfego de um documento capaz de, se tratado em seus devidos aspectos, ser utilizado como meio probatório no âmbito processual.

Dito isso, bem resolveu o Código de Processo Civil de 2015 cuidar, ainda que timidamente, do documento eletrônico como elemento probatório.

Autoriza a *lex* supra da admissão de documentos eletrônicos produzidos e conservados com observância da legislação específica sobre o tema[23], *ex vi* do art.441 do CPC/2015.

Com relação ao uso de documentos eletrônicos em processo convencional, este dependerá de sua conversão à forma impressa e da verificação de sua autenticidade para a respetiva valoração do mesmo.

Importante frisar que o art. 11, *caput* da Lei nº 11.419/2006, determina que *"os documentos produzidos eletronicamente e juntados aos processos eletrônicos com garantia da origem e de seu signatário, na forma estabelecida nesta Lei, serão considerados originais para todos os efeitos legais"*.

Além disso, por força do § 1º do mesmo artigo, *"os extratos digitais e os documentos digitalizados e juntados aos autos pelos órgãos da Justiça e seus auxiliares, pelo Ministério Público e seus auxiliares, pelas procuradorias, pelas autoridades policiais, pelas repartições públicas em geral e por advogados públicos e privados têm a mesma força probante dos originais, ressalvada a alegação motivada e fundamentada de adulteração antes ou durante o processo de digitalização"*.

Por tudo, poderá o órgão julgador apreciar o valor probante do documento eletrônico não convertido na forma impressa, cabendo ao julgador conceder o devido acesso das partes ao seu inteiro teor (art.440 do CPC/2015).

movimento de circulação automática dos dados informáticos, que ocorrem no diálogo com os calculadores eletrônicos, utilizando os terminais inteligentes, capazes de receber e transmitir. A Telemática contribuiu para colocar a informação em liberdade, conferindo-lhe plena autonomia de circulação". PAESANI, Liliana Minardi. *Direito de Informática: comercialização e desenvolvimento internacional do software*. 5 ed. São Paulo: Atlas, 2005, p. 18.

23 Lei nº 11.419/2006.

8. À GUISA FINAL: O APLICATIVO WHATSAPP E SEU RECONHECIMENTO PROBATÓRIO

Denomina-se WhatsApp um software para smartphones utilizado para troca de mensagens de texto instantaneamente, além de vídeos, fotos e áudios através de uma conexão a internet.

Segundo pesquisa feita pelo MEF (*Mobile Ecosystem Forum*) publicada na revista Exame[24] em 30 de junho de 2016, 76% dos assinantes móveis no Brasil fazem uso regular do *WhatsApp*, que é o comunicador instantâneo mais popular no País. O aludido aplicativo, conforme referido, possibilita aos usuários realizar a troca de mensagens, fotos, áudios, documentos e até mesmo fazer ligações para outros usuários que utilizam a tecnologia. Disso, inegavelmente passa a surgirem indagações acerca da possibilidade probatória e sua respectiva valoração no que tange às provas obtidas por meio de tal aplicativo.

Fato inconteste é que o Direito deve acompanhar as transformações sofridas pela sociedade, respondendo com presteza aos acontecimentos cotidianos, sob pena de tornar-se, em muitas passagens, inútil. Assim, se tais acontecimentos ocorrem no ambiente virtual e tecnológico, torna-se claro que neste ambiente, igualmente, o Direito deve atuar e regular.

À luz do art. 441 do CPC/2015, como retro frisado, admite-se documentos eletrônicos como prova processual e bem por isso, o Código de Processo Civil de 2015 em consonância com o Marco Civil da Internet (Lei nº 12.965/14), incorporou o uso da tecnologia ao adotar a possibilidade da constituição de provas por meio de documento eletrônico.

Como alhures notado, poderia se questionar que tal novidade confrontasse com princípio amplamente aplicado pela doutrina e jurisprudência durante muito tempo, o qual enfatiza a necessidade das provas documentais serem físicas, podendo ser apresentadas em juízo somente se respeitada à formalidade na constituição do documento. É o que se convencionou chamar de princípio da cartularidade e já bem enfrentado por nós no item 6.

De fato, aceitar a apresentação de provas obtidas por meios eletrônicos, como no caso do *WhatsApp*, é o mesmo que relativizar o princípio da cartularidade, impondo, assim, transformações no reconhecimento jurídico do "documento" e ampliando o acesso à possibilidade de reconhecimento de direitos, uma vez que facilitaria a constituição probatória em determinas circunstâncias, evitando-se a inviabilidade de se provar em juízo fato constitutivo de direito.

Em verdade, tendência do mundo moderno é a praticidade, facilitando cada vez mais a comunicação e, consequentemente a realização de negócios jurídicos, o que eleva o uso de documentos de mídia. Assim, em vários casos, os documentos têm deixado de ser apresentados fisicamente, isto é, impressos em papel, tendo em vista a

---

24 Disponível em: http://exame.abril.com.br/tecnologia/brasil-e-um-dos-paises-que-mais-usam-whatsapp-diz-pesquisa/#. Acesso em 11 de setembro de 2017.

praticidade de armazenamento em mídias eletrônicas, o que vem suscitando dúvidas quanto a validade e veracidade dos mesmos.

Sob esse prisma, estabelece o art. 439 do CPC que a "*utilização de documentos eletrônicos no processo convencional dependerá de sua conversão à forma impressa e da verificação de sua autenticidade, na forma da lei.*"

Assim, apesar de inovar permitindo que documentos eletrônicos sejam aceitos no processo (v.g., uma conversa pelo aplicativo *WhatsApp* na qual as partes constituem um contrato de compra e venda), também ressalvou que o uso deve ser feito sob verificação da autenticidade do documento, evitando, assim, as fraudes. Tal limitação garante um maior grau de confiabilidade à prova gerada por documento eletrônico quando sua autenticidade é verificada.

Como existem hipóteses em que a verificação da autenticidade não pode ser realizada ou, se assim feita, não garante resultados idôneos, o legislador, conforme já apontado em item anterior, autoriza ao juiz apreciar o valor do documento como prova, como nos casos em que se torna claro por outros meios a validade do documento eletrônico, *ex vi* do art. 440.

Prestigiando a própria inteligência do que regra o CPC/2015 acerca da validade e uso de documentos eletrônicos, verifica-se, por exemplo, decisão proveniente da 5ª vara da família e sucessões da comarca de São Paulo[25], no ano de 2014, fruto das mudanças trazidas pelo Marco Civil da Internet, em que o magistradodeferiu, liminarmente, alimentos gravídicos à autora gestante essencialmente com base em um histórico de conversa virtual nesse aplicativo.

No mesmo sentido, o STJ concedeu efeito suspensivo ao Recurso Especial[26] interposto pelo alimentante em ação de alimentos em fase de execução, suspendendo assim, o mandado de prisão por não pagamento. Isso porque, entendeu o Ministro Relator, no que pese haver nos autos petição informando o desejo da alimentada em prosseguir com a ação, a mesma não conseguiu demonstrar a necessidade no recebimento da pensão. Nestes termos, o Relator considerou válida a renúncia aos direitos de pensão feito pela alimentada, que inclusive salientou a desnecessidade no recebimento dos alimentos, em uma conversa realizada entre as partes no aplicativo *WhatsApp*, a qual foi certificada e autenticada por um tabelião.

Oportuno se faz trazer os seguintes fragmentos da conversa: "Oi minha filha... acabei de receber intimaçao da execuçao de alimentos., mais de 20 mil. Nao tenho a menor condicao de pagar... parece q tudo entrou em parafuso... nem sei o q fazer"; às 15h01min mensagem enviada por Liriana: " ahh de quem? pra que?"; às 15h02min mensagem enviada pelo solicitante: "Atua né!!"; em seguida às 15h03min mensagem enviada por Liriana: "eu nem sei disso., nem to ai.. nao preciso de dinheiro.."; às 15h05min mensagem enviada pelo solicitante: "Sei disso mas teus avos e a advogada

25 Disponível em: http://s.conjur.com.br/dl/decisao-alimentos-gravidicos-vara.pdf. Acesso em 11 setembro de 2017.

26 STJ. Rel. Min. Luis Felipe Salomão Pet. 11.626 – RS (2016/0217487-8). DJ 12.08.2016.

permanecem litigando em teu nome.., ameaça de prisão pra mim.."; às 15h06min mensagem enviada pelo solicitante: "Preciso q fales com eles... "; às 15h07min mensagem enviada pelo solicitante: "Pago aqueles 3 mil em tres parcelas... é so o q posso conseguir... To em desespero"; às 15h09min mensagem enviada por Liriana: "eu falo com eles as vezes sobre isso. Mas depois daquela vez.. Pensei que tinha acabado com isso.. Bem de qualquer modo vou falar com eles hoje a noite. Não se preocupena... Eu não intendo nada dessas coisas. Vocês tem de fazer um acordo. Não precioso de dinheiro nenhum."[27] (grifos nossos).

Insta ainda ratificar aqui o que outrora fora afirmado: para asseverar a autenticidade contida em um documento decorrente do ambiente virtual, é possível uso de cartórios de registro.

Assim, os documentos eletrônicos como elementos probatórios já serão presumidos como válidos ou passíveis de validação, se considerados os requisitos de prestação de fé pública depositado aos tabeliães de registro de documentos, portanto, perfeitamente utilizáveis como prova, ao se cercarem deste argumento.

9. CONSIDERAÇÕES FINAIS

Por tudo dito, a força probante dos documentos eletrônicos e mesmo as vias de acesso para se apurar a sua existência e validade, contribuem para que o Direito Processual e a vida cotidiana possam compartilhar de uma mesma realidade.

De fato, ao garantir maior credibilidade aos novos meios de conquista da prova, cumprir-se-á com as expectativas trazidas pelos avanços tecnológicos para a busca de uma verdade mais próxima daquela tida como real em âmbito processual, o que, certamente, favorecerá a quem pretende demonstrar sua boa-fé na conquista do respectivo direito material molestado.

27 Conteúdo extraído das folhas 155 e 156 dos autos da ação supramencionada, conforme fundamento da decisão do relator.

OS PODERES DO JUIZ: ANÁLISE COMPARATIVA ENTRE O CPC E O CPP

Bianca Oliveira de Farias
Daniel Brantes Ferreira

1. INTRODUÇÃO

A atuação do magistrado em prol da justa tutela de direitos vem sendo objeto de debate há vários anos. Estabelecer os limites de sua intervenção no processo, os poderes que lhes devem ser conferidos e fixar mecanismos democráticos de controle da sua participação processual é um desafio que precisa ser enfrentado, tomando-se por paradigma a celeridade e a rapidez na prestação da justiça, serviço público indispensável.

Com efeito, a ordem jurídica atual busca assegurar a efetivação de direitos que estão consagrados na Carta Magna, notoriamente no que tange à duração razoável do processo. Defende-se, como nunca antes, que justiça tardia é forma qualificada de injustiça.

Essa busca por celeridade coloca a justiça em uma nova perspectiva. Passa a se impor uma visão humanística do fenômeno de resolução de conflitos em que o julgador possa se revelar mais audacioso, sem prescindir da necessária prudência. É nesse cenário que experimentamos o advento de um novo Código de Processo Civil, cuja busca por celeridade se mostra perfeitamente sintonizada com a preservação de direitos fundamentais do cidadão e com a necessidade de se conceder ao magistrado poderes mais amplos, capazes de promover as flexibilizações procedimentais cabíveis e de conduzir o jurisdicionado, com êxito, a plena satisfação de suas pretensões.

No novo instrumento legal, harmonizam-se, com perfeição, as ideias de devido processo legal, contraditório e ampla defesa. Unificam-se prazos processuais, reduzem-se os recursos meramente protelatórios, incentivam-se os mecanismos conciliatórios como

forma de promoção da pacificação social. Além disso, fica evidente a flexibilização dos procedimentos, a eliminação do excesso de formalismo, o uso da informática como instrumento facilitador de comunicação entre os sujeitos processuais e o fortalecimento da jurisprudência com a observância do sistema de precedentes[1].

---

1 Nesse sentido, veja-se Almeida. Jansen Fialho de. Artigo disponível no site: http://www2.senado.leg.br/bdsf/bitstream/handle/id/242897/000923120.pdf?sequence=1, consultado em 20 de maio de 2015.

Todas essas alterações repercutem, inevitavelmente, no magistrado, principal responsável pela promoção da efetividade processual. A permanecer o Juiz passivo, inerte e desprovido de maiores e mais significativos poderes, inócuas seriam as alterações processuais implementadas pelo atual Código de Processo Civil.

O dinamismo processual depende, sobremaneira, dos agentes operadores da lei, razão pela qual a inércia, tradicionalmente caracterizadora da atuação jurisdicional, cede espaço, de forma definitiva, ao ativismo judicial, que pressupõe um julgador atuante e com amplos poderes decisórios.

Estabelecer o funcionamento perfeito dessa ampliação, os limites democraticamente impostos a essa atuação mais impactante do magistrado e definir os momentos processuais em que essa mudança de comportamento do julgador deve se manifestar, são desafios enfrentados com sucesso pelo novo Código de Processo Civil, mas que reclamam, também, a participação constante da doutrina e jurisprudência para a lapidação da nova proposta.

Nesse trabalho, pretende-se pontuar os principais poderes conferidos ao magistrado e a o impacto prático dessas previsões trazidas pelo novo ordenamento jurídico.

2. A EVOLUÇÃO DOS PODERES DOS MAGISTRADOS E SUA REGULAÇÃO NO DIREITO COMPARADO

A doutrina refere-se ao direito canônico do século XI, como a fonte mais remota de atribuição de poderes aos magistrados. Entretanto, foi a partir do século XX que os debates em torno dos poderes conferidos aos julgadores se intensificou.

O Direito, enquanto fenômeno social, passa por inquestionáveis mutações que geram reflexos, inequívocos, no ordenamento jurídico. No último século, acentuadas alterações valorativas, acompanhamento tendência mundial, atingiram a sociedade brasileira e, como não poderia deixar de ser, impuseram novas perspectivas jurídicas[2].

Abandona-se, assim, a primitiva concepção liberal de Estado e migra-se rumo à uma tendência intervencionista, denominada de Estado Social. A partir daí, se institui a ideia de Estado Democrático, que se apoia em elementos marcantes, como a preservação da liberdade, da igualdade e a instituição da supremacia da vontade popular.

Ao se proceder tal alteração, significativa alteração no papel do Juiz passou a ser percebida. Isso porque, sendo o magistrado, nessa nova configuração, legítimo representante estatal, encarregado de pacificar conflitos, inevitavelmente, precisou sua postura em princípio mais passiva, ceder lugar a um comportamento mais atuante.

A mudança do atuar do Juiz é historicamente simbolizada por três grandes figuras: a do Juiz-Júpiter, Juiz-Hércules e Juiz-Hermes[3]. Dentro dessa nova realidade,

---

2 No sentido do que se expôs, observe-se a obra de Amendoeira Junior, Sidney. *Poderes do Juiz e tutela jurisdicional: a utilização racional dos poderes do juiz como forma de obtenção da tutela jurisdicional efetiva, justa e tempestiva.* São Paulo: Atlas, 2006.

3 Sobre o assunto, assim se posiciona o professor Lenio Luiz Streck: "...Uma discussão que atravessa os anos institucionalizou os modelos de juiz, como sendo Júpiter, Hércules, Hermes, a partir de

passaram a ser empregadas técnicas processuais que auxiliam o magistrado no cumprimento de seu

mister. As mais relevantes associam-se aos poderes conferidos aos magistrados e a sua iniciativa no campo probatório.

Cabe ressaltar, que a concessão de poder de gerenciamento do processo ao magistrado não é uma técnica utilizada com exclusividade pelo ordenamento brasileiro. O sistema norte-americano, em princípio resistente à adoção de postura ativa pelo magistrado, bem como países como a Inglaterra, França, Alemanha e Itália vem encampando, ainda que em diferentes proporções, a ideia de juiz gerenciador ou gestor.

No *adversary system* norte-americano há controvérsia em torno dos poderes dos magistrados, uma vez que posturas mais proativas por parte do julgador implicam no enfraquecimento da cultura local, erguida sobre o modelo adversarial que pressupõe que práticas inquisitórias promovem ofensa aos princípios básicos do sistema processual.

Entretanto, mesmo nesse sistema, vem surgindo juízes gerenciais, denominados de *case manegement* que podem, antes e até mesmo após os julgamentos, tentar lapidar os litígios e influenciar no resultados deles advindos. Aceitam tais julgadores

---

um conhecido texto de François Ost (1993, pp. 170-194), em que o professor belga propõe uma espécie de juiz pós-moderno-sistêmico (Hermes) que atuaria em rede e superaria, com grande vantagem, os "modelos anteriores". Com efeito, para Ost, basicamente a teoria do direito trabalha com dois modelos de juiz, que também simboliza(ria)m "modelos de direito" (Júpiter e Hércules). Consequentemente, simbolizaram também os modelos de jurisdição. O primeiro representaria o modelo liberal-legal, de feição piramidal-dedutivo, isto é, sempre dito a partir do alto, de algum "Monte Sinai"; esse direito adota a forma de lei e se expressa em forma de imperativo, vindo a ser representado pelas tábuas da lei ou códigos e as Constituições modernas, sendo que dessa parametricidade é que são deduzidas as decisões particulares. Já o modelo herculeano está sustentado na figura do juiz, que seria a única fonte do direito válido. Trata-se de uma pirâmide invertida, no dizer de Ost. É Dworkin quem, no dizer do autor, ao revalorizar até o extremo a figura do juiz moderno, atribui-lhe as características de Hércules. Embora diga que não pretende "equiparar" a tese de Dworkin aos realistas ou pragmatistas, Ost termina por colocar no Hércules dworkiano os "defeitos" que caracterizariam o juiz "monopolizador da jurisdição" no modelo de direito do Estado Social, em que o direito "se reduz ao fato", enfim, à indiscutível materialidade da decisão. Esse juiz propiciaria um deciosionismo, a partir da proliferação de decisões particulares. Como contraponto, Ost apresenta um tertius genus, o juiz Hermes, que adota a forma de rede; nem um polo, nem dois, isto é, nem a pirâmide e nem um funil, e tampouco a superposição dos dois, senão uma multiplicidade de pontos de inter-relação; um campo jurídico que analisa como uma combinação infinita de poderes, tanto separados como confundidos, amiúde intercambiados; uma multiplicação dos atores, uma diversificação de regras, uma inversão de réplicas; tal circulação de significados e informações não se deixa aprisionar em um código ou em uma decisão: expressa-se sob a forma de um banco de dados. Assim, segundo Ost, o direito pós-moderno, o direito de Hermes, é uma estrutura em rede que traduz em infinitas informações disponíveis instantaneamente e, ao mesmo tempo, dificilmente matizáveis. Trata-se, em síntese, de uma teoria lúdica do direito. O juiz Hermes não é nem transcendência nem imanência; encontra-se em uma e outra dialética ou paradoxalmente (uma e outra)" *in* Streck, Lenio Luiz. *O (Pós-)positivismo e os propalados modelos de juiz (Hércules, Júpiter e Hermes) – dois decálogos necessários.* Revista de Direitos e Garantias Fundamentais. Vitória: n. 7, págs 15.45/ jan-jun 2010.

negociações processuais, estabelecidas com as partes, acerca do curso, tempo e extensão do julgamento[4].

Na Inglaterra, também se alterou a inicial postura do Juiz, tradicionalmente inerte. Os magistrados ingleses tendem a ter maior contato com o processo, inclusive na produção de provas. A promulgação das *Rules of Civil Procedure* implicou na concessão de inúmeros poderes aos magistrados ingleses. Em regra, tais poderes estão associados à gestão processual e ao seu impacto na promoção de uma justiça substancial, sintonizada com os propósitos estabelecidos.

Na França, a preocupação maior gira em torno da necessidade de se controlar o significativo aumento de litígios que chegam ao Poder Judiciário. A atuação do Juiz, portanto, foca-se na aceleração do procedimento e no reforço de seus poderes instrutórios.

Nota-se, ainda, grande esforço, no mencionado país, para instituição de um projeto de democratização da justiça, uma vez que se conjuga o princípio da cooperação dos juízes e das partes com o do contraditório, resultando em novo direcionamento do processo civil francês que leva, por exemplo, à possibilidade de modificação contratual do procedimento que será adotado em determinada hipótese.

Cumpre ressaltar, que os três sistemas alienígenas referidos ampliam, de maneiras distintas, os poderes conferidos aos magistrados. No americano e no inglês, confere-se ao magistrado poder discricionário para conduzir, conforme seu juízo de conveniência e oportunidade o processo, até que seja entregue a tutela jurisdicional. No sistema francês, entretanto, a concentração de poderes é feita nas figuras do autor e do réu, aos quais se confere ampla liberdade para a condução dos processos, através de contratos de procedimentos a serem adotados.

Por fim, cabe fazer breve menção ao tratamento conferido aos magistrados pelo sistema português, dada sua proximidade com o sistema brasileiro na regulação da matéria.

O artigo 265-A do Código de Processo Civil português trata do princípio da adequação formal que confere amplo poder de gestão processual ao juiz português para a promoção de ajustes procedimentais.

Ademais, desde 2006, convive-se com o regime processual civil experimental[5], que ampliou os poderes dos julgadores no que tange à aceleração do processo, promovendo-se a mitigação do formalismo processual. Tal como previsto no novo código de processo civil brasileiro, também em Portugal se estabelece o dever de cooperação judicial e a atribuição de poderes efetivos ao magistrado, fruto inequívoco, não apenas de uma salutar alteração legislativa mas, sobretudo, do que os portugueses denominaram de reforma de mentalidade.

---

4 Para maiores detalhes acerca do tema, veja-se Cabral, Tricia Navarro Xavier. *Poderes do Juiz no novo CPC.* Revista de Processo da pge/RJ, n.208, p´gs. 275/295, junho de 2012. Consulte-se, ainda, Resnick, Judith. *Managerial Judges.* Harvard Law Review, v.96, n.2, págs 374-448, dec. 1982. Disponível em http://www.jstor.org/pss/1340797. Consulta feita em 20 de maio de 2017

5 Para obtenção de maiores detalhes sobre esse fenômeno, recomenda-se a leitura da obra de Machado, Antonio Montalvão; Pimenta, Paulo. *O novo processo civil.* 11ª edição. Coimbra: Almedina, 2009, p.277-290.

Em última análise, a apreciação do sistema brasileiro, que passaremos a realizar, bem como a análise dos sistemas processuais alienígenas, conduzem à inevitável conclusão de que a tendência processual moderna é a de ampliação dos poderes dos magistrados, a fim de que possam, por meio da flexibilização de procedimentos e outras iniciativas, promover a efetiva proteção de direitos, em consonância com o que dispõe o princípio da efetividade da tutela jurisdicional.

3. AS PREMISSAS ORIENTADORAS DO CÓDIGO DE PROCESSO CIVIL

O aperfeiçoamento da justiça requer, inevitavelmente, a modificação da legislação que rege a sociedade em que as normas serão aplicadas.

No que tange ao Código de Processo Civil, parece clara a intenção do legislador em promover o aperfeiçoamento da prestação da prestação da tutela jurisdicional e em combater a morosidade processual, fator que acarreta frustração no jurisdicionado, descrédito no Poder Judiciário e o crescimento de um poder paralelo capaz de gerar instabilidade social e inequívoco retrocesso.

A Comissão responsável pela elaboração do novo Código Processual teve como desafios, dessa forma, não apenas a lapidação de institutos processuais e das normas que os regem mas, de forma primordial, o resgate da credibilidade no Poder Judiciário.

Sob esse aspecto, novos direitos foram reconhecidos e mecanismos processuais inéditos foram implementados passando a figurar ao lado de diretrizes tradicionais e de suma importância como as que consagram a necessidade de respeito ao contraditório (agora participativo), ampla defesa e isonomia.

Institui-se o ativismo judicial, noção diretamente associada à de crescente judicialização. O último fenômeno, consiste na transferência ao Poder Judiciário de questões que apresentam grande repercussão política e/ou social que, originariamente, seriam apreciadas pelo Congresso Nacional e pelo Poder Executivo.

O fato apresenta inúmeras razões. A primeira delas está associada à redemocratização do país. Nas últimas décadas, com resgate das garantias da magistratura, o Judiciário deixou de ser um departamento técnico-especializado e se transformou em um verdadeiro poder político, capaz de fazer valer a Constituição e as leis, inclusive em confronto com os outros Poderes.[6]

A segunda razão para o crescimento da judicialização foi a constitucionalização abrangente que trouxe para o corpo da Carta Magna, matérias anteriormente tratadas apenas pela legislação ordinária.

---

6 No sentido do que se expôs posiciona-se Luis Roberto Barroso que aponta para a crescente judicialização, três diferentes razões: a redemocratização do país, a constitucionalização abrangente e o sistema de controle de constitucionalidade brasileiro. Para maiores detalhes, confira-se: Barroso, Luis Roberto. *Judicialização, Ativismo Judicial e Legitimidade Democrática.* Artigo disponível em: http://www.oab.org.br/editora/revista/users/revista/1235066670174218181901.pdf. Consulta feita em 23 de maio de 2017.

Por fim, encontra-se no sistema brasileiro de controle constitucionalidade a terceira grande causa para o crescimento da judicialização. Do tipo híbrido, combina aspectos dos sistemas americano e europeu. Sendo assim, ao lado do controle difuso experimentamos a existência de um sistema de controle concentrado, feito por ação direta. A essa sistemática, soma-se o direito de propositura amplo, previsto no artigo 103 da CRFB, o que nos leva a concluir que, atualmente, qualquer questão que tenha relevância política ou moral, pode ser objeto de apreciação pelo STF.

O ativismo judicial, por sua vez, está associado a uma participação mais ampla e efetiva do Poder Judiciário na concretização de valores constitucionais, com maior interferência no campo de atuação dos Poderes Legislativo e Executivo. Tem-se na judicialização um fato e no ativismo uma atitude.

Em complemento, o novo Código de Processo Civil implementou, em seu artigo 6º[7], o cooperativismo judicial. Essa noção resgata a ideia de processo como instrumento de realização efetiva dos direitos individuais e coletivos, funcionando como instrumento político de participação social.

Com efeito, prega o referido dispositivo a necessidade de se integrar as partes ao processo, para que possam cooperar, na medida de suas possibilidades, com a correta prestação da tutela jurisdicional, por meio da obtenção de decisão que se revele ao mesmo tempo célere, justa e efetiva. Retira-se assim, exclusivamente do magistrado, a tarefa de identificar e reconhecer o direito respondendo, de forma isolada, pela solução do litígio.

Aposta-se na integração entre os grandes personagens do processo e na participação popular como mecanismo de obtenção de resultados efetivos, interligando-se essa noção à própria ideia de contraditório participativo.

A ideia de construção conjunta das decisões é, a propósito, refletida em diferentes institutos consagrados pelo CPC. A inserção da figura do *amicus curiae*, no artigo 138, do *Codex*[8]e a possibilidade de realização de audiências públicas como estabelece, por exemplo, o artigo 1038, II, CPC[9], são elementos que evidenciam a intenção de se promover a necessária aproximação entre julgadores e sociedade, a fim de que, ao término do processo, se obtenha a mais justa decisão.

Promove-se, ainda, a simplificação do sistema processual, eliminando-se as desnecessárias complexidades. Experimenta-se, de forma inédita em nosso sistema

---

7 Artigo 6º: "Todos os sujeitos do processo devem cooperar entre si para que se obtenha , em tempo razoável, decisão de mérito justa e efetiva".

8 Artigo 138: "O Juiz ou o relator, considerando a relevância da matéria, a especificidade do tema objeto da demanda ou a repercussão social da controvérsia, poderá por decisão irrecorrível, de ofício ou a requerimento das partes ou de quem pretenda manifestar-se, solicitar ou admitir a participação de pessoa natural ou jurídica, órgão ou entidade especializada, com representatividade adequada, no prazo de 15 (quinze) dias de sua intimação.

9 Artigo 1038: " O relator poderá:
II- fixar data para, em audiência pública, ouvir depoimentos de pessoas com experiência e conhecimento na matéria, com a finalidade de instruir o procedimento".

processual, a flexibilização de procedimentos que se ajustam às necessidades concretas da hipótese tratada. Admite-se a realização de convenções processuais entre as partes[10], em situações específicas, aprimorando-se, com isso, técnicas processuais e evidenciando, uma vez mais, a maleabilidade do processo para que, a partir de agora, possa se adaptar com maior precisão à diversidade de conflitos levados à apreciação do Poder Judiciário.

Todas essas importantes alterações processuais impactaram, indubitavelmente, na necessidade de ampliação dos poderes concedidos ao magistrado, uma vez que compete a ele gerenciar esses institutos processuais conduzindo às partes, com segurança e efetividade, à providência jurisdicional mais adequada ao caso proposto, como passaremos a demonstrar[11].

4. O TRATAMENTO DADO PELO CPC AOS PRINCIPAIS PODERES DO MAGISTRADO

O Código de 1973 é marcado por um grande formalismo, incapaz de fazer com que o processo alcançasse com sucesso o ideal de justiça a que se propõe. Não obstante haja, no referido instrumento processual, dispositivos legais que asseguram às partes isonomia processual, celeridade, punição de condutas protelatórias e que prevêem, ainda, a otimização da produção de provas e a implementação de medidas coercitivas[12], distantes ficavam esses processos do ideal de efetividade idealizado pelos jurisdicionados.

---

10 O artigo 190, novo CPC, prevê cláusula geral de convenção processual, que dispõe: "versando o processo sobre direitos que admitam autocomposição, é lícito às partes plenamente capazes estipular mudanças no procedimento para ajustá-lo às especificidades da causa e convencionar sobre os seus ônus, poderes, faculdades e deveres processuais, antes ou durante o processo."

11 Dados os limites de desenvolvimento do tema propostos por um artigo, não abordaremos à exaustão todos os poderes conferidos pelo CPC ao magistrado. Concentraremos, então, nossa abordagem nos poderes que nos parecem mais relevantes e inovadores quando feita análise comparativa com o CPC de 1973.

12 Assim dispõe o CPC de 1973:
Artigo 125: " O Juiz dirigirá o processo conforme as disposições deste Código, competindo-lhe:
I - Assegurar às partes igualdade de tratamento;
II - Velar pela rápida solução do litígio;
III - Prevenir ou reprimir qualquer ato contrário à dignidade da justiça;
IV - Tentar, a qualquer tempo, conciliar as partes"
Artigo 130: "Caberá ao Juiz, de ofício ou a requerimento da parte, determinar as provas necessárias à instrução do processo, indeferindo as diligências inúteis ou meramente protelatórias".
Artigo 131: "O Juiz apreciará livremente a prova, atendendo aos fatos e circunstâncias constantes dos autos, ainda que não alegados pelas partes; mas deverá indicar, na sentença, os motivos que lhe formaram o convencimento".
Artigo 461: Na ação que tenha por objeto o cumprimento de obrigação de fazer ou não fazer, o juiz concederá a tutela específica da obrigação ou, de procedente o pedido, determinará providências que assegurem o resultado prático equivalente ao do adimplemento.
§4º: O Juiz poderá, na hipótese do parágrafo anterior ou na sentença, impor multa diária ao réu, independentemente de pedido do autor, se for suficiente ou compatível com a obrigação, fixando-lhe prazo razoável para cumprimento do preceito".

Sem a reforma de mentalidade promovida pelo sistema português, como já mencionamos, e com a manutenção de uma rigidez formal que não atribui ao magistrado liberdade para pensar a justiça à luz das particularidades de cada caso, torna-se utopia pensar em efetividade das decisões e em atendimento ao que, há anos, Kazuo Watanabe denomina de acesso à ordem jurídica justa[13].

Ao estabelecer o novo capítulo de poderes, deveres e responsabilidade do Juiz, procurou o legislador, no atual CPC, corrigir a falha cometida pelo antigo instrumento legal, aumentando o campo de discricionariedade do magistrado que, munido de maior liberdade e mais amplos poderes, pode, enfim, conferir às demandas judiciais tratamento individualizado, ajustando suas decisões às peculiaridades que apresentam.

4.1. O poder de exibilização dos procedimentos

No cenário exposto, aparece como um dos grandes poderes do magistrado no novo CPC, o poder de flexibilização procedimental. Trata-se de inovação importante, que se manifesta ora pela aplicação da conversão, ora por meio da fungibilidade, ora pelo emprego da adaptação.

Na primeira hipótese, é possível que se faça a troca ou substituição de mecanismos processuais, sem que haja qualquer consequência processual significativa decorrente dessa escolha.

Na segunda hipótese, dá-se à parte liberdade de escolher entre duas ou mais vias processuais, apontando a que lhe parece mais adequada e eficaz.

Na terceira hipótese tem-se o aproveitamento de um meio equivocadamente utilizado como se fosse o mais correto. Não obstante a diferenciação apontada pela doutrina[14], é comum que se trate a fungibilidade como troca, no sentido de conversão formal ou como aproveitamento processual de ato em princípio inadequado[15].

Quando se afirma, então, que os magistrados passam a ter o poder de flexibilização procedimental no CPC, o que se pretende afirmar que o recente regramento processual confere aos julgadores a possibilidade de conjugar dois diferentes e importantes princípios: o da adequação e o da adaptabilidade. Com isso, ao lado da imposição feita aos legisladores federais e estaduais para que construam modelos procedimentos aptos a promover a tutela de direitos e partes específicas, convive a possibilidade do juiz mitigar o rigor formal da lei para melhor atendimento das especificidades de um caso concreto.

---

13 Watanabe, Kazuo. *Acesso à Justiça e sociedade Moderna*, in Participação e processo, São Paulo, Ed. RT, 1988. No mesmo sentido, confira-se Carneiro, Paulo Cezar Pinheiro, *Acesso à Justiça: juizados especiais cíveis e ação civil pública,* Rio de Janeiro, Forense, 2000.

14 Nesse sentido, veja-se Cabral, Trícia Navarro Xavier. *Flexibilização procedimental in* Revista Eletrônica de Direito Processual, volume VI. Rio de Janeiro: julho/dezembro 2010. Disponível em www.redp.com.br, site consultado em 1.6.15

15 Lição pregada por Gajardoni, Fernando da Fonseca. *Flexibilização procedimental: um novo enfoque para o estudo do procedimento em matéria processual, de acordo com as recentes reformas do CPC.* São Paulo: Atlas, 2008 (coleção Atlas de Processo Civil- coordenação de Carlos Alberto Carmona).

Tal flexibilização pode ser experimentada por força de imposição legal, por força de decisão judicial ou por ato das partes.

Assim, por exemplo, ao prever o artigo 830, § 3º, CPC, a conversão do arresto em penhora, evidencia-se uma hipótese de flexibilização procedimental por imposição de lei, não se considerando aqui nenhum juízo de conveniência ou oportunidade do julgador para que a flexibilização se efetive[16].

Por outro lado, optou o artigo 139, VI, CPC por estabelecer hipótese de flexibilização procedimental por força de decisão judicial. Senso assim, cabe ao magistrado, de forma discricionária, apoiado apenas no juízo de conveniência e oportunidade que lhe impõe o caso concreto, dilatar prazos processuais e alterar a ordem de produção dos meios de prova, adequando-os às necessidades do conflito de forma a dar maior efetividade à tutela do direito[17]. Por fim, e não menos importante, é a previsão do artigo 190, CPC, que permite a realização de flexibilização procedimental por ato das partes. Com efeito, permite este dispositivo que partes plenamente capazes, versando o processo sobre direitos que admitem autocomposição, estipulem mudanças no procedimento a fim de ajustá-lo às especificidades da causa e que convencionem sobre seus ônus, poderes, faculdades e deveres processuais, antes ou durante o processo.[18]

Parece-nos, assim, que o novo CPC mistura, em dispositivos diversos, as espécies de flexibilizações procedimentais, sempre buscando conjugar a necessária segurança jurídica com a desejada efetividade. Da segurança jurídica, emerge a previsibilidade necessária às relações processuais e a garantia do devido processo legal. Por outro lado, cabe à efetividade conferir celeridade aos processos e mitigar as formalidades processuais.

Essa tendência flexibilizadora, já esboçada no Código de 1973[19], ganhou expressão no novo *Codex,* onde o princípio da adequação formal rompeu, de vez, com o rígi-

---

16 Artigo 830, § 3º: "Aperfeiçoada a citação e transcorrido o prazo de pagamento, o arresto converter-se-á em penhora, independentemente de termo."

17 Artigo 139: " O Juiz dirigirá o processo conforma as disposições deste Código, incumbindo-lhe: I - Dilatar os prazos processuais e alterar a produção dos meios de prova, adequando-os às necessidades do conflito de modo a conferir maior efetividade à tutela do direito"

18 Artigo 190: " Versando o processo sobre direitos que admitam autocomposição, é lícito às partes plenamente capazes estipular mudanças no procedimento para ajustá-lo às especificidades da causa e convencionar sobre seus ônus , poderes, faculdade e deveres processuais, antes ou durante o processo".

19 Dispunha o artigo 154, CPC/73: "Os atos e termos processuais não dependem de forma determinada senão quando a lei expressamente a exigir, reputando-se válidos os que, realizados de outro modo, lhe preencham a finalidade essencial". Cabe ressaltar que o mencionado dispositivo resultou no atual artigo 188, CPC/2015, tendo mantido a essência de sua redação.
Ainda no sentido da concessão de poderes flexíveis ao Juiz, já dispunha o Código de 1973 acerca da possibilidade de utilização de mecanismos capazes de conceder ao credor a tutela efetiva que persegue, notoriamente, frente à má-fé do devedor. Nesse sentido, estabelece o artigo 461, CPC/73: "Na ação que tenha por objeto o cumprimento da obrigação de fazer ou não fazer, o juiz concederá a tutela específica da obrigação ou, se procedente o pedido, determinará providências que assegurem o resultado prático equivalente ao do adimplemento". Essa redação é mantida, em sua essência, pelo artigo 497, do novo CPC.

do regime da legalidade das formas processuais. Removeu-se, em boa hora, obstáculo evidente à promoção do efetivo acesso à justiça em prol da satisfação do jurisdicionado e do aumento de credibilidade no desgastado Poder Judiciário.

Conferem-se, então, poderes aos magistrados que lhes permitem ajustar o rito procedimental às peculiaridades da demanda em comento, reordenando a prática dos atos, inclusive com a possibilidade de determinação da produção de atos não previstos em lei, com a dispensa de realização daqueles reputados como inúteis, alteração da ordem de apresentação de atos em um processo ou eleição tipicamente feita pelas partes, em suas convenções processuais, dos atos que se devem integrar determinada demanda[20].

Do exposto advém a conclusão de que o aumento desses poderes gerenciais do julgador, foram consagrados em boa hora pelo atual código. Em termos práticos, impactarão no sistema de nulidades e preclusões, não mais se admitindo a existência isolada de defeitos processuais e impondo-se a avaliação sistêmica do contexto em que a flexibilização do ato se deu[21]. Trata-se de providência que merece aplausos e que se afina com a ideia maior de efetividade das decisões.

4.2. O poder investigatório do Juiz

O artigo 370 do CPC[22] aperfeiçoa técnica em alguma medida já defendida pelo artigo 130 do CPC de 1973. O referido dispositivo legal confere ao juiz poderes para determinar, inclusive de ofício, a produção das provas que julgar relevantes para a promoção de determinado julgamento. Supera-se em definitivo a primitiva concepção limitadora da atuação do magistrado, segundo a qual não poderia o julgador substituir a atividade das partes no campo probatório, pois a elas caberia o ônus da prova do que alegam. Sustentava-se, inclusive, que assim deveria se proceder a fim de preservar-se a desejada imparcialidade do magistrado. Segundo essa linha de raciocínio, o risco de

---

20 Não é o escopo desse trabalho, dada as limitações impostas a um artigo, tratar da problemática que envolve a celebração de convenção processuais entre as partes. A doutrina vem discutindo quais seriam os exatos limites dessas convenções, se poderiam as partes dispor do direito à interposição de recursos e se o Juiz estaria obrigado a validar uma convenção processual que, feita espontaneamente por partes maiores e capazes, juridicamente assistidas no processo, lhe parecesse inadequado ou potencialmente prejudicial ao interesse de uma delas. Para uma reflexão mais complexa acerca do assunto, remetemos o leitor ao artigo do professor Greco, Leonardo. *O Juiz pode ser sujeito de um negócio processual?* Ainda não publicado e gentilmente cedido pelo autor, via email, em 29 de maio de 2017.

21 Nesse sentido, confira-se: Cabral, Antônio do Passo. *Nulidades no processo moderno: contraditório, proteção da confiança e validade prima facie dos atos processuais.* Rio de Janeiro: Forense, 2009.

22 Artigo 370: "Caberá ao juiz de ofício ou a requerimento da parte, determinar as provas necessárias ao julgamento do mérito.
Parágrafo único: O juiz indeferirá, em decisão fundamentada, as diligências inúteis ou meramente protelatórias".

se proferirem decisões parciais e apaixonadas seria inevitável se o julgador pudesse substituir as partes na pesquisa e demonstração da verdade[23].

Parece-nos, contudo, que ainda que seja indisponível o direito subjetivo material, persiste o princípio da inércia da jurisdição. Com efeito, a parte sempre tem o monopólio da demanda, mesmo quando consideramos a existência de direitos indisponíveis. Não é, assim, a natureza da relação jurídica de direito material que determina a possibilidade ou impossibilidade do magistrado dar início ao processo, até porque, quando o juiz determina a realização de alguma prova , não tem condições de prever, de antemão, seu resultado.

Dessa maneira, cremos que não há de se restringir o poder do magistrado no tocante à produção probatória, de ofício e qualquer que seja a natureza do direito material envolvido. Pensamos que para manutenção dos direitos e garantias processuais dos jurisdicionados, fundamental é que se dê às partes ampla possibilidade de acompanhar sua produção, por meio da realização de indagações, caso a prova em questão seja oral, formulando quesitos se a prova em questão for pericial e exercendo a todo tempo o contraditório participativo.

Como ressalta Otacílio José Barreiros, é a observância do contraditório a mais poderosa arma contra eventuais abusos do julgador na produção de provas[24]. E se tal princípio é respeito, a ampliação de poderes de juiz em matéria probatória deve se dar de forma mais significativa possível: estendendo-se a faculdade de ditar diligências para melhor prover, de interrogar partes e testemunhas a qualquer momento, etc.

Ressalte-se que com isso não se pretende desvirtuar o princípio dispositivo, mas situá-lo corretamente, em sintonia com os mais modernos preceitos do Direito Processual, sempre à luz do efetivo acesso à jurisdição, paradigma que conduz à manutenção da paz e ao respeito à ordem jurídica. É em nome desse escopo maior do processo que se precisa conceder ao magistrado sempre que necessário à formação da sua convicção investigar, sem qualquer restrição, a verdade real.

Ainda no que tange ao poder probatório conferido aos julgadores, cabe destacar que a previsão do artigo 130, CPC, não conflita com o disposto no artigo 373 desse mesmo código[25].

Entendemos que ao estabelecer de forma prévia a distribuição de ônus da prova entre o autor e o réu, não quis o legislador inviabilizar a produção de provas pelo Juiz. Não nos parece, esclarecendo a hipótese, que o poder probatório do Juiz só deva existir diante de fatos cuja comprovação não foi atribuída nem ao autor nem ao réu.

---

23 Nesse sentido, veja-se Marques, José Frederico. *Manual de Direito Processual Civil, vol2.* São Paulo, Millennium editora, pág 248

24 Confira-se Barreiros, Otacílio José. *O papel do Juiz no processo civil moderno.* Disponível no site: www.revistajustitia.com.br, em 3 de junho de 2017.

25 Artigo 373: " O ônus da prova incumbe:
I - Ao autor, quanto ao fato constitutivo do seu direito;
II - Ao réu, quanto à existência de fato impeditivo, modificativo ou extintivo do direito do autor;"

Entender que a não produção da prova cabível ao autor levaria à imediata improcedência do seu pedido ou, a *contrario sensu* que a não produção da prova cabível ao réu levaria à imediata procedência do pedido implica em ignorar o caráter publicista do processo, que estabelece que mesmo quando nenhuma prova foi realizada, em se deparando o juiz com a possibilidade de estar consagrando flagrante injustiça, deve fazer uso do permissivo do artigo 130 convertendo, se for o caso, o julgamento em diligência, a fim de determinar as providências capazes de levar ao esclarecimento de ponto determinante para a realização de um julgamento justo, não se concentrando em determinar qual das partes se beneficiará com a nova prova.

Como já dissemos, a participação ativa do juiz na instrução processual, determinando produção de provas, de ofício, fundamentais ao esclarecimento e justa composição da demanda, não ofende sua imparcialidade. Pelo contrário, a enaltece ao manter sintonia com o objetivo maio de atingimento da verdade real, dando a quem merece aquilo e exatamente aquilo que lhe é cabível.

Ante o exposto, conclui-se que objeções ao fortalecimento dos juízes em matéria probatória, só encontram explicação entre os que não desejam a autonomia do Poder Judiciário ou ignoram que esses poderes beneficiarão a própria coletividade[26].

4.3. O poder do magistrado na distribuição do ônus probatório

Como cediço, o ônus objetivo da prova consiste em critério subsidiário de julgamento, a ser utilizado quando não houver nos autos elementos que formem, de maneira convincente, a convicção do magistrado acerca dos fatos.

É comum afirmar-se que o ônus probatório possui duas funções: serve de guia para que as partes saibam quais são as alegações fáticas que devem comprovar e servem como regra subsidiária de julgamento ao magistrado, que a utilizará nas ocasiões em que não ficar convencido sobre quem tem razão quanto às alegações fáticas realizadas, julgando desfavoravelmente ao demandante que tinha o ônus probatório específico e dele não se desincumbiu[27].

É certo que o maior anseio do juiz e da própria sociedade em que ele está inserido é a prolação de uma decisão justa. Para que esse resultado seja obtido, é inquestionável a necessidade de cooperação entre os sujeitos do processo, cabendo às partes a plena observância de seus deveres e o cumprimento das funções que lhes forem atribuídas.

Não se pode ignorar que, por vezes, a cooperação encontra difícil operacionalização pois os interesses das partes do processo giram em torno da vontade de

---

26 No sentido do texto, veja-se Lopes, João Batista. *Os Poderes do Juiz e o aprimoramento da prestação jurisdicional.* São Paulo: Revista dos Tribunais, volume 35, pág 28. Confira-se, também, Gomes. Sérgio Alves. *Os poderes do Juiz na direção e instrução do processo civil brasileiro.* São Paulo: Saraiva, 1993.

27 Veja no sentido do texto: Klippel, Rodrigo. *O Juiz e o ônus da prova no projeto de novo código de processo civil.* Artigo disponível no site: www.editorajuspodivm.com.br, consultado em 3 de junho de 2017.

vencer, afastando-se, sob esse aspecto, das diretrizes que impulsionam a atuação do magistrado.

É por tal razão, que nem sempre as partes colaboram espontaneamente, já que aduzem que dessa cooperação pode advir seu prejuízo processual. É em tais situações que ganha relevo o poder dado ao magistrado de forçar a cooperação daqueles que, em certas circunstâncias, não tem interesse em fazê-lo.

Nesse cenário surge, como medida eficaz, a dinamização da regra do ônus da prova, ou seja, o poder de distribuir o *onus probandi* de forma distinta da tradicional. Trata-se de técnica que concretiza a isonomia material, defendida pelo artigo 7º, do CPC[28], na medida em que permite que o magistrado identifique a parte mais apta a comprovar a veracidade de algumas alegações de fato e, a partir daí, a ela atribua o encargo probatório, sob pena de derrota na demanda.

Deseja-se, assim, combater a chamada prova diabólica, pela qual se atribui a uma das partes, de forma estática, o dever de produzir prova sobre fatos que estão além da capacidade técnica, e por vezes jurídica, do autor ou do réu. É anti-isonômico desconsiderar essa realidade e penalizar o autor ou o réu com a derrota, tão-somente por ser a parte mais fraca no que tange à capacidade probatória.

Cumpre ressaltar que o poder de distribuição do ônus da prova, segundo observância da chamada teoria da carga dinâmica da prova, está expressamente consagrado no artigo 373, § 1º, do CPC[29]. Tal poder, entretanto, requer a observância de alguns deveres por parte dos magistrados, a sim de que seu exercício se dê dentro dos parâmetros de legalidade desejáveis.

Exige-se, assim, que o magistrado investigue quais são as alegações fáticas pertinentes para o julgamento da lide. Impõe-se, também, que o julgador identifique quem é a parte mais apta a comprová-las em juízo, não importando quem as tenha deduzido. Além disso, deve o juiz atribuir à parte mais apta o ônus probatório, mesmo que para isso precise dinamizá-lo, alterando a tradicional divisão de produção probatória. Por fim, mas não menos importante, é fundamental que o magistrado observe o princípio da não surpresa, insculpido nos artigos 9º e 10 do CPC[30]. Por tal princípio, fica estabelecido que o critério de distribuição do ônus da prova adotado pelo magistrado

---

28 Artigo 7º, CPC: "É assegurada às partes paridade de tratamento em relação ao exercício de direitos e faculdades processuais, aos meios de defesa, aos ônus, aos deveres e à aplicação de sanções processuais, competindo ao juiz zelar pelo efetivo contraditório".

29 Artigo 373, § 1º, CPC : "Nos casos previstos em lei ou diante de peculiaridades da causa relacionadas à impossibilidade ou à excessiva dificuldade de cumprir o encargo nos termos do *caput* ou à maior facilidade de obtenção da prova do fato contrário, poderá o juiz atribuir o ônus da prova de modo diverso, desde que o faça por decisão fundamentada, caso em que deverá dar à parte oportunidade de se desincumbir do ônus que lhe foi atribuído".

30 Artigo 9º: "Não se proferirá decisão contra uma das partes sem que ela seja previamente ouvida". Artigo 10: "O juiz não pode decidir, em grau algum de jurisdição, com base em fundamento a respeito do qual não se tenha dado às partes oportunidade de se manifestar, ainda que se trate de matéria sobre a qual deva decidir de ofício".

deve ser claro para as partes, não podendo haver para elas qualquer dúvida em torno dos fatos que lhe cabem ou não provar. Parece evidente que proferir sentença que surpreenda a parte com decisão que lhe é desfavorável, com base em descumprimento de um ônus probatório que ela ignorava ter fere, frontalmente, a ideia de processo garantista que hoje se defende.

Dessa forma, parece-nos que o único critério a ser levado em consideração pelo magistrado quando da realização da distribuição do ônus da prova é a busca pela isonomia material entre as partes, afastando-se o julgador de critérios casuístas e de difícil compreensão como as que remetem à ideia de verossimilhança das alegações e hipossuficiência, hoje utilizadas pelo Código de Defesa do Consumidor.

O processo moderno é regido pela celeridade. Contudo, não se pode prescindir da segurança jurídica e decisão justa é decisão segura. Portanto, mecanismos que dotem o juiz de melhores condições de decidir com acerto sempre merecerão aplausos e a nova teoria de distribuição dinâmica das provas afina-se, com perfeição, a esse propósito.

4.4. O poder de concessão de tutela provisória

O CPC de 1973 previa, em seu artigo 798[31], o chamado poder geral de cautela dos magistrados. Permitia-se por ele que o juiz concedesse à parte providência cautelar, em caráter atípico, quando nenhuma das medidas cautelares nominadas existentes se revelasse como providência adequada para promover a tutela do direito que se mostrava ameaçado.

O atual CPC, reuniu sob o título: "Tutela provisória", as providências de ordem cautelar e de natureza antecipatória. Esse mesmo instrumento, subdividiu a tutela provisória em tutela de urgência e de evidência.

É sob o título tutela de urgência que encontramos a tutela antecipada, anteriormente prevista no artigo 273, I, CPC/73[32] e as medidas cautelares, as quais o Código Buzaid reservava capítulo próprio.

Reserva-se à tutela de evidência situações similares a descritas, no instrumento normativo anterior, no artigo 273, II.

No atual CPC, a matéria está regulada no artigo 297,[33] que concede ao Juiz poderes para determinar as medidas que julgar necessárias à efetivação da tutela pro-

---

31 Artigo 798: "Além dos procedimentos cautelares específicos, que este código regula no capítulo II deste livro, poderá o juiz determinar as medidas provisórias que julgar adequadas, quando houve fundado receio de que uma parte, antes do julgamento da lide, cause ao direito da outra lesão grave e de difícil reparação."

32 Artigo 273: "O Juiz poderá, a requerimento da parte, antecipar, total ou parcialmente, os efeitos da tutela pretendida no pedido inicial, desde que, existindo prova inequívoca, se convença da verossimilhança da alegação e:
I - Haja fundado receio de dano irreparável ou de difícil reparação; ou
II - Fique caracterizado o abuso de direito de defesa ou o manifesto propósito protelatório do réu."

33 Artigo 297: "O juiz poderá determinar as medidas que considerar adequadas para efetivação da tutela provisória".

visória. Nota-se aqui, clara alteração no tratamento da matéria frente ao que anteriormente se conferia.

A nova técnica processual tanto pode levar à prestação da tutela satisfativa como à prestação da tutela cautelar[34]. E é nesse sentido que o legislador se refere à tutela provisória de urgência como mecanismo que pode ter cunho satisfativo (antecipatório) ou cautelar , nos termos do artigo 294, p. único, CPC[35].

Contudo, é importante se destacar que os artigos 303 e 305 do CPC,[36] acabam por distinguir as providências cautelares e antecipatórias na perspectiva da finalidade a que se prestam. Embora tenham sido reunidas, tutela cautelar e antecipatórias como tutelas de urgência em contraponto à de evidência, como já exposto e embora tenha se preservado a fungibilidade entre elas, nos termos do artigo 305, parágrafo único do CPC[37], o código tratou de fixar diferença procedimental para os mencionados pedidos, quando realizados de forma antecedente. Em se tratando de cautelar ou medida antecipatória incidentais, o problema não existirá.

Ademais, inova o artigo 304, do CPC[38], ao conceder ao julgador poderes para estabilizar a tutela antecipada, requerida em caráter antecedente, prescindindo do processo principal, possibilidade não estendida à tutela cautelar.

Outro ponto de distinção entre os mecanismos antecipatórios e cautelares consiste na irreversibilidade do provimento, limitação exclusiva da tutela antecipada, antecedente ou incidental.[39]

Constata-se, assim, que para correto exercício do poder de concessão de tutela provisória de urgência, deverá o juiz, ao receber o pedido, verificar a natureza da tutela requerida determinando, em caso de incorreção da classificação autoral, a adaptação não só do requerimento feito, mas do próprio procedimento a ser observado.

---

34 Nesse sentido, confira-se: Marinoni, Luiz Guilherme et alii. *Curso de Processo Civil,* vol.2. São Paulo: Revista dos Tribunais, 2015, pág. 197.

35 Artigo 294: "A tutela provisória pode fundamentar-se em urgência ou evidência.
Parágrafo único: A tutela provisória de urgência, cautelar ou antecipada, pode ser concedida em caráter antecedente ou incidental".

36 Artigo 303: "Nos casos em que a urgência for contemporânea à propositura da ação, a petição inicial pode limitar-se ao requerimento da tutela antecipada e á indicação do pedido de tutela final, com a exposição da lide, do direito que se busca realizar e do perigo de dano ou do risco ao resultado útil do processo."
Artigo 305: "A petição inicial da ação que visa à prestação de tutela cautelar em caráter antecedente indicará a lide e seu fundamento, a exposição sumária do direito que se objetiva assegurar e o perigo de dano ou o risco ao resultado útil do processo".

37 Artigo 305, parágrafo único: " Caso entenda que o pedido a que se refere o *caput* tem natureza antecipada, o juiz observará o disposto no art. 303."

38 Artigo 304: " tutela antecipada, concedida nos termos do art. 303, torna-se estável se da decisão que a conceder não for interposto o respectivo recurso".

39 Artigo 300, § 3º: "A tutela de urgência de natureza antecipada não será concedida quando houver perigo de irreversibilidade dos efeitos da decisão".

Não se admite que seja tomado um pedido por outro, com base na fungibilidade entre os institutos. Aproveita-se o procedimento já instaurado, é certo, mas é indispensável a retificação do pedido apresentado, posto que as distinções entre providências cautelares e antecipatórias não mais se restringem ao procedimento e aos requisitos de concessão, mas alargam-se para o campo das consequências como ocorre no que tange à possibilidade de estabilização.

Conclui-se que, ao disciplinar o até então denominado "poder geral de cautela dos juízes", acabou o atual CPC por retomar a antiga distinção entre tutela cautelar e antecipatória, por força da diversidade de procedimentos, requisitos e consequências estabelecidas.[40]

4.5. O poder de fixação de medidas estruturantes

As medidas estruturantes existem, de longa data, na *Common Law* dos Estados Unidos da América. Nesse sistema, com o nome de *structural reform,* experimentou-se a implementação do instituto, pela primeira vez, no caso: *Brown v. Board of Educations of Topeka.*Nesse julgamento, a Suprema Corte Norte-Americana reverteu o entendimento tido por racista proferido anteriormente no caso: *Plessy v. Ferguson*[41].

No *leading caseBrown v. Board of Educations of Topeka,* cinquenta e oito anos após, erradicou-se a política racialmente segregatória. Ao mesmo tempo, constatou-se que apenas a decisão da Suprema Corte não seria suficiente para promover a transformação social desejada e que era preciso implementar mecanismos capazes de assegurar a plena efetividade do julgado como forma de implementar o ideal de justiça. Naturalmente, só há justiça quando decisões judiciais se revelam efetivas, capazes, portanto, de promover alterações no seio da sociedade em que são proferidas, não se limitando a meras previsões estabelecidas por sentenças.

Optando-se pela adoção da estrutura binária típica do sistema brasileiro, certamente não existiria a menor possibilidade de reversão de pensamento segregador, já tão firmemente arraigado na sociedade. Por isso, decidiu a Corte maior dos Estados Unidos utilizar nessa hipótese um novo instituto, denominado: *structural injunctions.*

Um ano mais tarde, diante de queixas de escolas acerca de dificuldades para implementação da nova política de igualdade racial, a Suprema Corte norte-americana voltou a se manifestar, gerando a decisão: *Board of Education II.*

---

40 No sentido do exposto confira-se: Oliveira Junior, Zulmar Duarte. *Acautelar ou satisfazer? O "velho problema" no novo CPC.* Artigo disponível no site: www..jota.info/acautelar-ou-satisfazer-o-velho--problema-no-novo-cpc, consultado em 3 de junho de 2015.

41 Trata-se do caso de um jovem negro que embarcou em vagão de trem destinado, exclusivamente, a pessoas brancas. Na época, aplicava-se a *Louisiana's Separate Car Act,* lei do estado da Louisiana que tornava legal a segregação racial e que legitimava a doutrina dos "separados mas iguais", denominada de *separate but equal.* Por essa orientação, o governo poderia determinar que serviços, transportes, acomodações, tratamento médico, matrícula em escolas,etc,fossem separados conforme a cor da pessoa em questão sem que tal atitude implicasse em ofensa à décima quarta ofensa à Constituição Americana que garante isonômica proteção aos direitos de todos os cidadãos.

Entendeu a Suprema Corte que, por força da resistência existente em muitos Estados para a implementação dos novos paradigmas, deveria a ordem de não segregação de crianças negras estabelecer-se de forma paulatina, por meio da progressiva adoção de medidas capazes de eliminar os obstáculos impostos por anos de práticas discriminatórias, sob a supervisão das cortes locais.

Pensou-se, assim, na criação de planos com execução a ser acompanhada pelo Judiciário local, que conduziriam à eliminação de comportamentos discriminatórios, agora tidos por inaceitáveis, nas escolas[42].

Constatou-se, a partir daí, que a adoção de instrumentos mais maleáveis e incentivadores do diálogo podem conduzir, não raras vezes, a formas mais efetivas de solução de controvérsias. A ideia de adoção de medidas estruturantes difundiu-se, após esse caso para a perfeita solução de outros tantos em que a simples prolação de sentenças dotadas de comandos imperativos não produziriam o desejado eco na sociedade.

Apenas para fazer mais uma importante referência, cabe mencionar o caso *Holt v. Sarver*, em 1969, quando o magistrado acabou por reconhecer a inconstitucionalidade do sistema prisional existente naquele Estado e estabeleceu uma série de diretrizes para a humanização dessas prisões, impondo o dever de apresentação de relatórios constantes acerca da implementação de tais medidas. Um ano depois um plano de ação contendo outras medidas capazes de evitar a aplicação de penas desumanas ou desarrazoadas foi estabelecido, evidenciando a importância de tais medidas quando se pensa na obtenção de decisões judiciais efetivas[43].

Gera espanto, diante do que foi exposto, que medidas existentes com enorme êxito, há tanto tempo no sistema norte-americano, tenham demorado tantos anos para inspirar, no sistema de tradição romano-germânica em que nos situamos, o desejo infindável pela promoção de alterações do sistema processual binário.

---

42 BAUERMANN, Desirê. Cumprimento das obrigações de fazer e não fazer: estudo comparado: Brasil e Estados Unidos. Porto Alegre: Sérgio Antonio Fabris, 2012. p. 64-65. Assevera a autora: *"É importante referir que a decisão unânime tomada em Brown reconheceu o direito das crianças negras de receber educação igual à concedida às crianças de outras raças e impediu a não aceitação de matrícula em virtude exclusivamente da cor da pele. Contudo, a decisão não fixou a forma como tal objetivo seria atingido"*. Aponta também: *"Apenas praticamente um ano depois, com o julgamento de outra ação, denominada Brown II, restou determinado que os tribunais regionais disporiam de amplos poderes de equity para alcançar o desiderato de afastar a segregação das escolas na prática, desenvolvendo e impondo políticas públicas para tanto e dispondo de recursos financeiros para tal"*. A autora continua: *"Por isso, temos que o caso Brown v. Board of Education, conforme rapidamente referido, serviu de marco para se reconhecer o ativismo judicial, entendendo-se que cabe, sim, ao Judiciário determinar a adoção de políticas públicas para garantir o cumprimento dos valores constitucionalmente garantidos se as políticas adotadas pelo Executivo não forem aptas para tanto"*.

43 Ressalta Rendleman que, a partir desse julgado foi possível observar um número crescente de demandas questionando as questões prisionais nos Estados Unidos. Rapidamente, prisões em mais de 40 Estados passaram a operar sob fiscalização de ordens judiciais. RENDLEMAN, Doug. *Complex Litigation: injunctions, structural remedies, and contempt.* New York: Foundation Press, 2010, p. 501.

O Código de Processo Civil, finalmente atende a essas aspirações, ao prever no artigo 139, IV[44], a ampla concessão de poderes para que o magistrado determine medidas indutivas, coercitivas, mandamentais ou sub-rogatórias necessárias para assegurar o cumprimento de ordem judicial.

Parece, que ao menos embrionariamente, o atual CPC deu ao magistrado a possibilidade de agir ultrapassando os limites rígidos ditados pelo princípio da correlação entre sentença e pedido, sempre que vislumbrar a impossibilidade de se promover a efetiva tutela de direitos das partes e da sociedade em que a decisão produzirá efeitos, adstrito apenas ao que o autor requereu em sua petição inicial.

Convém frisar, que medidas estruturantes não devem constituir o primeiro recurso de que os magistrados lançarão mão em busca da efetividade. Em casos de menor complexidade, quando medidas simples se revelam suficientes, incabível é a utilização de medidas estruturantes, quer por sua complexidade, por seu custo ou pelo caráter intrusivo que pode apresentar a decisão.

Também é fato que a aplicação de medidas estruturais encontrará claros limites. Não se nega a necessidade de manter fina sintonia entre a medida estruturante aplicada e o tipo de lesão que se pretende impedir ou reparar. Tampouco se ignora a evidência de que a decisão judicial na qual está embutida a medida estruturante não pode extrapolar os limites do ilícito a ser combatido, sob pena de desvirtuar-se o magistrado, convertendo-o no verdadeiro gestor do órgão ou do ente responsável pela conduta discutida.

Apenas o que se prega, e nos parece que o CPC viabiliza esse entendimento, é a promoção do melhor atendimento das necessidades da sociedade. Defendemos que, dentro dos limites do campo de proteção, deve ser concedida maior amplitude para a atividade judicial o que só se consegue, não raras vezes, extrapolando-se os limites do pedido expressamente formulado pelo autor da demanda e rompendo-se com o clássico paradigma do princípio da correlação entre sentença e pedido.

Parece-nos, portanto que, tal qual o sistema norte-americano, também o sistema brasileiro, com o advento do atual CPC e a inserção nele na norma supramencionada, está apto a adotar de forma ampla as medidas estruturantes, ainda que para isso se faça necessária uma reinterpretação de vários institutos clássicos do nosso sistema processual. Sendo o Direito ciência social, e considerado o dinamismo das mutações que ocorrem nas relações interpessoais, não se pode olvidar a necessidade de promoção de ajustes em preceitos clássicos, mormente quando essas alterações guardam fina sintonia com novos valores principiológicos, como a efetividade, tão difundidos nos dias atuais.[45]

---

44 Artigo 139: " O juiz dirigirá o processo conforme as disposições deste Código, incumbindo-lhe: IV-Determinar todas as medidas indutivas, coercitivas, mandamentais ou sub-rogatórias necessárias para assegurar o cumprimento de ordem judicial, inclusive nas ações que tenham por objeto prestação pecuniária;"

45 Nesse sentido se posiciona Sérgio Cruz Arenhart *in* ARENHART, Sérgio Cruz. *Reflexões sobre o princípio da demanda, in* FUX, Luiz; NERY JR., Nelson; WAMBIER, Teresa Arruda Alvim (Coord.) *Processo e Constituição: estudo em homenagem ao professor José carlos Barbosa Moreira.* São Paulo: RT, 2006, págs. 587 e SS.

Antes mesmo do advento do atual CPC, alguns instrumentos já adotados na legislação processual nacional, indicavam, timidamente, uma tendência à aceitação da relativização do princípio da adstrição entre sentença e pedido como se dava, por exemplo, nas hipóteses em que os juros referentes à prestações vincendas ou a pedidos de cunho pecuniário eram considerados pedidos implícitos podendo, portanto, ser deferidos pelo Juiz quando da prolação da sua sentença, ainda que não tenham sido expressamente requeridos pelo autor em sua petição inicial.

Nesse diapasão, também se revelem como medidas estruturantes, a cláusula aberta da tutela de prestações de fazer e não fazer, a concessão do poder geral de cautela dado ao magistrado, bem como a possibilidade de concessão de tutela antecipada de ofício nos Juizados Especiais Federais e de Fazenda Pública (artigo 3º, da lei nº 12153/09) e de fixação de multa no caso de descumprimento da decisão mandamental.

A escolha por conceitos abertos nesse tema é plenamente justificada. A tutela específica das obrigações de fazer e não fazer pode envolver muitas e variadas situações, impondo-se a possibilidade de adoção das mais variadas formas executivas para atendê-las na prática, sob pena de se ver frustrado o intuito do credor de receber o quanto lhe é devido tal como reconhecido por decisão judicial. Não existe, aqui, a possibilidade de se pensar em formas predefinidas para afastar a sua violação.

Cumpre ressaltar que a adoção de conceitos abertos, ao invés de indicar previamente um rol de situações que, se configuradas, acarretariam a aplicação da lei, evita que fatos fiquem impedidos de serem regulados por um dado procedimento apenas por não constarem da "lista" elaborada pelo legislador. Logo, representam um grande avanço ao permitir que o juiz, diante do caso concreto, determine se o procedimento pode ou não ser utilizado para regulá-lo, bem como qual é o melhor entre aqueles cuja adoção é possível para tutelar adequadamente a situação posta *sub judice*.

Essa percepção evidencia a conveniência de adoção das medidas estruturantes e a necessidade de sua maximização no sistema processual brasileiro, notoriamente pelo fato de que a sociedade moderna vive sob a égide da primazia principiológica. Supera-se a passos largos a concepção positivista do Direito e o neoconstitucionalismo entende a Constituição como um novo programa a ser implementado. E se é certo que é por meio dos processos que preceitos constitucionais de efetivam, conclui-se que o neoconstitucionalismo impõe, forçosamente, a adoção de um novo modo de se pensar o processo[46].

No sistema pátrio, as medidas estruturantes consistiriam, se amplamente implementadas, em mecanismos pelos quais diretivas de reconstrução seriam transmitidas e apontariam para uma perspectiva futura, buscando a mais perfeita resolução da controvérsia, evitando que a sentença proferida se torne um problema ainda maior do que o litígio que justificou sua prolação.

46 Nesse sentido veja-se PINHO, Humberto Dalla Bernardina de. *As Medidas estruturantes e a efetividade das decisões judiciais no ordenamento jurídico brasileiro.* Rio de Janeiro:REDP XIII, 2014, pág 6.

Observe-se que, tanto sentenças que versam sobre direito público quanto às concernentes ao direito privado, são capazes de adotar medidas estruturantes.

O Supremo Tribunal Federal já fez uso de tais medidas em julgados de grande expressão, como na ação popular nº 3.388, conhecida como caso Raposa Serra do Sol[47]. O Ministro Menezes Direito, na ocasião, decidiu pela constitucionalidade da Portaria nº 534/2005 do Ministério da Justiça, mas impôs dezoito restrições relativas à exploração de potenciais energéticos, pesquisa, minerais e segurança nacional, movido pelo claro intuito de conceder à decisão proferida máxima efetividade como outrora se fez no *case Brown v. Board of Education.*

Portanto, zelando pela flexibilidade e razoabilidade poderia o Juiz lançar mão de uma gama de providências, capazes de atribuir efetividade à tutela coletivizada de direitos. Coadunando-se com as previsões fundamentais de nossa Carta Magna, deve o magistrado, tão-somente, estar atento à plena preservação do contraditório, tarefa hercúlea, mantendo os sujeitos processuais a par de todo o andamento do feito para que, ao final do processo, advenha como resultado natural a melhor decisão possível, munida de justificativas amplas, legítimas e proporcionais.

Esse entendimento se coaduna com a moderna ideia de que o acesso à ordem jurídica justa pressupõe a duração razoável do processo.

Com efeito, o Professor Paulo Cezar Pinheiro Carneiro, define o subprincípio da utilidade como sendo a capacidade de o processo assegurar ao vencedor tudo aquilo que ele tem direito a receber, da forma mais rápida e proveitosa possível, com o menor sacrifício para o vencido[48].

Dentro da óptica da duração razoável do processo, de nada adiantaria garantir-se a rápida prolação de sentenças se, na fase executiva, faltam mecanismos capazes de garantir a adequada resolução do litígio em curto espaço de tempo.

Portanto, manter a observância da ideia de contraditório (notoriamente quando pensado em seu aspecto político, como expressão maior de democracia, a viabilizar um diálogo constante e produtivo entre o magistrado e as partes de um processo), identificar as medidas estruturantes que melhor se aplicam aos casos propostos e observar os requisitos e limites para incidência de tais providências, sem descuidar da necessidade de se garantir a duração razoável dos processos, são grandes desafios trazidos por esse importante instituto que, em boa hora, passou a ser encampado pelo sistema processual brasileiro.

---

47 Como ensina, brilhantemente, o professor Humberto Dalla Bernardina de Pinho, *Op. Cit,* Raposa Serra do Sol é uma área de terra indígena (TI) situada no nordeste do estado brasileiro de Roraima, nos municípios de Normandia, Pacaraima e Uiramutã, entre os rios Tacutu, Maú, Surumu, Miang e a fronteira com Venezuela. É destinada à posse permanente dos grupos indígenas ingaricós, macuxis, patamonas, taurepangues e uapixanas. Foi demarcada pelo Ministério da Justiça através da Portaria Nº 820/98, posteriormente modificada pela Portaria 534/2005. A demarcação foi homologada por decreto de 15 de abril de 2005, da Presidência da República.

48 CARNEIRO. Paulo Cezar Pinheiro. *Op. Cit,* p.78

5. CONCLUSÃO

Ainda é prematura a tentativa de delimitação exata dos poderes do Juiz à luz do atual CPC. Tampouco é possível prever, com precisão, os impactos que a ampliação dos poderes do magistrado trarão para as hipóteses concretas.

Trata-se, contudo, de um risco que não se poderia deixar de assumir. Quer para se acompanhar tendência mundial, quer para se fazer o direito processual evoluir, era preciso apostar, deixando de lado a insegurança e o temor que sempre acompanham as inovações, em mecanismos mais ousados, capazes de dar ao Juiz condições de ajustar os processos às peculiaridades que apresentam buscando-se, ao fim da causa, a justa solução perseguida pelos jurisdicionados.

O antigo modelo processual não mais se coadunava com as premissas de eficiência e celeridade que hoje caracterizam o acesso à justiça. Era preciso inovar. É possível que a referência aos poderes do juiz não constituam a expressão mais adequada para fazer referência à atuação flexível e gerencial que do julgador se espera.

É importante que se observe que ao lado dos referidos poderes, implementados ou significativamente ampliados pelo atual Código de Processo Civil, estabeleceram-se inúmeras responsabilidade e deveres a esses mesmos julgadores[49], de forma a se estabelecer claros limites de atuação e mecanismos balizadores de controle da atuação do magistrado pelos jurisdicionados e pelos cidadãos.

Nunca se pretendeu, portanto, criar julgadores com poderes inquestionáveis ou sobrenaturais. Só o que se perseguiu foi a própria evolução da função estatal de solucionar, eficazmente, os conflitos sociais. O que se precisa ter em mente é que os amplos poderes dos magistrados não são privilégios a ele concedidos, mas mecanismos processuais de que devem fazer uso, de forma ponderada e razoável, a fim de permitir a evolução da ciência processual.

Esperamos que em curto espaço de tempo, o medo dê lugar à segurança advinda da prolação de decisões justas e efetivas e que os mais variados mecanismos colocados à disposição dos magistrados correspondam aos anseios da população.

Temos a certeza de que o uso adequado desses poderes, dentro dos limites e condições estabelecidas pelo Código de Processo Civil vigente, permitirá aos magistrados o pleno cumprimento de sua missão constitucional e resgatará, de forma definitiva, a credibilidade do Poder Judiciário, hoje tão desgastada pela ineficiência que assola os juízos do país.

49 Optamos por limitar este trabalho ao estudo dos poderes do Juiz, razão pela qual não se fez a abordagem de seus deveres, em grande medida, também previstos em dispositivos expressos do CPC. Apenas para ilustrar, cabe fazer referência ao dever de fundamentação analítica, prevista no artigo 489, § 1º, IV, CPC. Merece destaque, também o dever de respeito aos precedentes, estabelecido no artigo 489, § 1º, VI, do CPC, complementado pelos artigos 926 e 927. Por fim, mas não menos importante, cabe fazer menção ao dever de respeito às garantias constitucionais do contraditório participativo e da isonomia material consubstanciadas, respectivamente, nos artigos 6º, 9º e 7º, do Código.

PROCEDIMENTOS PROBATÓRIOS AUTÔNOMOS COMO INSTRUMENTOS DE ACERTAMENTO FÁTICO E FOMENTO AO CONSENSO – BREVE ANÁLISE DAS INOVAÇÕES TRAZIDAS PELO ART. 381, DO NOVO CÓDIGO DE PROCESSO CIVIL

Bruno de Sá Barcelos Cavaco

1. NOVO CÓDIGO DE PROCESSO CIVIL, COOPERAÇÃO E PROCEDIMENTOS PROBATÓRIOS AUTÔNOMOS

De início, por mais que possa parecer **óbvio ululante**[1], não se pode afastar do impositivo mantra e de todas as suas necessárias implicações práticas e teóricas: Estamos diante de um Novo Código de Processo Civil!

Sem rodeios, o processo cooperativo se descortina como a sede adequada para o desenvolvimento dos procedimentos probatórios autônomos, bem como dos negócios jurídicos processuais, dentro da moldura democrática desenhada pelo CPC/15.

Isso porque o novel sistema, estribado no dever de cooperação e na boa-fé (arts. 5º e 6º, NCPC), tenciona possibilitar que as partes o quanto antes, mediante a troca direta de informações e provas, obtenham a real e global ciência da amplitude do conflito e de suas chances de vitória ou de capitulação (procedimentos probatórios autônomos).

E, de igual modo, que ela cooperem entre si em busca da formatação de um procedimento adequado à natureza casuística do direito material[2] (negócios jurídicos processuais).

---

1 Esse foi o título dado por NELSON RODRIGUES a uma seleção de crônicas, originalmente publicada como *Confissões*, nas páginas do jornal *O Globo*, entre novembro de 1967 e agosto de 1968, como esclarece RUY CASTRO, na introdução a uma reedição dessa obra – RODRIGUES, Nelson. *O Óbvio Ululante: Primeiras Confissões (Crônicas)*, org. Ruy Castro, São Paulo: Companhia das Letras, 1993, (Obras de Nelson Rodrigues, 3) p. 11.

2 Marina França Santos bem anota que, em relação ao revogado regime processual brasileiro: "no paradigma processual civil brasileiro são excepcionais e restritas à autorização legal as hipóteses em que é possível às partes disporem sobre o procedimento que as rege no curso de um processo. Trata-se de premissa que encontra respaldo em uma visão de processo ainda não inteiramente confortável com a radicalização do postulado democrático da participação e nitidamente autocentrada em uma idéia de causalidade necessária entre a existência de regras heterônomas e a segurança jurídica, o que não se coaduna mais com a conformação do direito no século XXI". (SANTOS, Marina França. *Intervenção de Terceiro Negociada: Possibilidade Aberta pelo Novo Código de Processo Civil.* Revista de Processo. Vol. 241/2015. p. 95-108).

Nada mais, nada menos do que um exercício responsável pelas partes do direito (progressivo) de acesso à justiça. E, fundamentalmente, sem migalhas paternalistas que insistem em aprisionar os indivíduos em arquétipos adormecidos no ontem.

Nessa senda, o princípio da cooperação fora erigido como norma fundamental processual pelo art. 6º, do Novo Código de Processo Civil (Lei 13.105/15[3]), sancionado em 16 de março de 2015 pela Presidência da República e cujo início de vigência ocorreu na data de 18 de março de 2016.

O referido dispositivo prescreve que: "todos os sujeitos do processo devem cooperar entre si para que se obtenha, em tempo razoável, decisão de mérito justa e efetiva".

Parece, pois, por qualquer ângulo interpretativo que se examine a questão, inexistirem dúvidas quanto à eleição do modelo cooperativo de processo pelo Novo Código de Processo Civil, em uma emblemática superação da linear dicotomia entre publicismo e privatismo processual.

Pois bem.

O modelo cooperativo, de acordo com Mitidiero[4], parte da ideia de que o Estado tem como dever primordial propiciar condições para a organização de uma sociedade livre, justa e solidária, fundado que está na dignidade da pessoa humana.

Pinho e Alves[5] frisam que o direito português foi o primeiro a consagrar o princípio da cooperação de forma expressa em sua legislação processual.

O arrt. 266º, 1º, da revogada codificação lusitana estabelecia uma espécie de cláusula geral de cooperação.

O Novo Código de Processo Civil Português, aprovado pela Lei nº 41, de 2 de junho de 2013, manteve o dispositivo que normativiza o princípio da cooperação, com a mesma redação, porém em nova e adequada topografia, qual seja, no título referente aos princípios fundamentais do processo civil.

A topologia sob comento não poderia ser mais apropriada (assim como sói ocorrer com a novel legislação processual brasileira), vez que o princípio da cooperação esprai sua normatividade em direção à garantia da participação procedimental, a qual pressupõe o exercício do contraditório participativo pelas partes.

---

3 Aliás, andou bem o Novo Código de Processo Civil ao explicitar textualmente as garantias fundamentais processuais, conforme se infere do Capítulo I (*Das Normas Fundamentais do Processo Civil*), do Título Único, do Livro I, da Parte Geral. Nessa linha de ideias, o didatismo contido na novel legislação processual é digno de aplausos, pois, no Brasil, se observa diuturnamente uma esquizofrênica subversão hierárquica das normas jurídicas. Isto é, quanto mais se afasta da Lei Maior, maior concretude normativa parece adquirir o texto legal. Portanto, a par da aplicação direta dos princípios e regras constitucionais desde 1988, o desenho didático das normas fundamentais do processo civil contido na Lei nº 13.105/15 cumpre relevante mister na necessária aproximação do processo ao projeto constitucional (distanciando-o, por via de consequência, da pecha de ser um expediente burocrático e estéril na tutela de direitos).

4 MITIDIERO, Daniel. *Colaboração no processo civil: pressupostos sociais, lógicos e éticos.* 2ª Ed. São Paulo: Editora Revista dos Tribunais, 2011. Coleção temas atuais de direito processual civil; v.14.

5 PINHO, Humberto Dalla Bernardina de; ALVES, Tatiana Machado. *A Cooperação e a Principiologia no Processo Civil Brasileiro. Uma Proposta de Sistematização.* Revista Eletrônica de Direito Processual, v. 12, nº 12, 2013.

O contraditório[6], novamente, adquire vivaz relevo, afigurando-se, pois, a partir de uma concepção dinâmica, em adequado instrumento para a viabilização do diálogo humano e da cooperação procedimental, a qual, implica, por seu turno, a necessária previsão de direitos e deveres de conduta para os envolvidos.

Com efeito, o contraditório nesta fase de desenvolvimento da ciência processual é preordenado a promover a participação das partes na investigação da verdade e, por via de consequência, na formação e construção da norma reguladora daquele determinado conflito[7].

Afinal de contas, o contraditório se perfaz no elemento normativo estrutural da comparticipação, viabilizando, assim, o policentrismo procedimental.

Na sempre vanguardista pena de Calmon de Passos[8], "a luta civilizatória é no sentido do vetor emancipação. Em nível macro, ou se politiza para se juridicizar ou retrocedermos à barbárie. Em nível micro, ou se bilateraliza (contraditório) e se controla a decisão jurisdicional ou se instaura o mais intolerável dos arbítrios".

Dissecando os modelos normativos de democracia vivenciados pelas sociedades pós-modernas, ao verbalizar sua versão ético-procedimental, Habermas[9] capturara a essência ontológica da cooperação ao bem dizer que "espera-se dos cidadãos republicanos muito mais do que meramente orientarem-se por seus interesses privados".

Esse é o ponto de partida para se compreender a cooperação, cuja premissa fulcral é a comparticipação responsável, externalizada por meio da adoção de genuínas posturas republicanas.

A cooperação, portanto, assume papel de relevo na conformação do atuar das partes, de modo a estabelecer os pilares para um verdadeiro modelo procedimental cooperativo, marcadamente caracterizado pela comparticipação, lealdade e boa-fé.

---

6 Em consonância com a *mens legis* de explicitamento dos princípios constitucionais processuais, o contraditório se apresenta (expressa ou tacitamente) em 03 (três) dispositivos dentro da topografia das *Normas Fundamentais do Processo* Civil, quais sejam:
"Art. 7º: É assegurada às partes paridade de tratamento em relação ao exercício de direitos e faculdades processuais, aos meios de defesa, aos ônus, aos deveres e à aplicação de sanções processuais, competindo ao juiz zelar pelo efetivo contraditório;
Art. 9º: Não se proferirá decisão contra uma das partes sem que ela seja previamente ouvida. Parágrafo único. O disposto no caput não se aplica: I – à tutela provisória de urgência; II – às hipóteses de tutela da evidência previstas no art. 311, incisos II e III; III – à decisão prevista no art. 701.
Art. "10: O juiz não pode decidir, em grau algum de jurisdição, com base em fundamento a respeito do qual não se tenha dado às partes oportunidade de se manifestar, ainda que se trate de matéria sobre a qual deva decidir de ofício."

7 PICARDI, Nicola. *Audiatur et Altera Pars.* As matrizes-históricos culturais do contraditório. *Jurisdição e Processo.* Rio de Janeiro: Forense, 2008, p. 141.

8 CALMON DE PASSOS, José Joaquim. *Revisitando o direito, o poder, a justiça e o processo: Reflexões de um jurista que trafega na contramão*. Salvador: Editora JusPodivm, 2013, p. 32.

9 HABERMAS, Jürgen. *Três modelos normativos de democracia*. Lua Nova, v. 36, p. 39-53, 1995.

Nesse quadro, a noção de boa-fé objetiva[10-11] também cumpre relevante funcionalidade direcionada a impregnar de eticidade o comportamento exercido pelas partes.

O princípio da boa-fé já encontrava guarida na legislação processual civil revogada, mais especificamente no art. 14, inciso II, Código de Processo Civil de 1973, o qual determinava que as partes procedesse com lealdade e boa-fé.

O CPC/2015, por seu turno, como não poderia deixar de ser, confere à boa fé uma papel de protagonista na estruturação ético-normativa do processo, estabelecendo em suas normas fundamentais, mais precisamente em seu art. 5º que "aquele que de qualquer forma participa do processo deve comportar-se de acordo com a boa-fé".

Ou seja, a boa-fé, a lealdade e a alteridade[12] devem permear a conduta das partes, tudo com vistas à construção do direito vivo no espaço processual.

Registre-se, por oportuno, que o princípio da cooperação não deve ser encarado como mera exortação às partes, importando sim em correlatas cominações, como sói ocorrer precipuamente nos países da *common law*[13].

No direito processual inglês, a emblemática expressão *cards on the table approach*[14]bem ilustra a cooperação que se espera das partes.

Para além do dever genérico de cooperação, o qual se esprai a todos os sujeitos processuais, a melhor doutrina lusitana destaca ainda a previsão de deveres específicos resultantes da incidência do princípio da cooperação.

De acordo com Teixeira e Souza[15], a cooperação implica em deveres impostos a partes e aos juízes.

---

10 MARTINS-COSTA, Judith. *A boa fé no direito privado: sistema e tópica no processo obrigacional.* Editora Revista dos Tribunais, 1999, passim.

11 PINHO, Humberto Dalla Bernardina de; ALVES, Tatiana Machado. *Op. cit*, nota 10, p. 292. Segundo os autores, *"na acepção objetiva, a boa-fé pode ser entendida como norma ou regra de conduta, a qual denota um* standard *de comportamento correspondente àquilo que possa ser razoavelmente esperado do homem médio em suas relações sociais, dadas, logicamente, as particularidades da situação concreta".*

12 PROUDHON vislumbra a justiça sob a ótica da reciprocidade – como a faculdade de reconhecer, em nós mesmos e no outro, uma idêntica dignidade. (PROUDHON, Pierre-Joseph. "La justice dans La Révolution et dans l'Église". In: *Corpus des oeuvres de philosophie de langue française.* Paris: Fayard, 1998. *apud* ABREU, Pedro Manoel. *Processo e Democracia: O processo jurisdicional como um* locus *da democracia participativa e da cidadania inclusiva no estado democrático de direito.* Vol.3. São Paulo: Conceito Editorial, 2011, p. 360).

13 Nesse particular, a partir da experiência norte-americana da *discovery* pré-processual, colhe-se o teor da Regra 68 das *Federal Rules of Civil Procedure,* o qual impõe que a parte que não aceitara o acordo arque com as custas processuais caso o resultado do processo não iguale ou supere o que lhe adviria da aceitação da proposta recusada.

14 ZUCKERMAN, Adrian. *Learning the facts – discovery,* In: CHASE, Oscar G. e HERSHKOFF, Helen (ccords). *Civil Litigation in comparative contextª ed.* Thomson/West, St. Paul, 2007, p.208.

15 SOUSA, Miguel Teixeira de. *Estudos sobre o novo processo civil,* 2ª ed. Lisboa: Lex, 1997 *apud* GALINDO, Maíra Coelho Torres. *Processo Cooperativo: O contraditório dinâmico e a questão das decisões-surpresa.* Curitiba: Juruá, 2015, p. 53.

Quatro deles são direcionados ao magistrado, quais sejam, os poderes-deveres (ou deveres funcionais) de esclarecimento, de consulta, de prevenção e de auxílio. E outros dois são destacados às partes: o dever de litigância de boa-fé e o de esclarecimento.

Em *terrae brasilis*, Didier Jr.[16] bem diagnostica que o princípio da cooperação define o modo como o processo civil deve estruturar-se no direito brasileiro. Segundo o festejado autor, o modelo cooperativo "caracteriza-se pelo redimensionamento do princípio do contraditório, com a inclusão do órgão jurisdicional no rol dos sujeitos do diálogo processual, e não mais como um mero espectador do duelo das partes".

Acerca do modelo cooperativo de processo, não se está aqui a empreender uma visão romântica, esperando que as partes andem de mãos dadas rumo ao desfecho da contenda.

De outro lado, não se compadece com o Estado Democrático de Direito a superada visão de Calamandrei[17] de que o processo é apenas um jogo.

Nesse particular, conforme ensina Greger[18], afigura-se equivocado relacionar a ideia de cooperação no processo à colaboração harmônica das partes ou à imagem do juiz como terapeuta social. Especificamente no que pertine à atuação das partes, sustenta o eminente autor tedesco que o princípio da cooperação não supõe o dever de que elas ofereçam o seu processo em íntimo companheirismo.

Porém, adequadamente compreendida, a exigência de cooperação faz com que elas participem e discutam uma gestão adequada do processo pelo juiz.

A proposta de solução do Estado Democrático de Direito é pela busca de uma efetiva participação dos envolvidos na realização dos fins estatais. Esta proposta representa para o sistema de pacificação dos conflitos a necessidade de interação e comparticipação entre as partes que compõem a relação processual.

Esse, pois, o sentido que deve permear a compreensão acerca da cooperação entre as partes. Nesse modelo prega-se a adoção de um "procedimento argumentativo da busca cooperativa da verdade[19]".

Desse modo, o peso da reconstrução jurídica, que no modelo do Estado Social deve ser suportado por um *Juiz Hércules*, é deslocado para uma comunidade deliberante[20].

---

16 Fredie Didier Jr. afirma que "a condução do processo deixa de ser determinada pela vontade das partes (marca do processo liberal dispositivo). Também não se pode afirmar que há uma condução inquisitorial do processo pelo órgão jurisidicional, em posição assimétrica em relação às partes. Busca-se uma condução cooperativa do processo, sem destaques a algum dos sujeitos processuais". (DIDIER JR, Fredie. *Os três modelos de direito processual: inquisitivo, dispositivo e cooperativo*. Revista de Processo. vol. 198/2011. p. 213-226. Ago/2011).

17 CALAMANDREI, Piero. Il processo como giuoco. In: CAPPELLETTI, Mauro (coord). *Opere giuridiche*. Napoli: Morano, 1965, vol. 1.

18 GREGER, Reinhard. Cooperação como princípio processual. *Revista dos Tribunais online*. Vol. 206/2012, abr. 2012.

19 HABERMAS, Jürgen. Direito e Democracia: entre facticidade e validade. Vol. I. Tradução: Flávio Beno Siebeneichler. Rio de Janeiro: Tempo Brasileiro, 1997, p. 39.

20 LUCHI, José Pedro. A racionalidade das decisões jurídicas segundo Habermas. In: Ajuris: Revista da Associação dos Juízes do Rio Grande do Sul. Porto Alegre, ano XXXIV, nº 107, pp. 157-170, setembro de 2007.

Do ponto de vista de Ost[21], o juiz do Estado Democrático de Direito é um *JuizHermes*[22], o Deus da pacificação, um intérprete, um porta-voz do Direito. Um verdadeiro agente fomentador da comunicação intersubjetiva em busca do consenso.

Portanto, como modelo de gestão do processo, a cooperação rejeita a jurisdição como polo metodológico do processo civil, ângulo de visão evidentemente unilateral do fenômeno processual, privilegiando em seu lugar a própria ideia de processo como centro de sua teoria, concepção mais pluralista e consentânea à feição democrática do Estado Constitucional[23].

Com efeito, na pós-modernidade, o processo representa o mini *locus* para a sempre inacabada construção cotidiana da democracia substancial.

E, nessa mirada, o processo cooperativo, expungindo qualquer caracter de paternalismo, insta as partes que se dispam de toda sorte de máscaras, cada qual disposta a assumir livre e responsavelmente posições legítimas e consentâneas à concretização de direitos fundamentais[24].

Aliás, nessa perspectiva, a eficácia direta das garantias fundamentais impõe um juiz tolerante e partes que se comportem com lealdade.

Em necessário arremate, o processo deve ser encarado atualmente como o produto da cooperação entre partes e o Estado Juiz, na realização dos direitos fundamentais e na garantia do processo justo, o qual, decididamente, não pode desconsiderar a força jurígena da liberdade das partes.

---

21 OST, François et al. *Júpiter, Hércules, Hermes: tres modelos de juez*. Doxa, v. 14, p. 169-194, 1993.

22 A partir da construção de Ost, Gabriela Maia Rebouças bem coloca que "auspiciosa, também, e encantadora é a figura do juiz Hermes elaborada por François Ost. Um juiz mediador, a princípio, um juiz mensageiro, cuja tarefa não é hercúlea, como o de Dworkin. Mas que se reconhece no seio de uma hermenêutica circular, que é o ser mesmo da linguagem. Que nos joga em movimento e nos obriga a mediar passado e presente e nos lançar em futuro incerto, em um horizonte aberto de possibilidades, e móvel". (REBOUÇAS, Gabriela Maia. *Tramas entre subjetividades e direito: a constituição do sujeito em Michel Foucault e os sistemas de resolução de conflitos.* Rio de Janeiro: Editora Lumen Juris, 2012, p. 136).

23 Em sentido contrário ao aqui exposto, a partir de uma concepção nominada de garantista, Glauco Gumerato Ramos propõe uma inversão na ordem da trilogia estrutural do estudo do direito processual. Segundo ele "através do exercício da ação (liberdade) será formado o processo (garantia) que viabilizará a atuação legítima da jurisdição (poder). Desdobra-se, pois, em um imperativo lógico que a sequência da exposição e da contextualização do trinômio fundamental somente pode ser ação-processo-jurisdição. Seria uma decorrência lógica – derivada da própria natureza das coisas – e adequada ao ambiente republicano em que convivem o indivíduo, a sociedade civil e o Estado, como consequência da própria estrutura jurídica estabelecida pela Constituição". (RAMOS, Glauco Gumerato. Proceso jurisdiccional, república y los institutos fundamentales Del derecho procesal. *Revista Brasileira de Direito Processual – RBDPro*, Belo Horizonte, ano 22, nº 88, p. 251-272, out./dez. 2014).

24 Em passagem inesquecível, Habermas rememora que: "a justificação da existência do Estado não se encontra primariamente na proteção de direitos subjetivos privados iguais, mas sim na garantia de um processo inclusivo de formação da opinião e da vontade políticas em que cidadãos livres e iguais se entendem acerca de que fins e normas correspondem ao interesse comum de todos. Dessa forma espera-se dos cidadãos republicanos muito mais do que meramente orientarem-se por seus interesses privados". (HABERMAS, Jürgen. *Três modelos normativos de democracia*. cit., p. 39-53).

Ou seja, busca-se enxergar o processo não somente em sua dimensão técnica e de eficiência, de estrutura formal de construção dos provimentos, realizada em simétrica paridade de armas[25], mas também como estrutura de legitimação e formação dos provimentos, balizada por princípios processuais constitucionais dinâmicos, o que permitirá um controle formal e material das decisões e fornecerá os elementos constituídos de seu conteúdo, mediante o fluxo discursivo de todos os participantes.

2. PROCEDIMENTOS PROBATÓRIOS AUTONÔMOS: AINDA MEDIDAS CAUTELARES[26]?

Feito o necessário intróito, impõe-se neste momento traçar um breve panorama comparativo entre as topologias inseridas no revogado Código de Processo Civil de 1973 e na novel legislação processual civil, tudo com vistas a posteriormente comprovar que as demandas probatórias autônomas, tal como reguladas pelos artigos 381 a 384, do Novo Código de Processo Civil (Lei nº 13.105/15), decididamente não mais ostentam qualquer natureza cautelar.

Iniciando, pois, a necessária empreitada, mister observar que o CPC/1973 insere(ia) as demandas probatórias autônomas (produção antecipada de prova, exibição e justificação) em seu Livro III (Do Processo Cautelar), Capítulo III (Dos Procedimentos Cautelares Específicos). A exibição é regulada na Seção V (arts. 844 a 855), a produção antecipada de prova na Seção VI (arts. 846 a 851) e, por seu turno, a justificação encontra sua correlata normatização na Seção IX (arts. 861 a 866) .

Como visto, para a revogada codificação processual, ao menos topograficamente, as demandas probatórias autônomas são (eram) consideradas espécies do gênero processo cautelar.

O processo cautelar, tido como um *tertium genus* (ao lado das atividades cognitiva e executiva, tripé a compor classicamente a forma de exteriorização da atividade jurisdicional estatal), é o remédio prescrito para garantir a preservação de determinadas situações sem as quais restaria frustrado o provimento de mérito nos processos de conhecimento e de execução.

Valendo-se dessa assertiva, extrai-se como característica do provimento cautelar a *provisoriedade*, porque os efeitos do provimento cautelar tendem a desaparecer

---

25 FAZZALARI, Elio. *Diffusione del processo e compiti della dottrina.* Rivista Trimestrale di Diritto e Procedura Civile, Milano: Giuffrè, n.3, p. 861-880, 1958.

26 CABRAL, Antonio do Passo. *Os efeitos processuais da audiência pública. In* Revista de Direito do Estado, v.2, pp. 120-135, 2006. Tomando por base o modelo processual pátrio revogado, bem como as clássicas lições de Moacyr Amaral Santos esclarece Antonio do Passo Cabral que: no Brasil, assim como em muitos outros países, as medidas probatórias preparatórias tradicionalmente são baseadas em juízo de cautelaridade, o que deriva da origem histórica de institutos destinados à busca de produção antecipada de prova (*ad perpetuam rei memoriam*). Deve-se verificar a presença do *periculum in mora*, havendo necessidade de justificar a utilidade da prova no processo principal a ser ajuizado, p. 210.

quando protegido o interesse substancial ou mesmo quando rejeitada a pretensão vertida no processo de conhecimento ou de execução.

Para alguns, ainda, o principal marco distintivo do processo cautelar seria a *instrumentalidade*, já que se desenvolve a serviço de um processo definitivo[27].

De outro lado, fala-se em *sumariedade* à razão de que o processo cautelar se justifica pela urgência, exigindo-se uma cognição rarefeita e menos profunda[28].

Contudo, a principal característica das medidas probatórias autônomas é justamente o que as diferencia das demais espécies cautelares (segundo a dicção do revogado CPC/73), o que nos leva a crer que tais demandas integram um grupo diferenciado dentre as demais.

Embora inclusas no gênero, quer parecer que as demandas probatórias visam a assegurar situações processuais específicas, enquanto as demais resguardam o interesse substancial, entendido como núcleo da situação subjetiva favorável[29].

Melhor nos parece, portanto, que se trata de *ações procedimentalmente cautelares* (em contraposição às *substancialmente cautelares*), na expressão elaborada por Calmon de Passos[30].

Nessa toada, a alocação topológica das medidas probatórias autônomas no Livro III do *Código Buzaid* demonstra a manifesta intenção do legislador processual de 1973 em enxertar tais medidas na categoria das cautelares, atribuindo a elas, portanto, a função de assegurar a eficácia de outro processo.

Em outras palavras, tal como desenhados pela lei processual revogada, os procedimentos probatórios prévios foram destinados a neutralizar os efeitos maléficos do tempo sobre o processo – havendo, portanto, necessidade de que se demonstrem (ou pelo menos se afirmem) os clássicos pressupostos cautelares do *fumus boni iuris* e do *periculum in mora* para a sua concessão.

Nessa linha de ideias, sob os auspícios do *Código Buzaid*, para que se instaurasse um procedimento probatório anterior ao processo, via de regra, necessitar-se-ia de-

---

27 CALAMANDREI, Piero. *Introdução ao estudo sistemático dos procedimentos cautelares*. Campinas: Servanda, 2000, p. 41.

28 COMOGLIO, Luigi Paolo; FERRI, Corrado. *La tutela cautelare in Italia: profili sistematici e riscontri comparativi*. *In* Rivista de Diritto Processuale, 1990, p. 965.

29 Assim em CALVOSA, Carlo. *La tutela cautelare (profilo sistematico)*. Unione Tipografico–Editrice Torinese, 1963, pp. 233/234, diferenciando *interesse sostanziale* e *interesse processuale* e afirmando a excepcionalidade das medidas de asseguração da prova no rol das medidas cautelares típicas. Da mesma forma, SALVANESCHI, Laura. "I provvedimenti de istruzione preventiva". *In Rivista de Diritto Processuale*, 1998, p. 801. Com outras palavras, mas demonstrando entendimento parecido, Chiara Besso, tratando dos institutos da *istruzione preventiva* e do *sequestro giudiziario di prove*, ensina que *"il provvedimento è diretto a garantire non l'utilità della futura regolamentazione del raporto sostanziale, ma l'effettività della futura conscenza dei fatti controversi da parte del giudice di merito"* *apud* BESSO, Chiara. *La prova prima del processo*. Torino: G. Giappichelli, 2004, p. 7.

30 CALMON DE PASSOS, José Joaquim. *Comentários ao código de processo civil,v. 10, tomo I*. São Paulo: Revista dos Tribunais, 1984, p. 32.

monstrar a existência de uma situação que mereça ser acautelada, ou seja, de que há um perigo de que a produção de provas na fase própria do processo de conhecimento reste inviabilizada.

Vinculavam-se, desta feita, tais procedimentos aos mesmos pressupostos exigidos para a concessão de qualquer outra medida cautelar, sem atentar para as suas peculiaridades.

Todavia, esta exigência para a concessão das medidas em comento não se conformava com a tendência verificada nos demais países, tanto os da tradição da *civil law* como os da *common law,* bem como com as novéis e inéditas disposições encartadas na Lei 13.105/15 (Novo Código de Processo Civil).

É o que se passa a demonstrar, de modo a completar o cotejo analítico linhas acima anunicado.

Nessa perspectiva, sobreleva-se apontar aprioristicamente se o Novo Código de Processo Civil alterou em seu corpo o *locus* topográfico das medidas probatórias autônomas.

De início, imperioso pontificar que o CPC/2015 extinguiu "o processo cautelar" autônomo, tal como regulado no Livro III do CPC/73, entendido como sendo uma atividade objeto de autuação e tramitação específicas e que componham autos próprios.

Por óbvio, o CPC/2015 não extingiu (e nem poderia) as pretensões de natureza cautelar, vez que ladeadas pelas tutelas antecipatórias se perfazem em técnicas processuais de abrandamento dos efeitos perniciosos do tempo no processo.

Nessa trilha, o Novo Código de Processo Civil, em seus artigos 300 a 310, unifica o regime das tutelas provisórias satisfativas e cautelares sob a etiqueta "Da Tutela de Urgência". Tais tutelas serão apresentadas e conhecidas nos mesmos autos da atividade principal.

Em sendo assim, a parte poderá veicular um pedido de tutela de urgência de natureza antecipada em caráter antecedente e naqueles autos se seguirá a atividade principal, se for o caso (art. 303, §1º).

De igual modo, havendo uma atividade principal que necessite ser instrumentalizada por uma tutela de urgência de natureza cautelar, tal pleito cautelar será formulado nos mesmos autos em que tramita o pedido principal (art. 308).

Destarte, o CPC/2015 institucionaliza, de uma vez por todas, o denominado "sincretismo processual". Isto é, em uma única relação processual, corporificada nos mesmos autos, o Estado-Juiz desenvolverá as atividades de cognição, cautelar e de execução.

Por si só a extinção do processo cautelar autônomo já confere pistas de qual foi a opção da Lei nº 13.105/15 no que pertine à consequente inserção topográfica das demandas probatórias autônomas e correlata definição de natureza jurídica.

Nesse ritmo argumentativo, o novel diploma processual inseriu as demandas probatórias autônomas em sua Parte Especial, Livro I (Do Processo de Conhecimento e do Cumprimento de Sentença), Capítulo XII (Das Provas).

A produção antecipada de prova vem regulada na Seção II, artigos 381 a 383, os quais serão objeto de minudenciada análise no próximo tópico. Por seu turno, a exibição de documento ou coisa possui sua disciplina legal albergada na Seção VI, artigos 396 a 404[31].

Mas e a justificação? Terá o novel legislador se esquecido de tal instituto? Pensamos que a resposta a tais indagações é necessariamente negativa.

A uma por conta da expressa previsão contida no § 5º, do art. 381, o qual dispõe que: "aplica-se o disposto nesta Seção àquele que pretender justificar a existência de algum fato ou relação jurídica para simples documento e sem caráter contencioso, que exporá, em petição circunstanciada, a sua intenção".

A duas, na ótima companhia de Didier Jr.[32], em razão da unificação dos procedimentos probatórios autônomos[33], com a fusão da produção antecipada de prova e da ação de justificação, tal como haviam sido reguladas pelo CPC/73[34].

---

31 Segundo Alexandre Câmara, a exibição de documento ou coisa, tal como regulada pelo NCPC, não ostenta qualquer autonomia, tratando-se de mero incidente processual. Tanto por isso não pode ser jungida à classe dos procedimentos probatórios autônomos, objeto deste singelo ensaio. Na esteira das lições do eminente Desembargador fluminense, "trata-se de mero incidente processual, e não de um processo autônomo. Basta ver que a lei processual, muito claramente, estabelece que o requerimento de exibição é resolvido por decisão (arts. 400 e 402), e não por sentença. Este incidente de exibição pode ser provocado por qualquer das partes, que pode dirigir o pedido de exibição em face da parte adversária ou de terceiro que tenha consigo a coisa ou o documento a ser exibido. E o procedimento do incidente varia conforme o pedido seja dirigido contra a outra parte ou contra terceiro". (CÂMARA, Alexandre Freitas. *O Novo Processo Civil Brasileiro.* São Paulo: Atlas, 2015, p. 244).

32 DIDIER JR., Fredie; BR Paula Sarno; OLIVEIRA, Rafael Alexandria de. *Curso de Direito Processual Civil: Introdução ao Direito Processual Civil, Parte Geral e Processo de Conhecimento.* 17ª ed. Salvador: Ed. Jus Podivm, 2015, pp. 141/142.

33 A unicidade da ação probatória autônoma é inclusive referenciada por Flávio Luiz Yarshell ao bem esclarecer que "a rigor, a determinação desses 'canais' seria desnecessária diante do reconhecimento da premissa já mencionada. Nesse assunto, a mesma atipicidade que marca o direito de ação – e que, não custa relembrar, também é característica do direito de provar – deve também se estender ao direito à prova. Por outras palavras, e para empregar raciocínio centrado na visão e terminologia mais corriqueiras (embora com menor reigor científico), há – ou bastaria que houvesse – apenas uma 'ação probatória' autônoma. As diferentes disposições legais a respeito podem e devem ser entendidas como regulamentadoras de temas como competência, processo e procedimento, inclusive de forma a adequar a atuação estatal às peculiaridades da prova a ser produzida antecipadamente e – por que não? – do direito material ao qual está relacionada a providência de instrução. Portanto, só com esse alcance é que se pode falar em diferentes 'ações probatórias' autônomas" (YARSHELL, Flávio Luiz. *Antecipação da prova sem o requisito da urgência e direito autônomo à prova.* São Paulo: Malheiros, 2009, pp. 415/416).

34 Daniel Assumpção Neves ressalta a incongruência da mantença autônoma dos institutos da produção antecipada de prova e da justificação, tal como delineados pelo CPC/73, diante da constatação de que em hipóteses de produção de prova testemunhal há regimes distintos sem qualquer fundamento diferenciador que os legitime e lhes dê sustento. Para a mesmíssima hipótese, a justificação autônoma independe da demonstração de urgência, bastando a demonstração de sua utilidade prática, o que não ocorre com a produção antecipada de prova (NEVES, Daniel Assumpção. *Ações Probatórias Autônomas.* São Paulo: Saraiva, 2008, p. 353).

Nos dizeres do eminente mestre baiano, a doutrina postulava essa fusão há tempos, em razão da superposição que havia entre os procedimentos – a produção antecipada de prova (CPC/73) servia à prova testemunhal, mas pressupunha urgência; a justificação apenas servia à prova testemunhal, e dispensava a urgência.

Cuidou-se, pois, de simplificação procedimental a merecer aplausos (face à unificação das vias procedimentais para a produção antecipada de prova).

Com efeito, a nova posição topográfica dos procedimentos probatórios autônomos[35] já indica que eles não ostentam qualquer natureza cautelar.

Ademais, a partir da definição de suas características nucleares, evidencia-se que eles se desvinculam do requisito da urgência, caminhando, pois, para a consagração *de lege lata* do direito autônomo à prova.[36-37]

Dissecando a respectiva natureza jurídica, Didier Jr.[38] afirma que o processo autônomo de produção antecipada de prova é de jurisdição voluntária, pouco importando o potencial conflito quanto à existência do direito à prova.

Jurisdição voluntária, pois, repise-se, inexiste necessidade de afirmação do conflito em torno da produção da prova.

Por fim, com vistas a decididamente afastar a natureza cautelar do ditos procedimentos cautelares autônomos, mister se incursionar especificamente sobre a hipótese albergada no art. 381, inciso I, do Novo Código de Processo Civil, uma vez que sempre se imprimiu o timbre da cautelaridade à clássica prova *ad perpetuam rei memoriam*.

A produção antecipada de prova, tal como outrora regulada pelos artigos 846 a 851 do revogado Código de Processo Civil de 1973, tencionava assegurar a prova quando fundadas eram as razões a indicar que a sua produção no momento em tese oportuno – a fase instrutória do processo de conhecimento – restaria prejudicada pelo decurso do tempo.

Como cediço, durante a fase instrutória do processo, são praticados predominantemente[39] atos que guardam como traço de semelhança a finalidade de constituir provas.

---

35 De acordo com Alexandre Câmara, o gênero demandas probatórias autônomas possui as seguintes espécies: a) demanda cautelar de asseguração de prova; b) demanda de descoberta (*discovery* ou *disclosure*) da prova; c) arrolamento de bens; d) justificação. CÂMARA, Alexandre Freitas. *Op. cit.*, p. 237.

36 Sobre o tema, no âmbito nacional, por todos YARSHELL, Flávio Luiz. *Antecipação da prova sem o requisito da urgência e direito autônomo à prova.* São Paulo: Malheiros, 2009. Em terra estrangeira, BESSO, Chiara. *La prova prima del processo.* Torino: G. Giappichelli, 2004

37 Uma das facetas procedimentais da autonomia do direito à prova se apresenta na ausência de prevenção do juízo perante o qual se processa a demanda probatória autônoma para fins de conhecimento da eventual demanda que se venha a propor com esteio na prova colhida, *ex vi* o disposto no art. 381, §3º, do NCPC.

38 DIDIER JR., Fredie; BR Paula Sarno; OLIVEIRA, Rafael Alexandria de. *Curso de Direito Processual Civil: Introdução ao Direito Processual Civil, Parte Geral e Processo de Conhecimento.* 17ª ed. Salvador: Ed. Jus Podivm, 2015, p. 138.

39 *Predominantemente* e não *exclusivamente*. O alerta oportuno é dado por José Carlos Barbosa Moreira. BARBOSA MOREIRA, José Carlos. *O novo processo civil brasileiro.* Rio de Janeiro: Forense, 2007, p. 5.

Provas recaem sobre fatos controvertidos e a sua constituição nos autos da ação de conhecimento destina-se, em última análise, a influenciar o julgador no exercício de formação de sua convicção, por meio de uma atividade dialética essencialmente dinâmica que permeia todo o *iter* iniciado com o requerimento da prova e finalizado com a valoração do seu resultado.

Com estribo em tal conceituação, pode-se dizer que a produção antecipada de prova cumpre a função da fase probatória, mas em momento anterior, de maneira que a prova fica a salvo do perigo representado pelo tempo[40].

Trata-se de autêntica antecipação do momento tipicamente instrutório do processo de conhecimento.

E, nessa vereda, divergindo de doutrina majoritária[41] formada no seio do revogado CPC/73, tem-se que a produção antecipada de prova possui por escopo a evitação da lesão ao direito à produção da prova e, por tal razão, tem caráter inibitório[42].

Em igual direção, Didier Jr. e Braga[43] pontificam que a produção antecipada de provas e a justificação se perfazem em medidas satisfativas do direito autônomo à prova, realizado em procedimento típico de jurisdição voluntária.

Como visto, sob o regime da novel legislação processual, quer seja em razão de sua alocação topográfica, quer seja face à sua natureza, as demandas probatórias autônomas não se perfazem em medidas cautelares[44].

---

40 Nas palavras de José de Moura Rocha, a produção antecipada de prova "assegura a eficácia ou o resultado de alguma etapa processual", nisto diferenciando-se das medidas assecuratórias do processo. ROCHA, José de Moura. "Produção antecipada de prova". In *Revista de Processo, nº 20, outubro-dezembro de 1980*, p. 56.

41 Por todos, THEODORO JUNIOR, Humberto. *Processo cautelar, 11 ed*. São Paulo: Edição Universitária de Direito, 1989, p. 304. Segundo o eminente autor mineiro: "a ação antecipatória é genuinamente cautelar, quando movida em caráter preparatório, pois satisfaz à necessidade emergencial de evitar ou superar o perigo de se tornar impossível ou deficiente a produção da prova se se tiver de aguardar a propositura da ação principal e a chegada da fase probatória normal".

42 DIDIER JR., Fredie *et. al. Op. cit.*, p. 140.

43 Segundo os ínclitos autores, "a visão que parece mais apropriada, entretanto, é no sentido de que ambas as medidas – produção antecipada de provas e justificação – não são propriamente cautelares e não pressupõem, necessariamente, a demonstração do perigo da demora (urgência) para serem admissíveis. São, pois, satisfativas do chamado direito autônomo à prova, direito este que se realiza com a coleta da prova em típico procedimento de jurisdição voluntária" (DIDIER JR., Fredie; BRAGA, Paula Sarno. *Ações probatórias autônomas: produção antecipada de prova e justificação*. Revista de Processo, São Paulo; Vol. 218, Abr. 2013, p. 13).

44 Em sentido contrário parece se inclinar Alexandre Câmara ao pontificar que a primeira modalidade de demanda probatória autônoma a ser contemplada no NCPC é a demanda *cautelar* de asseguração de prova (art. 381, I). (CÂMARA, Alexandre Freitas. *Op. cit.*, p. 237).

3. A AUTONOMIA DO DIREITO À PROVA RECONHECIDA PELO NOVO CÓDIGO DE PROCESSO CIVIL. ACERTAMENTO FÁTICO E FOMENTO AO CONSENSO

Nesta seção, chega-se enfim ao momento fulcral deste singelo escrito.

Com louvável ineditismo, os incisos II e III do art. 381, do Novo Código de Processo Civil[45] trazem em seus enunciados normativos claras possibilidades de quebras paradigmáticas.

Nessa rota, o primeiro deles prevê a antecipação da prova quando esta puder viabilizar a solução do conflito pela autocomposição ou outro meio, medida de todo consonante sistemicamente com a busca de soluções adequadas e não exclusivamente judicializadas para a composição do conflito de interesses[46] (art. 3º, §º3º, do NCPC).

Estimula-se, portanto, a propositura da ação probatória autônoma, na esperança de que a prova produzida fomente as partes a resolver o conflito de forma consensual, de modo a descortinar um verdadeiro meio "alternativo" (adequado) de resolução de conflito.

Em tal espécie, não se pressupõe urgência, muito menos o risco de que a prova não possa ser produzida futuramente.

Portanto, não há cautelaridade (referibilidade a um direito acautelado), revelando-se o processo autônomo de produção antecipada de prova em autêntico exemplo de jurisdição voluntária, conforme já grifado linhas acima.

Por seu turno, o inciso III abrange a hipótese de a produção antecipada de prova justificar ou evitar a propositura da demanda. Abre-se, assim, o flanco de aquele que pretende ajuizar uma ação verificar de forma antecipada se os fatos que pretende provar como estribo de sua pretensão realmente servem de substrato idôneo para o pedido.

Tal substrato probatório mínimo perpassa pela definição precisa dos fatos, bem como a identificação e a revelação do conteúdo das provas que a eles correspondam.

A partir de tal aferição, poderá o interessado concluir que não se afigura aconselhável a propositura da demanda, evitando, de tal modo, o ajuizamento de uma pretensão veramente descabida.

Conforme salientado por Didier Jr.[47]., aqui há o reforço democrático de que as provas não têm como único destinatário a figura do magistrado, vez que as partes como coprodutoras da norma a ser construída também se mostram aptas ao recebimento e valoração da carga probante.

Afinal de contas, o direito à prova é um desdobramento da garantia constitucional do devido processo legal[48], a qual se projeta para o exercício da ação e da defesa, por meio do contraditório.

---

45 Art. 381, NCPC. A produção antecipada da prova será admitida nos casos em que: (...) II – a prova a ser produzida seja suscetível de viabilizar a autocomposição ou outro meio adequado de solução de conflito; III – o prévio conhecimento dos fatos possa justificar ou evitar o ajuizamento de ação.

46 MACHADO JUNIOR, Dario Ribeiro. *Novo Código de Processo Civil: Anotado e Comparado: Lei nº 13.105, de 16 de março de 2015.*Dario Ribeiro Machado Junior e outros. Coordenação Paulo Cezar Pinheiro Carneiro e Humberto Dalla Bernardina de Pinho. Rio de Janeiro: Forense, 2015, p. 220.

47 DIDIER JR., Fredie *et. al. Op. cit.*, p. 140.

48 Por todos, CAMBI, Eduardo. *Direito constitucional à prova no processo civil.* São Paulo: Revista dos Tribunais, 2001.

Nesse sentido, fomenta-se a produção antecipada da prova em tais hipóteses, a fim de se obter um suporte fático-probatório mínimo para a deflagração de uma ação futura ou a formação estratégica de que tal demanda seria deveras inviável.

Para um olhar desapercebido e descomprometido tais disposições normativas parecem dizer pouca coisa.

Ledo engano!

Na trilha de forte e clara tendência percebida no estrangeiro[49], tais enunciados inauguram um inédito sistema no âmbito do processo civil brasileiro, permitindo a criação e o desenvolvimento de instrumentos destinados à colheita de provas em momento pré-processual, desvinculados do requisito do *periculum in mora*.

A detectada tendência se inclina no sentido de utilizar as medidas probatórias com vistas à certificação fática, o que se obtém por intermédio de um compartilhamento de informações entre os litigantes.

Acredita-se, nesse particular, que o compartilhamento de todo o arsenal de informações importantes para o deslinde de uma controvérsia, favorece o consenso e, por via de consequência, o desafogamento das instâncias judiciárias[50].

Destarte, a justificação principal para a instauração de tais procedimentos prévios reside no acertamento ou certificação dos fatos[51].

Em tal momento pré-processual, se permite às partes (imbuídas de um espírito cooperativo, cfr. tópico 1) a antevisão da amplitude vertical e horizontal da controvérsia e, assim, as reais e subjacentes possibilidades de êxito em futura demanda.

A outro giro, a certificação fática edifica eficaz meio de fomento ao consenso, na medida em que reduz o espaço para elucubrações sobre a ocorrência de determinados fatos, de modo a desestimular as partes a enfrentarem os custos e demais revezes de um processo judicial.

Nesse diapasão, não se pode olvidar que a partir do momento em que as partes têm a oportunidade de conhecer as "armas" do seu adversário, são levadas a traçar suas estratégias processuais valendo-se de um arsenal maior de informações.

Isto é, a partir da efetiva ciência do material probatório disponível ao adversário, as partes podem traçar uma avaliação estratégica de êxito em demanda judicial futura.

Partindo de novas premissas, é natural que vislumbrem novas possibilidades. A *certificação* dos fatos cumpre a função de apresentar um panorama completamente novo, um horizonte absolutamente desconhecido até então.

---

49 Não se pode olvidar, contudo, do sempre pertinente e atual alerta de Barbosa Moreira no sentido de que a mera importação de modelos estrangeiros nem sempre resulta em ganhos efetivos, dada às diferenças estruturais e conjunturais dos ordenamentos exportadores e importadores. *In* BARBOSA MOREIRA, José Carlos. *O futuro da justiça: alguns mitos.* Temas de Direito Processual, Oitava Série. São Paulo: Forense, 2004, pp. 07/10.

50 BESSO, Chiara. *La prova prima del processo.* Torino: G. Giappichelli, 2004, p. 17. A título de exemplo, Chiara Besso noticia percentuais baixíssimos de demandas que efetivamente alcançam a fase do *trial* nos Estados Unidos e na Inglaterra.

51 CABRAL, Antonio do Passo. *Op. cit.*, p. 209.

E, diante desse novo cenário, a deflagração de um processo judicial nem sempre se apresenta como a melhor alternativa. É porque, neste caso, os litigantes são levados a repensar suas reais chances, momento em que permite antever se os êxitos possíveis e/ou prováveis "pagam" os "custos" de um processo.

Isto é, conhecedor da real amplitude de suas pretensões, aquele litigante contumaz e açodado, por meio dos procedimentos probatórios autônomos, poderá ponderar com maior solidez e agilidade os revezes de toda sorte que poderá sofrer com a instauração e julgamento do futuro processo, com o que se sentirá motivado à obtenção da solução negociada.

Por tal fundamento, não raras as vezes, o autor pode se convencer de que mais vale desistir da demanda para não ser condenado ao pagamento dos ônus sucumbenciais, enquanto o réu pode ser levado a crer que sua defesa é infundada e um acordo se apresenta como alternativa mais vantajosa.

Em outras palavras, a produção da prova em momento pré-processual possibilita às partes uma melhor apreciação das chances e dos riscos decorrentes do ajuizamento de uma ação, ou do oferecimento de peça de resistência.

A antevisão estratégica aqui desponta, pois, como grande funcionalidade subjacente ao acertamento fático propiciado pelos procedimentos probatórios autônomos.

Ou seja, o conhecimento mais célere das alegações e provas detidas por cada uma das partes, possibilita que elas avaliem de forma mais rápida as chances de sucesso ou fracasso, além de propiciar uma melhor preparação do processo nas hipóteses em que ele não puder ser evitado.

Em tais situações, parece evidente que o câmbio antecipado de informações e provas facilitará a administração do futuro processo ao melhor delinear a posição das partes no subjacente conflito, bem como no que concerne à precisa delimitação do objeto litigioso e, ainda, em relação às provas que eventualmente precisarão ser produzidas.

Tudo isso aponta seguramente para uma cognição judicial mais adequada, descortinando-se inequivocamente como meio concretizador do dever de cooperação das partes para com a administração da justiça.

Por essas e outras razões, merece aplausos a consagração pelo Novo Código de Processo Civil do direito autônomo ao prova, descortinada com a inconteste desvinculação dos procedimentos probatórios autônomos ao requisito da urgência.

Em outro flanco, a autonomia do direito à prova se demonstra com a ausência de instrumentalidade hipotética (sem vinculação de instrumentalidade a um processo dito principal), referibilidade e acessoriedade das demandas probatórias autônomas[52].

---

52 YARSHELL, Flávio Luiz. *Op. cit.*, p. 310. Sobre o tema Yarshell alude que *"odireito autônomo à produção da prova, de forma não diretamente vinculada ao pleito de declaração do direito material e ao processo instaurado para esta finalidade".*

Ainda há que se registrar a projeção da autonomia dos procedimentos probatórios em comento para o campo eminentemente processual, tal como se infere da acertada redação constante do §3º, do art. 381, do NCPC[53].

Ao cabo deste tópico, é de se edificar que os procedimentos autônomos em análise alastram sua eficácia probatória em relação ao acertamento de fatos que embasem a demanda judicial eventualmente instaurada, ou mesmo a evitação da litigância, com o estímulo à efetivação do consenso em sede pré-processual.

Com efeito, não se pode perder de vista que em hipóteses de judicialização do conflito, o compartilhamento do arsenal fático qualificará a carga probatória da prova produzida em sede pré-processual, primando, pois, em via reflexa, pelos princípios da duração razoável do processo e economia processual[54].

4. GIRO PELO MUNDO

Conforme anteriormente enunciado, há uma robusta tendência percebida nos ordenamentos alienígenas ocidentais, com clara inspiração anglo-saxã[55], no estabelecimento e desenvolvimento de instrumentos pré-processuais destinados à colheita de provas, desvinculados do requisito do *periculum in mora*, com alvos determinados no acertamento fático e no fomento ao consenso.

Iniciemos, pois, uma rápida análise das principais ordenações estrangeiras que atualmente preveem os procedimentos probatórios autônomos como instrumentos de desestímulo à litigância e fomento à conciliação.

4.1. Estados Unidos e Inglaterra

Na experiência anglo-saxã, os institutos da *discovery* (EUA) e da *disclosure* (Inglaterra) são simbolicamente sintetizados pela clássica expressão *cards on the table approach.*

Ou seja, pautam-se no desvendamento pelas partes das provas e trunfos de que dispõem antes da fase do *trial*, em uma concretização do cooperação entre as partes, as quais são vistas como coresponsáveis pela administração da justiça.

---

53 Art. 381, § 3º: A produção antecipada da prova não previne a competência do juízo para a ação que venha a ser proposta. Em igual sentido, v. Súmula 263, TFR – "a produção antecipada de provas, por si só, não previne a competência para a ação principal"

54 Como exemplo, a disposição normativa inserta no art. 427, do Código de Processo Civil, *in verbis*: *"O juiz poderá dispensar prova pericial quando as partes, na inicial e na contestação, apresentarem sobre as questões de fato pareceres técnicos ou documentos elucidativos que considerar suficientes".*

55 Nesse sentido, Nicolò Trocker anota que: "Dicevo della tendenza degli ordenamenti processuali moderni a prefigurare forme di preliminary *discovery* e di facilitare scambio di 'informazione' tra le parti in fase pre-processuale anche per promuovere la composizione stragiudiziale delle liti". TROCKER, Nicolò. *La Formazione Del Diritto Processuale Europeo.* Torino: G. Giappichelli, 2012, p. 333.

Nesse ritmo, especificamente nos Estados Unidos da América, tudo indica que a inserção da *discovery* no ordenamento norte-americano consistiu em uma tentativa do legislador das *Federal Rules* em promover o intercâmbio de informações entre os litigantes, guardado o dever de coperação e colaboração (sendo amplas as possibilidades sancionatórias[56] em desfavor das partes e/ou de seus advogados na hipótese de procederem de má-fé no desenvolvimento da *discovery*), e, assim, estimular a composição do conflito[57].

Tal modelo, como se sabe, inspirou anos mais tarde a modificação dos sistemas europeus.

A previsão original das *Federal Rules*, entretanto, não passou incólume ao longo dos anos. Uma primeira reforma, promovida nos anos de 1980 e 1983, incorporou à *discovery* a noção de *proporcionalidade*, de modo que a amplitude do procedimento fosse proporcional à real necessidade apresentada pelo caso concreto, ao valor envolvido na controvérsia, à capacidade econômica das partes e à relevância da questão objeto da pretensão.

Ademais, e seguindo-se uma inequívoca tendência publicista observada ao longo do globo na época, promoveu-se uma ampliação dos poderes dos juízes, fazendo deslocar para estes a organização da fase pré-julgamento, o que até então ficava a cargo dos advogados, predominantemente.

A segunda reforma, implementada em 1993, notabilizou-se por exigir uma aferição de proporcionalidade sobre a própria *discovery*, exigindo que sua instauração ficasse condicionada a um juízo positivo de utilidade pelo magistrado.

Outrossim, o procedimento passou a ser delimitado por um número máximo dos meios de "descobrimento". Contudo, a modificação mais importante deste segundo

---

56 A partir da experiência norte-americana da *discovery* pré-processual, colhe-se o teor da Regra 68 das *Federal Rules of Civil Procedure,* o qual impõe que a parte que não aceitara o acordo arque com as custas processuais caso o resultado do processo não iguale ou supere o que lhe adviria da proposta recusada. Rule 68. Offer of Judgment. (a) MAKING AN OFFER; JUDGMENT ON AN ACCEPTED OFFER. At least 14 days before the date set for trial, a party defending against a claim may serve on an opposing party an offer to allow judgment on specified terms, with the costs then accrued. If, within 14 days after being served, the opposing party serves written notice accepting the offer, either party may then file the offer and notice of acceptance, plus proof of service. The clerk must then enter judgment. (b) UNACCEPTED OFFER. An unaccepted offer is considered withdrawn, but it does not preclude a later offer. Evidence of an unaccepted offer is not admissible except in a proceeding to determine costs. (c) OFFER AFTER LIABILITY IS DETERMINED. When one party's liability to another has been determined but the extent of liability remains to be determined by further proceedings, the party held liable may make an offer of judgment. It must be served within a reasonable time – but at least 14 days – before the date set for a hearing to determine the extent of liability. (d) PAYING COSTS AFTER AN UNACCEPTED OFFER. If the judgment that the offeree finally obtains is not more favorable than the unaccepted offer, the offeree must pay the costs incurred after the offer was made. (As amended Dec. 27, 1946, eff. Mar. 19, 1948; Feb. 28, 1966, eff. July 1, 1966; Mar. 2, 1987, eff. Aug. 1, 1987; Apr. 30, 2007, eff. Dec. 1, 2007; Mar. 26, 2009, eff. Dec. 1, 2009. Extraído do sítio eletrônico www.uscourts.gov/file/rules-civil-procedure. Consulta realizada em 02 de outubro de 2015.

57 BESSO, Chiara. *Op. cit.*, pp. 78/79.

movimento se deu no sentido de obrigar a parte a apresentar o elenco de documentos e das possíveis testemunhas, independentemente de requisição da outra parte.

Uma terceira reforma entrou em curso em 2000 alterando o padrão de relevância dos meios de *discovery* – a relevância genérica do meio cedeu lugar a uma aferição da relevância de forma mais específica, à luz das circunstâncias concretas dos fatos, tal como afirmados pelas partes[58].

Portanto, com esteio na aplicação da cooperação, a utilização da *discovery* impõe às partes o dever de apresentar todos os documentos que detêm, evitando-se assim surpresas e a assunção de comportamentos contraditórios pelos envolvidos.

Por sua vez, aexperiência inglesa no que concerne à *disclosure* se encontra delineada pelas *Civil Procedure Rules*, produto do paradigmático Relatório elaborado pelo Magistrado Lord Woolf[59].

Em apertada síntese, a *disclosure* possibilita que cada parte apresente uma lista de documentos, permitindo-se ao potencial adversário examiná-la e obter cópias[60].

No exercício do *case management*, o juiz pode se pronunciar para limitar a informação a um documento específico ou a um grupo de documentos, havendo ainda a possibilidade de o juiz intimar as partes para que esclareçam as informações adicionais que considere relevantes.

Também por meio dos *written statements*, semelhantes às declarações escritas de testemunhas, infere-se a intenção de propiciar às partes um amplo conhecimento das possibilidades concretas do litígio, de maneira a evitar surpresas no curso do eventual e futuro processo. Há, nesse sentido, clara mitigação da oralidade característica da *discovery* norte-americana, muito em decorrência da discricionariedade conferida ao magistrado subjacente à instituição do *case managemet* pelas CPRs[61].

Já sob a ótica da tutela coletiva, os *pre-actions protocols* ingleses adquirem intenso realce. Tais institutos têm demonstrado que a celebração de acordos desjudicializados entre entidades que detêm adequada representatividade de grupos sociais

58 BESSO, Chiara. *Op. cit.*, pp. 125/129.

59 WOOLF, Harry. *Civil justice in the United Kingdom*. The American Journal of Comparative Law, p. 709-736, 1997.

60 É o que prevê a *Rule* 31 das *Civil Procedure Rules,* as quais perfazem um Código de Processo Civil aplicado no âmbito da Inglaterra e do País de Gales. *Rule* **31.10 das *CPR*:** *(1) The procedure for standard disclosure is as* follows. *(2) Each party must make and serve on every other party, a list of documents in the relevant practice form. (3) The list must identify the documents in a convenient order and manner and as concisely as possible. (4) The list must indicate (a) those documents in respect of which the party claims a right or duty to withhold inspection; and (b) (i) those documents which are no longer in the party's control; and (ii) what has happened to those documents.* Extraído do sítio eletrônico https://www.justice.gov.uk/courts/procedure-rules/civil. Consulta realizada em 02 de outubro de 2015.

61 GRADI, Marco; SILVA, Paula Costa; WAMBIER, Teresa Arruda Alvim. "Seminário sobre os 10 anos de vigência do Código de Processo Civil inglês". In: *Revista de Processo nº 170, ano 34, abril de 2009,* pp. 157/160.

ou categorias cumpre importante papel na efetiva tutela dos respectivos interesses transindividuais[62].

Contando com sua previsão legal, de igual modo, inserta nas *Civil Procedure Rules*, o modelo inglês dos *pre-actions protocols* é de natureza vinculativa e compulsória, funcionando como verdadeiro ônus a ser cumprido pelas partes para a redução da quantidade de processos, por meio de soluções consensuais, ou para melhorar a qualidade destes, através do incremento qualititativo da cognição[63].

A efetiva participação democrática observada em tais protocolos pode servir, inclusive, de espelho para a refundação do inquérito civil no ordenamento brasileiro, de molde a contextualizá-lo como espaço adequado para a construção da solução consensual dos conflitos pelas próprias partes envolvidas.

As convenções coletivas[64] em comento possuem um espaço discursivo mais amplo, de modo a propiciar que as partes inseridas em um conflito coletivo possam definir regras mínimas direcionadas a evitar a judicialização ou, informadas pelo espírito cooperativo, estabeleçam convencionalmente prévias normas aptas a facilitar o deslinde da lide na seara judicial.

4.2. Alemanha

Consoante nos informa Barbosa Moreira[65], o processo civil alemão passou por um movimento de renovação no campo do direito probatório mais recentemente, sendo notável a tendência do legislador tedesco no sentido de fortalecimento do primeiro grau de jurisdição.

---

62 Na Inglaterra: "The CPR (1998) system introduced a set of 'pre-action protocols' which prescribe 'obligations' which the the prospective parties and their legal representatives must satisfy before commencing formal proceedings. (...) Pre-action protocols are intended to promote efficient exchange of information between the prospective parties, including pre-action disclosure of 'essential' documents held by each side." ANDREWS, Neil. *The Three Paths of Justice – Court Proceedings, Arbitration and Mediation in England,* ed. Springer, London, 2012, p.64 *apud* ARAUJO. José Aurélio de. In: Justificativas apresentadas ao Anteprojeto de Lei (sobre a reforma do direito probatório) resultante das pesquisas envidadas pelos mestrandos e doutorandos inscritos na disciplina "Observatório das Reformas Processuais", ministrada pelo Prof. Dr. Leonardo Greco no Programa de Pós-Graduação da Faculdade de Direito da Universidade do Estado do Rio de Janeiro – UERJ.

63 ARAUJO. José Aurélio de. *Op. cit.,* p. 79.

64 Idem, Ibidem, p. 78. Conforme anota com precisão o autor, *"as instituições públicas, como os tribunais, a Ordem dos Advogados, o Ministério Público e a Defensoria Pública são exortados a se tranformarem em catalizadores da celebração dessas convenções, contribuindo para a criação de uma rede de compromissos entranhada nos diversos grupos que compõem a sociedade civil, para que eventuais divergências entre seus integrantes sejam resolvidos por mecanismos consensuais, o que contribuirá positivamente para a harmonização dos interesses em conflito e a consequente paz social".*

65 BARBOSA MOREIRA, José Carlos. "Breve notícia sobre a reforma do processo civil alemão". In: *Temas de direito processual: oitava série.* São Paulo: Saraiva, 2004, pp. 201/202.

Nessa vereda, em clara repartição da responsabilidade pela administração da justiça, revelam-se consentâneas ao robustecimento da 1ª instância medidas probatórias que se destinem à ampliação do horizonte de conhecimento das partes acerca dos fatos, favorecendo, ainda, o aumento de chances de soluções consensuais e antecipadas do conflito.

Trata- se de um reforço do instituto do *Hinweispflicht*, a partir da nova redação do §139 da ZPO, que impõe aos órgãos judiciários o dever de adotar as providências necessárias para que as partes elucidem os fatos relevantes para a causa. Após a indigitada reforma, os juízes passaram a deter amplos poderes para determinar, inclusive *ex officio*, a exibição de documentos pelas partes ou por terceiros.

Mais recentemente, implementou-se significativa alteração na ZPO (§485 e §485, II), com a construção de procedimento probatório independente ou autônomo denominado *selbständiges Beweisverfahren*, o qual conta com eficácia probatória plena (desvinculada da demonstração do *periculum in mora)*, apostando na prévia e ampla certificação fática dirigida à construção dialética do consenso.

Com efeito, a alteração do §485 da ZPO procurou caracterizar a produção antecipada de prova como verdadeiro meio alternativo (adequado) de solução de conflito. Ademais, inaugurou outra hipótese de procedimento probatório *ante causam* (§485, II), inclusive com a supressão da referência à cautelaridade em sua terminologia (procedimento probatório independente ou autônomo)[66].

Em sendo assim, na trilha de tendência já detectada, observa-se a acolhida pelo ordenamento processual alemão da autonomia do direito à prova, claramente direcionada à uma ampla certificação fática para, assim, estimular a resolução consensual dos conflitos.

4.3. Itália

A Itália, por seu turno, seguiu a convergência delineada no velho continente em relação à instituição do procedimento probatório autônomo desvinculado do *periculum in mora*, à semelhança da *discovery* norte-americana.

Nesse sentido, a Lei nº 80/2005 cumpriu fulcral papel, trazendo importantes inovações ao regime processual italiano, máxime a inconteste previsão dos procedimentos probatórios autônomos.

Os multicitados procedimentos foram introduzidos pelo art. 696-bis do *Codice di Procedura Civile*[67], o qual estabelece a possibilidade de ocorrência de perícias

66 CABRAL, Antonio do Passo. *Op. cit.*, pp. 210/211.

67 art. 696-bis. (Consulenza tecnica preventiva ai fini della composizione della lite).
L'espletamento di una consulenza tecnica, in via preventiva, può essere richiesto anche al di fuori delle condizioni di cui al primo comma dell'articolo 696, ai fini dell'accertamento e della relativa determinazione dei crediti derivanti dalla mancata inesatta esecuzione di obbligazioni contrattuali o da fatto illecito. Il giudice procede a norma del terzo comma del medesimo articolo 696. Il consulente, prima di provvedere al deposito della relazione, tenta, ove possibile, la conciliazione delle parti.

pré-processuais com nítido e cristalino escopo conciliatório e de acertamento fático, desvinculado do pressuposto cautelar da urgência (previsto no art. 696, 1º comma)[68].

A outro giro, no que pertine à tutela coletiva, na mesma linha dos *pre-actions protocols* ingleses, os *protocolli* italianos desempenham valorosa função na tutela de interesses transindividuais no plano pré-processual, de modo a se inferir no cenário globalizado uma interpenetração entre os sistemas de *civil law* e *common law*[69-70].

A questão cultural[71], nesse particular, adquire inequívoca relevância, uma vez que, ao contrário do que ocorre no Brasil, percebe-se no direito europeu uma verdadeira cooperação entre grupos comumente colocados em lados opostos na arena judicial, mas que há muito já internalizaram a primordial função a ser desempenhada no enfrentamento da explosão da litigosidade, máxime aquela caracterizada pelos conflitos massificados (e coletivos).

Dito isso, os *protocolli* peninsulares atuam em espaços carentes de normatização pela lei processual italiana (assim como sói ocorrer com o inquérito civil brasileiro), de modo que esses *gaps* normativos são preenchidos por normas persuasivas e incentivadoras de práticas forenses virtuosas, procedimentais ou meramente organizacionais, criadas em conjunto pelos grupos envolvidos[72].

Em suma, há um esforço coletivo e colaborativo no que pertine à adoção de boas práticas, precipuamente destinadas à solução consensual e desjudicializadas dos conflitos metaindividuais, dando concretude, pois, ao princípio democrático.

Se le parti si sono conciliate, si forma processo verbale della conciliazione. Il giudice attribuisce con decreto efficacia di titolo esecutivo al processo verbale, ai fini dell'espropriazione e dell'esecuzione in forma specifica e per l'iscrizione di ipoteca giudiziale. Il processo verbale è esente dall'imposta di registro. Se la conciliazione non riesce, ciascuna parte può chiedere che la relazione depositata dal consulente sia acquisita agli atti del successivo giudizio di merito. Si applicano gli articoli da 191 a 197, in quanto compatibili. Extraído do sítio eletrônico http://www altalex.com/documents/news/2014/12/10/dei-procedimenti-speciali-dei-procedimenti-sommari. Consulta realizada em 03 de outubro de 2015.

---

68 CABRAL, Antonio do Passo. *Op. cit.,* p. 211.

69 Cfr. DAMASKA, Mirjan R.. *The Faces of Justice and State Authority. A Comparative Approach to the Legal Process.* Yale University Press. New Haven and London.

70 Sobre o tema da interpenetração dos sistemas do *civil law* e da *common law*, por todos TROCKER, Nicolò. *La Formazione Del Diritto Processuale Europeo.* Torino: G. Giappichelli, 2012.

71 TARUFFO, Michele. Cultura e Processo. *In:* Rivista Trimestrale di Diritto e Procedura Civile, ano LXIII, nº 1, Marzo 2009. Segundo TARUFFO *"un modello processuale – e cio vale per tutti i modelli di processo – nasce dunque dalla combinazione di scelte ideologiche e di strumentazioni tecniche".*

72 ARAUJO. José Aurélio de. *Op. cit.,* p. 78.

4.4. França

Em França, mister anotar de início a adoção do procedimento de *attestation*, o qual, em linhas gerais, se perfaz no recolhimento de declarações escritas das testesmunhas em sede pré-processual, de modo a possibilitar que as partes avaliem de pronto e, de forma menos custosa, suas estratégias processuais e correlatas chances de êxito.

Tal procedimento se dirigia, ainda, ao fomento ao consenso, com a consequente diminuição dos processos levados ao conhecimento da jurisdição de piso francesa. A *Cour de Cassation* atribui a tal meio eficácia probatória correspondente à atribuída às declarações prestadas oralmente em audiência[73].

De igual modo, foi a jurisprudência francesa quem admitiu o uso da *référé probatoire* para a designação de perícias e oitiva de testemunhas, ainda que em um primeiro momento apenas diante da presença dos requisitos clássicos das medidas cautelares. Caminhou-se, pois, nesse particular, do *référé probatoire* ao *référé preventif*.

Com o Novo Código de Processo Civil, especialmente pela dicção do seu artigo 145 (em tal espécie, não se pressupõe urgência, muito menos o risco de que a prova não possa ser produzida futuramente)[74], permite-se a instauração do procedimento preparatório com vistas à conservação da prova, mas também visando ao acertamento fático.

A norma francesa, contudo, vincula o procedimento probatório a um processo de conhecimento potencial.

Conforme nos esclarece Besso, a questão chegou à Corte de Cassação, a qual pontificou a autonomia da prova anterior ao processo, afirmando que o referido artigo 145 dispõe sobre uma medida preventiva que independe do *periculum in mora*[75], exigindo-se tão-somente que o procedimento probatório recaia sobre fatos relevantes a influenciarem diretamente a resolução do conflito.

5. PERSPECTIVAS E EXPECTATIVAS

Na trilha de uma demonstrada convergência observada em terras estrangeiras e dentro de uma sistematicidade interna que prima pela tentativa de resolução consensual dos conflitos (art. 3º, §º3º, NCPC), os procedimentos probatórios autônomos aparecem na nova cena processual também como catalisadores dos recorrentes esforços apontados em direção à redução da litigiosidade.

Isso porque, conforme já se grifou alhures, reputa-se que o compartilhamento de todo o arsenal de informações importantes para o deslinde de uma controvérsia, favorece o consenso e, por via de consequência, o desafogamento das instâncias judiciárias.

---

73 BESSO, Chiara, *Op. cit.*, pp. 83/84.

74 Artigo 145 do *Code de Procédure Civile*: *"S'il existe un motif légitime de conserver ou d'établir avant tout procès la preuve de faits dont pourrait dépendre la solution d'un litige, les mesures d'instruction légalement admissibles peuvent être ordonnées à la demande de tout intéressé, sur requête ou en référé"*.

75 BESSO, Chiara, *Op. cit.*, p. 92.

Sob outro enfoque, o Novo Código de Processo Civil traz uma verdadeira alteração paradigmática no instituto da prova, pois se passa a reconhecer a função da prova na formação do convencimento das partes no que se relaciona à avaliação de suas chances em uma eventual demanda.

Ou seja, insere e eleva as partes à função de destinatárias da prova, tendo como precípuo objetivo prevenir a propositura de ações infundadas ou fadadas ao insucesso, porque desprovidas de respaldo fático idôneo.

Está-se diante, claramente, de uma bem-vinda libertação[76] das amarras ideológicas perpetuadas até então pelo art. 130, do revogado *Código Buzaid*.

Ainda, não se pode olvidar que o modelo cooperativo procedimental indubitavelmente adotado pela novel legislação processual esprai sua normatividade para o momento pré-processual, atingindo em cheio os procedimentos probatórios autônomos, tudo com vistas a estabelecer que as partes se coloquem *pari passu* na direção da concretização de direitos fundamentais.

Em tempos em que o justo é visto como tolerância, solidariedade, pluralismo, um processo/procedimento[77] justo será também entendido como aquele que possibilita variáveis possibilidades de solução de controvérsias.

Fomenta-se, pois, uma visão libertadora do paternalismo que ainda timbra o cotidiano da jurisdição brasileira, de sorte a instar as partes que cooperativamente sejam coprodutoras das normas resolutivas de seus próprios conflitos.

Nessa senda, os procedimentos probatórios autônomos tencionam a modificação da cultura judiciária brasileira de judicialização compulsiva dos litígios, sem que as partes tenham feito a avaliação séria de suas reais condições de êxito ou de fracasso, aumentando sobremaneira a participação e a responsabilidade dos advogados e das instituições na solução dos conflitos em sede pré-processual.

Mas a tarefa que se apresenta está longe de ser singela. A franca aplicação dos procedimentos probatórios autônomos em todas as suas potencialidades desafia a

---

76 DENTI, Vittorio. Armonizzazione e diritto alta prova. *Rivista Trimestrale di Diritto e Procedura Civile, Milano, Giufrê, a*, 1994, 48: 673-681. Vittorio Denti ao analisar a *discovery* norte-americana assinala que o novel modelo perpassa por uma modificação radical no comportamento das partes e de terceiros, conforme se colhe da seguinte passagem: *"trapiantare i procedimenti di discovery angloamericani significa non soltanto anticipare temporalmente la fase di preparazione della causa, ma modificare radicalmente l' atteggiamento delle parti e dei terzi di fronte all'indagine che mira alla ricerca della verita"*, p. 678.

77 Em recente e já obrigatória obra sobre o tema, Paula Sarno Braga edifica com propriedade a impertinência e a fragilidade da vetusta distinção entre "processo" e "procedimento", posição com a qual concordamos. Cfr. BRAGA, Paula Sarno. *Norma de Processo e norma de procedimento: o problema da repartição de competência legislativa no Direito Constitucional brasileiro*. Salvador: Jus PODIVM, 2015.

cultura[78-79] extremamente adversarial e demandista que assola e dá o tom da práxis forense tupiniquim.

Imaginar um edificante compartilhamento de informações em sede pré-processual parece ainda um sonho distante, além de não se coadunar com a visão carnelutinana de que o processo é apenas um jogo, ainda reinante em *terrae brasilis.*

A mudança cultural revela-se, pois, impositiva, com uma maior e efetiva atuação dos indivíduos e das instituições na resolução dos seus próprios conflitos, o que, seguramente, contribuirá a reduzir a inércia burocrática dos operadores do direito que costumeira e automaticamente transferem a resolução de qualquer sorte de questão à batuta do Judiciário.

Nessa toada, a missão de aplicar o Direito, fundamentalmente um novel Diploma que impõe um novo olhar ideológico sobre o processo, revela-se então em uma obra hermenêutica, um trabalho sempre recomeçado, uma construção viva e cotidiana, permeado pela modificação cultural de todos os envolvidos no fenômeno processual.

O recado foi dado pelo Novo Código de Processo Civil.

Agora é arregaçar as mangas e alterar a realidade, de modo que em sua constante interação contextual com o texto constitucional[80], possamos, ao menos, presenciar uma redução do abismo entre o dever-ser e o ser.

---

78 TARUFFO, Michele. Cultura e Processo. *In:* Rivista Trimestrale di Diritto e Procedura Civile, ano LXIII, nº 1, Marzo 2009. Segundo TARUFFO *"un modello processuale – e cio vale per tutti i modelli di processo – nasce dunque dalla combinazione di scelte ideologiche e di strumentazioni tecniche"*.

79 O ganhador do Nobel de Literatura Mario Vargas Llosa em seu recente ensaio *"A Civilização do Espetáculo"* afirma que a *"cultura antecede e sustenta o conhecimento, orienta-o e confere-lhe uma funcionalidade precisa, algo assim como um desígnio moral". In* LLOSA, Mario Vargas. (Trad. Ivone Benedetti. *A civilização do espetáculo: Uma radiografia do nosso tempo e da nossa cultura.* 1ª edição. Rio de Janeiro: Objetiva, 2013.

80 Konrad Hesse ressalta que o significado da ordenação jurídica na realidade e em face dela somente pode ser apreciado se ambas – ordenação e realidade – forem consideradas em sua relação, em seu inseparável contexto, e no seu condicionamento recíproco. HESSE, Konrad. *A Força Normativa da Constituição.* Tradução de Gilmar Ferreira Mendes. Porto Alegre: Fabris, 1991, p. 13.

AS NORMAS FUNDAMENTAIS NO NOVO CÓDIGO DE PROCESSO CIVIL E O PROCESSO DO TRABALHO

Bruno Freire e Silva

INTRODUÇÃO

O Novo Código de Processo Civil criou, em atendimento aos reclamos da doutrina, uma parte geral, na qual estabelece as normas fundamentais do processo civil, entre os artigos 1º e 15, que estão dentro do Livro I (Das Normas Processuais Civis), Título Único (Das Normas Fundamentais e da Aplicação das Normas Processuais), capítulo I (Das Normas Fundamentais do Processo Civil) do novo diploma.

É digno de registro que norma é termo genérico, que abrange regras e princípios. Nesse contexto, na parte geral o Novo CPC repete alguns princípios que estão na Constituição Federal, além de criar alguns outros novos, que serão objeto de nossa análise nesse breve artigo.

As referidas normas fundamentais, entretanto, serão analisadas sob o prisma do processo do trabalho, já que o artigo 15 do Novo Diploma Processual estabelece que as suas disposições serão aplicadas nessa seara processual de forma supletiva e subsidiariamente, daí o título e proposta do artigo.

1. NORMAS FUNDAMENTAIS E CONSTITUCIONALIZAÇÃO DO PROCESSO

O art. 1º do Novo Código de Processo Civil estabelece que "o processo civil será ordenado, disciplinado e interpretado conforme os valores e as normas fundamentais estabelecidos na Constituição da República Federativa do Brasil, observando-se as disposições deste Código".

O novo Código de Processo Civil se inicia com a consolidação de uma tendência do processo contemporâneo, consistente na chamada Constitucionalização do Processo. O direito processual do trabalho, como ramo do direito processual, também é influenciado por esse novo método de estudo da ciência processual.

Mas, diante de tal contexto, em que consiste efetivamente a chamada constitucionalização do processo, que agora é consolidada no texto do novo Código de Processo Civil?

Trata-se de uma tendência de dar status constitucional a algumas garantias que o jurisdicionado deve ter numa demanda judicial, como o direito de petição, o devido processo legal, a ampla defesa com os recursos a ela inerentes, e agora, a mais recente, dentro desse contexto de busca da efetividade, a garantia de um prazo razoável de duração do processo, introduzido na Carta Magna pela Reforma do Judiciário (Emenda Constitucional nº 45).

Agora, com a redação do novo Código de Processo Civil, tais garantias estão positivadas não somente no texto da Constituição Federal, mas no próprio texto da lei ordinária. A grande inovação, portanto, observa-se pela introdução de um Título específico para disciplinar e positivar as normas fundamentais do processo, justamente nos artigos 1º a 12.

Ada Pelegrini Grinover analisa essa tendência da constitucionalização do processo sob o prisma da hierarquia e importância da Constituição no ordenamento jurídico, com a consequente busca de uma fundamentação das linhas principais do direito processual nesse diploma:

> Todo o direito processual tem suas linhas fundamentais traçadas pelo direito constitucional, que fixa a estrutura dos órgãos jurisdicionais, que garante a distribuição da justiça e a declaração do direito objetivo, que estabelece alguns princípios processuais. Todo o direito processual, que disciplina o exercício de uma das funções fundamentais do Estado, além de ter pressupostos constitucionais – como os demais ramos do direito – é fundamentalmente determinado pela Constituição, em muitos de seus aspectos e institutos característicos.[1]

Em suma, a tendência de constitucionalização do processo, com o fim de assegurar aos litigantes uma demanda justa e segura, de modo a alcançar um processo efetivo e de resultados, agora tem os seus princípios inseridos não apenas na Constituição Federal, mas no corpo do próprio Código de Processo Civil, como norte para a interpretação deste e com aplicação ao processo do trabalho, naquilo que for compatível com esse procedimento especial.

2. PRINCÍPIO DISPOSITIVO E IMPULSO OFICIAL

O art. 2º do Novo Diploma Processual dispõe que "o processo começa por iniciativa da parte e se desenvolve por impulso oficial, salvo as exceções previstas em lei".

O referido dispositivo tem correspondência com o art. 2º do antigo Código, que estabelecia que "Nenhum juiz prestará a tutela jurisdicional senão quando a parte ou o interessado a requerer, nos casos e forma legais.".

Ambos tratam do princípio da inércia ou princípio da demanda, no sentido de que o juiz não pode atuar de ofício para iniciar um processo, mas apenas quando a parte postular a tutela jurisdicional. A autonomia individual, portanto, é fortalecida, especialmente no que se refere à provocação da atuação jurisdicional por meio do direito de ação.

Cintra, Grinover e Dinamarco lecionam que: "chama-se poder dispositivo a liberdade que as pessoas têm de exercer ou não seus direitos. Em direito processual tal poder é configurado pela possibilidade de apresentar ou não sua pretensão em juízo, bem como de apresenta-la da maneira que melhor lhe aprouver e renunciar a

---

1 GRINOVER, Ada Pellegrini – Os Princípios Constitucionais e o Código de Processo Civil. São Paulo. José Bushatsky Editor, 1975, págs. 04 e 05

ela (desistir da ação) ou a certas posições processuais. Trata-se do princípio da disponibilidade processual"[2].

Embora se aplique como regra o princípio da demanda, ou princípio dispositivo, o que também é extensível ao processo do trabalho[3], o dispositivo legal, no que tange à iniciativa para propor a demanda, ressalva exceções legais em que será possível a atuação *ex officio*.

No processo do trabalho, há duas exceções previstas na lei: a) a instauração de dissídio coletivo e b) a execução trabalhista.

No capítulo IV da Consolidação das Leis do Trabalho que trata dos Dissídios Coletivos dentro do Título X (Do Processo Judiciário do Trabalho), o art. 865 estabelece que "A instância será instaurada mediante representação escrita ao Presidente do Tribunal. Poderá ser também instaurada por iniciativa do presidente, ou, ainda, a requerimento da Procuradoria da justiça do Trabalho, sempre que ocorrer suspensão do trabalho".

Já o art. 878 do diploma processual trabalhista, no capítulo V que trata "DA EXECUÇÃO", dispõe que "a execução poderá ser promovida por qualquer interessado, ou *ex oficio*, pelo próprio juiz ou presidente ou tribunal competente, nos termos do art. anterior.".

Por outro lado, o mesmo dispositivo legal dispõe que, uma vez proposta a demanda, o processo se desenvolverá por impulso oficial, revelando também o caráter publicista do processo.

Sobre a questão, Humberto Dalla B. de Pinho[4] aponta que "enquanto o processo só pode ser instaurado pela iniciativa das partes – uma vez que, pelo princípio da inércia da jurisdição, o juiz não age de ofício, mas apenas quando provocado –, instaurada a relação jurídica processual, o magistrado não pode paralisá-la, cabendo-lhe zelar pelo andamento contínuo do processo"[5], o que também encontra aplicação no processo do trabalho.

---

2 CINTRA, Antonio Carlos de Araújo; GRINOVER, Ada Pellegrini; DINAMARCO, Candido Rangel. *Teoria Geral do Processo*. 28 ed. São Paulo: Malheiros, 2012, p. 69.

3 "EXTINÇÃO DO FEITO SEM RESOLUÇÃO DO MÉRITO. ABANDONO DA CAUSA. O processo trabalhista prima pela informalidade, celeridade e impulso oficial, tendo sempre em mira a condição de hipossuficiente do trabalhador e o caráter alimentar do direito vindicado. Assim, a demanda trabalhista começa por iniciativa das partes, mas se desenvolve por impulso oficial, não encontrando lugar, portanto, a extinção do feito sem resolução do mérito pela ausência de comunicação, pelo autor, de trânsito em julgado de ação diversa, mas conexa a esta. Retorno dos autos à origem que se impõe. (TRT-4 – RO: 00006093120115040011 RS 0000609-31.2011.5.04.0011, Relator: MARCOS FAGUNDES SALOMÃO, Data de Julgamento: 21/08/2013, 11ª Vara do Trabalho de Porto Alegre)."

4 Não podemos deixar de prestar nossa homenagem ao novo chefe do departamento de direito processual da Faculdade de Direito da Universidade do Estado do Rio de Janeiro, Humberto Dalla, que nos acolheu desde o nosso concurso de ingresso na instituição e que está disponível em todos os momentos que precisamos de seu apoio.

5 PINHO, Humberto Dalla Bernardina de. *Direito Processual Civil Contemporâneo*. Vol. 1. 4 ed. São Paulo: Saraiva, 2012, p. 71.

3. PRINCÍPIO DA INAFASTABILIDADE DO CONTROLE JURISDICIONAL

O princípio do acesso à justiça está disposto no art. 3º do NCPC, o qual estabelece que: "Não se excluirá da apreciação jurisdicional ameaça ou lesão a direito. § 1º É permitida a arbitragem, na forma da lei. § 2º O Estado promoverá, sempre que possível, a solução consensual dos conflitos. § 3º A conciliação, a mediação e outros métodos de solução consensual de conflitos deverão ser estimulados por juízes, advogados, defensores públicos e membros do Ministério Público, inclusive no curso do processo judicial".

O art. 3º do Novo Código de Processo civil consiste, pois, na positivação no Novo CPC do princípio da inafastabilidade do controle jurisdicional, consignado no art. 5º, inc. LV, da Constituição Federal: "a lei não excluirá da apreciação do Poder Judiciário lesão ou ameaça a direito". Trata-se de consequência do que a doutrina chama de constitucionalização do processo.

Ao lado da resolução de conflitos pela jurisdição estatal, o novo Código amplia o âmbito do acesso à justiça, consagrando expressamente no texto legal meios alternativos de resolução de conflitos. O parágrafo primeiro trata da arbitragem e os parágrafos segundo e terceiro dispõem sobre a solução consensual, notadamente através da mediação e da conciliação.

Os conceitos podem gerar certa confusão. Por meio de uma negociação as partes envolvidas num litígio buscam diretamente e sem interveniência de uma terceira pessoa chegar a uma solução consensual. Frustrada essa tentativa, pode-se passar à mediação, por meio da qual se insere a figura de um terceiro, que irá atuar junto às partes litigantes para conseguir obter a pacificação do conflito. Fala-se em modalidade passiva, quando o mediador apenas escuta as versões, tenta apaziguar as partes, mas não introduz o seu ponto de vista. E, modalidade ativa, quando o mediador interage com as partes e apresenta propostas para solução do conflito. No direito brasileiro esse último modelo recebe o nome de conciliação e está ligado ao Poder Judiciário. E, por fim, na arbitragem, um terceiro, que não pertence ao Poder Judiciário, na hipótese de as partes não conciliarem, profere uma decisão para solução da controvérsia, que deverá ser respeitada pelas partes.

Acerca desta tendência do direito processual de busca de alternativas para solução dos conflitos, agora adotada no novo CPC, Cintra, Grinover e Dinamarco lecionam que "alarga-se o conceito de acesso à justiça, compreendendo os meios alternativos, que se inserem em um amplo quadro de política judicial". [6] Vejamos cada um deles e sua aplicação ao processo do trabalho.

A arbitragem pode ser definida como "um meio essencialmente privado e efetivo, escolhido pelas partes com o objetivo de obter um provimento resolutivo final e vinculante para uma dada disputa, sem a necessidade de se recorrer à Corte Estatal".[7]

6 CHAVES, Luciano Athayde. Curso de Processo do Trabalho. São Paulo: LTr, 2012. P. 44.

7 REDFERN, Alan; HUNTER, Martin. Internacional Arbitration. Fifth Edition. Oxford; New York: Oxford University Press, 2009. P. 2.

No Brasil a arbitragem é regulada pela Lei 9.307/96 e diante de anterior polêmica quanto à natureza do instituto, o Fórum Permanente de Processualistas Civis editou enunciados que apontam para o seu caráter jurisdicional[8], diante da desnecessidade de posterior validação da decisão arbitral ou homologação estatal.

Não obstante a opção legislativa do Novo Código de Processo Civil, que consolida no processo comum a arbitragem como meio alternativo de solução de conflitos, o tema ainda gera bastante polêmica no processo do trabalho.

A jurisprudência trabalhista majoritária, na verdade quase unânime, não admite a arbitragem como solução alternativa para solução de lides na seara das relações trabalhistas[9].

Luciano Athayde Chaves ressalva que:

> É de se considerar que a legislação trabalhista tem viés protetor em relação ao trabalhador, em razão de suas vulnerabilidades (técnica, econômica e social), o que implica a necessária intervenção do Estado ou de entidade delegada para a realização de atos relacionados com o contrato de trabalho.[10]

E, assim, conclui:

> Parece-me, contudo, que a vedação à arbitragem – salvo situações excepcionais, em que ausentes as vulnerabilidades que, de ordinário, tocam ao sujeito ativo do contrato de trabalho, com ou sem subordinação – é medida que melhor se ajusta ao nosso sistema social e jurídico.[11]

Na verdade, quanto a esse tema, é necessário perquirir se o crédito trabalhista é passível de ser objeto de transação ou não. A mera alegação de que se trata de direito indisponível não nos parece a melhor solução.

A questão merece maior reflexão, uma vez que após a extinção da relação de trabalho, desde que haja controvérsia quanto às parcelas objeto do litígio, não vislumbramos impedimento para utilização de tal forma de solução de conflitos judiciais, especialmente naquelas situações em que inexiste a hipossuficiência econômica.

---

8 1. Art. 3º; Art. 42. O árbitro é dotado de jurisdição para processar e julgar a controvérsia a ele apresentada, na forma da lei. (Grupo: Arbitragem – Enunciado aprovado por aclamação)
3. Art. 16; Art. 42; Art. 69, § 2º. O árbitro é juiz de fato e de direito e como tal exerce jurisdição sempre que investido nessa condição, nos termos da lei. (Grupo: Arbitragem – Enunciado aprovado por aclamação)

9 AÇÃO CIVIL PÚLICA. ARBITRAGEM. DIREITO INDIVIDUAL. IMPOSSIBILIDADE. Tendo em vista o caráter de indisponibilidade e irrenunciabilidade dos direitos trabalhistas, é vedada a arbitragem nas relações individuais de trabalho. Inteligência do art. 1º da Lei nº 9.307/96. Precedentes do C. TST. Recurso ordinário a que se nega provimento (TRT 2ª Região, Proc. RO 00712001120095020442, rel. Juiz Edilson Soares de Lima, 23.9.2011).

10 CHAVES, Luciano Athayde. Curso de Processo do Trabalho. São Paulo: LTr, 2012. p. 147.

11 Idem, p.149.

Nesse sentido é digno de registro que a arbitragem é plenamente aceita e aplicada nos dissídios coletivos, conforme previsão do art. 114, §§ 1º e 2º da Constituição Federal. Nesse caso, não há que se falar em hipossuficiência econômica em razão da participação dos sindicatos, conforme entendimento da jurisprudência laboral[12].

Não são todos os direitos trabalhistas que são irrenunciáveis. hhhhhhHá alguns que podem ser objeto de transação como redução de jornada de trabalho e consequente redução salarial. O artigo 7º, inciso VI, da Constituição Federal é clara no sentido de que "são direitos dos trabalhadores urbanos e rurais, além de outros que visem à melhoria de sua condição social: irredutibilidade do salário, salvo o disposto em convenção ou acordo coletivo".

Ora, conforme o texto expresso da Constituição Federal, desde que disposto em convenção ou acordo coletivo, é possível a redução salarial. Tal disposto visa resguardar o trabalhador para os momentos de crise financeira. Pergunta-se: é melhor perder o emprego num momento de crise econômica ou ter o salário reduzido?

Nesse contexto ganha espaço a corrente de flexibilização das normas trabalhistas que deixam de ser intocáveis, para se adaptarem a novas realidades econômicas. Flexibilizar significa adaptar, tornar flexível. Permite-se, pois, a atenuação das formas rígidas do direito do trabalho em determinadas situações econômicas, em oposição a um direito inflexível e engessado.

Conforme ressaltam Fabíola Marques e Cláudia José Abud:

> Não equivale à desregulamentação, ou seja, à eliminação de normas do ordenamento jurídico estatal, mas sim à promoção do ajustamento da legislação trabalhista, contratual, à realidade sem atingir seus fundamentos dogmáticos nem modificar sua estrutura normativa. Em outras palavras, significa a busca de novo paradigma para o contrato individual de trabalho, sem abandonar o protecionismo clássico da legislação trabalhista cogente.[13]

É conhecido no meio jurídico o caso da Volkswagen que em vez de realizar uma dispensa em massa, optou por, com a intervenção do sindicato, reduzir a carga horária e consequente salário de seus operários, para que fosse respeitado a garantia do emprego e um de seus principais corolários, a dignidade da pessoa humana. A flexibilização, pois, é um válido caminho a seguir.

---

12 RECURSO DE REVISTA. ARBITRAGEM. DISSÍDIOS INDIVIDUAIS TRABALHISTAS. INCOMPATIBILIDADE. Nos dissídios coletivos, os sindicatos representativos de determinada classe de trabalhadores buscam a tutela de interesses gerais e abstratos de uma categoria profissional, como melhores condições de trabalho e remuneração. Os direitos discutidos são, na maior parte das vezes, disponíveis e passíveis de negociação, a exemplo da redução ou não da jornada de trabalho e de salário. Nessa hipótese, como defende a grande maioria dos doutrinadores, a arbitragem é viável, pois empregados e empregadores têm respaldo igualitário de seus sindicatos. (...) Recurso de revista conhecido e provido (RR 13100-51.2005.5.20.0006, red. Min. José Roberto Freire Pimenta, 14.10.2011).

13 MARQUES, Fabíola; e ABUD, Cláudia José. Direito do Trabalho. 3ª Edição, São Paulo: Atlas, 2007. p. 13.

É lógico que existem inúmeras vozes desfavoráveis a ela. Algumas mais radicais, conforme autor Luís Souto Maior[14] e outras mais moderadas, como a do Ministro do Tribunal Superior do Trabalho Maurício Godinho Delgado[15]. De toda sorte, repetimos, trata-se de um válido caminho a seguir[16].

Nesse diapasão é a jurisprudência do Tribunal Superior do Trabalho, que admite a flexibilização, mas excepciona alguns direitos, como aqueles relativos a segurança e medicina do trabalho:

> INTERVALO INTRAJORNADA. REDUÇÃO. PREVISÃO DA HORA CORRIDA EM ACORDOS COLETIVOS. A Constituição Federal de 1988 conferiu maiores poderes aos sindicatos, de modo que essas entidades podem, no interesse de seus associados e mediante negociação coletiva, restringir certos direitos assegurados aos trabalhadores a fim de obter vantagens não previstas em lei. Não obstante, tal flexibilização não autoriza a negociação coletiva que atente contra as normas referentes à segurança e saúde no trabalho. De fato, o estabelecimento do intervalo mínimo de uma hora para refeição e descanso dentro da jornada de

---

14 "É totalmente equivocado, considerar que os acordo e convenções coletivas de trabalho possam sem qualquer avaliação de conteúdo reduzir direitos trabalhistas legalmente previstos, simplesmente porque a constituição previu o reconhecimento das convenções e acordos coletivos de trabalho (inciso XXVI, do art. 7º), redução de salário (inciso VI, art. 7º e a modificação dos parâmetros da jornada reduzida para o trabalho em turnos ininterruptos de revezamento (inciso XIV, art. 7º)". MAIOR. Luís Souto. *Negociação Coletiva do Trabalho em Tempos de Crise*. Justiça do Trabalho, v. 26, 2009, p. 27.

15 "Entendo que existem direitos de indisponibilidade absoluta e direitos de indisponibilidade (ou disponibilidade) relativa". DELGADO. Maurício Goldinho. *Curso de Direito do Trabalho*. São Paulo: LTr, 2002. p. 212.

16 É a jurisprudência dos Tribunais Pátrios: "PRINCÍPIO DA ADEQUAÇÃO SETORIAL NEGOCIADA. FLEXIBILIZAÇÃO DE DIREITOS DE INSDISPONIBILIDADE RELATIVA. O princípio da adequação setorial negociada, que retrata o alcance da contraposição das normas coletivamente negociadas àquelas de cunho imperativo, emanadas do Estado, viabiliza que as normas autônomas construídas para incidirem no âmbito de certa comunidade econômico-profissional possam prevalecer sobre aquelas de origem heterônoma, desde que transacionem parcelas de indisponibilidade apenas relativa, como, e.g, as concernentes à manutenção da hora noturna em sessenta minutos, vez que não caracteriza alteração em patamar prejudicial à saúde do trabalhador e desde que não traduza simples renúncia, mas transação de direitos." TRT/MG – 01512.2001.018.03.00.4 – Rel. Designado: Juiz Júlio Bernardo do Campo – Publ. em 07/06/2002.
"ADICIONAL DE PERICULOSIDADE. ÍNDICE INFERIOR AO LEGAL. PACTUAÇÃO EM INSTRUMENTO NORMATIVO. VALIDADE. A Constituição Federal de 1988 trouxe à ordem jurídica trabalhista brasileira maior possibilidade de flexibilização, permitindo, inclusive, a redução salarial, desde que por intermédio da negociação coletiva, como dispõe expressamente o artigo 7º, em seu inciso VI. O Artigo 195, § 1º, da CLT, por sua vez, já permitia ao sindicato intentar reclamatória visando à apuração da condição perigosa ou insalubre em ambiente de trabalho. A conjunção dos dispositivos legais em tela e a natureza salarial do adicional de periculosidade revelam a possibilidade de a empresa e o sindicato dos trabalhadores pactuarem o pagamento do referido adicional de forma parcial, considerando os parâmetros estabelecidos na transação havida. Válidos, portanto, os termos do acordo firmado em dissídio coletivo, onde restou estipulado que o percentual a ser aplicado seria 22,5%." TRT/SP – 02531-2003-2010-02-00-4 – Rel. Designado: Juíza Mércia Tomazinho – Publ. em 14/10/2008.

trabalho é fruto da observação e análise de comportamento humano, e das reações de seu organismo quando exposto a várias horas de trabalho. Doutrina e jurisprudência evoluíram no sentido da necessidade desse intervalo mínimo para que o trabalhador possa não apenas ingerir alimento, mas também digeri-los de forma adequada, a fim de evitar o estresse dos órgãos que compõe o sistema digestivo, e possibilitar maior aproveitamento dos nutrientes pelo organismo, diminuindo também a fadiga decorrente de horas de trabalho. Sede um lado a Constituição prevê o reconhecimento das convenções e acordos coletivos de trabalho como direitos dos trabalhadores urbanos e rurais (art. 7º, XXVI da Constituição Federal), de outro estabelece ser a saúde um direito social a ser resguardado (art. 6º da Carta Política). Recurso de Revista não reconhecido." TST – RR 619.959.99.7 – Rel. Min. Rider Nogueira de Brito – Publ. em 14/03/2003.

Diante de tal contexto e do Novo Código de Processo Civil que ratifica a Arbitragem como meio alternativo de resolução de conflitos e de acesso à justiça no artigo 3º ora examinado, resta consignado a nossa reflexão para que os operadores do direito processual do trabalho reflitam e repensem sobre a aplicação do instituto no processo do trabalho, como já o fez o atual presidente do Tribunal Superior do Trabalho, Antonio José de Barros Levenhagem, em julgamento de um recurso de revista:

> Desse modo, não se depara, previamente, com nenhum óbice intransponível para que ex-empregado e ex-empregador possam eleger a via arbitral para solucionar conflitos trabalhistas, provenientes do extinto contrato de trabalho, desde que essa opção seja manifestada em clima de ampla liberdade, reservado o acesso ao judiciário para dirimir possível controvérsia sobre a higidez da manifestação volitiva do ex-trabalhador, na esteira do art. 5º, inc. XXXV, da Constituição. (TST – RR 144300-80.2005.5.02.0040 – 4ª Turma – julgado em 15 de dezembro de 2010).

Paralelamente à arbitragem, o dispositivo legal examinado também concretiza outras importantes inovações no que tange a métodos de resolução de conflitos, como a conciliação e a mediação. Tais institutos figuram não apenas como normas fundamentais do processo, mas estão previstos de forma esparsa em todo o Código, tanto no que se refere aos deveres do juiz, das partes e dos demais sujeitos do processo, como na criação de centros judiciários de mediação e conciliação (arts. 165 e ss.).

Falamos em concretização dessa tendência de busca de meios alternativos de resolução de conflitos pois o art. 331 do vigente Código de Processo Civil já havia tornado obrigatória a tentativa judicial de conciliação. E o Conselho Nacional de Justiça, por meio da resolução nº 125, determinou que cabe ao Judiciário estabelecer política pública de tratamento adequado dos problemas jurídicos e dos conflitos de interesse...não somente nos processos judiciais, mas mediantes outros mecanismos de solução de conflitos, em especial dos consensuais, como a mediação e a conciliação.

É digno de registro que a conciliação é um dos princípios norteadores do processo do trabalho. O juiz do trabalho é obrigado a tentar a conciliação na abertura da audiência e antes de proferir a sentença e a decisão que a homologa é irrecorrível, salvo para a Previdência Social quanto às contribuições que lhe são devidas, como se observa respectivamente dos artigos 846, 850 e 831, parágrafo único da CLT.[17]

No dissídio coletivo a conciliação também é obrigatória, como se pode constatar do art. 764 da CTL: "os dissídios individuais ou coletivos submetidos à apreciação da Justiça do Trabalho serão sempre sujeitos à conciliação".

Nesse diapasão, podemos concluir que o Novo Código de Processo Civil, ao dispor sobre a conciliação no seu art. 3º, como meio alternativo de resolução de conflitos, está em total consonância com o processo do trabalho, que já prioriza essa forma de solução dos litígios, com sucesso, há bastante tempo.

Quanto à mediação, não podemos dizer o mesmo, pois, assim como a arbitragem, sofre grande preconceito pela grande maioria dos operadores do processo do trabalho e é rechaçada pela magistratura trabalhista para solução de conflitos individuais.

Na seara dos conflitos coletivos do trabalho, a mediação já é admitida de forma pacífica, por meio de sucessivas regulamentações legais. Em 28 de julho de 1995 foi publicado o Decreto nº 1.572 que regulamentou a mediação nas negociações coletivas, atribuindo ao Ministério do Trabalho e Emprego o exercício da atividade. Os principais critérios para participação do mediador na negociação de conflitos coletivos foram estabelecidos pela portaria nº 817 de 20 de agosto de 1995. E o decreto nº 5.063 de 03 de maio de 2004 definiu como competência da Secretaria de Relações do Trabalho, a promoção do planejamento, coordenação, orientação e promoção da prática de negociação coletiva, mediante arbitragem e mediação.

Ocorre que na seara dos conflitos individuais, ainda há bastante preconceito, especialmente no seio da magistratura trabalhista. Exemplo deste consiste na intervenção da Anamatra (Associação Nacional dos Magistrados Trabalhistas) no Projeto de Lei 7.169/14 (Nova Lei de Mediação Brasileira), que teve o condão de extrair o termo "trabalhista" do art. 41 da lei, por meio da incorporação da emenda nº 5/2014 de autoria do Deputado Alessandro Molon, que atendeu o argumento de que "a aplicação da mediação no âmbito das relações de trabalho é medida que afronta a essência própria do Direito do Trabalho...[18]"

---

17 Art. 846 da CLT: "Aberta a audiência, o juiz ou presidente proporá a conciliação".
Art. 850 da CLT: "Terminada a instrução, poderão as partes aduzir razões finais, em prazo não excedente a 10 minutos para cada uma. Em seguida, o juiz ou presidente renovará a proposta de conciliação, e não se realizando esta, será proferida a decisão."
Art. 831, parágrafo único, da CLT: "No caso de conciliação, o termo que for lavrado valerá como decisão irrecorrível, salvo para a Previdência Social quanto às contribuições que lhe forem devidas".

18 A nota que consta do site da instituição diz o seguinte: "A pretensão legislativa da aplicação da mediação no âmbito das relações de trabalho é medida que afronta a essência própria do Direito do Trabalho, bem como o patamar mínimo de dignidade conferido ao trabalhador. Tal inviabilidade decorre do fato de que as normas de direito do trabalho são normas de ordem pública, assim consideradas porque estabelecem os princípios cuja manutenção se considera indispensável à organização da vida social, segundo os preceitos de direito, sendo que a ordem pública interna denota a impossibilidade de disponibilidade pela vontade privada". Extraído de: <http;//www.anamatra.org.br/index.php/anamatra-na-midia/mediacao-de-conflitos-que-inclui-relacoes-trabalhistas-aguarda-parecer-n-ccj> Consulta em 29/10/2014.

O deputado Alessandro Molon apresentou ainda, recentemente, propostas de emendas aditivas ao substitutivo do PL 7.169 (ESB nº 8 e nº 9), com o objetivo de excluir qualquer possibilidade de realização de mediação privada ou obrigatória quando envolver direito individual do trabalho, especialmente durante a vigência do contrato de trabalho, restringindo-a a procedimentos que versarem sobre interesses difusos, coletivos e individuais homogêneos, mediados por órgãos do Ministério Público do Trabalho ou Ministério do Trabalho ou negociações coletivas por meio dos sindicatos. Como sempre, o argumento é a suposta indisponibilidade que reveste os direitos trabalhistas.

Não vemos razão para excluir de forma absoluta na solução dos conflitos trabalhistas individuais a mediação. Será que o trabalhador sempre está numa situação de hipossuficiência frente ao seu empregador, de forma a estar incapacitado de negociar os seus direitos por outros meios sem intervenção estatal, como ocorre na mediação e arbitragem? Ora, tudo que foi dito em relação a esta última, no que tange a essa possibilidade de solução alternativa do conflito e flexibilização de direitos trabalhistas repetimos aqui para a mediação.

É importante voltarmos os olhos para o Direito Comparado e o que ocorre atualmente em outros países, como exemplos positivos que possamos adotar e seguir. A experiência com a mediação nos Tribunais do Trabalho do Reino Unido, por exemplo, é muito válida. O recente *Employment tribunal claim form* está em vigor desde 29 de junho de 2013.

Conforme ressalta Michele Pedrosa Paumgartten ao comentar o novo *Employment tribunal claim form*:

> Entre as inúmeras alterações às regras procedimentais trabalhistas que ocorreram a partir de 2013, está a maior ênfase dada à mediação como meio de resolução de conflitos. Os juízes do trabalho são obrigados, sempre que possível e apropriado, a encorajar as partes na utilização da conciliação, da mediação judicial, extrajudicial ou outros meios que possam viabilizar a celebração de um acordo entre as partes.[19]

Merece registro nessa leitura do art. 3º do Novo Código de Processo Civil sob o viés do processo do trabalho a existência das chamadas comissões de conciliação prévia, incluídas na Consolidação das Leis do Trabalho por meio da lei 9.958/2000, como exemplo de mediação trabalhista.

A despeito de o Supremo Tribunal Federal ter considerado inconstitucional o 625-D da CLT que submete obrigatoriamente qualquer demanda trabalhista ao crivo das Comissões de Conciliação Prévia antes da propositura da ação trabalhista e efetivamente na prática as partes não procurarem tais instituições de composição paritária entre empresas e sindicatos para solução de seus conflitos, se corretamente implantada, seria uma boa alternativa para solução das lides trabalhistas, uma vez

19 PAUMGARTTEM. *A Mediação de Conflitos Trabalhistas no Brasil e a Mediação Judicial no Tribunal do Trabalho do Reino Unido*. Revista Eletrônica de Direito Processual da UERJ, ano 8, Volume XIV, Julho-dezembro, Rio de Janeiro, 2014. p. 427.

que a homologação dos acordos pelas comissões dá quitação geral para as parcelas objeto da transação (exceto para eventuais ressalvas consignadas no termo), além de a submissão da lide à comissão ter o condão de suspender o prazo prescricional para a propositura da ação trabalhista, conforme regem os arts. 625-E e 625-G do Diploma Trabalhista. Ou seja, não obtida a composição por meio dessa espécie de mediação, a parte pode recorrer ao Poder Judiciário Trabalhista sem qualquer prejuízo processual.

As comissões de conciliação prévia, apesar de constituição distinta, têm a mesma função dos Centros Judiciários de Solução Consensual de Conflitos previstos nos artigos 165 e seguintes do Novo Código de Processo Civil, que, por meio de conciliação e mediação, também buscam uma forma alternativa e célere de solucionar os conflitos.

Enfim, a arbitragem e a mediação não afrontam a essência do direito do trabalho e devem ser incentivadas como mais uma forma de resolução de conflitos trabalhistas à disposição das partes litigantes, seja em dissídios coletivos como já é aceito, seja em dissídios individuais, desde que acompanhado das devidas cautelas de representação.

4. PRINCÍPIOS DA CELERIDADE PROCESSUAL E PRIMAZIA DO JULGAMENTO DE MÉRITO

A Reforma do Judiciário (Emenda Constitucional nº 45), incluiu no inc. LXXVIII do art. 5º da Carta Magna a garantia de que "a todos, no âmbito judicial e administrativo, são assegurados a razoável duração do processo e os meios que garantam a celeridade de sua tramitação", garantia que agora é repetida no texto do Novo Código de Processo Civil.

O art. 4º do NCPC prevê que "as partes têm o direito de obter em prazo razoável a solução integral do mérito, incluída a atividade satisfativa".

O Código revogado continha uma previsão bastante tímida quanto à duração da tramitação dos processos judiciais, no art. 125, II, que previa como dever do juiz "velar pela rápida solução dos litígios".

A duração razoável do processo, pois, agora está prevista de forma expressa na legislação infraconstitucional, na condição de norma fundamental do processo, o que orienta e ilumina toda a tramitação processual e a atuação dos sujeitos do processo.

Leonardo Greco aponta que "o direito à prestação jurisdicional em prazo razoável é uma exigência da tutela jurisdicional efetiva. A demora no julgamento cria uma instabilidade na situação jurídica das partes, incompatível com a noção de segurança jurídica exigível em toda sociedade democrática. A jurisdição deve assegurar a quem tem razão o pleno gozo do seu direito durante o máximo tempo possível"[20].

No que se refere ao novo CPC, o destaque deve ser feito também à inclusão da referência à atividade satisfativa, consistente na execução dos jugados e decisões judiciais. O referido destaque é necessário, pois, a execução é o "calcanhar de aquiles"

20 GRECO, Leonardo. Garantias fundamentais do processo: o processo justo. *Estudos de direito processual.* Campos dos Goytacazes: Ed. Faculdade de Direito de Campos, 2005, p. 225-286.

do processo. Em muitas situações o jurisdicionado é vencedor na demanda, mas não consegue receber o bem da vida e satisfazer o seu direito.

O dispositivo em análise está em total sintonia com o processo do trabalho, cujo um dos principais princípios norteadores é o da celeridade, tendo em vista a natureza alimentar do crédito objeto de suas lides que, assim, necessita ser provido com a maior rapidez possível. Têm extrema relevância a duração razoável do processo e a tempestiva satisfação da determinação judicial na seara trabalhista. Tal princípio encontra fértil aplicação em se tratando de execuções trabalhistas, especialmente para fundamentar a prática de atos satisfativos, como penhora de dinheiro em conta[21].

5. PRINCÍPIO DA BOA-FÉ PROCESSUAL

O art. 5º do NCPC dispõe que "Aquele que de qualquer forma participa do processo deve comportar-se de acordo com a boa-fé".

No Código revogado, a boa-fé era prevista tão somente como um dos deveres dos sujeitos processuais, no art. 14, inciso II. No novo Código, a boa-fé foi elevada para a condição de norma fundamental do processo, o que deve gerar efeitos em todo o ordenamento processual civil, estando especialmente ligada ao dever de cooperação, consagrado no artigo 6º do Novo diploma.

O dispositivo legal enuncia a boa-fé objetiva como norma de conduta de todos os sujeitos processuais. Sobre o tema, Fredie Didier aponta que ""sempre que exista um vínculo jurídico, as pessoas envolvidas estão obrigadas a não frustrar a confiança razoável do outro, devendo comportar-se como se pode esperar de uma pessoa de boa-fé. Como acontece em qualquer relação jurídica, a boa-fé recai também sobre as relações processuais"[22].

Do mesmo modo, Paulo Cezar Pinheiro Carneiro já defendia que um dos princípios que informam o acesso à justiça seria a "operosidade", caracterizada pela exigência da atuação ética e leal dos sujeitos do processo, visando obter os melhores resultados possíveis com o processo judicial. Nesse contexto, destaca a importância da boa-fé na atuação dos advogados, enquanto essenciais à administração da justiça (art. 133, Constituição Federal)[23].

A norma fundamental de boa-fé relaciona-se intimamente às condutas processuais, exigindo-se dos sujeitos que não atuem com más ou ilícitas intensões. Fredie

21 "AGRAVO DE PETIÇÃO DA PRIMEIRA EXECUTADA. PENHORA DE CRÉDITOS. LEGALIDADE. É legal a penhora de créditos da OSCIP executada, nos moldes procedidos na origem, por aplicação da disposição contida no art. 655 do CPC e da própria garantia constitucional de razoável duração do processo, pelos meios que garantam a celeridade da sua tramitação, contida no art. 5º, LXXVII, da Constituição Federal. (TRT-4 – AP: 00002348620206050632 RS 0000234-86.2010.5.04.0521, Relator: LUCIA EHRENBRINK, Data de Julgamento: 27/09/2013, 1ª Vara do Trabalho de Erechim)."

22 DIDIER JR., Fredie. *Curso de Direito Processual Civil.* Vol. 1. 16 ed. Salvador: Juspodivm, 2014, p. 75.

23 CARNEIRO, Paulo Cezar Pinheiro. *Acesso à justiça: juizados especiais cíveis e ação civil pública*. 2 ed. Rio de Janeiro: Forense, 2007.

Didier destaca que "o princípio da boa-fé é a fonte normativa da proibição do exercício inadmissível de posições jurídicas processuais, que podem ser reunidas sob a rubrica do 'abuso de direito' processual (desrespeito à boa-fé objetiva)."[24].

No que se refere ao processo do trabalho, a norma da boa-fé é plenamente aplicável. Nesse aspecto, a jurisprudência trabalhista já vinha adotando a aplicação do art. 17 do CPC revogado quanto à litigância de má-fé[25], o que seguirá sendo aplicável, com as inovações do novo Código.

Os acórdãos abaixo ilustram a aplicação subsidiária da legislação processual civil ao processo do trabalho, especificamente quanto ao dever de probidade processual e a vedação de condutas de má-fé:

> AGRAVO DE INSTRUMENTO. RECURSO DE REVISTA. LITIGÂNCIA DE MÁ-FÉ. MULTA. PROCESSO DO TRABALHO. APLICAÇÃO SUBSIDIÁRIA DO DIREITO PROCESSUAL COMUM. 1. Consoante o art. 769 da CLT, nas causas trabalhistas, permite-se a adoção supletiva de normas do processo comum desde que: a) a CLT seja omissa quanto à matéria; e b) não haja incompatibilidade com as normas e princípios do Processo do Trabalho. 2. As normas do Direito Processual Civil que regem a aplicação de multa por litigância de má-fé aplicam-se subsidiariamente ao Processo do Trabalho, tão cioso quanto aquele na preservação da probidade processual. 3. Sujeita-se à sanção da litigância de má fé a parte que provoca inocuamente a máquina judiciária através de processo já reproduzido anteriormente, patrocinado pelo mesmo escritório e pelo mesmo causídico. Decididamente não age em conformidade com os parâmetros de lealdade e boa-fé o litigante que provoca incidentes inúteis e/ou infundados. 4. Agravo de ins-

---

24 DIDIER JR., Fredie. *Curso de Direito Processual Civil.* Vol. 1. 16 ed. Salvador: Juspodivm, 2014, p. 78.

25 "AGRAVO DE INSTRUMENTO LITIGÂNCIA DE MÁ-FÉ. CONDENAÇÃO SOLIDÁRIA DO ADVOGADO DA PARTE. Demonstrada a afronta a dispositivo da Constituição da República, nos moldes do § 2º do artigo 896 da Consolidação das Leis do Trabalho, dá-se provimento ao agravo de instrumento a fim de determinar o processamento do recurso de revista. RECURSO DE REVISTA EXECUÇÃO. NULIDADE. NEGATIVA DE PRESTAÇÃO JURISDICIONAL. Não se reconhece violação do artigo 93, IX, da Constituição da República em face de julgado cujas razões de decidir são fundamentadamente reveladas, abarcando a totalidade dos temas controvertidos. Uma vez consubstanciada a entrega completa da prestação jurisdicional, afasta-se a arguição de nulidade. Recurso de revista não conhecido. LITIGÂNCIA DE MÁ-FÉ. ARTIGO 17 DO CÓDIGO DE PROCESSO CIVIL. CONDENAÇÃO SOLIDÁRIA DO ADVOGADO DA PARTE. 1. Correta a decisão que, diante de circunstâncias de fato indicativas do manifesto propósito da parte de se beneficiar indevidamente do processo mediante dedução de pretensão já quitada, impõe a penalidade por litigância de má-fé. Não há falar, em tais circunstâncias, em violação do princípio assecuratório do contraditório e da ampla defesa, uma vez que dele não se extrai salvaguarda à parte que deixa de atentar para a obrigação de proceder com boa-fé no processo. 2. Por outro lado, a condenação solidária do advogado ao pagamento da multa por litigância de má-fé, imposta ao seu cliente, não é cabível nos próprios autos da ação trabalhista em que configurada a temeridade da lide. Estabelece o artigo 32, parágrafo único, da Lei nº 8.906/94, que, em caso de lide temerária, o advogado será solidariamente responsável com seu cliente, desde que coligado com este para lesar a parte contrária, o que será apurado em ação própria, pressupondo, dessa forma, obviamente, a dilação probatória em processo autônomo no juízo próprio. Precedentes. 3. Recurso de revista conhecido parcialmente e provido. (TST – RR: 756408219985020071 75640-82.1998.5.02.0071, Relator: José Maria Quadros de Alencar, Data de Julgamento: 30/10/2013, 1ª Turma, Data de Publicação: DEJT 08/11/2013)."

> trumento de que se conhece e a que se nega provimento. (TST – AIRR: 16559120105020481 1655-91.2010.5.02.0481, Relator: João Oreste Dalazen, Data de Julgamento: 04/09/2013, 4ª Turma, Data de Publicação: DEJT 13/09/2013)
>
> MULTA. LITIGÂNCIA DE MÁ-FÉ. Um dos princípios que norteiam todas as relações contratuais, dentre as quais as trabalhistas é o princípio da boa-fé. Constitui uma das chaves-mestras do novo Código Civil, sinalizando para o modo como devem ser interpretados os negócios jurídicos (artigo 113 do CCB). A boa-fé consiste na intenção moralmente reta no agir, que se supõe na conduta normal da pessoa. Assim, a conduta, quer processual, quer negocial, das partes no Direito e no Processo do Trabalho deve ser interpretada como um agir de boa-fé, até que se demonstre, por provas ou indícios concretos que se agiu de má-fé. (TRT-1 – RO: 2088620125010041 RJ , Relator: Jose Antonio Piton, Data de Julgamento: 04/09/2013, Segunda Turma, Data de Publicação: 17-09-2013)

O dever de abstenção da prática de incidentes desnecessários e procrastinatórios está relacionado com a necessidade de atuação leal das partes, cujo desatendimento enseja a imputação das penas relativas à litigância de má-fé[26], cuja aplicação na seara trabalhista é pacífica.

Exemplos de tal conduta na seara laboral podem ser aferidos os pedidos de adiamento de audiência por não comparecimento da testemunha convidada para tanto, quando na verdade esta é convidada pela parte a não comparecer (prática muito comum no Fórum Trabalhista e que leva alguns juízes a exigir apresentação de rol na hipótese de necessidade de intimação das testemunhas, justamente para evitar o adiamento do ato processual), a interposição de recursos protelatórios e sem fundamento, os pedidos desnecessários de cartas rogatórias, com o fim de procrastinar o feito, entre outras estratégias desleais que devem ser coibidas pelo magistrado.

6. PRINCÍPIO DA COOPERAÇÃO

O Art. 6º do NCPC estabelece que "todos os sujeitos do processo devem cooperar entre si para que se obtenha, em tempo razoável, decisão de mérito justa e efetiva".

Além de enunciar a boa-fé como norma fundamental do processo, o artigo institui o dever de cooperação, com o objetivo de atingir decisões justas, efetivas e tempestivas. Trata-se de uma opção legislativa por um processo cooperativo. Conforme ressaltam Luiz Guilherme Marinoni e Daniel Mitidiero[27]:

> O projeto é fértil em normas sobre colaboração. É possível afirmar sem qualquer dúvida que o modelo de processo civil proposto pelo Projeto é indubitavelmente um modelo de processo civil cooperativo. No Estado Constitucional, o direito fundamental ao processo justo implica direito à colaboração no processo civil.

---

26 Art. 70 do CPC – O juiz ou Tribunal, de ofício ou a requerimento, condenará o litigante de má-fé a pagar a multa não excedente a dois por cento sobre o valor da causa e a indenizar a parte contrária dos prejuízos que esta sofreu, além de honorários advocatícios e de todas as despesas que efetuou.

27 MARINONI, Luiz Guilherme e MITIDIERO, Daniel. *O Projeto do CPC Crítica e Propostas*. 2ª tiragem. Editora Revista dos Tribunais, 02.09.2010.

O dever de cooperação ou colaboração no processo judicial tem fundamento no Estado Democrático de Direito e, especialmente, na constatação da importância da atuação e participação das partes na solução judicial. A cooperação é essencial à configuração do processo democrático e dialógico.

Paulo Cezar Pinheiro Carneiro aponta que "podemos extrair uma meta, um referencial, delimitar um campo ético que deve impregnar o processo, servir de norte para o comportamento de todos os personagens que o integram, principais ou secundários, traduzido numa expressão, a que denominamos de solidariedade. A solidariedade aqui congrega os participantes do processo, seja em que posição estiverem, sem nenhuma contradição. Todos eles imbuídos de suas próprias e únicas responsabilidades, mas juntos solidários quanto ao fim comum, não permitindo que seus respectivos comportamentos possam se afastar deles"[28].

Como o objetivo da tutela jurisdicional, seja na seara civil seja na seara trabalhista é o mesmo, ou seja, a solução rápida e justa do litígio, certamente a Justiça Laboral também deve atender ao princípio da colaboração, tentando instituir esse modelo de processo.

Parece-nos, entretanto, conforme já diagnosticaram os autores supracitados, que o dispositivo não está bem redigido, pois, num processo contencioso não há que se falar em cooperação entre partes, mas sim entre o juiz e as partes, tendo em vista que estas litigam para ter suas pretensões acolhidas em juízo. E, na hipótese da colaboração entre o juiz e uma das partes para obtenção do resultado final depender de um ato da parte contrária para solução da controvérsia, o magistrado poderá impor multa coercitiva ou sancionatória para obter o cumprimento.

É o que está previsto, por exemplo, nos artigos 17 e 18 do antigo CPC[29], nos artigos 69 e 70 do novo CPC[30] e 903 da CLT[31], que preveem a aplicação de multas pelo magistrado.

---

28 CARNEIRO, Paulo Cezar Pinheiro. *A ética e os personagens do processo.* Aula magna do ano acadêmico 2000, da Faculdade de Direito da Universidade do Estado do Rio de Janeiro e discurso na cerimônia de posse dos novos professores titulares (22.3.2000).

29 Art. 17 do antigo CPC – Reputa-se litigante de má-fé aquele que: I – deduzir pretensão ou defesa contra texto expresso de lei ou fato incontroverso; II – alterar a verdade dos fatos; III – usar do processso para conseguir objetivo ilegal; IV – opuser resistência injustificada ao andamento do processo; V – proceder de modo temerário em qualquer incidente ou ato do processo; VI – provar incidentes manifestamente infundados; VII – interpuser recurso com intuito manifestamente protelatório.
Art. 69 – Responderá por perdas e danos aquele a quem incumbia a nomeação: I – deixando de nomear à autoria, quando lhe competir; II – nomeando pessoa diversa daquela em cujo nome detém a coisa demandada.
Art. 18 – O juiz ou tribunal, de ofício ou a requerimento, condenará o litigante de má-fé a pagar multa não excedente a 1% (um por cento) sobre o valor da causa e a indenizar a parte contrária dos prejuízos que esta sofreu, além de honorários advocatícios e todas as despesas que efetuou.

30 Art. 70 do CPC – O juiz ou tribunal, de ofício ou a requerimento, condenará o litigante de má-fé a pagar a multa não excedente a dois por cento sobre o valor da causa e a indenizar a parte contrária dos prejuízos que esta sofreu, além de honorários advocatícios e de todas as despesas que efetuou.

31 Art. 903 da CLT – As penalidades estabelecidas no Título anterior serão aplicadas pelo Juiz, ou Tribunal, que tiver de conhecer da desobediência, violação, recusa, falta ou coação, *ex officio*, ou mediante representação de qualquer interessado ou da Procuradoria da Justiça do Trabalho.

Os deveres das partes são objeto de artigos específicos[32], porém, nessa parte introdutória do Código, já são ressalvados, até de forma repetitiva, os deveres de contribuição das partes para a rápida solução da lide e cooperação para identificação das questões de fato e de direito, repetindo-se o já disposto nos artigos 4º e 5º acima comentados.

7. PRINCÍPIO DA ISONOMIA

O art. 7º do NCPC ressalta que "é assegurada às partes paridade de tratamento em relação ao exercício de direitos e faculdades processuais, aos meios de defesa, aos ônus, aos deveres e à aplicação de sanções processuais, competindo ao juiz zelar pelo efetivo contraditório".

O dispositivo legal consagra como normas fundamentais do processo a isonomia e o contraditório efetivo, reflexos do direito fundamental de igualdade e do contraditório, previstos nos artigos 3º e 5º, LV, da Constituição Federal. Cintra, Grinover e Dinamarco, sobre o princípio da isonomia, apontam que "a igualdade perante a lei é premissa para a afirmação da igualdade perante o juiz: da norma inscrita no art. 5º, *caput*, da Constituição, brota o princípio da igualdade processual. As partes e os procuradores devem merecer tratamento igualitário, para que tenham as mesmas oportunidades de fazer valer em juízo as suas razões"[33].

Contudo, a igualdade das partes no processo judicial deve ser concreta, efetiva, e não meramente formal. Sobre este aspecto, Leonardo Greco aponta o seguinte:

> As partes devem ser tratadas com igualdade, de tal modo que desfrutem concretamente das mesmas oportunidades de sucesso final, em face das circunstâncias da causa. Para assegurar a efetiva paridade de armas o juiz deve suprir, em caráter assistencial, as deficiências defensivas de uma parte que a coloquem em posição de inferioridade em relação à outra, para que ambas concretamente se apresentem nas mesmas condições de acesso à tutela jurisdicional dos seus interesses. Essa equalização é particularmente importante quando entre as partes exista relação fática de subordinação ou dependência, como nas relações de família, de trabalho, de consumo.[34]

Esta regra, portanto, merece especial atenção no que se refere ao processo do trabalho, seja pelo *jus postulandi* do trabalhador admitido nessa seara, seja pelo princípio da proteção ao hipossuficiente econômico que, a despeito de ser um princípio de direito material, traz repercussões na seara processual.

Assim, a paridade de tratamento no processo do trabalho revela um significado especial, para apontar a necessidade de se atingir uma igualdade concreta, por vezes nivelando uma condição de desigualdade preexistente.

---

32 Art. 66 e 67 do CPC

33 CINTRA, Antonio Carlos de Araújo; GRINOVER, Ada Pellegrini; DINAMARCO, Candido Rangel. *Teoria Geral do Processo*. 28 ed. São Paulo: Malheiros, 2012, p. 62.

34 GRECO, Leonardo. Garantias Fundamentais do Processo: O Processo Justo. Disponível na Internet: . Acesso em 10 de abril de 2015.

Com efeito, diante da presunção de hipossuficiência do empregado (que em muitas situações inexiste, como no caso de executivos e diretores), o juiz deverá ter uma atuação destinada a garantir a efetiva paridade de armas. Há vários exemplos que demonstram tal assertiva, como a exigência de depósito para interposição de recursos apenas para o empregador[35], a possibilidade de a execução ser iniciada de ofício pelo juiz[36], as diferentes consequências do não comparecimento numa audiência inaugural, no caso a revelia para ausência do empregador e arquivamento do feito na hipótese de ausência do empregado[37], e, ainda, a possibilidade de inversão do ônus da prova pacificamente admitido pela doutrina e jurisprudência[38-39].

A mitigação do tratamento isonômico, entretanto, especialmente quando não estiver expressamente positivado na lei, deve ser exercido dentro de um mínimo de razoabilidade, de forma que não sejam cometidas injustiças, como algumas vezes pode ocorrer na hipótese de o magistrado trabalhista conduzir o processo pautado em ideologias. Discordamos por exemplo, de afirmações aduzidas por alguns operadores do direito do

---

35 Art. 899 da CLT – Os recursos serão interpostos por simples petição e terão efeito meramente devolutivo, salvo as exceções previstas neste Título, permitida a execução provisória até a penhora.

36 Art. 878 da CLT – A execução poderá ser promovida por qualquer interessado, ou *ex officio* pelo próprio Juiz ou Presidente ou Tribunal competente, nos termos do artigo anterior.

37 Art. 844 da CLT – O não comparecimento do reclamante à audiência importa o arquivamento da reclamação, e o não comparecimento do reclamado importa revelia, além de confissão quanto à matéria de fato.

38 "EMENTA:RECURSO ORDINÁRIO. JORNADA DE TRABALHO. REGISTRO. ÔNUS DA PROVA. A CLT, ao determinar, no parágrafo 2º de seu artigo 74, a obrigatoriedade da empresa que possua mais de 10 funcionários em manter controle de jornada dos mesmos, nada mais fez do que transferir para a própria empresa o ônus probatório com relação ao período de trabalho e, consequentemente, com relação às horas extras. Dessa forma, se a lei exige que a empresa mantenha o controle da jornada de seus funcionários, ao empregador cabe a demonstração da existência ou não das horas extras no processo, já que a prova haverá de ser feita por quem a possui. Percebe-se, portanto, que o parágrafo 2º do artigo 74 da CLT é de suma importância, até mesmo modificando, dentro da relação processual, o ônus probatório. O C. TST tratou do assunto com a edição da Súmula 338. Logo, certo é que o empregador que possui mais de 10 funcionários está obrigado por lei a efetuar controle de jornada. A não apresentação injustificada dos controles de jornada faz prova a favorável à parte contrária. Não se pode aceitar que a empresa desrespeite a lei e não faça controle de jornada ou, fazendo, não junte os cartões de ponto. Sendo a prova documental e negado o labor extraordinário ocorrerá a inversão do ônus da prova, ficando a empresa adstrita justamente àqueles cartões que deveria juntar mas que, por sua própria inércia e desrespeito à lei, sequer foram produzidos. Conclui-se, portanto, que a lei não pode ser artifício de manobra a fim de prejudicar o empregado. Possuindo, pois, mais de 10 (dez) funcionários, era obrigação da reclamada efetuar o controle da jornada da reclamante. Não há, pois, razão para que a reclamada queira se esquivar de seu ônus." (TRT 2ª Região, Acórdão nº 20131323614, RO 00012490620115020006 A28, Décima Segunda Turma, Rel. Des. Marcelo Freire Gonçalves, DOJ 05/12/2013).

39 Sobre tema ver nosso artigo: SILVA, Bruno Freire e . A inversão e a distribuição dinâmica do ônus da prova no Processo do Trabalho. In: Olavo de Oliveira Neto, Elias Marques de Medeiros Neto, Ricardo Augusto. (Org.). A prova no Direito Processual Civil – Estudos em homenagem ao Prof. João Batista Lopes. 1ed.São Paulo: Editora Verbatim, 2013, v. 1, p. 77-93.

trabalho de que a execução trabalhista deve ser "truculenta.", bem como de outras posições que em nome da suposta hipossuficiência conduzam às arbitrariedades.[40].

Por outro lado, o artigo do novo Código também consagra a garantia do contraditório efetivo, que tem íntima relação com a isonomia processual, pois, apenas com a observância daquele, assegura-se que as partes tenham participação paritária em juízo.

O contraditório também se aplica ao processo do trabalho. Segundo Leonardo Greco, tal garantia pressupõe a) audiência bilateral; b) direito de apresentar alegações, propor e produzir provas; c) congruidade de prazos; d) contraditório prévio; e) participação de tosos os contra-interessados[41].

8. PRINCÍPIOS DA DIGNIDADE DA PESSOA HUMANA, RAZOABILIDADE, LEGALIDADE, IMPESSOALIDADE, MORALIDADE, PUBLICIDADE E EFICIÊNCIA

Conforme estabelece o art. 8º do NCPC, "ao aplicar o ordenamento jurídico, o juiz atenderá aos fins sociais e às exigências do bem comum, resguardando e promovendo a dignidade da pessoa humana e observando a proporcionalidade, a razoabilidade, a legalidade, a publicidade e a eficiência".

Em qualquer seara do direito, ao aplicar a lei, o juiz deve atender aos fins sociais a que ela se dirige e às exigências do bem comum. Daí, a melhor técnica de hermenêutica ser sempre a finalística, que busca alcançar os fins, objetivos e princípios de determinado ordenamento jurídico, jamais a mera interpretação literal.

Conforme ressalta Carlos Maximiliano, em reconhecida obra sobre hermenêutica e aplicação do direito:

> Não se admite interpretação estrita que entrave a realização plena do escopo visado pelo texto. Dentro da letra rigorosa dele procura-se o objetivo da norma suprema; seja este atingido, e será perfeita a exegese. Quanto às palavras forem suscetíveis de duas interpretações, uma estrita, outra ampla, adotar-se-á aquela que for mais consentânea com o fim transparente da norma positiva.[42]

---

40 Entre outros há o exemplo de sentença proferida pela 3ª Vara Trabalhista de Jundiaí, no interior de São Paulo, que determinou que o reclamante "recebesse 110 000 reais de indenização por ter trabalhado durante três meses sem registro em carteira e não ter recebido as garantias estabelecidas na lei quando foi demitido. O veredicto surpreendeu não só os empregadores acionados por Ricardo -- entre os quais a Spal, adquirida posteriormente pela Femsa, maior engarrafadora da Coca-Cola no país -- mas também o próprio advogado do motorista. "Acho que a indenização será derrubada na segunda instância, porque o valor é desproporcional ao pedido do cliente", afirmou José Aparecido de Oliveira, que representa o motorista. (O caso aguarda julgamento do recurso aberto pelas empresas no tribunal de Campinas)." – Disponível em: <http://exame.abril.com.br/revista-exame/edicoes/0900/noticias/o-juiz-robin-hood-m0136646>. Acessado em 13/01/2014.

41 GRECO, Leonardo. Garantias fundamentais do processo: o processo justo. *Estudos de direito processual.* Campos dos Goytacazes: Ed. Faculdade de Direito de Campos, 2005, p. 225-286.

42 MAXIMILIANO, Carlos, Hermenêutica e aplicação do direito. 20 ed. Rio de Janeiro/RJ, Forense,2011.

Não é por acaso, pois, que o legislador indica a necessidade de atenção e observância dos princípios da dignidade da pessoa humana, da razoabilidade, da legalidade, da impessoalidade, da moralidade, da publicidade e da eficiência, os quais são princípios fundamentais da atuação do Estado (art. 37, Constituição Federal), no que se compreende o Poder Judiciário.

No âmbito trabalhista, diante da natureza alimentar do direito que é objeto de seus litígios, destaca-se, por sua importância, o princípio da dignidade da pessoa humana, que tem grande influência na solução das lides.[43]

Atualmente há nova compreensão acerca do papel dos princípios constitucionais fundamentais, pois estes não visam revogar outros princípios, devem ser aplicados harmonicamente, realizando o ideal da justiça no caso concreto.

Afinal, assim como as regras, princípios são normas e devem assim ser interpretados:

> Tanto las reglas como los princípios son normas porque ambos dicen lo que debe ser. Ambos puden ser formulados com la ayuda de las expresiones deónticas básicas del mandato, la permisión y la proibición. Los princípios, al igual que las reglas, son razones para juicios concretos de debe ser, aun cuando sean razones de um tipo muy diferente. La distinción entre reglas y princípios es pues uma distinción entre dos tipos de normas.[44]

9. PRINCÍPIO DO CONTRADITÓRIO EFETIVO E VEDAÇÃO À DECISÃO SURPRESA

De acordo com o art. 9º "não se proferirá decisão contra uma das partes sem que ela seja previamente ouvida".

E, conforme o parágrafo único, "o disposto no *caput* não se aplica: I – à tutela provisória de urgência; II – às hipóteses de tutela da evidência previstas no art. 311, incisos II e III; III – à decisão prevista no art. 701".

---

43 EMENTA. RECURSO DE REVISTA. 1. PRESCRIÇÃO. ACIDENTE DO TRABALHO. AUXÍLIO DOENÇA. SUSPENSÃO. VERBAS TRABALHISTAS. DECLARAÇÃO EX OFFÍCIO. IMPOSSIBILIDADE. O cerne da controvérsia está em saber se o juízo de primeiro grau poderia , ex offício, declarar a prescrição total e quinquenal de pretensões declinadas na inicial do reclamante. A jurisprudência desta colenda Corte Superior caminha no sentido de que o artigo 219, § 5º, do CPC, com a redação dada pela Lei nº 11.280/2006, não é aplicável à Justiça do Trabalho, que, por seus princípios e peculiaridades, impedem seja declarada, de ofício, a prescrição de pretensões dos trabalhadores. Isso porque o trabalhador, além de parte hipossuficiente, busca com o processo do trabalho o reconhecimento de verbas alimentares, que, apesar de protegidas constitucionalmente (artigo 7º, X, da Constituição Federal), deixaram de ser pagas no curso do contrato de trabalho. Dessa forma, seja pela incidência do princípio intuitivo ou da proteção ao hipossuficiente, seja pelo caráter alimentar das verbas trabalhistas, a prescrição de pretensões relacionadas aos contratos de trabalho não podem ser declaradas ex offício. Com esse entendimento privilegia-se não só à dignidade do trabalhador, mas a especialidade do ramo jus laboral, que não tem regra legal específica permitindo tal declaração. Precedentes. Recurso de revista conhecido, mas não provido. (RR 1035006520075230004 103500-65.2007.5.23.0004, rel. Min. Guilherme Augusto Caputo Bastos, 14.09.2011, 2ª Turma – TST).

44 ALEXY, Robert. Teoría de los derechos fundamentales, p.83.

Este dispositivo consagra uma regra decorrente do princípio do contraditório efetivo, vedando a prolação de decisões à revelia da parte interessada, sem que haja sua prévia oitiva.

Leonardo Greco aponta que "contraditório eficaz é sempre prévio, anterior a qualquer decisão, devendo a sua postergação ser excepcional e fundamentada na convicção firme da existência do direito do requerente e na cuidadosa ponderação dos interesses em jogo e dos riscos da antecipação ou da postergação da decisão"[45], exatamente o que vem ser positivado na legislação processual civil.

Assim sendo, como regra geral a parte deverá ser ouvida sempre antes das decisões judiciais serem proferidas, para viabilizar a possibilidade efetiva de influenciar na formação da convicção judicial.

Contudo, em situações excepcionais o contraditório poderá ser postergado, notadamente quanto houver urgência na concessão do provimento judicial, e, ainda, em se tratando de casos em que haja evidência do direito pretendido.

Na verdade toda vez que a medida é concedida com o fim de se evitar o perecimento de direito ela é uma medida de urgência, bastando ao legislador fazer menção a essa situação, que enseja a possibilidade de concessão de tutelas de urgência, cujas espécies são a tutela antecipada e a tutela cautelar, de plena aplicação no processo do trabalho.

O art. 10 reforça o princípio do contraditório, bastante prestigiado no NCPC: "O juiz não pode decidir, em grau algum de jurisdição, com base em fundamento a respeito do qual não se tenha dado às partes oportunidade de se manifestar, ainda que se trate de matéria sobre a qual deva decidir de ofício".

Novamente aqui é prestigiado o princípio do contraditório. As partes devem ter a oportunidade de debater os fatos e fundamentos jurídicos da decisão, sob pena de cerceamento de defesa. Mesmo na hipótese de matéria sobre a qual tenha de decidir de ofício, como aquelas de ordem pública, a exemplo da prescrição e decadência, o magistrado deve dar a oportunidade de as partes se manifestarem.

O dispositivo legal veda a prolação de decisões-surpresa, determinando a indispensabilidade de oitiva das partes de forma prévia. Novamente é ressaltada a importância da participação das partes no processo e a formação democrática das decisões judiciais.

Fredie Didier Jr. aponta que "o princípio do contraditório é reflexo do princípio democrático na estruturação do processo. Democracia é participação, e a participação no processo opera-se pela efetivação da garantia do contraditório. O princípio do contraditório deve ser visto como exigência para o exercício democrático de um poder"[46].

Complementa o autor: "Não pode o magistrado decidir com base em questão de fato ou de direito, ainda que possa ser conhecida *ex officio*,sem que sobre elas sejam as partes intimadas a manifestar-se. Deve o juiz consultar as partes sobre esta questão não alvitrada no processo, e por isso não posta em contraditório, antes de decidir. Eis

---

45 GRECO, Leonardo. Garantias fundamentais do processo: o processo justo. *Estudos de direito processual.* Campos dos Goytacazes: Ed. Faculdade de Direito de Campos, 2005, p. 225-286.

46 DIDIER JR., Fredie. *Curso de Direito Processual Civil.* Vol. 1. 16 ed. Salvador: Juspodivm, 2014, p. 56.

o dever de consultar. Trata-se de manifestação da garantia do contraditório, que assegura aos litigantes o poder de tentar influenciar na solução da controvérsia"[47].

Esta regra tem plena aplicabilidade ao processo do trabalho, como, aliás, já se observa de julgados[48] proferidos antes mesmo da vigência do novo Código.

10. PUBLICIDADE E FUNDAMENTAÇÃO DAS DECISÕES

Conforme estabelece o art. 11, "todos os julgamentos dos órgãos do Poder Judiciário serão públicos, e fundamentadas todas as decisões, sob pena de nulidade".

E, o parágrafo único do dispositivo ressalva que "Nos casos de segredo de justiça, pode ser autorizada a presença somente das partes, de seus advogados, de defensores públicos ou do Ministério Público".

A publicidade dos julgamentos é outra garantia do Estado de Direito, que assegura transparência nas decisões. Tal princípio está disciplinado no artigo 93 da Constituição Federal. Conforme ressalta Carlos Alberto Álvaro de Oliveira: "A regra geral é a publicidade dos atos processuais, ressalvados aqueles casos em que o processo correr em segredo de justiça". [49]

As exceções à publicidade estão consignadas nos incisos do artigo 152 do novo Código. Nesses casos e em outras situações permitidas por lei, pode ser autorizada somente a presença das partes ou de seus advogados nas audiências, bem como também somente a elas a possibilidade de vistas e cópias dos autos.

No antigo Código de Processo Civil de 1973 as exceções estavam previstas nos incisos I e II do artigo 155[50], que tratava dos casos cujos atos processuais correriam em segredo de justiça:

Conforme pode se observar de uma leitura comparativa, o art. 152 do novo CPC repete as exceções dos incisos I e II do Código anterior e insere mais uma previsão para as hipóteses "em que constem dados protegidos pelo direito constitucional à intimidade", que será objeto de comentários oportunamente:

---

47 DIDIER JR., Fredie. O princípio da cooperação: uma apresentação. *Revista de Processo.* Vol. 127, set/2005, p. 75.

48 "CERCEAMENTO DE DEFESA NULIDADE – AUSÊNCIA DE OPORTUNIDADE PARA MANIFESTAÇÃO SOBRE A DEFESA E DOCUMENTOS OFERTADOS PELA PARTE CONTRÁRIA. Muito embora tivesse constado em ata que o reclamante falaria sobre a prejudicial de prescrição e documentos apresentados pela empresa, não lhe tendo sido concedida tal oportunidade, já que a Vara, tão logo transitada em julgado a decisão que lhe reconheceu a competência para apreciar a lide, julgou, incontinenti, a ação em seu desfavor, há de ser acatada a preliminar de nulidade, por flagrante cerceamento de defesa, notadamente quando o fundamento da sentença (prescrição) foi, justamente, aquilo que a parte não pode contrariar. (TRT-7 – RO: 1342005419965070004 CE 0134200-5419965070004, Relator: LAIS MARIA ROSSAS FREIRE, Data de Julgamento: 06/09/2005, PLENO DO TRIBUNAL, Data de Publicação: 09/11/2005 DOJT 7ª Região)."

49 OLIVEIRA, Carlos Alberto Álvaro de. Comentários à Consolidação das Leis do Trabalho. 3ª ed. São Paulo: Revistas dos Tribunais, 2005, p. 647.

50 Art. 155 do CPC – I – em que o exigir o interesse público; II – que dizem respeito a casamento, filiação, separação dos cônjuges, conversão desta em divórcio, alimentos e guarda de menores (...).

> Art. 152 – Os atos processuais são públicos. Correm, todavia, em segredo de justiça os processos:
> I – em que o exigir o interesse público;
> II – que dizem respeito a casamento, filiação, separação dos cônjuges, conversão deste em divórcio, alimentos e guarda de menores;
> III – em que constem dados protegidos pelo direito constitucional à intimidade.
> § 1º O direito de consultar os autos e de pedir certidão de seus atos é restrito às partes e seus procuradores. O terceiro que demonstrar interesse jurídico pode requerer ao juiz a certidão do dispositivo da sentença, bem como de inventário e partilha resultante da separação judicial.
> § 2º O processo eletrônico assegurará às partes sigilo, na forma deste artigo.

Os casos mais comuns de segredo de justiça não se estendem à Justiça do Trabalho, pois dizem respeito ao estado de pessoa, recato e paz familiar. De toda sorte, nada impede, especialmente com a ampliação da competência da Justiça do Trabalho pela Reforma do Judiciário, a existência nessa seara de casos que demandem a tramitação em segredo de justiça. Tanto assim que recentemente o Tribunal Superior do Trabalho publicou o Ato nº 589/SEGJUD.GP[51], que regulamenta a tramitação de processos em segredo de Justiça.

Por outro lado, o artigo também disciplina que além de públicas, as decisões judiciais devem ser fundamentadas, o que também encontra previsão na Constituição Federal, no art. 93, IX.

A motivação protege interesses das partes, que poderão compreender os motivos que fundamentam determinada decisão judicial, mas também atende ao interesse público como um todo, por assegurar a possibilidade de revisão e controle da atuação do órgão jurisdicional.

Acerca desta garantia, Leonardo Greco aponta que "todo provimento jurisdicional deve ser motivado, apresentando justificação suficiente do seu conteúdo e evidenciando o respeito ao contraditório participativo através do exame e consideração de todas as alegações e provas pertinentes apresentadas pelas partes"[52].

A jurisprudência do TST é pacífica no que tange à nulidade das decisões que não observam os deveres de publicidade e fundamentação.

> RECURSO DE REVISTA. PRELIMINAR DE NULIDADE POR NEGATIVA DE PRESTAÇÃO JURISDICIONAL. A obrigatoriedade da fundamentação das decisões judiciais é princípio constitucional que não pode ser desconsiderado pelo julgador. O impedimento de alçar o tema a debate ao Tribunal Superior, porque não examinada matéria sobre a qual a parte buscou manifestação, em embargos de declaração, denota a nulidade do julgado por negativa de prestação jurisdicional, com a consequente violação do art. 93, inciso IX, da Constituição Federal. Recurso de revista conhecido e provido. (TST – RR: 7111520105050511 , Relator:

---

51 Disponível em: <http://www.tst.jus.br/documents/10157/2d73537c-52e8-4b6e-88c0-c2e70d1878ee>. Acessado em 03/04/2014.

52 GRECO, Leonardo. Garantias fundamentais do processo: o processo justo. *Estudos de direito processual.* Campos dos Goytacazes: Ed. Faculdade de Direito de Campos, 2005, p. 225-286.

Aloysio Corrêa da Veiga, Data de Julgamento: 19/03/2014, 6ª Turma, Data de Publicação: DEJT 21/03/2014)

RECURSO DE REVISTA. NULIDADE DO V. ACÓRDÃO RECORRIDO POR NEGATIVA DE PRESTAÇÃO JURISDICIONAL. A prestação jurisdicional não foi plenamente entregue, a evidenciar a nulidade do julgado. A obrigatoriedade de fundamentação da decisão judicial decorre da ampla defesa e do contraditório, e do direito constitucional ao acesso à jurisdição, a permitir que a instância ad quem aprecie o tema controvertido. Constata-se que o v. acórdão regional restou omisso ao não pronunciar se estava o reclamante afastado em razão de enfermidade à época da dispensa, conforme instado por meio de embargos de declaração. Recurso de revista conhecido e provido. (TST – RR: 2830004919995050012 , Relator: Aloysio Corrêa da Veiga, Data de Julgamento: 04/12/2013, 6ª Turma, Data de Publicação: DEJT 06/12/2013)

CONCLUSÃO

O Novo Código de Processo Civil, talvez inspirado no Código de Processo Civil português, enumera entre os artigos 1º e 11, uma série de princípios, intitulando o capítulo de "normas fundamentais do processo civil".

Tais normas são denominadas de fundamentais por estruturarem o processo civil e proporcionarem um rumo a ser seguido na interpretação e compreensão de todos os dispositivos do sistema processual. Muitas delas já estavam consagradas no texto da Constituição Federal, o que corrobora a tendência de constitucionalização do processo.

Diante do art. 15 do Novo Código de Processo Civil que prevê a aplicação subsidiária e supletiva do novo diploma ao microssistema processual trabalhista, é necessário uma leitura das referidas normas e a aferição de sua compatibilidade ao processo do trabalho.

Não há qualquer dúvida da importância dos princípios da inafastabilidade do controle jurisdicional, celeridade processual, primazia do julgamento de mérito, boa-fé processual, cooperação, isonomia, dignidade da pessoa humana, razoabilidade, legalidade, impessoalidade, moralidade, publicidade, eficiência, contraditório efetivo, vedação à decisão surpresa, publicidade e fundamentação das decisões para o processo do trabalho.

Diante da observância e cumprimento de tais normas fundamentais no processo do trabalho, certamente será possível alcançar o necessário equilíbrio entre a tutela do trabalhador e a garantia de um processo justo para as empresas, que tem a função social de gerar os empregos.

ESTABILIDADE OBJETIVA DO IRDR

Escritos sobre congruência e eficácia vinculante

Daniel Vianna Vargas

1. INTRODUÇÃO

Federico Carpi – citado por Humberto Dalla em primorosas aulas no PPDG da UERJ – aponta que atualmente a tripartição de poderes nas Repúblicas mostra-se obsoleta, tratando especialmente da produção legislativa pelo Judiciário por meio dos chamados precedentes judiciais[1].

Dalla ainda esquematiza – de forma impecável – as funções da jurisdição na contemporaneidade, afirmando-a um fenômeno complexo, multifacetado, com enfoque dinâmico a depender da matéria a ser levada ao Judiciário: viés garantista; viés cooperativo (além de espaço de preservação e um espaço de colaboração – mitigação do adversarial system); um viés customizado – adaptabilidade procedimental; um viés uniformizador (evitar decisões colidentes sobre a mesma questão) função nomofilacica (para alguns nomofilatica) dos tribunais; viés coletivo – tutela dos direitos plurindividuais (tutela coletiva por meio dos julgamentos repetitivos – IRDR, Repetitivos); e, por fim, um viés pacificador, diante de uma nova concepção do acesso à Justiça.

No presente texto, nos interessa o enfoque no papel uniformizador dos tribunais, bem como o tratamento coletivo de direitos individuais.

2. IRDR. ORIGENS E NATUREZA JURÍDICA

Dentre muitas, provavelmente a principal inovação do atual Código de Processo Civil (CPC) nacional, lei 13.105 de 16.03.2015, seja o Incidente de Resolução de Demandas Repetitivas, previsto nos arts. 976-987, inserido na Parte Especial, Livro III, Título I, Capítulo VIII.

---

1 CARPI, Federico. *La metamorfosi del monopolio statale sulla giurisdizione*. RePro 257/2016, onde se lê: *"Se ben pensate, la nostra obsoleta tripartizione dei poteri è un argine non irrilevante.Tornando ad essa ancor oggi l'art. 5 del code civil di Napoleone vieta gli arrêts de reglèment, che erano decisioni, con efficacia di legge, emesse dagli antichi Parlaments pre-rivoluzionari, che svolgevano attività giurisdizionali. Ma oggi chi si sentirebbe di negare che, anche nei Paesi di civil law, le sentenze delle Corti supreme creano precedenti, che finiscono per orientare e vincolare di fatto, se non di diritto, gli altri giudici?".*

Geograficamente posicionado na parte do Código que trata dos processos nos tribunais, ontologicamente pertence ao microssistema de mecanismos de uniformização e/ou padronização de decisões judiciais.

Rechaçamos, desde logo, sua categorização como precedente, pela expressa circunscrição do objeto do incidente às questões unicamente de direito, fator que impede o cotejo analítico e exercício de *distinguishing,* características fundantes de um sistema de precedentes.

Taruffo afirma que *"o precedente é sempre uma decisão relativa a um caso particular, sendo necessário que o significado da regra jurídica usada como critério de decisão venha "concretizado" para referi-lo à solução do caso particular: não se compreende o precedente se a interpretação da norma em que nele foi aplicada não venha diretamente relacionada com a hipótese concreta (fattispecie) que foi decidida"*[2].

Marinoni esclarece a distinção, afirmando que o IRDR *"se destina a regular casos que já surgiram ou podem surgir em face de determinado litígio. O sistema de precedentes, de outro lado, tem o objetivo de outorgar autoridade às rationes decidendi firmadas pelas Cortes Supremas"*[3].

Conforme Dalla e Aragão, o incidente encontra melhor definição como mecanismo de julgamento por amostragem que produz decisões definidoras de teses jurídicas[4].

Segundo a exposição de motivos do CPC de 2015, com vistas à diminuição do número de recursos, busca-se uma jurisprudência mais uniforme e estável, sendo que a uniformização de entendimento dos tribunais acerca de teses jurídicas concretiza o princípio constitucional da isonomia, sendo que o principal instrumento previsto para tal desiderato é o IRDR cuja técnica de julgamento *"consiste na identificação de processos que contenham a mesma questão de direito, que estejam ainda no primeiro grau de jurisdição, para decisão conjunta"*, sendo admissível quando identificada, em primeiro grau, controvérsia que gere multiplicação expressiva de demandas e o correlato risco da coexistência de decisões conflitantes.

A mesma exposição de motivos assinala a inspiração do IRDR no direito alemão, especificamente no *Musterverfahren,* sendo que Mendes, em robusta e recente obra sobre o tema, traz um catálogo de outros institutos que são equivalentes históricos no direito comparado, dentre eles: as *test claims* norte-americanas e inglesas, a previsão contida na legislação de fundos de investimento da Suíça, a extensão de efeitos na jurisdição contenciosa administrativa da Espanha, a *Group Litigation Order* (GLO) da

---

2 TARUFFO, Michele. *Precedente e jurisprudência.* Civilistica.com | | a. 3 . nº 2. 2014.

3 MARINONI, Luiz Guilherme. *O "problema" do incidente de resolução de demandas repetitivas e dos recursos Extraordinário e especial repetitivos.*Revista de Processo. vol. 249. ano 40. p. 399-419. São Paulo: Ed. RT, nov. 2015.

4 PINHO, Humberto Dalla Bernardina de e RODRIGUES, Roberto de Aragão Ribeiro *in O microssistema de formação de precedentes judiciais vinculantes previsto no novo CPC.* RePro. Vol. 259/2016. P. 405-435. Set. 2016.

Inglaterra e do País de Gales, o *Pilot-judgement procedure* da CorteEuropeia de Direito Humanos, além dos dois sistemas do *Musterverfahren* na Alemanha[5].

Muito embora a exposição de motivos seja expressa quanto à referência, existem distinções quanto ao processo-modelo e ao procedimento-padrão alemães e o IRDR, em sua redação final, notadamente quanto à unidade ou cisão do julgamento e do objeto do incidente.

Nesse particular, grassa controvérsia na doutrina acerca da natureza jurídica do IRDR. Se formalmente, não há grande discussão quanto à sua classificação como incidente processual[6], materialmente existe dissenso categórico, sendo que parte da doutrina entende que o mesmo possui natureza de ação, exercício concreto de jurisdição, enquanto outra parcela significativa sustenta trata-se de processo objetivo, de natureza abstrata.

O parágrafo único do art. 978 dispõe que: *"O órgão colegiado incumbido de julgar o incidente e de fixar a tese jurídica julgará igualmente o recurso, a remessa necessária ou o processo de competência originária de onde se originou o incidente"*.

Com base na literalidade do dispositivo legal, sustenta-se que não há cisão de julgamento, sendo que o órgão colegiado julgará tanto o incidente quanto o processo originário.

Esse, aliás, foi o entendimento adotado em um dos primeiros julgamentos de IRDR no âmbito do Tribunal de Justiça do Estado do Rio de Janeiro, sendo que durante o julgamento da apelação n° 0001398-20.2015.8.19.0044, o relator suscitou o IRDR com a finalidade de uniformização quanto à questão jurídica compreendida naquele processo. A competência para o julgamento do IRDR (Seção Cível) é distinta da competência para o julgamento da apelação (Câmara Cível), por previsão legal.

No julgamento do IRDR 0018608-85.2016.8.19.0000, o relator da Seção Cível afirmou categoricamente que efetuaria *"o completo exame da matéria, sem encontrar-se emoldurado pelas teses jurídicas controvertidas inicialmente apontadas, que serviram de base tão somente para o melhor exercício do juízo de admissibilidade do incidente"*. Prosseguiu, afirmando que *"no julgamento da causa paradigma, buscar-se-á a inferência das principais premissas (teses) jurídicas que servirão para nortear, de modo uniforme, o julgamento das inúmeras ações em curso, que repetem o mesmo thema decidendum"*. Para finalizar, asseverou que *"na visão do relator o incidente de resolução de demandas repetitivas é processo concreto, com julgamento da causa paradigma, sendo que do bojo dessa decisão haverá a extração das teses jurídicas que servirão como padrões de julgamento, uniformizando as ações em curso"*.

Não houve cisão de julgamento. Julgou-se o processo originário – negou-se provimento à apelação – e, em virtude de sua "afetação" como IRDR, fixou-se no decorrer

---

5 MENDES, Aluisio Gonçalves de Castro. *Incidente de Resolução de Demandas Repetitivas.* Rio de Janeiro: Forense. 2017, pag.27.

6 DINAMARCO, Cândido Rangel; LOPES, Bruno Vasconcelos Carrilho: *Teoria Geral do novo Processo Civil.* São Paulo: Malheiros, 2016, p. 242.

do julgamento as teses jurídicas que foram consideradas pertinentes para resolução da questão jurídica.

Curioso notar que no andamento da apelação verifica-se que a mesma permaneceu suspensa, aguardando a Câmara Cível o julgamento do IRDR pela Seção Cível. Entretanto, a própria apelação foi julgada nos autos do IRDR, como se houvesse um deslocamento da competência em razão do disposto no art. 978, parágrafo único.

Em sentido diametralmente oposto, no julgamento do IRDR 0032321-30.2016.8.19.0000, o entendimento da Seção Cível Especializada seguiu pela linha do processo abstrato. A questão jurídica dizia respeito sobre a legitimidade passiva nas demandas que versam sobre limitação de descontos em empréstimos consignados, especificamente se a mesma pertence às instituições bancárias ou à fonte pagadora.

Infere-se que o processo "paradigma" (0015170-85.2016.8.19.0021) não versa sobre a questão jurídica adotada como objeto do IRDR, não sendo apontada a fonte pagadora como ré e tampouco havendo alegação nesse sentido. Ou seja, inexistia a controvérsia sobre a questão de direito no processo originário.

Segundo Mendes e Aragão, o IRDR "será instaurado no curso de um processo individual que verse sobre controvérsia com potencial de gerar relevante multiplicação de processos fundados em idêntica questão de direito e de causar grave insegurança jurídica diante da possibilidade de coexistência de decisões antagônicas"[7].

Basta, portanto, singela análise casuística da doutrina e da parca jurisprudência sobre o tema para verificar a dificuldade de compreensão e entendimento sobre o instituto, podendo se cogitar da necessidade de uniformização do próprio mecanismo de uniformização. Houvesse vingado a redação original quanto à possibilidade da instauração no caso de risco potencial de multiplicação da controvérsia, seria possível e pertinente (sem qualquer ironia) a instauração imediata de um IRDR para padronizar o próprio IRDR.

O entendimento quanto à natureza jurídica substancial do incidente – se processo concreto ou abstrato – demanda subjetiva ou objetiva – é crucial e repercute num espectro considerável de situações jurídicas, com consequências variáveis, sendo o intuito do presente texto é analisar o tema especificamente quanto ao objeto do incidente.

Pontuaremos a relevância na identificação da questão jurídica e, por via de consequência, a necessidade de correlação entre o pedido de instauração, o juízo de admissibilidade e o julgamento de mérito do incidente, com reflexos pertinentes quanto ao contraditório, publicidade e eficácia.

3. ESTABILIDADE OBJETIVA DA DEMANDA

Calamandrei já afirmava que "*A jurisdição exercida de ofício, em que o órgão julgador procede por iniciativa própria, sem aguardar a solicitação do sujeito agente,*

7 MENDES, Aluisio Gonçalves de Castro. RODRIGUES, Roberto De Aragão Ribeiro. *Reflexões sobre o Incidente de Resolução de Demandas Repetitivas previsto no Projeto de Novo Código de Processo Civil.* Revista de Processo | vol. 211/2012.

repugnaria o conceito que modernamente se formou sobre a função do juiz, o qual, para manter-se imparcial, deve esperar ser requerido e limitar-se a fazer justiça a quem a pede; e se nos contarem que um juiz, sem requerimento algum, foi em busca de descobrir os erros para corrigi-los, seríamos obrigados a considerá-lo, ao invés de um herói da justiça, um perturbado perigoso, do tipo Don Quixote e do lendário sapateiro Mesina"[8].

As considerações acima, contudo, dizem respeito à visão clássica de jurisdição. Defende-se que, hodiernamente, cabe ao Judiciário papel supletivo à atividade legislativa, na interpretação das normas, não se limitando a atuação jurisdicional à resolução individual de casos concretos e conflitos individualizados[9].

Não obstante crítica ácida à expansão do Judiciário e ao ativismo judicial por parcela significante da doutrina[10], o fato é que o Código de Processo Civil de 2015 encampou – em linha de princípio – essa postura em algum de seus institutos e, dentre eles, o IRDR.

Dessa forma, resta clara a necessidade de adaptação dos conceitos tradicionais concernentes à Teoria Geral do Processo aos novos mecanismos de padronização decisória inseridos nessa nova concepção de atividade jurisdicional.

De entrada, a característica de inércia da Jurisdição e o processo entendido como método de resolução de conflitos de interesses devem sofrer temperamento.

Normalmente, o objeto do processo delimita a atividade jurisdicional, constituindo o ato inicial um projeto de provimento.[11]

Noutro aspecto, Liebman sustentava que *"para identificar o objeto (sentido técnico) do processo e, em consequência, da coisa julgada, é necessário considerar que a sentença representa a resposta do juiz aos pedidos das partes e que por isso (prescin-*

---

8 CALAMANDREI, Piero. La relatividad del concepto de accion. Estudios sobre el processo civil. Buenos Aires: Bibliografica Argentina, 1961. p. 140, (tradução livre).

9 MENDES, Aluisio Gonçalves de Castro. *Incidente de Resolução de Demandas Repetitivas.* Rio de Janeiro: Forense. 2017, pag.103.

10 THEODORO JÚNIOR, Humberto. *Breves considerações sobre a politização do judiciário e sobre o panorama de aplicação no direito brasileiro – análise da convergência entre o civil law e o common law e dos problemas da padronização decisória.* Revista de Processo | vol. 189/2010, onde se lê: " *Há de verificar que parte dos adeptos do ideal de um processo com esta marcante função social e sem neutralidade normativa acreditam que o juiz ativo funciona como verdadeiro canal de comunicação da carga axiológica atual da sociedade em que vive e os textos normativos, sendo o intérprete quem possui sensibilidade na busca solitária do bem comum. Porém, com Habermas podemos perceber o equívoco da credulidade na existência de um ethos concreto e universalmente vinculante de uma comunidade mais ou menos homogênea, principalmente num cenário de pluralismo de concepções de mundo, pois neste percebe-se a possibilidade de ocorrência de um dissenso racional acerca dos standards de valor fundamentais, impedindo que um sujeito solitário, órgão ou entidade possam encontrar sozinhos os valores dessa comunidade*".

11 DINAMARCO, Cândido Rangel. *O conceito de mérito no processo civil.* RePro 34/1984, onde se lê: *"é na demanda inicial que havemos de procurar os elementos que determinam o conteúdo e traçam os limites do provimento a ser proferido pela autoridade jurisdicional. Propondo a demanda, a pessoa descreve uma situação de vida em sociedade e pede a solução que alvitra"*.

dindo da hipótese excepcional de decisão extra petita) tem ela os mesmos limites desses pedidos, que ministram, assim, o mais seguro critério para estabelecer os limites da coisa julgada. (...)"[12].

Prestigiosa doutrina nacional pontua (citando léxico) que "*objeto é tudo que física ou moralmente se apresenta e se oferece aos nossos sentidos ou à nossa alma (Caldas Aulete). Tal é o objeto do processo, que se coloca diante do juiz, à espera do provimento que ele proferirá afinal. Por objeto do processo se designa o conteúdo deste, posto diante do juiz através do ato de iniciativa. Ele é, afinal, a res in judicium deducta, da linguagem tradicional. É sobre ele que o juiz se considera autorizado e obrigado a pronunciar-se e a sua identificação mostra-se relevante não só para a já aludida delimitação do provimento, como também para temas como a litispendência, coisa julgada, a prejudicialidade, ação declaratória incidental, alteração e cúmulo de demandas*".[13] Dinamarco termina por tratar como sinônimos o objeto do processo e o mérito da causa.

O CPC de 2015 trata do mérito do incidente expressamente nos artigos 976, § 1º e 987, *caput*, sem maiores observações.

Para os fins a que se destina o presente trabalho, identificamos como mérito ou objeto do incidente de resolução de demandas repetitivas a controvérsia sobre a mesma questão unicamente de direito.

Estão previstos, ainda, outros pressupostos, que dizem respeito à efetiva repetição de processos e o risco de ofensa à isonomia e à segurança jurídica, o que se extrai da leitura do art. 976 do CPC de 2015.

Como assinalado, pretendeu o legislador, com o incidente, a resolução conjunta de questão comum de direito, objetivando uniformização da jurisprudência e segurança jurídica.

Mais uma vez, percuciente o alerta de que se trata de função jurisdicional anômala, basicamente edição de normas abstratas prospectivas. Todos aqueles que tenham um conflito de interesses, cuja solução judicial dependa da análise da questão de direito resolvida pelo IRDR, receberá o mesmo tratamento, ainda que não tenha participado do processo originário ou do processo no qual se formou a decisão padronizada.

Nos termos dos arts. 979 e 983 do CPC, a publicidade e a participação do Ministério Público, interessados e *amicus curiae*, são medidas necessárias para afastar o risco de ofensa ao contraditório.

Todavia somente é possível prestigiar minimamente o contraditório se houver a devida identificação da questão jurídica – o objeto ou o mérito do incidente. Mais, há necessidade de sua estabilização e, principalmente, uma vez estabilizado objetivamente, faz-se imperiosa a correlação entre o julgamento do IRDR e a questão jurídica estabilizada, não sendo possível julgamento *extra petita*.

Tradicionalmente, a estabilização da demanda tem como fundamento a segu-

---

12 LIEBMAN, Enrico Tullio. Eficácia e autoridade da sentença, p. 53.

13 DINAMARCO, Cândido Rangel. *O conceito de mérito no processo civil.* RePro 34/1984.

rança jurídica vinculada ao princípio da correlação desde a petição inicial, passando pelo exercício do contraditório e alcançando ápice nos limites objetivos da coisa julgada.

Ainda que não haja demanda na acepção jurídica clássica do vocábulo, as regras quanto à estabilização objetiva devem alcançar de forma plena o objeto do IRDR, sendo este consubstanciado, como explicitado, pela controvérsia sobre questão unicamente de direito.

A importância se dá não somente pelo necessário respeito ao contraditório – o que não é pouco – mas, igualmente, para a delimitação objetiva da eficácia vinculante, sob pena de ofensa clara ao princípio da não-surpresa e do acesso à Justiça, que serão melhor examinados adiante.

Salutar a advertência da doutrina com a eficácia vinculante advinda dos resultados de julgamentos por amostragem, nos casos de litigiosidade repetitiva[14]: *"uma técnica de causa piloto ou de procedimento modelo somente terá condições de formar precedentes se a deliberação se der de tal modo que todos os argumentos relevantes sejam levados em consideração (como prescrevem os arts. 10 e 489, §1º, inc. IV, 927, §1º, CPC-2015)"*.

4. PROVOCAÇÃO, JUÍZO DE ADMISSIBILIDADE E MÉRITO DO INCIDENTE

O art. 977 do CPC cuida em seu *caput* dos legitimados para requerer a instauração do incidente e no parágrafo único dos documentos essenciais à sua propositura, fazendo remissão aos pressupostos elencados no artigo anterior.

Deve-se requerer a instauração do incidente, mediante ofício ou petição, com documentação que demonstre a existência de controvérsia sobre mesma questão de direito em uma pluralidade de processos e que a perenidade da controvérsia cause risco de ofensa à isonomia e à segurança jurídica.

Logo, no ofício ou na petição inicial pelos quais se pede a instauração, deverá o requerente identificar claramente a controvérsia sobre questão unicamente de direito.

Delimita-se, nesse momento – ao menos inicialmente – o mérito ou o objeto do incidente. Se o IRDR se presta a uniformizar a jurisprudência através da decisão conjunta sobre uma mesma questão de direito que vem gerando controvérsia em sua interpretação e aplicação, vale concluir que é essa controvérsia que delimita o âmbito de cognição e julgamento do incidente.

---

14 NUNES, Dierle. Bahia, Alexandre Melo Franco. *Precedentes no CPC-2015: por uma Compreensão Constitucionalmente Adequada do seu Uso no brasil.* Revista do Ministério Público do Rio de Janeiro nº 57, jul./set. 2015, onde se lê: "E aqui já se apresenta uma advertência, especialmente quando se associa um microssistema de litigiosidade repetitiva1 (como o previsto no CPC-2015, art. 928), técnica de gerenciamento processual (case management e court management), como ferramenta idônea e adequada de formação de precedentes, quando dos julgados se extraem ratione decidendi acidentalmente, como a prática brasileira demonstra há anos. Fundamentos determinantes são identificáveis acidentalmente no Brasil".

Ainda que se entenda – com base na literalidade do art. 978, parágrafo único do CPC –, que não existe cisão do julgamento, o exercício anômalo da jurisdição com a atribuição de sentido ao direito somente possui (alguma) legitimidade se esse exercício se der mediante provocação.

Mesmo nos casos em que o pedido de instauração do incidente tenha sido formulado pelo juiz, não se configura atuação jurisdicional *ex officio*, eis que o órgão competente para admissão e julgamento do IRDR foi provocado.

O art. 981 do CPC dispõe que o juízo de admissibilidade terá como função verificar a presença dos pressupostos do incidente, dentre os quais, a correta identificação no pleito exordial da controvérsia sobre questão exclusivamente de direito.

Dessa forma, o ofício ou a petição, no que concerne ao âmbito de cognição, vinculam o órgão responsável, tanto na admissibilidade, quanto no julgamento do incidente. Entendimento contrário significaria ofensa ao princípio do dispositivo e do contraditório.

Nesse mesmo sentido, Didier e Temer que defendem a sistematização de uma decisão de organização do incidente logo após o juízo de admissibilidade, na qual se fará a formalização daquele juízo preambular, especialmente no que diz respeito à admissibilidade e aos limites objetivos do incidente, com a definição da questão jurídica e identificação das circunstâncias fáticas que ensejaram a controvérsia. Dizem os autores que: *"é neste ato que o relator irá adotar as medidas para viabilizar que a definição da tese jurídica seja legítima, sob a perspectiva de oportunizar a efetiva divulgação de sua instauração e o engajamento dos sujeitos envolvidos no debate"*[15].

Esclareça-se que não existe vinculação do relator do incidente ao processo originário, uma vez que pode haver mais de um ato de provocação ou mais de um processo modelo. A vinculação se dá em relação à questão jurídica identificada na inicial do incidente. A discordância quanto à existência da controvérsia sobre questão exclusivamente de direito em processos múltiplos, bem como no que tange ao risco de ofensa à isonomia e à segurança jurídica levarão à inadmissibilidade do incidente, não sendo possível, contudo, a modificação do objeto do incidente – *ex officio* – nesse juízo de admissibilidade.

Defendemos, portanto, que efetuado o juízo positivo de admissibilidade, ocorre a estabilização do objeto do incidente de resolução de demandas repetitivas pelas razões expostas.

A congruência objetiva entre o ato de provocação e o juízo de admissibilidade tem esteio no dispositivo e no contraditório.

Nessa linha de raciocínio – com mais razão – necessária a correlação entre o juízo de admissibilidade e o juízo de mérito, não se permitindo modificação objetiva da demanda representada pela controvérsia sobre questão de direito no curso do incidente.

15 DIDIER Jr., Fredie. TEMER, Sofia. *A decisão de organização do incidente de resolução de demandas repetitivas: importância, conteúdo e o papel do regimento interno do Tribunal.* RePro vol. 258/2016.

Não desconhecemos que abalizada doutrina[16] defende que existe possibilidade da redefinição da questão jurídica, ainda que de ofício, com a modificação seja no juízo de admissibilidade, seja por ocasião do julgamento final.

Todavia, recorde-se que o julgamento terá eficácia vinculante a todos os processos pendentes, bem como aos casos futuros que versem sobre idêntica questão de direito.

Dessa forma, em não havendo identificação e estabilização do objeto do incidente, nos parece clara a violação ao contraditório, seja por ofensa expressa ao art. 10 do CPC – que se aplica igualmente às questões de direito – seja pelo recrudescimento da ofensa decorrente da ausência de participação com influência e paridade de armas de todos aqueles que serão atingidos pela resolução da controvérsia, de forma vinculante.

Importante salientar que não existe previsão no diploma legislativo do controle judicial de adequação da representatividade, sendo que a intervenção ministerial e do *amicus curiae* nos parecem simplesmente nominais, com pouca efetividade no sentido da defesa dos interesses daqueles que serão atingidos pela eficácia vinculante da decisão de mérito desfavorável.

Permitir a modificação do objeto do processo após o juízo de admissibilidade faz ruir de forma categórica os mecanismos de salvaguarda do contraditório – já fragilizados por opção do legislador e pela própria natureza do instituto.

O ideal seria o controle judicial de adequação da representatividade dos interesses de todos aqueles possivelmente atingidos pela resolução da questão jurídica. Não havendo previsão legal e sendo mesmo de complexa análise fática tal averiguação em questões amplas, abstratas e, principalmente, processuais, a estabilização do objeto do processo já no juízo de admissibilidade confere um mínimo de segurança jurídica, previsibilidade e possibilidade de intervenção.

A possibilidade de modificação do objeto do incidente desnatura, igualmente, a previsão do art. 979 do CPC da ampla divulgação e publicidade da instauração, medida também adotada com a finalidade de mitigar a ofensa ao contraditório.

Aduza-se a preocupação corrente da aplicação exegética das decisões paradigmáticas aos processos individuais. Como bem explicitado por Nunes e Bahia, geralmente, no Brasil, repete-se mecanicamente ementas, enunciados ou teses de forma descontextualizada dos seus fundamentos determinantes, utilizando-as como fechamento de raciocínio, num exercício silogístico, como se tais decisões paradigmas fossem comandos gerais e abstratos[17]. Sempre é bom lembrar que a função legislativa pertence a outro Poder.

Admitindo-se a dinamização objetiva do incidente, com modificação substancial de seu mérito, o controle da aplicação adequada da decisão nos casos pendentes e futuros resta inviabilizado.

---

16 MENDES, Aluisio Gonçalves de Castro. *Incidente de Resolução de Demandas Repetitivas.* Rio de Janeiro: Forense. 2017, pag.181.

17 NUNES, Dierle. Bahia, Alexandre Melo Franco. *Precedentes no CPC-2015: por uma Compreensão Constitucionalmente Adequada do seu Uso no brasil.* Revista do Ministério Público do Rio de Janeiro nº 57, jul./set. 2015.

Consoante clássica lição de Dowrkin[18]a aplicação de tais decisões (ou precedentes) não prescinde da análise do direito como um "romance em cadeia", com coerência entre as decisões, os casos passados e entendimentos doutrinários, não sendo possível o exame isolado, como numa espécie de marco zero interpretativo.

Permitir a instabilidade objetiva do incidente de resolução de demandas repetitivas – sua dinamização – impede o controle de legitimidade democrática, abrindo campo para a aplicação positivista (convencionalista) das decisões paradigmáticas.

Importa esclarecer que não se mostra legítima a modificação da demanda pelo órgão judicial competente para cognição e julgamento, não se admitindo, inclusive, a modificação pelas próprias partes.

Sabe-se que existem hipóteses de negócios jurídicos processuais unilaterais e bilaterais que interferem no mérito do processo, tais como a renúncia à pretensão, o reconhecimento do pedido e a composição entre as partes (conciliação, mediação e transação).

O legislador somente aventou a possibilidade da desistência ou abandono do processo (art. 976, § 1º do CPC), esclarecendo que não há impedimento ao julgamento do mérito do incidente, reforçando a natureza abstrata do procedimento. Nesses casos, como de ciência corrente, não há influência meritória nos processos individuais.

Mais uma vez, faz-se necessária a adaptação de institutos de direito processual para sua escorreita aplicação ao novel mecanismo de padronização de decisões judiciais.

Ainda que se admita a manifestação de vontade mediante o exercício das modalidades mencionadas (renúncia, reconhecimento e autocomposição), realizado o juízo de admissibilidade, não terá a mesma qualquer efeito sobre o mérito do incidente, diante da imperiosa estabilização objetiva do instituto que se coaduna com seu escopo uniformizador.

Esclareça-se que tais manifestações de vontade somente podem ser exercidas nos processos individuais – dos quais se extraiu a controvérsia – não havendo repercussão no mérito do incidente, ainda que possuam o condão de resolver o mérito da causa originária. Realizado o juízo de admissibilidade, o mérito do incidente não se identifica com o direito subjetivo da parte do processo originário ou daqueles que serão atingidos pela eficácia vinculante da decisão que define a controvérsia sobre a questão de direito.

Defendemos, portanto, a impossibilidade de qualquer espécie de dinamização do mérito, seja de ofício, seja pela vontade das partes, no próprio incidente. Quanto às modificações nos processos individuais, embora se possa admitir tais manifestações, entendemos que as mesmas violam as determinações quanto à suspensão dos feitos com previsão no art. 982, I e § 2º do CPC.

Note-se que a questão de direito a ser solucionada no IRDR normalmente representará uma questão prejudicial nos processos individuais, não cabendo ao juiz competente para a causa originária desviar-se da tese fixada. Todavia, eventual renúncia à pretensão, reconhecimento do pedido ou composição entre as partes podem pôr

18 DWORKIN, Ronald. *O império do direito*. São Paulo: Martins Fontes, 1999, p. 273 e ss..

fim ao processo individual e, nesse caso, não haveria possibilidade de aplicação da questão prejudicial por não haver julgamento do mérito, mas sim resolução pela manifestação de vontade das partes.

Nos parece a hipótese revela uma espécie de autoexclusão (opt-out), sem previsão legal.

Concluindo, ainda que se admita a resolução do mérito pela vontade das partes nos processos individuais sobrestados, o fato é que tal negócio processual (em sentido amplo) não traz consequências para o IRDR, cuja estabilização objetiva já ocorreu com o juízo positivo de admissibilidade.

5. COISA JULGADA E EFICÁCIA VINCULANTE NO IRDR. QUESTÕES PREJUDICIAIS

Para Barbosa Moreira, a coisa julgada (material) constitui situação jurídica dotada de eficácia preclusiva, ou seja, situação jurídica que, caracterizada, torna irrelevante o passado, de forma que não há mais espaço para discutir as questões por ela acobertadas, salvo situações excepcionais que o ordenamento contemplou por via da ação rescisória.[19]

Dalla afirma que *"A coisa julgada tem como fundamento evitar a perpetuação de conflitos e a insegurança jurídica, sendo inerente ao Estado Democrático de Direito. A coisa julgada não é apenas uma garantia individual, mas também coletiva, no sentido de viabilizar a estabilidade das decisões"*[20].

No que tange ao IRDR, julgado o incidente, a tese jurídica será aplicada aos processos pendentes e aos casos futuros que versem sobre idêntica questão de direito, sendo que não observada a tese adotada, caberá reclamação.

Marinoni sustenta que: "*Como é possível chamar a decisão que, ditada no processo de um para os casos de muitos, impede-os de relitigar a questão resolvida, submetendo-os? Perceba-se que a decisão tomada no referido incidente constitui uma nítida proibição de litigar a questão já decidida, que, nos casos de decisão negativa àqueles que não puderam participar e discutir, assemelha-se a um inusitado e ilegítimo collateral estoppel. Assim, tratando-se de decisão tomada em incidente de resolução de demandas repetitivas, há, embora não dito, coisa julgada sobre a questão presente nos vários casos repetitivos. A coisa julgada está a tornar indiscutível uma questão imprescindível para se chegar ao alcance da resolução do caso, ou melhor à resolução dos vários casos pendentes. (...) No caso de resolução de demandas repetitivas, a questão é pinçada dos casos pendentes e submetida a expressa decisão do órgão julgador incumbido do incidente. É óbvio que a resolução única da questão incidente nos casos repetitivos nada mais é do que uma decisão que produz coisa julgada*

---

19 BARBOSA MOREIRA, José Carlos. *Considerações sobre a chamada "relativização" da coisa julgada material.* Temas de direito processual: nona série. São Paulo: Saraiva, 2007. P. 242.

20 PINHO, Humberto Dalla Bernardina de. *Direito Processual Contemporâneo.* Vol. 2. 4ª edição. São Paulo: Saraiva. P. 273.

sobre a questão que interessa a todos os litigantes dos processos pendentes. Significa que se está diante de coisa julgada que se estende a terceiros"[21].

Comungando desse entendimento, mostra-se conflituosa a coexistência das regras de vinculação previstas no art. 985 e do art. 506 do CPC, uma vez que a coisa julgada somente pode prejudicar aquele que participou do processo, tendo em vista o contraditório (arts. 7º, 9º, 10 e 489, § 1º, IV do CPC).

Noutro giro, admitindo-se que a eficácia vinculante da decisão proferida no IRDR possui similitudes indissociáveis com a coisa julgada, forçosa a conclusão da aplicação do art. 503, § 1º do CPC.

Geralmente, a questão jurídica objeto do IRDR revela-se questão prejudicial nos processos individuais. Todavia, plenamente viável que a questão jurídica seja levada pelo princípio da demanda pelas partes como questão principal. Nesses casos, igualmente possível que exista uma questão prejudicial que será levada por arrastamento para o IRDR. Ao decidir a controvérsia sobre a questão jurídica, o órgão colegiado competente para a análise do IRDR passará necessariamente pela resolução da questão prejudicial ao mérito do IRDR.

Assim as coisas, a resolução dessa questão prejudicial terá igualmente eficácia vinculante – por aplicação analógica do art. 503, § 1º do CPC.

Mal comparando, a manifestação do órgão colegiado sobre a questão prejudicial seria parte integrante da *ratio decidendi* extraída do julgamento do IRDR. A ressalva quanto à categorização técnica como *ratio decidendi* se faz por dever de coerência com a postura adotada neste texto no que concerne ao não reconhecimento do IRDR como precedente.

Essa questão prejudicial ao mérito do IRDR – caso existente – deve ser expressamente identificada tanto no ato de provocação, quando no juízo de admissibilidade.

Não se desconhece que nas ações individuais a extensão da coisa julgada às questões prejudiciais é automática – caso satisfeitos os requisitos legais –, não havendo necessidade de requerimento da parte ou manifestação expressa do julgador na sentença, conforme entendimento positivado no novo diploma processual.

Tal quadro, entretanto, não pode ser adotado no IRDR, tendo em vista a eficácia ultra partes do julgamento.

Portanto, nessa hipótese, faz-se mais uma vez necessária a correta identificação do mérito – e da questão prejudicial –, bem como se aplicam as regras já apontadas quanto à estabilização objetiva de forma extensiva à questão prejudicial. Ou seja, para que a questão prejudicial alcance eficácia vinculante, a mesma deve ser integrante da controvérsia objeto do IRDR e expressamente mencionada na decisão como parte integrante da tese jurídica fixada.

---

21 MARINONI, Luiz Guilherme. *Incidente de resolução de demandas repetitivas e recursos repetitivos: entre precedente, coisa julgada sobre questão, direito subjetivo ao recurso especial e direito fundamental de participar.* Revista dos Tribunais. Vol. 962/2015.

Por fim, uma última ressalva se mostra percuciente nessa discussão particular.

Pelas razões já delineadas, inviável a aplicação do art. 508 do CPC ao julgamento do IRDR. O princípio do "deduzido e do deduzível" ou a "eficácia preclusiva da coisa julgada" não tem cabimento em relação ao IRDR.

Scarpinella, ao comentar o art. 508 do CPC, ensina que: *"o que o dispositivo proíbe é que argumentos ou fundamentos que poderiam ser levantados pelo autor e/ou pelo réu para secundar o acolhimento do(s) pedido(s) diante de dada(s) causa(s) de pedir ou sua rejeição diante de dada(s) causa(s) de resistir sejam utilizados para dar ares de nova postulação idêntica"*[22].

Dois são os argumentos para a não aplicação do princípio do deduzido e do deduzível ao IRDR. Um de ordem legal, outro de natureza teórica.

Da conjugação dos artigos 984, § 2º, 985, II, parte final e 986, todos do CPC, infere-se que o órgão colegiado deverá enfrentar todos os fundamentos suscitados, sendo permitida a revisão da tese jurídica mediante requerimento dos legitimados. Embora haja eficácia vinculante, não existe definitividade da decisão paradigma, sendo possível sua alteração mediante procedimento próprio, levando-se em conta para delimitação da eficácia e necessidade de revisão, os fundamentos suscitados e a construção da tese jurídica.

Noutro prisma – eis o argumento teórico –, a ausência de previsão do direito de o litigante requerer sua autoexclusão (*opt-out*) do julgamento do IRDR e a ausência de previsão sistematizada quanto ao *opt-in* (a redação do art. 983, *caput,* do CPC é demasiadamente vaga) violam o direito de ação, eis que a vinculação é absoluta.

O CPC não adotou o sistema de participação presumida (previsto nas *class action for damages* e no *Musterverfahen),* tampouco o sistema de participação expressa (como ocorre nas GLO do direito inglês). A ausência de controle de representatividade compõe o conjunto de circunstâncias que impede a presunção de eficácia preclusiva quanto às questões que poderiam ter sido deduzidas e não o foram.

Não admitir a revisão da tese com base na eficácia preclusiva positivada no art. 508 do CPC, considerando-se deduzidas e repelidas todas as alegações que os interessados poderiam opor, viola frontalmente o direito de acesso à Justiça.

7. CONCLUSÃO

O texto adotou postura crítica e restritiva em relação ao incidente de resolução de demandas repetitivas em obediência às garantias processuais e aos ditames constitucionais.

Fixou-se – tendo em vista os limites do trabalho – o âmbito de preocupação com a necessária estabilização objetiva do incidente.

---

22 BUENO, Cassio Scarpinella. *Manual de Direito Processual Civil.* 2ª edição. São Paulo: Saraiva. 2016. P. 403.

Levando em consideração o caráter praticamente anti-hermenêutico, com vinculação das causas futuras, sendo que a tese definida passa a constituir uma regra decisória, com desconsideração das alegações das partes nos processos individuais, somente se mitiga a ofensa ao contraditório e ao acesso à Justiça com a imprescindível identificação e estabilização da questão jurídica a ser decidida.

Pontuou-se a necessidade de congruência entre o ato provocador, o juízo de admissibilidade e o juízo de mérito, não se descuidando de consequências correlatas, tais como negócios processuais com interferência no mérito, similitudes com o regime de coisa julgada e eficácia preclusiva.

Breves considerações que têm por objetivo a compreensão constitucionalmente adequada do incidente de resolução de demandas repetitivas, limitado o âmbito de pesquisa à sua estabilização objetiva.

A CRISE NO SISTEMA RECURSAL BRASILEIRO E O NOVO CÓDIGO DE PROCESSO CIVIL

Diogo Assumpção Rezende de Almeida

O cidadão brasileiro não tem pudor em transferir a resolução de seus conflitos para o Poder Judiciário. Somos 205 milhões de pessoas[1] e as prateleiras – físicas e eletrônicas – de nossos tribunais contêm 99,7 milhões de processos aguardando julgamento, entre aqueles classificados como casos em estoque (70,8 milhões) e novos (28,9 milhões), segundo os últimos dados, de 2014, revelados pelo projeto "Justiça em Números" desenvolvido pelo CNJ.[2] Como cada processo abarca ao menos duas pessoas – autor e réu -, têm-se, *grosso modo*, 199,4 milhões de pessoas envolvidas nas causas que tramitam perante o judiciário brasileiro, ou seja, praticamente todo brasileiro tem um processo para chamar de seu.

E grande parte dessa população postulante não se contenta, como ocorre em muitos outros países, com apenas um julgamento. O brasileiro não confia no exame dos juízes de primeiro grau e encontra meios na legislação para dar vazão a esse descontentamento. E, assim, recorre.[3] Após evolução exponencial do número de casos distribuídos entre a sua criação até os dias de hoje,[4] o Superior Tribunal de Justiça

---

1 Disponível em http://www.ibge.gov.br/apps/populacao/projecao. Acesso em 20.12.2015.

2 Disponível em http://www.cnj.jus.br/programas-e-acoes/pj-justica-em-numeros Acesso em: 09.12.2015.

3 BARBOSA MOREIRA, José Carlos. Breve notícia sobre a reforma do processo civil alemão. *Revista de Processo*. São Paulo, v. 28, nº 111, jul./set. 2003, p. 105: "Pôr na primeira instância o centro de gravidade do processo é diretriz política muito prestigiada em tempos modernos, e numerosas iniciativas reformadoras levam-na em conta. A rigor, o ideal seria que os litígios fossem resolvidos em termos finais mediante um único julgamento. Razões conhecidas induzem as leis processuais a abrirem a porta a reexames. A multiplicação desmedida dos meios tendentes a propiciá-los, entretanto, acarreta o prolongamento indesejável do feito, aumenta-lhe o custo, favorece a chicana e, em muitos casos, gera para os tribunais superiores excessiva carga de trabalho. Convém, pois, envidar esforços para que as partes se dêem por satisfeitas com a sentença e se abstenham de impugná-la".

4 SALOMÃO, Luís Felipe. Aspectos gerais acerca da responsabilidade civil no transporte terrestre de passageiros. *Revista Justiça e Cidadania*. 137a Edição, 2012, p. 156. Disponível em: http://www.emerj.tjrj.jus.br/revistaemerj_online/edicoes/revista54/Revista54_155.pdf Acesso em 21/12/2015: "Os números falam por si, demonstrando a evolução de recursos distribuídos e julgados, dando conta da procura da sociedade pela justiça distribuída pelo Tribunal. Com efeito, em 1989, ano seguinte à sua criação constitucional, foram distribuídos 6.103 processos e julgados 3.550; em 1994, apenas cinco anos depois, a distribuição subiu para 38.670 e o número de pro-

recebeu 285.898 novos processos de janeiro a outubro de 2015 e julgou o impressionante número de 302.496 processos, o que dá 9.166 casos julgados por ministro, sendo 916 por mês ou 41 por dia trabalhado.[5] O tribunal constitucional não se diferencia muito: mais de 90 mil casos foram julgados no Supremo Tribunal Federal em 2015, restando-lhe 54.632 processos em estoque, com expectativa de receber mais de 95 mil novos casos em 2016.[6] Esse problema não é, obviamente, exclusivo de nosso país. Na Itália, por exemplo, o presidente da Corte de Cassação sugeriu que se diminuísse o número de advogados habilitados a patrocinar causas naquela corte, como o escopo de reduzir o número de recursos.[7]

Na conhecida classificação de Mirjan Damaska, enquadramo-nos no sistema hierárquico de jurisdição, desenvolvido para propiciar o reexame daquilo que já fora objeto de apreciação de um órgão jurisdicional inferior, por um órgão hierarquicamente superior, antes de ser proclamada a decisão final.[8] Excepcional é o julgamento por um único juiz ou grau de jurisdição. No Brasil, em especial, como é possível se atestar dos números mencionados acima, alavancada pelo amplo cabimento de recursos dirigidos aos tribunais superiores,[9] a insatisfação do jurisdicionado com as decisões judiciais

---

cessos julgados, para 39.034. A partir daí, a progressão foi geométrica: em 1999, para 118.977 e 116.024, respectivamente; em 2004, para 215.411 e 203.041; em 2005, para 211.128 e 222.529; em 2006, para 251.020 e 222.245; no ano de 2007, foram distribuídos 313.364 processos e julgados 277.810; em 2008, foram distribuídos 271.521 processos e julgados 274.247; no ano de 2009, foram distribuídos 292.103 processos e julgados 254.955."

---

5 Disponível em http://www.stj.jus.br/webstj/Processo/Boletim/verpagina.asp?vPag=0&vSeq=276. Acesso em 20.12.2015.

6 Disponível em http://www.stf.jus.br/portal/cms/verTexto.asp?servico=estatistica&pagina=acervoatual. Acesso em 20.12.2015.

7 CIPRIANI, Franco. Per un nuovo processo civile. In: *Il processo civile nello Stato democratico*. Napoli: Edizioni Scientifiche Italiane, 2006, p. 220: "Come la più autorevole dottrina va da tempo ammonendo, e come ha riconosciutto il neo guardasigilli Roberto Castelli, la prima cosa da fare è 'togliere carico di lavoro al giudice' (...), ovvero, se si preferisce, fare in modo che ogni giudice abbia un numero gestibile di cause, sì da assicurare che gli sia oggettivamente possibile rendere gistizia in tempi ragionevoli. L'assoluta priorità di tale obiettivo non sembra discutibile. Ognuno infatti comprende che, se un giudice ha migliaia di cause da decidere, è perfettamente inutile sperare di risolvere il problema riformando, sia pure nel miglore dei modi, il processo. Sta invece di fatto che in Italia, purtroppo, abbiamo giudici che hanno addiritura 7.500 cause dul proprio ruolo (...), sì che è evidenten che dobbiamo innanzi tutto fare in modo che ogni giudice non abbia più di 4.500 cause sul proprio ruolo. Ebbene, che si può fare per evitare che i giudici abbiano troppe cause? Che si può fare per assicurare che il numero dei giudici sia proporzionato a quello delle cause? (...) È una risposta tanto sorprendente, quanto diffusa, specie, ahinoi, tra i magistrati: duo anni fa il primo presidente della Corte di cassazione, di fronte all'aumento dei ricorsi civili, non esitò a proporre che fosse ridotto il numero degli avvocati cassazionisti!".

8 DAMASKA, Mirjan R. *The faces of justice and state authority.* Yale: University, 1986.

9 CÔRTES, Osmar Mendes Paixão. *Recursos para os Tribunais Superiores: recurso extraordinário, recurso especial, embargos de divergência e agravos*. Rio de Janeiro: Gazeta Jurídica, 2012. p. 17: "A

dificilmente cessa com a segunda análise realizada pelos tribunais de justiça estaduais ou regionais.[10] Não obstante os filtros criados pela Constituição e pela lei federal, os tribunais superiores recebem uma enxurrada de processos todos os anos, tornando a cada ano mais desafiador o respeito à garantia da duração razoável do processo em conjunto com a produção de decisões de qualidade.

Alcançamos um patamar de quase 100 milhões de processos por algumas razões. Após a promulgação da Constituição de 1988 e das leis que lhe seguiram, o legislador brasileiro fez uma opção pela abertura das portas do Judiciário, com amplas medidas que propiciam o acesso.[11] O jurisdicionado brasileiro arca, por meio das custas judiciais, com uma parte pequena do serviço que lhe é prestado. Grande parte do custeio é extraído dos tributos pagos pelos contribuintes em geral. Desse modo, ingressar com uma demanda judicial no Brasil é muito barato se comparado com outros países no mundo.[12] Além disso, existem Defensorias Públicas espalhadas pelos estados e possibilidade de utilização do serviço de resolução de conflitos de forma gratuita nos casos de menor complexidade que se aproveitam dos juizados especiais cíveis. São, ainda, módicas as sanções pelo uso abusivo ou indevido do direito de ação.

---

consequência natural é que, no Brasil, a maioria das questões levadas a Juízo passa pela análise da legislação federal. Assim, a chance de serem levantadas hipóteses de possíveis ofensas à legislação interpretada é grande, levando quase que a maioria dos casos à apreciação das Cortes Superiores (encarregadas de apreciar alegações de ofensa às legislações constitucional e infraconstitucional)."

---

10 BENETI, Sidnei Agostinho. Reformas de descongestionamento de tribunais. BDJur, Brasília. 8 mar. 2010, p. 4. Disponível em http://bdjur.stj.jus.br/dspace/handle/2011/27617 Acesso em: 21/12/2015: "Motivos os mais diversos determinam a insistência recursal. Resistência natural do litigante vencido em julgamentos, zelo profissional do patrocínio derrotado, às voltas com o dever de ir até a última instância para não incidir em omissão e responsabilidade profissional pela perda de uma chance, convicção doutrinária diversa não raro antes sustentada de público ou no âmbito do intelectualidade jurídica, interesse procrastinatório devido a acumulação de vantagens decorrentes do passar do tempo, ou, mesmo, desejo de adiar a definitividade da contrariedade."

11 MANCUSO, Rodolfo de Camargo. *Acesso à justiça: condicionantes legítimas e ilegítimas*. São Paulo: Revista dos Tribunais, 2011, p. 194: "Daquele singelo enunciado [artigo 5o, XXXV, CF] se tem extraído premissas, garantias, deveres , direitos, enfim, proposições diversas, contando-se dentre essas ilações exacerbadas: a garantia de acesso à Justiça. A universalidade da jurisdição, a ubiquidade da justiça, tudo, ao fim e ao cabo, estimulando o demandismo judiciário e por pouco não convertendo o direito de ação em... dever de ação!"

12 Na Inglaterra, por exemplo, discute-se há muito tempo possíveis alterações legislativas capazes de solucionar o problema dos autos custos da prestação jurisdicional, que afetam diretamente o acesso à justiça, como alerta TURNER, Robert. 'Actively': the word that changed the civil courts. In: DWYER, Déirdre (Editor). *The Civil Procedure Rules Ten Years On*. Oxford: Oxford University Press, 2009, p. 85: "The cost of litigation has for a number of unrelated reasons become excessive. Lord Justice Jackson has been given the almost Herculean task of attempting to devise a better system. Many are inclined to accept that the indemnity principle that costs should follow the event must be abandoned"

Nesse ambiente favorável, o cidadão brasileiro, pouco afeito a assunção de protagonismo e à consequente solução consensual de seus próprios conflitos, busca o Poder Judiciário como quem vai ao dentista. Para acessá-lo, necessário, porém, o socorro ao advogado. O profissional do direito no Brasil, em sua maioria recebeu a tradicional formação na qual se ensina que os conflitos são solucionados por intermédio do processo, com uma decisão imposta por terceiro imparcial. A formação do advogado não lhe permite sugerir outras formas de solução de conflitos, pois ele as desconhece.[13] Se o patrono da parte não lhe oferece outra via, o processo judicial continuará a ser o caminho natural para a resolução de todo e qualquer litígio, independentemente de a jurisdição se mostrar adequada ou não para o tipo do conflito sob análise.[14]

Outros fatores econômicos, sociais e políticos também contribuíram para o acréscimo exponencial do número de litígios judicializados no Brasil. A massificação das relações jurídicas nas últimas décadas do século XX e as crises do próprio Estado – do Petróleo, na década de 1970, hiperinflação e planos econômicos violadores de direitos dos cidadãos – levaram a população brasileira ao ingresso de demandas perante o Judiciário, que se encontrava amplamente acessível desde a introdução do primado dos direitos fundamentais e da promessa de cortes aptas a remediar todas as injustiças e ofensas a direitos constantes da Constituição de 1988.[15] A dificuldade do Estado em assegurar administrativamente

---

13 Esse panorama tende a mudar. O Código de Processo Civil de 2015 estimula a utilização da mediação e da conciliação no início do procedimento e deixa clara a opção pelo sistema multiportas, no qual outras vias, além da sentença, são oferecidas às partes para a solução de seus conflitos. A Lei nº 13.140/2015 também regula a mediação e auxilia na criação da cultura de enfrentamento de conflitos através de mecanismos autocompositivos. Além disso, vários cursos de Direito oferecidos no Brasil já apresentam em suas grades curriculares as disciplinas de negociação, mediação e arbitragem, muitas vezes como disciplinas obrigatórias. Esse é o caminho para modificar a formação do advogado brasileiro e compatibilizá-la às necessidades encontradas na sociedade atual.

14 WATANABE, Kazuo. *Política Pública do Poder Judiciário Nacional para tratamento adequado dos conflitos de interesse.* Disponível em: <http://www.tjsp.jus.br/download/conciliacao /nucleo/parecerdeskazuowatanabe.pdf> Acesso em 20/12/2015: "O mecanismo predominantemente utilizado pelo nosso Judiciário é o da *solução adjudicada dos conflitos,* que se dá por meio de sentença do juiz. E a predominância desse critério vem gerando a chamada "cultura da sentença", que traz como consequência o aumento cada vez maior da quantidade de *recursos,* o que explica o congestionamento não somente das instancias ordinárias, como também dos Tribunais Superiores e até mesmo da Suprema Corte. Mais do que isso, vem aumentando também a quantidade de execuções judiciais, que sabidamente é morosa e ineficaz, e constitui o calcanhar de Aquiles da Justiça"; PINHO, Humberto Dalla Bernardina de; PAUMGARTTEN, Michele Pedrosa. Os efeitos colaterais da crescente tendência à judicialização da mediação. *Revista Eletrônica de Direito Processual – REDP*. Vol. XI, p. 191. Disponível em: http://www.e-publicacoes.uerj.br/index.php/redp/article/view/18068/13322. Acesso em 21/12/2015: "A inflacionada demanda por justiça é um fenômeno complexo, que parte apenas à administração da justiça sobretudo de uma dependência social dos Tribunais, seja por uma cultura demandista especialmente notada em países do sistema civil law, seja pelo incentivo estatal, que temendo a perda do monopólio , faz o Poder Judiciário propagar a ideia de que somente ele é capaz de proporcionar uma solução eficaz dos conflitos, percebido quando se promove por exemplo, a incorporação das ADRs aos Tribunais."

15 GRECO, Leonardo. A Falência do Sistema de Recursos. In: *Estudos de Direito Processual*. Campos dos Goytacazes: Editora Faculdade de Direito de Campos, 2005, p. 299-300.

os direitos esculpidos na carta magna leva os cidadãos a reivindica-los pela via judicial. O Poder Judiciário passa a ser o indevido palco de administração de políticas públicas por meio da judicialização da política e das relações sociais.[16]

Last but not least, o maior originador de demandas no Brasil é o próprio Estado, seja decorrente de ações que envolvem diretamente a União, estados e municípios, como aquelas em que uma das partes é empresa pública ou autarquia federal, estadual ou municipal.[17] Trabalho realizado pelo CNJ em 2011 indicou que o Estado é o campeão de litígios na Justiça Federal, na Justiça Estadual e na Justiça do Trabalho. Somados, os setores públicos federal, estadual e municipal estão presentes em 51% do total dos processos presentes nos tribunais brasileiros.[18] O Estado dá o exemplo à população, que o segue à risca, judicializando seus conflitos e recorrendo até o último grau de jurisdição possível.[19]

---

16 TASSINARI, Clarissa. Jurisdição e ativismo judicial: limites da atuação do Judiciário. Porto Alegre: Livraria do Advogado Editora, 2013, p. 46: "Diante deste ambiente de certa fragilização da esfera estatal, que, em regra, é resultado da interferência das forças da economia, em um movimento contrário, a sociedade se apresenta imersa em uma ampla litigiosidade como modo de resgatar e exigir o compromisso pressuposto pelo Estado Democrático de Direito. Assim, os cidadãos assumem uma postura direcionada ao conflito, à reivindicação de direitos pela via do litígio judicial, que passa a ser o palco da resolução de grande parte das contendas políticas. Este traço do comportamento das sociedades contemporâneas acabem resultando naquilo que Luiz Werneck Vianna et al chamam de "judicialização das relações sociais", traduzida na "crescente invasão do direito na organização da vida social."

17 GRECO, Leonardo. *Instituições de Processo Civil*. Vol. III. Rio de Janeiro: Forense, 2015, p. 1-2: "O sistema de recursos sofre os reflexos de três visões absolutamente deformadas do processo judicial: a dos tribunais superiores, cuja preocupação predominante é com a eliminação da quantidade de processos e de recursos, mesmo com o sacrifício da qualidade e da justiça das decisões; a dos governantes, que se habituaram a utilizar a justiça para procrastinar o cumprimento das obrigações do Estado para com os cidadãos; e a dos próprios jurisdicionados ou, muitas vezes, dos seus advogados, que, vencidos, se sentem impelidos a esgotar as vias recursais, porque estas se apresentam como facilmente acessíveis e resultam sempre de algum modo mais vantajosas do que o cumprimento".

18 Disponível em http://www.cnj.jus.br/images/pesquisas-judiciarias/pesquisa_100_maiores_litigantes. pdf. Acesso em 20.12.2015.

19 Rodolfo Camargo Mancuso menciona esses e outros fatores que nos levaram ao quadro atual da justiça brasileira, Acesso à Justiça. ob. cit., "Neste passo, pode-se tentar uma sistematização dos fatores que, operando como concausas, resultam no excesso de demanda por justiça estatal: (a) desinformação ou oferta insuficiente quanto a outros meios, ditos alternativos, de auto e heterocomposição de litígios, gerando uma cultura da sentença, na expressão de Kazuo Watanabe; (b) exacerbada juridicização da vida em sociedade, para o que contribui a pródiga positivação de novos direitos e garantias, individuais e coletivos, a partir do texto constitucional, projetando ao interno da coletividade uma expectativa (utópica), de pronto atendimento a todo e qualquer interesse contrariado ou insatisfeito; (c) ufanista e irrealista leitura do que se contem no inciso XXXV do art. 5o da CF/1988 – usualmente tomado como sede do acesso à Justiça – enunciado que, embora se enderece ao legislador, foi sendo gradualmente superdimensionado (ao influxo de motes como a ubiquidade da justiça, universalidade da jurisdição), praticamente implicando em converter o que

Não há nenhum problema, a meu ver, no fato de o sistema brasileiro propiciar ao jurisdicionado o reexame das decisões que considera injustas ou incorretas. Os recursos servem à melhoria da prestação jurisdicional, com a análise da causa por mais de um órgão, composto por juízes mais vividos e experientes. Propiciam, ainda, o controle interno das decisões, a fim de evitar o arbítrio judicial e, consequentemente, conferir maior legitimidade ao próprio Poder Judiciário. Afiguram-se, portanto, instrumento adequado à obtenção de decisões de maior qualidade e de uniformização de entendimentos, com vistas ao tratamento isonômico dos conflitos. Indispensável, porém, a compatibilização dessa qualidade alcançada por meio do reexame das causas com a necessidade de pôr fim aos litígios em tempo razoável. Esse é o grande desafio, que já angustia os estudiosos do processo civil há muito tempo.[20]

No quadro atual, com a infinidade de recursos represados nos tribunais brasileiros, a crise está prestes a impossibilitar a prestação jurisdicional, não sem antes inviabilizar a prestação jurisdicional de qualidade. É humanamente impossível o enfrentamento célere e com qualidade de todos os recursos pendentes, com o contingente de julgadores – e de assessores – que possuímos. Ademais, ainda que fosse possível o rápido aumento do número de juízes e demais servidores por meio de concursos públicos de provas e títulos sem diminuir os atributos dos candidatos, são finitos os recursos estatais necessários ao aumento de pessoal e o contribuinte não suporta mais a carga tributária que lhe é imposta. A solução não é, pois, fácil.

O Estado responde a esse impasse de dois modos. Primeiramente, o Poder Judiciário, da forma menos recomendável possível, institui filtros de admissibilidade recursal não previstos em lei, que foram apelidados pela doutrina e pela advocacia de *jurisprudência defensiva*.[21] As cortes se defendem das postulações dos jurisdicionados, que, apesar de numerosas, são a razão de ser dos tribunais. Nos últimos anos principalmente, foram impostos aos recorrentes alguns freios ao ímpeto postulatório

---

deve ser o direito de ação (especifico e condicionado) num prodigalizado dever de ação!; (d) crescimento desmensurado da estrutura judiciária – oferta de mais do mesmo sob a ótica quantitativa – com a incessante criação de novos órgãos singulares e colegiados, e correspondentes recursos humanos e materiais, engendrando o atual gigantismo que, sobre exigir parcelas cada vez mais expressivas do orçamento público, induz a que esse aumento da oferta contribua para *retroalimentar a demanda*".

---

20 MARQUES, José Frederico. *Instituições de Direito Processual Civil*. Vol. IV, 2ª edição. Rio de Janeiro: Forense, 1963, p. 6-7.

21 Márcio Carvalho Faria dedicou-se ao tema em três estudos: A jurisprudência defensiva dos tribunais superiores e a ratificação necessária (?) de alguns recursos excepcionais. *Revista de Processo*. São Paulo: Revista dos Tribunais, nº 167, janeiro de 2009; O formalismo exacerbado quanto ao preenchimento das guias de preparo: ainda a jurisprudência defensiva dos Tribunais Superiores. *Revista de Processo*. São Paulo: Revista dos Tribunais, nº 193, março de 2011; Mais do mesmo: os vícios de representação recursais, a impossibilidade de saneamento posterior nas instâncias excepcionais e a jurisprudência defensiva. *Revista Eletrônica de Direito Processual*, Rio de Janeiro, v. 12, 2013. Disponível em: http://www.e-publicacoes.uerj.br/index.php/redp/issue/view/653. Acesso em 23.12.2015.

que impedem a análise do mérito recursal, como a exigência de peças não obrigatórias para o conhecimento de agravos de instrumento, a intempestividade de recurso interposto antes da intimação, a burocratização das guias de recolhimentos de custas judiciais, a *via crucis* necessária à configuração do chamado prequestionamento da questão federal ou constitucional, entre tantos outros.[22] A *jurisprudência defensiva* passou a ser o pesadelo dos advogados, mormente pelo fato de que novos entraves são criados e aplicados a recursos cuja interposição se deu em momento anterior à própria criação pretoriana do requisito. Obriga o advogado do recorrente a não só estar atento a todos os requisitos de admissibilidade legais e àqueles criados pela jurisprudência como também a antever futuros filtros que possam ser estabelecidos após a interposição do recurso.

Mas a interferência no sono dos advogados não é o maior mal. A *jurisprudência defensiva* valoriza a forma e o formalismo de modo exacerbado, na contramão da história do processo, prejudicando a parte, potencial detentora do direito material merecedor da tutela jurisdicional. Como instrumento da jurisdição, o processo serve de meio ao alcance do bem da vida em jogo. Esse bem somente é tutelado através de decisões que enfrentem o mérito, seja em primeiro grau ou nas instâncias recursais. Obstar a análise da pretensão em razão do excessivo culto à forma é causa de frustração e de descrédito do Poder Judiciário. Difícil a tarefa do advogado de explicar ao seu cliente que o seu pedido jamais será apreciado, porque o recurso não foi conhecido, ou, como compara Barbosa Moreira, é como se, após os aperitivos, se despedissem os convidados sem servir-lhes o prato principal.[23]

---

22 GRECO, Leonardo. *Instituições de Processo Civil*. Vol. III. Ob. cit., p. 1: "Além de estimular o demandismo e a procrastinação, o nosso sistema é exageradamente formalista, criando obstáculos irrazoáveis à apreciação dos recursos e determinando a produção de decisões que, em lugar de aumentarem a probabilidade de acerto e de justiça das que pretendem rever, transformaram o seu julgamento em uma verdadeira caixa de surpresas, criadora de situações absolutamente imprevisíveis para as partes e que, a pretexto do excessivo volume de processos, dão pouca atenção às questões fáticas e jurídicas suscitadas e aos argumentos dos advogados, procurando cada vez mais encontrar afinidades dos novos casos com outros anteriormente julgados pelo mesmo tribunal ou por tribunais superiores e assim, de forma simplista e absolutamente distante do litígio real, transpor fundamentos destes para aqueles, automatizando os julgamentos".

23 BARBOSA MOREIRA, José Carlos. Restrições ilegítimas ao conhecimento dos recursos. In: *Temas de Direito Processual*. Nona Série. São Paulo: Saraiva, 2007, p. 270: "Toda medalha tem seu reverso. Atividade judicial que deixe de conduzir à decisão do mérito (da causa ou do recurso) é causa de frustração. O ideal seria que sempre se pudesse chegar àquela etapa final. Isso obviamente ressalta quando se cuida do *meritum causae*, já que só o pronunciamento da Justiça acerca dele é capaz de resolver definitivamente o litígio e, tanto quanto possível, assegurar ou restaurar o império do direito. Mesmo a respeito de outras questões (interlocutórias) porém, seria sempre até a definição do *thema decidendum*: quando nada, isso contribuiria para a formação de um corpo de jurisprudência sobre questões (incidentes) que podem assumir ponderável relevância, como as concernentes à legitimidade *ad causam*, à admissibilidade de certa prova etc. É inevitável o travo de insatisfações deixado por decisões de não-conhecimento; elas lembram refeições em que, após os aperitivos e os *hors d'oeuvre*, se despedissem os convidados sem o anunciado prato principal".

A utilização indevida nesse mecanismo convém apenas aos magistrados, legitimamente frustrados com a excessiva carga de trabalho que não tem fim, mas não está de acordo com a função exercida pelo Estado-Juiz. Seria como se os hospitais empregassem reformas e tratamentos a fim de atender aos anseios dos médicos, e não às necessidades dos pacientes.[24] Deste modo, reconhecendo a falta de legitimidade e eficiência dos filtros jurisprudenciais para a solução da crise, o Estado vem se socorrendo de reformas legislativas.

A partir da década de 1990, o Código de Processo Civil de 1973 passou a ser objeto de inúmeras alterações em diversos de seus capítulos.[25] Foram criadas a tutela antecipada[26] e a ação monitória[27], além dos juizados especiais em regime legislativo próprio,[28] como tentativa de aceleração da prestação jurisdicional; a tutela executiva sofreu grandes modificações, com o aprimoramento da execução das obrigações de fazer e não fazer,[29] o surgimento da fase de cumprimento de sentença[30] e a alteração do procedimento da execução de título extrajudicial;[31] transferiu-se, ainda, o processamento de inventário, partilha, separação consensual e divórcio consensual para a via administrativa.[32] Da mesma forma, o sistema de impugnação das decisões sofreu alterações substanciais nas três fases de reforma do CPC. A Lei nº 8.950/94 integrou ao texto do diploma processual as normas referentes aos recursos especial e extraor-

---

24 CIPRIANI, Franco. I problemi del processo di cognizione tra passato e presente. In: *Il processo civile nello stato democratico*. Napoli: Edizioni Scientifiche Italiane, 2006, p. 35.

25 Fernanda Medina Pantoja bem sistematiza as reformas ocorridas até 2008: Reformas processuais: sistematização e perspectivas. *Revista de Processo*. São Paulo: Revista dos Tribunais, v. 160, 2008. Ainda sobre as recentes reformas legislativas ver TCHAKERIAN, Renato Silvano. Sobre os supostos e os reais limites à legitimidade do Ministério Público para a tutela dos direitos individuais homogêneos. Revista de Processo, nº 185, jul/2010, p. 65: "Não é à toa, aliás, que o Estado vem tentando (a) diminuir a cultura demandista do brasileiro, com o estímulo à conciliação, criando mecanismos que facilitem sua realização, e agindo da mesma forma com relação à arbitragem, à mediação e à avaliação neutra de terceiro; b) reduzir o número de demandas e recursos com a introdução de novos dispositivos do Código de Processo Civil, a exemplo, as chamadas 'sentenças vinculantes' (art. 285-A, CPC), o poder dado às súmulas editadas pelos Tribunais Superiores no sentido de obstarem o seguimento dos recursos ao segundo grau de jurisdição (art. 518, §1o., CPC), os recursos extraordinário e especial por amostragem (art. 543-B e 543-C, CPC), todos trazidos ao Diploma Processual a partir de 2006 e, por fim, a repercussão geral necessária à interposição do recurso extraordinário (art. 102, §3o., CF/1988), trazida pela EC45/2004; c) e o encaminhamento dos megaconflitos que envolvam interesses metaindividuais para o âmbito do processo coletivo."

26 Lei nº 8.952/1994.

27 Lei nº 9.079/1995.

28 Lei nº 9.099/1995 e, posteriormente, abrangendo causas da justiça federal e da fazenda pública estadual, as leis nº 10.259/2001 e 12.153/2009, respectivamente.

29 Lei nº 8.952/1994.

30 Lei nº 11.232/2005.

31 Lei nº 11.382/2006.

32 Lei nº 11.441/2007.

dinário, uniformizou o prazo recursal, excetuando apenas os prazos de interposição de agravo e de embargos de declaração, possibilitou o exercício do juízo de admissibilidade do recurso de apelação pelo juiz *a quo*, depois de oferecidas as contrarrazões, e majorou a multa para o caso de reiteração de embargos de declaração. A Lei nº 9.139/1995 modificou substancialmente o procedimento do agravo de instrumento, que passou a ser apresentado perante o tribunal *ad quem*, buscando diminuir o elevado número de mandados de segurança utilizados como remédio para a obtenção de efeito suspensivo, não previsto como regra no CPC. A Lei nº 9.756/1998 conferiu amplos poderes aos relatores dos recursos, assegurando-lhes a possibilidade de decidir de forma unipessoal recursos que originalmente seriam apreciados pelo órgão colegiado. No início do novo milênio, a Lei nº 10.352/2001 trouxe como principais alterações a positivação da teoria da causa madura, permitindo a reforma de sentenças terminativas, com apreciação do mérito, se a causa já estivesse apta a receber julgamento quanto a pretensão do autor. Além disso, conferiu poderes ao relator para negar seguimento ao agravo de instrumento nas hipóteses do art. 557 e de convertê-lo em retido, nos casos do art. 523, §4º. A mesma lei eliminou a imposição de reexame necessário nas causas com valor até 60 salários mínimos e na sentença de anulação do casamento. Ainda retirou o efeito suspensivo *ope legis* da apelação que confirmasse tutela antecipatória anteriormente deferida, limitou as hipóteses de cabimento dos embargos infringentes e possibilitou a declaração de autenticidade pelo advogado das cópias que instruem o agravo dirigido aos tribunais superiores.

Em 2004, a emenda constitucional nº 45 foi responsável pela chamada "Reforma do Poder Judiciário" e promoveu mudanças como a introdução da garantia da duração razoável do processo no rol do art. 5º, a autorização ao Supremo Tribunal Federal para a edição de súmulas com eficácia vinculante e a ressuscitação da repercussão geral, como requisito de admissibilidade do recurso extraordinário, que foi posteriormente regulamentada pela Lei nº 11.418/2006. A promessa da prestação jurisdicional em tempo razoável já podia ser extraída de outras garantias constitucionais, como a do acesso à justiça, mas sua expressa indicação no texto colocou maior pressão sobre o Poder Judiciário. A vaga e abstrata previsão constitucional de um processo mais célere em nada contribuía para a melhoria do sistema sem que outras medidas práticas também fossem implementadas.

A Lei nº 11.276/2006 acrescentou o § 1º ao art. 518 do CPC, introduzindo a possibilidade de exercício negativo de admissibilidade da apelação pelo juízo de primeiro grau "quando a sentença estiver em conformidade com súmula do Superior Tribunal de Justiça ou do Supremo Tribunal Federal". A Lei nº 11.672/2008 iniciou o movimento de adoção de técnica de coletivização do julgamento de demandas originalmente individuais ao instituir o cabimento dos chamados recursos extraordinário e especial repetitivos. O mecanismo permitiu aos tribunais superiores o julgamento de milhares de demandas de uma só vez, com a fixação do entendimento da corte a respeito de determinada questão de direito, objeto de múltiplos casos pendentes de apreciação. Por fim, em 2010, o agravo cabível contra as decisões de inadmissão dos recursos extraordinário e especial deixou de ser interposto na modalidade de instrumento e passou ser oferecido nos próprios autos, por força da Lei nº 12.322.

As inúmeras reformas as quais foi submetido o Código de Processo Civil de 1973 renderam-lhe o apelido de colcha de retalhos e não solucionaram o problema da chamada "crise da justiça": os tribunais brasileiros a cada dia que passa estão mais abarrotados de processos e, por conseguinte, de recursos que aguardam julgamento. Há alguns anos, debatia-se a necessidade de uma reforma estrutural, que resultasse em um diploma processual novo, elaborado com o escopo de atender uma nova realidade econômico-social, muito distinta daquela encontrada por Alfredo Buzaid quando da elaboração do CPC, na década de 1970. Destarte, em 2009, o Senado Federal incumbiu um grupo de respeitáveis juristas para a tarefa de elaboração de anteprojeto de lei que viria a se tornar, depois de muitas emendas durante o processo legislativo, a Lei nº 13.105/2015, ou novo Código de Processo Civil. A comissão composta por Luiz Fux (Presidente), Teresa Arruda Alvim Wambier (Relatora), Adroaldo Furtado Fabrício, Benedito Cerezzo Pereira Filho, Bruno Dantas, Elpídio Donizetti Nunes, Humberto Theodoro Júnior, Jansen Fialho de Almeida, José Miguel Garcia Medina, José Roberto dos Santos Bedaque, Marcus Vinicius Furtado Coelho e Paulo Cezar Pinheiro Carneiro tornou-se responsável pela elaboração de diploma processual que fosse capaz de enfrentar o excesso de demandas e o consequente descrédito do Poder Judiciário perante a população, mesmo que muitas das causas dos problemas passassem ao largo da lei processual, como a cultura de litigiosidade, o excessivo demandismo do próprio Estado, a inoperosidade de determinadas agências reguladoras, o arcaico sistema de precatórios etc.

O processo legislativo de elaboração do novo CPC foi pautado por ampla participação de estudiosos, por meio de diálogo em audiências públicas e envio de propostas de modificações do projeto vindas de diversos setores do mundo jurídico.[33] Pudera: era a primeira vez que um Código de Processo Civil brasileiro se constituía em período democrático. Na Câmara dos Deputados outros juristas participaram ativamente na elaboração de substitutivo.[34] De volta ao Senado, o novo código foi finalmente aprovado em dezembro de 2014 e, após sanção presidencial, foi publicado em 16 de março de 2015, com previsão de um ano de *vacatio legis*.[35]

Como ferramenta de enfrentamento da crise, o CPC 2015 oferece três principais apostas (i) a ampliação do sistema de coletivização do julgamento de demandas originalmente individuais; (ii) o fomento à utilização de métodos autocompositivos de so-

33 Parecer da comissão especial da Câmara dos Deputados, disponível em http://www.camara.gov.br/ proposicoesWeb/prop_mostrarintegra?codteor=1026407. Acesso em 24.12.2015.

34 Foi criada nova comissão, formada por Alexandre Câmara, Fredie Didier Jr., Arruda Alvim, Luiz Henrique Volpe Camargo, Paulo Henrique dos Santos Lucon, Dorival Pavan, Sérgio Muritiba, Leonardo Carneiro da Cunha, Rinaldo Mouzalas e Daniel Mitidiero.

35 No fim de 2015, antes da entrada em vigor do novo CPC, foi aprovada lei que, entre outros temas, modificou a competência para o exercício de admissibilidade dos recursos especial e extraordinário, mantendo um sistema semelhante daquele previsto no CPC 1973.

lução de conflitos, em especial a mediação e a conciliação; (iii) a criação de um sistema de precedentes com eficácia vinculante e, portanto, de observância obrigatória pelos juízes e tribunais brasileiros.

A primeira das apostas é aplicada por meio do aprimoramento do procedimento dos recursos extraordinário e especial repetitivos, que corrige imperfeições constantes do rito estabelecido no art. 543-C, do CPC 1973, além da criação do Incidente de Resolução de Demandas Repetitivas, com o mesmo escopo, mas destinado ao enfrentamento de multiplicidade de recursos ou demandas no âmbito local – estadual ou regional. Essa técnica tornou-se necessária em razão da ineficácia da tutela coletiva para a defesa de interesses individuais homogêneos. O ideal seria o ingresso dessas pretensões múltiplas através de uma única demanda coletiva. No entanto, a possibilidade de litispendência entre as ações coletiva e individual não permite que o processo coletivo solucione satisfatoriamente o problema de enfrentamento de multiplicidade de demandas. A ação civil pública torna-se apenas mais uma no mar de ações individuais tratando do mesmo objeto e ainda sofre das dificuldades adicionais das ações coletivas em geral: as agruras da liquidação dos danos, as discussões acerca da legitimidade e da eficácia subjetiva da coisa julgada etc.[36] A técnica de coletivização do julgamento de demandas que ingressam no Poder Judiciário de forma individual reúne os casos depois de ocorrida a judicialização dos conflitos e vincula todas as pretensões ao resultado alcançado. Deste modo, a corte julga apenas um ou dois recursos ou um incidente e evita o enfrentamento dos milhares casos restantes, cujos objetos consistem na mesma questão de direito controvertida.[37] Para que se torne um instrumento legítimo, é necessário, porém, que disponibilize eficazes mecanismos de exercício do contraditório aos interessados que serão afetados pela decisão de recursos ou incidentes, sem que estejam necessariamente participando da formação do convencimento dos julgadores.

---

36 WATANABE, Kazuo. *Política Pública do Poder Judiciário Nacional para tratamento adequado dos conflitos de interesse.* Ob. Cit., p. 1: "O Poder Judiciário Nacional está enfrentando uma intensa conflituosidade, com sobrecarga excessiva de processos, o que vem gerando a crise de desempenho e a consequente perda de credibilidade. Essa situação é decorrente, em grande parte, das transformações por que vem passando a sociedade brasileira, de intensa conflituosidade decorrente de inúmeros fatores, um dos quais é a economia de massa. Alguns desses conflitos são levados ao Judiciário em sua configuração molecular, por meio de ações coletivas, mas a grande maioria é judicializada individualmente, com geração, em relação a certos tipos de conflitos, do fenômeno de *processos repetitivos,* que vem provocando a sobrecarga de serviços no Judiciário".

37 O art. 979 do novo CPC determina a ocorrência de ampla divulgação dos temas que estão sendo debatidos em sede de recursos extraordinário e especial repetitivos e de incidente de resolução de demandas repetitivas. Ainda na sistemática do CPC 1973, o Superior Tribunal de Justiça vinha divulgando classificação temática das questões que são objeto de recurso especial repetitivo. Já foram objeto de julgamento questões como índice de reajuste de remuneração de servidores militares, termo *a quo* de incidência de correção monetária, reexame necessários da sentença ilíquida, juros remuneratórios superiores a 12% ao ano em relações de consumo, propositura de ação revisional e mora do autor, entre muitos outros temas.

A segunda aposta do novo CPC recebeu influência de medidas adotadas em países da *common law*. O legislador reformista previu que o jurisdicionado, ao adentrar no tribunal, não terá apenas a via ou a porta da sentença, isto é, da decisão adjudicada. As partes podem optar por outro caminho, no qual serão disponibilizados profissionais capacitados em mediação ou conciliação, que as auxiliarão nas tratativas das questões em conflito, com vistas à obtenção de um acordo. Essa é a promessa do código, que estabelece apenas um rito comum – pondo fim à tradicional dicotomia entre ritos ordinário e sumário –, cuja fase inicial, antes mesmo do oferecimento de defesa pelo réu, consiste na tentativa de solução consensual do litígio por meio de métodos autocopositivos. Trata-se da importação do tradicional sistema de tribunais multiportas, adotado nos Estados Unidos desde a década de 1970 e que se beneficia, no direito alienígena, da forte cultura de negociação e acordo. Uma vez judicializado o conflito, as partes são direcionadas pelos funcionários do tribunal ao método de solução de conflitos que mais bem atende às necessidades do caso.[38]

Novamente, o CPC 2015 reconhece a impossibilidade de se evitar a judicialização do conflito por meio de acordos pré-processuais entabulados entre as partes. Ciente da cultura da sentença e da dificuldade de imposição da mediação ou da conciliação prévias obrigatórias,[39] o novo diploma permite o ingresso da demanda, mas disponibi-

---

38 Frank Sanders, professor da *Harvard Law School*, em 1979, publicou estudo em que oferecia uma alternativa às alarmantes previsões do professor John Barton, para quem o Poder Judiciário americano entraria em colapso no ano de 2010, em razão do aumento excessivo de demandas. Sanders introduziu a ideia do *multi-door courthouse*, por meio do qual se apresentava às partes vários métodos de solução de conflitos diferentes da jurisdição assim que ingressassem na corte: Varieties of Dispute Processing. In: *The Pound Conference: perspectives on justice in the future*. Minnesota: West Publishing, 1979, p. 83-84: "What I am thus advocating is a flexible and diverse panoply of dispute resolution processes, with particular types of cases being assigned to differing processes (or combinations of processes), according to some of the criteria previously mentioned. Conceivably such allocation might be accomplished for a particular class of cases at the outset by the legislature: that in effect is what was done by the Massachusetts legislature for malpractice cases. Alternatively one might envision by the year 2000 not simply a court house but a Dispute Resolution Center, where the grievant would first be channelled through a screening clerk who would then direct him to the process (or sequence of processes) most appropriate to his type of case".

39 O Supremo Tribunal Federal, no julgamento de medida cautelar em ação direta de inconstitucionalidade, decidiu pela inconstitucionalidade da obrigatoriedade de a parte, em uma etapa pré-processual, passar pelas denominadas Comissões de Conciliação Prévia da Justiça do Trabalho, como condição ao ajuizamento da reclamação trabalhista. Não obstante a divergência entre os ministros, com bons argumentos favoráveis à tentativa de conciliação prévia compulsória, o Pretório Excelso considerou a criação de requisito adicional de admissibilidade da ação como norma violadora da garantia constitucional de acesso à justiça, prevista no art. 5º, inc. XXXV da Constituição. Supremo Tribunal Federal. ADI nº 2.139. Rel. Min. Carmem Lúcia. Acórdão de 13 de maio de 2009. Disponível em http://jurisprudencia.s3.amazonaws.com/STF/IT/ADI_21 39_DF_1278961677134.pdf?Signature=4iHHkp6k4EDqWneVs45N5puPjqw%3D&Expires=1448886597& AWSAccessKeyId=AKIAIPM2XEMZACAXCMBA&response-content-type=application/pdf&x=-amz-meta-m5d-hash-de1cda70ce2 0e99396d8d0afe336e72d. Consultado em 30 de novembro de 2015. Sabedor do entendimento pretoriano, o legislador optou pela suspensão do processo ou da arbitragem – e não pela mediação prévia compulsória – dentro do prazo previsto em contrato para a tentativa de solução negocial do conflito. É o que dispõe o art. 23 da Lei nº 13.140/2015.

liza liminarmente outras formas de tratamento do litígio. Assim, oferece mecanismos incidentais que, se não evitam o processo, diminuem o trabalho adicional dos servidores e tornam desnecessária a sentença, além de, na maioria dos casos, apresentarem-se como um meio de solução mais adequado ao conflito.[40] A grande questão que se impõe é saber se a cultura de litigiosidade da sociedade brasileira será um obstáculo intransponível para essa realidade almejada pela nova lei processual. A Lei nº 13.140/2015, que regulamenta a mediação e a autocomposição de conflitos no âmbito da administração pública, serve de reforço na tentativa de criação de predileção pelas soluções consensuais.

A terceira e última grande aposta do novo CPC para solucionar ou ao menos minimizar as consequências da crise da justiça é a criação de um sistema de precedentes, positivado principalmente nos arts. 926 e 927, que busca conferir eficácia vinculante a determinadas decisões judiciais. Aproximando-se do *stare decisis* da *common law*, mas com ele não se confundindo, o novo modelo nacional compele, pois, demais tribunais e juízes à observância dos precedentes extraídos das decisões que o código indica como geradoras desse efeito. O art. 927 dispõe que juízes e tribunais observarão (i) as decisões do Supremo Tribunal Federal em controle concentrado de constitucionalidade; (ii) os enunciados de súmula vinculante; (ii) os acórdãos em incidente de assunção de competência ou de resolução de demandas repetitivas e em julgamento de recursos extraordinário e especial repetitivos; (iii) os enunciados das súmulas do Supremo Tribunal Federal em matéria constitucional e do Superior Tribunal de Justiça em matéria infraconstitucional; (iv) a orientação do plenário ou do órgão especial aos quais estiverem vinculados.

O sistema de precedentes brasileiro já atrai para si inúmeras controvérsias quanto à sua constitucionalidade e abrangência.[41] Não obstante a necessária maturação do debate na doutrina e nos tribunais especialmente sobre o alcance desse novo modelo, o legislador lhe reservou papel de destaque, conferindo-lhe além dos óbvios escopos de garantia do tratamento isonômico e da segurança jurídica, o objetivo de reduzir o número de demandas, ou, ao menos, enxugar o número de recursos que chegam aos órgãos fracionários de tribunais locais e de recursos que adentram as

---

40 Além da audiência inicial prevista no art. 334, o novo código prevê um procedimento antecipado de prova com a finalidade específica de propiciar a autocomposição das partes, conforme dispõe o art. 381, inc. II.

41 A doutrina se divide entre aqueles que sustentam a inconstitucionalidade da regra inserida no art. 927 (como TUCCI, José Rogério Cruz; O regime do precedente judicial no novo CPC. In: DIDIER JR., Fredie; CUNHA, Leonardo Carneiro da; ATAÍDE JR., Jaldemiro Rodrigues de; MACÊDO, Lucas Buril. Precedentes. Salvador: Editora JusPodivm, 2015, p. 454, e ABBOUD, Georges. Do genuíno precedente do *stare decisis* ao precedente brasileiro: os fatores histórico, hermenêutico e democrático que os diferenciam. Idem, p. 400) e aqueles que extraem ampla eficácia vinculante dos precedentes indicados no dispositivo (como ZANETI JR., Hermes. Precedentes normativos formalmente vinculantes. In: DIDIER JR., Fredie; CUNHA, Leonardo Carneiro da; ATAÍDE JR., Jaldemiro Rodrigues de; MACÊDO, Lucas Buril. Precedentes. Salvador: Editora JusPodivm, 2015, p.409, e DIDIER JR., Fredie. Curso de Direito Processual Civil. Vol. 2. 10ª edição. Salvador: Editora JusPodivm, 2015, capítulo 11).

portas dos tribunais superiores. Uma pretensão ajuizada que seja contrária a determinados precedentes, como os extraídos de súmulas do Supremo Tribunal Federal ou do Superior Tribunal de Justiça, por exemplo, deve ser fulminada pela sentença liminar de improcedência, antes mesmo da citação do réu, consoante dispõe o art. 332 do CPC. Por outro lado, a pretensão condizente com precedente formado em casos repetitivos ou súmula vinculante pode ser agraciada com a antecipação liminar dos efeitos da tutela de mérito, conquanto não presente o *periculum in mora*. É o que determina o art. 311, inc. II, que trata de uma das hipóteses de cabimento da tutela provisória da evidência. Pleitos recursais em flagrante acordo ou desacordo com entendimentos sumulados pelo STJ ou STF ou com decisões proferidas em julgamento de casos repetitivos (art. 928) e em assunção de competência serão decididos necessariamente por decisões unipessoais dos relatores dos recursos, e não pelo colegiado, por força do art. 932, incs. IV e V.

A concessão de maior força a determinados precedentes limita a veiculação de pretensões que lhes são contrárias, em razão das ferramentas que permitem o sistema expeli-las rapidamente. Assim, uma vez fixado um precedente vinculante, diminuirá a quantidade de demandas sobre aquele tema perante o Poder Judiciário. Nesse sistema em que o precedente constitui fonte formal do direito, é possível utilizá-lo não só como embasamento para a concessão de tutela jurisdicional, mas também como ferramenta de tutela jurídica, evitando o ingresso de novas demandas.[42]

Na exposição de motivos, a Comissão de juristas que elaborou o anteprojeto do CPC 2015 elenca como um dos principais escopos do código a simplificação do sistema recursal.[43] Para tanto, algumas mudanças foram entabuladas: (i) a uniformização dos prazos recursais para quinze dias, excetuados os embargos de declaração, cujo prazo manteve-se em cinco dias (art. 1.003, § 5º), mas agora contados apenas os dias úteis (art. 219); (ii) o fim do agravo retido em razão da alteração do regime das preclusões, com a possibilidade de impugnação na apelação de todas as decisões anteriores à sentença contra as quais não caiba a interposição de agravo de instrumento (art. 1.009, § 1º); (iii) a supressão dos embargos infringentes, substituídos pela técnica de majoração automática do número de julgadores em caso de decisão não unânime (art. 942); (iv) a aplicação do princípio da fungibilidade recursal entre recurso especial e recurso

---

42 DINAMARCO, Cândido. *Fundamentos do processo civil modero*. 3ª ed. São Paulo: Malheiros, 1987. t. II, p. 809: "Tutela jurídica, no sentido mais amplo, é a proteção que o Estado confere ao homem para a consecução de situações consideradas eticamente desejáveis segundo os valores vigentes na sociedade — seja em relação aos bens, seja em relação a outros membros do convívio. A tutela jurídica estatal realiza-se em dois planos: o da fixação de preceitos reguladores da convivência e o das atividades destinadas à efetividade desses preceitos".

43 (...) Assim, e por isso, um dos métodos de trabalho da Comissão foi o de resolver problemas, sobre cuja existência há praticamente unanimidade na comunidade jurídica. Isso ocorreu, por exemplo, no que diz respeito à complexidade do sistema recursal existente na lei revogada. Se o sistema recursal, que havia no Código revogado em sua versão originária, era consideravelmente mais simples que o anterior, depois das sucessivas reformas pontuais que ocorreram, se tornou, inegavelmente, muito mais complexo. (...)"

extraordinário (arts. 1.032 e 1.033); (v) a competência exclusiva do tribunal *ad quem* para o exercício do juízo de admissibilidade da apelação (art. 1.010, § 3º); (vi) a busca pelo maior rendimento possível de cada processo, privilegiando-se ao máximo o julgamento do mérito recursal.

Numa análise inicial, é possível identificar um aspecto potencialmente negativo e, outro, merecedor de grandes elogios.

O CPC 2015 limita as hipóteses de cabimento do agravo de instrumento aos incisos do art. 1.015 e a outros casos expressamente previstos em lei. Destarte, as demais decisões interlocutórias são passíveis de impugnação apenas no momento da apelação ou das contrarrazões de apelação. A irrecorribilidade imediata de provimentos judiciais que tratem de competência, admissibilidade de provas, convenções processuais etc. tem o potencial de ressuscitar o uso exagerado de sucedâneos recursais – tais como o mandado de segurança – como meio de preencher o espaço do recurso que seja imediatamente objeto de exame pelo tribunal. Trata-se de mais uma tentativa de limitar o uso do agravo de instrumento, como ocorrera nas últimas reformas do CPC 1973, que tornaram o agravo retido a regra. Porém, nesse modelo, restava a tentativa de demonstrar o risco de a decisão recorrida causar à parte lesão grave e de difícil reparação. Essa possibilidade flexibilizava o rigor do disposto no art. 527, inc. II, do CPC 1973, e evitava a enxurrada de *writs* impugnativos de decisões de primeiro grau. O modelo previsto no novo CPC indica que presenciaremos o retorno triunfal do mandado de segurança como sucedâneo recursal.

Por outro lado, o CPC 2015, de modo bastante elogiável, buscou enfrentar a chamada *jurisprudência defensiva*, ao optar pelo conteúdo em detrimento da forma. Em diversas passagens, o código refuta entendimentos pretorianos que levavam a decisões de inadmissibilidade recursal decorrente do uso do formalismo exacerbado com o manifesto propósito de diminuição do número de recursos para julgamento de mérito. É a aplicação do princípio da primazia do julgamento de mérito.[44] Seguem alguns exemplos: (i) o art. 932, parágrafo único, a principal arma do CPC 2015 contra a *jurisprudência defensiva*, impede o exercício negativo de admissibilidade pelo relator antes da concessão de prazo de cinco dias ao recorrente para correção do vício ou complementação da documentação exigível; (ii) as hipóteses de cabimento do julgamento do mérito recursal por meio de decisão monocrática do relator foram limitadas à violação a determinadas espécies de precedentes, como dispõem os incisos IV e V, do art. 932; (iii) o art. 1.017, § 3º, que faz remissão ao art. 932, parágrafo único, não

---

44 Sobre o tema FARIA, Marcio Carvalho. O novo Código de Processo Civil e a jurisprudência defensiva. *Revista de Processo*. São Paulo: RT, vol. 210/2012, p. 263 – 300, p. 266-267: "Isso porque, como se verá abaixo, em várias passagens o novo CPC (LGL\1973\5), acolhendo orientações da doutrina e até da própria jurisprudência, reforçou a obrigatoriedade de o magistrado perseguir a tutela jurisdicional meritória, seja em primeiro grau de jurisdição, seja nos tribunais locais, seja nas vias excepcionais. Afinal, é ele, o mérito, o pedido imediato de toda demanda, na medida em que não parece razoável (embora, infelizmente, dado o rigor excessivo dos filtros de admissibilidade, isso seja frequente) que alguém se contente com o mero recebimento de sua pretensão".

permite o não conhecimento do agravo de instrumento decorrente da falta de peça ou de outro vício sem que antes seja oportunizada a correção pelo agravante; (iv) a mera oposição de embargos de declaração serve ao preenchimento do requisito do prequestionamento, considerando-se incluídos no acórdão os elementos que o embargante suscitou, ainda que os embargos de declaração sejam inadmitidos ou rejeitados (art. 1.025); (v) o voto vencido servirá para fins de prequestionamento, como dispõe o art. 941, § 3º; (vi) a total ausência de preparo não ocasiona a deserção do recurso se, intimado, o recorrente recolhe as custas em dobro (art. 1.007, § 4º); (vii) "se os embargos de declaração forem rejeitados ou não alterarem a conclusão do julgamento anterior, o recurso interposto pela outra parte antes da publicação do julgamento dos embargos de declaração será processado e julgado independentemente de ratificação" (art. 1.024, § 5º); (viii) os arts. 1.032 e 1.033 preveem a aplicação do princípio da fungibilidade na interposição dos recursos especial e extraordinário, se matéria de fundo for incompatível com o recurso escolhido pela parte.

O código prioriza, pois, o exame do mérito recursal, aproveitando-se os atos processuais de acordo com os princípios da instrumentalidade das formas e da economia processual.

Os primeiros anos de vigência do novo diploma indicarão se suas escolhas foram acertadas e, principalmente, capazes de concretizar o prometido escopo de maior celeridade de prestação da tutela jurisdicional sem o uso indevido de expedientes formalistas que evitam o julgamento do mérito recursal.

O REGISTRO ELETRÔNICO DA PROVA ORAL SOB A ÓTICA DO ACESSO À JUSTIÇA

Felipe Carvalho Gonçalves da Silva

1. O CÓDIGO DE PROCESSO CIVIL E O ACESSO À JUSTIÇA

O Código de Processo Civil de 2015, Lei nº 13.105, de 16 de março de 2015, foi elaborado para atingir o anseio do cidadão. Paulo Cezar Pinheiro Carneiro, importante jurista do nosso tempo e um dos pais do novo diploma de Processo Civil, sublinha que o Código ambiciona a rapidez, a isonomia das decisões de caso similares e a efetividade, sem olhar de soslaio para as demais garantias processuais constitucionais[1].

Arruda Alvim destaca os objetivos concretos do recente diploma: a) maior organicidade do texto; b) imprimir simplicidade aos procedimentos; c) conferir maior rendimento a cada processo em si mesmo considerado; e d) incentivar a uniformidade e a estabilidade da jurisprudência[2].

A Lei nº 13.105/2015 é cristalina na adoção da teoria do direito processual constitucional ao inaugurar-se trazendo um livro dedicado às normais fundamentais do processo civil e à sua aplicação. Os princípios e valores constitucionais são fontes e legitimam o exercício do direito processual. Logo no artigo 1º, o recente Código diz a que veio: "O processo civil será ordenado, disciplinado e interpretado conforme os valores e as normas fundamentais estabelecidos na Constituição da República Federativa do Brasil, observando-se as disposições deste Código".

Assim, na Parte Geral do Código, o Livro I é composto de um só título: "Das Normas Fundamentais e da Aplicação das Normas Processuais". Nele, são estatuídos os seguintes princípios: inércia – artigo 2º; acesso à justiça – artigo 3º; duração razoável do processo – artigo 4º; boa fé – artigo 5º; cooperação – artigo 6º; igualdade de tratamento – artigo 7º; contraditório – artigos 7º, 9º e 10; publicidade – artigos 8º e 11; atendimento dos fins sociais – artigo 8º; exigências do bem comum – artigo 8º; dig-

1 CARNEIRO, Paulo Cezar Pinheiro. *Comentários ao capítulo I – Das normas fundamentais do processo civil*. In: WAMBIER, Teresa Arruda Alvim; DIDIER JUNIOR, Fredie; TALAMINI, Eduardo; DANTAS, Bruno (coordenadores). Breves comentários ao novo código de processo civil, São Paulo: Revista dos Tribunais, 2015, p. 57.

2 ALVIM, Arruda. *Aspectos principiológicos no projeto do novo CPC*. In: MENDES, Aluisio Gonçalves de Castro; WAMBIER, Teresa Arruda Alvim (organizadores). O processo em perspectiva: jornadas brasileiras em direito processual: homenagem a José Carlos Barbosa Moreira, São Paulo: Revista dos Tribunais, 2013, p. 76.

nidade da pessoa humana – artigo 8º; eficiência – artigo 8º; legalidade – artigo 8º; proporcionalidade – artigo 8º; utilidade – artigo 9º, parágrafo único; motivação – artigo 11[3].

Qualquer Estado que se preocupe com o bem-estar dos seus cidadãos deve estabelecer mecanismos para o acesso ao direito e o acesso à justiça. O acesso ao direito tem diversos pressupostos, jurídicos e extrajurídicos, sem os quais não se pode afirmar que o Estado visa à realização dos direitos de seu povo. Dentre eles, podemos mencionar: educação básica; oferecimento a todos de condições mínimas de sobrevivência e de existência condignas, através de acesso ao trabalho produtivo, livremente escolhido, e da percepção da correspondente remuneração capaz de prover ao sustento dos trabalhadores e de suas famílias; fortalecimento dos grupos intermediários e de associativismo; a responsabilidade do Estado, no cumprimento dos seus deveres para com os cidadãos, e a transparência do Estado no trato de questões que possam afetar a esfera dos interesses coletivos, com a possibilidade de influência nas decisões do Poder Público através dos instrumentos de participação democrática; redução dos privilégios estatais em face dos particulares; aconselhamento aos pobres a respeito dos seus direitos; e, por fim, o acesso à justiça[4].

A efetivação de qualquer direito pressupõe, portanto, a possibilidade de acesso à justiça. De nada adianta a previsão normativa de direitos e a consciência de um povo acerca destes, se o Estado deixar de forjar mecanismos para resolução dos conflitos de interesses juridicamente protegidos.

Nesta senda, tão importante quanto o próprio direito tutelado, é a possibilidade de exigir do Estado a sua satisfação.

O acesso à justiça é concretizado por meio das garantias fundamentais do processo. Leonardo Greco, referindo-se à classificação proposta no Luigi Paolo Comoglio, registra que as garantias fundamentais podem ser divididas em individuais e estruturais. As primeiras atendem à proteção dos direitos de cada uma das partes no caso concreto. As últimas, a condições prévias para o adequado funcionamento da estrutura judiciária[5].

Humberto Dalla Bernardina de Pinho e Maria Maria Martins Silva relembram a importância da obra de Mauro Cappelletti no desenvolvimento do princípio do acesso à justiça, postulado essencial ao funcionamento do Estado de Direito[6], responsável por assegurar a isonomia substancial aos cidadãos. Apesar de o processo ser fenômeno cultural e por esta razão sofrer influência dos costumes, tradições, e experiências

---

3 Ibidem, pp. 57/87.

4 GRECO, Leonardo. *Instituições de processo civil*, vol. I, 5ª ed., Rio de Janeiro: Forense, 2015, pp. 9/14.

5 GRECO, Leonardo. *Garantias fundamentais do processo*: o processo justo. In: Estudos de direito processual, Campos dos Goytacazes: Editora Faculdade de Direito de Campos, 2005, p. 228.

6 PINHO, Humberto Dalla Bernardina de; STANCATI, Maria Maria Martins Silva. *A ressignificação do princípio do acesso à justiça à luz do art. 3º do código de processo civil de 2015*. In: Revista de Processo, vol. 254, abr. 2016, p. 18.

sociais e políticas, próprios de cada povo[7], é certo que o acesso à justiça é fim almejado universalmente.

Lecionando sobre os princípios fundamentais, Mauro Cappeletti repara que o acesso à justiça é almejado há séculos[8]:

Michelle Taruffo[9] nos ensina que o devido processo legal substancial pressupõe a prolação de decisões justas. Em torno deste pensamento, constrói uma teoria:

> A teoria da decisão aqui proposta é baseada no pressuposto de que não há um critério único e capaz de construir o ponto de referência para o feedback sobre a justeza da decisão judicial. Em vez disso, parece necessário um conjunto de três critérios: apenas pela sua combinação pode vir um sistema de avaliação que permite determinar se e quando a decisão é acertada. Como se verá melhor a seguir, então a justiça da decisão toma a forma de um algoritmo que engloba e liga três conjuntos de valores.
> Os três critérios a que se refere são: (a) correção da escolha e interpretação da regra legal aplicável ao caso; (b) uma avaliação confiável dos fatos relevantes do caso; (c) o uso de um procedimento válido e justo para chegar a uma decisão.

Voltando ao estudo de Leonardo Greco, a garantia da ampla defesa, vista como necessária para o acesso à justiça e a construção do processo justo, pressupõe a possibilidade de se propor e produzir todas as provas que, a juízo do jurisdicionado, possa levar ao acolhimento da sua pretensão ou à rejeição da demanda contra si existente[10].

---

7 TARUFFO, Michele. *Cultura y processo. Páginas sobre justicia civil*, Marcial Pons, Ediciones Jurídicas y Sociales, Madrid, Espanha, 2009, p.189.

8 *"These rights and guarantees are not necessarily new. Most of them are rooted in past centuries, and all of them can still be reduced to such ancient rules as the two that have traditionally represented the core of a system of "natural justice"--judicial impartiality and the right to be heard. Yet even these old rights and guarantees have acquired new force and significance through their modern constitutionalization and internationalization."*CAPPELLETTI, Mauro. *Fundamental guarantees of the parties in civil litigation: comparative constitutional, international, and social trends.* Stanford: 25 Stan. L. Rev. 651, Maio, 1973, p. 24.

9 Livre tradução. Transcreve-se o original: *"La teoria della decisione giusta che qui si propone si fonda sul presupposto che non esista un singolo ed unico criterio idoneo acostituire il punto di riferimento per le valutazioni attinenti alla giustizia della decisione giudiziaria. Piuttosto, sembra necessario far capo ad un insieme di tre criteri: solo dalla loro combinazione potrà scaturire uno schema di valutazione che consente di determinare se e quando la decisione è giusta. Come si vedrà meglio in séguito, allora, la giustizia della decisione assume la forma di um algoritmo che ricomprende e collega tre ordini di valori. I tre criteri ai quali si allude sono i seguenti: a) correttezza della scelta e dell'interpretazione della regola giuridica applicabile al caso; b) accertamento attendibile dei fatti rilevanti del caso; c) impiego di un procedimento valido e giusto per giungere alla decisione"*. TARUFFO, Michele. *Idee per una teoria della decisione giusta.* In: *Rivista Trimestrale di Diritto e Procedura Civile*, vol. LI (núm. 2), 1997, p. 319.

10 "As partes ou os interessados na administração da Justiça devem ter o direito de apresentar todas as alegações, propor e produzir todas as provas que, a seu juízo, possam militar a favor do acolhimento da sua pretensão ou do não acolhimento da postulação do seu adversário. Esse direito abrange tanto o direito à autodefesa quanto à defesa técnica por um advogado habilitado, e tam-

Neste contexto, a prova tem relevantíssimo papel na busca da decisão justa, afinal, a avalição confiável dos fatos relevantes do caso se obtém por meio de sua análise. E para que seja bem analisada, deve ser registrada da forma mais fiel possível.

2. A PROVA DOCUMENTADA ELETRONICAMENTE

Compete ao juiz, na condução do processo, a prática de atos que podem ter as seguintes espécies: atos decisórios, atos de movimentação, atos de instrução, atos de coação e atos de documentação[11].

As provas são produzidas no processo para convencimento do magistrado em relação à verdade os fatos[12]. São essenciais, portanto, para o acesso à justiça, pois, por meio delas, a postulação será julgada procedente ou improcedente.

Michele Taruffo[13] destaca o papel da prova como instrumento dirigido à obtenção da verdade.

O julgador necessita avaliar a pertinência da prova a ser produzida para deferi-la ou não. Especificamente no respeitante à prova oral, determinada sua produção, os atos de instrução precisam ser registrados para que o seu conteúdo seja preservado.

Existem duas formas de constituição da prova: a) as provas pré-constituídas são produzidas em procedimentos extraprocessuais, através de fontes pré-existentes, e

---

bém o direito a não ser prejudicado no seu exercício por obstáculos alheios à sua vontade ou pela dificuldade de acesso às provas de suas alegações. A ampla defesa é por si mesma uma garantia genérica que se concretiza em muitas outras, sendo impossível delimitar aprioristicamente todo o seu alcance e, portanto, dela estarei tratando em muitos momentos no curso do presente estudo." GRECO, Leonardo. *Garantias fundamentais do processo: o processo justo.* In: Estudos de direito processual, Campos dos Goytacazes: Editora Faculdade de Direito de Campos, 2005, p. 235.

---

11 GRECO, Leonardo. *Instituições de Processo Civil*, vol. I, 5ª ed., Rio de Janeiro: Forense, 2015, p. 268.

12 "Na *civil law*, o juiz é ativo, não é inerte, na busca da verdade, no suprimento das deficiências defensivas e probatória das partes, no exercício de uma autêntica função assistencial. É também ativo na provocação de questões, especialmente quando se trata de questões de ordem pública. Busca-se, assim, sem comprometer a necessária imparcialidade do julgador, assegurar a paridade de armas, superando os obstáculos econômicos, probatórios e postulatórios, com o intuito de dar efetividade à igualdade das partes em juízo." Ibidem, p. 9.

13 *"Existen además distintas concepciones del modo en el cual la verdad podría ser descubierta, y también aqui entran em juego diferentes implicaciones culturales de carácter general. Así, por ejemplo, en una perspectiva fundamentalmente psicologista e irracionalista, se puede pensar que la verdad se deriva simplesmente de la intime conviction de los jurados o del juez, excluyendo por lo tanto que esa verdad pueda ser identificada aplicando um método controlable. Si, por el contrario, se adopta uma perspectiva racionalista – que hoy parece predominar en diferentes áreas culturales y em algunos ordenamentos de common law incluido Estados Unidos, además de otros de civil law como Italia Y España – ello implica discutir el método por medio del cual se practican las pruebas, y se analizan y valoran las informaciones respectivas. Surge así una dimesión epistémica del fenómeno probatorio, en la cual se analizan las pruebas desde el punto de vista de su capacidad de operar como instrumentos dirigidos a la determinación de la verdad."*TARUFFO, Michele. *Cultura y processo. Páginas sobre justicia civil*, Marcial Pons, Ediciones Jurídicas y Sociales, Madrid, Espanha, 2009, p. 203.

quando juntadas aos autos são submetidas a contraditório judicial posterior, diferido; b) as provas constituendas são constituídas e produzidas com atos do processo, formadas em contraditório de partes e perante um juiz terceiro e imparcial.

A prova oral, tal como a pericial e a inspeção judicial, é constituenda[14].

Ordinariamente, o juiz registra a audiência ditando os atos para o escrivão. A presença das partes, advogados, Ministério Público e testemunhas, o horário de início e término, as decisões prolatadas, enfim, tudo de importante é consignado e, ao final, assinado pelo juiz e demais personagens do processo, assumindo a documentação a presunção de fé pública[15]. É neste cenário que será produzida a prova oral.

Greco chama a atenção para a importância da tarefa de documentação dos atos processuais: "A documentação é uma atividade aparentemente acessória, mas muito importante no processo, pois todos os seus atos devem estar perenizados, conservados com o seu conteúdo preciso, através de algum tipo de registro. É um poder que a lei confere ao juiz e aos seus auxiliares imediatos, como o escrivão e o oficial de justiça"[16].

A documentação tem como objeto dar perenidade ao ato produzido judicialmente[17].

Leonardo Greco nota, ainda, que ao contrário da *common law*, em que o juiz de primeiro grau tem muito mais poder, pois a ele é atribuída a confiança própria de um representante dos cidadãos e da comunidade, o modelo da *civil law* tenta documentar

---

14 DINAMARCO, Cândido Rangel. *Instituições de direito processual civil*, 6ª ed., São Paulo: Malheiros, v. II, 2009, p. 96.

15 GRECO, Leonardo. *Instituições de Processo Civil*, vol. I, 5ª ed., Rio de Janeiro: Forense, 2015, p. 276.

16 Ibidem, p. 108

17 "A perenidade é requisito que diz respeito à necessidade de conservação do documento. Sendo o documento físico constituído geralmente em papel, a sua conservação é tema que não traz maiores questionamentos. Contudo, ao tratarmos do documento eletrônico, as dificuldades de conservação demandam algumas observações. O documento é típico meio de representação fática, que possui como um de seus elementos a coisa, ou melhor, um suporte que deixará transparecer o seu conteúdo. Mesmo os bits não prescindem de matéria para existir, necessitando do elemento suporte para que ganhem vida, bem como se conservem ao longo do tempo. Em sendo a conservação do documento medida mais do que aconselhável, não poderia o documento eletrônico escapar de tal requisito. O natural descarte de arquivos eletrônicos, que podem ser varridos de nosso computador quando de sua formatação, ou mesmo pela ação de vírus, aflora a necessidade de encontrar maneiras para perenizar o seu conteúdo. Resta claro que somente o documento eletrônico conservado até o momento do litígio poderá ser utilizado como meio de prova. Isso posto, cumpre à parte interessada na produção dessa espécie de prova, a utilização de suporte apto a conservar o seu conteúdo. O uso de CDs, disquetes ou mesmo a memória do próprio computador podem se prestar a tanto. Por derradeiro, de se salientar ser a perenidade assunto que diz respeito ao modo de conservação do documento eletrônico, alguns dos quais foram acima elencados. Assim, dos requisitos aqui estudados, é o único que para se fazer presente, independe da utilização de tecnologias de assinatura eletrônica." MARIANI, Rômulo Greff. *O documento eletrônico como meio de prova no processo civil.* In: Revista Síntese, Direito Civil e Direito Processual Civil. São Paulo: Síntese, v.12, n.79, set./out. 2012, pp. 84/85.

tudo, para que a segunda instância possa ter a mesma amplitude de cognição a que teve o juízo *a quo*.

Assim, enquanto o modelo da *common law* é predominantemente oral, o da *civil law* preza pelo registro. Essa tentativa, logicamente é falha, porquanto os atos orais, ao serem reduzidos a termo pelo magistrado, passam antes pelo seu olhar e são interpretados. Desta feita, muito se perde. O juízo não consegue reproduzir cada formação intelectiva com exatidão. O que se dizer dos movimentos corporais, gestuais, olhar...

Releva notar, nesta quadra, a importância da documentação eletrônica[18] para efetivação do processo justo.

Basta nos lembrarmos dos depoimentos das operações de combate ao crime organizado, registrados por meio audiovisual, que foram veiculados em matérias jornalísticas, para reafirmamos a impressão de quão realista são e quantos detalhes contêm. Caso fossem reduzidos a termo, certamente perderiam muito de sua substância.

DANIELA NEGRAES, em trabalho interdisciplinar sobre Linguística e Direito, enfatiza a importância do registro audiovisual para contextualização do relato oral na análise da conversa (AC)[19]:

> Nesse ponto, embora nem sempre seja possível, é essencial que se diga que gravações em vídeos são de grande utilidade como fonte de recursos preciosos para pesquisas em AC pela possibilidade de incorporação de mais elementos de sustentação para as análises como, por exemplo, pistas de contextualização (GOFFMAN, 1974; 1981) (gestos, direcionamento do olhar, etc.).

Assevera também, a referida autora, que o relato perenizar-se-á, podendo vir a ser analisado por quem não participou da sua produção[20].

> Conforme mencionado acima, as gravações das interações feitas nas salas de audiência visam a institucionalizar o fato relatado. Conforme lembra Andrade (2010, p. 27), "em casos de crimes julgados em tribunais de 2ª instância, esse documento representará a versão oficial e definitiva do depoente, uma vez que ele não mais terá a chance de se pronunciar sobre o caso." Sendo assim, é imprescindível que, frente a uma pergunta, o depoente verbalize suas respostas não podendo, por exemplo, assentir ou negar com a cabeça ou, ainda, proferir sua fala em volume insatisfatório tendo em vista os propósitos da gravação. Desse modo, o excerto, apresentado a seguir, se presta para mostrar a não orientação da depoente para a

---

18 Conceituam Guido Ferolla, José Paulo Micheletto Naves e Nathália Cassola Zugaibe: "Vale dizer que documentos eletrônicos não se resumem unicamente a escritos: podem ser também desenhos, vídeos, sons, enfim, tudo o que possa representar determinado fato e esteja armazenado em meio digital". FEROLLA, Guido; NAVES, José Paulo; ZUGAIBE, Nathália Cassola. In: *Documento eletrônico como prova no processo penal brasileiro*. Revista dos Estudantes de Direito da Universidade de Brasília / Universidade, de Brasília, nº 12, 2016, Brasília: RED|UnB, pp. 153/174.

19 ANDRADE, Daniela Negraes P.. *"Não, a gente fica meio perdida, né?"*: como se traduz a hostilidade dos encontros legais na fala em-interação. In: COULTHARD, Malcolm, COLARES, Virgínia; SOUSA--SILVA, Rui (orgs.). Linguagem & Direito: os eixos temáticos [e-book]. Recife: ALIDI, 2015, p. 326.

20 Ibidem, p. 327.

necessidade de se fazer ouvir, não somente pelos participantes presentes, mas também pelo possível público "leitor dos registros oficiais.

Durante a vigência do Código de Processo Civil de 1973, o artigo 132 impunha que a demanda fosse julgada pelo juiz que houvesse concluído a instrução oral. Vigia, à época, o princípio da identidade física do juiz.

Na Lei de Ritos de 2015 não há dispositivo análogo. Acabou, pois, a vinculação do juiz que concluiu a audiência para proferir a sentença. Se por um lado a mudança impõe celeridade, pois, em caso de substituição eventual do magistrado que presidiu a produção da prova oral, não será necessária aguardar o seu retorno ou a remessa dos autos a diferente serventia para o seu julgamento, por outro, o magistrado que receberá o processo para julgamento ficará refém da prova produzida perante julgador diverso. Por maior que seja o zelo daquele que reduziu o depoimento a termo, nunca será possível saber todas as impressões decorrentes daquela prova oral. Por tudo isso que, como percebe José Lebre de Freitas, o julgador da matéria de fato deve ter o contato mais direto possível com as pessoas ou coisas que servem de fontes de prova[21], afinal, tem ele o objetivo de extrair a verdade dos fatos.

Os atos de documentação escrita, por mais objetivo que seja o julgador, sempre carregaram para si traços de subjetividade. Não à toa, Confúcio cunhou a expressão popular: "uma imagem vale mais do que mil palavras". Numa audiência, a prova oral, quando reduzida a palavras que o julgador entende como importantes, pode perder muito do seu conteúdo, e até mesmo o sentido original. A imagem do depoimento, a forma como a testemunha se comportou, se estava nervosa, ou se estava tranquila, se estava indignada, ou tomando partido velado de alguma das partes, o tom da voz, as advertências do juízo e advogados, muito disso se extravia quando o depoimento é reduzido a termo.

Mas, se o Código retirou com uma mão a vinculação do magistrado que presidiu a audiência, com a outra deu um instrumento importantíssimo na concretização da ampla defesa, qual seja, a gravação digital dos depoimentos. A importância do instrumento não passou despercebida pela melhor doutrina[22]. Merece destaque o apon-

---

21 FREITAS, José Lebre de. *Introdução ao processo civil*: conceito e princípios gerais, 2. ed,,Coimbra: Editora Coimbra, 2009, p.169.

22 "Para a garantia do acesso à Justiça, os processualistas têm observado que determinados atos devem ser simplificados e que o uso da oralidade é a melhor forma para tanto. (...). Porém, a oralidade não significa um atentado ao princípio da segurança jurídica pela falta do registro dos atos processuais. Atualmente, a tecnologia possibilita a documentação das provas orais. Desse modo, é possível gravar depoimentos em arquivos digitais para serem reproduzidos a qualquer tempo. Esse procedimento ajuda não só o juiz singular no momento de proferir a sentença, mas também as próprias partes e os magistrados de segundo grau que têm acesso à prova quase integral produzida em audiência. Assim, percebe-se que o uso das tecnologias modernas relacionadas à oralidade promove a redução do número de documentos processo, evitando extravios e gastos desnecessários." PINHO, Humberto Dalla Bernardinha de. *Direito processual civil contemporâneo*: teoria geral do processo, vol. 1, 7. ed, São Paulo: Saraiva, 2017, pp. 445-446.

tamento de que as instâncias recursais poderão ter um contato mais realista com os depoimentos.

Nas palavras de Paulo Cezar Pinheiro Carneiro, é preciso que os envolvidos na atividade judiciária atuem de forma operosa, para que se obtenha máxima de produtividade para que tenha efetivo acesso à justiça[23]. O registro da prova oral em meio eletrônico, audiovisual, atende como uma luva o princípio da operosidade.

O registro em meio eletrônico desperta, ainda, resistência daqueles que não têm intimidade com dispositivos de informática e dos que não dispensam a leitura dos depoimentos. Acrescente-se que é trabalhosa a tarefa de transcrever os testemunhos. No entanto, a resistência é paulatinamente vencida quando se constata que a sentença pode ser mais bem fundamentada com a prova oral registrada digitalmente.

Alencar percebe a tendência à utilização do recurso eletrônico[24].

---

23 CARNEIRO, Paulo Cezar Pinheiro. *Acesso à justiça*: juizados especiais cíveis e ação civil pública: uma nova sistematização da teoria geral do processo. Rio de Janeiro: Forense, 2003. Humberto Dalla resume a sistematização de Paulo Cezar Pinheiro Carneiro: "Vislumbra-se que o Judiciário deve-se adaptar à demanda que a ele é apresentada, levando em consideração o bem jurídico em disputa, o valor econômico e social dele, bem como quem são os sujeitos que litigam. Para tanto, é fundamental que o Judiciário passe por reformas. Segundo Mauro Cappelletti, algumas mudanças devem ser realizadas, como: alterações nas formas de procedimento, mudanças na estrutura dos tribunais ou a criação de novos tribunais e a utilização de mecanismos privados ou informais de solução dos litígios. O que se está pretendendo é promover mudanças em toda a estrutura processual e física do Judiciário em busca da efetivação do direito à Justiça. Dispondo também sobre o acesso à Justiça, Paulo Cezar Pinheiro Carneiro propõe seu reestudo a partir de quatro grandes princípios: a acessibilidade, a operosidade, a utilidade e a proporcionalidade. A acessibilidade significa estar em juízo sem obstáculo de qualquer natureza, utilizando adequadamente o instrumental jurídico para a efetivação de direitos. A operosidade significa que todos os envolvidos na atividade judiciária devem atuar de forma a obter o máximo de sua produção, para que se atinja o efetivo acesso à Justiça. Para isso, deve haver uma atuação ética de todos os sujeitos do processo, zelando pela efetividade processual, e deve sempre se priorizar a busca da verdade real e a índole conciliatória. A utilidade significa garantir ao vencedor seu direito, mas com o menor sacrifício para o vencido, mediante o equilíbrio entre a segurança e a celeridade, a utilização das tutelas de urgência, a adoção da execução específica como regra e a limitação da incidência das nulidades. Por fim, a proporcionalidade se traduz na escolha feita pelo legislador quando há dois interesses em conflito. Nos dias atuais, não se pode falar em acesso à Justiça sem as novas tecnologias, em especial a informática. O processo não pode se modernizar apenas nas leis ou nas atitudes dos seus operadores; é preciso materializar de forma física e palpável o seu desenvolvimento. No mundo globalizado e dinâmico, as novas tecnologias da informação são essenciais, por isso, o processo eletrônico veio com o objetivo de contribuir com o acesso de todos a uma ordem jurídica justa". PINHO, Humberto Dalla Bernardinha de. *Direito processual civil contemporâneo*: teoria geral do processo, vol. 1, 7. ed, São Paulo: Saraiva, 2017, p. 431.

24 "A novidade se contrapõe ao *status quo*. Na seara jurídica, o ortodoxo é a regra. As mudanças sofrem resistência. É uma resistência natural, eis que cria um desconforto para os que habitualmente trabalham com instrumentos muito conhecidos, notadamente o papel e as formas construídas a partir desse paradigma. Os textos legislativos, a exemplo do Código de Processo Penal de 1941, contêm regras que pressupõem o processo tradicional, a exemplo de intimações através da imprensa ou por carta precatória em forma de ofício físico. A refração que se tem ao novo vai, aos

Ademais, o recurso pode ser utilizado tanto em processos eletrônicos, quanto nos processos físicos. No Tribunal de Justiça do Estado do Rio de Janeiro, o depoimento audiovisual registrado em meio eletrônico é gravado em mídia digital e encartado nos autos, quando produzido em processo físico. Além disso, é "publicado" no andamento processual, podendo ser consultado por meio de acesso ao site do Tribunal. Tem-se consulta de fácil e permanente acesso, pois.

3. A DISCIPLINA LEGAL DA DOCUMENTAÇÃO ELETRÔNICA DA AUDIÊNCIA

As primeiras leis que previram o uso da tecnologia da informação para o registro de atos processuais foram a nº 8.245/91, a nº 9.800/1999 e a nº 10.259/01, que regulamentaram o uso do fac-símile e dos recursos eletrônicos nos Juizados Especiais Federais[25]. A lei nº 8.245/91, conhecida popularmente como Lei do Inquilinato, admitiu a citação por meio de fac-símile, desde que houvesse previsão contratual. A Lei nº 9.800/99 permitiu a utilização de transmissão de dados por meio de fac-símile. Em 2001, a Lei nº 10.259/01, que instituiu os Juizados Especiais Federais, previu a prática de atos processuais por meio eletrônico.

A Lei nº 11.419/2006 estatuiu a informatização do processo judicial.

A regulamentação veio com demora. A informatização, desde a década de 90, já tinha, paulatinamente, tomado conta das nossas tarefas cotidianas. No entanto, a prática forense ainda estava apegada ao papel, ao processo físico.

A utilização do processo virtual teve experiência embrionária no Juizado Especial Cível da Comarca de São Sebastião do Caí, no Estado do Rio Grande do Sul. As petições iniciais eram registradas oralmente ou por meio de disquete no "Sistema Themis"[26]. Isso, antes de qualquer autorização legislativa neste sentido.

poucos, perdendo força, superando a maior opacidade inicial. A primeira forma de verificação do fenômeno é a empírica. Pela observação, percebe-se que a legislação não atende às exigências da sociedade com elevado grau de complexidade. A lei é a abstração dos casos concretos que se repetem dia a dia. A constância fática revela a necessidade de síntese de um enunciado, para resolver casos futuros. Antes da forma legal, todavia, o sistema jurídico se vale de uma técnica denominada interpretação progressiva, do art. 3.° do CPP: 'a lei processual penal admitirá interpretação extensiva e aplicação analógica, bem como o suplemento dos princípios gerais de direito` Foi com base na interpretação progressiva da lei processual penal que, mesmo antes da legislação formal, práticas que envolvem o uso de tecnologia e de meios eletrônicos, tornaram-se praxe forense." ALENCAR, Rosmar Antonni Rodrigues Cavalcanti de. *Informática jurídica e tecnologia no processo penal*. In: Revista dos Tribunais, vol. 940/2014, fev. 2014, p. 284.

25 ADORNO JÚNIOR, Helcio Luiz; Soares, Marcele Carine dos Praseres. *Processo judicial eletrônico, acesso à justiça e inclusão digital*: os desafios do uso da tecnologia na prestação jurisdicional. In: Revista de Direito do Trabalho, vol. 151, maio/jun. 2013, p. 3.

26 PINHO, Humberto Dalla Bernardina de; DUARTE, Márcia Michele Garcia. *Os juizados especiais cíveis e o e-processo: o exame das garantias processuais na esfera virtual.* In: Revista Eletrônica de Direito Processual – REDP. V. III, nº 3, jan./jun. 2009, p. 56.

No ano de 2002, Gandini, Salomão e Jacob bem observaram[27]:

> O Direito não acompanha a evolução social, econômica e, também, a tecnológica, estando sempre atrasado perante os acontecimentos da sociedade. Como o impacto revolucionário da informação está apenas começando a ser notado, em se tratando de documento eletrônico, a ordem jurídica nacional ainda não se ajustou plenamente à nova realidade existente em nível mundial e, inclusive, em nosso País. Diante disso, a razão da necessidade de regulamentação da matéria se dá porque a informação está intimamente ligada à documentação, que aos poucos deixa de ser escrita para assumir a forma digital, e, como o uso do papel começa a nos mostrar suas limitações, os recursos eletrônicos vêm a suprimi-lo, em alguns casos, tornando o documento mais seguro, confiável e seu armazenamento e recuperação mais bem administrados, bem como sua transmissão eficiente, rápida e segura.

Hoje, o processo informatizado e, neste contexto, o processo eletrônico, tem se revelado uma ferramenta muito proveitosa para diminuição dos custos do processo, além de se traduzir em celeridade[28]. Dentre outras vantagens, podem ser elencadas: a) diminuição dos prazos para a efetivação de citação e intimação; b) intimações simultâneas[29]; c) intimações presumidas; d) possibilidade de o ato ser praticado até as 24 horas de seu último dia do prazo[30]; e) juntada automática; f) diminuição dos custos

27 GANDINI, João Agnaldo Donizete; SALOMÃO, Diana Paola da silva; JACOB, Cristiane. *A validade jurídica dos documentos digitais*. In: Caderno Jurídico, São Paulo, v. 3, nº 12, nov./dez. 2002, pp. 132/133.

28 LIMA, Alexandre de. *Processo eletrônico como instrumento de efetivação dos diretos da personalidade e o acesso à justiça*. Anais eletrônicos do I Congresso Internacional de Diretos da Personalidade, 14, 15 e 16 de abril/20014/PR. "Segundo um levantamento feito pelo Conselho Nacional de Justiça, do gasto na tramitação do processo, 70% é consumido com a prática de atos burocráticos, é o denominado tempo neutro que em nada contribui para a efetiva prestação jurisdicional. Com a implementação do processo eletrônico, esse tempo foi reduzido para 30%." IGLESIAS, Aline Marinho Bailão; OLIVEIRA, Jacqueline O. da Silva Zago de; MARQUES, Julianne Freire. *Aspectos controversos do processo eletrônico*. In: Revista ESMAT, Palmas, Ano 6, nº 7, jan./jun. 2014, p. 19.

29 "Com relação aos prazos, especificamente à incidência dos prazos dobrados para os litisconsortes com advogados distintos no processo eletrônico, a jurisprudência vem se manifestando no sentido da sua inaplicabilidade, não obstante a crítica doutrinária a tal posicionamento." PINHO, Humberto Dalla Bernardinha de. *Direito processual civil contemporâneo*: teoria geral do processo, vol. 1, 7. ed, São Paulo: Saraiva, 2017, p. 454.

30 BARBOSA, Adrina Joselen Rocha Morais. *O processo judicial eletrônico como instrumento de concretização do direito fundamental à celeridade da prestação da tutela jurisdicional*. In: Revista ESMAT, Palmas, Ano 5, nº 6, jul./dez. 2013, pp. 101/122. Isso, na prática, porém, pode afastar a isonomia. Humberto Dalla observa: "O êxito na implantação do Processo Judicial Eletrônico está diretamente associado a políticas de inclusão social/digital, para que esta não se torne uma via de uso exclusivo das classes economicamente mais favorecidas da população. Nesse sentido, a Lei nº 11.419/2006 determina que os Tribunais disponibilizem equipamentos para que todos acessem a rede mundial de computadores, o que sanaria o prejuízo daquele que está excluído digitalmente. Ocorre que para atos processuais será até à meia-noite e os Tribunais encerram o acesso ao público

com insumos e material humano[31]; g) possibilidade de trabalho remoto[32]; h) registro fidedigno da prova oral e debates realizados durantes a audiências; i) diário eletrônico de fácil acesso[33]; j) rápida tramitação de cartas precatórias; k) processamento de recursos sem a necessidade de formar um traslado[34]; l) disponibilidade imediata dos autos[35]; m) manuseio eficaz[36]; n) barateamento do processo[37]; o) valorização da ampla defesa e contraditório[38]; p) imediata conclusão ao juiz dos processos com pedido de tutela de urgência[39]; q) mapeamento estatístico instantâneo; r) acesso simultâneo pelas partes[40]; s) ampliação da política de preservação do meio ambiente[41].

---

bem antes disso, o que põe em disparidade os que têm à sua disposição a ferramenta de acesso à internet, podendo fazê-la em horário maior do que os que dependem do acesso por meio dos Tribunais." PINHO, Humberto Dalla Bernardinha de. *Direito processual civil contemporâneo*: teoria geral do processo, vol. 1, 7. ed, São Paulo: Saraiva, 2017, p. 438.

---

31 IGLESIAS, Aline Marinho Bailão; OLIVEIRA, Jacqueline O. da Silva Zago de; MARQUES, Julianne Freire. Op. cit., p. 37.

32 Ibidem, p. 35.

33 SICA, Heitor Vitor Mendonça. *Problemas atuais do processo civil eletrônico e o projeto do novo CPC*. In: Revista dos Tribunais, São Paulo, vol. 1, jul. 2013, p. 71.

34 ALENCAR, Rosmar Antonni Rodrigues Cavalcanti de. Op. cit., p. 290.

35 Analisando especificamente o processo penal, Rosmar Rodrigues Cavalcante de Alencar constata: "Trata-se de realidade que tende a se ampliar, na linha da progressiva informatização do processo penal. O uso do processo tradicional, com movimentação linear de processos, deve reduzir-se paulatinamente, inclusive na esfera criminal. Os processos eletrônicos ficam disponíveis aos magistrados, às partes, aos seus procuradores, aos membros do Ministério Público, da Defensoria Pública e aos servidores de maneira contínua. A limitação de acesso instantâneo tem como destinatário o público, sem prejuízo da publicidade dos atos processuais, que fica assegurada através de procedimento específico para acesso aos autos por cidadão que não seja parte, observadas as normas quando existente situação de sigilo, tendente a preservar a intimidade das partes". Idem.

36 Idem.

37 PINHO, Humberto Dalla Bernardinha de. *Direito processual civil contemporâneo*: teoria geral do processo, vol. 1, 7. ed, São Paulo : Saraiva, 2017, p. 432.

38 Ibidem, p. 439.

39 MORESCHI, Allander Quintino. *A efetividade do processo judicial eletrônico na prática forense*. Revista ESMAT, Palmas, Ano 5, nº 5, jan./jun. 2013, p. 15.

40 SILVA, Queli Cristiane Schiefelbein da; SPENGLER, Fabiana Marion. *O acesso à justiça como direito humano fundamental*: a busca da efetivação da razoável duração do processo por meio do processo eletrônico. In: Espaço Jurídico *Journal of Law*, Joaçaba, v. 16, nº 1, jan./jun. 2015, p. 142.

41 ALMEIDA FILHO, José Carlos de Araújo. *A segurança da informação no processo eletrônico e a necessidade de regulamentação da privacidade de dados.* In: Revista de processo, vol. 152, out. 2007, p. 173.

Como pontos desfavoráveis: a) controle da publicidade[42e 43]; b) dificuldade de levar aos autos objetos que não podem ser registrados por dispositivo de informática[44];

---

42 Quando da edição da Lei nº 11.419/2006 houve muitas críticas em razão de a publicidade dos atos ter ficado quase que restrita aos sujeitos processuais. No entanto, parte da doutrina aplaudia a restrição da publicidade para preservação da intimidade das partes. Essa era a opinião de Helcio Luiz Adorno Júnior e Marcele Carine dos Praseres Soares: "No processo judicial eletrônico, porém, somente terão acesso aos atos do processo as partes litigantes e seus patronos, previamente cadastrados por senhas específicas, conforme restrição legal, impossibilitando o acesso às informações do processo por terceiros. Busca-se, com isso, prestigiar a intimidade dos litigantes, protegendo seus dados pessoais e o sigilo das informações particulares. O lançamento indiscriminado desses dados na rede mundial de computadores poderia gerar sua disseminação em velocidade e quantidade incomensuráveis, prejudicando as garantias fundamentais do processo por terceiros". ADORNO JÚNIOR, Helcio Luiz; SOARES, Marcele Carine dos Praseres. Op. cit., p. 4. José Carlos de Araújo Almeida Filho registra igual preocupação. ALMEIDA FILHO, José Carlos de Araújo Almeida. *O princípio da publicidade no processo frente à EC 45/2004 e o processo eletrônico.* In: Revista de Processo, vol. 142, dez. 2006, pp. 142/154. Humberto Dalla entende que os documentos digitalizados têm acesso restritos às partes, aos procuradores, ao *Parquet*, e, por óbvio, ao juiz. Quanto aos atos dos juízes e serventuários, a regra é a publicidade ampla, à exceção dos feitos que tramitam em segredo de justiça. PINHO, Humberto Dalla Bernardinha de. *Direito processual civil contemporâneo*: teoria geral do processo, vol. 1, 7. ed, São Paulo: Saraiva, 2017, p. 441/444. Aline Marinho Bailão Iglesias, Jacqueline O. da Silva Zago de Oliveira e Julianne Freire Marques relembram que o tráfico de dados pela *internet* pode permitir a invasão da vida privada e violar o direito ao esquecimento. IGLESIAS, Aline Marinho Bailão; OLIVEIRA, Jacqueline O. da Silva Zago de; MARQUES, Julianne Freire Marques. *Aspectos controversos do processo eletrônico.* In: Revista ESMAT, Palmas, Ano 6, nº 7, jan./jun. 2014, pp. 23/24. A regulamentação dos dados processuais eletrônicos que podem ser divulgados foi estabelecida por meio da Resolução nº 121/2010 do CNJ.

43 Rogério José Britto de Carvalho taxa de inconstitucional, por violação ao princípio da publicidade, o artigo 5º, e parágrafos, da Lei nº 11.419/2006. Percebemos a dificuldade doutrinária de acomodar dois princípios de ordem constitucional: a preservação da intimidade; e a publicidade. CARVALHO, Rogério José de. *O novo CPC (Lei nº 13.105/2015) e a publicidade dos atos judiciais no procedimento eletrônico – A Constituição Federal e a Lei nº 11.419/2006.* In: Revista Síntese, Direito Civil e Processual Civil, São Paulo, v. 18, nº 106, mar./abr. 2017, p. 23.

44 Recordo-me de audiência no Juizado Especial Cível, por mim presidida, na qual a parte autora levou um punhado de fios de cabelo e um creme para alisamento, a fim de demonstrar queda de cabelo causada pelo produto. Na ocasião, os objetos puderam ser apensados aos autos. Hoje, aqueles objetos teriam que ficar acautelados em cartório. Outra dificuldade é que muito raramente os objetos acautelados em cartório são requisitados pela superior instância quando da reavaliação da prova. O acautelamento dos objetos/peças que por sua natureza não possam ser digitalizados está regulamentado no artigo 5º, §1º, da Resolução nº16/2009 do órgão Especial do TJRJ. O Conselho Nacional de Justiça regulamenta a hipótese no artigo 11 da Resolução nº 185/2013, *in verbis*: "Art. 11. Os documentos produzidos eletronicamente e juntados aos processos eletrônicos com garantia da origem e de seu signatário, na forma estabelecida nesta Lei, serão considerados originais para todos os efeitos legais. § 1º. Os extratos digitais e os documentos digitalizados e juntados aos autos pelos órgãos da Justiça e seus auxiliares, pelo Ministério Público e seus auxiliares, pelas procuradorias, pelas autoridades policiais, pelas repartições públicas em geral e por advogados públicos e privados têm a mesma força probante dos originais, ressalvada a alegação motivada e fundamentada de adulteração antes ou durante o processo de digitalização. § 2º. A arguição de falsidade do

c) diferentes níveis de informatização pelos jurisdicionados, o que pode ensejar a quebra da isonomia[45e46]; d) falta de padronização dos sistemas de processamento eletrôni-

---

documento original será processada eletronicamente na forma da lei processual em vigor. § 3º. Os originais dos documentos digitalizados, mencionados no § 2º deste artigo, deverão ser preservados pelo seu detentor até o trânsito em julgado da sentença ou, quando admitida, até o final do prazo para interposição de ação rescisória. § 4º (VETADO). § 5º. Os documentos cuja digitalização seja tecnicamente inviável devido ao grande volume ou por motivo de ilegibilidade deverão ser apresentados ao cartório ou secretaria no prazo de 10 (dez) dias contados do envio de petição eletrônica comunicando o fato, os quais serão devolvidos à parte após o trânsito em julgado. § 6º. Os documentos digitalizados juntados em processo eletrônico somente estarão disponíveis para acesso por meio da rede externa para suas respectivas partes processuais e para o Ministério Público, respeitado o disposto em lei para as situações de sigilo e de segredo de justiça".

---

45 Nos Juizados Especiais do Estado do Rio de Janeiro, criou-se a prática de intimar pessoalmente o autor que não é assistido por advogado, mesmo sendo obrigatório o cadastro de e-mail para distribuição de processo eletrônico. Constatou-se que muitos jurisdicionados fornecem e-mail de outrem, pois não têm endereço eletrônico próprio. Ademais, não seria razoável exigir de quem tem parco conhecimento jurídico e não lida rotineiramente com intimações eletrônicas que checasse sua caixa postal em busca de informações processuais. O art. 198 do Código de Processo Civil prevê a prática de ato por meio não eletrônico para corrigir esta dificuldade: "As unidades do Poder Judiciário deverão manter gratuitamente, à disposição dos interessados, equipamentos necessários à prática de atos processuais e à consulta e ao acesso ao sistema e aos documentos dele constantes. Parágrafo único. Será admitida a prática de atos por meio não eletrônico no local onde não estiverem disponibilizados os equipamentos previstos no *caput*." Helcio Luiz Adorno Júnior e Marcele Carine dos Praseres Soares anotam: "Apesar das inegáveis benesses do processo eletrônico, não se pode olvidar da análise dos problemas dele advindos, cuja ocorrência é possível, sobretudo em período de transição. Uma das facetas mais preocupantes e, sem dúvida, a da necessidade de se criar uma política de inclusão digital no Brasil, como destaca Gonçalves (2011, p. 39-40)..." ADORNO JÚNIOR, Helcio Luiz; SOARES, Marcele Carine dos Praseres. Op. cit., p. 9.

46 O acesso à *internet* tem sido considerado direito fundamental. "O acesso à *internet* não mais representa um luxo como era, por exemplo, no ano de 1995, mas sim uma necessidade, e uma necessidade que não é apenas da elite socioeconômica, é de todo o povo. Assim, o estado brasileiro deve agir a favor da universalização do acesso e deve proteger a *internet* das tentativas de censura e de limitação de seu potencial. Uma última colocação. A afirmação de que há um direito humano de acesso à *internet* não deve ser levianamente criticada. A ideia desenvolvida na presente pesquisa é resultado de uma construção teórica e jurídico-dogmática que defende a evolução histórica dos Direitos Humanos e apresenta a *internet* como uma tecnologia que se tornou essencial à vida humana contemporânea. As pessoas morreriam sem internet? Não, mas certamente o homem cibernético não existiria. Não se pode acreditar que os Direitos Humanos já esgotaram a sua função nas antigas fórmulas de direito à vida e vedação da tortura. Não negamos o maior grau de centralidade desses direitos no sistema, contudo não podemos ficar restritos ao passado. Se a sociedade evoluiu tecnologicamente, o direito deve acompanhá-la ou de nada adiantariam as defesas de róis abertos de direitos humanos e fundamentais. Se todos os direitos humanos já tivessem sido "descobertos", se não há nada a ser "construído" hoje, os róis estariam fechados, não haveria mais nada a ser inserido neles, ou alguém acredita que ainda existem direitos "escondidos", que não foram revelados em todas as décadas que se seguiram às declarações de direitos? Thomas Kuhn já ressaltava que toda mudança de paradigma nas ciências é precedida de

co entre os Tribunais[47]; e) possibilidade de dano à documentação por meio de ataque cibernético[48]; f) custos com armazenamento de dados e mudança de tecnologia[49].

No âmbito do Tribunal de Justiça do Estado do Rio de Janeiro, o processo eletrônico é regulamentado pela Resolução nº 16/2009. O referido ato normativo, elaborado sob a égide da Lei nº 11.419/2006, continua em vigor após a edição do Código de Processo Civil 2015.

Como dito anteriormente, mesmo antes da autorização legislativa para o processamento eletrônico de demandas judiciais já existia previsão normativa, no Código de Processo Civil de 1973[50], aplicada analogicamente, para a documentação eletrônica da prova oral. Sublinhe-se que a documentação eletrônica e a tramitação eletrônica de processos (processo eletrônico) são espécies do gênero meio eletrônico.

---

uma forte resistência dos adeptos do paradigma anterior, que foram ensinados e passaram sua vida estudando e pensando com base nele. Passar de uma visão que considera o acesso à *internet* como um item de luxo ao reconhecimento dele como um direito humano é uma mudança de paradigma. Por essa razão, é esperado que aqueles que desconhecem os potenciais das novas tecnologias resistam a essa mudança. Contudo, não acreditamos que a resistência durará muito. A tendência é que a *internet* se torne, a cada dia, mais fundamental à nossa vida, mais integrada ao nosso dia-a-dia. A *internet*, hoje, é muito maior do que era há cinco anos e com certeza é muito menor do que será daqui a cinco anos. O crescimento exponencial da utilização da tecnologia em um futuro próprio reafirmará, a cada dia, a nossa tese." NASCIMENTO, Bárbara Luiza Coutinho do. *O direito humano de acesso à internet:* fundamentos, conteúdo e exigibilidade. eBook Kindle. Obra derivada da dissertação apresentada ao programa de mestrado em direito da Universidade do Estado do Rio de Janeiro no ano de 2013, p. 194.

---

47 "Duas são as saídas a serem buscadas: a interoperabilidade de todos os sistemas existentes, ou a padronização nacional do processo eletrônico." IGLESIAS, Aline Marinho Bailão; OLIVEIRA, Jacqueline O. da Silva Zago de; MARQUES, Julianne Freire Marques. *Aspectos controversos do processo eletrônico.* In: Revista ESMAT, Palmas, Ano 6, nº 7, jan./jun. 2014, pp. 23/24. A Resolução nº 185/2013 do CNJ estabelece o PJe como sistema nacional, mas, na prática, ainda não há padronização.

48 Ibidem, p. 32.

49 ANDRADE, Francisco Pacheco de. *Arquivo eletrônico*: uma bomba relógio no mundo da prova digital? In: Revista Eletrônica do Curso de Direito da UFSM, v. 10, n.1/2015, pp. 330/338.

50 "Art. 417. O depoimento, datilografado ou registrado por taquigrafia, estenotipia ou outro método idôneo de documentação, será assinado pelo juiz, pelo depoente e pelos procuradores, facultando-se às partes a sua gravação." (Redação dada pela Lei nº 8.952, de 13.12.1994). "Parágrafo único. O depoimento será passado para a versão datilográfica quando houver recurso da sentença, ou noutros casos, quando juiz o determinar, de ofício ou a requerimento da parte." (Incluído pela Lei nº 8.952, de 13.12.1994). Posteriormente, o parágrafo único foi renumerado pela Lei nº 11.419/2006. "Art. 169. Os atos e termos do processo serão datilografados ou escritos com tinta escura e indelével, assinando-os as pessoas que neles intervieram. Quando estas não puderem ou não quiserem firmá-los, o escrivão certificará, nos autos, a ocorrência." "Art. 170. É lícito o uso da taquigrafia, da estenotipia, ou de outro método idôneo, em qualquer juízo ou tribunal." (Redação dada pela Lei nº 8.952, de 13.12.1994). "Art. 171. Não se admitem, nos atos e termos, espaços em branco, bem como entrelinhas, emendas ou rasuras, salvo se aqueles forem inutilizados e estas expressamente ressalvadas."

A Lei nº 11.419/2006 define, em seu parágrafo segundo, inciso I, do artigo 1º, meio eletrônico como "qualquer forma de armazenamento ou tráfego de documentos e arquivos digitais"[51].

No parágrafo primeiro, o artigo 1º estatui a aplicação da Lei nº 11.419/2006, indistintamente, aos processos civil, penal e trabalhista, bem como aos Juizados Especiais, em qualquer grau de jurisdição.

A Resolução nº 185/2013 do CNJ, que "Institui o Sistema Processo Judicial Eletrônico – PJe como sistema de processamento de informações e prática de atos processuais e estabelece os parâmetros para sua implementação e funcionamento", em seu artigo 3º, distingue documento eletrônico (digital), de processo eletrônico[52].

O Código de Processo Civil de 2015, desde a sua gênese, prevê a utilização do recurso audiovisual para registro da prova oral[53].

---

51 "Art. 1º. O uso de meio eletrônico na tramitação de processos judiciais, comunicação de atos e transmissão de peças processuais será admitido nos termos desta Lei. § 1º Aplica-se o disposto nesta Lei, indistintamente, aos processos civil, penal e trabalhista, bem como aos juizados especiais, em qualquer grau de jurisdição. § 2º Para o disposto nesta Lei, considera-se: I – meio eletrônico qualquer forma de armazenamento ou tráfego de documentos e arquivos digitais; II – transmissão eletrônica toda forma de comunicação a distância com a utilização de redes de comunicação, preferencialmente a rede mundial de computadores; III – assinatura eletrônica as seguintes formas de identificação inequívoca do signatário: a) assinatura digital baseada em certificado digital emitido por Autoridade Certificadora credenciada, na forma de lei específica; b) mediante cadastro de usuário no Poder Judiciário, conforme disciplinado pelos órgãos respectivos."

52 "Art. 3º Para o disposto nesta Resolução, considera-se: I – assinatura digital: resumo matemático computacionalmente calculado a partir do uso de chave privada e que pode ser verificado com o uso de chave pública, estando o detentor do par de chaves certificado dentro da Infraestrutura de Chaves Públicas Brasileira (ICP-Br), na forma da legislação específica; II – autos do processo eletrônico ou autos digitais: conjunto de metadados e documentos eletrônicos correspondentes a todos os atos, termos e informações do processo; III – digitalização: processo de reprodução ou conversão de fato ou coisa, produzidos ou representados originalmente em meio não digital, para o formato digital; IV – documento digitalizado: reprodução digital de documento originalmente físico; V – documento digital: documento originalmente produzido em meio digital; VI – meio eletrônico: ambiente de armazenamento ou tráfego de informações digitais; VII – transmissão eletrônica: toda forma de comunicação à distância com a utilização de redes de comunicação, preferencialmente a rede mundial de computadores; VIII – usuários internos: magistrados e servidores do Poder Judiciário, bem como outros a que se reconhecer acesso às funcionalidades internas do sistema de processamento em meio eletrônico, tais como estagiários e prestadores de serviço; IX – usuários externos: todos os demais usuários, incluídos partes, advogados, membros do Ministério Público, defensores públicos, peritos e leiloeiros.".

53 "Art. 460. O depoimento poderá ser documentado por meio de gravação. § 1º Quando digitado ou registrado por taquigrafia, estenotipia ou outro método idôneo de documentação, o depoimento será assinado pelo juiz, pelo depoente e pelos procuradores. § 2º Se houver recurso em processo em autos não eletrônicos, o depoimento somente será digitado quando for impossível o envio de sua documentação eletrônica. § 3º Tratando-se de autos eletrônicos, observar-se-á o disposto neste Código e na legislação específica sobre a prática eletrônica de atos processuais.".

A audiência por videoconferência, a qual, na prática, é registrada em meio audiovisual, também é prevista expressamente[54] no Código de Processo Civil.

No que concerne ao Código de Processo Penal, a Lei nº 11.719/2008 o modificou para que permita o registro audiovisual da prova oral[55].

A videoconferência, mecanismo implantado na Itália como meio de atuação judicial contra a máfia[56], foi regulamentada no Brasil, pela Lei nº 11.900/2009. Atualmente, a maior parte dos processos em que há o uso deste recurso tem o registro audiovisual simultâneo[57].

---

54 "Art. 385. Cabe à parte requerer o depoimento pessoal da outra parte, a fim de que esta seja interrogada na audiência de instrução e julgamento, sem prejuízo do poder do juiz de ordená-lo de ofício. § 1º Se a parte, pessoalmente intimada para prestar depoimento pessoal e advertida da pena de confesso, não comparecer ou, comparecendo, se recusar a depor, o juiz aplicar-lhe-á a pena. § 2º É vedado a quem ainda não depôs assistir ao interrogatório da outra parte. § 3º O depoimento pessoal da parte que residir em comarca, seção ou subseção judiciária diversa daquela onde tramita o processo poderá ser colhido por meio de videoconferência ou outro recurso tecnológico de transmissão de sons e imagens em tempo real, o que poderá ocorrer, inclusive, durante a realização da audiência de instrução e julgamento. Art. 386. Quando a parte, sem motivo justificado, deixar de responder ao que lhe for perguntado ou empregar evasivas, o juiz, apreciando as demais circunstâncias e os elementos de prova, declarará, na sentença, se houve recusa de depor. Art. 453. As testemunhas depõem, na audiência de instrução e julgamento, perante o juiz da causa, exceto: I – as que prestam depoimento antecipadamente; II – as que são inquiridas por carta. § 1º A oitiva de testemunha que residir em comarca, seção ou subseção judiciária diversa daquela onde tramita o processo poderá ser realizada por meio de videoconferência ou outro recurso tecnológico de transmissão e recepção de sons e imagens em tempo real, o que poderá ocorrer, inclusive, durante a audiência de instrução e julgamento. § 2º Os juízos deverão manter equipamento para a transmissão e recepção de sons e imagens a que se refere o § 1º. Art. 461. O juiz pode ordenar, de ofício ou a requerimento da parte: I – a inquirição de testemunhas referidas nas declarações da parte ou das testemunhas; II – a acareação de 2 (duas) ou mais testemunhas ou de alguma delas com a parte, quando, sobre fato determinado que possa influir na decisão da causa, divergirem as suas declarações. § 1º Os acareados serão reperguntados para que expliquem os pontos de divergência, reduzindo-se a termo o ato de acareação. § 2º A acareação pode ser realizada por videoconferência ou por outro recurso tecnológico de transmissão de sons e imagens em tempo real.".

55 "Art. 405. Do ocorrido em audiência será lavrado termo em livro próprio, assinado pelo juiz e pelas partes, contendo breve resumo dos fatos relevantes nela ocorridos. § 1º. Sempre que possível, o registro dos depoimentos do investigado, indiciado, ofendido e testemunhas será feito pelos meios ou recursos de gravação magnética, estenotipia, digital ou técnica similar, inclusive audiovisual, destinada a obter maior fidelidade das informações. § 2º. No caso de registro por meio audiovisual, será encaminhado às partes cópia do registro original, sem necessidade de transcrição."

56 BARROS, Marco Antonio de. *Arquitetura preambular do processo judicial eletrônico*. In: Revista dos Tribunais, vol. 889, nov. 2009, p. 438.

57 "Art. 185. O acusado que comparecer perante a autoridade judiciária, no curso do processo penal, será qualificado e interrogado na presença de seu defensor, constituído ou nomeado. § 1º O interrogatório do réu preso será realizado, em sala própria, no estabelecimento em que estiver recolhido, desde que estejam garantidas a segurança do juiz, do membro do Ministério Público e dos auxiliares bem como a presença do defensor a publicidade do ato. § 2º Excepcionalmente, o juiz, por decisão fundamentada, de ofício ou a requerimento das partes, poderá realizar o interrogatório do

Por fim, mencione-se a Lei nº. 12.850/2013, que define organização criminosa e dispõe sobre a investigação criminal, os meios de obtenção da prova, infrações penais correlatas e o procedimento criminal, a qual prevê, no parágrafo treze do artigo 4º, que "Sempre que possível, o registro dos atos de colaboração será feito pelos meios

---

réu preso por sistema de videoconferência ou outro recurso tecnológico de transmissão de sons e imagens em tempo real, desde que a medida seja necessária para atender a uma das seguintes finalidades: I – prevenir risco à segurança pública, quando exista fundada suspeita de que o preso integre organização criminosa ou de que, por outra razão, possa fugir durante o deslocamento; II – viabilizar a participação do réu no referido ato processual, quando haja relevante dificuldade para seu comparecimento em juízo, por enfermidade ou outra circunstância pessoal; III – impedir a influência do réu no ânimo de testemunha ou da vítima, desde que não seja possível colher o depoimento destas por videoconferência, nos termos do art. 217 deste Código; IV – responder à gravíssima questão de ordem pública. § 3º Da decisão que determinar a realização de interrogatório por videoconferência, as partes serão intimadas com 10 (dez) dias de antecedência. § 4º Antes do interrogatório por videoconferência, o preso poderá acompanhar, pelo mesmo sistema tecnológico, a realização de todos os atos da audiência única de instrução e julgamento de que tratam os arts. 400, 411 e 531 deste Código. § 5º Em qualquer modalidade de interrogatório, o juiz garantirá ao réu o direito de entrevista prévia e reservada com o seu defensor; se realizado por videoconferência, fica também garantido o acesso a canais telefônicos reservados para comunicação entre o defensor que esteja no presídio e o advogado presente na sala de audiência do Fórum, e entre este e o preso. § 6º A sala reservada no estabelecimento prisional para a realização de atos processuais por sistema de videoconferência será fiscalizada pelos corregedores e pelo juiz de cada causa, como também pelo Ministério Público e pela Ordem dos Advogados do Brasil. § 7º Será requisitada a apresentação do réu preso em juízo nas hipóteses em que o interrogatório não se realizar na forma prevista nos §§ 1º e 2º deste artigo. § 8º Aplica-se o disposto nos §§ 2º, 3º, 4º e 5º deste artigo, no que couber, à realização de outros atos processuais que dependam da participação de pessoa que esteja presa, como acareação, reconhecimento de pessoas e coisas, e inquirição de testemunha ou tomada de declarações do ofendido. § 9º Na hipótese do § 8º deste artigo, fica garantido o acompanhamento do ato processual pelo acusado e seu defensor. § 10. Do interrogatório deverá constar a informação sobre a existência de filhos, respectivas idades e se possuem alguma deficiência e o nome e o contato de eventual responsável pelos cuidados dos filhos, indicado pela pessoa presa." "Art. 216. O depoimento da testemunha será reduzido a termo, assinado por ela, pelo juiz e pelas partes. Se a testemunha não souber assinar, ou não puder fazê-lo, pedirá a alguém que o faça por ela, depois de lido na presença de ambos." "Art. 217. Se o juiz verificar que a presença do réu poderá causar humilhação, temor, ou sério constrangimento à testemunha ou ao ofendido, de modo que prejudique a verdade do depoimento, fará a inquirição por videoconferência e, somente na impossibilidade dessa forma, determinará a retirada do réu, prosseguindo na inquirição, com a presença do seu defensor. Parágrafo único. A adoção de qualquer das medidas previstas no caput deste artigo deverá constar do termo, assim como os motivos que a determinaram." "Art. 222. A testemunha que morar fora da jurisdição do juiz será inquirida pelo juiz do lugar de sua residência, expedindo-se, para esse fim, carta precatória, com prazo razoável, intimadas as partes. § 1º A expedição da precatória não suspenderá a instrução criminal. § 2º Findo o prazo marcado, poderá realizar-se o julgamento, mas, a todo tempo, a precatória, uma vez devolvida, será junta aos autos. § 3º Na hipótese prevista no caput deste artigo, a oitiva de testemunha poderá ser realizada por meio de videoconferência ou outro recurso tecnológico de transmissão de sons e imagens em tempo real, permitida a presença do defensor e podendo ser realizada, inclusive, durante a realização da audiência de instrução e julgamento."

ou recursos de gravação magnética, estenotipia, digital ou técnica similar, inclusive audiovisual, destinados a obter maior fidelidade das informações".

A operação "Lava-jato" teve diversos atos registrados desta forma que ganharam publicidade após o levantamento do sigilo. Os registros foram fundamentais para compreensão, pela população em geral, dos pormenores das colaborações premiadas celebradas nas diversas ações penais deflagradas no âmbito da Justiça Federal.

4. CONCLUSÃO

O direito processual, pensado como meio de efetivação do direito material, deve focar na temática do acesso à justiça. A ampla defesa abarca o direito de postular e de se defender em juízo mediante utilização de todos os meios legítimos de prova.

A prova oral, meio de prova constituendo, necessita ser documentada em audiência. Entretanto, a redução a termo dos depoimentos acarreta inexoravelmente a perda de parte do conteúdo da prova obtida, já que os depoimentos passam pela interpretação do magistrado.

A verdade é pressuposto de prolação da decisão justa e, neste contexto, o registro por meio de recurso eletrônico audiovisual dos depoimentos prestados em juízo contribui veementemente para a formação da convicção do julgador, porquanto a originalidade da prova é preservada.

A documentação eletrônica da prova oral permite a sua reprodução fiel e aumenta o seu grau de perenidade, logo, é instrumento que traz segurança processual, facilita a ampla defesa e o contraditório, e efetiva o acesso à justiça.

É possível perceber que os benefícios superam em muito e os inconvenientes da utilização da tecnologia da informação, tanto no processamento das demandas judiciais, quanto no registro de provas. Não se pode negar o relevante papel que têm assumido o registro eletrônico para o exercício da jurisdição e o acesso à justiça, como instrumento contributivo para efetivação de direitos.

A utilização do registro eletrônico da prova oral, por meio de utilização de recurso audiovisual, deve ser estimulada em todos os Tribunais, para que se obtenha mais fidelidade e segurança quando da avaliação da prova. Somente assim, permite-se que os julgadores, de piso e das instâncias recursais, mormente aqueles que não participaram da sua produção, tenham maior imediatidade com a fonte e o conteúdo da prova.

Em remate, não poderíamos deixar de transcrever a lição de Humberto Dalla Bernardina de Pinho, professor titular de Direito Processual Civil da Universidade do Estado do Rio de Janeiro:

> No último século, as transformações tecnológicas adquiriram uma velocidade extrema, consagrando uma sociedade de massa, padronizada e globalizada, em que se ampliam os desejos pela busca de novas tecnologias e pelo aperfeiçoamento das linhas de produção, enquanto se busca por maior efetividade em um tempo menor. O Direito, como ciência dinâmica, acompanha essas transformações.

Como consequência das mudanças, o Direito Processual Civil brasileiro vem sofrendo alterações relevantes na sistemática processual e até mesmo os institutos que estariam aparentemente conservados passam por uma releitura a partir da ótica constitucional.

Uma dessas alterações é o inegável reconhecimento de que a revolução tecnológica chegou ao processo, informatizando a atividade jurídica. O Direito não pode se afastar das novidades trazidas pela modernidade, razão pela qual tenta se valer dessas novas tecnologias em busca da melhoria da prestação jurisdicional.[58]

58 PINHO, Humberto Dalla Bernardinha de. *Direito processual civil contemporâneo*: teoria geral do processo, vol. 1, 7. ed, São Paulo: Saraiva, 2017, p. 427.

APONTAMENTOS SOBRE A MOTIVAÇÃO DA SENTENÇA CIVIL E SUA CONEXÃO COM OUTRAS GARANTIAS CONSTITUCIONAIS DO PROCESSO JUSTO

Francesco Conte

> Nesse contexto, avulta a ideia de *garantia* como inspiração básica e fim precípuo da imposição do dever de enunciar, publicamente, as razões justificativas da decisão proferida. Várias são as manifestações dessa função de garantia que se atribui à obrigatoriedade (e à publicidade) da motivação. Ela começa por ministrar elementos de aferição, *in concreto*, da *imparcialidade do juiz*: só pelo exame dos motivos em que se apoia a conclusão poder-se-á verificar se o julgamento constitui ou não o produto da apreciação objetiva da causa, em clima de neutralidade diante das partes.
>
> José Carlos Barbosa Moreira,
> *A motivação das decisões judiciais como garantia inerente ao Estado de Direito*

1. INTRODUÇÃO

O presente trabalho se situa numa quarta fase metodológica do processo[1], que se poderia denominar de *instrumentalismo valorativo* ou *constitucionalizado*, pois centrado na realização dos direitos fundamentais e atento à sua intensa permeabilidade moral num sistema aberto, plural e dialético.

Em disposição inovadora na tradição constitucional brasileira, a Constituição de 1988, consagrou a imprescindibilidade de motivação pública das decisões judiciais (art. 93, inciso IX, com a redação dada pela Emenda Constitucional nº 45, de 30.12.2004). Tal proclamação sintetiza uma conquista moderna de alta civilidade cultural, social, política e jurídica.

A motivação jurídica do julgado é elemento de organização e de funcionamento do Estado Constitucional Democrático de Direito. A necessidade de motivação pública (*coram populo*) ditada pela igualdade como valor universal, além de traço característico da jurisdição de nossa contemporaneidade, representa a maior conquista civilizatória do processo équo e justo. Implica dizer que, sem motivação *in facto* e *in iure*,

---

1 Na história do processo civil, as três fases metodológicas anteriores consubstanciam a seguinte divisão: 1) sincrética; 2) autonomista ou conceitual; e 3) teleológica ou instrumentalista. Vide, ao propósito, DINAMARCO, Cândido Rangel. O futuro do processo civil brasileiro. **Fundamentos do Processo Civil Moderno**. 5ª ed. São Paulo: Malheiros, 2002, v. 2. p. 726-761, esp. p. 726-730.

não há exercício legítimo da função jurisdicional. Assume-se, portanto, como condição essencial e inerente à própria essência da jurisdicionalidade[2].

O dever de justificação das decisões judiciárias impõe limites ao poder do juiz, evidenciando-se que o decisório não é fruto de arbitrariedade, mas que resulta do emprego de critérios de escolha ou de valoração válidos, jurídica e racionalmente controláveis interna e externamente. A motivação das decisões judiciárias representa, por dizê-lo assim, um dique de contenção do autoritarismo judicial.

As funções da motivação podem ser visualizadas sob dupla feição: a primeira, de jaez técnico-processual-instrumental, no plano interno (motivação-instrumento), como passaporte entre decisão e impugnação, controle de justiça e de juridicidade pelo juiz do recurso. É vetor de racionalização da concreta administração da justiça, a abduzir a mera vontade de comando do juiz *(Sic volo, sic iubeo)*.

Ainda no plano interno do processo, a motivação desempenha importante papel na correta interpretação do julgado, na adequada demarcação de seus confins e, bem por isso, na definição do perímetro objetivo da coisa julgada substancial.

A segunda função da motivação, já agora em sede extraprocessual, no terreno político-garantístico, impõe ao juiz, através de razões justificativas jurídica e racionalmente válidas, prestar contas (*reddere rationem*) ao povo soberano, em cujo nome a decisão judicial vem pronunciada[3]. Por que assim é, a motivação permite, sob o prisma sociológico-político, a possibilidade de controle democrático e difuso sobre a concreta administração da justiça, seja pela opinião pública pensada em seu complexo, seja como opinião de *quisquis de populo*[4].

A motivação, no atinente à sua natureza, não visa (ou não tem que visar) repristinar, com fidelidade, o *iter* psicológico, genético, percorrido pelo juiz para alcançar sua decisão. Não tem natureza descritivística do juízo, senão que, na perspectiva de um discurso justificativo judicial, deve ministrar razões escorreitas e válidas, em prol da justificação seletiva, jurídica e racional do julgado, tornando-o racionalmente controlável endo e extraprocessualmente.

---

2 TARUFFO, Michele. **La motivazione della sentenza civile**. Padova: CEDAM, 1975. p. 458.

3 Constituição italiana de 1947, art. 101, § 1º: *"La giustizia è amministrata in nome del popolo."*

4 Excelentemente, TARUFFO, Michele, op. cit., p. 405-414, especialmente p. 406-407: *"Da tale superamento discende anzitutto che la motivazione non possa essere concepita soltanto come tramite di un controllo "istituzionale" (ossia nei limiti e nelle forme disciplinate dal vigente sistema dele impugnazioni), ma anche, e specialmente, come strumento destinado a rendere possibile un controllo "generalizzato" e "difuso" sul modo in cui il giudice amministra la giustizia. In altri termini, ciò implica che i destinatari della motivazione non siano soltanto le parti, i loro avvocati e il giudice dell'impugnazione, ma anche l'opinione pubblica intesa sia nel suo complesso, sia come opinione del quisque de populo. La connotazione politica di questo spostamento di prospettiva è evidente: l'ottica "privatistica" del controllo esercitato dalle parti e l'ottica "burocratica" del controllo esercitato dal giudice superiore vanno integrate nell'ottica "democratica" del controllo che deve poter essere esercitato da quello stesso popolo nel cui nome la sentenza viene pronunciata."*

Em palavras pobres, a justificação não tem a pretensão de espelhar o itinerário mental das deliberações efetuadas realmente pelo órgão julgador. Daí a diferenciação entre duas dimensões: (i) o processo de descobrimento (*process of discovery*) ou de deliberação e (ii) o processo de justificação (*process of justification*) ou de validação.

Importa registrar que o garantismo processual necessita, ele próprio, ser garantido por meio da motivação. De fato, as razões justificativas da decisão, exteriorizadas pelo órgão judicante, permitem aferir, em cada caso concreto, o coeficiente de efetividade das demais garantias constitucionais do processo équo e justo. Nessa perspectiva, a motivação será o único meio para verificar *in concreto* se foram, de verdade, observadas no caso concreto. Significa dizer que a motivação consente tornar efetivo aquilo que, no plano meramente abstrato, não tem efetividade prática.

Nesse teor de ideias, a nova gramática da motivação é representada sob o aspecto teórico de *garantia do garantismo processual*, porquanto se reveste em condição de efetividade de todos os demais princípios e garantias fundamentais do processo.

Dizer que os direitos hão de ser levados a sério é dizer que o parâmetro dessa valoração só pode a seriedade da própria jurisdição. A não ser assim, será melhor adotar o método decisório do juiz Bridoye – escatologicamente idealizado por François Rabelais -, o qual sentenciava nos processos pela sorte nos dados: *alea judiciorum...*

A partir dessas premissas é que se analisarão o entrelaçamento e o irreprimível diálogo entre a motivação jurídica das decisões judiciais e um punhado de garantias constitucionais conformadoras do processo équo e justo[5].

2. ACESSO À TUTELA JURISDICIONAL ADEQUADA, JUSTA E EFETIVA

No contexto do Estado Constitucional Democrático de Direito raia o acesso à Justiça[6]. A eficácia dos demais direitos fundamentais solenemente proclamados na ordem constitucional e a concretude das posições jurídicas de vantagem asseguradas em nível infraconstitucional, na hipótese de violação, dependem, evidentemente, da garantia do acesso à Justiça e da tutelabilidade jurisdicional[7] adequada, justa e efetiva.

---

5 Para uma ampla visão do tema, vide CONTE, Francesco. **Sobre a motivação da sentença no processo civil** : Estado constitucional democrático de direito, discurso justificativo e legitimação do exercício da jurisdição / Francesco Conte ; apresentação José Carlos Barbosa Moreira ; prefácio Michele Taruffo. – 1ª ed. – Rio de Janeiro : Gramma, 2016.p. 207-268.

6 Constituição Federal brasileira, de 1988, art. 5º, inciso XXXV: "a lei não excluirá da apreciação do Poder Judiciário lesão ou ameaça a direito". É evidente que o destinatário deste preceito constitucional não é apenas o legislador, senão também o administrador e o juiz. Novo Código de Processo Civil brasileiro, art. 3º: "Não se excluirá da apreciação jurisdicional ameaça ou lesão a direito." No atinente à garantia do acesso à Justiça, a Constituição italiana, de 1947, em seu art. 24, preceitua: "*Tutti possono agire in giudizio per la tutela dei propri diritti e interessi legittimi.*"

7 CAPPELLETTI, Mauro; GARTH, Bryant. **Acesso à Justiça**. Porto Alegre: Fabris, 1988. p. 11-12: "De fato, o direito ao acesso efetivo tem sido progressivamente reconhecido como sendo de importância capital entre os novos direitos individuais e sociais, uma vez que a titularidade de direitos é destituída de sentido, na ausência de mecanismos para sua efetiva reivindicação. O acesso à justiça

A não ser assim, titulares de direitos e de posições de vantagem estariam ao relento do amparo processual do Estado-juiz[8].

Soa acaciano que direito algum pode ser levado a sério se estiver ao desabrigo da respectiva tutela jurisdicional adequada, justa e efetiva[9].

Por outras palavras, a universalidade do acesso à Justiça possibilita, em um contexto coerente, exigir do Estado-juiz uma prestação jurisdicional adequada, justa e efetiva. É a garantia primária, básica e imprescindível à eficácia prática de todos os outros direitos, fundamentais ou não. Anima a pensar que os direitos fundamentais, principalmente os chamados novos direitos proclamados, de caráter socioeconômico, só podem ser considerados efetivos se e quando acessíveis a todos[10]. Disso resulta que o pleno gozo de direitos por seus titulares conexiona-se com o direito fundamental de inafastabilidade do controle jurisdicional.

A tutela jurisdicional efetiva abrange não apenas o processo de cognição, senão também a concreta efetivação do julgado, com a entrega ao autor do bem da vida pleiteado[11]. Deflui da justeza do procedimento, do decisório nele formulado e de critérios de adequação e de efetividade[12] da prestação jurisdicional às necessidades do direito material e de duração razoável do processo, sem dilações indevidas.

---

pode, portanto, ser encarado como o requisito fundamental – o mais básico dos direitos humanos – de um sistema jurídico moderno e igualitário que pretenda garantir, e não apenas proclamar os direitos de todos."

---

8 GRECO, Leonardo. Novas perspectivas da efetividade e do garantismo processual. In: MITIDIERO, Daniel; AMARAL, Guilherme Rizzo (Coords.); FEIJÓ, Maria Angélica Echer (Org.). **Processo Civil**: estudos em homenagem ao professor doutor Carlos Alberto Alvaro de Oliveira. São Paulo: Atlas, 2012. p. 273-308, esp. p. 274-275: "No Estado Democrático Contemporâneo, a eficácia concreta dos direitos constitucional e legalmente assegurados depende da garantia da tutela jurisdicional efetiva, porque sem ela o titular do direito não dispõe da proteção necessária do Estado ao seu pleno gozo. (...) A tutela jurisdicional efetiva é, portanto, não apenas uma garantia, mas, ela própria, também um direito fundamental, cuja ampla eficácia é preciso assegurar."

9 Supremo Tribunal Federal (Tribunal Pleno), **Rcl 6534 AgR / MA – Maranhão. Ag.Reg. Na Reclamação – Relator Min. Celso de Mello. Julgamento: 25/9/2008**: "A regra inscrita no art. 5º, inciso XXXV, da Lei Fundamental, garantidora do direito ao processo e à **tutela jurisdicional,** constitui o parágrafo régio do Estado Democrático de Direito, pois, onde inexista a possibilidade do amparo judicial, haverá, sempre, a realidade opressiva e intolerável do arbítrio do Estado ou dos excessos de particulares, quando transgridam, injustamente, os direitos de qualquer pessoa."

10 Constituição italiana, de 1947, art. 3º, § 2º: "È compito della Repubblica rimuovere gli ostacoli di ordine economico e sociale, che, limitando di fatto la libertà e l'eguaglianza dei cittadini, impediscono il pieno sviluppo della persona umana e l'effettiva partecipazione di tutti i lavoratori all'organizzazione politica, economica e sociale del Paese."

11 Código de Processo Civil, art. 4º: "As partes têm o direito de obter em prazo razoável a solução integral do mérito, incluída a atividade satisfativa."

12 COMOGLIO, Luigi Paolo. Garanzie costituzionali e "giusto processo" (modelli a confronto). **Revista de Processo,** São Paulo, nº 90, p. 95-150, abr./jun. 1998, esp. p. 103, 111, 128-137.

Não por acaso, o direito fundamental de acesso à tutela jurisdicional adequada, justa e efetiva somente poderá se concretizar em uma decisão juridicamente motivada[13], afetada a uma efetividade qualitativa do julgado, através dos meios idôneos de atuação executiva, coativa ou forçada, preordenados no ordenamento jurídico-processual.

A garantia do acesso à Justiça, entendida como direito à jurisdição ou ao processo justo, não se exaure na provocação da máquina jurisdicional, com a distribuição da petição inicial da demanda, mas compreende, naturalmente, o direito de defesa do réu[14], de ser ouvido, de produzir provas e contraprovas (direito de defender-se, provando), de influir concreta e eficazmente na formação intelectual da convicção do juiz e, assim, no conteúdo da decisão.

O direito à ordem jurídica justa visa uma resposta justa do Estado-juiz, quer acolhendo a pretensão de direito substancial deduzida em juízo quer rejeitando-a quando o autor não tiver razão à luz do direito material.

O modelo constitucional do processo civil configura-se em regras mínimas universalmente asseguradas, em maior ou menor escala, direcionadas ao procedimento justo, como: igualdade, independência e imparcialidade do juiz (tuteladas pelo juiz natural), contraditório e ampla defesa, vedação de utilização de provas inconstitucionalmente adquiridas, duplo grau de jurisdição de mérito, publicidade, devido processo legal.

A exigência de motivação das decisões judiciais sintetiza a regra de ouro segundo a qual a musculatura de todas as demais garantias fundamentais do processo perderia tonicidade caso não existisse a universalização do dever de motivar. Configura uma condição de efetividade das demais garantias fundamentais do processo no campo da concreta administração da justiça[15] e, o que é mais, de sua concepção democrática.

É a única via que consente aferir se, e em que medida, houve concreta incidência das garantias fundamentais na economia do processo atinente a um caso particular.

A motivação assegura a efetividade prática do direito de ação, permitindo às partes, aos jurisdicionados e à sociedade em geral, pela análise de seu teor, valorar, por exemplo, a juridicidade do julgado e a justiça material nele hospedada.

Nesse quadrante, há direto entrelaçamento entre a exigência de motivação e os direitos fundamentais de ação e de defesa[16]. O direito fundamental de acesso à ordem jurídica adequada, justa e efetiva tem como equivalência uma resposta do

---

13 PASCUA, José Antonio Ramos. Derechos humanos y proceso justo. **Dikaiosyne** (Revista semestral de filosofía práctica), Bogotá, nº 19, jul./dec. 2007. p. 79-91, esp. p. 87.

14 MARTINS, Sandro Gilbert. Princípio da inafastabilidade (CF/1988, art. 5º, XXXV) e a classificação das sentenças. In: FUX, Luiz; NERY JR., Nelson; WAMBIER, Teresa Arruda Alvim (Coords.). **Processo e Constituição**: estudos em homenagem ao Professor José Carlos Barbosa Moreira. São Paulo: Revista dos Tribunais, 2006. p. 577-586, esp. p. 580.

15 Sobre o perfil funcional da motivação, vide ANDOLINA, Italo; VIGNERA, Giuseppe. **Il modello costituzionale del processo civile italiano**: corso di lezioni. Torino: Giappicchelli, 1990. p. 171.

16 TROCKER, Nicolò. **Processo civile e costituzione**: Problemi di diritto tedesco e italiano. Milano: Giuffrè, 1974. p. 462-463.

Estado-juiz. Na vida dinâmica do processo, o acoplamento do direito de ação com o dever de o juiz pronunciar decisões motivadas[17] está na comprovação de que a motivação é único meio de que o jurisdicionado dispõe para conferir a qualidade substancial daquela resposta, de maneira especial no tocante à aplicação dos valores, princípios e regras consagrados no ordenamento jurídico-constitucional e infraconstitucional.

Nessa perspectiva, a exigência de motivar as decisões judiciais guarda pertinência temática com o direito fundamental de acesso à Justiça, o qual permite a todos postular e alcançar tutela judicial adequada, justa e efetiva de seus direitos materiais. Somente decisão judicial embasada na juridicidade e no Direito – apreçada através de motivação jurídica, racional, completa e côngrua -, tem a virtude de abonar sua efetividade prática.

3. INDEPENDÊNCIA E IMPARCIALIDADE DO ÓRGÃO JUDICANTE

A jurisdição exercida por juízes independentes e imparciais é pedra de toque do Estado Constitucional Democrático de Direito. Com efeito, a função jurisdicional apoia-se na garantia do juiz natural competente e pré-constituído, revestido de independência, como traço comum a todas as jurisdições. A independência da magistratura (pessoal, coletiva, funcional, interna, externa), diante do poder político, para além da regulação normativa[18], traduz um fenômeno cultural.

De toda maneira, existem critérios mínimos e objetivos de avaliação da independência institucional do juiz, como: o modo de designação, duração do mandato, existência de garantias contra pressões externas[19].

A imparcialidade é um requisito inerente à ideia mesma de juiz[20]. A imparcialidade pode ser pensada em sentido subjetivo (foro íntimo) e em acepção objetiva e funcional, tutelada pela garantia do juiz natural[21], no quadrante do devido processo legal. Exprime pressuposto de confiança na imagem do juiz justo[22].

---

17 COMOGLIO, Luigi Paolo. Garanzie minime del "giusto processo" civile negli ordinamenti latinoamericani. Roma e America Diritto Romano Comune. **Rivista di diritto dell'integrazione e unificazione del diritto in Europa e in America Latina**, Roma, v. 17, 2004. p. 224.

18 A Constituição Federal de 1988, em seu art. 95, incisos I, II e III, estabelece que os juízes gozam das garantias de vitaliciedade, de inamovibilidade e de irredutibilidade de subsídio. Em última análise, semelhantes garantias dos juízes tendem a salvaguardar a própria sociedade.

19 GRECO, Leonardo. **Garantias Fundamentais do Processo** : O Processo Justo. Disponível em: <http://www.mundojuridico.adv.br>. Acesso em: 20 out. 2017. p. 17.

20 CALAMANDREI, Piero. Giustizia e politica: sentenza e sentimento In: CAPPELLETTI, Mauro (a cura di). **Opere giuridiche**. Napoli: Morano, 1965, v. 1. p. 637-650, esp. p. 639.

21 CONEGLIAN, Olivar Augusto Roberti. Princípio do juiz natural. In: LOPES, Maria Elisabeth de Castro; OLIVEIRA NETO, Olavo de. (Coords.). **Princípios processuais civis na Constituição**. Rio de Janeiro: Elsevier, 2008. p. 155-172, esp. p. 165.

22 LARENZ, Karl. **Derecho justo**: fundamentos de etica jurídica. Madrid: Civitas, 2001. p. 181.

Trata-se de penhor básico das partes no processo judicial, além de se constituir em núcleo clássico da jurisdição e estabelecer estreita relação com o preceito de vinculação do juiz à lei e ao Direito. É *conditio sine qua non* do legítimo exercício da função jurisdicional.

O juiz imparcial não pode pender para qualquer das partes, por circunstâncias pessoas delas, antes deve oportunizar simétricas possibilidades de fazer valer suas razões em juízo e de produzir provas de suas alegações fáticas, assegurando-se tratamento paritário no processo[23].

Na jurisdição não estatal (*v. g.*, arbitragem), ao árbitro também se aplica, dentre outras, a garantia processual da imparcialidade[24], sob pena de se massacrar condição necessária (mas não a única) ao devido processo arbitral justo.

Os ordenamentos processuais modernos oportunizam instrumento de controle do dever de imparcialidade do juiz, relacionando hipóteses conformadoras de impedimento[25] (*v. g.*, vedação de o juiz exercer suas funções no processo de que for parte – *nemo iudex in causa propria*) e de suspeição[26] (*v. g.*, revela-se fundada a suspeição de parcialidade do juiz, quando amigo íntimo ou inimigo capital de qualquer das partes).

Tem-se em mira tutelar a confiança das partes e da sociedade em seu sistema de justiça. Os casos de impedimento, referenciados a fatos objetivamente aferíveis, provocam no juiz interdição absoluta de exercício funcional em determinados processos, por acolher presunção *iuris et de iure* de parcialidade. A atuação do juiz impedido corrompe o resultado do julgamento de mérito, mesmo após seu trânsito em julgado. Configura hipótese autorizativa de ajuizamento de ação rescisória do julgado[27].

Entrementes, a imparcialidade do juiz, integrante da tutela constitucional do processo, não se confunde com sua neutralidade, inclusive axiológica. São conceitos nitidamente diferentes. Deveras, o juiz responsável e diligente, comprometido com o resultado materialmente justo do processo, aspirará que se sagre vitoriosa a parte que tenha razão, à luz da juridicidade e do Direito[28].

---

23 Código de Processo Civil, art. 7º: "É assegurada às partes paridade de tratamento em relação ao exercício de direitos e faculdades processuais, aos meios de defesa, aos ônus, aos deveres e à aplicação de sanções processuais, competindo ao juiz zelar pelo efetivo contraditório."; art. 139: "O juiz dirigirá o processo conforme as disposições deste Código, incumbindo-lhe: I – assegurar às partes igualdade de tratamento"

24 Lei federal nº 9.307, de 23.09.1996, art. 13: "Pode ser árbitro qualquer pessoa capaz e que tenha a confiança das partes. § 6º: No desempenho de sua função, o árbitro deverá proceder com imparcialidade, independência, competência, diligência e discrição."

25 Código de Processo Civil, art. 144, incisos I-IX.

26 Código de Processo Civil, art. 145, incisos I-IV.

27 Código de Processo Civil, art. 966, II.

28 DINAMARCO, Cândido Rangel. **A instrumentalidade do processo**. 13ª ed. rev. e atual. São Paulo: Malheiros, 2008. p. 274-275: "O juiz moderno compreende que só se lhe exige *imparcialidade* no que diz respeito à oferta de iguais oportunidades às partes e recusa a estabelecer distinções em razão das próprias pessoas ou reveladoras de preferências personalíssimas. Não se lhe tolera, porém, a *indiferença*."

No tocante à independência e à imparcialidade do órgão judicante, somente por meio da motivação das decisões judiciais é que se pode constatar se aquele juízo que, inicialmente, se pressupora imparcial, realmente, no curso de todo o itinerário procedimental, assegurou, *in concreto*, equânime tratamento das partes no processo. Se houve concreta paridade de armas e equalização de oportunidades de fazer valer em juízo suas próprias razões e de êxito a final na causa[29].

Com a finalidade de se evitar a manipulação na concreta administração da justiça, a consciência jurídica não pode condescender com a criação *ex post facto* de juiz ou tribunal especial, de exceção ou *ad hoc*[30], constituído para situações particulares[31], para julgar determinada causa, tampouco com a possibilidade de escolha do juiz que irá julgá-la[32].

Significa dizer que, aleatoriamente, uma decisão imotivada tanto é suscetível de implicar parcialidade quanto imparcialidade. Contudo, na vida do processo justo, apenas através da submissão de toda atividade do juiz ao crivo do princípio do contraditório, e das razões justificativas dos enunciados de fato e de direito ministradas na motivação se poderá esconjurar a parcialidade[33].

Daí descende que, como elemento essencial ao adequado funcionamento da boa administração da justiça e da correta entrega da prestação jurisdicional, ao Poder

---

29 Vide, no ponto, o saudoso Mestre BARBOSA MOREIRA, José Carlos. A motivação das decisões judiciais como garantia inerente ao Estado de Direito. **Temas de direito processual**: segunda série. São Paulo: Saraiva, 1980. p. 87: "Nesse contexto, avulta a ideia de *garantia* como inspiração básica e fim precípuo da imposição do dever de enunciar, publicamente, as razões justificativas da decisão proferida. Várias são as manifestações dessa função de garantia que se atribui à obrigatoriedade (e à publicidade) da motivação. Ela começa por ministrar elementos de aferição, *in concreto*, da *imparcialidade do juiz*: só pelo exame dos motivos em que se apoia a conclusão poder-se-á verificar se o julgamento constitui ou não o produto da apreciação objetiva da causa, em clima de neutralidade diante das partes." (Grifos no original).

30 Constituição Federal de 1988, art. 5º, XXXVII ("Não haverá juízo ou tribunal de exceção") e LIII ("Ninguém será processado nem sentenciado senão pela autoridade competente"). Significa dizer que, sob o prisma do alcance dos preceitos do juiz natural, ninguém pode ser subtraído de seu juiz constitucional. Assim, MARQUES, José Frederico. **Instituições de direito processual civil**. 1ª ed. Campinas: Millennium, 1999, v. 1. p. 176.

31 Constituição italiana, de 1947, art. 102, § 2º: *"Non possono essere istituiti giudici straordinari o giudici speciali. Possono soltanto istituirsi presso gli organi giudiziari ordinari sezioni specializzate per determinate materie (...)."* Assim, também, no tocante à proibição de tribunais extrraordinários, a Lei Fundamental alemã (*Grundgesetz*), de 1949, art. 101 [*Verbot von Ausnahmegerichten*]: (1) *Ausnahmegerichte sind unzulässig. Niemand darf seinem gesetzlichen Richter entzogen werden.* (2)."

32 No ordenamento jurídico brasileiro, há, por exemplo, hipótese de escolha pelo autor nas causas que podem ser propostas nos Juizados Especiais Cíveis. Tem-se procurado atenuar esse problema mediante o argumento de que, nesta sede, a tutela jurisdicional é diferenciada, orientada pelos critérios da oralidade, simplicidade, informalidade, economia processual e celeridade (art. 2º, da Lei federal nº 9.099, de 26.09.1995) e, por isso mesmo, com garantias mitigadas.

33 BARBOSA MOREIRA, José Carlos. O juiz e a prova. **Revista de Processo,** São Paulo, nº 35, abr./jun. 1984. p. 178-184, esp. p. 181.

Judiciário cumpre alimentar paritariamente todas as pessoas, naturais e jurídicas. Mostram-se inaceitáveis tratamentos privilegiados, inspirados em critérios pessoais das partes, de simpatias ou de antipatias. Vantagens ou perseguições afrontam a civilidade jurídica, embaraçam o acesso à Justiça, corroem o direito de defesa[34] e chacinam a essência da função jurisdicional, mais ainda do que a própria exigência de imparcialidade[35].

Um juízo *a priori* imparcial, pois assentado em consonância com a garantia do juiz natural, não é, só por isso, um juízo que, por exemplo, possibilitará efetivo contraditório a ambas as partes e formulará solução justa da lide no caso particular.

Noutros termos: o exercício imparcial da função jurisdicional (de direção e decisão do processo), apenas pode ser eficazmente alcançado, caso a caso, *a posteriori*, através da análise do comportamento concretamente adotado pelo juiz[36]. A decisão não é imparcial em si mesma, senão quando demonstre sê-lo[37]. Não basta, pois, que a decisão seja materialmente justa, senão que é indispensável, também, que o pareça[38].

A garantia de motivação, portanto, é o único meio para se averiguar se o juiz atuou ou não com independência e imparcialidade, bem como, ainda, a sua sujeição ou não à juridicidade e ao Direito[39].

O conteúdo da motivação é suscetível de denunciar promessas, dissimulações e preferências pessoais do juiz eivadas de suspeição e de arbitrariedade, desnudando sua parcialidade. Em sentido oposto, a explicitação de razões justificativas, além de manifestar o prisma de mirada pelo qual o juiz interpretou-aplicou o preceito normativo e realizou o acertamento dos fatos relevantes para o julgamento da causa, mostra-o como *tertius super partes*[40], em relação ao coração da controvérsia.

---

34 COMOGLIO, Luigi Paolo. **La garanzia costituzionale dell'azione ed il processo civile**. Padova: CEDAM, 1970. p. 238.

35 FAZZALARI, Elio. La imparzialità del giudice. **Rivista di Diritto Processuale**, Padova, 27 (2), nº 2, p. 193-203, 1972, esp. p. 200-201.

36 VIGORITI, Vincenzo. **Garanzie costituzionali del processo civile.** Milano: Giuffrè Editore, 1973. p. 100: *"Il controllo della parzialità è anzitutto possibile solo in occasione dell'esercizio concreto del potere, della manifestazione della volontà parziale, col risultato che le nozioni stesse di indipendenza ed imparzialità tendono nelle sentenze a sfumarsi e a confondersi l'una nell'altra."*

37 TARUFFO, Michele. **La motivazione della sentenza civile**, p. 399-400.

38 FLORES GARCIA, Fernando. Comentarios acerca del "conocimiento privado del juez" en el derecho procesal mexicano. **Revista de la Faculdad de Derecho de Mexico**, México-DF, v. 61, nº 255, p. 161-198, 2011, esp. p. 176.

39 TOMMASEO, Ferruccio. **Appunti di diritto processuale civile**: nozione introduttive. 4ª ed. Torino: G. Giappichelli Editore, 2000. p. 135: *"Infatti, la motivazione può essere considerata come uno strumento del controllo popolare sull'imparzialità del giudice, per verificare se la sua decisione è stata frutto di scelte arbitrarie e non invece della sua necessaria soggezione ai precetti normativi."*

40 ALMEIDA, Flávio Renato Correia de. Da Fundamentação das decisões judiciais. **Revista de Processo,** São Paulo, nº 67, p. 194-213, jul./set. 1992, esp. p. 201-203.

A lisura do acesso à ordem jurídica adequada, justa e efetiva determinará a credibilidade moral do Direito no âmbito da sociedade em que opera, daí resultando, amiúde, maior respeitabilidade, adesão e cooperação com o próprio sistema de justiça.

4. CONTRADITÓRIO E AMPLA DEFESA: ÚLTIMA MANIFESTAÇÃO

O contraditório entre partes e juiz e entre juiz e partes[41] representa um método dialético de apuração da verdade dos fatos e de correta e aceitável interpretação--aplicação da lei e do Direito.

De regra técnica e princípio foi elevado à garantia fundamental do processo justo, tendo como pano de fundo o valor dignidade da pessoa humana, a eficácia concreta dos direitos fundamentais, o diálogo judicial, a colaboração e a cooperação das partes, o dever judicial de consulta, a boa-fé e a lealdade processuais.

O princípio político da participação democrática das partes, em paridade e contraditório, assegura-lhes o direito de influir concreta e eficazmente na concepção intelectual da convicção do juiz[42] e, por isso, no conteúdo de sua decisão. As partes colaboram com o juiz municiando-o dialeticamente com as premissas fático-jurídicas necessárias à formulação da melhor hipótese de julgamento para o conflito intersubjetivo, conforme a juridicidade e o Direito.

O contraditório sugere limitação aos poderes do juiz[43], no exato sentido de que o desenvolvimento das próprias razões de defesa pelas partes deverá preceder o exercício daqueles poderes. Não se trata de mera faculdade discricionária do juiz, mas de verdadeiro dever cominado ao órgão judicante, censurável, na hipótese de violação, como vício *in procedendo*. A prévia energização do contraditório, como direito fundamental processual de cada parte, mesmo em relação às questões de fato e de direito que o juiz possa conhecer de ofício, tem o condão de evitar julgamento a surpresa ("sentença a surpresa" ou juízos da "terceira via"), sob a consequência de invalidade[44].

A decisão judicial somente pode se embasar em fatos e provas e questões e pontos de direito sobre os quais as partes tiveram a prévia possibilidade de debater. Tal exigência assenta-se na igualdade das partes e na leal colaboração entre elas e o juiz. Todas as questões fático-jurídicas relevantes do processo não podem escapar do filtro purificador do contraditório das partes.

---

41 Constituição Federal de 1988, art. 5º, LIV: "aos litigantes, em processo judicial ou administrativo, e aos acusados em geral são assegurados o contraditório e a ampla defesa, com os meios e recursos a ela inerentes". Constituição italiana de 1947, art. 111, § 2º: *"Ogni processo si svolge nel contraddittorio tra le parti, in condizioni di parità* (...)."

42 GRECO, Leonardo. **Instituições de processo civil**. 3ª ed. Rio de Janeiro: Forense, 2011, v. 1. p. 449.

43 GRASSO, Eduardo. **La pronuncia d'ufficio**. Milano: Giuffrè, 1967. p. 121.

44 Assim, por exemplo, o art. 101, § 2º, do Codice di Procedura Civile italiano, de 1940, com maior ênfase após a reforma em sua legislação processual patrocinada pela Lei nº 69, de 18.06.2009. Vide, no ponto, MONTESANO, Luigi; ARIETA, Giovanni. **Diritto processuale civile**: Le disposizioni generali. Terza edizione. Torino: Giappichelli, 1999, v. 1. p. 187.

As estruturas dialéticas, nas quais se materializam as exigências próprias do contraditório, consubstanciam uma das condições essenciais do processo, na concepção mais ampla de procedimento. Por assim ser, sem contraditório não há processo.[45]

A refletir em si os progressos da moderna doutrina constitucional-processual, o núcleo essencial do contraditório hospeda, pelo menos, sete elementos. É útil passá-los em revista.

Primeiro: prévia bilateralidade da audiência das partes (*audiatur et altera pars*), admitindo-se, excepcionalmente, o chamado contraditório não inicial, mas diferido ou postergado, no sentido de que o juiz pode legitimamente proferir decisão *inaudita altera parte*[46].

Segundo: direito à informação (*Recht auf Benachrichtigung*) e à reação (*Recht auf Äusserung*), que também se expressa no binômio ciência e resistência, em cujo âmbito desponta a necessidade de que as partes tenham conhecimento dos atos praticados por cada uma delas e pelo juiz, com a finalidade de concretizar-se o contraditório, preferencialmente real e não simplesmente eventual, potencial.

Terceiro: direito à prova e à contraprova.

Quarto: direito de influir (contraditório como direito de influência – *Recht auf Einfluss*)concreta e eficazmente na formação intelectual da convicção do juiz[47] e, desse modo, no conteúdo das decisões judiciais.

A ser diferente, não teria significado prático algum afiançar à parte o direito de ação-defesa (*v. g.*, informação-reação-alegação-argumentação-produção de provas--contraprovas) se ao juiz fosse permitida a possibilidade de pura e simplesmente ignorar o material proveniente da atividade processual das partes[48].

---

45 FAZZALARI, Elio. **Istituzioni di diritto processuale**. 4ª ed. Padova: CEDAM, 1986. p. 78: "*C'è, insomma, "processo" quando in una o più fasi dell'iter di formazione di un atto è contemplata la partecipazione non solo – ed ovviamente- del suo autore, ma anche dei destinatari dei suoi effetti, in contraddittorio, in modo che costoro possano svolgere attività di cui l'autore dell'atto deve tener conto, i cui risultati, cioè, egli può disattendere, ma non ignorare. (...) Occorre, dunque, per individuare il processo, che vi siano serie di norme (e posizioni ed atti) che risalgano ai destinatari degli effetti del provvedimento, realizzando fra loro un contraddittorio paritetico.*"

46 Código de Processo Civil, art. 9º: "Não se proferirá decisão contra uma das partes sem que ela seja previamente ouvida. Parágrafo único. O disposto no *caput* não se aplica: I – à tutela provisória de urgência; II – às hipóteses de tutela da evidência previstas no art. 311, incisos II e III; III – à decisão prevista no art. 701."

47 WAMBIER, Teresa Arruda Alvim. A influência do contraditório na convicção do juiz: fundamentação de sentença e de acórdão. **Revista de Processo,** São Paulo, nº 168, p. 53-65, fev. 2009, esp. p. 55: "Todavia, contemporaneamente, é comum que se diga que o contraditório tem relação mais expressiva com a atividade do juiz. Este, no momento de decidir, *como se fosse um último ato de uma peça teatral, deve demonstrar que as alegações das partes, somadas às provas produzidas, efetivamente interferiram no seu convencimento.* A certeza de que terá havido essa influência decorre da análise da motivação da sentença ou do acórdão." (Grifos no original).

48 TROCKER, Nicolò, op. cit., p. 448 ss., 510 ss. Assim, também, TARUFFO, Michele. **La motivazione della sentenza civile**, p. 402: "È chiaro, d'altra parte, che poco varrebbe garantire alle parti

Quinto: igualdade material das partes, determinante do dever de imparcialidade do juiz, que impõe tratamento paritário e isonômico das partes, mediante equânimes e reais oportunidades no processo, para fazer valer suas próprias razões (*v. g.*, acesso à Justiça e exercício do direito de defesa[49]).

Sexto: contraditório prévio de questões de direito e de fato cognoscíveis *ex officio* pelo juiz ou não, de ordem pública ou não (também decisões da "terceira via", para evitar "sentença a surpresa[50]"). Confira-se, a propósito, o novo Código de Processo Civil, em seu art. 10: "O juiz não pode decidir, em grau algum de jurisdição, com base em fundamento a respeito do qual não se tenha dado às partes oportunidade de se manifestar, ainda que se trate de matéria sobre a qual deva decidir de ofício."

Sétimo: o princípio da colaboração entre partes e juiz e vice-versa, se nutre de novos significados do processo como *actus trium personarum* (Búlgaro)[51], onde todos estão no mesmo patamar e cooperando para a busca da verdade real e da justiça substancial, nos limites da ética e da boa-fé processual.

O ponto de intercessão entre contraditório, ampla defesa e motivação é exatamente o seguinte: os fundamentos da decisão hão de refletir os argumentos fático-jurídicos oportunamente deduzidos pelas partes. O discurso justificativo judicial deve acolher o direito de defesa. As partes devem ser alocadas concretamente em condições de compreender as razões objetivas da decisão. A justificação prática do julgado acolhe a última manifestação do contraditório e, qual peça teatral, representa seu ato final[52]: o dever de indicar os fundamentos significa para o juiz necessariamente ter em

la possibilità d'impiego dei mezzi di difesa, se poi si consentisse al giudice, di fatto, il potere di non tener conto, in sede di decisione, di quanto le parti stesse hanno apportato al "materiale di giudizio", in fatto e in diritto; non a caso, infatti, si individua nell'ambito della garanzia generale della difesa un diritto delle parti di influire sulla decisione, nel quale rientrano il diritto alla prova, il diritto ad interloquire sulle questioni rilevanti per la decisione, e così via."

49 CAPPELLETTI, Mauro. **Juízes legisladores?** Porto Alegre: Sergio Antonio Fabris Editor, 1999. p. 82-83.

50 TROCKER, Nicolò, op. cit., p. 667-658: "*Egli ritiene in sostanza che il giudice debba informare le parti del proprio orientamento prima dell'emanazione della pronuncia, per metterle in grado di incidere validamente sulla formazione del provvedimento decisorio. Solo in tal modo si riuscirebbe ad evitare che gli interessati siano costretti a muoversi nell'incertezza e a dibattere su questioni comunque irrilevanti, per poi vedersi "sorpresi" da una sentenza del tutto inattesa. Il diritto di influire sullo svolgimento della controversia e sul contenuto della decisione resterebbe inevitabilmente compresso, se gli interessati non avessero l'opportunità di seguire e di esaminare previamente le considerazioni giuridiche dell'organo giudicante.*"

51 *Iudicium est actus trium personarum: iudicis, actoris et rei.*

52 COLESANTI, Vittorio. *Principio del contraddittorio e procedimenti speciali.* **Rivista di Diritto Processuale**, 30(2), 1975. p. 577-619, esp. p. 612-613: "*In breve, è lecito dire che la garanzia della motivazione rappresenta l'ultima manifestazione del contraddittorio, per ciò solo che l'obbligo posto al giudice di enunciare i motivi del suo provvedimento si traduce nell'obbligo di tener conto dei risultati del contraddittorio, e al tempo stesso di render conto che l'iter formativo del provvedimento medesimo s'è svolto all'insegna della (possibile) partecipazione degli interessati. (...) In questo senso la*

conta as alegações fático-jurídicas e provas-contraprovas concretamente produzidas pelos litigantes ao longo de todo o *iter* procedimental.

Nessa perspectiva, ao juiz cumpre demonstrar que a formação intelectual de sua convicção resulta não de escolhas arbitrárias, mas da participação das partes das estruturas dialéticas do procedimento[53]. A rigor, tais garantias seriam puramente ilusórias se o juiz, no momento de julgar a causa, pudesse, a seu bel-prazer, ignorar a atividades materialmente realizadas pelas partes até então[54]. Sob boa luz, o Código de Processo Civil, no tocante à estrutura material da sentença, em seu art. 489, § 1º, inciso IV, estabelece a ausência de fundamentação, quando a decisão "não enfrentar todos os argumentos deduzidos no processo capazes de, em tese, infirmar a conclusão adotada pelo julgador". É justamente este o ponto de cruzamento entre a garantia fundamental do contraditório e o dever constitucional de motivação pública de todos os pronunciamentos jurisdicionais de conteúdo decisório[55].

A motivação gráfica, como exteriorização do raciocínio justificativo, permite verificar a efetiva observância da garantia do contraditório, em cujo plano o juiz também se coloca.

Remarque-se o argumento: a motivação é o único meio para aferir se concretamente o órgão judicante conferiu concretude ao contraditório das partes e ao direito de defesa; se, efetivamente, todas as teses relevantes, provas e contraprovas dos sujeitos do processo foram prudentemente apreçadas e consideradas na formação intelectual da convicção do juiz, com a indicação dos respectivos critérios de escolha ou de valoração de tudo quanto tenha estimado importante como cerne de sua motivação[56].

Há, porém, mais. O juiz deve justificar, expressamente, não apenas a hipótese de julgamento por ele acolhida, senão também aqueloutra por ele refutada[57], como

---

garanzia della motivazione, seppur rivolta alla soddisfazione di un interesse sociale, riassume anche la tutela dell'interesse individuale alla piena esplicazione del contraddittorio, di cui rappresenta (per così dire) la sintesi finale. (...) E cioè: da una parte, l'obbligo di motivare vale a riprova della essenzialità del contraddittorio nel procedimento (quale che ne sia la struttura) di formazione dell'atto, e proprio perché il giudice, nell'enunciare i motivi del suo provvedimento, deve render conto delle risultanze del contraddittorio."

---

53 DIAS, Ronaldo Brêtas de Carvalho. A fundamentação das decisões jurisdicionais no Estado democrático de direito. *In*: FUX, Luiz; NERY JR., Nelson; WAMBIER, Teresa Arruda Alvim (Coords.). **Processo e Constituição**: estudos em homenagem ao Professor José Carlos Barbosa Moreira. São Paulo: Editora Revista dos Tribunais, 2006. p. 567-576, esp. p. 572-573.

54 GOMES FILHO, Antonio Magalhães. **A motivação das decisões penais.** São Paulo: Editora Revista dos Tribunais, 2001. p. 100.

55 CÂMARA, Alexandre Freitas. **O novo processo civil brasileiro**. – São Paulo: Atlas, 2015. p. 279.

56 MITIDIERO, Daniel. **Colaboração no processo civil**: pressupostos sociais, lógicos e éticos. São Paulo: Revista dos Tribunais, 2009. p. 150-151.

57 GRECO, Leonardo. **Garantias Fundamentais do Processo**: O Processo Justo. Disponível em: <http://www.mundojuridico.adv.br>. Acesso em: 20 out. 2017. p. 18: "Não é certo dizer que uma fundamentação racionalmente consistente atende à exigência de motivação. Isso não basta.

quando na atividade de valoração do material fático aportado para os autos, seja por empresa das partes ou intervenientes, seja por iniciativa probatória *ex officio* do juízo[58].

5. IGUALDADE JUÍRIDICA

Na igualdade substancial descansa a ideia de justiça. O tratamento igualitário implica tratamento justo, atento à democratização das estruturas processuais mediante as quais a justiça é concretamente administrada[59]. O justo representa tratar todos igualmente no que são iguais, e de modo diferente, mas proporcional[60], no que são diferentes.

A igualdade, como valor universal, constitui fundamento, medida e finalidade de qualquer sistema de criação e de aplicação do Direito[61], atento à sua própria legitimidade e credibilidade social.

A igualdade, como bem se compreende, é o mais conspícuo dos princípios, aquele que vem em primeiro lugar no rol dos direitos e garantias fundamentais do processo, iluminando outros que, no documento constitucional, se lhe seguem[62]

A igualdade material das partes é condição insopitável do processo équo e justo. O juiz tem o dever de, ao longo de todo o *iter* do procedimento, assegurar às partes isonomia de tratamento (*"parità nelle armi"*)[63], proporcionando-lhes as mesmas opor-

---

É preciso demonstrar que todas as alegações, fatos e provas potencialmente relevantes foram examinados." Código de Processo Civil, em seu art. 489, § 1º, inciso IV, preceitua: "art. 489 – *omissis*. § 1o Não se considera fundamentada qualquer decisão judicial, seja ela interlocutória, sentença ou acórdão, que: IV – não enfrentar todos os argumentos deduzidos no processo capazes de, em tese, infirmar a conclusão adotada pelo julgador."

---

58 IGARTUA SALAVERRIA, Juan. **La motivación de las sentencias, imperativo constitucional**. Madrid: Centro de Estudios Políticos y Constitucionales, 2003. p. 158: *"Primero, que el contradictorio no ha de detenerse en el pórtico de la motivación sino ingresar en el recinto de la misma, obligando al juez no sólo a enunciar las pruebas que confirman la hipótesis fáctica escogida, sino también a indicar las razones por las que excluye la hipótesis antagonista y considera inatendibles las pruebas en su favor."*

59 ALCALÁ, Humberto Nogueira. El derecho a la igualdad en la jurisprudencia constitucional. **Ius et Praxis:** Facultad de Ciencias Jurídicas y Sociales, Talca, año 2, nº 2, p. 235-267, 1997, esp. p. 239.

60 GARRIDO GÓMEZ, María Isabel. El valor de los precedentes judiciales en materia de igualdad. **Anuario de la Facultad de Derecho**, Alcalá, nº 4, p. 27-48, 2011, esp. p. 17.

61 A ideia de igualdade humana fundamental é abonada em vários passos da Constituição Federal de 1988, para enfatizar a singular importância desse valor na consciência constitucional de uma sociedade democrática, fraterna, solidária e plural (*v. g.*, Preâmbulo, art. 4º, IV, art. 5º, *caput,* e I).

62 BORGES, José Souto Maior. Significação do princípio da isonomia na Constituição 1988. **Revista Trimestral de Direito Público,** São Paulo, n. 15, p. 29-33, 1996, esp. p. 30.

63 Código de Processo Civil, art. 7º: "É assegurada às partes paridade de tratamento em relação ao exercício de direitos e faculdades processuais, aos meios de defesa, aos ônus, aos deveres e à aplicação de sanções processuais, competindo ao juiz zelar pelo efetivo contraditório."; art. 139: "O juiz dirigirá o processo conforme as disposições deste Código, incumbindo-lhe: I – assegurar às partes igualdade de tratamento"

tunidades, à luz das peculiaridades do caso concreto, quer ao acolhimento da pretensão, quer à sua rejeição. Uma parte não pode desfrutar de maiores possiblidades de fazer valer suas razões em juízo e de provar suas alegações, senão que as chances devem ser descortinadas para ambas as partes de forma equânime, equilibrada.

Agora bem, a avaliação do tratamento paritário relativamente ao exercício de direitos e faculdades processuais, aos meios de defesa, aos ônus, aos deveres, à análise das alegações fático-jurídicas de ambas as partes, bem como da valoração do resultado das provas e contraprovas por elas produzidas faz-se através das razões justificativas do julgado ministradas pelo juiz.

5. DUPLO GRAU DE JURISDIÇÃO DE MÉRITO

No Brasil, o princípio do duplo grau de jurisdição foi expressamente consagrado na Constituição do Império, de 1824, cujo art. 158 dispunha: "Para julgar as Causas em segunda, e última instancia haverá nas Provincias do Imperio as Relações, que forem necessarias para commodidade dos Povos."

De todo modo, proliferam debates doutrinários, aqui e alhures, sobre ser ou não ser o duplo grau de jurisdição (de mérito) uma garantia fundamental do processo civil[64]. Há prestigiosa posição que identifica nele um princípio estrutural do processo civil[65], inerente ao sistema constitucional brasileiro[66] ou como um dos elementos conformadores da garantia do devido processo legal.

Diversamente, há vozes doutrinárias que consideram o direito ao recurso, como garantia fundamental exclusivamente do processo penal (com base no art. 8º, nº 2,

64 BARBOSA MOREIRA, José Carlos. **Comentários ao código de processo civil**, Lei nº 5.869, de 11 de janeiro de 1973: arts. 476 a 565. Rio de Janeiro: Forense, 2009, v. 5. p. 239-240: "Não há definição universalmente válida do princípio do duplo grau: cabe ao intérprete extrair dos textos do *ius positum* os dados necessários à sua caracterização, num determinado ordenamento. Vale observar que, embora parte considerável da doutrina, desde a época anterior ao advento da atual Carta da República, tenda a considerá-lo ínsito em nosso sistema constitucional, nem o texto da Constituição anterior nem o da vigente ministra, no particular, conceito que se imponha ao legislador ordinário; nenhum dos dois alude sequer, *expressis verbis*, ao princípio."

65 COMOGLIO, Luigi Paolo. Garanzie costituzionali e "giusto processo" (modelli a confronto), op. cit., p. 115: *"in primo luogo, la garanzia del doppio grado di giurisdizione (di merito), profondamente radicata nelle tradizioni europee occidentali, ma non certamente ignota o disconosciuta nei sistemi di common law, la quale esige che, nei confronti delle decisioni pronunziate dai giudici inferiori di prima istanza, sia costantemente assicurata un'opportunità di revisione e di riesame in un nuovo giudizio, mediante un'impugnazione proposta ad un giudice superiore."*

66 DINAMARCO, Cândido Rangel. **Instituições de direito processual civil**. 6ª ed. rev. e atual. São Paulo: Malheiros, 2009, v. 1.

alínea *h*[67], Pacto de San José da Costa Rica, do qual o Brasil é signatário)[68], e não do processo civil[69], em cuja sede o princípio do duplo grau constituiria preceito infraconstitucional[70], que o legislador ordinário poderia adotá-lo ou não, bem como atenuar seu conteúdo e extensão.

Contudo, o fato de a Constituição Federal de 1988, em qualquer de seus preceitos, não utilizar a expressão "duplo grau de jurisdição", por si só, daí não se segue necessariamente a conclusão de que se absteve de consagrar a garantia em tela e, menos ainda, a respectiva conclusão de que, no modelo de processo équo e justo, o duplo grau seria elemento não essencial, acidental.

A melhor escolha interpretativa parece ser aquela de analisar textos ou dispositivos normativos situados no contexto jurídico mais abrangente nos quais se situem, em prestígio da exegese constitucional inspirada nos métodos de hermenêutica sistemático e teleológico.

Conhecida regra de interpretação sugere que não se presumem na lei (e, *a fortiori*, na Constituição) palavras inúteis ou expressões supérfluas. De fato, se a Constituição de 1988 disciplinou, com minuciosa estruturação, órgãos judiciários e tribunais superiores a conclusão é a de que foi justamente para assegurar o duplo grau de jurisdição de mérito. Tal estrutura judiciária existe exatamente para que, excitando a garantia de justiça, o litigante possa ter acesso efetivo ao juízo de instância superior, mediante interposição dos recursos jurídicos cabíveis.

O direito ao recurso e, a partir dele, ao duplo grau de jurisdição de mérito é inseparável do devido processo justo, e suplementar das garantias anexas ao devido processo legal no Estado Constitucional Democrático de Direito.

Nessa moldura, forte no viés político, todos os atos estatais estão submetidos à controlabilidade e, com maior densidade de razão, a juridicidade e a justiça substancial das decisões judiciárias, na esfera endoprocessual, atinente ao binômio recorribilidade-duplo grau de jurisdição de mérito. A motivação obrigatória e pública, em sua dimensão garantístico-política, tolera, também, o controle extraprocessual sobre a "obra" do juiz e os modos pelos quais a justiça é concretamente administrada.

---

67 "Artigo 8º – Garantias judiciais 2. Toda pessoa acusada de um delito tem direito a que se presuma sua inocência, enquanto não for legalmente comprovada sua culpa. Durante o processo, toda pessoa tem direito, em plena igualdade, às seguintes garantias mínimas: h) direito de recorrer da sentença a juiz ou tribunal superior." Em sentido oposto à aplicação geral do princípio do duplo grau de jurisdição, com ênfase no campo penal, vide MENDES, Gilmar Ferreira. **Direitos fundamentais e controle de constitucionalidade:** estudos de direito constitucional. 4ª ed. rev. e ampl. São Paulo: Saraiva, 2012. (Série EDB). p. 220-223.

68 NERY JUNIOR, Nelson. **Princípios do processo civil na Constituição Federal**. 8ª ed. rev., ampl. e atual. com novas súmulas do STF e com análise sobre a relativização da coisa julgada. São Paulo: Editora Revista dos Tribunais, 2004. (Coleção estudos de direito de processo Enrico Tullio Liebman; v. 21). p. 214.

69 Constituição portuguesa de 1976, com a reforma de 1982, Art. 32, 1: "O processo criminal assegura todas as garantias de defesa, incluindo o recurso."

70 MARQUES, José Frederico. **Manual de direito processual civil**. Campinas: Bookseller, 1997, v. 1. p. 126.

A outro giro, em favor do duplo grau de jurisdição de mérito milita a regra de experiência que, do ponto de vista psicológico, sugere que o juiz da causa segue reflexão mais acurada no julgamento quando de antemão não ignora que sua decisão poderá ser impugnada e, por via de consequencia, anulada ou reformada pela instância jurisdicional hierarquicamente superior[71].

A acepção política do duplo grau de jurisdição de mérito está no governo burocrático, verticalizado, de instâncias superiores sobre decisões de instâncias inferiores, além de viabilizar a uniformização de interpretação e de aplicação da lei e do Direito.

Reafirme-se que, para além de mera garantia implícita – pois, por exemplo, a Constituição de 1988[72], estruturou os órgãos jurisdicionais comuns e especiais e tribunais, deferindo-lhes funções (de revisão da decisão, uniformizadora da jurisprudência, política de controle) e competências para julgar recursos -, o segundo julgamento por um tribunal de hierarquia superior[73] deva também ser assegurado no processo civil, como garantia fundamental conectada ao acesso à ordem jurídica adequada, justa e efetiva, do contraditório e da ampla defesa (com os *recursos* que lhes são inerentes) e do devido processo legal[74].

Merece menção à parte a "remessa necessária" (CPC, art. 496), que não tem natureza recursal, mas se reveste de condição de eficácia da sentença contrária às pessoas jurídicas de direito público[75]. De fato, o juiz deve ordenar "a remessa dos autos ao tribunal e, se não o fizer, o presidente do respectivo tribunal avocá-los-á" (art. 496, § 1º)

Como é intuitivo, a motivação da decisão judicial tem laço apertado com o duplo grau de jurisdição de mérito. No campo endoprocessual, a motivação, por sua feição técnico-instrumental é a ponte entre decisão e sua impugnação: primeiramente, permite melhor estruturação dos argumentos articulados na peça recursal e, ao depois, consente adequada controlabilidade do decisório pela instância hierarquicamente superior, aos ângulos da juridicidade e da justiça do *decisum*.

---

71 Vide, em sentido contrário, MARINONI, Luiz Guilherme. **El doble grado de jurisdicción**. Curitiba, 2012. Disponível em: <http://www.marinoni.adv.br/artigos.php>. Acesso em: 26 agosto 2016.

72 Por exemplo: artigos 92, III a VII, 93, III, 98, I, 102, II, 105, II, 108, II. De mais a mais, o art. 5º, LV, estabelece: "aos litigantes, em processo judicial ou administrativo, e aos acusados em geral são assegurados o contraditório e a ampla defesa, com os meios e *recursos* a ela inerentes;" (Reforços gráficos nossos). Vide, chancelando este último aspecto, PINTO, Nelson Luiz. **Manual dos recursos cíveis.** 3ª ed. São Paulo: Malheiros, 2002. p. 85.

73 THEODORO JÚNIOR, Humberto. **Curso de direito processual civil** – Teoria geral do direito processual civil e processo de conhecimento. 51ª ed. Rio de Janeiro: Forense, 2010, v. 1. p. 36.

74 Sobre os princípios relativos aos recursos, vide PINHO, Humberto Dalla Bernardina de. **Direito processual civil contemporâneo**: teoria geral do processo. 4ª ed. São Paulo: Saraiva, 2012, v. 1. p. 597: "a) princípio do duplo grau de jurisdição: por força desse princípio, qualquer decisão judicial da qual possa resultar prejuízo jurídico a alguém admite revisão judicial por órgão jurisdicional hierarquicamente superior. O princípio, embora não garantido expressamente na Constituição, consiste em garantia processual oriunda do princípio do devido processo legal; este, sim, previsto em sede constitucional."

75 RODRIGUES, Marco Antonio. **A Fazenda Pública no processo civil**. São Paulo: Atlas, 2016. p. 79.

7. PUBLICIDADE PROCESSUAL

A publicidade em geral e a dos atos processuais em especial configura uma das mais elevadas garantias inerentes ao Estado Constitucional Democrático de Direito. De fato, a publicidade e a motivação obrigatória das decisões judiciais[76], com fortes influências mútuas, são elementos de sua organização e de seu funcionamento. Doutrina de boa linhagem classifica a publicidade e a motivação de *garantias das garantias*[77], pois desempenham, interna e externamente, a função de permitir a aferição, *in concreto*, do grau de efetividade de todas as demais garantias constitucionais do processo.

A efetividade do processo, enquanto instrumento eficiente de realização do direito material, conexiona-se com as garantias fundamentais que nele se realizam. Abrem as portas, por exemplo, para a possibilidade de controle das partes, além do que, democrática e difusamente, da sociedade sobre o modo de o juiz administrar concretamente a justiça (*v. g.*, a validade dos critérios de escolha ou de valoração utilizados pelo juiz, o esperável acertamento da verdade dos fatos relevantes para o julgamento da causa, a correta eleição da norma jurídica aplicável e sua aceitável interpretação, a justificação racional do julgado).

Por meio da publicidade-motivação, o juiz realiza um diálogo com a cidadania, em obséquio ao princípio político da participação democrática no processo. É um corredor de caráter dialógico entre Poder Público e sociedade, com a finalidade de legitimação do concreto exercício da função jurisdicional[78].

Caso ao juiz fosse franqueado não motivar suas decisões, o conjunto de garantias constitucionais processuais valeria menos que zero, por esmagar a possibilidade de controlabilidade racional sobre a atividade jurisdicional. Daí se segue que a motivação encarna, reafirme-se, o valor de *garantia do garantismo processual*, por permitir, em cada caso concreto, a aferição do grau de efetividade de todas as demais garantias fundamentais do processo équo e justo.

Na dimensão instrumental, publicidade implica motivação e vice-versa. Por assim ser, a função garantística da publicidade relativamente à decisão supõe, naturalmente, que ela esteja suficientemente motivada[79]. A ser diferente, a publicidade seria tão inú-

---

76 Constituição Federal de 1988, art. 5º, inciso LX: "a lei só poderá restringir a publicidade dos atos processuais quando a defesa da intimidade ou o interesse social o exigirem;" e art. 93, inciso IX: "todos os julgamentos dos órgãos do Poder Judiciário serão públicos, e fundamentadas todas as decisões, sob pena de nulidade, podendo a lei limitar a presença, em determinados atos, às próprias partes e a seus advogados, ou somente a estes, em casos nos quais a preservação do direito à intimidade do interessado no sigilo não prejudique o interesse público à informação;" (Redação dada pela Emenda Constitucional nº 45, de 2004).

77 FERRAJOLI, Luigi. **Derecho y razón**: Teoría del garantismo penal. 10ª ed. Madrid: Editorial Trotta, 2011. p. 616.

78 MELO, Gustavo de Medeiros. O acesso adequado à justiça na perspectiva do processo justo. In: FUX, Luiz; NERY JR., Nelson; WAMBIER, Teresa Arruda Alvim (Coord.). **Processo e Constituição**: estudos em homenagem ao Professor José Carlos Barbosa Moreira, op. cit., p. 684-706, esp. p. 692-694.

79 THEODORO JÚNIOR, Humberto. Princípios informativos e a técnica de julgar no processo civil. Revista Forense, Rio de Janeiro, nº 268, p. 103-109, 1979, esp. p. 106.

til quanto um despertador soar em um quarto vazio. De outro lado, à motivação seria subtraída a função de permitir o controle endo e extraprocessual sobre a atividade jurisdicional, sem que se pudesse expô-la, através de publicidade geral (em regra), imediata e mediata, aos olhares observadores das partes e da sociedade.

Publicidade e motivação obrigatória das decisões judiciais constituem condições essenciais de desempenho satisfatório da justiça[80] e inestimável fator de legitimação argumentativa do exercício da jurisdição[81]. As funções endo e extraprocessuais da motivação seriam inócuas não fosse a garantia da publicidade. A motivação é um instrumento da publicidade: somente poder-se-á conhecer o que ocorre no processo se o juiz motivar juridicamente suas decisões.

8. DEVIDO PROCESSO LEGAL

A garantia do devido processo legal[82], como eixo democrático de limitação de exercício de poder[83], implica intangibilidade de pessoas e de patrimônios sem a obser-

80 BARBOSA MOREIRA, José Carlos. Notas sobre alguns fatores extrajurídicos no julgamento colegiado. **Temas de direito processual**: sexta série. São Paulo: Saraiva, 1997. p. 145-172, esp. p. 159: "Mas o caráter público da deliberação pode também exercer outro tipo de influência, máxime quando, por imposição legal ou regimental, ou por pressão das circunstâncias, tenha de ser fundamentado o pronunciamento de cada votante. Bem se concebe que, exposto ao controle da assistência, o juiz dedique maior atenção ao exame das questões discutidas, a fim de melhor justificar a posição que tome, prevenir o risco de objeções desconcertantes – ou até desmoralizantes, voluntariamente ou não -, em apartes ou em votos subseqüentes, e preservar assim sua "imagem" de julgador consciencioso e capaz. Não é impossível que seu voto acabe por ser diferente do que ele proferiria sem o aludido controle."

81 GARBOSSA, Daniella D'Arco. Princípio da Publicidade no Direito Processual. **Revista FMU Direito** (Faculdades Metropolitanas Unidas), São Paulo, ano 25, nº 36, p. 29-45, 2011, esp. p. 35.

82 Com significado simplesmente formal, vide a Magna Carta de 1215, assinada pelo Rei John Lackland, art. 39: "*No free men shall be taken or imprisoned or disseised or exiled or in any way destroyed, nor will we go upon him nor send upon him, except by the lawful judgment of his peers or by the law of the land.*" No panorama da questão constitucional na base do *Bill of Rights*, concernente à Constituição americana de 1787, vide Emenda 5 – *Trial and Punishment, Compensation for Takings No person shall be held to answer for a capital, or otherwise infamous crime, unless on a presentment or indictment of a Grand Jury, except in cases arising in the land or naval forces, or in the Militia, when in actual service in time of War or public danger; nor shall any person be subject for the same offense to be twice put in jeopardy of life or limb; nor shall be compelled in any criminal case to be a witness against himself, nor be deprived of life, liberty, or property, without due process of law; nor shall private property be taken for public use, without just compensation.* No cenário do pós-guerra civil, no fito de tutelar a liberdade e a igualdade, vide Emenda 14 – *Citizenship Rights 1. All persons born or naturalized in the United States, and subject to the jurisdiction thereof, are citizens of the United States and of the State wherein they reside. No State shall make or enforce any law which shall abridge the privileges or immunities of citizens of the United States; nor shall any State deprive any person of life, liberty, or property, without due process of law; nor deny to any person within its jurisdiction the equal protection of the laws.*" Na 5ª Emenda subsiste caráter formal, ao passo que na 14ª Emenda fala-se em igual proteção da lei – "*equal protection of the laws*". Desse modo, respeita-se a igualdade em face da lei e a igualdade dentro da lei.

83 Constituição Federal de 1988, art. 5º, inc. LIV: "ninguém será privado da liberdade ou de seus bens sem o devido processo legal;". Constituição portuguesa de 1976, com a reforma de 1982, art. 20, 4. "*Todos têm direito a que uma causa em que intervenham seja objecto de decisão em prazo razoá-*

vância dos direitos que a ordem jurídico-constitucional assegura e a concretização de um processo adequado, justo e efetivo.

As tutelas de urgência de natureza satisfativa não afastam o devido processo legal, antes o abonam[84], justamente por não preterirem a satisfação do bem da vida, objeto de direito à evidência, proveniente de fatos líquidos e certos.

O devido processo legal revela dupla dimensão: processual e substantiva[85].

O caráter procedimental está em que o princípio do devido processo legal se materializa por meio de outras garantias fundamentais do processo, com a finalidade de preordenar o procedimento racional, discursivo e valorativo de promoção de justiça material, e esconjurar os riscos de ingerências indevidas nos bens tutelados.

Porque assim é, o itinerário procedimental não pode abolir as garantias processuais fundamentais do processo justo (*v. g.*, juiz natural, igualdade de possibilidades e paridade de armas, imparcialidade do juiz, contraditório, como bilateralidade da audiência das partes, direito à prova e à contraprova, proibição de provas inconstitucionalmente obtidas, ampla defesa, publicidade, segurança jurídica e confiança legítima, duplo grau de jurisdição de mérito, motivação das decisões jurisdicionais, duração razoável do processo, sem dilações indevidas)[86].

A cláusula do devido processo legal, em sua acepção procedimental, abre a possibilidade efetiva de acesso à Justiça, seja formulando pretensão, seja defendendo-se amplamente (*his day in Court*). O direito fundamental à tutela jurisdicional adequada, justa e efetiva exige que tanto os procedimentos quanto as técnicas processuais sejam conformados pelo legislador segundo as necessidades do direito material e de acordo com as especificações do caso particular.

De outra parte, o conteúdo substantivo da garantia do devido processo legal, como matriz de textura aberta e flexível, aferível caso a caso, com fragmentação em subespécies espalhadas, para além dos muros do processo judicial está presente em todos os ramos da ciência jurídica. Por exemplo: legalidade estrita nas esferas penal,

---

vel e mediante processo equitativo." Constituição espanhola de 1978, art. 24, 2. "Asimismo, todos tienen derecho al Juez ordinario predeterminado por la ley, a la defensa y a la asistencia de letrado, a ser informados de la acusación formulada contra ellos, a un proceso público sin dilaciones indebidas y con todas las garantías, a utilizar los medios de prueba pertinentes para su defensa, a no declarar contra sí mismos, a no confesarse culpables y a la presunción de inocencia. La ley regulará los casos en que, por razón de parentesco o de secreto profesional, no se estará obligado a declarar sobre hechos presuntamente delictivos."

---

84 FUX, Luiz. **Curso de direito processual civil**: processo de conhecimento. 4ª ed. Rio de Janeiro: Forense, 2008, v. 1. p. 253.

85 SILVEIRA, Paulo Fernando. **Devido processo legal** (due process of law). Belo Horizonte: Del Rey, 1997. p. 81-84.

86 DIAS, Jefferson Aparecido. Princípio do devido processo legal. In: LOPES, Maria Elisabeth de Castro; OLIVEIRA NETO, Olavo de. (Coords.). **Princípios processuais civis na Constituição**, op. cit., p. 25-46, esp. p. 36-37.

tributária, administrativa e parâmetro de razoabilidade e de proporcionalidade das leis em geral. Outro exemplo é oportuno: uma lei na área econômica tem a seu favor a presunção de constitucionalidade, a menos que se comprove ser arbitrária e irracional (não razoável, desconforme à razão). Não apenas o juiz, mas também o legislador e o administrador estão sob a égide das exigências da cláusula *due process of law*, de modo que não podem contrariar valores fundamentais forjados na consciência constitucional da sociedade (*v. g.*, a inviolabilidade do direito à vida, à liberdade, à igualdade, à segurança, à propriedade).[87]

Em semelhante contexto, independentemente da conotação que se dê à cláusula do devido processo legal (instrumental ou substancial), apenas a motivação do julgado ministra dados para a aferição, *in concreto*, de sua observância, ou não. É dizer: a motivação se constitui em termômetro do aproveitamento do devido processo legal, especialmente em relação às seguintes garantias processuais: acesso à Justiça; juiz natural, independente e imparcial, igualdade de tratamento das partes, direito de defesa, contraditório, atuação de ofício do juiz na prospecção do material probatório, vedação de utilização de provas inconstitucionalmente obtidas, publicidade, efetividade prática das decisões judiciárias.

É a motivação que, nas peculiaridades do caso concreto, garante a verificação da efetividade do devido processo legal[88]. Ao juiz impõe-se, feita abstração da hipótese de equidade, decidir de conformidade com a lei. Em sentido amplo, a observância do devido processo legal implica adstrição aos preceitos normativos, a fim de se evitar o arbítrio. Verifica-se, também nesse aspecto, o liame entre devido processo legal e motivação jurídica dos julgados.

Uma derradeira observação ainda é importante para rematar este tópico e diz respeito ao princípio da separação de poderes (ou melhor: separação das funções estatais) no confronto com a exigência de motivação das decisões judiciais.

Sob a ótica essencialmente política, a motivação obrigatória e pública da decisão judicial importa relevante instrumento de dupla verificação: (i) se, ao decidir, o juiz, em suas razões justificativas, aplicou a lei ou, antes, desbordou ilegitimamente de seu primado, mediante invasão de competência legiferante; e (ii) se o juiz desempenhou atividade criativa[89] no caso particular, os graus de criação, os limites substanciais e a legitimidade da criação do direito pelo juiz[90]. Nesse último aspecto, principalmente no

---

87 Constituição Federal de 1988, art. 5º, *caput*.

88 FIGUEIREDO. Lúcia Valle. Estado de direito e devido processo legal. **Revista Trimestral de Direito Público,** São Paulo, nº 15, 1996. p. 37.

89 MONTELEONE, Girolamo. Riflessioni sull'obbligo di motivare le sentenze (Motivazione e certezza del diritto). **Il giusto processo civile**, Bari, anno 8, nº 1, p. 1-19, 2013, esp. p. 18: "*La magistratura giudicante, di qualunque specie essa sia, trova pertanto nella motivazione il suo blasone di nobilità: è infatti per mezzo di essa, non della sola statuizione finale, che il giudice partecipa a pieno titolo alla funzione "creativa" del diritto consistente nel ripristinare la certezza, infranta dalle contrastanti pretese degli individui.*"

90 CAPPELLETTI, Mauro. **Juízes legisladores?** p. 23-27.

plano de proteção da separação das funções estatais, a motivação exibe o condão de revelar os critérios de escolha ou de valoração do juiz no procedimento de aplicação da lei e do direito. Permite controlabilidade jurídica e racional, por exemplo, sobre o elemento de discricionariedade, de seleção, e, desse modo, sobre aquele insuprimível espaço de criatividade judiciária[91], como fator inerente à própria função jurisdicional, especialmente no que tange ao papel criativo dos juízes constitucionais.

Em suma, as razões justificativas externadas na motivação permitirão avaliar se, ao interpretar-aplicar a lei, o juiz invadiu ou não o domínio de atribuições constitucionalmente deferidas ao legislador, bem como se ateve-se aos limites processuais essenciais, como condição *sine qua non* de jurisdicionalidade.

9. CONCLUSÃO

Na vida do Estado Constitucional Democrático de Direito o poder estatal está incondicionalmente submetido ao dever de justificação: é o Estado que se justifica[92].

Associa-se a juridicidade do poder à sua justificação pública, como racionalidade do exercício do poder e medida de sua legitimidade e legitimação. Busca-se consenso no espaço público em relação aos valores preponderantes na sociedade política, em determinado lugar e certa quadra histórica e cultural, apesar da complexidade das sociedades democráticas contemporâneas, marcadas pelo pluralismo e crescente antagonismo de ideias e ideais, principalmente no campo socioeconômico.

A motivação deve exibir plenitude justificativa, em relação às escolhas cognitivas, valorativas e interpretativas adotadas pelo juiz em sua decisão. A inteireza da motivação (*completezza*) – atinente aos critérios jurídicos, hermenêuticos, cognitivos, valorativos – somente poderá ser sindicada à luz das especificações de cada caso concreto. As exigências de justificação material ou quantidade mínima de fundamentos são diretamente proporcionais às peculiaridades do caso concreto submetido à cognição judicial, com reflexos na decisão.

A motivação tem implicação material e não meramente formal. Disso resulta que se faz necessária não apenas a justificação formal, na qual o juiz forneça as razões que determinaram sua decisão, mas, também e sobretudo, a justificação material assente nos fundamentos depositados à base de tal deliberação e em suas correspondências

---

91 GOMES FILHO, Antonio Magalhães, op. cit., p. 91, 241: "13. A motivação das decisões judiciais assegura as limitações que decorrem da *separação de poderes*, permitindo verificar se no exercício das suas funções o juiz não invadiu a esfera de atribuições do legislador e também se obedeceu aos limites processuais que distinguem as duas atividades." (Reforços gráficos no original). Assim, também, BUENO, Cassio Scarpinella. **Curso sistematizado de direito processual civil**: teoria geral do direito processual civil. 3ª ed. São Paulo: Saraiva, 2009, v. I. p. 136.

92 TROCKER, Nicolò, op. cit., p. 462: *"Lo Stato di diritto, insomma, si configura come uno "Stato che si giustifica" (Rechtsstaat als rechtfertigender Staat)."* Na nota 76, o insigne jurista italiano aclara que a expressão *"Estado que se justifica"* é de J. BRÜGGEMANN (*Die richterliche Begründungspflicht*, cit. p. 161, 164).

com os dados realmente existentes nos autos do processo. Por conseguinte, ao órgão judicante cumpre analisar (e evidenciar que levou em consideração!) o material fático-jurídico produzido pela atividade das partes, em contraditório, e, como exigência de congruidade, efetivamente contido nos autos do processo.

Sob o prisma do entrelaçamento, as razões justificativas da decisão, ministradas pelo órgão judicante, permitem aferir, em cada caso concreto, o grau de efetividade de todas as demais garantias constitucionais do processo. Consente, pois, tornar efetivo aquilo que, no plano abstrato, carece de efetividade prática. Ou seja: a motivação obrigatória e pública tem por escopo tornar efetivas as garantias fundamentais do processo équo e justo (*v. g.*, acesso à tutela jurisdicional adequada, justa e efetiva, igualdade, direito de defesa, contraditório, independência e imparcialidade do juiz e sua sujeição à dimensão de juridicidade, duplo grau de jurisdição de mérito, publicidade, devido processo legal e por aí vai).

Nessa perspectiva, a motivação jurídica é o único meio para que se possa verificar *in concreto* se tais garantias foram, de verdade, observadas no caso particular.

Não por acaso, a indispensabilidade de motivação pública do julgado, na qual repousa o discurso justificativo judicial, jurídico e racionalmente válido, além de proclamar o traço característico da jurisdição de nossa contemporaneidade e de consagrar um dique de contenção do autoritarismo, representa a maior conquista civilizatória do processo équo e justo.

OS EFEITOS DO NOVO CÓDIGO DE PROCESSO CIVIL NO DIREITO PROCESSUAL PENAL

Franklyn Roger Alves Silva

I. INTRODUÇÃO

O propósito do presente estudo é o de analisar as principais modificações que o novo Código de Processo Civil traz ao ordenamento jurídico e que teriam potencial aplicabilidade ao processo penal. A partir da seleção de temas de repercussão verificaremos até que ponto tornar-se-ia possível sua aplicação com supedâneo no art. 3º do Código de Processo Penal.

A última grande reforma procedimental realizada no processo penal ocorreu em 2008 com a modificação dos procedimentos e da disciplina probatória, através da edição das Leis ns. 11.689/2008, 11.690/2008 e 11.719/2008.

De lá para cá pouco se avançou legislativamente no processo penal. Ainda resiste a doutrina preocupada em apenas deduzir críticas ao modelo processual penal fascista instaurado em nosso país na década de 40 e que inobserva a verdadeira dismorfia já existente, especialmente pela aceitação da leitura do texto do CPP à luz da Constituição da República.

Mas, nem tudo são trevas! É evidente o avanço metodológico nos últimos anos, especialmente ao se incorporar menções à Convenção Americana de Direitos Humanos e a outros instrumentos internacionais aptos a contribuir para a caminhada, ainda árdua, de transfiguração do processo penal de viés autoritário para um modelo processual democrático, pautado na preservação de garantias efetivas, que permitam uma relação processual pautada no equilíbrio efetivo e concreto das partes.

Se é verdade que o processo penal brasileiro apresenta muitas falhas quando comparado com outros sistemas processuais, também é verdade que ele possui suas virtudes, especialmente em matéria de garantia obrigatória[1] da defesa técnica[2].

---

1 No direito norteamericano, por exemplo, a garantia da defesa técnica percorreu um longo caminho até seu reconhecimento pela Suprema Corte. Ainda assim, aquele sistema jurídico admite a representação em causa própria, mesmo que o acusado não detenha capacitação jurídica. A respeito das críticas deste sistema, conferir: SABELLI, Martin; LEYTON, Stacey. Train Wrecks and freeway crashes: an argument for fairness and against self representation in the criminal justice system. *The Journal of criminal law and criminology*. Nº 1, Vol. 91, 2001.

2 *"O direito a ter a assistência técnica de defensor técnico pode ser inferido a partir de uma interpretação sistemática do texto constitucional (art. 5º, LV e LXIII), bem como das normas infraconstitu-*

Apesar de o CPC se apresentar repleto de novidades, nosso intento não é o de esgotar o tema, mas apenas dar início ao debate, levando em consideração alguns dos princípios fundantes do novo processo civil brasileiro, através das premissas do contraditório, uniformização da jurisprudência, adaptabilidade procedimental, disciplina probatória, construção das decisões judiciais e sistemática recursal.

Dentro destas perspectivas e pautado na concepção de que o processo penal deva ser um espaço aberto à democracia participativa no procedimento, o presente estudo pretenderá investigar alguns dos novos institutos do Código de Processo Civil, sancionado em 16 de março de 2015.

O trabalho de reflexão também estabelecerá a premissa metodológica apta a justificar a incidências das regras processuais civis no campo processual penal. Assim, como ponto de partida, torna-se necessário primeiro definir se há um caminho de comunicação entre o Direito Processual Civil e o Direito Processual Penal e como se acionar o portal de passagem entre estes dois mundos.

II. APLICAÇÃO DO NOVO CPC AO PROCESSO PENAL – A NECESSIDADE DE INTERPRETAÇÃO DE UM SISTEMA PROCESSUAL COM PONTOS COMUNS

Já é ponto comum na doutrina e na jurisprudência que o Direito Processual Civil é o mais avançado dos ramos da disciplina adjetiva, servindo de suporte ao Direito Processual do Trabalho, Eleitoral e Administrativo, ao que se depreende do art. 15 do CPC/2015.

Durante os debates no Congresso Nacional a respeito da adequada redação do art. 15 do CPC, cogitou-se de incluir o processo penal na norma de extensão, conforme proposta originária do Senado que foi suprimida durante a tramitação na Câmara dos Deputados.

Não obstante este cenário, não nos parece que a intenção do legislador tenha sido a de fechar o caminho de interlocução entre as duas disciplinas, até porque, comungamos do entendimento de que o processo penal e o processo civil fazem parte

cionais (p. ex., arts. 261 e 306, §1º, ambos do CPP). E, como se não bastasse, dos diversos tratados internacionais aos quais o Brasil aderiu e que ganharam maior força após a emenda 45/2004." (MIRZA, Flavio. Notas sobre a efetividade da defesa técnica em processo penal. In MALAN, Diogo; MIRZA, Flavio. *Setenta anos do código de processo penal brasileiro*. Rio de Janeiro: Lumen Juris, 2011, p. 145).

da chamada teoria geral do processo[3], apesar de vozes em sentido contrário[4].

Não há como negar os pontos de interseção entre as duas disciplinas, especialmente no que tange às suas características fundantes (jurisdição, ação, procedimentos, nulidades etc.)[5], o que nos permite a construção de uma teoria geral do direito processual para, em seguida, segmentar os ramos correspondentes conforme suas especificidades.

Os refratários da teoria geral do processo tendem a querer qualificar o objeto do processo penal como se se tratasse da tutela do bem jurídico mais relevante do ordenamento jurídico, o que significaria a sua autonomia, dada a importância da pretensão que lá se veicula. Apesar de reconhecer a importância da dogmática processual penal, cremos que o referencial dos separatistas desconsidera o objeto do processo civil, querendo fazer crer que o seu propósito é a tutela das questões triviais e das demandas patrimoniais disponíveis, desprestigiando a sua importância para o trato de temas tão ou mais importantes que a liberdade.

---

3 *"O direito Processual Penal é ciência jurídica que se liga ao Direito Processual Civil, por constituírem ambos divisão do Direito Processual e se filiarem um e outro à teoria geral do processo. No Direito Processual Civil, foi o Direito Processual Penal colher os institutos necessários para a processualização da Justiça Penal, após ter sido adotado o sistema acusatório.*
(...)
Filho primogênito da ciência jurídica do processo, coube, portanto ao Direito Processual Civil a tarefa de construir as linhas matrizes do processo em geral, formulando-lhe os conceitos estruturais e enunciando-lhe os princípios básicos. Ali nasceram, por isso, institutos fundamentais do processo em geral, e ali recebeu este a sua configuração essencial de actum trium personarum, como instrumento de Estado para compor litígios e dar a cada um o que é seu.
(...)
*Quando se afirma a unidade do Direito Processual, não se está admitindo que processo civil e processo penal sejam idênticos, mas tão-só mostrando que ambos têm base comum, que é a teoria geral do processo, teoria que pode e deve ser elaborada por exigência científica de elementar evidência, como bem afirmou GRISPIGNI." (*MARQUES, José Frederico. *Manual de direito processual civil.* Campinas: Bookseller, 1997. Vol. I. P. 48-51)."

4 *"O processo civil é o cenário da riqueza (de quem possui), ao passo que no processo penal, cada vez mais, é o processo de quem não tem, do excluído. Isso contribui para o estigma da gata borralheira, mas não justifica.*
No processo penal, em (radical) câmbio, do que estamos tratando? Não é do ter, mas sim da liberdade. No lugar de coisa, pensa-se na liberdade, de quem, tendo, está na iminência de perder, ou que já não tendo pode recuperá-la ou perdê-la ainda mais. Trata-se de voltar para casa ou ser encarcerado. Como adverte CARNELUTTI, é com a liberdade o que verdadeiramente se joga no processo penal. Al juez penal se le pide, como al juez civil, algo que nos falta y de lo cual no podemos prescindir; y es mucho más grave el defecto de libertad que el defecto de propriedade." (LOPES Jr., Aury. Direito processual penal. 11ª ed. São Paulo: Saraiva, 2014. P. 59).

5 *"Como já adiantamos, o estudo das nulidades, em nosso entender, corresponde a um tema de teoria geral do processo, e pode ser definido e teorizado uniformemente para todas as suas espécies: civil, penal, trabalhista, administrativo. Somos favoráveis à existência de uma teoria geral do processo e estamos convencidos de que, em especial no tema das nulidades, existe um núcleo comum que pode ser analisado em conjunto."*(CABRAL, Antonio do Passo. *Nulidades no processo moderno.* Rio de Janeiro: Forense, 2009. P. 350.).

Não se trata de encarar o processo penal como a "Cinderela do Direito". Em verdade, a grande virtude do ser humano é saber reconhecer suas possibilidades e limitações e no processo penal está máxima também deve ser aplicada.

Nesta linha de ideias, torna-se necessário evitar que o processo penal sofra o fenômeno Pinóquio, acreditando ser autossuficiente o bastante para adentrar ao mundo, sem por em risco a sua própria existência, utilidade e eficácia, recusando o apoio e as lições de seu pai, Gepeto.

Independentemente da existência ou não de lide e dos interesses tutelados por ambas as disciplinas, fato é que o processo civil e processo penal possuem metodologia e estruturação semelhantes em diversos aspectos, o que reforça a opinião que compartilhamos no sentido da existência de uma teoria geral do direito processual.

A previsão de procedimentos, a existência de pressupostos processuais, as características da jurisdição, a divisão de encargos entre os sujeitos do processo demonstra a possibilidade de se traçar uma teoria geral apta a construção e reforço da sistematização processual.

Por estas razões, mesmo diante do silêncio do art. 15 do CPC/15, creio que o art. 3º do CPP, quando admite a interpretação extensiva, aplicação analógica e o suplemento pelos princípios gerais de direito, mantém o elo de conexão com essa teoria geral do processo, o que nos autoriza a compreender os espaços de ligação entre os ramos do direito processual.

Em todos os institutos processuais penais em que houver uma omissão e cuja disciplina processual civil seja expressa a respeito, parece-me que a aplicabilidade do novo CPC/2015 será de excelente utilidade, modernizando o processo penal e buscando alinhá-lo ao perfil democrático-constitucional, desde que o instituto não descaracterize os princípios norteadores do procedimento penal, especialmente os de índole constitucional e convencional.

Nas hipóteses em que o CPP contiver disposição normativa contrária ao texto do CPC/2015, acreditamos que sua aplicabilidade dependerá de uma interlocução positiva com o texto constitucional, pois do contrário, prevalecerá o nosso velho código de 1941, diante da regra constante do seu art. 3º.

A adaptabilidade das normas processuais civis ao campo penal já ocorria desde a vigência do CPC/1973. Apenas a título exemplificativo, podemos indicar três hipóteses em que o Supremo Tribunal Federal e o Superior Tribunal de Justiça admitiram a utilização de normas adjetivas civis, diante da omissão normativa do CPP (art. 408 do CPC/1973 e a substituição de testemunhas na Ação Penal nº 470; aplicação do art. 191 do CPC/1973 e a utilização de prazo em dobro para interposição de Embargos de Declaração na Ação Penal nº 470; art. 557 do CPC/1973 e a possibilidade de julgamento monocrático no processo penal).

Portanto, o novo CPC não está a criar um sistema fechado, inapto a interlocução com os demais ramos do processo. Ao longo deste estudo demonstraremos com o pensamento processual civil moderno é importante para a construção de uma nova identidade processual penal.

III. A COOPERAÇÃO DAS PARTES NO PROCESSO PENAL – ART. 6º DO CPC/2015

Dentro da proposta de análise do corpo do novo Código de Processo Civil, somos da opinião que o primeiro aspecto de reflexão diga respeito ao capítulo de normas fundamentais do processo civil, com destaque ao dever de cooperação previsto no seu art. 6º e até que ponto ele se estenderia ao processo penal.

Sempre tivemos a concepção de que as partes na relação processual não deveriam manter obrigações recíprocas, já que a relação processual deveria servir para assegurar posições de vantagem de uma parte em detrimento da outra e que levassem ao êxito do julgamento da causa.

Com o passar dos anos e maiores reflexões, compreendemos que o processo não poderia servir como um instrumento dedicado ao embate de gladiadores, onde somente um sairia vivo. Se o objetivo da jurisdição é o de pacificação do litígio (escopo social), através da aplicação adequada do Direito (escopo jurídico), nada mais natural que a rusga estabelecida pela relação entre as partes fosse apaziguada pela atuação jurisdicional[6].

Estamos cientes, no entanto, que a cooperação e o espírito de coesão entre as partes jamais derivarão do texto frio da lei, sendo necessária uma série de medidas e adaptações metajurídicas para que o ambiente proposto pelo novo CPC seja implementado na prática.

É certo que a própria cooperação entre as partes no Código de Processo Civil é alvo de incômodos doutrinários[7], especialmente para os autores ainda arraigados no espírito belicista do processo, que não aceitam uma evolução nas relações jurídico-

---

6 *"Esse dever de cooperação é imposto a cada uma das partes em relação às outras, em relação ao juiz como sujeito do processo, em relação aos demais sujeitos do processo em relação ao próprio Estado que institui o serviço judiciário como um dos seus instrumentos de realização dos seus objetivos.*
(...)
Na abertura do seu livro sobre a lealdade processual, Marie-Emma Boursier proclama que a lealdade implica retidão, honestidade e probidade. E mais adiante enfatiza que a lealdade é uma attitude ética que se desdobra em um conjunto de regras universais que devem ser seguidas por todos os sujeitos do processo para assegurar o respeito aos direitos dos demais sujeitos processuais e à dignidade da própria justiça." (GRECO, Leonardo. *Instituições de processo civil.* 5ª ed. Rio de Janeiro: Forense, 2015. Vol. I. P. 246).

7 *"Superada a incongruência do texto legal em excluir – ou apenas tentar – a execução do alcance do princípio da cooperação, o seu conteúdo não merece elogios. Sempre entendi que o princípio da cooperação seja voltado muito mais ao juiz do que às partes, criando aquele que conduz o processo os deveres de esclarecimento, prevenção, consulta e auxílio, já que as partes estarão no processo naturalmente em posições antagônicas, sendo difícil crer que uma colabore com a outra tendo como resultado a contrariedade de seus interesses.*
Nesse sentido crítico, Lênio Luiz Streck, Lúcio Delfino, Rafael Giorgio Dalla Berba e Ziel Ferreira Lopes: Então agora as partes deverão cooperar entre si? Parte e contraparte de mãos dadas a fim de alcançarem a pacificação social... Sem ironias, mas parece que Hobbes foi expungido da natureza humana. Freud também." (NEVES, Daniel A. Assumpção. *Novo CPC: inovações, alterações e supressões comentadas.* Rio de Janeiro: Método, 2015. p. 16).

-processuais e tendem a reverenciar as famosas "*Rambo Tactics*"[8], que apenas contribuem para a animosidade entre as partes.

No entanto, o processo civil não deveria ser enxergado como um ambiente de enfrentamento[9], mas sim como um espaço democrático de ideias, onde cada uma das partes expusesse seu ponto de vista, até que o amadurecimento decorrente do percurso do procedimento permitisse o alcance da decisão final.

Sendo a cooperação um corolário da boa-fé e da lealdade processual, caberia ao juiz exigir que as partes da relação processual penal assim agissem no curso do procedimento? Cremos que o tema é deverás complexo e neste ponto enxergamos a existência de um dever do juiz e do órgão acusador em agir de forma cooperativa e uma faculdade do acusado e de sua defesa técnica de assim se portar na relação jurídico-processual.

É verdade que no processo penal a "teoria dos jogos" tem muitos adeptos, defendendo-se a possibilidade de se traçar estratégias e planos para o exercício da defesa, o que apesar de bem-vindas, criam um clima apto a receptividade das táticas de litigância anteriormente apuradas.

No entanto, levando-se em consideração que o Código de Processo Penal é omisso a respeito dos deveres de cooperação entre os sujeitos do processo, a aplicabilidade do art. 6º do CPC/2015 deve sim ter passagem no caminho de interlocução que este estudo pretende explorar.

A tutela penal tem a característica peculiar de que o interesse do autor da ação penal, *rectius* – Estado, é o da apuração do fato criminoso, pouco importando que o resultado final seja a condenação ou absolvição. Falta ao Ministério Público o componente psicológico de tutela de um interesse individual. Por esta razão que a referida instituição pode, ao longo do processo, manifestar posições antagônicas quanto ao seu resultado, diante das provas produzidas sob o crivo do contraditório, vide o art. 385 do CPP.

O Estado é o primeiro que não pode fugir as amarras das normas constitucionais e processuais, daí o porquê de se reforçar a invalidade das provas produzidas por meios ilícitos. Não sendo possível ao autor da ação penal comprovar os elemen-

---

8 A doutrina norteamericana tem dedicado rios de tinta para rever e limitar as chamadas *"Rambo Tactics"*, onde o profissional responsável pela representação jurídica age de forma dissociada do ordenamento jurídico, criando uma expectativa de êxito, alimentada pela própria ilusão do cliente e exercendo pretensões infundadas apenas para a satisfação de convicções pessoais do seu constituinte. (HICKS JR., Ronald L. *Strategies and Tips for Dealing with Dirty Litigation Tactics by Opposing Counsel*. Disponível em https://www.google.com.br/url?sa=t&rct=j&q=&esrc=s&source=web&cd=4&cad=rja&uact=8&ved=0ahUKEwihkr-9vqXMAhVLDJAKHWd7CfYQFggzMAM&url=http%3A%2F%2Fwww.dri.org%2FDRI%2Fcourse-materials%2F2013-Employment%2Fpdfs%2F08_Hicks.pdf&usg=AFQjCNENYZ1iKRu2As5-wU-OSTIJ0ZNDEQ&sig2=sHc_4_owVwe3Ftm1uOqV0Q. Acesso em 23 abr. 2016.

9 "O processo não pode ser a sede da anomia moral, um lugar para a guerra, a disputa desleal e desregrada, a inimizade, todas próprias do formato bilateral e egoísta do 'processo como jogo'. Preza-se, ao contrário, a solidariedade, sem que a vitória tenha que prevalecer a qualquer preço." (CABRAL, Antonio do Passo. *Nulidades no processo moderno*. Rio de Janeiro: Forense, 2009. P. 219.).

tos da conduta criminosa, outro caminho não resta a absolvição, podendo o próprio Ministério Público opinar neste sentido.

O Ministério Público quando age na condição de fiscal do ordenamento jurídico ou no exercício da titularidade da ação penal veicula pretensão que não se destina a punição daquele indicado como suposto autor do delito. O papel do Estado-acusador é o de ver apurada a conduta criminosa, o que, em última análise, não deixa de espelhar um reflexo da cooperação[10].

O aspecto da cooperação acusatória vedaria que o Ministério Público empregasse expedientes ardilosos, desleais ou de má-fé, já que a premissa básica da atuação acusatória não deve ser a busca da condenação, mas a elucidação do fato criminoso. Quando atua na qualidade de Estado-acusador o Ministério Público deve ser o primeiro a prezar pela observância das garantias da defesa, compondo esta postura uma outra vertente da cooperação.

Neste ponto, inclusive, poderia a defesa postular a prática de ato cooperativo que dependesse de contribuição do Ministério Público, o que obrigaria o *parquet* a auxiliar a defesa no exercício de seu *munus*, por exemplo, prestando suporte na localização de uma testemunha defensiva que contribuísse para apuração do fato.

A cooperação do órgão acusatório também deve significar um dever de compartilhamento de quaisquer elementos colhidos na investigação ou na instrução que possam contribuir para o fortalecimento da tese defensiva, tal como os norteamericanos denominam "*duty to disclosure exculpatory evidence*"[11].

Do mesmo modo, o juiz também deve agir de modo cooperativo com a defesa, contribuindo com esclarecimentos sobre as suas posturas dentro e fora do processo (imposição de medidas cautelares) em autêntico dever de prevenção[12], conferindo auxílios aptos a reequilibrar a relação processual (deferimento de provas e diligências destinadas a demonstração das teses defensivas) sem qualquer pré-julgamento da causa.

Se o dever de cooperação deriva da natureza estatal do sujeito processual, ainda mais razões existem para se impor o dever de cooperação ao juiz. Apesar o processo penal se estruturar sob os moldes acusatórios, não podemos negar a existência de diversos resquícios inquisitoriais que norteiam a atuação do órgão jurisdicional.

Com a adoção de um modelo cooperativo e a divisão mais clara e leal de funções, pautadas no diálogo recíproco, torna-se possível a conformação de um processo penal democrático, em que as partes tenham posição equivalente e determinante no caminho da decisão final.

---

10 O processo civil contém um componente peculiar, em razão dos interesses individuais das partes em litígio, o que os tornaria suscetíveis de produzir provas sob meios de duvidosa legalidade, na tentativa de comprovar as suas alegações.

11 Trata-se de um dever imposto ao acusador de compartilhar todas as evidências que levem a absolvição ou atenuação da culpabilidade.

12 "*O dever de prevenção tem um âmbito mais amplo: vale genericamente para todas as situações em que o êxito da ação ou da defesa possa ser frustrado pelo uso inadequado do processo.*" (DIDIER JR., Fredie. Curso de direito processual civil. 17ª ed. Salvador: Juspodivm, 2015. P. 130. Vol. I).

Logo, Ministério Público e Juiz têm o dever de agir de forma cooperativa na relação processual. Já sob a ótica do acusado, a sua condição de destinatário da persecução criminal e as suas garantias processuais, especialmente a de não-autoincriminação, lhe permitiriam não agir em plena cooperação processual, estando ele desobrigado a contribuir na produção probatória ou em quaisquer esclarecimentos que impliquem prejuízo a sua defesa, já que a Constituição Federal (art. 5º, LXIII) e a Convenção Americana de Direitos Humanos (art. 8º, 2, 'g') lhe asseguram o direito ao silêncio e a não autoincriminação.

Trata-se, no entanto, de uma faculdade processual, o que implica reconhecer que se o acusado assim quiser poderá cooperar ativamente na relação processual, seja pela confissão, pelo fornecimento de informações, pela disposição a submissão aos meios probatórios, enfim.

A cooperação do acusado deve, inclusive, ser objeto de formação do convencimento do juiz, especialmente no momento de dosimetria da pena, reputando-se verdadeira atenuante inominada a que alude o art. 66 do Código Penal.

De igual modo, a defesa, por refletir a vertente técnica da manifestação do acusado, não estaria obrigada agir cooperativamente. No entanto, a faculdade que se confere ao acusado não significa que o seu defensor possa agir de forma desleal ou de má-fé.

A relação individual mantida entre o acusado e seu defensor não pode suplantar imperativos éticos que norteiam a profissão. Se, por um lado, o defensor não é obrigador agir por meio de uma cooperação ativa, a sua atuação proba é característica que deve ser observada. Evitam-se as nulidades de algibeira, as chicanas processuais e outros expedientes ardilosos de procrastinação no processo penal.

O papel da defesa técnica é o de agir de boa-fé, sem que isso implique deixar seu defendido indefeso. Havendo prova a ser produzida que seja pertinente à defesa ou tese jurídica pertinente que deva ser levada às instâncias superiores, deverá o defensor buscar zelar pelos interesses do seu constituinte.

Nesta perspectiva de ideias, a cooperação processual prevista no art. 6º do CPC, apesar de aplicável ao processo penal, em virtude da incidência do art. 3º do CPP, depende de um tratamento mais distintivo, observando-se os papeis de cada um dos sujeitos do processo e os seus deveres e limites na construção de um processo cooperativo.

Sem querer defender uma posição cômoda ao acusado e sua defesa, possivelmente a leitura da cooperação processual no processo penal necessita ser compatibilizada com as peculiaridades dos polos da ação penal, naturalmente em desequilíbrio e de algumas das garantias do acusado, especialmente a do direito ao silêncio e a não autoincriminação, que buscam reordenar essa balança processual.

IV. A EMENDATIO LIBELLI E OPORTUNIDADE DE CONTRADITÓRIO – OS PARADIGMAS DOS ARTS. 9º E 10 DO CPC/2015

A impossibilidade de contraditório na *emendatio libelli* é um tema que já tivemos a oportunidade de criticar[13] em outro estudo a respeito do princípio da correlação entre imputação e a sentença, diante do silêncio normativo do CPP.

Com os novos paradigmas trazidos pelo CPC/2015 é necessário revisitar o tema para, mais uma vez, reforçar a reinterpretação da *emendatio libelli* no Código de Processo Penal, pautando-se na concepção do contraditório como possibilidade de influência e, especialmente, na redação revolucionária dos arts. 6º (*"Todos os sujeitos do processo devem cooperar entre si para que se obtenha, em tempo razoável, decisão de mérito justa e efetiva."*) e 10 do novo CPC (*"O juiz não pode decidir, em grau algum de jurisdição, com base em fundamento a respeito do qual não se tenha dado às partes oportunidade de se manifestar, ainda que se trate de matéria sobre a qual deva decidir de ofício."*).

A concepção reducionista do contraditório como o direito de ciência e resposta à pretensão (binômio informação x reação) não tem mais espaço no direito processual atual, especialmente quando enxergado à luz da Constituição. A efetividade do princípio passou a ser reconhecida através da garantia da informação, reação e influência, instalando-se um verdadeiro contraditório participativo[14].

Se levarmos em conta que o princípio do contraditório deve expressar o próprio Estado Democrático de Direito e compreende o aspecto de influência[15], a possibilidade de as partes contribuírem de forma ativa na construção da decisão de mérito é um caminho imperativo também no processo penal. Não mais podemos tolerar a simples defesa quanto aos fatos.

Tanto acusação quanto defesa técnica não só podem como devem participar, ou melhor, ter a oportunidade de cooperar, na construção da qualificação jurídica adequada ao fato delituoso imputado na ação penal, posto que o contraditório é um princípio de qualquer processo, seja cível, penal, trabalhista etc.

---

13 *"A nosso ver merece crítica a redação do art. 383 do CPP, pois verificando o juiz que os fatos narrados na denúncia não se amoldam ao tipo penal nela imputado, deveria oportunizar à defesa a possibilidade de se manifestar, pois bem ou mal, seus argumentos defensivos se fundaram no tipo penal apontado na denúncia. "* (SILVA, Franklyn Roger Alves. O princípio da correlação no processo penal à luz da Lei nº 11.719/08. *Revista eletrônica de direito processual*, v. 5, p. 292-309, 2010.).

14 *"Hoje, exige-se um contraditório participativo, em que o juiz dialogue com as partes, e não apenas as escute. Ao expor suas opiniões ou os possíveis reflexos das alegações e das provas que estão sendo objeto de sua cognição, o juiz confere às partes a oportunidade de acompanharem o seu raciocínio e de influenciarem na formação do seu juízo, do seu convencimento."* (GRECO, Leonardo. *Instituições de processo civil*. 5ª ed. Rio de Janeiro: Forense, 2015. Vol. I. P. 514.).

15 *"Nesse contexto, observamos que a compreensão do contraditório como direito de influência expressa a democracia deliberativa através do processo: a sociedade pode influir nos atos decisórios estatais através da argumentação discursiva e o contraditório é o princípio processual que materializa este procedimento dialógico, abrindo o palco jurisdicional para o debate pluralista e participativo."*(TORRES, Ricardo Lobo; et al. *Dicionário de princípios jurídicos*. São Paulo: Elsevier, 2011. P. 200).

Dentro da perspectiva de cooperação e influência impõe-se ao juiz o dever de clarificação e de consideração da contribuição das partes na relação processual. O diálogo do juiz com as partes, sempre que antever a possibilidade de utilização de fundamento ou qualificação jurídica diversa reflete a construção de um processo democrático.

O art. 6º do novo CPC inaugura um princípio ainda não digerido pela comunidade jurídica brasileira, o da cooperação processual das partes. Talvez no processo penal este princípio realmente mereça uma melhor depuração, especialmente pela posição ocupada pelo acusado na relação processual. No entanto, é inegável que, sob a ótica do contraditório, o princípio é plenamente aplicável e a defesa técnica deve ter a oportunidade de cooperar na identificação da qualificação jurídica adequada ao fato discutido em juízo.

Ademais, a nosso ver, quando o art. 10 do novo CPC adverte ao juiz a impossibilidade de prolação de decisão sem que as partes tenham a oportunidade de se manifestar, ainda que a matéria deva ser decidida de ofício[16], nos parece que o processo penal não deva seguir na contramão dessa regra.

O que se pretende evitar é a chamada "decisão-surpresa" e por isso o art. 10 do novo CPC inaugura, de acordo com os processualistas civis, um princípio que veda a possibilidade de utilização de argumentos que não tenham sido debatidos ou ao menos ventilados durante a relação processual.

Não pode o juiz, por ocasião da sentença e diante dos paradigmas aqui apontados, adotar qualificação jurídica diversa ao fato, sem oportunizar o debate entre as partes. Seja através da interrupção da fase decisória ou até mesmo durante a instrução processual, caberá ao juiz buscar esse diálogo com as partes e provocá-las a se manifestar sobre as impressões que elas possuem a respeito do seu entendimento, sem que isso signifique um pré-julgamento. Na verdade, o que temos é um verdadeiro dever de consulta, oriundo da própria cooperação processual[17].

O sistema sabe que o "juiz conhece o direito". Mas, as partes também conhecem e devem ter a oportunidade de expor o seu ponto de vista sobre o modo de interpretação das normas jurídicas.

Se o direito adjetivo que trata dos direitos disponíveis e indisponíveis ao mesmo tempo é tão avançado a ponto de prestigiar a influência das partes na decisão de

---

16 *"Se não for conferida a possibilidade de a parte influenciar a decisão do órgão jurisdicional – e isso é o poder de influência, de interferir com argumentos, ideias, alegando fatos, a garantia do contraditório estará ferida. É fundamental perceber isso: o contraditório não se efetiva apenas com a ouvida da parte; exige-se a participação com a possibilidade, conferida à parte, de influenciar o conteúdo da decisão."* (DIDIER JR., Fredie. Curso de direito processual civil. 17ª ed. Salvador: Juspodivm, 2015. P. 79. Vol. I),

17 *"O dever de consulta é variante processual do dever de informar, aspecto do dever de esclarecimento, compreendido em sentido amplo. Não pode o órgão jurisdicional decidir com base em questão de fato ou de direito, ainda que possa ser conhecida ex officio, sem que sobre elas sejam as partes intimadas a manifestar-se."* (DIDIER JR., Fredie. Curso de direito processual civil. 17ª ed. Salvador: Juspodivm, 2015. P. 129. Vol. I),

mérito, o processo penal, instrumento estatal que lida com a liberdade do indivíduo, também deve assegurar igual garantia, aplicando-se a disciplina do Direito Processual Civil com suporte no art. 3º do Código de Processo Penal.

Note-se que o art. 383 do CPP, apesar de não prever o contraditório na *emendatio libelli*, também não o proíbe, evidenciando-se um silêncio normativo que, frente ao texto da Constituição e às normas fundamentais do novo CPC deve ser sanado.

Caberá aos juiz proporcionar às partes a possibilidade de apresentar fundamentos que justifiquem a pertinência ou não da adoção de determinado fundamento ou qualificação jurídica que, inclusive, passará ser objeto de apreciação obrigatória e resposta na sentença, por força da necessidade de também se aplicar o art. 489, IV do novo CPC (*"não enfrentar todos os argumentos deduzidos no processo capazes de, em tese, infirmar a conclusão adotada pelo julgador."*) ao processo penal.

V. AINDA TEMOS A CATEGORIA AUTÔNOMA DE CONDIÇÕES DA AÇÃO PENAL? COMO FICA A JUSTA CAUSA E A ORIGINALIDADE? REFLEXOS DO CPC/2015

O novo Código de Processo Civil rompe uma das características da tradicional teoria geral do processo, posto que suprime de seu texto qualquer menção às denominadas "condições para o regular exercício do direito de ação".

Esta postura legislativa não quis significar a superação da exigência de legitimidade, interesse e possibilidade jurídica do pedido, já que o próprio art. 17 do CPC/2015 exige a legitimidade e o interesse para a postulação em juízo.

A possibilidade jurídica do pedido, apesar de também não mais ser referida pelo CPC/2015, dele não teria desaparecido, sendo agora uma nova faceta do interesse de agir, posto que não haveria interesse no pronunciamento de um tema inapto a ser acolhido[18], fato este objeto de consenso na doutrina.

O silêncio normativo a respeito da categorização das condições da ação levantou interessante discussão teórica. Humberto Dalla[19], Leonardo Greco[20], Daniel Neves[21] e Alexandre Câmara[22], reputam que o trinômio pressupostos processuais – condições da

---

18 *"A meu ver, o silêncio do Código de 2015 sobre a possibilidade jurídica do pedido não significa que ela tenha deixado de existir. Ela sobrevive na condição da ação do interesse de agir. Se o pedido é ilícito, o autor não tem necessidade nem utilidade a extrair da pretensão de acolhimento do seu pedido, porque o juiz não poderá acolhê-lo."* (GRECO, Leonardo. *Instituições de processo civil*. 5ª ed. Rio de Janeiro: Forense, 2015. Vol. I. P. 216.).

19 PINHO, Humberto Dalla Bernardina de. *Direito processual civil contemporâneo*. 6ª ed. São Paulo: Saraiva, 2015. P. 191.

20 GRECO, Leonardo. *Instituições de processo civil*. 5ª ed. Rio de Janeiro: Forense, 2015. Vol. I. P. 213-214.

21 NEVES, Daniel A. Assumpção. *Novo CPC: inovações, alterações e supressões comentadas*. Rio de Janeiro: Método, 2015. P. 49.

22 CÂMARA, Alexandre Freitas. "Será o fim da categoria 'condição da ação'? Uma resposta a Fredie Didier Junior". *Revista de Processo*. São Paulo: RT, julho 2011, v. 197, p. 261-269.

ação – mérito, subsiste no sistema processual civil brasileiro mesmo diante do silêncio normativo.

Sinteticamente, o fato de se continuar a prestigiar a teoria da asserção seria uma advertência legislativa de que as condições da ação permaneceriam vivas no sistema processual. Ademais, a legitimidade e o interesse seriam requisitos intrínsecos ao exercício regular do direito de ação, segundo a teoria eclética de Liebman, pouco importando que o novo CPC tenha se silenciado acerca de sua natureza jurídica.

Esta, no entanto, não é a opinião de Fredie Didier Jr.[23], Alexandre Flexa, Daniel Macedo, Fabrício Bastos[24] e Leonardo Cunha[25]. Para estes autores, a opção legislativa foi a de suprimir a categorização autônoma das condições da ação. Dentro desta perspectiva, importante considerar a existência de certo dissenso, já que haveria aquele que enquadra a legitimidade e o interesse na categoria de pressupostos processuais (Didier Jr.) e outro que os enxerga como questões de mérito (Leonardo Cunha).

A divergência atual no Direito Processual Civil não teria o condão de atingir o processo penal, já que o diploma de 1941 é expresso ao tratar das condições da ação penal, como se observa do art. 395, II, além de ampliar o seu leque, já que a deflagração da ação penal também exigiria a justa causa (art. 395, III)[26]. Há na doutrina[27] processual penal quem, inclusive, acrescente a necessidade de se observar uma quinta condição, qual seja a originalidade da demanda penal (inexistência de litispendência e coisa julgada)[28].

---

23 DIDIER JR., Fredie. *Curso de direito processual civil*. 17ª ed. Salvador: Juspodivm, 2015. Vol. I. P. 306.

24 FLEXA, Alexandre; MACEDO, Daniel; BASTOS, Fabrício. Novo Código de Processo Civil. Salvador: Juspodivm, 2015. P. 54.

25 CUNHA, Leonardo José Carneiro. Será o fim da categoria condições da ação? Uma intromissão no debate travado entre Fredie Didier Jr. e Alexandre Freitas Câmara. Disponível em http://www.leonardocarneirodacunha.com.br/artigos/sera-o-fim-da-categoria-condicoes-da-acao-uma-intromissao-no-debate-travado-entre-fredie-didier-jr-e-alexandre-freitas-camara/ acesso em 24 de abr 2016.

26 Importante advertir a atual reconstrução teórica proposta por Afrânio Silva Jardim no sentido de enxergar a justa causa não como condição da ação penal, mas como pressuposto de legitimação do processo penal condenatório. (JARDIM, Afrânio Silva. Continuando com a nossa reflexão sobre a justa causa no processo penal. Disponível em http://emporiododireito.com.br/reflexao-sobre-a-justa-causa-no-processo-penal/ Acesso em 01 de mai 2016).

27 *"Quando falamos em originalidade, estamos querendo dizer o mesmo direito de ação não pode ser exercido simultaneamente (litispendência), ou mesmo, sucessivamente (se houver coisa julgada material). Vale dizer, não litispendência e não violação à coisa julgada. A ação tem de ser original e não uma "cópia" de outra ainda pendente ou já constante de outro processo apreciado no mérito."* (JARDIM, Afrânio Silva. *A originalidade como condição para o regular exercício do direito de ação. Disponível em http://emporiododireito.com.br/a-originalidade-como-condicao-para-o-regular-exercicio-do-direito-de-acao/. Acesso em 24 abr 2016).*

28 Grande parte da doutrina processual trata estes dois elementos como pressupostos processuais negativos. (DIDIER JR., Fredie. Curso de direito processual civil. 17ª ed. Salvador: Juspodivm, 2015. P. 341. Vol. I).

Em verdade, a categoria condições da ação faz parte da chamada teoria geral do processo, pouco importando o que a legislação diga a seu respeito. Querer desqualificá-la como categoria jurídica autônoma independe de modificação legislativa. Ao contrário, torna-se necessária a teorização de um modelo processual em que legitimidade e interesse sejam tratados de outra maneira, assim como os próprios pressupostos processuais e as questões de mérito.

No direito processual penal brasileiro a opção normativa é por adotar a teoria geral que parte da trinômia pressupostos, condições e mérito, o que impede a recepção da modificação do novo CPC, já que a matéria está regulamentada e admitida no texto do Código de Processo Penal. O processo penal brasileiro ainda está escorado em uma teoria processual em que o regular exercício do direito de ação pressupõe a observância de certas condições.

VI. A TRANSLATIO IUDICII NO PROCESSO PENAL – ART. 64, §4º DO CPC/2015

O tema da incompetência do órgão jurisdicional mereceu novo tratamento no CPC/2015, especialmente no que toca às consequências do seu reconhecimento. Leonardo Greco[29] já advertia a respeito da possibilidade de aproveitamento dos atos decisórios que não se referissem a apreciação final do mérito da causa, já que estes, em regra, não mereceriam a sanção de nulidade. As questões processuais não deveriam ser alcançadas pela incompetência do órgão jurisdicional, salvo se constatada a má-fé das partes ou o erro grosseiro.

Diante destas reflexões, o art. 64, §4º do novo CPC rompe o paradigma do art. 113, §2º do CPC/1973, que tornava nulos todos os atos decisórios e passa definir como regra geral a possibilidade de conservação dos efeitos de decisão proferida pelo juízo incompetente até que outra seja proferida, se for o caso, pelo juízo competente.

O tema do aproveitamento de atos processuais emanados por juízo incompetente já foi objeto de reflexão pelo STF no próprio processo penal quando, ao tratar da teoria do juízo aparente, entendeu que a interceptação telefônica deferida por juízo que, ao tempo da autorização era aparentemente competente não se encontra inquinada de nulidade, caso haja posterior modificação da competência, a exemplo do foro por prerrogativa de função[30].

---

29 GRECO, Leonardo. *Instituições de processo civil.* Rio de Janeiro: Forense, 2009. P. 144. Vol. I.

30 **Interceptações telefônicas e teoria do juízo aparente – 1**
Ao admitir a ratificação de provas — interceptações telefônicas — colhidas por juízo aparentemente competente à época dos fatos, a 2ª Turma, por maioria, denegou habeas corpus impetrado em favor de vereador que supostamente teria atuado em conluio com terceiros para obtenção de vantagem indevida mediante a manipulação de procedimentos de concessão de benefícios previdenciários, principalmente de auxílio-doença. Na espécie, a denúncia fora recebida por juiz federal de piso que decretara as prisões e as quebras de sigilo. Em seguida, declinara da competência para o TRF da 2ª Região, considerado o art. 161, IV, d-3, da Constituição do Estado do Rio de Janeiro,

A essência do entendimento do STF se baseia na teoria da convalidação dos atos processuais e na própria razoabilidade, pautada na escusabilidade do vício de competência.

Se o único vício da prova reside na competência do órgão jurisdicional que determinou sua produção, restando caracterizada à época de seu deferimento, a potencial consciência de que aquele era o órgão competente para o julgamento (ex. controvérsia sobre a aplicabilidade de foro por prerrogativa de função, aplicação do princípio da *perpetuatio jurisdictionis* em caso de órgão jurisdicional novo etc.), a prova deveria ser preservada.

Ademais, a regra do art. 567 do CPP, ao tratar do vício de incompetência, reconhece a nulidade dos atos decisórios, afastando esses efeitos aos chamados atos instrutórios, como é o caso da produção probatória, o que levou o STF a prestigiar o ato produzido, ainda que decidido por juízo incompetente.

Apesar de já apontada pela melhor doutrina processual[31] há alguns anos, o fenômeno da *translatio iudicii* também foi objeto de apreciação pelo Supremo

---

bem como o julgamento do RE 464935/RJ (DJe de 27.6.2008), pelo qual se reconhecera que os vereadores fluminenses deveriam ser julgados pela segunda instância, em razão de prerrogativa de função. Por sua vez, o TRF da 2ª Região entendera que a competência para processar e julgar vereadores seria da primeira instância, ao fundamento de que a justiça federal seria subordinada à Constituição Federal (art. 109) e não às constituições estaduais. Alegava-se que o magistrado federal não teria competência para as investigações e para julgamento da ação penal, uma vez que vereadores figurarariam no inquérito.

Asseverou-se que o precedente mencionado não se aplicaria à espécie, porquanto aquela ação penal tramitara na justiça estadual e não na federal. Destacou-se que, à época dos fatos, o tema relativo à prerrogativa de foro dos vereadores do Município do Rio de Janeiro seria bastante controvertido, mormente porque, em 28.5.2007, o Tribunal de Justiça local havia declarado a inconstitucionalidade do art. 161, IV, d-3, da Constituição estadual. Observou-se que, embora essa decisão não tivesse eficácia erga omnes, seria paradigma para seus membros e juízes de primeira instância. Nesse contexto, obtemperou-se não ser razoável a anulação de provas determinadas pelo juízo federal de primeira instância. Aduziu-se que, quanto à celeuma acerca da determinação da quebra de sigilo pelo juízo federal posteriormente declarado incompetente — em razão de se identificar a atuação de organização criminosa, a ensejar a remessa do feito à vara especializada —, aplicar-se-ia a teoria do juízo aparente. Vencido o Min. Celso de Mello, que concedia a ordem. Ressaltava que, embora a jurisprudência do STF acolhesse a mencionada teoria, essa apenas seria invocável se, no momento em que tivessem sido decretadas as medidas de caráter probatório, a autoridade judiciária não tivesse condições de saber que a investigação fora instaurada em relação a alguém investido de prerrogativa de foro. Pontuava que o juízo federal, ao deferir as interceptações, deixara claro conhecer o envolvimento, naquela investigação penal, de três vereadores, dois dos quais do Rio de Janeiro, cuja Constituição outorgava a prerrogativa de foro perante o Tribunal de Justiça. Frisava que a decisão que decretara a medida de índole probatória fora emanada por autoridade incompetente. Após, cassou-se a liminar anteriormente deferida.

HC 110496/RJ, rel. Min. Gilmar Mendes, 9.4.2013. (HC-110496)

---

31 GRECO, Leonardo. *Translatio iudicii e reassunção do processo*. RePro, ano 33, nº 166. São Paulo: RT, 2008. P. 23

Tribunal Federal, por ocasião do julgamento ADI Nº 4.414-AL, da Relatoria do Ministro Fux. Nesta oportunidade, afirmou o STF que *"o juízo incompetente pode, salvante os casos de erro grosseiro e manifesta má-fé, em hipóteses de urgência e desde que haja dúvida razoável a respeito do órgão que deve processar a causa, determinar o relaxamento de prisão ilegal, remetendo o caso, em seguida, ao juiz natural, configurando hipótese de translatio iudicii inferida do art. 5º, LXV, da Carta Magna, o qual não exige a competência da autoridade judiciária responsável pelo relaxamento, sendo certo que a complexidade dos critérios de divisão da competência jurisdicional não podem obstaculizar o acesso à justiça (art. 5º, XXXV, CRFB)."*

É por esta razão que o art. 567 do CPP, quando prevê que a incompetência do juízo anula somente os atos decisórios, devendo o processo, quando for declarada a nulidade, ser remetido ao juiz competente, deveria ser observado com outros olhos.

Trata-se de uma reinterpretação da convalidação dos atos decisórios que não se refiram a apreciação do *thema decidendum* da causa penal. Pensando nesta premissa, as decisões que digam respeito a aspectos processuais, a exemplo do deferimento de uma providência de soltura como o relaxamento de prisão ou da revogação não poderiam receber o tratamento das nulidades.

Basta imaginar que a parte ré, por meio de sua defesa técnica, de boa fé e em situação que não constitua erro grosseiro, formule requerimento de relaxamento de prisão perante autoridade judicial incompetente. Pela ótica *da translatio iudicii*, eventual deferimento da providência, ainda que em confronto à critério de competência absoluta, poderia ser preservada por ocasião da remessa dos autos ao juízo competente, quando evidenciada a boa-fé e a ausência de erro grosseiro.

Por questões de coerência com a premissa definida neste estudo, não nos parece que a disciplina do art. 64, §4º do novo CPC possa ser automaticamente transposta ao processo penal com suporte no art. 3º do CPP, diante da previsão expressa e contrária sobre a matéria no seu art. 567, salvo se a prolação da decisão buscasse preconizar o direito à liberdade, de sede constitucional e convencional, suplantando o texto do código.

O que permitiria a incorporação dos efeitos da *translatio iudicii* ao processo penal seria a necessidade de reconstrução do sistema de nulidades adotando-se, por exemplo, a proposta de Antonio do Passo Cabral[32].

A ausência de previsibilidade de um sistema de nulidades paralelo ao que o CPP propõe apenas fragilizaria o processo penal. É por essa razão que o caminho sugerido por Leonardo Greco seria o menos traumático, reconhecendo-se a não recepção do art. 567 do CPP ou por força da garantia fundamental da inafastabilidade do controle jurisdicional (art. 5º, XXXV da CRFB) ou pela também da garantia constitucional da razoável duração dos processos, introduzida pela EC nº 45/04 (art. 5º, LXXVIII)[33].

---

32 CABRAL, Antonio do Passo. *Nulidades no processo moderno*. Rio de Janeiro: Forense, 2009.

33 GRECO, Leonardo. *Translatio iudicii e reassunção do processo*. RePro, ano 33, nº 166. São Paulo: RT, 2008. P. 21.

Admitida a necessidade de teorização da matéria, caberia ao intérprete traçar a extensão da *translatio iudicii* nos casos em que a acusação deduzisse pretensão penal perante juízo incompetente. A exigência de boa-fé e a constatação da presença de erro escusável seria ainda mais rígida, diante da natureza da pretensão penal e das consequências da prolação de uma decisão na ação penal, especialmente quando versar sobre tutela da liberdade.

VII. O AMICUS CURIAE EM MATÉRIA PENAL - ART. 138 DO CPC/2015

Este é, sem dúvida, um dos principais avanços do novo Código de Processo Civil, quando amplia as hipóteses de atuação do *amicus curiae*, não mais restritas ao processo objetivo de controle de constitucionalidade previsto no art. 7º, §2º da Lei nº 9.868/99 e na intervenção da Comissão de Valores Mobiliários (art. 31 da Lei nº 6.385/76).

A atuação do *amicus curiae*, hoje tratado pelo novo CPC como modalidade de intervenção de terceiros, vinha sendo ampliada pela jurisprudência do Supremo Tribunal Federal e do Superior Tribunal de Justiça que admitiam, com certo temperamento, a participação de órgãos e instituições no julgamento de Recursos Extraordinários de repercussão geral e Recursos Especiais repetitivos.

A própria Defensoria Pública e o Ministério Público, quando não interviessem ordinariamente, poderiam se habilitar para atuar no feito para apresentação de manifestação jurídica na qualidade de *amicus curiae*, sempre que o objeto da demanda estivesse contido em alguma das suas funções institucionais.

O *amicus curiae* é um instituto que contempla aspectos políticos e jurídicos no seu desempenho, por expressar uma opinião a respeito de determinado tema que, por consequência, pode culminar na adesão da tese jurídica de uma das partes. Apesar de tratado no novo CPC, a nosso ver, é um instituto democrático que deve ser incorporado a qualquer demanda judicial que possa ter repercussão social, por proporcionar um espaço de diálogo e debates[34], contribuindo para formação do processo cooperativo.

Para evitar o processo penal como um espaço de opressão, nada mais natural que se permita a intervenção democrática de outros organismos que possam contribuir para o amadurecimento das questões jurídicas, principalmente aquelas que transcendam a tutela individual da liberdade e possam se irradiar no campo penal.

---

34 É e extrema pertinência a observação de Rafael Rolo: *"O Juiz, muito antes de ser aquele que garante a palavra final uma vez ambas as partes terem dirigido suas petições ao seu gabinete, deve ser aquele que possibilita a desintroversão e preza pela formação de um espaço público de diálogo. A "dialética" é muito mais do que um procedimento de "ação-reação", ou de "tese-antítese-síntese". A dialética aplicada ao direito processual não pode ficar restrita aos confins pouco generosos da relação jurídica processual."* (ROLO, Rafael Felgueiras. O processo coletivo e o papel da coletividade ausente: a afirmação de um contraditório transcendente. Dissertação (Mestrado em Direito Processual). Universidade do Estado do Rio de Janeiro. 2015. P. 48.

Não há como negar que diversas causas penais já julgadas pelo STF e pelo STJ, especialmente pela via do *Habeas Corpus*, exerceram esse papel de transcendência da tutela individual e se apresentaram como um convite à intervenção democrática no palco jurisdicional.

Há um bom tempo que as incongruências de caráter individual e coletiva do processo penal são veiculadas por organismos dedicados à defesa, quase sempre pela via do remédio liberatório, diante da inércia do Estado e do Ministério Público, que fecham os olhos para os problemas enfrentados pelos acusados e apenados.

O olhar sociológico e filosófico[35] na justiça penal é algo que se torna imperioso para a contribuição de um novo perfil processual penal, imbuído da missão de persecução penal, sem deixar de lado as garantias processuais e os reflexos da sociedade moderna.

Se o CPP tolera a intervenção de terceiros sob a forma de assistente de acusação, instituto de índole prevalentemente vingativa, não se pode recusar o ingresso de terceiro que pretenda trazer um olhar técnico àquela relação processual, com a preocupação das consequências que a decisão penal pode trazer à sociedade.

Como reflexo do próprio acesso à justiça[36] e do Estado Democrático de Direito, plenamente razoável a aplicação do art. 138 do novo CPC, ao processo penal, permitindo-se o compartilhamento de ideias na relação processual penal, com suporte no art. 3º do CPP, diante do seu silêncio a respeito desta forma interventiva.

VIII. CONVENÇÕES PROCESSUAIS E FLEXIBILIZAÇÃO PROCEDIMENTAL NO PROCESSO PENAL – OS ARTS. 139, VI, 190 E 191 DO CPC/2015

De três anos para cá houve uma explosão doutrinária a respeito dos acordos processuais, em virtude da norma prevista no art. 190 do CPC/2015 que prevê a figura dos negócios processuais tendentes à flexibilização procedimental. O referido dispositivo foi introduzido por ocasião da versão do projeto do CPC discutido na Câmara dos Deputados, diante do silêncio da versão inicial do Senado Federal.

---

35 *"A filosofia hermenêutica permite compreender a razão da emergência do novo e, para tanto, se faz indispensável a mediação pela tradição. Só há o novo, em razão do antigo; isto é, o novo só existe em oposição a algo que se etiqueta de velho e que se pretende superar. Há nesse círculo hermenêutico, nessa coexistência, um movimento dialético, um confronto em que o novo e o velho compartilham elementos e experiências. Trata-se, portanto, de um confronto, a partir de um processo de comunicação estruturado como um diálogo e, ao mesmo tempo, de um desafio crítico da superação."* (CASARA, Rubens R. R. Mitologia processual penal. São Paulo: Saraiva, 2015. P. 311).

36 *"A interpretação constitucional ou infraconstitucional que no caso de processos coletivos deve ser extensiva, e não ultra formalista, hermética, presa a minúcias técnicas, rende homenagens à raiz política, sociológica e axiológica, para o que foram, entre nós, pensados e instituídos tais processos. Neste contexto, o amicus curiae torna o processo mais eficiente, proporcionando melhores condições para que direitos fundamentais sejam percebidos e protegidos com mais intensidade."* (SANTANA, Patricia da Costa. O ACESSO À JUSTIÇA ATRAVÉS DA TUTELA COLETIVA – O PAPEL DO AMICUS CURIAE NA TEORIA DEMOCRÁTICA PÓS-MODERNA. Disponível em http://www.publicadireito.com.br/artigos/?cod=b7ee6f5f9aa5cd17 Acesso em 24 de abr 2016.).

Em verdade, a disciplina processual do CPC/1973 já contemplava a existência de negócios processuais típicos, a exemplo da cláusula de eleição de foro, a possibilidade de suspensão consensual do processo, a convenção de arbitragem dentre outras hipóteses, cuja validade nunca foi questionada.

No entanto, o espírito do novo Código de Processo Civil é, seguindo a linha do *contrat de procédure* do direito francês, estabelecer uma amplitude no tema das convenções processuais, rompendo o paradigma do CPC/1973 que previa algumas poucas hipóteses de negócios processuais típicos, muito bem trabalhadas por José Carlos Barbosa Moreira[37] e Leonardo Greco[38].

Por definição, as convenções processuais constituem atos jurídicos processuais de caráter bilateral ou plurilateral que podem ser celebrados em fase antecedente ou durante o próprio processo[39], para a definição, modificação ou supressão de situações processuais pelas partes. Como bem destaca Antonio Cabral[40], a celebração de um acordo processual independe de qualquer intermediação ou homologação de terceiro, posto se tratar da autonomia das partes contratantes.

Apesar de os negócios processuais típicos continuarem previstos no CPC/2015, o seu art. 190 busca estabelecer uma regra ampla, reforçando a possibilidade de atos de disposição de caráter atípico, destinados a ajustes dos ônus, poderes, faculdades e deveres processuais.

Importante considerar que os contratos de procedimento não se confundem com a transação quanto ao próprio direito em que se funda a pretensão[41] e que a doutrina estabelece certas limitações à autonomia processual de vontade no seu estabelecimento.

---

37 BARBOSA MOREIRA, José Carlos. O neoprivatismo no processo civil. In *Revista da Academia Brasileira de Letras Jurídicas*. Vol. 26. P. 197-210. Acesso em 05 de fev 2016. Disponível em http://www.ablj.org.br/revistas/revista26.asp

38 GRECO, Leonardo. Os atos de disposição processual: primeiras reflexões. *Revista Eletrônica de Direito Processual*, vol. I, Dezembro de 2007, disponível em http://www.redp.com.br.

39 *"Las partes no están condenadas a esperar a que tenga lugar un proceso entre ellas para pensar en la posibilidad de resolverlo amistosamente. Antes de que surja la controversia, el principio de libertad contractual les ofrece la posibilidad de prever, dentro de su convención, cláusulas relativas a la solución de un litigio eventual, cláusulas contractuales relativas a la acción en justicia, también llamadas, simplificando, cláusulas relativas al reglamento de las discrepancias, cláusulas relativas a los litigios o, de manera aún más concisa, cláusulas de discrepancia."* (CADIET, Loïc. Los acuerdos procesales en derecho francés: situácion actual de la contractualización del proceso y de la justicia en francia. Civil Procedure Review. nº 03. 2012. Acesso em www.civilprocedurereview.com. P. 5.).

40 *"Convenção (ou acordo) processual é o negócio jurídico plurilateral, pelo qual as partes, antes ou durante o processo e sem necessidade da intermediação de nenhum outro sujeito, determinam a criação, modificação e extinção de situaçoes jurídicas processuais, ou alteram procedimento."* (CABRAL, Antonio do Passo. Convenções processuais. Salvador: Juspodivm, 2016. P. 68).

41 CABRAL, Antonio do Passo. Resolução nº 118 do Conselho Nacional do Ministério Público e as convenções processuais. In: CABRAL, Antonio do Passo; NOGUEIRA, Pedro Henrique. Negócios processuais. Salvador: Juspodivm, 2015. P. 550.

No mesmo passo rumo a adaptabilidade procedimental e ruptura dos ideais publicistas do direito processual, introduziu-se o art. 139, VI ao texto do novo CPC, permitindo a chamada flexibilização procedimental (*case management*) muito útil para a facilitação do acesso à justiça e a rápida solução dos litígios, já que o procedimento é adaptado às suas particularidades, desde que respeitado o natural equilíbrio entre os polos e a previsibilidade pelas partes.

A gestão do procedimento que hoje o CPC atribui ao juiz contribui para uma prestação jurisdicional mais eficaz, voltada para as particularidades do litígio, o que lhe permite dilatar os prazos processuais e alterar a ordem de produção dos meios de prova, de modo a conferir maior efetividade à tutela do direito.

Também a calendarização do processo prevista no art. 191 do CPC/2015 contribui para a observância do direito fundamental a razoável duração do processo, permitindo que as partes possam prever o tempo de duração da demanda e evitando o que doutrina denomina "tempos mortos do processo" (intervalos de tempo destinados ao processamento e prática de atos de mero expediente).

E o processo penal? Como fica a disciplina em matéria de convenções processuais?

Estamos diante de um campo do Direito repleto de peculiaridades, já que em todas as demandas penais o Estado é parte da relação processual ou ao menos é substituído processualmente, tal como ocorre na ação penal privada.

Apesar da conformação estruturante do processo penal, podemos indicar algumas hipóteses expressas de atos jurídicos processuais. São elas, de caráter unilateral: a possibilidade de o querelante, nos casos de exclusiva ação penal privada, escolher o foro de domicílio ou da residência do querelado, ainda quando conhecido o lugar da infração (73 do CPP); a retratação da representação, a renúncia ao direito de queixa e o perdão do ofendido (arts. 25, 50 e 51 do CPP).

De caráter bilateral, é ato jurídico processual a possibilidade de ajuste da divisão de tempo para exposição oral pela defesa nos debates perante o Tribunal do Júri (art. 477, §1º do CPP).

Apesar de poucos casos, temos situações processuais penais que preconizam as vontades unilaterais ou bilaterais das partes, constatadas mediante as manifestações de vontade externadas em determinados momentos do processo ou em fase antecedente à sua instauração.

A suspensão condicional do processo (*sursis processual*) e a transação penal previstas nos arts. 89 e 76 da Lei nº 9.099/95 não poderiam ser tratadas como modalidades de negócios processuais, já que a sua existência depende da presença dos requisitos previstos na Lei nº 9.099/95 e a validade se condiciona a homologação judicial, não havendo autonomia plena das partes na sua realização. Ademais, apesar de constituírem institutos processuais, seus efeitos têm maior irradiação no campo material (extinção da punibilidade).

Percebemos que apesar da existência de uma vertente negocial em ambos os institutos, o objetivo do legislador, pautado nos princípios da obrigatoriedade e indisponibilidade da pretensão penal pública é evitar que o *jus puniendi* do Estado possa ser manipulado pelas partes, daí a necessidade de controle judicial.

É por conta do interesse público que norteia a persecução penal que não podemos admitir uma liberdade plena para convenções processuais em matéria penal, sob risco de o ajuste do procedimento obstaculizar a própria apuração do fato criminoso.

Isto não implica negar a própria incidência dos negócios processuais no processo penal. O art. 190 do CPC é bem vindo ao rito processual penal, já que o CPP contempla algumas hipóteses de negócios processuais típicos, como apontamos neste tópico.

O que se torna necessário é definir limites ainda mais rígidos que aqueles propostos ao Direito Processual Civil, cujo norte trataremos em outro estudo mais aprofundado sobre o tema.

IX. O PRAZO EM DIAS ÚTEIS NO PROCESSO PENAL? ART. 219 DO CPC/2015

Talvez o tema de menor complexidade deste estudo diga respeito a aplicabilidade do art. 219 do novo CPC que prevê a contagem de prazo processuais em dias úteis. No entanto, a falta de complexidade é capaz de ceder espaço a controvérsia, especialmente quando a cláusula da razoável duração razoável do processo (art. 5º, LXXVIII da CRFB) não é lida adequadamente.

A controvérsia também ganha repercussão no âmbito dos Juizados Especiais, já que muitos juízes têm manifestado o entendimento de que esse microssistema, pautado na celeridade e na economia processual não deveria comportar a aplicabilidade da regra nova.

O propósito da contagem de prazo em dias úteis destina-se a prestigiar o segmento da advocacia, única das carreiras jurídicas que não possui regime jurídico, dado o caráter autônomo da atividade prestada.

Independentemente do acerto ou não da nova norma e se ela realmente será a causadora da morosidade na prestação jurisdicional, ao lado de inúmeros outros fatores, a exemplo dos prazos impróprios concedidos ao juiz, fato é que o processo penal dela não aproveitará.

O art. 798 do CPP é expresso ao determinar que os prazos processuais correm em cartório, são contínuos e peremptórios, não se interrompendo por férias, domingo ou dia feriado. Seu §5º, ao determinar que os prazos correm da intimação, ainda confronta outra premissa do processo civil, relativa ao marco de contagem que, no art. 231 do CPC/2105, ocorre com a juntada do mandado.

Havendo disposição específica do CPP a respeito da contagem de prazos, não há o necessário silêncio ou incompatibilidade normativa apta a justificar a penetração das normas do novo CPC no universo processual penal.

X. A DINÂMICA DO ÔNUS DA PROVA – ART. 373, §1° DO CPC/2015

Um tema não enfrentado adequadamente no processo penal diz respeito a repartição do ônus probatório e de todos os seus consectários. O art. 156 do CPP presta verdadeiro desserviço, já que o legislador não teve a coragem suficiente de traçar uma repartição clara do ônus probatório no processo penal, preferindo utilizar-se da assertiva de *"a prova da alegação incumbirá a quem a fizer"*.

Falar em ônus da prova corresponde a análise do encargo conferido às partes em litígio de provar, pelos meios de provas admissíveis em direito, os fatos alegados. De acordo com o art. 156 do CPP, caberia ao Ministério Público provar a existência do fato criminoso, a sua realização pelo acusado[42] e a indicação dos elementos subjetivos do crime (dolo ou culpa)[43]. Ao acusado caberia provar as causas de excludente de antijuridicidade, da culpabilidade e da punibilidade, bem como circunstâncias atenuantes da pena, ou concessão de benefícios legais, ou, ainda, a prova da inexistência do fato.

Ocorre que estas premissas não são objeto de consenso, pois há opiniões conferindo ao Ministério Público o dever de comprovar a tipicidade do fato imputado, além do caráter antijurídico da conduta e a própria culpabilidade do agente[44]. Esta parcela de responsabilidade probatória conferida ao órgão acusatório obriga o Estado a fornecer todo o aparato necessário para a realização dos atos de investigação[45].

Não é possível se traçar com a devida exatidão o limite do ônus da prova do acusado e até que ponto determinadas matérias alegadas no processo devem ser impostas ao acusado ou ao Ministério Público[46].

A omissão normativa a respeito do encargo probatório das partes no processo penal é um tema sensível, especialmente quando corroborada pela divergência doutrinária a respeito do ônus da acusação. Se levarmos em consideração o conceito

---

42 É a ótica de Eugênio Pacelli quando afirma: *"Cabe, assim, à acusação, diante do princípio da inocência, a prova quanto à materialidade do fato (sua existência) e de sua autoria, não se impondo o ônus de demonstrar a inexistência de qualquer situação excludente da ilicitude ou mesmo da culpabilidade. Por isso, é perfeitamente aceitável a disposição do art. 156 do CPP, segundo a qual 'a prova da alegação incumbirá a quem a fizer'."* (OLIVEIRA, Eugênio Pacelli. **Curso de processo penal**. 16ª ed. São Paulo: Atlas, 2012. P. 326).

43 Há que se reconhecer que os elementos subjetivos do crime são de difícil comprovação, sendo necessária a realização de uma análise dedutiva do contexto probatório.

44 Pacelli critica esta afirmativa, destacando que: *"Em primeiro lugar, impende salientar que os exames da tipicidade e da ilicitude do fato não dizem respeito à matéria de prova. Cuida-se, ao contrário, de mero juízo de abstração, de valoração do fato (existente ou não) em relação à norma penal. Sobre tais questões não se produz prova, no sentido de sua materialização, mas, unicamente, emite-se juízo de valor, no plano abstrato das ideias.* (OLIVEIRA, Eugênio Pacelli. **Curso de processo penal**. 16ª ed. São Paulo: Atlas, 2012. P. 325)

45 *"Há que se interpretar a regra do ônus da prova à luz da Constituição, pois se é cediço que a regra é a liberdade (art. 5º, XV, da CRFP) e que, para que se possa perdê-la, dever-se-á observar o devido processo legal e dentro deste encontra-se o sistema acusatório, onde o juiz é afastado da persecução penal, dando-se ao Ministério Público, para a defesa da ordem jurídica, a totalidade do ônus da prova do fato descrito na denúncia."* (RANGEL, Paulo. **Direito processual penal**. 22ª ed. São Paulo: Atlas, 2014. p. 505).

46 *"Desta maneira, sustentamos, enfaticamente que a acusação penal deve "alegar" (rectius, atribuir ao réu) não só um fato típico mas também a sua ilicitude e reprovabilidade. A tipicidade é tomada aqui no seu aspecto objetivo como subjetivo (dolo)."* (JARDIM, Afrânio Silva. **Direito processual penal**. 11ª ed. Rio de Janeiro: Forense, 2007. P. 210).

de provas como o conjunto de atos praticados pelas partes, pelo juiz e por terceiros, visando a instruir o processo com os elementos necessários capazes de permitir ao julgador formar seu convencimento, chegaremos também a conclusão de que a disciplina probatória penal não corresponde a efetiva garantia da ampla defesa preconizada na Constituição Federal.

No Direito Processual Civil, onde as partes nem sempre vivenciam um natural desequilíbrio de forças, torna-se mais fácil disciplinar seus ônus e estabelecer normas capazes de dinamizar a distribuição de encargos probatórios.

Durante anos, a disciplina processual lidou com um ônus da prova estático, onde a lei definia o encargo probatório das partes, de caráter rígido, sem hipóteses que tolerassem a sua flexibilização, tal como ocorria no art. 333 do CPC/73.

A primeira modalidade de flexibilização do ônus da prova surgiu com a regra de inversão aplicada no campo das relações de consumo (art. 6º, VIII do CDC). Com o passar dos anos as teorias sobre a distribuição do ônus avançaram, especialmente a da carga dinâmica da prova.

O que o novo CPC traz com a redação do §1º do art. 373 do CPC/2015, ao prever que nos casos previstos em lei ou diante de peculiaridades da causa, possa o juiz atribuir o ônus da prova de modo diverso, mediante decisão fundamentada e oportunidade de parte se desincumbir do ônus que lhe foi atribuído, é a dinamização do ônus probatório rompendo o caráter estático estabelecido no *caput* do seu art. 373.

Assim, sempre que a produção probatória revelar a impossibilidade ou à excessiva dificuldade de uma das partes em cumprir o seu encargo ou quando verificada uma maior facilidade de obtenção da prova do fato contrário[47], seria possível a sua redistribuição, desde que àquela medida fosse previsível, excepcional e não inviabilizasse a atuação da outra parte.

O novo código agora autoriza que o juiz reorganize, excepcionalmente, a divisão do ônus probatório mas também, dentro da linha de empoderamento das partes derivada dos ideais privatistas, permite a elaboração de convenções a respeito da sua repartição, na forma do §3º do art. 373, em um claro exemplo de acordo processual típico, tal como permitia o parágrafo único do art. 333 do CPC/73.

Resta-nos saber se a nova estrutura probatória do direito processual civil teria espaço no processo penal, diante do atraso normativo já apontado no início da abordagem deste tema.

---

47 *"Evidente, portanto, que o modelo de distribuição do ônus da prova adotado pelo CPC/2015 é muito mais abrangente, pois não permite apenas a inversão do ônus de uma parte à outra mas, ao contrário, permite ao juiz, à luz dos detalhes da causa submetida à análise judicial, impor a produção da prova à parte que entender mais apta a cumprir o ônus. A dinamização do ônus da prova, no modelo adotado pelo CPC/2015, está em consonância com o princípio da cooperação entre as partes, previsto no art. 6º do CPC/2015, segundo o qual 'todos os sujeitos do processo devem cooperar entre si para que se obtenha, em tempo razoável, decisão de mérito justa e efetiva', tema que tratamos no primeiro capítulo dessa obra."* (FLEXA, Alexandre; MACEDO, Daniel; BASTOS, Fabrício. Novo Código de Processo Civil. Salvador: Juspodivm, 2015. P. 309).

A nosso ver, a regra geral de repartição do ônus probatório prevista no *caput* do art. 373 do novo CPC não possui aplicabilidade ao processo penal diante da existência de comando específico, previsto no art. 156 do CPP. Apesar de mal redigida, a regra do processo penal não poderia ceder espaço ao direito adjetivo civil, já que suas premissas não levam em consideração as peculiaridades da pretensão penal, o que significaria reconhecer que o problema normativo da divisão de ônus probatório persistiria.

A divisão dinâmica do ônus probatório (art. 373, §1º do novo CPC) poderia ser admitida no processo penal sempre que a defesa demonstrasse uma dificuldade natural na comprovação de determinado fato e o órgão acusatório dispusesse de meios capazes de produzir aquela prova, como autoriza o art. 373, §2º, quando veda a inversão no caso de prova diabólica.

Não se pode negar o fato de que o Estado dispõe de todo um aparato capaz de produzir os elementos de convicção necessários à elucidação do fato criminoso e consequente formação da culpa.

A depender da tese defensiva que seja sustentada e da possibilidade de demonstração dos fatos pelo Ministério Público ou dos órgãos de policia judiciária, especialmente quando a produção probatória for determinante para a demonstração do fato defensivo, o ônus probatório poderia ser dinamizado.

O caminho contrário, no entanto, em que o Ministério Público pretendesse inverter o ônus probatório, transferindo sua incumbência ao acusado não seria possível, já que em matéria penal vigora o princípio constitucional da presunção de inocência, previsto no art. 5º, LVII da Constituição Federal, mesmo diante da recente mitigação operada pelo STF quando do julgamento do HC nº 126.292/SP.

No direito norteamericano o chamado *"duty to disclosure"* extraído do julgamento da Suprema Corte no caso Brady v. Maryland, 373 U.S. 83 (1963) reforça o dever de o Ministério Público fornecer à defesa quaisquer elementos que levem a absolvição do acusado.

Por essência, no processo penal, o ônus da imputação criminal deve sempre ser oponível ao órgão acusatório, em virtude das garantias fundamentais que norteiam o processo penal., o que obstaria a proposição de inversão, cuja essência é equilibrar a balança processual quando uma das partes se encontra em posição de vulnerabilidade probatória.

XI. A ANTIGA MEDIDA CAUTELAR DE JUSTIFICAÇÃO E OS SEUS SUBSTITUTOS: A ATA NOTARIAL E A PRODUÇÃO ANTECIPADA DE PROVAS DOS ARTS. 381, §5º E 385 DO CPC/2015

O Código de Processo Civil de 1973 dedicava um capítulo específico ao processo cautelar, destinado a evitar o perecimento do direito quando o curso do processo o colocasse em risco. Com a regulamentação das tutelas de urgência, as medidas cautelares perderam força até o novo CPC extingui-las.

Tradicionalmente, quando havia a necessidade de se ajuizar uma Revisão Criminal, por força da vedação à dilação probatória, tornou-se hábito o ajuizamento de prévia medida cautelar de justificação, prevista nos arts. 861 a 866 do CPC/1973, cuja serventia era a de "justificar a existência de algum fato ou relação jurídica".

Como a disciplina do novo CPC deu fim ao procedimento cautelar autônomo e, por consequência, da própria justificação, o processo penal ficou desamparado de um instrumento capaz de produzir a documentação de determinado fato ou relação jurídica.

Nesta esteira de ideias, parece-nos que a supressão da justificação, em verdade, serviu de espaço para a utilização de dois institutos do CPC/2015. Consistiriam eles a ata notarial do art. 384 e a produção antecipada de provas prevista no art. 381, §5º, que assumiriam papel equivalente ao da justificação, cuja aplicabilidade ao processo penal derivaria da norma constante do art. 3º do CPP.

Perceba-se que o objetivo da ata notarial é o de atestar e documentar, por meio de ato extrajudicial praticado por Tabelião, a existência de um fato e o seu modo. Normalmente, o processo penal lida com hipóteses em que o acusado coage e intimida testemunhas. Entretanto, não raras são as vezes em que o próprio acusado é coagido, sem dispor de elementos que corroborem esta situação.

Do mesmo modo é comum que a defesa necessite buscar o restabelecimento da liberdade do indiciado e necessite de uma providência imediata que corrobore fatos deduzidos na sua postulação, o que poderia ocorrer por meio da ata notarial.

Pondere-se que o papel da ata notarial é o de instituir, em verdade, um testemunho qualificado, cujo valor probatório se sujeitaria a avaliação jurisdicional, já que as observações de Leonardo Greco[48] parecem irrefutáveis. A ata notarial não se caracteriza como um meio de prova autônomo e sua própria utilidade dependeria do potencial econômico daquele que pretenda utilizá-la e da disposição do Tabelião em produzi-la.

O segundo sucedâneo da Justificação no novo CPC diz respeito à produção probatória antecipada. Considerando o fim da medida cautelar, nada obsta que a defesa se valha da ação probatória prevista no art. 381, §5º do CPC que permite a utilização da disciplina do *caput* para aquele que pretender justificar a existência de fato ou relação jurídica.

Na realidade, o CPC/2015 promoveu a justificação de natureza cautelar para uma ação probatória autônoma, como denomina Daniel Neves[49] ou um verdadeiro procedimento probatório, como melhor define Leonardo Greco[50]. Especialmente quando se pretender a colheita de depoimentos, parece-nos que a defesa possa se utilizar da regra do art. 381, §5º, independentemente da existência de urgência daquele ato.

---

48 *"Não pode o escrivão presenciar um fato da vida comum ocorrido fora do cartório, alheio ao exercício de sua função de registro, lavrando desse fato uma ata notarial, que nada mais é do que o testemunho de igual valor de outra pessoa."* (GRECO, Leonardo. *Instituições de processo civil.* 3ª ed. Rio de Janeiro: Forense, 2015. Vol. II. P. 191).

49 NEVES, Daniel A. Assumpção. *Novo CPC: inovações, alterações e supressões comentadas.* Rio de Janeiro: Método, 2015. p. 276.

50 GRECO, Leonardo. *Instituições de processo civil.* 3ª ed. Rio de Janeiro: Forense, 2015. Vol. II. P. 128.

Por outro lado, qualquer que seja a natureza jurídica que se queira atribuir à produção probatória antecipada, é importante a advertência quanto a nossa posição, no sentido de que apenas o art. 381, §5º teria aplicabilidade no processo penal e em favor da defesa. Nosso ponto de vista se escora na razão metodológica que embasa este estudo.

Sabe-se que a opção do novo CPC em matéria probatória é o de reconhecer que a produção antecipada de prova independe do requisito de urgência. Todavia, esta premissa não pode ser transposta ao processo penal, já que lá os arts. 156, I e 366 do CPP são claros ao exigirem no caso de produção antecipada de provas, a demonstração da urgência e relevância, cujo enquadramento sofre rigoroso controle da jurisprudência, vide enunciado nº 455 da Súmula do STJ.

A pensar na importância do contraditório e na existência de provas não repetíveis no processo penal, parece-nos que a produção antecipada realmente mereça um tratamento mais rigoroso, sendo intransponível a característica de ausência de urgência, tal como disciplinado pelo novo CPC, sem que isso implique um tratamento jurídico-processual restritivo[51] do próprio instituto.

Os dois institutos aqui destacados são de utilização restrita à defesa no processo penal, não podendo o órgão acusatório deles se valer, em virtude das limitações estatuídas pelo próprio CPP.

XII. O DEPOIMENTO DAS PESSOAS COM DEFICIÊNCIA NO PROCESSO PENAL – A INTERPRETAÇÃO DO ART. 447 DO CPC/2015, DO ESTATUTO DA PESSOA COM DEFICIÊNCIA E SUA COMPATIBILIDADE NO PROCESSO PENAL

O ordenamento jurídico brasileiro sempre foi muito cauteloso e protetor das pessoas com deficiência ao reconhecer, conforme as circunstâncias, a sua incapacidade absoluta ou relativa de modo a evitar que a condição de vulnerabilidade pudesse facilitar a prática de atos fraudulentos ou simulados em seu prejuízo.

Com o passar dos anos e o avanço da ciência médica, percebeu-se que as pessoas com deficiência, apesar desta condição, eram aptas a exercer parcela da autonomia de sua própria vontade, o que era obstado pelo tratamento excessivamente protetivo conferido pelo Código Civil e pelas normas processuais.

No Decreto nº 6.949, de 25 de agosto de 2009, foi incorporada à nossa ordem jurídica interna a Convenção Internacional sobre os Direitos das Pessoas com Deficiência (Convenção de Nova Iorque), lhe sendo atribuído o *status* de emenda constitucional, diante do permissivo do §3°, do art. 5° de nossa Carta.

---

51 *"Peculiaridades procedimentais de um ou outro Sistema normativo podem diferenciar em aspectos acessórios os sistemas probatórios civil e penal de determinado ordenamento jurídico, assim como podem distinguir os regimes da prova em litígios sobre relações jurídicas de direito material diversas, como relações de consumo, relações do trabalho, relações entre o Estado e o cidadão, entre outras."*(GRECO, Leonardo. *Instituições de processo civil.* 3ª ed. Rio de Janeiro: Forense, 2015. Vol. II. P. 122).

O referido tratado internacional determina em seu art. 12, que as pessoas com deficiência gozem de capacidade legal para todos os aspectos da vida (item 2), titularizando o direito de possuir ou herdar bens, de controlar as próprias finanças e de ter igual acesso a empréstimos bancários, hipotecas e outras formas de crédito financeiro, cabendo ao Estado assegurar que estas pessoas não sejam arbitrariamente destituídas de seus bens (item 5).

Seguindo a tendência de modernização das normas processuais e de prestígio da autonomia da vontade das pessoas com necessidades especiais, houve também a edição da Lei nº 13.146, de 06 de julho de 2015, que institui o Estatuto da Pessoa com Deficiência.

Dentre as inúmeras inovações da Lei Brasileira de Inclusão, a modificação do rol de absoluta e relativamente incapazes foi a disciplina mais alterada de nosso ordenamento jurídico. Hoje, o Código Civil reputa que absolutamente incapazes são apenas os menores de 16 anos. Os demais indivíduos, antes tratados com absolutamente incapazes, agora ocupam o rol de relativamente incapazes.

O tratado internacional e a nova lei ao reforçar o princípio constitucional da dignidade da pessoa humana e buscar conferir maior isonomia às pessoas vulneráveis significam notório avanço. Não obstante esse mérito, não podemos fechar os olhos para alguns aspectos materiais e processuais que causarão certas dificuldades práticas por ocasião do confronto entre o novo CPC e o Estatuto[52].

Para compreensão das incongruências normativas, tomemos como exemplo o art. 447 do novo Código de Processo Civil que não admite o depoimento de incapazes, assim considerados o interdito por enfermidade ou deficiência mental, os que, acometidos por enfermidade ou retardamento mental, ao tempo em que ocorreram os fatos, não podiam discerni-los, ou, ao tempo em que deveriam depor, não estão habilitados a transmitir as percepções, bem como o cego e o surdo, quando a ciência do fato depender dos sentidos que lhes faltam.

Quando voltamos nosso olhar para o art. 228 do Código Civil, especificamente em seus incisos II e III que vedavam a tomada de depoimentos daqueles que, por enfermidade ou retardamento mental, não tiverem discernimento para a prática dos atos da vida civil, bem como os cegos e surdos, quando a ciência do fato que se quer provar dependa dos sentidos que lhes faltam, percebemos que estas restrições foram revogadas pelo Estatuto da Pessoa com Deficiência, seguindo a proposta estabelecida no seu art. 80 e expressamente reforçada pelo §2º do art. 228 do Código Civil (*A pessoa com deficiência poderá testemunhar em igualdade de condições com as demais pessoas, sendo-lhe assegurados todos os recursos de tecnologia assistiva*).

Frente a este confronto de normas, torna-se necessário interpretar os dispositivos do CPC/2015 que se refiram às pessoas deficientes de maneira sistemática, sempre em linha de inclusão e facilitação de sua participação nos atos processuais.

---

52 Esta dicotomia normativa já foi reconhecida pelo próprio legislador, em virtude da existência do Projeto de Lei nº 757/2015, em tramitação no Senado, que se destina a aparar arestas entre os dois diplomas.

Não se pode tomar como absolutas as restrições do art. 447 do CPC/2015, considerando que o propósito da Lei nº 13.146/2015 é o de permitir o acesso do deficiente, inclusive como testemunha em juízo, tal como previsto pelo art. 228, §2º do Código Civil. O papel inclusivo da Lei nº 13.146/2015, reforçado pelo tratado internacional, significa a inconstitucionalidade de qualquer interpretação tendente a rejeitar a participação do relativamente incapaz na condição de testemunha.

Apesar de o Estatuto não ter disposição expressa no sentido de revogar as normas do CPC/2015, já que sua tramitação no Congresso Nacional foi praticamente simultânea, não resta dúvida de que a norma restritiva do CPC/2015 (art. 447) merece uma releitura, derrogação tácita ou, quiçá, sobreviva ao controle de constitucionalidade advindo do tratado-emenda (Convenção de Nova Iorque).

Se admitirmos a prevalência do Estatuto em detrimento do texto do novo CPC, tal como se propõe agora, admitindo que os arts. 80 da Lei nº 13.146/2015 e 228, §2º do Código Civil permitem à pessoa com deficiência ser arrolada e inquirida na qualidade de testemunha, o art. 208 do CPP deverá ser reinterpretado de modo a evitar qualquer ilação que limite a colheita do depoimento de pessoa com deficiência mental.

Apesar de não proibir tais depoimentos, o novo CPP determina que os doentes e deficientes mentais deponham sem prestar compromisso. O referido dispositivo precisa ser lido com suporte na Convenção de Nova Iorque e na Lei nº 13.146/2015, de modo que a pessoa com deficiência seja tratada em posição de igualdade com os demais indivíduos da sociedade.

No tema aqui analisado percebemos que a problemática maior não está no processo penal, mas no confronto entre o estatuto e o texto do novo CPC.

XIII. A SUBSTITUIÇÃO DE TESTEMUNHAS DO ART. 451 DO NOVO CPC E SUA UTILIDADE NO PROCESSO PENAL

A atuação processual indica a existência de algumas práticas costumeiras das partes albergadas pela "vista grossa" de alguns magistrados. Uma situação encarada como de costume diz respeito a possibilidade de se requerer a substituição de testemunhas de modo imotivado.

A indicação das testemunhas sempre foi encarada como um ato de natureza preclusiva, razão pela qual se a parte não apontasse suas testemunhas no momento processual adequado, não lhe seria dada a oportunidade de realizar a substituição fora das hipóteses previstas no art. 408 do CPC/1973, hoje reproduzido no art. 451 do CPC/2015.

Antes da reforma de 2008, o Código de Processo Penal determinava em seu art. 397 que se não fosse encontrada qualquer das testemunhas, o juiz poderia deferir o pedido de substituição, desde que esse requerimento não tivesse por fim frustrar o momento de apresentação das testemunhas na denúncia ou na antiga defesa prévia.

A nova redação do CPP não mais prevê nos ritos comuns e especiais a possibilidade de substituição de testemunhas. Não obstante, o STF possui julgado no sentido de admitir a substituição de testemunhas com a aplicação das hipóteses previstas no art.

408 do Código de Processo Civil de 1973[53] (falecimento, enfermidade e mudança de endereço), sendo certo que a matéria continua omissa no projeto de novo CPP.

Esta omissão já tornaria suficiente a possibilidade de aplicação do art. 451 do CPC/2015, por força da premissa estabelecida neste estudo de interlocução do art. 3º do CPP. No entanto, algumas outras considerações se fazem pertinentes, já que a própria aplicação do CPC não seria suficiente para as situações cotidianas do processo penal.

Caio Paiva, em breve reflexão sobre os problemas enfrentados pela defesa na indicação do rol de testemunhas, apresenta cinco "táticas defensivas"[54] aptas a obstaculizar a preclusão decorrente desse ônus processual. Apesar da qualidade das considerações, creio que o amigo pesquisador parte de uma premissa perigosa, a de que a preclusão deve ser flexibilizada em busca da verdade real, tal como propôs o Superior Tribunal de Justiça no julgamento do REsp 1.443.533-RS, de relatoria da Min. Maria Thereza Moura.

---

53 **AÇÃO PENAL. AGRAVO REGIMENTAL. SUBSTITUIÇÃO DE TESTEMUNHA. NOVA REDAÇÃO DO ART. 397 DO CÓDIGO DE PROCESSO PENAL. REFORMA PROCESSUAL PENAL. SILÊNCIO ELOQÜENTE. INOCORRÊNCIA. ANÁLISE TELEOLÓGICA DO PROCESSO. APLICAÇÃO SUBSIDIÁRIA DO CÓDIGO DE PROCESSO CIVIL. POSSIBILIDADE. ALEGAÇÃO DE FRAUDE AO MOMENTO PROCESSUAL PARA O ARROLAMENTO DE TESTEMUNHA. IMPROCEDÊNCIA. AGRAVO REGIMENTAL DESPROVIDO.**

(...)

2. A ausência de previsão específica do Código de Processo Penal acerca do direito à substituição não pode ser interpretada como "silêncio eloqüente" do legislador. A busca por um provimento jurisdicional final justo e legítimo não pode ser fulminado pelo legislador, sob pena de o processo não alcançar sua finalidade de pacificação da lide.

(...)

5. Perfeitamente aplicável, à espécie, o art. 408, III, do Código de Processo Civil, tendo em vista que a testemunha substituída não foi localizada em razão de mudança de endereço.

(...)

STF – AP 470-1 Segundo AgR /MG, rel. Min. Joaquim Barbosa, Tribunal Pleno, 23.10.2008, DJE 29.04.2009.

54 *"Tática 1: arrolar as mesmas testemunhas da acusação e posteriormente pedir a substituição; Tática 2: apresentar a resposta à acusação, justificar que não consegue arrolar testemunhas na ocasião diante do contato não estabelecido com o assistido e requerer a relativização do prazo para apresentar o rol de testemunhas posteriormente; Tática 3: oitiva de testemunhas que o acusado levar para a audiência de instrução independentemente de intimação, requerendo o defensor público que o acusado seja avisado desta possibilidade no mandado de intimação para a audiência; Tática 4: sustentar a tese de que o acusado que tem o primeiro contato com o defensor público na audiência de instrução e julgamento possui o direito de requerer a produção de provas, como p. ex., a oitiva de testemunhas, neste ato processual; Tática 5: explicar para o acusado que, conforme dispõe o art. 189 do CPP, se ele negar a acusação, "poderá prestar esclarecimentos e indicar provas", entendendo-se que as testemunhas obviamente se enquadram na definição de "provas".* (PAIVA, Caio. Sem contato com o acusado, como o defensor público arrola testemunhas? Disponível em http://www.conjur.com.br/2016-mar-15/tribuna-defensoria-contato-acusado-defensor-arrola-testemunhas. Acesso em 20 de abr 2016.

Indico a existência de risco pelo simples fato de que a desconsideração da preclusão, tema que mais atrapalha do que contribui para um processo de garantias[55], ora pode pender para a defesa e ora pode pender para a acusação, fragilizando a previsibilidade do procedimento em contraditório. O aspecto ainda mais grave é o de que a flexibilização da preclusão parte de uma vertente jurisprudencial, ficando a cargo do casuísmo das composições dos órgãos julgadores, especialmente em um momento onde estão sendo fincados os alicerces da construção de um sistema brasileiro de precedentes.

Apenas a título de exemplo, no acórdão supramencionado, a relatora pondera que a omissão da parte em indicar as testemunhas significaria a ocorrência da preclusão. Situação diversa ocorreria no caso em que a parte, por ocasião de sua manifestação, requeresse a postergação do prazo para apresentar o rol de testemunhas, permitindo-se ao juiz, no seu "prudente arbítrio", avaliar a pertinência do requerimento.

O caso acima indicado não teve votação unânime – os votos vencidos apegavam-se a rigidez da preclusão –, de modo que o tema não teria respaldo absoluto na Corte de uniformização das leis federais. Além do mais, a matéria levou em consideração o procedimento do tribunal do júri que é especial, não fazendo parte do procedimento comum (ordinário, sumário e sumaríssimo), nos termos do art. 394 do CPP, o que também levantaria outras divergências quanto a própria extensão do julgamento. O risco maior da adoção da tese construída na decisão, que a torna frágil e não soluciona o problema, é o de que avaliação da pertinência da substituição ficaria a cargo do paternalismo do juiz.

Acreditamos que o tema da substituição das testemunhas deve ter um rumo claro, definindo-se a incidência da preclusão temporal, lógica e consumativa ou apenas algumas delas. Se nos filiarmos ao entendimento do STJ, partiríamos por um caminho onde haveria apenas a preclusão consumativa decorrente da não indicação subsequente das testemunhas.

Para o STJ, partindo da premissa que este entendimento se torne um precedente consolidado, estaria superada a preclusão temporal desde que houvesse requerimento formulado pela parte, indicando que arrolaria as testemunhas em outro momento do processo, afastando-se as sanções de sua inação.

Saindo do âmbito do STJ e escorando-nos nas vertentes sugeridas por Caio Paiva, afastaríamos qualquer modalidade de preclusão e permitiríamos que a todo tempo a defesa pudesse inquirir testemunhas, sejam aquelas presentes por ocasião da audiência[56], sejam as que fossem arroladas na própria audiência de instrução, em virtude do primeiro contato com o réu, situações que refletiriam as suas três primeiras táticas.

---

55 *"O juiz burocrático tende a exacerbar as preclusões, que o dispensam de olhar para o passado e o libertam da tortura de ter de aferir e remediar a todo instante o possível desacerto do que ele, outros juizes e as partes fizeram ou deixaram de fazer."* (GRECO, Leonardo. *Translatio iudicii e reassunção do processo*. RePro, ano 33, nº 166. São Paulo: RT, 2008. P. 24.).

56 O problema desta hipótese é que nos casos em que o réu se encontra preso, a probabilidade de testemunhas comparecerem espontaneamente é extremamente reduzida.

O risco desta segunda corrente seria o de abrir a possibilidade de o Ministério Público também se valer de expedientes desta natureza, aspecto não observado pelo articulista e, eventualmente, requerer a colheita de testemunhas-surpresa, surgidas por ocasião da audiência, obstaculizando o exercício da defesa e do próprio contraditório. Poucos observam que o rol de testemunhas não é mera formalidade procedimental. Seu objetivo é o de permitir que a parte contrária possa colher elementos sobre a própria testemunha, inclusive para contraditá-la.

Uma saída expressa no CPP seria a do art. 189, quando trata do interrogatório do acusado e permite que o próprio réu possa prestar esclarecimentos e indicar provas, desde que negue a acusação, no todo ou em parte. Seria uma alternativa para a indicação de testemunhas em momento diverso da resposta. No entanto, a aplicação do referido dispositivo estaria condicionada a tese defensiva de negativa, o que também seria uma limitação.

Acreditamos, na verdade, que quando o art. 8º da CADH trata em seu item 2 das garantias judiciais aplicáveis no processo penal, haja uma luz para a questão das preclusões. Da leitura da alínea 'c' evidencia-se o direito de todo acusado de possuir tempo e meios adequados para a preparação de sua defesa.

A alínea 'f' da citada convenção assegura o direito de a defesa inquirir testemunhas presentes no tribunal e de obter o comparecimento, como testemunhas ou peritos, de outras pessoas que possam lançar luz sobre os fatos.

A combinação destas duas normas nos permite traçar algumas conclusões acerca da possibilidade de substituição das testemunhas. No entanto, o arremate do tema, depende de alguns alicerces, pelos quais trataremos de forma breve.

Não é de hoje que se reconhece a aptidão probatória da Polícia Judiciária e do Ministério Público, em detrimento das inúmeras dificuldades encontradas pelos profissionais encarregados do desempenho da defesa.

Enquanto o Ministério Público dispõe de todo aparato (acesso a banco de dados, poder de requisição, coordenações de inteligência e o próprio suporte da Polícia Judiciária), os advogados e membros da Defensoria Pública se valem de métodos rudimentares para obtenção dos meios de prova (apoio de familiares dos acusados, por exemplo) ou da própria benevolência do órgão jurisdicional quando compreende o seu papel de promoção da ampla defesa e de fiel da balança processual.

O órgão acusatório tem a seu favor todo o prazo prescricional para realizar os atos de investigação e arrecadar os elementos de prova capazes de escorar sua tese. Enquanto isso, a defesa se vê presa em uma gincana (leia-se, processo), onde os prazos são preclusivos e a demora ocasionada por suas limitações traz prejuízos apenas a ela própria (prisão cautelar prolongada por diligências defensivas).

No formato processual atual, ao ser citado o acusado tem 10 (dez) dias para apresentar sua Resposta (art. 396 e 396-A do CPP), oportunidade em que deverá requerer diligências e arrolar testemunhas, sob pena de não poder fazê-lo em momento posterior, salvo se durante a instrução surgirem fatos novos que demandem apuração, nos termos do art. 402 do CPP.

Por vezes, estes acusados não são capazes de reunir os elementos necessários no prazo legal, pelas mais variadas razões, hipossuficiência técnica, prisão cautelar, exiguidade do prazo dentre outros, o que obriga a defesa a realizar o seu papel com meios extremamente limitados.

A situação é ainda mais crítica quando a Defensoria Pública atua em favor dos acusados nos termos do art. 396-A, §2º do CPP. O acusado é citado, deixa fluir o prazo para apresentação da Resposta e a Defensoria Pública passa a representá-lo na relação processual.

O próprio ordenamento jurídico é sabedor desta desigualdade na relação acusação x defesa, tanto que estabelece diversos mecanismos que confiram um reequilíbrio processual, a exemplo da posição do interrogatório judicial, dos recursos privativos da defesa. No entanto, por várias vezes, nosso sistema processual faz vista grossa para outros problemas que afligem a atuação defensiva, a exemplo do confronto produção probatória x tempo do processo.

A indicação das testemunhas tem sido encarada como um ato de natureza preclusiva, razão pela qual se o acusado não aponta as testemunhas em sua Resposta, não é lhe dada a oportunidade de realizar a substituição, fora das hipóteses previstas no art. 451 do CPC/2015, aplicado subsidiariamente.

A combinação das alíneas 'c' e 'f' do item 2, do art. 8º da CADH deixa claro o direito de inquirir testemunhas no processo penal a qualquer tempo, uma vez que a garantia da ampla defesa e do contraditório não pode ser sobreposta pela preclusão temporal. Ou seja, a acusação está submetida a preclusão temporal, uma vez que o objeto de proteção da CADH é o direito de defesa.

A quarta tática proposta por Caio Paiva, que assegura direito de o acusado requerer a produção de provas quando tem o primeiro contato com o defensor público na audiência de instrução e julgamento é a consequência do embasamento teórico aqui exposto, com a vantagem e segurança da indicação normativa de seus fundamentos, evitando que o acusado tenha que depender do beneplácito da jurisprudência e do juiz paternalista.

Quando o art. 8º fala em tempo e meios adequados para a preparação de sua defesa e assegura ao acusado o direito de obter o comparecimento, como testemunhas ou peritos, de outras pessoas que possam lançar luz sobre os fatos, isto significa que dentro do percurso da instrução a defesa, sempre que evidenciada a boa-fé e o objetivo do descobrimento da verdade, não estaria sujeita a preclusão temporal.

A ocorrência da preclusão lógica ou consumativa dependeria da própria boa-fé das partes na relação processual. O tema aqui exposto, especialmente por lidar com a flexibilização das preclusões, não pode ficar ao alvedrio das decisões casuístas dos tribunais, sendo necessário extrair um fundamento normativo apto a embasar a tese.

O direito à substituição das testemunhas de defesa é incondicionado e se extrai da interpretação da CADH dotada de natureza supralegal, conforme entendimento do próprio Supremo Tribunal Federal.

XIV. A PROVA TÉCNICA SIMPLIFICADA E A POSSIBILIDADE DE ESCOLHA CONSENSUAL DO PERITO – ARTS. 464, §2º E 471 DO CPC/2015

O avanço do novo CPC em relação a matéria probatória é significativo, especialmente quando lançado o olhar para a prova pericial. A ruptura da concepção do perito como pessoa de confiança do juiz é um exemplo concreto.

Em mais um exemplo de convenção processual típica e de fortalecimento do protagonismo das partes, o art. 471 do CPC permite que as partes plenamente capazes possam, de comum acordo, indicar o *expert* que conduzirá a produção da prova pericial, cujo tratamento processual é equivalente ao da prova pericial que se realizaria por perito de confiança do juízo, como deixa claro o §3º do artigo destacado, ainda que com uma redação confusa.

Leonardo Greco aponta a existência de três sistemas de escolha do perito. O primeiro deles, encarando o expert como pessoa de confiança do juiz e ficando a cargo do órgão jurisdicional a sua escolha (opção do CPC/1973 e do CPC/2015); o segundo modelo pautado na autonomia das partes na escolha do perito (opção do CPC/2015); e um ultimo modelo em que a prova pericial é realizada por órgãos públicos perenes[57].

A incorporação de dinâmicas processuais de modelos estrangeiros, a exemplo da sistemática inglesa[58] de escolha do perito, refletindo a autêntica vontade das partes, foi uma opção elogiada pela doutrina, servindo de reforço a penetração dos ideais privatistas no texto do diploma legal[59].

Cremos, no entanto, que tal disciplina não se aplica ao processo penal, diante das particularidades que regem a produção probatória pericial no processo penal. Se

57 GRECO, Leonardo. *Instituições de processo civil.* 3ª ed. Rio de Janeiro: Forense, 2015. Vol. II. P. 244.

58 *"A escolha do perito pelas partes, como já admitido em outros países, por exemplo, a Inglaterra, quebra a regra milenar presente no processo civil brasileiro de que o perito deve ser alguém de confiança do juiz. Num primeiro plano deve ser de confiança das partes, e, somente se essas não chegarem a um acordo, prevalecerá a escolha de alguém de confiança do juiz."*(NEVES, Daniel A. Assumpção. *Novo CPC: inovações, alterações e supressões comentadas.* Rio de Janeiro: Método, 2015. P. 299).

59 *"Nenhum dos três sistemas é ideal. Cada um deles possui vantagens e desvantagens. A escolha pelo juiz não assegura que o escolhido seja suficientemente capacitado para realizar a perícia e, por outro lado, muitas vezes a confiança que o juiz nele deposita, acaba se transformando no verdadeiro juiz da causa. A escolha pelas partes normalmente provoca a diminuição da credibilidade da prova pericial, porque é razoável supor que cada uma das partes escolha como perito o especialista que acredita que vá apresentar uma opinião que lhe seja favorável. Por outro lado, no Brasil, onde em certa época esse sistema vigorou no processo civil, os peritos escolhidos pelas partes, e por elas remunerados em geral, não demonstraram atuar com a necessária isenção, parecendo que se sentiam inclinados a atuar como defensores técnicos das partes que os indicaram. A perícia por técnicos de estabelecimento oficial burocratiza a função e não assegura que o perito tenha os conhecimentos necessários para o seu desempenho, mesmo porque ao Estado, mal estruturado e carente de meios materiais e humanos, não é possível manter profissionais de elevada qualificação em todas as áreas do conhecimento humano."* (GRECO, Leonardo. *Instituições de processo civil.* 3ª ed. Rio de Janeiro: Forense, 2015. Vol. II. P. 245).

por um lado, no Processo Civil, a escolha do perito baseia-se na confiança das partes (perícia consensual) ou do juiz (perícia judicial) o mesmo não pode ser dito no processo penal, cuja opção legislativa é de que a perícia seja oficial e, excepcionalmente, realizada por duas pessoas idôneas, portadoras de diploma de ensino superior, como estabelece o art. 159, caput e §1° do CPP;

Não vemos, nesse ponto, como o Ministério Público e o acusado possam convencionar a escolha de um perito, cedendo espaço o perito oficial previsto na legislação. É verdade que no processo civil os ideais privatistas avançaram significativamente. No entanto, esta mesma intensidade ainda não é encontrada no processo penal, o que significa uma leitura mais restritiva das convenções processuais em matéria penal.

A opção do processo penal é de adoção, como regra geral, do modelo estatal de produção de prova pericial, já que são órgãos públicos que a realizam, diferentemente do processo civil onde há um terceiro, de confiança das partes ou do próprio juiz.

O modelo penal de produção probatória torna incompatível a aplicação da dinâmica do art. 471 do CPC/2015, já que o processo penal não quer conferir às partes a autonomia da vontade na escolha do *expert*, especialmente se levarmos em consideração às falhas decorrentes deste modelo, como advertiu Leonardo Greco.

No que pertine à utilização da prova pericial simplificada, apesar de sua grande utilidade, cremos que o objeto do processo penal – a apuração do fato delituoso – e as limitações decorrentes da exigência de prova pericial para determinadas infrações penais, confrontariam com o texto do CPC.

É dizer, nos crimes que deixam vestígios, o art. 158 exige a realização de exame de corpo de delito, excepcionalmente substituído pelo exame de corpo de delito indireto (art. 167 do CPP). Há uma taxatividade e obrigatoriedade na utilização da prova pericial e o próprio código excepciona as suas hipóteses, não havendo um silêncio normativo que permita a incorporação do CPC/2015.

Veja que a própria Lei nº 9.099/95 traz hipótese de flexibilização da prova pericial quando, em seu art. 77, §1°, permite a indicação da materialidade por meio de boletim de atendimento médico, ausente o espaço de obscuridade do texto processual penal que permita a adoção da perícia simplificada.

Em outras palavras, o rigor do legislador penal em matéria de prova pericial e a taxatividade das hipóteses de flexibilização não autorizam a incidência dos institutos previstos nos arts. 464, §2º e 471 do novo CPC, por não haver um silêncio normativo a esse respeito.

XV. O DEVER DE FUNDAMENTAÇÃO DAS DECISÕES PENAIS – ART. 489 DO CPC/2015

Uma trincheira cavada pelo novo CPC diz respeito ao combate às decisões mal fundamentadas. O aumento da demanda jurisdicional tem significado a otimização da motivação das decisões, inclusive com amparo da jurisprudência[60], que admite a

60 Felizmente o STJ começa a rever seu entendimento a respeito da fundamentação remissiva. (HC 214.049-SP, **Rel. originário Min. Nefi Cordeiro, Rel. para acórdão Min. Maria Thereza de**

chamada fundamentação por remissão (*per relationem*), fragilizando a característica mais importante da legitimação política do Poder Judiciário[61].

Quanto a esse aspecto o novo Código de Processo Civil é bem rígido quanto ao dever de fundamentação, não admitindo decisões que: se limitem à indicação, à reprodução ou à paráfrase de ato normativo, sem explicar sua relação com a causa ou a questão decidida; empreguem conceitos jurídicos indeterminados, sem explicar o motivo concreto de sua incidência no caso; invoquem motivos que se prestariam a justificar qualquer outra decisão; que não enfrente todos os argumentos deduzidos no processo capazes de, em tese, infirmar a conclusão adotada pelo julgador; se limitem a invocar precedente ou enunciado de súmula, sem identificar seus fundamentos determinantes nem demonstrar que o caso sob julgamento se ajusta àqueles fundamentos; deixem de seguir enunciado de súmula, jurisprudência ou precedente invocado pela parte, sem demonstrar a existência de distinção no caso em julgamento ou a superação do entendimento.

Há um novo paradigma de construção da decisão judicial. Desde a exigência de as partes indicarem precedentes adequados em suas manifestações, cooperarem na construção da decisão de mérito até o fim da instrução, a prolação da sentença se torna uma atividade de grande complexidade e responsabilidade, já que ela deve espelhar a vontade concreta e atual do ordenamento jurídico, levando em consideração todos os argumentos deduzidos pelas partes.

A nosso ver, esta regra de fundamentação das decisões prevista no art. 489, §1º se irradia ao processo penal. Não é possível admitir que o *standard* de motivação de uma sentença em ação de indenização por danos morais seja maior do que o da condenação penal pela prática de crime.

Já tivemos a oportunidade de pontuar a existência de aspectos do direito processual que compõem a chamada teoria geral do processo. Não se trata da teoria geral exposta em diversos livros de doutrina, baseada na estrutura do Código de Processo Civil. Naquela oportunidade nos referimos a uma teoria pura do direito processual, que congrega institutos comuns ao processo civil, penal e do trabalho.

Nesta teoria, podemos indicar a composição da sentença. Sabe-se que a decisão judicial deve ser confeccionada em três partes (relatório, fundamentação e dispositivo). A fundamentação é talvez, o aspecto mais importante da decisão judicial, pois legitima a atividade do juiz e revela ao jurisdicionado as razões pelas quais o magistrado acolhe ou rejeita determinada pretensão.

Assis Moura, julgado em 5/2/2015, DJe 10/3/2015; HC nº 176.238/SP, rel. Min. Jorge Mussi, j. 24.05.2011).

61 Michele Taruffo, como bem destaca o Prof. Leonardo Greco, em sua resenha sobre o livro "*La motivazione della sentenza civile*", afirma que a motivação justifica o resultado alcançado pela decisão judicial. (GRECO, Leonardo. Resumo do livro de Michele Taruffo La motivazione della sentenza civile *(CEDAM, Padova, 1975)*, in **Revista de Processo**, ano 32, n° 144, fevereiro de 2007, Revista dos Tribunais, São Paulo, págs. 306/327, p. 306).

Por esse raciocínio, não é possível admitir que entre os ramos do direito processual, a fundamentação de uma decisão seja mais rígida que a outra. Se por um lado, o Direito Processual Civil pode tutelar interesses tão importantes quanto a liberdade, fato é que o tema objeto do processo penal reveste-se de cabal importância.

A compreensão da decisão judicial pelas partes e sua individualização através de elementos concretos que enfrentem os argumentos deduzidos pelas partes são uma realidade dos ordenamentos jurídicos estrangeiros e o novo CPC quer reforçar esta sentença através das restrições estabelecidas no art. 489.

A era da simples remissão de informativos de jurisprudência e ementas de decisões judiciais acabou! O magistrado tem o dever de se manifestar de modo individualizado, refletindo sobre os argumentos lançados no processo e realizando o confronto analítico das decisões invocadas como paradigma, dentro da análise do conjunto probatório, em respeito ao princípio do livre convencimento motivado[62].

O art. 387 do CPP precisa ser lido em conjunto com o art. 489 do CPC/2015. Além do relatório, da fundamentação e do dispositivo, elementos essenciais da decisão judicial, deve o magistrado observar as limitações contidas no §1º do art. 489 do CPC/2015.

XVI. A UNIFORMIZAÇÃO DA JURISPRUDÊNCIA NO PROCESSO PENAL – ARTS. 926, 927, 947 E 976 DO CPC/2015

Durante o curso do processo legislativo de aprovação do novo código e durante o período de *vacatio legis*, diversos segmentos das carreiras jurídicas e da própria academia manifestaram oposição ao caminho adotado pelo ordenamento no sentido de se observar a estabilidade e uniformidade da jurisprudência.

O Judiciário brasileiro parece não querer amadurecer a ponto de compreender que o processo não é o espaço adequado para o lançamento de posições pessoais despidas de qualquer embasamento e observância aos precedentes existentes no ordenamento jurídico.

Desde 2004 o Brasil segue a via do prestígio à estabilidade das decisões judiciais. Os instrumentos previstos no CPC, deixam claro que o papel do Supremo Tribunal Federal e do Superior Tribunal de Justiça é o de construir uma jurisprudência sólida a ser seguida pelos demais órgãos do Poder Judiciário.

Negar esta tendência é "querer ser mais realista que o rei". Os arts. 926 e 927 do novo Código de Processo Civil são os pilares estruturantes do sistema de uniformidade jurisprudencial brasileira.

62 Apesar da frustração doutrinária e corporativa tendente a defender a extinção do princípio do livre convencimento motivado, não nos parece que ele tenha sido suprimido do Direito Processual Civil. O livre convencimento nada mais é que uma metodologia aplicada à análise das provas produzidas, estabelecendo ao juiz o dever indicar as razões pelas quais ele foi convencido daquele resultado. Esta característica não se confunde com o dever de fundamentação do art. 489 e nem se encontra suprimida em razão do silêncio do novo CPC.

O art. 947 admite o Incidente de Assunção de Competência – IAC, sempre que envolver relevante questão de direito, com grande repercussão social, sem repetição em múltiplos processos, deixando claro o §3º que o acórdão proferido vinculará todos os juízes e órgãos fracionários, exceto se houver revisão de tese.

Do igual modo, o Incidente de Resolução de Demandas Repetitivas – IRDR previsto no art. 976 caminha no sentido de buscar a uniformidade da jurisprudência, mediante a definição prévia de tese jurídica quando houver multiplicidade de demandas repetitivas.

É plenamente possível utilizarmos estes institutos no processo penal, de modo a provocar o órgão colegiado para estabelecer precedente nas matérias de repercussão social que envolvam aspectos penais e processuais penais de caráter objetivo[63]. O STF e STJ, por meio da repercussão geral e pela sistemática de recursos repetitivos previstos da CRFB e no CPC/1973 já os estendiam ao processo penal, diante de seu propósito uniformizador.

Em matéria penal é gritante a divergência jurisprudencial acerca de temas que mereceriam uma uniformização de entendimentos. Vejamos como exemplo a atual controvérsia processual, acerca do momento do interrogatório do acusado, nos diversos procedimentos em que esta ordem é alterada. O Supremo Tribunal Federal e o Superior Tribunal de Justiça são vacilantes em definir se o interrogatório segue a especialidade da norma prevista na Lei nº 11.343/06 (interrogatório no início) ou se adota a regra geral do art. 400 do CPP (interrogatório ao final).

Perceba-se que apesar de lidar muito com matérias de fato é inegável que o processo penal também lida com teses jurídicas aptas a vinculação, bastando a leitura do rol de súmulas vinculantes e persuasivas do STF e STJ para a confirmação desta assertiva.

O emprego do Incidente de Assunção de Competência e do IRDR no processo penal, com fundamento no art. 3º do CPP contribuirão para uma maior segurança do processo penal. A utilização dos institutos pode ser a saída para a tão contestada desvirtuação do uso do *Habeas Corpus*, utilizado como mecanismo de escape pela Defensoria Pública e pela Advocacia para ver reconhecida a jurisprudência dos tribunais superiores, ante a teimosia dos órgãos inferiores em utilizarem o processo como espaço de publicação de entendimentos individuais.

O volume excessivo de demandas aforadas perante o STJ e STF deriva da ausência de conscientização do primeiro e segundo graus de jurisdição na necessidade de se preservar a uniformidade de entendimentos e a existência de um mecanismo capaz de buscar a estabilidade e o respeito à jurisprudência é uma saída imediata.

---

63 A excessiva matéria de fato que permeia o Direito Penal exige um certo temperamento no trato da uniformidade de jurisprudência, o que tornará recorrente a utilização da técnica de distinção (*distiguishing*) e superação (*overruling*).

XVII. O USO DA RECLAMAÇÃO NO PROCESSO PENAL - ART. 988 DO CPP 2015

O regramento dos recursos e das ações autônomas de impugnação do Código de Processo Penal não é dos melhores. Ao lado do CPP, diversas outras normas tratavam do tema no processo penal, a exemplo do CPC/73 (recursos excepcionais), da Lei nº 8.038/90 (procedimentos perante o STJ e o STF) e das Leis ns. 11.417/06 (Súmula Vinculante) e 11.418/06 (repercussão geral).

Com o advento da Súmula Vinculante prevista do art. 103-A da CRFB e de sua regulamentação pela Lei nº 11.417/06, a Reclamação, verdadeira ação autônoma de impugnação, ganhou bastante relevância tornando-se o instrumento dedicado a provocar o STF a apreciar decisões e atos administrativos que contrariassem o teor de seus enunciados, na forma do art. 7º da citada lei.

A Reclamação estava também prevista nos arts. 13 a 18 da Lei nº 8.038/90, admitida sempre com o intuito de preservar a autoridade das decisões dos tribunais, mas a opção do novo CPC foi a de concentrar a regulamentação do instituto no seu próprio corpo, o que significou a revogação dos citados dispositivos.

A proposta do novo CPC foi a de ampliar o espectro de incidência da Reclamação, preservando as características definidas na Lei nº 8.038/90 e na Lei nº 11.417/06, mas também se tornando o instrumento apto a provocar o controle judicial de inobservância de tese fixada em IRDR (arts. 985, §1º e 988, IV), de decisão do STF em controle concentrado de constitucionalidade (art. 988, III) e de acórdão proferido em incidente de assunção de competência (art. 988, IV).

Na redação originária do CPC/2015, a Reclamação também era cabível para a aplicação de tese decidida em julgamento de recursos repetitivos, conforme a redação originária do art. 988, IV. Entretanto, "na primeira reforma do novo CPC", operada pela Lei nº 13.256/2016, o legislador condicionou o esgotamento das instâncias ordinárias quando a parte pretendesse reclama de inobservância de acórdão em recurso extraordinário com repercussão geral reconhecida ou de acórdão proferido em julgamento de recursos extraordinário ou especial repetitivos.

Se a Lei nº 8.038/90, de aplicabilidade ao processo penal, teve os dispositivos que tratavam da Reclamação revogados, isto necessariamente obriga o intérprete a se socorrer da disciplina do novo CPC, diante do silêncio normativo.

Se levarmos também em conta a premissa do tópico antecedente que leva em consideração a incidência dos institutos de uniformização da jurisprudência ao processo penal, não há fundamento capaz de afastar o uso da Reclamação no processo penal.

Os dois temas são indissociáveis, já que o objetivo da ação autônoma é o de assegurar que o precedente seja observado no caso concreto. Parece-nos que este ponto não será objeto de controvérsia, já que a Reclamação prevista nas Leis ns. 11.417/06 e 8.038/90 sempre teve utilidade e aceitação no processo penal, vide a existência de enunciados de súmula vinculantes editados sobre matéria penal.

XVIII. A ROTINA PROCEDIMENTAL DOS RECURSOS CÍVEIS E SUA INCIDÊNCIA NO PROCESSO PENAL: O FIM DA ADMISSIBILIDADE EM PRIMEIRO GRAU E O JULGAMENTO MONOCRÁTICO

Dentre as novidades e reorganizações trazidas pelo novo CPC em matéria de processamento recursal, duas parecem-nos pertinentes à abordagem. A primeira delas consistiria no fim do duplo juízo de admissibilidade (realizado tanto pelo órgão de origem e pelo tribunal) no Recurso de Apelação (art. 1.010, §3º do CPC/2015) enquanto que a segunda diria respeito as hipóteses de julgamento monocrático (art. 932, III, IV e V do novo CPC).

A questão referente ao processamento da Apelação não apresenta grandes dificuldades, já que o Código de Processo Penal possui disciplina própria, sendo expresso em relação ao processamento da Apelação Criminal e do Recurso em Sentido Estrito quando prevê tanto o juízo de admissibilidade em primeiro grau para os dois recursos, como o efeito regressivo em relação a este último.

Em verdade, a novidade do CPC cria um verdadeiro problema na disciplina adjetiva civil, se levarmos em consideração as hipóteses em que a Apelação Cível contém efeito regressivo, posto que o juiz exerceria o juízo de retratação sem poder analisar os preenchimentos dos pressupostos recursais necessários para a validade daquela provocação e consequente decisão[64].

Felizmente, neste caso, a dinâmica procedimental do art. 1.010, §3º do novo CPC não teria aplicabilidade no processo penal, diante da ausência de silêncio normativo do CPP, capaz de autorizar a incidência das normas processuais civis.

Quanto ao aspecto dos poderes conferidos ao relator no art. 932, a disciplina muito se assemelha a do art. 557 do CPC/73, com duas pequenas modificações, fruto de práticas já toleradas na jurisprudência.

Na realidade diária de nossos tribunais no deparamos com uma verdadeira colegialidade mentirosa, seja pelos diversos mecanismos que conferem ao relator a possibilidade de decidir monocraticamente o recurso, tornando-se um verdadeiro "juiz monocrático de segundo grau", seja pela própria dinâmica processual, onde diversos recursos não são submetidos ao crivo de um revisor, ou em sessões de julgamento em que são lidos "resumos das ementas" e os membros do colegiado acompanham o voto condutor sem qualquer comprometimento com a realidade dos autos.

A necessidade de se preservar a oralidade nos tribunais é imperiosa, garantindo-se aos advogados, Defensores Públicos e membros do Ministério Público a sustentação oral dos recursos, como forma de conscientizar e esclarecer os membros da Corte das particularidades daquela demanda. Como bem observa o Prof. Leonardo Greco[65]

64 *"Nesse ponto o novo CPC cria um paradoxo: o primeiro juízo, de admissibilidade, é de competência exclusiva do tribunal de Segundo grau, enquanto o segundo e consequencial juízo, de retratação, é de competência exclusiva do juízo de primeiro grau."* (NEVES, Daniel A. Assumpção. *Novo CPC: inovações, alterações e supressões comentadas.* Rio de Janeiro: Método, 2015. P. 550.)

65 Leonardo Greco, "Garantias Fundamentais Do Processo: O Processo Justo", in **Estudos de Direito Processual**, ed. Faculdade de Direito de Campos, 2005, p. 225/286.

a oralidade é uma das principais garantias fundamentais do processo, não podendo ser suprimida o direito conferido à parte de se comunicar com o magistrado da causa.

A motivação das decisões pressupõe o debate entre os membros do colegiado e também espelha como observa o Prof. Leonardo Greco[66] uma verdadeira garantia fundamental do processo. Aliás, podemos encará-la como uma das garantias mais importantes do processo, pois é através da fundamentação da decisão que o magistrado legitima a sua atuação através da aplicação da norma jurídica ao caso concreto.

A monocratização dos tribunais é uma tendência que caminha em via de mão única. Se estamos em um ponto sem retorno, onde o combate é inviável, devemos ao menos assegurar que os seus parâmetros de aplicação sejam rigorosamente observados. Se é fato que há uma tendência mundial em se enfraquecer o princípio da colegialidade[67], isto não deve significar o fim do debate da causa.

Apesar dos prejuízos decorrentes da monocratização dos tribunais, não podemos nos afastar da necessária coerência deste estudo, para compreender que o art. 932 do novo CPC tem aplicabilidade na condução dos recursos no processo penal, diante do silêncio deste campo processual, em relação a uma disciplina exaustiva da ordem de processamento nos tribunais.

XIX. A DISCIPLINA DOS RECURSOS EXCEPCIONAIS NO PROCESSO PENAL

O regramento do CPP a respeito dos recursos excepcionais é deverás reduzido. Nada é tratado a respeito do Recurso Especial e pouco se diz a respeito do Recurso Extraordinário, o que significava a aplicação do CPC/1973 e da Lei nº 8.038/90.

O novo CPC opta por tratar exaustivamente dos recursos excepcionais (Especial e Extraordinário), revogando todos os dispositivos da Lei nº 8.038/90 que dispunham a esse respeito (arts. 26 a 29)[68].

A realidade é que ao longo dos últimos dez anos o legislador já efetuava reformas pontuais na legislação processual civil para simplificar o julgamento e restringir as hipóteses de cabimento destes recursos, diante do excessivo volume de processos em tramitação no STJ e no STF, sendo certo que muitas delas já eram incorporadas ao processo penal.

Com a opção pela regulamentação do Recurso Especial e do Recurso Extraordinário (arts. 1.029 a 1.041), além da própria disciplina do Agravo cabível contra a decisão de

---

66 Ibid. p. 225/286.

67 COHENDET, Marie-Anne. "La collégialité des juridictions: um príncipe em voie de disparition?", in *Revue française de droit constitutionnel*, n° 68, outubro de 1006, ed. PUF, Paris, p.713/736.

68 Em primeira análise sobre o tema a Terceira Seção do STJ, no julgamento da Reclamação 30714, entendeu que os prazos dos recursos excepcionais no processo penal não teriam sido alterados pelo novo CPC, especialmente pelo fato de que o seu regimento interno também traz a disciplina semelhante à da Lei nº 8.038/90.

inadmissão, não temos sombra de dúvida de que esta nova disciplina será aplicável ao processo penal, inclusive no tocante aos prazos, processamento e hipóteses de cabimento, significando a superação do enunciado nº 699 da Súmula do Supremo Tribunal Federal[69].

A compreensão de que o Recurso Especial e o Recurso Extraordinário, apesar de regrados pelo CPC/2015, não constituem recursos cíveis é premissa básica do sistema. O propósito destes meios de impugnação às decisões judiciais é o de seguir os comandos da Constituição Federal.

Nesta perspectiva, o Recurso Especial e o Recurso Extraordinário no processo penal seguem as hipóteses de cabimento dos arts. 102 e 105 da CRFB, bem como a disciplina procedimental dos arts. 1.029 a 1.041 do novo CPC, inclusive no que toca ao Agravo conta a decisão de inadmissibilidade (art. 1.042) e aos Embargos de Divergência (art. 1.043.) e, subsidiariamente, às disposições dos Regimentos Internos do STF e STJ.

Pondere-se, no entanto, que a Lei nº 8.038/90 não foi totalmente revogada e alguns dos recursos cabíveis perante os tribunais superiores, a exemplo do agravo interno[70], encontram-se lá previstos e também regulamentados nos respectivos regimentos, o que significará a leitura destes diplomas em conjunto com o novo CPP, mesmo em matéria penal.

Didaticamente, o Recurso Especial, o Extraordinário, o Agravo contra a decisão de inadmissibilidade destes dois e os Embargos de Divergência no processo penal devem seguir a disciplina do novo CPC. Os demais recursos seguirão a dinâmica da Lei nº 8.038/90 e dos Regimentos Internos respectivos.

XX. A CIÊNCIA PESSOAL DO MINISTÉRIO PÚBLICO E DEFENSORIA PÚBLICA NAS DECISÕES PROFERIDAS EM AUDIÊNCIA – ART. 1003, §1° DO CPC/2015

O novo CPC trouxe regra processual que rompe toda uma construção teórica e jurisprudencial a respeito da prerrogativa de intimação pessoal do Ministério Público e da Defensoria Pública. Referimo-nos a previsão constante do art. 1.003, §1º que define como marco de intimação a audiência quando a decisão é proferida neste mesmo ato processual.

Primeiramente, importante estabelecer se a definição do marco de contagem de uma prerrogativa constitui matéria processual ou de índole institucional. Se considerarmos que o tema deva ser tratado pelo direito processual, concluiríamos que o art. 1.003, §1º do CPC/2015 seria constitucional. Todavia, se pensarmos que a definição do marco de contagem integra a própria prerrogativa, que versa sobre um direito

69 *"O prazo para interposição de agravo, em processo penal, é de cinco dias, de acordo com a Lei nº 8.038/90, não se aplicando o disposto a respeito nas alterações da Lei nº 8.950/94 ao Código de Processo Civil."*

70 *"Art. 39 – Da decisão do Presidente do Tribunal, de Seção, de Turma ou de Relator que causar gravame à parte, caberá agravo para o órgão especial, Seção ou Turma, conforme o caso, no prazo de cinco dias."*

institucional, poder-se-ia entender pela inconstitucionalidade da norma quando se refere ao Ministério Público e a Defensoria Pública, já que a matéria não observa os parâmetros constitucionais.

Isto porque, a Constituição da República prevê nos seus arts. 128, §5º e 134, §1º que à Lei Complementar competiria a definição das normas de organização do Ministério Público e Defensoria Pública. A própria discussão sobre se a extensão da organização destas duas instituições incluiria a definição de suas prerrogativas também influiria diretamente no tema aqui tratado.

Em nosso ponto de vista, a definição do marco de contagem do prazo é matéria estritamente processual e a regra do CPC, quanto a esse ponto, não apresentaria vício de inconstitucionalidade.

Apesar disto, sempre fomos refratários à nova norma processual civil, pois evidente o seu conflito com a essência da prerrogativa das duas instituições públicas essenciais à justiça[71]. O legislador determina que a prerrogativa de intimação pessoal de membros do Ministério Público e da Defensoria Pública só ocorre quando há entrega dos autos com vista. Como na audiência, após a prolação de decisão não há a entrega dos autos com vista, considerando que ao término da audiência há uma série de atos cartorários a serem realizados, pensávamos que os promotores e defensores não poderiam ser considerados pessoalmente intimados.

Recentemente, o Superior Tribunal de Justiça no julgamento do REsp nº 1.349.935-SE, cuja relatoria coube ao Min. Rogério Schietti, entendeu que a regra do CPC não teria aplicabilidade no processo penal, dado o princípio da especialidade e por violar preceitos básicos como contraditório efetivo, paridade de armas e os próprios princípios institucionais do Ministério Público e Defensoria Pública.

Ademais, em relação à leitura da norma e seu contexto de aplicação no próprio processo civil, o STJ também avançou a ponto de excepcioná-la em relação ao Ministério Público e Defensoria Pública, argumentando que quando o art. 1003, §1º refere-se aos sujeitos referido no *caput* do citado artigo, nessa previsão não se incluiriam o MP e a DP, considerando que estas instituições possuem regras próprias em seus estatutos jurídicos.

Portanto, seja no processo penal ou processo civil, das decisões proferidas em audiência, devem tanto o Ministério Público como a Defensoria Pública serem pessoalmente intimados.

XXI. O FIM DA IDENTIDADE FÍSICA DO JUIZ NO PROCESSO CIVIL E SUA REPERCUSSÃO NO PROCESSO PENAL

O princípio da identidade física do juiz, desdobramento da oralidade processual, sempre teve porto seguro no art. 132 do CPC/1973, quando determinava que o juiz,

---

71 ESTEVES, Diogo; SILVA, Franklyn Roger Alves. Princípios institucionais da defensoria pública. 2ª ed. Rio de Janeiro: Forense, 2017. P. 656.

titular ou substituto, que concluísse a audiência julgaria a lide, salvo se estivesse convocado, licenciado, afastado por qualquer motivo, promovido ou aposentado, casos em que passaria os autos ao seu sucessor.

Pretendia o sistema processual reconhecer que o juiz que teve a relação imediata com a produção probatória teria maior aptidão para valorar o seu conteúdo, especialmente em virtude de suas impressões pessoais sobre os depoimentos prestados e quais mereceriam maior ou menor credibilidade.

Apenas nas hipóteses em que houvesse uma impossibilidade fática ao julgamento (afastamento, licenças, aposentadoria etc.) é que o julgamento da causa seria transferido ao sucessor legal.

Mesmo diante do avanço da disciplina processual civil e o prestígio à imediatidade da produção probatória, durante anos houve uma recusa sistemática em se admitir a aplicação do princípio da identidade física no processo penal, especialmente em virtude da ausência de previsão legal no Código de Processo Penal.

O primeiro rascunho da identidade física do juiz no processo penal surgiu com o advento da Lei nº 9.09995, através da redação do seu art. 81, ao prever a concentração de atos processuais na audiência de instrução e julgamento e a determinação de prolação da sentença neste mesmo ato.

A reforma procedimental realizada pela Lei nº 11.719/2008 ao texto do Código de Processo Penal trouxe importante avanço, ao traduzir o princípio da identidade física mediante a fórmula constante do art. 399, §2º: *"O juiz que presidiu a instrução deverá proferir a sentença"*.

A simplicidade da redação do dispositivo trouxe mais dúvidas do que certezas, especialmente pela ausência de exceções à identidade física, tal como fazia o art. 132 do CPC/1973.

Coube a doutrina e jurisprudência aparar as arestas sobre o tema e concluir que as exceções do art. 132 do CPC/1973 seriam plenamente aplicáveis ao processo penal, de modo a pensar o princípio de maneira una, já que o seu propósito é o de assegurar a melhor qualidade do julgamento.

O problema que trazemos a reflexão consiste no fato de que o novo Código de Processo Civil parece ter encerrado a existência do princípio da identidade física, por não haver norma que reproduza a redação do art. 132 do CPC/73.

Há quem aponte a sua subsistência, fazendo um paralelo com o que ocorreu nos Juizados Especiais Criminais, enxergando o princípio na previsão no art. 366 do CPC/2015, que determina: *"encerrado o debate ou oferecidas as razões finais, o juiz proferirá sentença em audiência ou no prazo de 30 (trinta) dias"*.

Independentemente da supressão ou não do princípio, comungamos o entendimento de que o processo penal ainda preserva a imediatidade da relação entre a produção da prova oral e a prolação da sentença, representada pelo art. 399, §2º do CPP, pouco importando que o princípio não mais subsiste no processo civil.

As exceções até então aplicáveis no processo penal, em virtude do art. 132 do CPC/73 continuarão com plena incidência, posto que se referem a matéria atinente ao regime jurídico da magistratura.

O que justifica a possibilidade de o juiz sucessor apreciar a causa é o próprio princípio do juiz natural. Dentro do possível, aquele que produz a prova fica vinculado para a prolação da sentença. No entanto, quando algum ato jurídico derivado do regime jurídico da magistratura assim o impedir, natural que o sucessor legal aprecia a causa, podendo, inclusive, repetir a produção da prova oral se entender que algum ponto restou omisso.

Nesta linha de ideias, cremos que o princípio do juiz natural no processo penal não resta vulnerado em virtude de sua potencial supressão pelo processo civil.

XXII. A PERCEPÇÃO DE HONORÁRIOS DE SUCUMBÊNCIA NA AÇÃO PENAL E SEU REGRAMENTO – ART. 85 DO CPC/2015

O maior artigo do novo Código de Processo Civil é o que trata dos honorários advocatícios de sucumbência. Muito do que ali foi previsto, em verdade, diz respeito, às normas atinentes ao regime jurídico da advocacia pública ou privada e, o correto, seria o tratamento nas suas respectivas legislações.

O leitor poderia pensar: o que um estudo sobre o processo penal pode tratar a respeito de honorários de sucumbência? A pergunta é bem pertinente, mas a resposta traduz um tema pouco estudado no campo da doutrina penal.

Sabemos que a regra do processo penal é a de que a ação penal pública não gera a condenação em honorários advocatícios – ausência de previsão legal – e as despesas processuais são pagas ao final do processo, diante da interpretação que se extrai dos arts. 803 e 804 do CPP. No entanto, quando lidamos com a ação penal privada, o regime jurídico é diverso, sendo cabível a condenação em honorários de sucumbência – mesmo sem previsão legal – e a necessidade de prévio adiantamento das despesas processuais, ex vi art. 806 do CPP[72], aplicável também à defesa, salvo quando o acusado for economicamente hipossuficiente.

O tema dos honorários na ação privada é repleto de controvérsias, especialmente no que toca ao seu próprio cabimento. Entretanto, a par de toda esta discussão, os tribunais superiores reconhecem a sua pertinência, especialmente na ação penal privada, no caso de extinção. Como estamos lidando com uma disciplina sem previsão normativa, nada mais natural que as regras do CPC sejam aplicáveis, com fundamento no art. 3º do CPP.

Assim, a fixação de honorários na ação penal privada, com esteio na jurisprudência, deve observar os critérios do art. 85 do CPC/15.

72 STJ. 3a Seção. EREsp 1.218.726-RJ, Rel. Min. Felix Fischer, julgado em 22/6/2016.

XXIII. A POSSIBILIDADE DE SUPRIMENTO DOS PRESSUPOSTOS PROCESSUAIS E CONDIÇÕES DA AÇÃO NOS ARTS. 139, IX E 321 DO CPC/2015 E SUA CONTRAPOSIÇÃO AO ART. 395 DO CPP

O Código de Processo Civil é fiel adepto da busca de uma decisão de mérito e essa primazia é verificada em diversas normas, a exemplo dos arts. 4º, 6º, 139, IX e 321, que orientam o juiz a buscar suprir vícios processuais antes de extinguir o processo.

Essa iniciativa faz todo o sentido no Direito Processual Civil, onde ambas as partes tencionam a solução do litígio, sendo adequada a solução do mérito e o aproveitamento de atos processuais.

A grande dúvida consiste em saber se as regras de aproveitamento de atos processuais podem ser aplicadas ao processo penal. É dizer: seria lícito ao juiz permitir que a parte autora da ação penal (Ministério Público ou querelante) pudesse suprir a omissão de pressupostos processuais, condições da ação ou demais vícios processuais?

Acreditamos que o art. 395 do CPP é de aplicação obrigatória, até pelo emprego da expressão imperativa "será rejeitada". A disciplina processual penal orienta o juiz a rejeitar a denúncia ou queixa sempre caracterizada a sua inépcia ou ausente pressuposto processual ou condição para o exercício da ação penal.

Tendo em vista a repercussão da instauração do processo penal e os interesses postos em jogo, entende o legislador que o autor da ação penal não deve ter um prazo oportunizado para suprir vícios, devendo a ação penal ser rejeitada na forma do art. 395 do CPP.

Dessa forma, tão somente pela natureza dos interesses postos em jogo, parece-nos que os dispositivos do CPC que orientam o aproveitamento de atos processuais com a consequente correção de vícios processuais não sejam aplicados ao processo penal, por mais sedutora que a ideia possa parecer.

XXIV. O REGRAMENTO DA CONCILIAÇÃO NO ART. 165 DO CPC/2015

As normas que versam sobre conciliação e mediação no novo CPC possuem total sintonia com os ritos que prezam pela consensualidade no processo penal, tal como ocorre no procedimento sumaríssimo dos Juizados Especiais Criminais e no procedimento dos crimes contra a honra.

Práticas restaurativas têm sido muito comuns na seara penal, como o próprio Prof. Humberto Dalla já teve a oportunidade de expor em diversos estudos e palestras, além de sua própria experiência nos Juizados Especiais Criminais.

Acreditamos que as regras de mediação e conciliação previstas no art. 165 e seguintes do novo CPC podem ser plenamente aplicáveis aos procedimentos adequados no processo penal, considerando serem elas um roteiro da atuação desses profissionais, sempre em vistas à solução dos litígios.

XXV. PRAZO EM DOBRO AO MINISTÉRIO PÚBLICO – ART. 180 DO CPC/2015 E SUA EXTENSÃO AO PROCESSO PENAL

Uma das grandes omissões normativas do Ministério Público diz respeito a ausência de norma estatutária que veicule a prerrogativa de prazo em dobro aos seus membros, tal como ocorre com a Defensoria Pública na Lei Complementar Federal nº 80/94.

No caso da Defensoria Pública, por se tratar de uma prerrogativa prevista em sua lei orgânica, dúvida não há quanto a sua aplicabilidade em todos os ramos processuais, situação que não ocorre no Ministério Público, considerando que o prazo em dobro está previsto no art. 180 do NCPC.

Não obstante esta situação normativa, acreditamos ser plenamente possível defender a aplicação do art. 180 do NCPC ao processo penal e em demais ramos do direito processual, com fundamento no art. 3º do CPP (para o processo penal) e art. 15 do NCPC (para os demais ramos), apesar de termos ciência de que a jurisprudência era contrária a essa extensão à época do CPC/73[73].

Ora, o Ministério Público, especialmente no processo penal, é parte obrigatória e responsável pela atuação em todos as ações penais (públicas e privadas), sendo necessária a prerrogativa de prazo em dobro para a correta e responsável intervenção institucional. Portanto, acreditamos que o tema deva ser rediscutido pelo Superior Tribunal de Justiça, especialmente pelo novo espírito do CPC/15 e pelas suas regras de comunicação com os demais ramos do processo.

XXVI. O PRAZO EM DOBRO NO CASO DE RÉUS PATROCINADOS POR DEFESAS TÉCNICAS DISTINTAS – ART. 229 DO CPC/2015

A regra de dobra de prazos para advogados atuantes em favor de partes distintas, prevista no art. 191 do CPC/1973 foi mantida pelo texto do novo Código de Processo Civil, como observamos do seu art. 229.

O legislador entendeu por flexibilizar a sua aplicação, restringindo sua incidência apenas aos processos físicos indo na direção contrária a de recente julgado do Superior Tribunal de Justiça – prolatado sob a égide do CPC/1973 – que entendeu pela aplicação da prerrogativa também aos processos eletrônicos.

O Código de Processo Penal nunca trouxe disposições a respeito de dobra de prazos no caso de coautoria e defesas técnicas distintas. A possibilidade de advogados diversos atuarem em ações penais é muito comum, tendo em vista que o litisconsórcio passivo nem sempre parte de uma coerência argumentativa e a colidência de teses defensivas é uma de suas principais opositoras.

---

73 **DIREITO PROCESSUAL PENAL. PRAZO PARA RECURSOS DO MP EM MATÉRIA PENAL.** Em matéria penal, o Ministério Público não goza da prerrogativa da contagem dos prazos recursais em dobro. Precedentes citados: AgRg no AgRg no HC 146.823-RS, Sexta Turma, DJE 24/9/2013; e REsp 596.512-MS, Quinta Turma, DJ 22/3/2004. (STJ – EREsp nº 1.187.916-SP, Rel. Min. Regina Helena Costa. Julgado em 27/11/2013).

No julgamento da Ação Penal nº 470, o Supremo Tribunal Federal entendeu pela aplicabilidade da dobra de prazos no processo penal, com suporte no art. 191 do CPC/1973. Nesta toada, cremos que igual raciocínio seja aplicado agora ao novo CPC, o que implicaria reconhecer a sua incidência também ao processo penal.

Portanto, a exceção de processos penais sob meio eletrônico, parece-nos que o art. art. 229 do Código de Processo Penal pode ser aplicado ao processo penal.

XXVII. A CITACÃO POR HORA CERTA NO PROCESSO PENAL

A questão da citação por hora certa no processo penal é de simples solução. Trata-se de modalidade de citação ficta prevista no art. 252 do NCPC, sempre que o réu se ocultar da diligência citatória.

Desde 2008 esta modalidade de citação é admitida no processo penal, com suporte na regra prevista no art. 362 do CPP. O grande problema é que o legislador optou por definir a aplicabilidade do instituto através de uma regra que remetia à aplicação de dispositivos previstos no CPC/73.

Diante desse fato, seria possível argumentar que como o CPP faz remissão a dispositivos que não mais tratam da citação por hora certa, estaria o instituto afastado de sua aplicação ao processo penal.

No entanto, acreditamos que o imbróglio é de simples solução, considerando que o legislador inseriu regra expressa para as remissões do CPC/73, determinando que elas passassem a se referir ao novo CPC (art. 1.046, §4º do NCPC).

Portanto, o art. 362 do CPP deve ser lido como remissão ao art. 252 do Código de Processo Civil de 2015, aplicando-se também a disciplina da citação por hora certa no processo penal.

RECLAMAÇÃO NO ÂMBITO DO CPC/2015 E SUA FACETA DE CONTROLE DA OBSERVÂNCIA DE PRECEDENTES JUDICIAIS VINCULANTES

Guilherme Kronemberg Hartmann

NOTA DE AGRADECIMENTO

É uma honra participar desta homenagem ao professor Humberto Dalla, a quem tenho profunda admiração. Bem me recordo e muito sou agradecido por sua instigação e estímulo para que eu me dedicasse a estudar para a prova de seleção do mestrado da UERJ, logo que nos conhecemos pessoalmente, em meados de 2007, quando eu já dava meus primeiros passos na carreira de docente. Foi um gesto simples, uma breve (e crucial) orientação de um professor consagrado para um iniciante colega de profissão, então dele desconhecido, mas que muito revela sobre o perfil do homenageado: sua cortesia ao próximo e seu esmero com a vida acadêmica. Por todos os ensinamentos compartilhados, sejam em aulas ou em textos, dedico-lhe o presente artigo jurídico.

INTRODUÇÃO

Com respaldo constitucional (arts. 102, I, "l"; 103-A, § 3º; 105, I, "f", 111-A, § 3º, CRFB/1988), a reclamação passa a ter expressa previsão na nova lei processual codificada de 2015 (arts. 988/993, CPC), que promove a revogação dos dispositivos que a regulavam em lei especial (arts. 13/18, Lei nº 8.038/1990, revogados pelo art. 1.072, IV, CPC).

Em compasso com a evolução empreendida pela Emenda Constitucional (EC) nº 45/2004, o legislador de 2015 aperfeiçoa a reformulação da reclamação, dilatando suas hipóteses de cabimento, máxime para asseverá-la como um importante instrumento do sistema de precedentes judiciais, por servir ao objetivo de enaltecimento da uniformidade da jurisprudência (diretriz do art. 926, CPC),[1] a partir do controle do desrespeito ao respectivo paradigma – em apreço à função nomofilácica[2] dos tribunais de zelar pela uniformização da interpretação e aplicação do Direito.

---

1 CARNEIRO, Paulo Cezar Pinheiro; PINHO, Humberto Dalla Bernardina de (coord.). *Novo código de processo civil: anotado e comparado*. 2 ed. rev. e atual. Rio de Janeiro: Forense, 2017, p. 591.

2 Na jurisprudência, o termo foi utilizado no voto-vista proferido pelo ministro Teori Albino Zavascki em que consignou que o STF e o STJ "têm entre as suas principais finalidades a de uniformização da jurisprudência, bem como a função, que se poderia denominar nomofilácica – entendida a nomofilaquia no sentido que lhe atribuiu Calamandrei, destinada a aclarar e integrar o sistema normativo,

O presente estudo tem o intuito de realizar uma análise geral e contemporânea deste instituto processual, como previsto no CPC/2015, com atenção às balizas doutrinárias e jurisprudenciais que antecederam a modificação legislativa. Cabe frisar que não é objetivo deste texto investigar o cabimento da reclamação além destas hipóteses legais, isentando-se, assim, do exame do peculiar alargamento de sua utilização para eliminar divergência entre as decisões do STJ e das Turmas Recursais dos Juizados Especiais Estaduais.[3]

1. NATUREZA JURÍDICA

A reclamação constitui instrumento que atua em mantença do sistema hierárquico judicial, culminando eliminar cenários de insegurança jurídica, conforme suas estritas hipóteses de cabimento. Cuida-se, em vista disso, de garantia constitucional processual, de caráter explícito ou mesmo implícito.[4]

---

propiciando-lhe uma aplicação uniforme –, funções essas com finalidades 'que se entrelaçam e se iluminam reciprocamente' (Calamandrei, Piero. *La casación civil.* Trad. Santiago Sentis Melendo. Buenos Aires: Editorial Bibliografica Argentina, 1945. t. II. p. 104) e que têm como pressuposto lógico inafastável a força expansiva *ultra partes* dos seus precedentes" (STF – Rcl 4.335/AC, Tribunal Pleno, Rel. Min. Gilmar Mendes, j. 20/03/2014).

---

3 Como admitiu a Corte Suprema em julgado de sua lavra (STF – RE 571.572 ED/BA, Tribunal Pleno, Rel. Min. Ellen Gracie, j. 26/08/2009), delineando a viabilidade de harmonização da interpretação da lei federal mediante o uso da reclamação ao STJ contra decisão de Turma Recursal de Juizados Especiais Estaduais (ampliação do art. 105, I, "f", CRFB), tendo em vista o descabimento de recurso especial na hipótese (art. 105, III, CRFB c/c verbete sumular nº 203, STJ), somada à inexistência de um órgão uniformizador de jurisprudência na esfera do referido microssistema – diversamente do que ocorre no âmbito federal (art. 14, Lei nº 10.259/2001) e fazendário (art. 18/19, Lei nº 12.153/2009). Tal decisão levou o STJ a editar a Resolução nº 12, de 14/12/2009, disciplinando o respectivo cabimento da reclamação à Corte Superior. Anos depois, tal ato normativo foi revogado pela Emenda Regimental nº 22, STJ, de 12/03/2016; experimentando a hipótese novos contornos perante a edição da Resolução nº 3, STJ/GP, de 07/04/2016, que impôs aos Tribunais de Justiça "a competência para processar e julgar as Reclamações destinadas a dirimir divergência entre acórdão prolatado por Turma Recursal Estadual e do Distrito Federal e a jurisprudência do STJ, consolidada em incidente de assunção de competência e de resolução de demandas repetitivas, em julgamento de recurso especial repetitivo e em enunciados das Súmulas do STJ, bem como para garantir a observância de precedentes" (art. 1º). O sentido foi transferir ao tribunal inferior a atuação de zelar/controlar a observância destes precedentes do STJ, aliviando a carga de trabalho do tribunal superior, uma vez reconhecido o volumoso fluxo de reclamações envolvendo Juizados Especiais – e em consideração, ainda, aos arts. 927, III e IV; e 988/993, CPC. Em contrariedade à medida, vale mencionar, foi suscitado conflito de competência ao STF no âmbito fluminense (TJ-RJ – 0027643-69.2016.8.19.0000, Seção Cível do Consumidor, j. 14/07/2016), que restou inadmitido, pelo fato da existência de hierarquia jurisdicional entre STJ e TJ, pelo primeiro revelar-se como instância de superposição quanto ao segundo (STF – CC 7.988/RJ, Rel. Min. Celso de Mello, j. 20/06/2017), tendo sido determinada a baixa definitiva em 18/08/2017.

4 DIDIER JR., Fredie; CUNHA, Leonardo Carneiro da. *Curso de direito processual civil*: o processo civil nos tribunais, recursos, ações de competência originária de tribunal e *querela nullitatis*, incidentes

Tendo clara natureza jurisdicional,[5] é retratada preponderantemente[6] como uma ação autônoma de conhecimento,[7] de competência originária de tribunal. Corrobora

de competência originária de tribunal. 13 ed. Salvador: JusPodivm, 2016, p. 530, apontam a relação da reclamação constitucional com a teoria dos poderes implícitos, no sentido de que "todos os tribunais teriam a reclamação à disposição para o resguardo de sua competência e a preservação da autoridade de suas decisões"; e de que tais "poderes implícitos" são "necessários ao exercício de seus poderes explícitos". De toda sorte, a controvérsia sobre a exigência de reserva leal para o cabimento da reclamação para qualquer tribunal foi dissipada pelo legislador de 2015 (art. 988, parágrafo 1º, CPC), não havendo mais que se cogitar de competência implícita *in casu*.

5 Nesse sentido: PINHO, Humberto Dalla Bernardina de. *Direito processual civil contemporâneo* – processo de conhecimento, cautelar, execução e procedimentos especiais. 3 ed. Rio de Janeiro: Saraiva, 2016, p. 846. Segundo o autor, a natureza jurisdicional da reclamação torna-a inconfundível com o instituto da *reclamação correicional* ou *correição parcial*, sendo esta última medida administrativa/disciplinar, com o objetivo de coibir a atividade tumultuária do juiz não sujeita a ataque recursal (*v.g.* art. 219, Código de Organização e Divisão Judiciária do Estado do Rio de Janeiro – CODJERJ: "São suscetíveis de correição, mediante reclamação da parte ou de órgão do Ministério Público, as omissões do juiz e os despachos irrecorríveis por ele proferidos, que importem em inversão da ordem legal do processo ou resultem de erro de ofício ou abuso de poder"). Nesse sentido: STJ – AgRg no AgRg no REsp 1.038.446/RJ, 1ª Turma, j. 20/05/2010.

6 Averigua-se intensa controvérsia sobre a definição da natureza jurídica da reclamação, como apurado na ementa do seguinte julgado de décadas atrás: "[...] A reclamação, qualquer que seja a qualificação que se lhe dê – *Ação* (Pontes de Miranda, 'Comentários ao Código de Processo Civil', tomo V/384, Forense), *recurso ou sucedâneo recursal* (Moacyr Amaral Santos, RTJ 56/546-548; Alcides de Mendonca Lima, 'O Poder Judiciário e a Nova Constituição', p. 80, 1989, Aide), *remédio incomum* (Orozimbo Nonato, *apud* Cordeiro de Mello, 'O processo no Supremo Tribunal Federal', vol. 1/280), *incidente processual* (Moniz de Aragão, 'A Correição Parcial', p. 110, 1969), *medida de Direito Processual Constitucional* (Jose Frederico Marques, 'Manual de Direito Processual Civil', vol 3., 2. parte, p. 199, item nº 653, 9ª ed., 1987, Saraiva) ou *medida processual de caráter excepcional* (Min. Djaci Falcao, RTJ 112/518-522) – configura, modernamente, instrumento de extração constitucional, inobstante a origem pretoriana de sua criação (RTJ 112/504), destinado a viabilizar, na concretização de sua dupla função de ordem político-jurídica, a preservação da competência e a garantia da autoridade das decisões do STF (CF, art. 102, I, 'l') e do STJ (CF, art. 105, I, 'f'). [...]" (STF – Rcl 336/DF, Tribunal Pleno, Rel. Min. Celso de Mello, j. 19/12/1990). Em julgado posterior, a Corte Suprema balizou a reclamação como manifestação do *direito de petição* (art. 5º, XXXIV, "a", CRFB), verdadeira garantia política, permitindo a sua aplicação no âmbito dos Estados-membros (STF – ADI 2.212/CE, Tribunal Pleno, Rel. Min. Ellen Gracie, j. 02/10/2003).

7 Na narrativa de atribuição da natureza de *ação propriamente dita* **à reclamação**, já que por meio dela se tem "a provocação da jurisdição e a formulação de pedido de tutela jurisdicional, além de conter em seu bojo uma lide a ser solvida, decorrente do conflito entre aqueles que persistem na invasão de competência ou no desrespeito das decisões do Tribunal e, por outro lado, aqueles que pretendem ver preservadas a competência e eficácia das decisões exaradas pela Corte": MEIRELES, Hely Lopes; Wald, Arnoldo; MENDES, Gilmar Ferreira. *Mandado de segurança e ações constitucionais*. 37 ed., ren., atual. e ampl. São Paulo: Malheiros, 2016, p. 845. Expressando-a como ação autônoma de impugnação de ato judicial, de natureza constitucional: LEONEL, Ricardo de Barros. *Reclamação constitucional*. São Paulo: RT, 2011, p. 171; DIDIER JR., Fredie; CUNHA, Leonardo Car-

o raciocínio o fato de a reclamação depender de provocação da parte ou do Ministério Público (art. 988, *caput*, CPC), formando uma nova relação processual em que será determinada a "citação" do beneficiário da decisão impugnada para se defender (art. 989, III, CPC),[8] prosseguindo-se o feito até o provimento final que está apto a fazer coisa julgada.

Diferencie-se que o instrumento ora analisado não constitui mero incidente processual, pois, como afirmado, guarda autonomia, além do que não depende necessariamente de um processo judicial em curso (*v.g.* cabimento em face do desrespeito por ato administrativo de sumula vinculante, conforme art. 103-A, § 3º, CRFB).

A reclamação também se distancia da natureza de recurso, já que está fora tanto do respectivo rol legal (art. 994, CPC), bem como da competência recursal do STF e STJ (estando alocada na competência originária destes tribunais, conforme arts. 102, I; e 105, I, CRFB). Aliás, seu objeto não é propriamente a reforma/invalidação da decisão, mas sim, especificamente, fazer resguardar a competência, cumprir uma decisão ou resguardar o sistema de precedentes judiciais. Além disso, a reclamação não se sujeita tecnicamente a prazo preclusivo (com a ressalva, no mais das vezes, do trânsito em julgado da respectiva decisão que se pretende insurgir); nem depende de gravame/sucumbência, o que amolda um peculiar interesse de agir, já que mesmo o vencedor na atinente decisão poderá ter interesse em dela se valer como via impugnativa (*v.g.* para fazer cumprir uma decisão).

2. RELAÇÃO DA RECLAMAÇÃO COM AS DEMAIS VIAS IMPUGNATIVAS

Quando cabível, a reclamação se apresenta como um remédio procedimental mais expedito do que o aparato recursal, não só por ser apresentada diretamente ao tocante órgão de destinação, mas também por dispensar atenção aos requisitos de admissibilidade dos recursos, sobretudo daqueles tidos como "excepcionais" (*v.g.* inexige prequestionamento).

Interessa frisar que nada impede que o mesmo vício apto a ser tratado na via da reclamação seja impugnado através da interposição de recurso próprio, respeitados os requisitos deste, numa espécie de *dupla via de controle* disponibilizada ao interessado (*v.g.* art. 988, § 6º, CPC; art. 7º, *in fine*, Lei nº 11.417/2006), uma vez que tais técnicas adotam fundamentos diversos.

neiro da. *Curso de direito processual civil*: o processo civil nos tribunais, recursos, ações de competência originária de tribunal e *querela nullitatis*, incidentes de competência originária de tribunal. 13 ed. Salvador: JusPodivm, 2016, p. 533.

8 CARNEIRO, Paulo Cezar Pinheiro; PINHO, Humberto Dalla Bernardina de (coord.). *Novo código de processo civil: anotado e comparado*. 2 ed. rev. e atual. Rio de Janeiro: Forense, 2017, p. 592. Comparativamente, apura-se remoto julgado em que o STJ entendeu a reclamação como um incidente processual, tendo como um dos argumentos justamente "a inexistência de citação do reclamado para se defender" (STJ – Rcl 502/GO, 1 Seção, Rel. Adhemar Maciel, j. 14/10/1998), inclusive diante do silêncio da normatividade então em vigor (Lei nº 8.038/1990).

Avante disso, caso a decisão viciada transite em julgado já não mais será cabível a reclamação, justamente pela inadequação deste instrumento como sucedâneo da ação rescisória (art. 988, § 5º, I, CPC c/c verbete sumular nº 734, STF: "Não cabe reclamação quando já houver transitado em julgado o ato judicial que se alega que tenha desrespeitado decisão do STF"),[9] mantendo hígida a garantia constitucional da coisa julgada (art. 5º, XXXVI, CRFB). Após o trânsito em julgado estará erguida a possibilidade de impugnação mediante ação rescisória, possivelmente quanto ao mesmo vício que poderia ter sido tratado antes em sede reclamacional, desde que configurado um dos fundamentos de rescindibilidade compatíveis à hipótese (*v.g.* art. 966, II; e V, § 5º, CPC), o que compõe, pode-se dizer então, uma *tripla via de controle* ofertada ao interessado.

Dentro do que foi afirmado e nas vertentes hipóteses de cabimento, o interessado deverá se valer da reclamação *antes do trânsito em julgado da decisão*. Dado isso, exsurge a questão se a reclamação *deve ser utilizada conjuntamente* com a interposição do respectivo recurso, como reconhece a legislação indiretamente (art. 988, § 6º, CPC), valendo-se o interessado das duas vias, sob a lógica de que o efeito obstativo da coisa julgada apenas decorre dos recursos, e não da reclamação.[10]

Em sentido diverso, cabe entender que a apresentação (desacompanhada) da reclamação tem o condão de impedir o trânsito em julgado,[11] o que soa razoável numa lógica de eficiência jurisdicional (art. 8º, CPC), ao evitar a duplicidade de energia processual a ser despendida.[12] Nesse último norte, vislumbra-se a possibilidade de que a reclamação provoque a suspensão do processo questionado (e, assim, do respectivo prazo recursal), nos termos legais (art. 989, II, CPC). A própria legislação reconhece que a reclamação pode ter êxito independente do resultado negativo prévio do recur-

---

9 Vale dizer que tal vedação inexiste quando se busque fazer valer a autoridade/cumprimento do julgado imutável, afinal neste caso a reclamação servirá não para modificar a decisão, mas para fazê-la cumprida.

10 Com tal entendimento, OLIVEIRA, Pedro Miranda. In: *Comentários ao novo código de processo civil* / coordenação Antonio do Passo Cabral , Ronaldo Cramer. 2 ed, rev., atul., e ampl. Rio de Janeiro: Forense, 2016, p. 1.482, discorre que "a reclamação, por não ter natureza de recurso, não tem efeito obstativo e, por conseguinte, seu ajuizamento não tem o condão de evitar a formação da coisa julgada. A conclusão é que a reclamação deverá ser utilizada como medida paralela à interposição do recurso cabível e, jamais, como único meio de impugnação, sob pena de falta de interesse diante da perda do objeto".

11 DIDIER JR., Fredie; CUNHA, Leonardo Carneiro da. *Curso de direito processual civil*: o processo civil nos tribunais, recursos, ações de competência originária de tribunal e *querela nullitatis*, incidentes de competência originária de tribunal. 13 ed. Salvador: JusPodivm, 2016, p. 539. Reconhecendo a possibilidade de o interessado se valer unicamente da reclamação, os autores relatam que "ajuizada a tempo a reclamação, o superveniente trânsito em julgado não a torna incabível, pois, nessa hipótese, não se está a utilizá-la como sucedâneo de ação rescisória".

12 Note-se que o nosso sistema processual não é afeto à duplicidade simultânea de vias impugnativas de decisões jurisdicionais, como se extrai, analogicamente, na negativa de utilização concomitante de mandado de segurança e recurso (art. 5º, II, Lei nº 12.016/2009 c/c verbete sumular nº 267, STF: "Não cabe mandado de segurança contra ato judicial passível de recurso ou correição").

so (art. 988, § 6º, CPC), o que faz concluir de forma segura tratarem-se de instrumentos autônomos, sendo possível a utilização isolada destas vias impugnativas, como aqui se defende.

Não obstante tal controvérsia, a qual o legislador não deu uma resposta satisfatória, deve-se pormenorizar que, quando utilizada a dupla via impugnativa de forma concomitante, a "inadmissibilidade" ou o "desprovimento" do recurso não prejudica a reclamação, já que mantida a decisão proferida pelo órgão reclamado, em preservação do interesse de agir da referida ação (art. 988, § 6º, CPC). Ocorre que tal dispositivo não traz literalidade cabal, afinal silencia sobre o caso de "provimento" do recurso, em que corrigida a decisão atacada via reclamação, tornando esta prejudicada pela perda de objeto. Também não cogita a norma, embora seja patente, de que julgada procedente a reclamação, ter-se-á prejudicado o recurso interposto então pendente com o mesmo propósito (em aplicação dos arts. 992/993, CPC).

Outro ponto que merece reflexão é quanto a possibilidade de que a parte se valha da reclamação mesmo tendo à disposição recurso previsto em lei, ou seja, sobre a *necessidade de esgotamento da esfera recursal como requisito à reclamação*, mormente quando a decisão prolatada for de primeira instância,[13] o que poderia servir para impedir a concomitância destas vias processuais. Cuida-se do molde preconizado pelo art. 988, § 5º, II, CPC, notadamente para apoucar o quantitativo de reclamações no âmbito dos tribunais superiores nas hipóteses ali previstas, bem ao estilo da chamada jurisprudência defensiva, que pulsou nesta alteração promovida pela Lei nº 13.256/2016.

Todavia, alcança-se que a fixação de impeditivos à ação de reclamação devidamente ajustada às estritas hipóteses legais de cabimento, debilita o próprio instituto processual e os fins repaginados de sua criação (*v.g.* servir de mecanismo de controle da aplicabilidade de decisões e súmulas vinculantes). O receio de sobrecarregar os órgãos de destinação da reclamação não sustenta a criação de obstáculos ao referido monitoramento, soando inclusive incoerente quando destacado que o sistema de precedentes judiciais visa propriamente evitar a multiplicação de recursos cujo destino seriam os mesmos tribunais. Pode-se vaticinar que o número de reclamações ajuizadas tende a diminuir ao passo da melhor e maior assimilação pelos órgãos inferiores da necessidade de seguir os precedentes judiciais tidos como vinculantes. O ponto final da cadeia (existência e manuseio desta técnica de controle da observância do precedente) é vital para o desenvolvimento do concernente ponto preliminar (escorreita aplicação do precedente pelos órgãos a ele subordinados).

---

13 Serve como exemplo o seguinte julgado: "[...] 2. Hipótese em que o reclamante insurge-se contra sentença que julgou extinta, sem resolução do mérito, a execução de honorários advocatícios, nos termos do art. 267, inciso VI, do CPC/1973. A reclamação não é sucedânea do recurso, sendo incabível quando apresentada em fase processual onde existe decisão sujeita a recurso específico, *in casu*, a apelação. [...]" (STJ – AgRg na Rcl 2.136/SC, 1ª Seção, Rel. Min. José Delgado, j. 08/11/2006).

3. OBJETO

O desiderato da reclamação é taxativo, tocando respeito à moldura normativa, inclusive para impedir sua generalização como um substituto recursal. O respectivo cabimento relaciona-se ao interesse de agir, sob a modalidade adequação, consistindo no exame se o fato descrito está enquadrado numa das hipóteses tipificadas como autorizadoras do manejo da reclamação – o que deve ser verificado em estado de asserção, conforme as alegações autorais da petição inicial.[14]

O alargamento das hipóteses de reclamação ditado pelo CPC/2015 (especificamente o art. 988, IV, CPC), firmando "qualquer tribunal" como competente para seu julgamento (art. 988, parágrafo 1º, CPC), concebe um panorama em que o cabimento deste mecanismo vai além da previsão constitucional da competência originária dos tribunais superiores. Assim sendo, optou-se neste trabalho por evitar o termo "reclamação constitucional", que foi cunhado no sistema anterior não só pela normatividade de regência, mas justamente para diferenciar tal instituto processual das demais hipóteses de reclamação (*v.g.* reclamação trabalhista, conforme art. 783, CLT, dentre outros).[15]

3.1. Preservação da competência do tribunal (art. 988, I, CPC)

Um dos motores da reclamação é a adversidade relacionada à usurpação de competência – cuja hipótese está fora do recorte cognitivo indicado no título deste trabalho, sendo ora abordada de forma sintetizada.

Atua a reclamação, neste sentido, para preservar a competência daquele tribunal hierarquicamente superior que teve sua esfera de atuação invadida[16] por órgão jurisdicional inferior (art. 988, I, CPC).[17] Em essência, está a reverenciar o princípio do juiz natural,[18] como um meio para que seja provocada a cassação da decisão usurpadora reclamada, com a avocação dos autos.

---

14 LEONEL, Ricardo de Barros. *Reclamação constitucional*. São Paulo: RT, 2011, p. 250.

15 KOZIKOSKI, Sandro Marcelo. Os contornos jurídicos da reclamação após o advento da lei nº 13.256/2016. In: *Estudos de direito processual à luz da constituição federal*. Erechim: Deviant, 2017, p. 260.

16 MORATO, Leonardo Lins. *Reclamação e sua aplicação para o respeito da súmula vinculante*. São Paulo: RT, 2007, p. 275-276.

17 Cabe esclarecer que "não serve a reclamação como meio de eliminar conflito de competência de juízos inferiores, nem de resguardar a competência de juízo de primeira instância, estabelecida pela prevenção, ou burlada por indevida distribuição por dependência" (DIDIER JR., Fredie; CUNHA, Leonardo Carneiro da. *Curso de direito processual civil*: o processo civil nos tribunais, recursos, ações de competência originária de tribunal e *querela nullitatis*, incidentes de competência originária de tribunal. 13 ed. Salvador: JusPodivm, 2016, p. 541).

18 O mandamento constitucional oriundo do juiz natural é de que os processos devem tramitar perante juízos com competência preestabelecida (art. 5º, LIII, CRFB), em manifestação do devido processo legal, de modo que as partes não possam livremente escolher o órgão jurisdicional de sua

Vários exemplos de cabimento da reclamação podem ser listados: (i) presidente ou vice-presidente de tribunal local que analise o mérito de recurso extraordinário ou especial não repetitivo, afinal lhe toca apenas a verificação dos pressupostos recursais (ofensa ao art. 1.034, CPC); (ii) concessão de efeito suspensivo ao recurso excepcional pelo magistrado de piso após a admissão deste na instância de origem (afronta ao art. 1.029, § 5º, I, CPC);[19] (iii) rejeição do agravo em recurso especial pelo presidente ou vice-presidente do tribunal de origem, obstando a remessa deste recurso ao tribunal superior (desrespeito ao art. 1.042, § 4º, CPC);[20] (iv) inadmissão do recurso de apelação pelo juízo sentenciante (violação ao art. 1.010, § 3º, CPC);[21] (v) suspensão da execução de sentença transitada em julgado pelo juiz de primeiro grau, em razão ação rescisória ajuizada, usurpando a competência do tribunal local (infração ao art. 969, CPC).

3.2. Garantir a autoridade das decisões proferidas pelo tribunal (art. 988, II, CPC)

Tal objeto tem o sentido de remediar o problema da desobediência, em reconhecimento, por pressuposto, da hierarquia jurisdicional (o que, aliás, emana do art. 927, CPC). A reclamação será cabível se desrespeitado decisório com caráter impositivo já prolatado no feito, oriundo de órgão de maior hierarquia, a propósito da mesma relação jurídica material subjetiva (*v.g.* desrespeito por juiz de primeira instância àquilo decidido no acórdão de tribunal superior que operou o efeito substitutivo dos recursos, nos termos do art. 1.008, CPC).

Para mais, entre os casos de cabimento da reclamação para garantir a autoridade das decisões, apuram-se hipóteses específicas relacionadas ao *sistema de precedentes*

preferência (por todos: NERY Jr., Nelson. *Princípios do processo civil na constituição federal*. 7 ed. São Paulo: RT, 2002, p. 67-69). Juiz natural é aquele previsto abstratamente, e não para o caso concreto, simbolizando a aspiração de impessoalidade da jurisdição, bem como de segurança jurídica. Já se afirmou que a "a garantia do juiz natural funciona como uma regra de direito intertemporal, atuando em proveito da segurança jurídica, já que "estatui, indiretamente, também, a irretroatividade das normas sobre competência. Daí ser necessário que o órgão jurisdicional preexista à propositura da demanda e que as normas de competência permitam determinar qual o juízo que deverá processar e julgar a causa, mantendo-se com tal competência até o final do processo" (CUNHA, Leonardo Carneiro da. *Jurisdição e competência*. 2 ed, revista, atualizada e ampliada. São Paulo: RT, 2013, p. 66).

19 STJ – Rcl 33.156/MA, 2ª Seção, Rel. Min. Marco Aurélio Bellizze, j. 22/03/2017.

20 Cuida-se do sentido do verbete sumular nº 727, STF (ainda expressando "agravo de instrumento", que era o recurso correlato à época da edição do enunciado): "Não pode o magistrado deixar de encaminhar ao STF o agravo de instrumento interposto da decisão que não admite recurso extraordinário, ainda que referente a causa instaurada no âmbito dos juizados especiais".

21 Fórum Permanente de Processualistas Civis – FPPC, enunciado nº 207: "(arts. 988, I, 1.010, § 3º, 1.027, II, 'b') Cabe reclamação, por usurpação da competência do tribunal de justiça ou tribunal regional federal, contra a decisão de juiz de 1º grau que inadmitir recurso de apelação".

judiciais,[22] designadamente quanto à observância de *decisão ou verbete sumular de caráter vinculante* (art. 988, III e IV, e § 5º, II, CPC, com interligação ao art. 927, I, II e III, CPC).

A temática dos precedentes judiciais e da uniformização de jurisprudência encontra relevo no CPC/2015, inclusive com a previsão de disposições próprias de caráter geral (arts. 926/928, CPC).[23] A formação, estabilização e a correlata obediência aos precedentes prestam-se a dissipar ou minimizar as possibilidades de controvérsia sobre questão de direito, encontrando racionalidade na medida da universalização para todos os casos análogos daquilo que restou preconizado.[24] Nesse escopo, como vetores de formação de precedentes judiciais, atuam os mecanismos do incidente de assunção de competência – IAC (art. 947, CPC), do incidente de resolução de demandas repetitivas – IRDR (arts. 976/987, CPC), bem como do julgamento dos recursos extraordinários e especiais repetitivos (arts. 1.036/1.041, CPC) – sendo importante destacar que estas duas últimas técnicas processuais são direcionadas à solução de casos repetitivos (espécies de litígios agregados) pela própria regulação legal (art. 928, CPC), representando uma solução para o problema de questões de direito reproduzidas em massa.[25]

A afronta aos respeitantes precedentes formados – na aplicação indevida da tese jurídica ou sua não aplicação aos casos que a ela correspondam (art. 988, § 4º, CPC)[26]

---

22 Nesse sentido, CÂMARA, Alexandre Freitas. *O novo processo civil brasileiro.* 1 ed. São Paulo: Atlas, 2015, p. 486; como também LEONEL, Ricardo de Barros. *Reclamação constitucional*. São Paulo: RT, 2011, p. 306-308, em comentários à versão anterior do então projeto de alteração do código de processo civil.

23 Sobre o tema, dentre outros: TUCCI, José Rogério Cruz e. *Precedente judicial como fonte de direito*. São Paulo: RT, 2004; MARINONI, Luiz Guilherme. *Precedentes obrigatórios*. São Paulo: RT, 2010; ROSITO, Francisco. *Teoria dos precedentes judiciais* – racionalidade da tutela jurisdicional. Curitiba: Juruá, 2012; CRAMER, Ronaldo. *Precedentes judiciais* – teoria e dinâmica. Forense: Rio de Janeiro, 2016.

24 A Exposição de Motivos do CPC/2015 enuncia acompanhar a direção manifestada pelo ordenamento jurídico na criação dos verbetes sumulares vinculantes do STF (EC nº 45/2004) e do regime de julgamento conjunto de recursos especiais e extraordinários repetitivos (Leis nº 11.418/2006 e 11.672/2008, em alteração do CPC/1973), tencionando "criar estímulos para que a jurisprudência se uniformize, à luz do que venham a decidir tribunais superiores e até de segundo grau, e se estabilize". Em outra passagem, descreve que "proporcionar legislativamente melhores condições para operacionalizar formas de uniformização do entendimento dos Tribunais brasileiros acerca de teses jurídicas é concretizar, na vida da sociedade brasileira, o princípio constitucional da isonomia". Disponível em: < https://www.senado.gov.br/senado/novocpc/pdf/Anteprojeto.pdf >. Acesso em: 03 agosto 2017.

25 Em explicação da tendência de coletivização do processo, tema afeto às ferramentas descritas, tendo em vista o reconhecimento da inaptidão do processo civil clássico em recepcionar conflitos em número expressivo: MANCUSO, Rodolfo de Camargo. *A resolução de conflitos e a função judicial no contemporâneo estado de direito*. São Paulo: RT, 2009, p. 379-380.

26 CÂMARA, Alexandre Freitas. *O novo processo civil brasileiro.* 1 ed. São Paulo: Atlas, 2015, p. 487, relata que a inobservância pode se dar pela prolação de decisão contrária ao precedente, pela negativa de vigência do precedente, ou pela inadequada aplicação. BUENO, Cassio Scarpinella. *Manual de direito processual civil.* 3 ed. São Paulo: Saraiva, 2017, p. 692, destaca o necessário diálogo

– torna não só viável, mas absolutamente necessária ao sistema prever o controle via reclamação.[27]

Interessa notar, no entanto, que o desrespeito aos precedentes jurisdicionais previstos no art. 927, IV e V, CPC, não comportam reclamação (fora do art. 988, CPC), sujeitando-se, porém, ao controle recursal. Tal constatação sugere que o legislador tenha trabalhado com "graus de vinculação", tornando factível a existência de precedentes que possam ter proteção mais ampla do que outros.[28]

3.2.1. Decisão do STF em controle concentrado de constitucionalidade (art. 988, III, CPC).

Cabe reclamação para garantir a observância de decisões provisórias[29] ou definitivas proferidas em controle concentrado de constitucionalidade,[30] tendo estas, sabi-

---

deste dispositivo com o art. 489, § 1º, V e VI, CPC, relacionado ao dever de fundamentação quanto à aplicação ou não do precedente judicial no caso concreto (vide art. 927, § 1º, CPC).

27 MENDES, Aluisio Gonçalves de Castro. *Incidente de resolução de demandas repetitivas:* sistematização, análise e interpretação do novo instituto processual. Rio de Janeiro: Forense, 2017, p. 99, expõe quanto ao sistema de pronunciamentos vinculativos no contexto do CPC/2015 que "além da coesão do tribunal, busca-se a adesão dos órgãos vinculados, pois a manutenção de entendimento divergente somente iria protrair a duração dos processos, com a necessidade de interposição de recursos, para que se possa efetivar no caso concreto o pensamento já dominante em instância superior".

28 PINHO, Humberto Dalla Bernardina de; RODRIGUES, Roberto de Aragão Ribeiro. *O microssistema de formação de precedentes judiciais vinculantes previstos no novo CPC.* Revista de Processo, nº 259. São Paulo: RT, 2016 (versão digital) discorrem sobre a carência de perfeita homogeneidade entre os mecanismos do sistema de precedentes judiciais, chegando a expressar que uma forma de trabalhar a disparidade seria compreender como exemplificativo o rol do art. 988, CPC, de modo a abarcar, ainda que implicitamente, todas as hipóteses do universo de precedentes (em especial, o art. 927, IV e V, CPC).

29 Em visualização: "Reclamação. 2. Desrespeito à decisão proferida, em sede de cautelar, na Ação Direta de Inconstitucionalidade no 2.188. 3. Contribuição previdenciária sobre proventos de aposentadoria e pensão. 4. Repristinação de norma anterior que previa a contribuição previdenciária de servidores inativos e pensionistas, em virtude de suspensão de disposições de lei nova sobre a mesma matéria. Inadmissibilidade. 5. Construção desenvolvida pelo Estado do Rio de Janeiro, que pretende obter, com a aplicação de lei pré-constitucional, desiderato que a Corte considera não ser admissível com base em lei pós-constitucional. 6. Reclamação julgada procedente" (STF – Rcl 1.652/RJ, Tribunal Pleno, Rel. Min. Gilmar Mendes, j. 28/04/2003).

30 Sob o prisma do número de órgãos a realizar o controle de constitucionalidade por via direta, centraliza-se o poder de fiscalização no STF, com exclusão de qualquer outro – com a ressalva da competência dos tribunais estaduais, em diversa relação objeto/parâmetro (art. 125, § 2º, CRFB) –, donde advém seu enquadramento como um *controle concentrado*. Seu sentido é buscar a fiscalização da compatibilidade entre os textos legislativo e constitucional como questão principal (*principaliter*) do processo. Nesta via, quer-se apenas obter um pronunciamento acerca da constitucionalidade ou inconstitucionalidade da própria legislação, se deve ou não permanecer no sistema positivo (objeto). Sobre o tema, por todos: BARROSO, Luís Roberto. *O controle de constitucionalidade no direito brasileiro*. 6 ed. São Paulo: Saraiva, 2012.

damente, eficácia vinculante, conforme conjunto normativo aplicável (art. 102, § 2º, CRFB c/c art. 11, § 1º, lei nº 9.868/1999 c/c arts. 927, I, e 988, III, CPC), tanto ao Poder judiciário quanto à Administração Pública.[31]

A reclamação constitui importante mecanismo de tutela da ordem constitucional, afigurando-se precisa a afirmação de que é no seu âmbito que surgirá com maior naturalidade e de forma mais recorrente a oportunidade de reapreciação e redefinição, verdadeira oxigenação, das decisões tomadas pela Corte Suprema, seja quanto ao conteúdo ou alcance, em sede de controle abstrato de normas (como também do processo de revisão de súmulas vinculantes).[32]

Cabe registrar, ainda, que o CPC/2015 não expressou o cabimento de reclamação contra decisão que desrespeite um precedente do tribunal inferior firmado em representação de inconstitucionalidade de leis ou atos normativos estaduais ou municipais face à Constituição Estadual (art. 125, § 2º, CRFB), observada a compatibilidade vertical com o entendimento da Corte Suprema. Tratando-se de paralela hipótese de controle concentrado e objetivo de constitucionalidade, a reclamação deve ser compreendida como decorrência implícita da referida competência constitucional, sendo, pois, cabível – inclusive por inexistir entrave quanto ao seu processamento e julgamento pelo respectivo tribunal inferior (art. 988, § 1º, CPC).

3.2.2. Enunciado de súmula vinculante (art. 988, III, CPC).

Outra hipótese de cabimento da reclamação se dá no desrespeito[33] a enunciado de verbete sumular vinculante, inclusive com previsão constitucional que torna desnecessária a repetição legislativa (art. 103-A, § 3º, CRFB, incluído pela EC nº 45/2004). Estamos a tratar de mecanismo criado para valorizar a jurisprudência da Corte Suprema, compatibilizando-a verticalmente e de forma obriga-

31 Interessa notar que uma decisão em controle direto de constitucionalidade não vincula o legislador, que poderá reproduzir norma de conteúdo idêntico àquela anteriormente declarada inconstitucional (STF – ADI 3.345DF, Tribunal Pleno, Rel. Min. Celso de Mello, j. 25/08/2005). Se o legislador assim o fizer, descaberá cogitar de ajuizamento de reclamação, e sim de nova ação direta de inconstitucionalidade (art. 102, I, "a", CRFB).

32 MEIRELES, Hely Lopes; Wald, Arnoldo; MENDES, Gilmar Ferreira. *Mandado de segurança e ações constitucionais*. 37 ed., ren., atual. e ampl. São Paulo: Malheiros, 2016, p. 887, explicitam que "é no juízo hermenêutico típico da reclamação – no "balançar de olhos" entre objeto e parâmetro da reclamação – que surgirá com maior nitidez a oportunidade para a evolução interpretativa de constitucionalidade. Tal sentido e expressão constaram no seguinte julgado: STF – Rcl 4.374/PE, Tribunal Pleno, Rel. Gilmar Mendes, j. 18/04/2013.

33 "A contrariedade e desrespeito podem ocorrer tanto quando a súmula é aplicada em caso inaplicável ou quando não é utilizada quando o deveria ser, bem como quando há distorção ou extravasamento na sua aplicação" (SILVA, Bruno Freire e. O desrespeito à súmula vinculante e a reclamação constitucional. In: *Os poderes do juiz e o controle das decisões jurisdicionais* / coord. José Miguel Garcia Medina et AL. São Paulo: RT, 2008, p. 1.162).

tória nas esferas jurisdicional (art. 927, II, CPC) e administrativa,[34] mas não na legislativa.

Para o cabimento da reclamação, exige-se que tenha ocorrido desobediência ao verbete obrigatório *já existente*; assim, não caberá tal sucedâneo recursal se tal precedente sumular somente foi editado após a decisão prolatada.[35] Após a edição deste precedente, aquele que se ver prejudicado por decisão jurisdicional que viole súmula vinculante também terá a via recursal também como mecanismo de impugnação (art. 7º, *in fine*, lei nº 11.417/2006), muito embora o procedimento direto da reclamação seja sobremaneira mais rápido e eficaz.

Havendo desrespeito à súmula vinculante por *ato/omissão administrativa*, a legislação de regência exige o esgotamento das vias administrativas (art. 7º, § 1º, Lei nº 11.417/2006), em restrição ao cabimento *per saltum* da reclamação e, por decorrência, ao próprio Judiciário.[36] Aliás, na interposição de recurso administrativo, resta

---

34 Certo é que a Administração Pública deverá atuar de forma contributiva para o desiderato de seguir o entendimento pretoriano enquadrado como vinculante: "A despeito da importância da reclamação na hipótese, a verdade é que o mecanismo pressupõe a observância espontânea das súmulas na generalidade dos casos. Sem isso, o STF, logo se veria soterrado sob um novo tipo de avalanche, agora composta por milhares de reclamações" (BARROSO, Luís Roberto. *O controle de constitucionalidade no direito brasileiro*. 6 ed. São Paulo: Saraiva, 2012, p. 110). Num plano mais aberto, igualmente perspicaz: "De qualquer sorte, tem-se, aqui, a clara convicção de que a Administração Pública contribui, decisivamente, para o incremento das demandas judiciais de caráter homogêneo. Daí situar-se na seara da Administração Pública o grande desafio na implementação do efeito vinculante em toda a sua amplitude" (MEIRELES, Hely Lopes; Wald, Arnoldo; MENDES, Gilmar Ferreira. *Mandado de segurança e ações constitucionais*. 37 ed., ren., atual. e ampl. São Paulo: Malheiros, 2016, p. 872).

35 "1. O cabimento de reclamação, nos termos art. 103-A, § 3º, da CR, pressupõe a existência de súmula vinculante anterior ao ato administrativo impugnado" (STF – Rcl 11.667 AgR/RS, Tribunal Pleno, j. 30/06/2011); "1. A reclamação é incabível por alegação de afronta à autoridade de decisão ou de súmula vinculante do STF proferida ou editada posteriormente ao ato reclamado. 2. In casu, o ato apontado como reclamado reafirmou a competência da justiça comum estadual para o julgamento da ação de reparação de danos decorrente de acidente de trabalho, em decisão proferida e acobertada pelo trânsito em julgado em momento anterior à da edição da Súmula Vinculante" (STF – Rcl 18.920 AgR/RJ, 1ª Turma, Rel. Min. Luiz Fux, j. 24/02/2015).

36 A jurisprudência trata o tema como condição de procedibilidade da reclamação na hipótese (STF – Rcl 22.286 AgR/SC, 1ª Turma, Rel. Min. Luiz Fux, j. 16/02/2016). Suavizando a exigência legal, DIDIER JR., Fredie; CUNHA, Leonardo Carneiro da. *Curso de direito processual civil*: o processo civil nos tribunais, recursos, ações de competência originária de tribunal e *querela nullitatis*, incidentes de competência originária de tribunal. 13 ed. Salvador: JusPodivm, 2016, p. 549, entendem que "caberá ao reclamante expor o motivo pelo qual não se foi possível esperar a decisão administrativa, demonstrando a utilidade e a necessidade da imediata intervenção do STF para corrigir o ato administrativo que contrariou o enunciado da súmula vinculante". No entanto, quando tolhida a solução pelo recurso administrativo, ou simplesmente se retardada a solução do mesmo, impedindo que se esgote formalmente o contencioso administrativo, a solução impugnativa regular que se apresenta é a impetração de mandado de segurança, na via judicial, para hostilizar o ato omissivo da autoridade administrativa, com o objeto de obrigar a autoridade recalcitrante a concluir o pro-

obrigatória à administração pública a conduta extrajudicial de identificar as razões da aplicabilidade/inaplicabilidade do verbete sumular vinculante (arts. 56, § 3º e 64-A, Lei nº 9.784/1999, incluídos pela lei nº 11.417/2006), o que acaba por facilitar/discriminar o teor das informações de uma futura reclamação.

Frise-se que a nova lei processual manda os juízes e tribunais observarem enunciados dos (demais) verbetes sumulares do STF em matéria constitucional, bem como daqueles do STJ em matéria infraconstitucional (art. 927, III, CPC), muito embora a eventual violação não possibilite o ajuizamento de reclamação pelo interessado (art. 988, CPC), o que, assim, potencializa a utilização do recurso excepcional na hipótese.

3.2.3. Acórdão proferido em incidente de resolução de demandas repetitivas (IRDR) ou de incidente de assunção de competência (IAC) (art. 988, IV, CPC)

O IAC e o IRDR atuam como vetores de formação de precedentes judiciais vinculantes, encontrando utilidade para dissipar ou minimizar as possibilidades de controvérsia sobre questão de direito, de direito material ou processual (art. 928, parágrafo único, CPC),[37] a partir da universalização para todos os casos análogos daquilo que restou preconizado.[38]

O IAC tem aplicação quando seja conveniente a prevenção ou composição de divergência entre órgãos fracionários do tribunal (art. 947, § 4º, CPC), quando envolvida questão de direito com grande repercussão social e *sem repetição em múltiplos processos* (art. 947, CPC). Cuida-se de causa de deslocamento da causa,[39] não gerando,

---

cedimento administrativo, em exegese que se compatibiliza com a vedação legal de reclamação (art. 7º, § 1º, Lei nº 11.417/2006), como observa KOZIKOSKI, Sandro Marcelo. Os contornos jurídicos da reclamação após o advento da lei nº 13.256/2016. In: *Estudos de direito processual à luz da constituição federal*. Erechim: Deviant, 2017, p. 268.

37 Embora esteja fora da expressão legal deste dispositivo, o IAC não se vê limitado quanto à matéria de direito envolvida (ZANETI JR., Hermes. In: *Comentários ao novo código de processo civil* / coordenação Antonio do Passo Cabral, Ronaldo Cramer. 2 ed, rev., atul., e ampl. Rio de Janeiro: Forense, 2016, p. 1.346). No mesmo sentido: FPPC, nº 600: "(art. 947). O incidente de assunção de competência pode ter por objeto a solução relevante de questão de direito material ou processual".

38 CÂMARA, Alexandre Freitas. *O novo processo civil brasileiro*. São Paulo: Atlas, 2015, p. 453, relatando que tanto o julgamento de casos repetitivos quanto o IAC são integrantes do "microssistema de formação de precedentes vinculantes".

39 Cuida-se de "instrumento necessário para a célere prolação de julgamentos formadores de jurisprudência, ante o interesse público que encerrem" (BENETI, Sidnei Agostinho. *Assunção de competência e fast-track recursal*. Revista do Processo, ano 34, vol. 171. São Paulo: RT, 2009, p. 20, em artigo jurídico que analisou o sistema então vigente à época, notadamente o art. 555, § 1º, CPC/1973). O mecanismo processual da assunção de competência teve sua aplicabilidade alargada pelo CPC/2015, pois se no regime anterior somente era cabível nos casos de recurso de apelação e agravo de instrumento, atualmente tem aplicação para qualquer causa que esteja pendente

por isso mesmo, a suspensão do processo em análise, cujo acórdão vinculará todos os juízes e órgãos fracionários (art. 947, § 3º, CPC).

Por sua vez, será caso de IRDR se a questão divergente de direito demonstrar-se através de *efetiva repetição de processos*, com risco de ofensa à isonomia e segurança jurídica (art. 976, I, CPC). Tal incidente processual, de competência do tribunal inferior que pretende uniformizar a sua jurisprudência (art. 978, CPC), provoca a suspensão de todos os processos pendentes, individuais ou coletivos, que tramitam no respectivo Estado ou região, conforme o caso (art. 982, I, CPC), aos quais será aplicada a tese jurídica firmada, o que também vale, indiscutivelmente, para os casos futuros (art. 985, I e II, CPC).[40]

Como afirmado, há regime de vinculação daquilo que for decidido tanto no IRDR quanto no IAC (art. 927, III, CPC), devendo a tese jurídica ser aplicada no âmbito do respectivo tribunal, em sentido horizontal e vertical, inclusive nos concernentes juizados especiais.[41] Não observada a tese fixada nestes incidentes, caberá reclamação (arts. 985, § 1º; e 988, IV, CPC), que será destinada ao respectivo tribunal local (art. 988, § 1º, CPC)[42] – o que revela tendência de vinculação regionalizada dos precedentes no âmbito local, e, por tabela, do aumento de reclamações junto aos tribunais regionais e estaduais.[43]

no âmbito do tribunal, seja recurso, remessa necessária ou processo de competência originária. Aliás, registre-se que o CPC/2015 não reproduziu o incidente de uniformização de jurisprudência (arts. 476/479, CPC/1973), "apostando suas fichas" na reformulação da assunção de competência – como já vaticinava a doutrina especializada: "Com a assunção de competência, ter-se-á, pois, a resolução da causa em menos tempo. O instituto aqui examinado, portanto, atende às exigências de celeridade e segurança, valores que o processo deve atentar a todo custo contrabalançar. [...]. Parece-nos possível prever que, com o sucesso do mecanismo de prevenção ou composição de divergência, não será longa a sobrevida do incidente de uniformização de jurisprudência [...]" (CÂMARA, Alexandre Freitas. *Lições de direito processual civil*, vol. II. 14 ed. Rio de Janeiro: Lumen Juris, 2007, p. 54).

40 Sobre o IRDR, na afirmação de que "os pilares do incidente – que justificam sua existência e, ao mesmo tempo, norteiam sua aplicação – são: a isonomia, que determina o tratamento e solução uniforme às mesmas questões; a segurança jurídica, estampada na previsibilidade e uniformidade das decisões judiciais; e a duração razoável do processo": TEMER, Sofia. *Incidente de resolução de demandas repetitivas*. 2 ed. Salvador: JusPodivm, 2017, p. 39.

41 MENDES, Aluisio Gonçalves de Castro. *Incidente de resolução de demandas repetitivas:* sistematização, análise e interpretação do novo instituto processual. Rio de Janeiro: Forense, 2017, p. 243, destacando, ainda, que a tese fixada poderá ter natural efeito persuasivo em relação aos juízos situados fora da área de jurisdição do tribunal que tenha julgado o incidente.

42 FPPC, enunciado nº 349: "(arts. 982, § 5º e 988) Cabe reclamação para o tribunal que julgou o incidente de resolução de demandas repetitivas caso afrontada a autoridade dessa decisão".

43 ARAÚJO, José Henrique Moura. *A reclamação constitucional e os precedentes vinculantes*: o controle da hierarquização interpretativa no âmbito local. Revista de Processo, ano 41, nº 252. São Paulo: RT, 2016, p. 254.

Entretanto, caso contra a decisão firmada no IRDR ou IAC seja interposto recurso especial e/ou extraordinário (*v.g.* art. 987, CPC), será este processado e julgado na sistemática dos recursos repetitivos (arts. 1.036/1.041, CPC),[44] fazendo com que o efeito vinculativo se dê em relação a todos os órgãos judiciais no território nacional (art. 987, § 2º, CPC).

3.2.4. *Acórdão proferido em recurso extraordinário com repercussão geral reconhecida ou acórdão proferido em julgamento de recursos extraordinário ou especial repetitivos, quando não esgotadas as instâncias ordinárias (art. 988, § 5º, II, CPC)*

Inicialmente, cabe divisar que se o julgado de tribunal superior *somente tiver eficácia persuasiva* perante o caso concreto, não será caso de reclamação, mas sim de recurso próprio (*v.g.* desrespeito à súmula de jurisprudência dominante, não vinculante, não se sujeita ao controle via reclamação).[45]

Quanto ao precedente judicial oriundo de recurso extraordinário com repercussão geral reconhecida (art. 1.035, CPC),[46] ou de recursos extraordinário e especial repetitivos (arts. 1.036/1.041, CPC), ao sistema seguramente é desejável que os julgadores de instância inferiores dele guardem obediência, inclusive pelo norte de vinculação extraído dos termos impositivos aplicados nos dispositivos relacionados (*v.g.* arts. 927, III; e 1.040, CPC). Apesar disso, no eventual desrespeito a tal precedente pelos órgãos dos tribunais inferiores, não se tem a reclamação como medida imediata ou preferencial de controle, como já entendia a jurisprudência pretérita[47] – e isso foi ratificado pela modificação empreendida pela Lei nº 13.256/2016, que alterou o CPC/2015 antes mesmo de sua entrada em vigor, para suprimir a expressão "julgamento de casos repetitivos" que constava no inciso III, do art. 988, CPC, tendo

---

44 FPPC, enunciado nº 660: "(arts. 987 e 1.036) O recurso especial ou extraordinário interposto contra o julgamento do mérito do incidente de resolução de demandas repetitivas, ainda que único, submete-se ao regime dos recursos repetitivos".

45 "[...] 3. É cediço que a reclamação constitucional tem como finalidade preservar a competência do STJ ou garantir a autoridade de suas decisões, nos termos do art. 105, I, 'f", da CRFB. 4. No caso, não se verifica qualquer dessas situações, pois o reclamante, na verdade, pretende a reforma da decisão, que, no seu entender, estaria em desconformidade com a jurisprudência pacífica desta Corte. 5. A insurgência deveria ter sido veiculada por meio da via recursal própria, no âmbito da execução em tela, mas não pelo uso da reclamação, que não se apresenta como sucedâneo de recurso" (STJ – AgRg na Rcl 18.673/RS, 1ª Seção, Rel. Min. OG Fernandes, j. 14/08/2014).

46 Antes mesmo do CPC/2015 já se preconizava o pensamento pela extensão do cabimento da reclamação para preservar a autoridade das decisões proferidas pela Corte Suprema em *controle difuso* provenientes do reconhecimento de repercussão geral, como forma de evitar decisões contraditórias e valorizar o perfil de corte constitucional do STF (nesse sentido: CUNHA, Leonardo Carneiro da. A função do supremo tribunal federal e a força de seus precedentes: enfoque nas causas repetitivas. In: *Repercussão geral no recurso extraordinário: estudos em homenagem à Ministra Ellen Gracie*. Coord. Leandro Paulsen. Porto Alegre: Livraria do Advogado, 2011, p. 65).

47 STF – Rcl 17.914 AgR/MS, 2ª Turma, Rel. Min. Ricardo Lewandowski, j. 26/08/2014.

incluído neste dispositivo, porém, a exigência constante no parágrafo 5º, inciso II, com o sentido de restringir o acesso ao STF e ao STJ.[48]

É necessário, no caso, o esgotamento[49] da instância ordinária (art. 988, § 5º, II, CPC),[50] o que só se dá após a interposição e admissibilidade do recurso excepcional perante o tribunal local.[51] Detalhadamente, somente cabe reclamação após o julgamento do agravo interno interposto contra o juízo de admissibilidade do recurso excepcional pela Presidência do Tribunal de origem (art. 1.030, § 2º, CPC), quando encerrado o iter relativo ao processamento do recurso excepcional nesta referida Corte.

4. LEGITIMIDADE

A reclamação pode ser provocada por iniciativa de qualquer interessado afetado pela respectiva decisão, ou pelo Ministério Público (art. 988, *caput*, CPC), que, no

---

48 No sentido de que tal reserva deve ser considerada não escrita, justamente pela inviabilidade de que a norma infraconstitucional restrinja a competência exaustivamente prevista pela Constituição Federal: BUENO, Cassio Scarpinella. *Manual de direito processual civil*. 3 ed. São Paulo: Saraiva, 2017, p. 691.

49 Não causa estranheza impor o esgotamento prévio de instância, como se vê no art. 7º, § 1º, Lei nº 11.417/2006.

50 Segundo PINHO, Humberto Dalla Bernardina de; RODRIGUES, Roberto de Aragão Ribeiro. *O microssistema de formação de precedentes judiciais vinculantes previstos no novo CPC*. Revista de Processo, nº 259. São Paulo: RT, 2016 (versão digital), cuida-se de "uma trava temporal, com o evidente objetivo de evitar uma sobrecarga aos tribunais superiores, ao mesmo tempo em que reforça o papel dos tribunais inferiores (TJ e TRF) no controle da observância dos precedentes".

51 Na jurisprudência sob a óptica do CPC/2015: "[...] 1. A teor do disposto no art. 988, § 5º, inciso II, do CPC, é inadmissível a reclamação proposta para garantir a observância de acórdão proferido em julgamento de recurso especial repetitivo quando não esgotadas as instâncias ordinárias. 2. O esgotamento das instâncias ordinárias somente se caracteriza após o término da análise de admissibilidade do recurso especial pelo Tribunal local, na forma preconizada no art. 1.030 do CPC, não sendo admitida a interposição da reclamação de forma prematura. 3. A reclamação constitui-se como medida excepcional, não podendo ser utilizada como sucedâneo recursal, nos termos da jurisprudência do STF e deste STJ. 4. Na hipótese dos autos, o recurso especial interposto ainda se encontra pendente de análise em juízo de retratação pela instância a quo, situação que indica não ter havido o esgotamento das instâncias ordinárias, condição indispensável para a propositura da reclamação" (STJ – AgRg na Rcl 33.054/RS, 3ª Seção, Rel. Min. Jorge Mussi, j. 14/06/2017); "2. A reclamante interpôs agravo interno contra a decisão que inadmitiu o recurso especial, havendo sua apreciação pela Corte de origem, o que caracteriza o esgotamento de instância. Na linha desse entendimento já decidiu a Corte Suprema: 'O esgotamento da instância ordinária ocorre apenas em sede de agravo interno contra o juízo a quo de admissibilidade de recurso da competência do STF, sob a perspectiva objetiva de adequação entre o teor do provimento concedido pelo órgão de origem e a tese de repercussão geral firmada pela Suprema Corte" (Rcl 24.407/DF, decisão monocrática do Rel. Ministro Dias Toffoli, DJe 1º/8/2016). Nesse mesmo sentido, as seguintes decisões do STF: Rcl 24.259/DF, Rel. Ministra Rosa Weber, DJe 22/6/2016; Rcl 24.323/DF, Rel. Ministro Gilmar Mendes, DJe 16/6/2016; Rcl 24.215 MC/DF, Rel. Ministro Celso de Mello, DJe 9/6/2016" (STJ – Rcl 34.014/SP, 1ª Seção, Rel. Min. OG Fernandes, j. 28/06/2017).

STF, faz-se representar pelo Procurador Geral da República (art. 156, RISTF). Terceiros podem ter legitimidade ativa para a reclamação, de forma a ampliar o conceito de "parte interessada", como já se decidiu na situação de desrespeito ao julgado vinculante proferido pelo STF em controle direto de constitucionalidade, tendo como base o raciocínio de privilegiar as decisões proferidas em controle abstrato.[52]

Quanto à legitimidade passiva, expõe a lei que o beneficiário da decisão impugnada será citado (art. 989, III, CPC), sendo este o réu da reclamação, notadamente porque a procedência desta ação importará em seu prejuízo. A autoridade que usurpa a competência ou que age contrariamente à autoridade das decisões do tribunal atua no processo apenas para prestar informações (art. 989, I, CPC), trazendo elementos de prova para a prolação do *decisum*.

5. COMPETÊNCIA

No texto constitucional, a reclamação foi incluída na competência originária do STF (arts. 102, I, "l", CRFB) ou STJ (arts. 105, I, "f", CRFB), sendo certo que a jurisprudência de outrora chancelava a extensão do cabimento de reclamação no âmbito estadual, havendo tal previsão na Constituição Estadual, na lógica do princípio da simetria.[53]

Nessa linha, o CPC/2015 incluiu nas disposições processuais sobre a reclamação a possibilidade de esta ser proposta "perante qualquer tribunal" (art. 988, § 1º, CPC), competindo seu julgamento ao órgão jurisdicional cuja competência se busca preservar ou cuja autoridade se pretenda garantir (*v.g.* reclamação apresentada perante o tribunal local diante do desrespeito ao precedente firmado em IRDR, nos termos do art. 988, IV, CPC).

Segundo a lei, ainda, a reclamação será distribuída ao relator do processo principal, "sempre que possível" (art. 988, § 3º, CPC), tratando-se de nítida regra de pre-

---

52 STF – Rcl 1.880 AgR/SP, Tribunal Pleno, Rel. Min. Maurício Corrêa, j. 07/11/2002.

53 "Previsão, no âmbito estadual, do instituto da reclamação. Instituto de natureza processual constitucional, situado no âmbito do direito de petição previsto no art. 5º, inciso XXXIV, alínea 'a' da CRFB. Inexistência de ofensa ao art. 22, inciso I da Carta. 1. A natureza jurídica da reclamação não é a de um recurso, de uma ação e nem de um incidente processual. Situa-se ela no âmbito do direito constitucional de petição previsto no artigo 5º, inciso XXXIV da Constituição Federal. Em consequência, a sua adoção pelo Estado-membro, pela via legislativa local, não implica em invasão da competência privativa da União para legislar sobre direito processual (art. 22, I da CRFB). 2. A reclamação constitui instrumento que, aplicado no âmbito dos Estados-membros, tem como objetivo evitar, no caso de ofensa à autoridade de um julgado, o caminho tortuoso e demorado dos recursos previstos na legislação processual, inegavelmente inconvenientes quando já tem a parte uma decisão definitiva. Visa, também, à preservação da competência dos Tribunais de Justiça estaduais, diante de eventual usurpação por parte de Juízo ou outro Tribunal local. 3. A adoção desse instrumento pelos Estados-membros, além de estar em sintonia com o princípio da simetria, está em consonância com o princípio da efetividade das decisões judiciais. 4. Ação direta de inconstitucionalidade improcedente" (STF – ADI 2.212/CE, Tribunal Pleno, j. 02/10/2003). Tal sentido é inaplicável no âmbito dos tribunais regionais federais, uma vez sujeitos estes à carta magna federal.

venção[54] (*v.g.* a reclamação para garantir observância de decisão em ação direta de inconstitucionalidade deverá ter, virtualmente, o mesmo relator que atuou no respectivo processo de fiscalização abstrata da constitucionalidade), em norte semelhante daquele visto no princípio da identidade física do juiz (art. 132, CPC/1973, não reproduzido no CPC/2015). A norma não tem aplicação quando usurpada a competência de tribunal, porquanto ausente atuação pretérita de um relator.

6. PROCEDIMENTO

A normatividade procedimental da reclamação – donde se aplica também o Regimento Interno dos Tribunais (*v.g.* arts. 156/162, RISTF; arts. 187/192, RISTJ, alterados pela Emenda Regimental nº 24, de 28/09/2016) – faz um paralelo com o procedimento do mandado de segurança. A sumariedade ritual e a cognição parcial[55] ajustada para a reclamação encontra suporte na exigência de instrução da petição inicial mediante prova documental pré-constituída (*v.g.* cópia do julgado do tribunal que se alega desobedecido), mitigando a possibilidade de dilação probatória (art. 988, § 2º, CPC).

Além dos requisitos genéricos da petição inicial (*v.g.* art. 319, CPC), deve ser indicada a hipótese de cabimento da reclamação, sob pena de inépcia. Também deve ser comprovado o esgotamento da instância administrativa no caso de inobservância de súmula vinculante (art. 7º, § 1º, Lei nº 11.417/2006). A peça inaugural é endereçada ao respectivo tribunal, no caso ao seu presidente (art. 988, § 2º, CPC). Exige-se o preenchimento de capacidade postulatória pela parte, que deve constituir advogado (art. 103, CPC), algo inexigível ao Ministério Público em virtude do exercício de sua própria função legal. Aliás, se o *parquet* não for autor da reclamação, a lei exige sua obrigatória intimação para intervir como fiscal da ordem jurídica – sua comunicação, e não sua necessária intervenção (sentido do art. 279, CPC) –, no prazo de 5 dias (art. 991, CPC), em generalização de sua atuação para toda ação deste naipe.[56]

---

54 DIDIER JR., Fredie; CUNHA, Leonardo Carneiro da. *Curso de direito processual civil*: o processo civil nos tribunais, recursos, ações de competência originária de tribunal e *querela nullitatis*, incidentes de competência originária de tribunal. 13 ed. Salvador: JusPodivm, 2016, p. 531. Na hipótese, tem-se aplicável regra de prevenção não só quanto ao órgão jurisdicional que teve sua autoridade desafiada, mas também quanto ao julgador que relatou o processo principal. Em sentido similar: art. 930, parágrafo único, CPC.

55 KOZIKOSKI, Sandro Marcelo. Os contornos jurídicos da reclamação após o advento da lei nº 13.256/2016. In: *Estudos de direito processual à luz da constituição federal*. Erechim: Deviant, 2017, p. 270.

56 DIDIER JR., Fredie; CUNHA, Leonardo Carneiro da. *Curso de direito processual civil*: o processo civil nos tribunais, recursos, ações de competência originária de tribunal e *querela nullitatis*, incidentes de competência originária de tribunal. 13 ed. Salvador: JusPodivm, 2016, p. 569-570, defendem que o dispositivo deve ser interpretado em harmonia com as hipóteses de intervenção ministerial ditadas pelo art. 178, CPC, de forma a racionalizar as hipóteses interventivas. Interessa o relato de que "a intervenção do Ministério Público é obrigatória na formação do precedente", "já a aplicação do precedente equivale a aplicação de uma norma, não atraindo a exigência de intervenção obrigatória do Ministério Público".

Haverá requisição de informações da autoridade a quem for imputada a prática do ato impugnado, no prazo de 10 dias (art. 989, I, CPC), atuando esta como noticiadora dos acontecimentos da causa. O contraditório será desenvolvido, ademais, a partir da determinação de citação do beneficiário da decisão impugnada, que terá o prazo de 15 dias para apresentar sua contestação (art. 989, III, CPC). A lei relata, inclusive, a possibilidade de que qualquer interessado impugne o pedido do reclamante (art. 990, CPC).

Sobre a atividade decisória, admite-se a concessão de tutela provisória pelo relator, inclusive *ex officio* e liminarmente, para suspensão do processo ou do ato impugnado (art. 989, II, CPC).[57] Quanto à tutela definitiva, o relator poderá julgar monocraticamente a reclamação quando a matéria for objeto de jurisprudência consolidada do Tribunal, até porque se dispensa a fase instrutória nesta demanda (art. 332, CPC c/c art. 161, parágrafo único, RISTF). Perante o colegiado, na sessão de julgamento, admite-se sustentação oral pelo advogado (art. 937, VI, CPC). Se procedente a reclamação, será proferida decisão cassando a decisão exorbitante (natureza desconstitutiva); ou determinando medida adequada "à solução da controvérsia" (art. 992, CPC).[58] No caso de procedência de reclamação que contrariar enunciado de súmula vinculante, negar-lhe vigência ou aplicá-lo indevidamente, o STF anulará o ato administrativo ou cassará a decisão impugnada, determinando que outra seja proferida com ou sem aplicação da súmula, conforme o caso (art. 7º, § 2º, Lei nº 11.417/2006).

Da respectiva decisão, são admissíveis os seguintes recursos, conforme o caso: embargos de declaração (art. 1.022, CPC); agravo interno contra decisões unipessoais do relator (art. 1.021, CPC); recurso especial, se a reclamação tiver sido julgada por tribunal de 2ª instância, conforme abertura jurisprudencial antes analisada (art. 105, III, CRFB); e recurso extraordinário, contra acórdãos (art. 102, III, CRFB). É inaplicável a ferramenta processual prevista no art. 942, CPC (técnica de julgamento), como também eram tidos como incabíveis embargos infringentes no processo de reclamação (verbete sumular nº 368, STF).

Sobre a condenação em verba honorária na reclamação, passa-se a entender pela possibilidade, em razão da natureza de ação ora atribuída ao instituto, inclusive pelo contraditório obrigatório instituído pela lei (art. 989, III, CPC) – cuja execução se

---

57 Conselho da Justiça Federal – CJF, enunciado nº 64 (I Jornada de Direito Processual Civil): "Ao despachar a reclamação, deferida a suspensão do ato impugnado, o relator pode conceder tutela provisória satisfativa correspondente à decisão originária cuja autoridade foi violada".

58 Discorrendo sobre a adoção do sistema da atipicidade das medidas empregáveis para garantir o cumprimento da decisão tomada no julgamento da reclamação: CÂMARA, Alexandre Freitas. *O novo processo civil brasileiro.* 1 ed. São Paulo: Atlas, 2015, p. 488. Também no sentido da amplitude do dispositivo legal, em contraste com os termos do revogado art. 17, Lei nº 8.038/1990: CARNEIRO, Paulo Cezar Pinheiro; PINHO, Humberto Dalla Bernardina de (coord.). *Novo código de processo civil: anotado e comparado.* 2 ed. rev. e atual. Rio de Janeiro: Forense, 2017, p. 593.

dará nos autos de origem, exceto no caso de ausência de processo anterior (*v.g.* desrespeito à súmula vinculante por órgão administrativo).[59]

Estando inserida na jurisdição contenciosa, a decisão da reclamação é capaz de gerar coisa julgada formal e material, o que a torna sujeita, por consequência, à ação rescisória.[60] Se descumprida a decisão em reclamação, caberá o emprego das medidas coativas, e não novo ajuizamento de reclamação, algo que serviria para eternizar a demanda, quebrando a estrutura hierárquica do sistema judiciário.

CONCLUSÃO

O CPC/2015 progride a feição dada à reclamação pela EC nº 45/2004, no sentido de relacioná-la como um importante instrumento de política judiciária, voltado a assegurar o sistema de precedentes judiciais. Em defesa do precedente vinculante formado, o cabimento da reclamação racionaliza a atuação judiciária e evita a proliferação da via recursal em causas repetitivas. O paradoxo é evitar a multiplicação das reclamações, o que atuaria, decerto, em sentido reverso ao almejado pelo movimento reformista. Embora tal risco não seja pequeno, infere-se inevitável corrê-lo, para dissuadir tendencialmente a não-observância dos precedentes judiciais pelos órgãos inferiores.

---

59 "[...] 2. O CPC/2015 promoveu modificação essencial no procedimento da reclamação, ao instituir o contraditório prévio à decisão final (art. 989, III). Neste novo cenário, a observância do princípio da causalidade viabiliza a condenação da sucumbente na reclamação ao pagamento dos respectivos honorários, devendo o respectivo cumprimento da condenação ser realizado nos autos do processo de origem, quando se tratar de impugnação de decisão judicial. [...]" (STF – Rcl 24.417/SP, 1ª Turma, Rel. Min. Luís Roberto Barroso, j. 07/03/2017).

60 SILVA, Bruno Freire e. O desrespeito à súmula vinculante e a reclamação constitucional. In: *Os poderes do juiz e o controle das decisões jurisdicionais* / coord. José Miguel Garcia Medina et AL. São Paulo: RT, 2008, p. 1.164.

A AUDIÊNCIA PÚBLICA NO ESTADO DE DIREITO: A MAIOR LEGITIMIDADE DA DECISÃO JUDICIAL ATRAVÉS DO DEBATE POPULAR*

Humberto Santarosa de Oliveira

1. PARTICIPAÇÃO POPULAR NOS PROCEDIMENTOS ESTATAIS

A letargia dos poderes Legislativo e Executivo na efetivação dos direitos e garantias fundamentais constitucionalmente previstos inaugurou a era da judicialização, que escorando-se na função protetiva da Ordem Jurídica, complementa a lacuna da norma e dá eficácia à previsão legislativa[1].

A atuação pró-ativa do Judiciário vem merecendo aplausos e vaias dos mais variados segmentos da multicultural sociedade brasileira, e ante está constatação fática, o que interessa é a busca de meios para tornar esta atuação menos traumática. Uma solução possível é trazer os cidadãos ao diálogo.[2] Ninguém melhor que os envolvidos na hipótese de incidência das previsões normativas para auxiliar no debate dos temas que lhe são afetos.

---

1 * Artigo escrito em maio de 2013 e atualizado em janeiro de 2016.
Não se discutirá se o Judiciário atua ou não como "criador de leis", e se referida situação seria ancorada pelo Ordenamento ou consentânea com a forma de governo praticada no Brasil; esta questão estará pressuposta. Assim, para maior aprofundamento sobre o tema ver CAPPELLETTI, Mauro. *Juízes Legisladores?*. Trad. de Carlos Alberto Álvaro de Oliveira. Porto Alegre: Fabris, 1993. Já os argumentos a favor da legitimidade do Judiciário na sua atuação pró-ativa podem ser encontradas em BARROSO, Luis Roberto. *Neoconstitucionalismo e a constitucionalização do Direito* (O triunfo tardio do direito constitucional no Brasil), Revista de Direito Administrativo, nº 240, 2005 e BARROSO, Luis Roberto. *Judicialização, ativismo judicial e legitimidade democrática*, Revista de Direito do Estado nº 13, 2009. Mais especificamente, sobre a possível verificação de legitimidade do Judiciário em sua atuação, ver FISS, Owen. *Um Novo Processo Civil – estudos norteamericanos sobre jurisdição, constituição e sociedade*.Trad. de Carlos Alberto Salles. São Paulo: Revista dos Tribunais, 2004 e ainda HÄBERLE, Peter. *Hermenêutica Constitucional:* a sociedade aberta dos intérpretes da Constituição para a interpretação pluralista e 'procedimental' da Constituição. Traduzido por Gilmar Ferreira Mendes. Porto Alegre: Sergio Antonio Fabris Editor, 1997, p. 30-40.

2 A ideia de interação do Estado com os cidadãos é amplamente debatida e aceita em todas as esferas de governo (Legislativo, Executivo e Judiciário). A participação popular na vida pública, auxiliando e influenciando a atuação da administração pública, com ampla indicação bibliográfica, pode ser bem analisada no texto de OLIVEIRA, Gustavo Henrique Justino de. Participação Administrativa. *Revista Eletrônica de Direito do Estado,* Salvador, nº 3, set/out/nov de 2005, disponível em http://www.direitodoestado.com.br/artigo/gustavo-henrique-justino-de-oliveira/participacao-administrativa. Acesso em 10 de maio de 2013.

No caso da função legislativa, aos cidadãos devem ser dados as mais amplas oportunidades de participação no processo de formação da norma. A mera legitimação eletiva não deve permitir uma extensa discricionariedade do legislador na escolha de toda e qualquer matéria a ser inserta dentro de uma lei integradora. Ao povo deve ser oportunizado debater com o legislador sobre as necessidades do momento.[3]

O mesmo deve ser verificado no espectro de atuação do Executivo, que no uso de suas atribuições deve permitir ampla participação dos cidadãos nas deliberações de sua competência, tudo com vias a democratizar o acesso às instâncias de decisão política.

Já na seara judicial, a participação, por questões óbvias, é direcionada, afinal deve estar relacionada a um direito em discussão; nem por isso será mais restrita.A atribuição de integrar/complementar o conteúdo da norma, como ainda reduzir, em substância, o espectro de atuação do direito em debate, deve, sempre que possível contar com o auxílio dos jurisdicionados ou entidades que os representem.

A maior participação popular nos rumos da democracia é o caminho a ser buscado pelo Estado; esta inserção social visa a duas circunstâncias primaciais: complementar o aspecto legitimante da atuação governamental, e persuadir a população de que a lei promulgada, que a decisão administrativa efetivada ou que o pronunciamento judicial tomado,é espelhado em um diálogo institucional travado no seio da comunidade. O meio social deve identificar o seu auxílio na elaboração e concretização da atuação política.

O direito de participação na administração pública mostra-se como o mais novo elemento das democracias contemporâneas, pois incentiva essa interface dialógica entre Estado e cidadão, a qual encontra amparo em boa parte dos textos constitucionais contemporâneos. A Constituição da República Federativa do Brasil, datada de 1988 é um simbólico exemplo destas normas fundamentais. Se o poder emana do povo, a representação através das eleições não tem o condão de efetivar *in totum*a posição participativa que um indivíduo deve ter em um Estado Democrático de Direito. A atuação dos cidadãos nos procedimentos de deliberação públicos deve ser cons-

3 Neste sentido, MODESTO, Paulo. Participação popular na administração pública. Mecanismos de operacionalização. *Jus Navigandi*, Teresina, ano 7, nº 54, 1fev.2002. Disponível em:<http://jus.com.br/revista/texto/2586>. Acesso em 07 maio 2013, que assim destaca: "Sobre o tema há literatura abundante, nacional e internacional, ocupada especialmente emexaltaras virtudes democráticas da participação popular perante a Administração Pública. Denuncia-se, com absoluta razão, afragilidade da democracia representativaneste final de século como processo legitimador da ordem jurídica e das políticas públicas. Reivindica-se, com veemência, a superação dialética da democracia representativa pela democracia participativa, encarecedora da participação direta dos cidadãos na tomada das decisões coletivas.".

tante e direta, possibilitando-o influir pelo discurso. Este é o corolário da democracia democratizada.[4-5]

As mais diversas feições de participação popular são observadas na administração pública, motivo pelo qual, e ancorados na vertente da democracia participativa, é possível dizer que toda e qualquer forma de contribuição do cidadão na tomada de decisão seria uma expressão da vontade do povo.[6] Todavia, o atual estágio necessita

---

4 Vide OLIVEIRA, Gustavo Henrique Justino de. Participação Administrativa. *Revista Eletrônica de Direito do Estado ...Op. cit.*, p. 9, que assim destaca: "Eis a figura do cidadão que manifesta sua vontade em fazer parte de procedimentos passíveis de culminar em decisões estatais que afetem direitos seus, não somente de natureza individual, mas de ordem coletiva ou difusa. É o cidadão consciente de seus direitos civis, políticos e sociais (porque bem informado), e que deseja tomar a palavra e expressar sua opinião nos assuntos relativos à condução das atividades públicas. É o cidadão responsável, conhecedor de seu compromisso social de intervir na esfera estatal, visando com que as decisões dela emanadas possam ajustar-se o mais possível com a realidade social. É o cidadão cooperador, que almeja não ser visto como intruso ou estranho na organização administrativa, mas como o seu principal colaborador. Enfim, é o cidadão participador, que assume posturas proativas perante uma Administração pública que deve agir em proveito dos cidadãos e de toda a sociedade", ainda afirmando que "a cidadania não se resume na possibilidade de manifestar-se, periodicamente, por meio de eleições para o legislativo e para o executivo".Ainda, discorrendo a respeito da evolução do conceito de democracia, da representativa (clássica) até a deliberativa (contemporânea), e da necessidade de ampliação da participação do cidadão nos procedimentos decisórios estatais, ver CABRAL, Antonio do Passo. *Nulidades no Processo Moderno*. Rio de Janeiro: Forense, 2010, p. 106-112. O autor, concluindo a respeito da atual posição do indivíduo em uma sociedade democrática deliberativa, salienta em p. 109 que: "Surge um peculiar espectro da cidadania, o *status ativus processualis*", que consubstancia o direito fundamental de participação ativa nos procedimentos estatais decisórios, ou seja, *direito de influir* na formação de normas jurídicas vinculantes.".

5 A ideia de democratização da democracia é utilizada por CANOTILHO, José Joaquim Gomes. *Direito constitucional.* 5ª ed., 2. reimp., Coimbra: Almedina, 1992, p. 421, quando afirma que a democracia deve ser entendida para além do campo político, promovendo uma verdadeira e direta participação dos cidadãos na condução da vida do Estado. Ainda neste sentido, na possibilidade de permitir que o povo permanentemente exerça sua soberania, CALMON DE PASSOS, José Joaquim. O Magistrado, protagonista do processo jurisdicional?. *In: Os poderes do juiz e o controle das decisões judiciais.* Coord. José Miguel Garcia Medida *et alii*, 2008, pp. 218-223, assim afirmando: "Se o senhor é 'o povo soberano', este soberano só pode expressar sua vontade através de normas de caráter geral, produzidas por quem previamente legitimado e pelo procedimento previamente estipulado no pacto político fundamental – chamado Constituição – um inevitável recurso de congelar, no tempo, uma soberania que, se realmente existisse, deveria estar sendo exercitada permanentemente.".

6 Neste sentido PIZZORUSSO, Alessandro. Partecipazione Popolare e Funzione Giurisdizionale. *In: Participação e Processo.* Coord. Ada Pelegrini Grinover *et alii.* São Paulo: Ed. Revista dos Tribunais, 1988, p. 26, quando assim destaca: *"Fra le ipotesi di 'democrazia partecipativa' sono da includere, a mio parere, le situazioni che si realizzano quando singoli cittadini a titolo individuale o in rappresentanza di formazioni sociali, sono posti in grado di esprimere il loro punto di vista con riferimento ad un problema che dovrà essere affrontato nell'ambito di un procedimento legislativo, amministrativo o giurisdizionale, in circostanze in cui tale manifestazione di volontà non realizza soltanto l'esternazione di un'opinione rivolta ad un numero più o meno ampio di destinatari, ma costituisce altresì un preciso atto giuridico, inserito in un procedimento destinato a concludersi con l'emanazione di un provvedimento dotato di specifici effetti*".

de uma intervenção mais direta dos cidadãos nos rumos das políticas estatais, mesmo porque a democracia como princípio tem uma legitimação própria, calcada no exercício da soberania popular e na influência direta dos cidadãos na formação dos atos estatais.[7]

No atual estágio pode-se destacar algumas formas de participação popular na administração pública, notadamente no patamar de atuação dos poderes Executivo e Legislativo, como, *v.g.*, o referendo, o plebiscito e a iniciativa popular, previstos respectivamente nos incisos do art. 14, da CRFB/88. Apesar de comumente associados à figura da democracia semi-direta, é notório o seu espectro participativo.

Já no âmbito do poder jurisdicional, também de forma ilustrativa, pode-se destacar como formas gerais de participação popular: o Tribunal do Júri (art. 5º, XXXVIII), os juízos leigos (apesar de pouco utilizados, tem sua previsão na lei 9.099/95 – juizados especiais), os mediadores e conciliadores integrantes ou não da estrutura do poder Judiciário (artigos 165 a 175, do novo CPC e ainda a previsão da Lei 13.140/15), os árbitros (cuja atuação é regulamentada pela lei 9.307/96) e ainda o *amicus curiae,* que apesar de possuir no cenário legislativo atual uma utilização bem restrita (geralmente em processos com espectro coletivo), a sua atuação, certamente, será mais difundida com o Novo Código de Processo Civil, o que se infere da previsão do art. 138, cuja redação permite ao próprio juiz de primeiro grau, *"considerando a relevância da matéria, a especificidade do tema objeto da demanda ou a repercussão social da controvérsia"*, convocar ou admitir a participação de pessoas, físicas ou jurídicas, cujo conhecimento do conteúdo em discussão possam auxiliá-lo no deslinde da controvérsia.[8]

É preciso destacar, todavia, uma figura que permeia todos os Poderes da República, e que, por se tratar de instrumento de notório viés participativo, pode ser manejada para diversos fins: é o caso da audiência pública.

Na seara legislativa, o referido procedimento foi utilizado, por exemplo, nas dezenas de audiências públicas realizadas para debate e discussão de propostas para o novo Código de Processo Civil, atual Lei 13.105/15.Também o Ministério Público, no uso de suas atribuições institucionais, vem realizando audiências públicas, seja para instruir inquéritos civis, seja para respaldar sua atuação na proteção dos direitos coletivos.

É, porém, no âmbito do Poder Judiciário que o aflorar das audiências públicas interessa. Sua utilização, primeiro pelo Supremo Tribunal Federal no julgamento de casos paradigmáticos – conforme será visto mais detalhado posteriormente, a primeira audiência pública no STF ocorreuem abril de 2007, no julgamento da ADI 3510, que questionava a constitucionalidade de alguns dispositivos da Lei de Biosegurança –, e mais recentemente pelo próprio Superior Tribunal de Justiça, que em agosto de 2014 inaugurou a utilização do procedimento para auxiliá-lo no julgamento do Recurso

---

7 CANOTILHO, José Joaquim Gomes. *Direito constitucional e teoria da constituição.* Coimbra: Almedina, 2003. p. 87-102.

8 O novo Código de Processo Civil, Lei nº 13.105/15, foi sancionado pela presidente em 16 de março de 2015, e o texto integral encontra-se disponível em http://www.planalto.gov.br/ccivil_03/_Ato2015-2018/2015/Lei/L13105.htm.

Especial 1.419.697/RS – discutia-se sobre a natureza dos sistemas de *scoring* (pontuação) de crédito e a possibilidade do reconhecimento de dano moral por violação aos direitos do consumidor[9] – desponta como um interessante (e, porque não, necessário) meio de abertura do diálogo entre o Poder Judiciário e a sociedade, servindo como forte elemento de legitimação da jurisdição, além de concretizar o verdadeiro ideal de democracia.

2. A AUDIÊNCIA PÚBLICA NA DEMOCRACIA BRASILEIRA

2.1. Legislações pertinentes

A administração pública exerce suas obrigações com os olhos voltados para o interesse público. E a indeterminação deste conceito permite enquadrá-lo tanto no espectro de defesa dos interesses da maioria, como nos da minoria; em suma, somente o caso concreto é que definirá seu âmbito de proteção. Neste mesmo sentido, o conceito de coletividade também é volátil, podendo ora referir-se a um grupo específico da sociedade, ora a integralidade dos cidadãos.

Independentemente das definições, o importante é destacar que as ações estatais voltam-se ao e para o povo, motivo pelo qual mister se faz sua participação, preferencialmente de forma direta, na tomada das decisões que os afetarão. A audiência pública tem este condão de propiciar ao cidadão a participação no espaço de deliberação política.

É o debate entre os administradores e os cidadãos[10] que deve ser o foco da audiência pública; ouvir e ser ouvido são elementos essenciais neste instituto que consagra não apenas o princípio da participação democrática, como também exalta a própria soberania popular – que, no caso brasileiro, foi alçada a fundamento do Estado Democrático de Direito, *vide* art. 1º, I, da CRFB/88.

A importância da participação popular na administração é atestada com sua previsão expressa em declarações e cartas políticas internacionais, como, *v.g.*, artigo 21,

---

9 A audiência pública realizada pode ser visualizada no canal do STJ no site youtube.com, disponível em https://www.youtube.com/watch?v=CU58J_cZ1vQ. O expediente tornou-se recorrente na referida Corte, tanto que os dois últimos procedimentos que se teve notícia foram realizados nos dias 09 de novembro e 14 de dezembro, ambos de 2015; no primeiro se discutia sobre a competência para julgamento das ações civis públicas espalhadas pelo Brasil que questionavam a legalidade das operadoras de telefonia em bloquear a navegação na internet depois de consumida a franquia contratada, já no segundo questionava-se sobre a cobrança de direitos autorais em razão da tramissão das músicas via internet.

10 A utilização do termo "cidadão" é apenas um signo que facilita a escrita. Assim, sempre que se falar em cidadão, sociedade, povo, população ou quaisquer outras palavras para qualificar os participantes de uma audiência pública, deve-se compreender que o termo utilizado objetiva englobar em seu conceito não apenas as pessoas físicas, pensadas de modo individual, mas as pessoas jurídicas como um todo, assim como toda e qualquer forma de associação ou aglutinação de pessoas representativas de um grupo aptas a defender posições jurídicas dentro de um espectro de deliberação estatal.

item 1[11], da Declaração Universal dos Direitos do Homem e o artigo 23, item "i", alínea "a"[12], do Pacto de São José da Costa Rica.

No Brasil, o desenvolvimento da audiência pública é recente e simultâneo à retomada da democracia. Foi no bojo do Poder Constituinte originário de 1988 que nasceu o instituto da audiência pública, com sua previsão no art. 58, §2º, II, da CRFB[13]. Este dispositivo atribui competência às comissões da Câmara dos Deputados e do Senado Federal para determinar a realização do procedimento no debate de assuntos pertinentes à temática de cada casa legislativa.

Ainda que o Legislativo se apegue ao forte elemento de legitimação que o voto representa – o qual, além de não ser o único, possui suas limitações[14]– não é pelo simples fato de os representantes do povo terem sido democraticamente eleitos que cessaria o dever de prestar contas à sociedade ou mesmo consultá-la na realização de suas atividades. A audiência pública pode servir, assim, de complemento à legitimidade dos deputados e senadores, alcançando a almejada democracia participativa[15], notadamente em razão do constante controle pessoal e direto da administração pública pelos cidadãos.

É no terreno infraconstitucional, todavia, que se vislumbra um leque mais ampliado de previsões do instituto. Exemplificando, a Lei Complementar que disciplina as finanças públicas[16], prevê a necessidade de realização de audiência pública para

11 "Toda a pessoa tem o direito de tomar parte na direcção dos negócios públicos do seu país, quer directamente, quer por intermédio de representantes livremente escolhidos."

12 "Todos os cidadãos devem gozar dos seguintes direitos e oportunidades: a. de participar na direção dos assuntos públicos, diretamente ou por meio de representantes livremente eleitos; (...)."

13 BRASIL. Constituição da República Federativa do Brasil de 1988, cujo texto assim destaca: "Art. 58. O Congresso Nacional e suas Casas terão comissões permanentes e temporárias, constituídas na forma e com as atribuições previstas no respectivo regimento ou no ato de que resultar sua criação. (...) § 2º – às comissões, em razão da matéria de sua competência, cabe: (...)II – realizar audiências públicas com entidades da sociedade civil; (...)"

14 Sobre a mudança de paradigma a respeito dos limites do poder legislativo, o que teria deixado de ser absoluto e soberano com o advento do Constitucionalismo Contemporâneo, ver VIDAL, Isabel Lifante. Dos Conceptos de discrecionalidad jurídica. *Doxa*, nº 25, p. 414-416. Disponível em http://bib.cervantesvirtual.com/servlet/SirveObras/public/23584061091481851665679/doxa25_13.pdf?portal=4, acesso em 11 de junho de 2013.

15 O termo democracia participativa é usado aqui como uma passo à frente da democracia representativa; esta, aliada à efetiva participação popular no ambiente de deliberação público, confere o *plus* para a legitimidade democratica do Estado. Para maiores incursões sobre o tema da democracia participativa e democracia representativa, além da convivência entre ambas, ver AVRITZER, Leonardo; SANTOS, Boaventura de Sousa. Introdução: para ampliar o cânone democrático. *In*: SANTOS, Boaventura de Sousa (Org.). *Democratizar a democracia: os caminhos da democracia participativa*. Rio de Janeiro: Civilização Brasileira, 2002, p. 76 e ss.

16 BRASIL. Lei Complementar de nº 101, de 04 de maio de 2000. Estabelece normas de finanças públicas voltadas para a responsabilidade na gestão fiscal e dá outras providências, e asssim disciplina: "art. 9º. Se verificado, ao final de um bimestre, que a realização da receita poderá não comportar o cumprimento das metas de resultado primário ou nominal estabelecidas no Anexo de Metas Fis-

avaliação das razões que resultaram no não cumprimento das metas estabelecidas no projeto de responsabilidade da gestão fiscal – a legislação em comento busca atender ao comando do art. 166, §1º, do CRFB/88.

O *Parquet* também se utiliza do instituto, o que se faz com fulcro na Lei Orgânica do Ministério Público[17] com a expressa previsão de convocação da audiência pública para a instrução dos inquéritos civis (vide art. 8º, §1º, da Lei 7.347/85, *v.g.*).[18] Já as Defensorias públicas passaram a ser dotadas de competência para convocação de audiências públicas com a edição da Lei Complementar nº 132/09[19], que incluiu o inciso XXII em seu art. 4º, e permitiu ao órgão *"convocar audiências públicas para discutir matérias relacionadas às suas funções institucionais"*.

No âmbito dos processos administrativos, a primeira legislação que regulamentou a utilização de audiências públicas foi a Lei. 9.784/99, cuja previsão do artigo 32 destaca que *"antes da tomada de decisão, a juízo da autoridade, diante da relevância da questão, poderá ser realizada audiência pública para debates sobre a matéria do processo"*[20].

cais, os Poderes e o Ministério Público promoverão, por ato próprio e nos montantes necessários, nos trinta dias subseqüentes, limitação de empenho e movimentação financeira, segundo os critérios fixados pela lei de diretrizes orçamentárias. (...)§ 4º Até o final dos meses de maio, setembro e fevereiro, o Poder Executivo demonstrará e avaliará o cumprimento das metas fiscais de cada quadrimestre, em audiência pública na comissão referida no § 1o do art. 166 da Constituição ou equivalente nas Casas Legislativas estaduais e municipais. (...)".

17 BRASIL. Lei nº 8.625, de 12 de fevereiro de 1993. Institui a Lei Orgânica Nacional do Ministério Público, dispõe sobre normas gerais para a organização do Ministério Público dos Estados e dá outras providências, e assim prevê: "art. 27. Cabe ao Ministério Público exercer a defesa dos direitos assegurados nas Constituições Federal e Estadual, sempre que se cuidar de garantir-lhe o respeito: (...) IV – promover audiências públicas e emitir relatórios, anual ou especiais, e recomendações dirigidas aos órgãos e entidades mencionadas no caput deste artigo, requisitando ao destinatário sua divulgação adequada e imediata, assim como resposta por escrito. (...)".

18 Ainda que a disciplina legal seja direcionada aos inquéritos civis, já há vozes doutrinárias visando a ampliação incondicional da convocação do instituto pelo Ministério Público. Sobre o tema, ver, GRAVONSKI, Alexandre Amaral. *Técnicas Extraprocessuais de Tutela Coletiva.* São Paulo: RT, 2011.

19 BRASIL. Lei Complementar nº 132, de 07 de outubro de 2009. Altera dispositivos da Lei Complementar nº80, de 12 de janeiro de 1994, que organiza a Defensoria Pública da União, do Distrito Federal e dos Territórios e prescreve normas gerais para sua organização nos Estados, e da Lei nº-1.060, de 5 de fevereiro de 1950, e dá outras providências.

20 BRASIL. Lei nº 9.784, de 29 de janeiro de 1999. Regula o processo administrativo no âmbito da Administração Pública Federal.

Já na seara judicial são as leis 9.868/99[21] e 9.882/99[22], que regulam as ações constitucionais no âmbito do STF, as normativas pioneiras sobre a realização/convocação das audiências públicas. O seu objetivo precípuo é a aquisição de informações para o melhor entendimento e julgamento das ações em trâmite na Corte.

Todavia, apesar dse sua regulamentação prevista desde o ano de 1999, curiosamente, a primeira audiência pública realizada no STF ocorreu somente em abril de 2007, no julgamento da ADI 3510, que questionava a constitucionalidade de alguns dispositivos da Lei de Biosegurança[23], mais especificamente aqueles que tratavam das fertilizações *in vitro* e o uso dos embriões excedentes para fins de pesquisa científica. A convocação do procedimento, por óbvio, se justificava em razão do imbricado problema envolvendo os direitos do nascituro, do início da vida, da dignidade humana, do direito de pesquisa, entre outros.

Inaugurada a utilização do instituto, o que se viu a partir de então, muito em razão do aumento da complexidade das causas que chegavam ao STF, é uma corriqueira utilização do procedimento. A título elucidativo, até o mês de setembro de 2015, foram realizadas 18 (dezoito) audiência públicas sobre os mais variados temas;[24] esse expediente também começa a arvorecer no âmbito do Superior Tribunal de Justiça, já sendo contabilizadas 05 (cinco) audiências públicas de 2014 até os dias atuais, 04 (quatro) delas realizadas apenas no ano de 2015.[25]

---

21 BRASIL. Lei nº 9.868, de 10 de novembro de 1999. Dispõe sobre o processo e julgamento da ação direta de inconstitucionalidade e da ação declaratória de constitucionalidade perante o Supremo Tribunal Federal, e assim dispõe: "art. 9ºVencidos os prazos do artigo anterior, o relator lançará o relatório, com cópia a todos os Ministros, e pedirá dia para julgamento. § 1ºEm caso de necessidade de esclarecimento de matéria ou circunstância de fato ou de notória insuficiência das informações existentes nos autos, poderá o relator requisitar informações adicionais, designar perito ou comissão de peritos para que emita parecer sobre a questão, ou fixar data para, em audiência pública, ouvir depoimentos de pessoas com experiência e autoridade na matéria.".

22 BRASIL. Lei nº 9.882, de 03 de dezembro de 1999. Dispõe sobre o processo e julgamento da argüição de descumprimento de preceito fundamental, nos termos do § 1º do art. 102 da Constituição Federal, assim dispondo: "art. 6ºApreciado o pedido de liminar, o relator solicitará as informações às autoridades responsáveis pela prática do ato questionado, no prazo de dez dias.§ 1ºSe entender necessário, poderá o relator ouvir as partes nos processos que ensejaram a argüição, requisitar informações adicionais, designar perito ou comissão de peritos para que emita parecer sobre a questão, ou ainda, fixar data para declarações, em audiência pública, de pessoas com experiência e autoridade na matéria. (...)".

23 MEDEIROS, Fabrício Juliano Mendes de. *O Supremo Tribunal Federal e a primeira audiência pública de sua história*. Disponível em http://www.planalto.gov.br/ccivil_03/revista/Rev_84/Artigos/PDF/FabricioJuliano_rev84.pdf. Acesso em 08 de maio de 2013.

24 Para maiores informação sobre as audiências públicas realizadas no âmbito do STF, ver http://www.stf.jus.br/portal/audienciaPublica/audienciaPublica.asp?tipo=realizada.

25 A saber: i) atualização monetária sobre as indenizações do seguro DPVAT (09/02/2015); ii) regulamento de planos de previdência privada sobre o cálculo da renda mensal inicial do benefício complementar (31/08/2015); designação do juízo competente para julgar as diversas ações coletivas que discutem o direito de as operadoras interromperem o uso da internet em celulares após o término da franquia de dados contratada pelos usuários (09/11/2015); e cobrança de direitos autorais pela transmissão de músicas pela internet (14/12/2015).

A democratização do país, pelo que se vê, difundiu a utilização das audiências públicas, cuja previsão encontra-se presentes nos mais variados diplomas normativos[26], no âmbito dos três Poderes da República; e independente de previsão, não existen qualquer óbice ou impedimento para que órgões estatais convoquem audiências públicas para discutir, apresentar ou receber informações a respeito de temas ou matérias que envolvam o interesse público. O instituto é o espelho da participação popular no âmbito estatal, devendo, por corolário lógico, ser o mais amplo e democrático possível, com ou sem previsão legal.

Nesta linha de divulgação e ampliação do uso do instituto, o Novo Código de Processo Civil pontuou momentos nos quais o uso da audiência pública poderia se mostrar relevante. O primeiro deles no art. 927, §2º, estabeleceu a possibilidade de realização de audiência pública para *"participação de pessoas, órgãos ou entidades que possam contribuir para a rediscussão da tese" "jurídica adotada em enunciado de súmula ou em julgamento de casos repetitivos"*. Em segundo lugar, o art. 983, §1º, permite ao relator *"designar data para, em audiência pública, ouvir depoimentos de pessoas com experiência e conhecimento na matéria"* objeto do incidente de resolução de demandas repetitivas em julgamento. Por último, o art. 1.038, II, estabelece a convocação de audiência pública para *"ouvir depoimentos de pessoas com experiência e conhecimento na matéria, com a finalidade de instruir"* o julgamento dos recursos extraordinário e especial repetitivos.

E apesar da previsão expressa em três hipóteses específicas, as quais, pelo teor dos dispositivos, seriam direcionadas apenas aos Tribunais Estaduais, Federais e Superiores, nada impede sua convocação desde logo pelo juiz de primeira instância, o que se justifica pelo próprio ideal democrático-participativo da principiologia que ilumina o Novo Código.

---

26 A título meramente elucidativo, e sem qualquer pretensão de esgotar a questão, encontra-se determinação para realizar audiências públicas no próprio Regimento Interno do STF, vide artigos 13, XVII e 21, XVII; no Regimento Interno do Senado Federal, *v.g.* art. 90, II, Resolução nº 93/1970, e da Câmara dos Deputados, *v.g.* art. 21-A, VII e 24, III da Resolução nº 17/89. No plano do poder Executivo, vislumbram-se ainda leis que determinam a realização de audiências públicas no plano das agências reguladoras, vide artigos 32 e 33, inciso III e parágrafo único, do Regulamento da Agência Nacional de Saúde Suplementar, aprovado pelo decreto 3.327/00. Ainda, a Lei nº 9.427/96, que instituiu a Agência Nacional de Energia Elétrica (ANEEL), prevê em seu art. 40, §3º, a realização de audiência pública em razão de decisões que possam afetar agentes econômicos do setor elétrico ou os próprios consumidores; o decreto 2.335/97, que regulamente a lei de criação da ANEEL traz em seu art. 21 os objetivos da citada audiência pública. Outras legislações ainda trazem a previsão do instituto; assim, além da Lei nº 9.784/99, também se observa a necessidade de realização das audiências públicas na Lei nº 8.666/93, que anteriormente à lei dos processos administrativos no âmbito federal já dispunha no seu art. 39 a obrigação de convocação do procedimento nos casos cuja licitação ultrapassasse a quantia de R$ 150.000.000,00 (cento e cinqüenta milhões de reais), e também o Estatuto das Cidades que traz previsão expressa obrigando a convocação de audiência pública para elaboração do plano diretor, bem como determinando a utilização do instituto para garantir a gestão democrática das cidades e debates sobre o orçamento participativo (art. 39, §4º, I, 43, II e 44 da Lei nº 10.257/01).

2.2. Finalidades e Objetivos

A importância da audiência pública é reveladora em todos os aspectos e instâncias, porém, por ora, dar-se-á maior destaque para sua realização no Judiciário, órgão dotado de atuação contramajoritária e que deve zelar pela tutela do direito, independentemente de quem ele beneficie.

Ao Judiciário compete a concretização das normas previstas no Ordenamento. A subsunção do fato ao texto legal é o corolário da atuação dos magistrados, responsáveis pela jurisdição e por "dizer o direito".[27] Ocorre que, o aumento da responsabilidade do juiz advinda com o constitucionalismo contemporâneo, grande parte em decorrência das normas despidas de uma conseqüência normativa pré-determinada (a própria hipótese fática do texto normativo pode ser composto por termos vagos), acabaram por desafiar muitas das decisões do Judiciário que fugiam do automatismo subsuntivo decorrente das regras do positivismo jurídico. Estas modificações tra-

---

27 A jurisdição, hoje, tem diversas facetas e não se restringe à atuação concreta do direito ou criação da norma do caso concreto, conforme propalavam, respectivamente, Giuseppe Chiovenda e Francesco Carnelutti – mas isto não significa que esta atuação do juiz deixou de existir. Assim, procura-se dar o mais amplo significado com a expressão "dizer o direito", englobando não apenas a ideia acima defendida, mas também a preservação das garantias constitucionais, a judicialização de políticas públicas, a tutela dos interesses coletivos, a preocupação com a efetiva pacificação dos conflitos, entre outros. Para maiores incursões sobre o tema, ver MARINONI, Luiz Guilherme. ARENHART, Sérgio Luiz. *Manual do Processo de Conhecimento*. São Paulo: RT, 2009, p. 93-142 e ainda GRECO, Leonardo. *Instituições de Direito Processual Civil – vol. I*. Rio de Janeiro: Forense, 5ª ed., 2015, p. 69-103. Da mesma forma, o termo "subsunção" descrito no texto não tem a conotação clássica a respeito da inferência lógica realizada pelo juiz para adequar fato ao direito, caso clássico da aplicação de regras. Isso porque, a reinserção dos princípios no ordenamento fez emergir uma nova visão da jurisdição. O atual modelo de jurisdição originou do modelo constitucional contemporâneo inaugurado, para a grande parte dos países do globo, no pós-Segunda Grande Guerra, como reingressoda moral no direito. Determinou-se, pois, uma abertura semântica das normas em razão da positivação nos textos jurídicos determos indeterminados. Assim, a presença destasnormas tornou complexa a interpretação do Ordenamento Jurídico, impondo uma nova forma de ler a Constituição, *v.g.*. Isto porque, em razão da textura aberta dos princípios, o seu cumprimento não se daria no critério "tudo ou nada", como ocorre com as regras. Impôs-se, desta feita, o desabrochar de novos modelos de interpretação constitucional que não os clássicos (uma nova hermenêutica). Para maiores compreensão do tema ver, BARROSO, Luis Roberto. *Neoconstitucionalismo e a constitucionalização do Direito* ..., ÀVILA, Humberto. 'Neoconstitucionalismo': entre a 'ciência do direito' e o 'direito da ciência'. *Revista Eletrônica de Direito do Estado (REDE)*. Salvador, Instituto Brasileiro de Direito Público, nº 17, janeiro/feveriro/março, 2009. Disponível em http://www.direitodoestado.com/revista/rede-17-janeiro-2009-humberto%20avila.pdf, acesso em 08 de maio de 2013 e ainda STRECK, Lenio Luiz. Os dezoito anos da Constituição do Brasil e as Possibilidades de realização dos direitos fundamentais diante dos obstáculos do positivismo jurídico. *In*: CAMARGO, Marcelo Novelino (Org.). *Leituras Complementares de Constitucional – Direitos Fundamentais*. Salvador: JusPodivm, 2006, p. 1-24. Na doutrina estrangeira, ver TARUFFO, Michelle. Leyendo a Ferrajoli: consideraciones sobre la jurisdicción. Tradução de: Maximiliano Aramburo Calle. *In: Páginas sobre justicia civil*. Madrid: Marcial Pons, 2009, e ainda ZAGREBELSKY, Gustavo. *El Derecho Dúctil* – Ley, Derechos, Justicia. Tradução de: Marina Gascón. Madrid: Trotta, 2011.

zem vários questionamentos quanto a atuação judicial: qual o limite do poder criativo dos magistrados frente a abertura sistêmica operada no ordenamento; como ficaria a essência do direito, traduzida na isonomia e segurança, com sua aplicação disforme pelos mais variados tribunais espalhados pelo país; como legitimar a atuação de um sujeito que decidiria com base em seu íntimo convencimento, quando, em verdade, o que se busca é um ideal democrático de processo através da mais ampla participação popular; lado outro, como tutelar as complexidades da vida moderna, cujos conflitos são cada vez mais específicos e muitos deles sem previsão pelo direito objetivo.[28]

Nesta nova realidade, a miríade relacional a existir entre os sujeitos em conflito impõe ao Tribunal facear questões não integradas por completo nas normas positivadas, envolvendo contingências e elementos até então não observadas pelos aplicadores do direito; ainda assim, devem decidir, por força da vedação do *non liquet.*

Os juízes não são deuses. Longe disso, como seres humanos são passíveis de falhas e, principalmente, são limitados. Apesar da dissipação do conhecimento verificado na sociedade moderna, a absorção da informação é cada vez mais rasa, haja vista o contingencial de dados surgidos a cada dia. E mais, as ciências tornaram-se cada vez mais peculiares, delimitando seus objetos de atuação e especialização a esferas cada vez menores. Com o Direito não seria diferente.

Eis, assim, o grande mote para a utilização da audiência pública: busca externa de conhecimento para auxiliar o magistrado na tomada de decisão e suprir o seu déficit cognitivo natural, fato que naturalmente propicia a troca interativa de ideiais, a oxigenar e renovar as informações, permitindo influências recíprocas.[29] A participação

---

28 Cappelletti já destacava os fatores que motivaram a maior atuação do Judiciário, cfr. CAPPELLETTI, Mauro. *Juízes Legisladores...Op. cit.*, p. 31-72. Ainda é possível apontar outros argumentos para a exponencialização da atuação jurisdicional, o que se verificaria como conseqüência direta do sistema de mercado, que necessita de tribunais mais confiáveis aos olhos dos investidores para dar segurança, estabilidade e previsibilidade à sua atuação. Sobre a referida situação, ver VIEIRA, Oscar Vilhena Vieira. Supremocracia, *In*: *Revista de Direito GV*. São Paulo. v. 4, nº 2, p. 441-463, jul./dez. 2008. Esta situação tem por pressuposto uma atuação do Judiciário visando coibir as variáveis de entendimento sobre as regras de mercados, bem como evitar abruptas alterações das normas comerciais editadas por Estados sem uma política econômica consolidada. Esta situação ganhou reforço argumentativo com a elaboração pelo Banco Mundial do documento técnico 319, nominado 'O Setor Judiciário na América Latina e no Caribe – Elementos Para Reforma', que foi elaborado com o escopo de auxiliar os governos no desenvolvimento de programas de reforma do judiciário, tudo visando um tratamento mais isonômico das questões examinadas por este Poder. Para ter acesso ao documento técnico, ver http://www.anamatra.org.br/downloads/documento318.pdf. Sobre a influência do Banco Mundial na tentativa de conferir maior isonomia nas decisões do Judiciário no Brasil, ver PELEJA JÚNIOR, Antônio Veloso. *O Conselho Nacional de Justiça e a Magistratura Brasileira*, Curitiba: Juruá, 2011. 2ª edição, p. 98-100.

29 "Na audiência, objetiva-se o amplo intercâmbio de informações. De um lado, deve a autoridade decisória expor seu entendimento formado até então e as possibilidade de ação administrativa. De outra parte, a comunidade, associações, universidades, órgãos públicos técnicos, empresários, comerciantes, investigados e potenciais infratores expõem suas posições e ideias a respeito do objeto da discussão e procuram condicionar a decisão administrativa dentro das possibilidades

da sociedade, através de especialistas, entes públicos, associações de classe, cidadãos em geral ou qualquer outra forma de representação de um grupo social, é uma meta a ser buscada e concretizada, tudo visando a melhor implementação e efetivação dos direitos garantidos pelo ordenamento. Abrir-se ao debate para assimilação de dados e informações pertinentes a causa em julgamento é corolário do Estado Constitucional, do ambiente democrático que deve imperar no processo e legitima a atuação judicial.

A audiência pública possui diversas finalidades e objetivos, as quais podem variar em razão do momento de seu acontecimento, bem como em decorrência da esfera de poder na qual é realizada. De toda forma, o elemento propulsor é único: aproximar os cidadãos da administração pública para que, juntos, possam discutir e influir nos rumos do Estado (sentido *latu senso*); como conseqüência, teria-se uma melhora da qualidade das decisões tomadas, além de sua maior aceitação pela população, que participou do ato deliberativo. Alcança-se um novo espectro de legitimidade, qual seja, a legitimidade pelo debate ou a legitimidade social.

Na seara judicial, o principal objetivo de uma audiência pública seria a de consulta. Obter dados e informações da população a respeito de políticas (*latu senso*) a serem implementadas ou mesmo diretivas a serem seguidas pelo Estado se mostra como um importante fator qualitativo das decisões dos magistrados, que precisam adentrar pelo espinhoso caminho das decisões cujos efeitos espraiam-se para fora dos muros do processo, *v.g.*. A necessidade de responder ao jurisdicionado não pode obstar o juiz na busca da melhor decisão para o caso concreto; e ante a escassez de instrumentos conferidos ao Judiciário para sentenciar sobre demandas cada vez mais interdisciplinares, a oitiva dos cidadãos e entidades representativas trazem importantes elementos determinantes para a decisão.

Debater fatos, colher propostas, reclamações, reivindicações e exigências são, por exemplo, alguns meios através dos quais a sociedade influi na atuação estatal. Em audiência pública todas estas situações podem ser muito bem desenvolvidas.

A título exemplificativo, convocar a sociedade para um debate em casos envolvendo judicialização de políticas públicas é mais do que uma faculdade, deveria ser um dever do Judiciário. É premente a participação da coletividade no debate a respeito da decisão a ser proferida, cujo espectro coletivo afetará os mesmos cidadãos que tiveram a oportunidade de discutir sobre os efeitos, as causas e as consequências da decisão judicial. Estar aberto às necessidades coletivas, ouvir o povo sobre suas impressões e experiências, ou seja, adquirir o máximo de informação sobre o caso em julgamento, facilita a atividade judicante e impõe ao julgador o dever de analisa-las quando do pronunciamento da decisão.

existentes. Há um 'duplo papel informativo' na audiência, sendo construída uma via de interação em que administração e sociedade fornecem informações reciprocamente.", cfr. CABRAL, Antônio do Passo. Os Efeitos Processuais da audiência pública. *Revista Eletrônica de Direito Administrativo Econômico (REDAE)*, Salvador, Instituto Brasileiro de Direito Público, nº. 12, novembro/dezembro/janeiro, 2008. Disponível em http://www.direitodoestado.com.br/redae.asp, acesso em: 15 de junho de 2013.

E mesmo ante a provável existência de divergências no debate público – mesmo porque o resultado da audiência pública jamais será vinculante[30] –, dentro de um ambiente de diálogo racional, é possível controlar estes desacordos por meio do ônus argumentativo do magistrado, a determinar a aceitação do pronunciamento judicial ante as justificativas decisórias.

Veja-se, não se busca o consenso na audiência pública, mas a constante troca de informações para alimentar a esfera decisória. O que se quer é a participação, a informação e a compreensão dos fatos através de discursos racionais dentro de ambientes isonômicos. A aceitação racional do que foi concluído na audiência pública é a grande finalidade do procedimento[31].

Ampliar o debate e trazê-lo para a esfera de deliberação pública, com uma maior participação da sociedade no domínio decisório, é enaltecer a ideia propalada por Peter Häberle sobre a "sociedade aberta dos intérpretes da Constituição"[32]. De acordo

---

30 No mesmo sentido ora defendido, ver CABRAL, Antônio do Passo. Os Efeitos Processuais da audiência pública. *Revista Eletrônica de Direito Administrativo Econômico (REDAE), Op. cit.*. O autor defende, porém, a necessidade de um ônus argumentativo por parte do administrador ou legislador (e, por que não do juiz?) para afastar-se das conclusões do procedimento participativo. A ressalva é plenamente viável e sua observância deve ser necessária, tanto mais para o Judiciário, órgão que, conforme ressalta Taruffo (TARUFFO, Michele. Leyendo a Ferrajoli: consideraciones sobre la jurisdicción. Trad. de Maximiliano Aramburo Calle. *In: Páginas sobre justicia civil*. Madrid: Marcial Pons, 2009, p. 28), na exposição da ideia de Ferrajoli, é tido como um poder-saber, afinal sua legitimação decorre de seu conhecimento jurídico. Em sentido semelhante, ver MARINONI, Luiz Guilherme. *O precedente na dimensão da igualdade*. Disponível em http://marinoni.adv.br/wp-content/uploads/2010/04/O-Precedente-na-Dimens%C3%A3o-da-Igualdade1-4.pdf, acesso em 09 de agosto de 2013, para quem o Judiciário teria uma legitimação argumentativa (leitura deste autor), pois não é o mero cumprimento das garantias processuais constitucionais que habilitariam o 'processo justo', mas também o conteúdo da decisão – as ideias de Marinoni sobre o processo justo são corroboradas por TARUFFO, Michele. Idee per una teoria della decisione giusta, in *Rivista Trimestrale di Diritto Procedura Civile*. Anno Lim, nº 2, 1997.

31 A teoria do discurso habermasiana desenvolve-se no mesmo ambiente de debate público, motivo pelo qual seus ensinamentos podem bem se aplicar nesta seara, senão veja-se a seguinte passagem: *"La teoría del discurso cuenta con la intersubjetividad de orden superiorque representan los procesos de entendimiento que se efctúan a través de los procedimientos democráticos o en la red de comunicación de los espacios públicos políticos. Estas comunicaciones, no atribuibles a ningún sujeto global, que se producen dentro y fuera del complejo parlamentario y de sus órganos programados para tomar resoluciones, constituyen ámbitos públicos en los que puede tener lugar una formación más o menos racional de la opinión y de la voluntad acerca de materias relevantes para la sociedad global y necesitadas de regulación. El flujo de comunicación entre la formación de La opinión pública, los resultados electorales institucionalizados, las resoluciones legislativas tienen por fin garantizar que la incluencia generada en el espacio de la opinión pública y el poder generado comunicativamente se transformen a través de la actividade legislativa en poder utilizable administrativamente."*, HABERMAS, Jürgen. *Factividad y validez: sobre el dereco y el Estado democrático de derecho en términos de teoría del discurso*. Trad.: Manuel Jiménez Redondo. Madrid: Trotta, 2011. p 375.

32 HÄBERLE, Peter. *Hermenêutica Constitucional: a sociedade aberta dos intérpretes da Constituição para a interpretação pluralista e 'procedimental' da Constituição*. Traduzido por Gilmar Ferreira

com a teoria, o processo de interpretação da Constituição não pode, de forma alguma, ser fechado. Ora, já que a sociedade como um todo está necessariamente vinculada às decisões dos tribunais, o maior leque de intérpretes deve ser permitido para alcançar-se o melhor, mais racional pronunciamento. Este, pois, é o grande escopo das audiências públicas, que garantem, assim, um *plus* à legitimidade das decisões judiciais.[33]

2.3. Limites e Procedimentalização

O caráter participativo da audiência pública é o elemento caracterizador deste instituto que tem como condão a maior aproximação entre a sociedade e o Judiciário. O "distanciamento" entre juízes e cidadãos, muitas vezes justificado na possível contaminação do julgamento pelo "terceiro imparcial", não pode ser o fundamento para a manutenção do abismo existente entre o poder jurisdicional e aquele que espera o seu pronunciamento. Se o poder emana do povo, conforme já salientado anteriormente, uma decisão mais próxima e consentânea com a realidade social, observando-se as suas pecualidades, deve ser o norte dos magistrados no seu ofício judiciante; para tanto, ele preciso do auxílio daqueles que vivenciam a realidade.

A audiência pública garantiria essa precípua participação da sociedade na atuação jurisdicional, propiciando não apenas a necessária irrigação dos juízes com informações sobre o caso, mas permitindo o verdadeiro debate sobre os efeitos e consequências da conduta em pauta. Esse valioso auxílio provido com o mais amplo leque de elementos a respeito do evento é uma das atuais formas de se alcançar a esperada justiça da decisão.

Mendes. Porto Alegre: Sergio Antonio Fabris Editor, 1997, p. 15 e 24, respectivamente, assim enuncia: "Como não são apenas os intérpretes jurídicos da Constituição que vivem a norma, não detêm eles o monopólio da interpretação da Constituição", e continua, "a interpretação constitucional é, todavia, uma atividade que, potencialmente, diz respeito a todos".

---

33 Em verdadeiro compêndio sobre a ontologia do instituto, assim pondera Agustín Gordillo a respeito das razões para se realizar audiências públicas: "*a) es una garantía objetiva de razonabilidad para el administrado en cuanto percepción de que el Estado actúa con sustento fáctico, proporcionalidad, etc.; b) es un mecanismo idóneo de formación de consenso de la opinión pública respecto de la juridicidad y conveniencia del obrar estatal, de testear la reacción pública posible antes de comprometerse formalmente a un curso de acción; c) es una garantía objetiva de transparencia de los procedimientos esta tales respecto de los permisionarios y concesionarios, de modo tal que el público perciba esa relación como transparente y límpida. (...). d) Es un elemento de democratización del poder, conforme al ya clásico principio de que ya la democracia es no sólo un modo de designación del poder, sino también un modo de ejercicio del poder, (...). e) es también un modo de participación ciudadana en el poder público, exigido por principios políticos, constitucionales y supranacionales.*", em GORDILLO, Agustin. *Tratado de derecho administrativo.* Buenos Aires: Fundación de Derecho Administrativo, 2009, T. II, p. XI-6 e 7. Disponível em www.gordillo.com, acesso em 13 de junho de 2013. E apesar de traçadas para a audiência pública na seara administrativa, as ponderações do autor cabem incondicionalmente para o procedimento no âmbito do Poder Judiciário.

E o mais interessante sobre esta forma de participação popular é a quase inexistência de restrições materiais para a sua determinação e realização. Diz-se quase, pois no âmbito da jurisdição ordinária, notadamente nas causas envolvendo estado de pessoas e/ou direito de família, não seria plausível, pelo menos em tese, a convocação de pessoas para o caso – nada impediria, todavia, a convocação da audiência pública para discutir sobre um fato em si. Assim, ressalvando alguns casos teratológicos sobre os quais não se admite a possibilidade de maior debate, todas as demais demandas poderiam ser alvo do mais amplo diálogo e participação social.

Nos termos já salientados, é o interesse público que permeia a realização do procedimento da audiência pública; estando presente o interesse de parcela da sociedade, facultada está ao magistrado a determinação de instauração do debate para receber os melhores e mais amplos elementos sobre o fato em análise.

O juiz consciente de seu dever institucional, de suas responsabilidades e, ainda, de sua limitação material para conhecer de todos os acontecimentos e episódios que uma causa pode envolver (não tem condições de entender e conhecer o todo que representa a realidade social), deveria determinar a realização da audiência pública, para que possa cumprir o seu mister com a esperada sapiência e justiça. Mas para que ela possa ter os efeitos esperados, um mínimo de organização se espera na realização do procedimento. Essa ordenação procedimental vale muito mais como uma diretriz geral a se seguir, do que propriamente um rito estanque e formal a ser obervado pelo juiz.

Para que o procedimento cumpra os seus misteres, ela precisa ser o mais flexível possível, mesmo porque eventuais discussões podem gerar dúvidas e ensejar nova abertura discursiva – isto não pode, contudo, ampliar em demasia o seu conteúdo, sob pena de perder seu próprio objeto, que deve ser especificado quando determinada sua realização.

Pois bem, ao invés de falar-se de uma ordenação legal, com amplo rol de dispositivos de lei prescrevendo as regras aplicáveis ao procedimento, é mais viável apontar princípios estruturantes. O jurista argentino Agustín Gordillo, escrevendo sobre a audiência pública na seara administrativa, elenca nove princípios que regeriam o procedimento, quais sejam: o devido processo, a publicidade, oralidade, informalismo, contraditório, participação, instrução, impulso de ofício, economia processual; o autor ainda destaca a questão da gratuidade como outro possível princípio do procedimento.[34]

A melhor forma de ordenar a audiência pública, assim, seria por meio do próprio despacho que determina sua realização, quando desde logo o magistrado esquadrinharia o *modus procedendi* da audiência. Fixar os assuntos a serem debatidos, oportunizar prazo inicial e fatal para inscrição de interessados, possibilitar a entrega de memoriais, determinar a data e o horário de início das audiências, o tempo de exposição de cada integrante, o local de realização, a forma de registro da audiência pública, além de outros pormenores, são informações que devem conter na decisão convocatória.

---

34 GORDILLO, Agustín. *Tratado de derecho ...Op. cit.,* p. XI-11.Disponível em www.gordillo.com, acesso em 13 de junho de 2013.

O termo de convocação/regulamentação deve ser tornado público a fim de possibilitar as inscrições das associações da sociedade civil (desde que possuam adequada representatividade ou especialização técnica) ou até mesmo de pessoas físicas (é requisito notório conhecimento nas áreas científicas envolvidas), podendo o magistrado que convocou o procedimento, inclusive, limitar o número de inscritos ou mesmo convidar outros entes ou pessoas que deseja ouvir sobre o assunto, tudo para fins de racionalizar a realização do instituto e alcançar o melhor resultado.

Reafirmase: a regulamentação da audiência pública não representará uma estrutura engessada – a anterior determinação pode sofrer modificações –, motivo pelo qual sua procedimentalização poderá ser classificada como *ad hoc*, adaptada a cada caso. Esta situação não importa em violação de outros princípios constitucionais, afinal se o cerne da audiência pública é a democratização do processo, tem-se na sua desformalização o meio de alcançar a máxima efetividade proposta. A volatilidade procedimental, pois, decorre das próprias características do instituto, sendo certo que eventual rigidez do rito pode inviabilizar os objetivos pretendidos.

A ilustrar o exposto, à época da realização da primeira audiência pública no Supremo Tribunal Federal – julgamento da lei de biossegurança –, a Corte fez uso das previsões do Regimento Interno da Câmara dos Deputados para procedimentalizar a oitiva dos interessados[35]. Atualmente, o Regimento Interno do STF já possui regulação sobre a realização de audiências públicas, a qual segue a orientação defendida neste trabalho a respeito de sua clausura.[36]

---

35 O despacho do relator na Ação Direta de Inconstitucionalidade nº 3.510/DF, Rel. Min. Ayres Britto Mello, foi proferido em 16 de março de 2007, e assim aduz: *"(...)* conquanto haja previsão legal para a designação desse tipo de audiência pública (§ 1º do art. 9º da Lei nº 9.868/99), não há, no âmbito desta nossa Corte de Justiça, norma regimental dispondo sobre o procedimento a ser especificamente observado. 3. Diante dessa carência normativa, cumpre-me aceder a um parâmetro objetivo do procedimento de oitiva dos expertos sobre a matéria de fato da presente ação. E esse parâmetro não é outro senão o Regimento Interno da Câmara dos Deputados, no qual se encontram dispositivos que tratam da realização, justamente, de audiências públicas (arts. 255 *usque* 258 do RI/CD). Logo, são esses os textos normativos de que me valerei para presidir os trabalhos da audiência pública a que me propus. Audiência coletiva, realce-se, prestigiada pela própria Constituição Federal em mais de uma passagem, como *verbi gratia*, o inciso II do § 2º do art. 58 (...)". Disponível em http://redir.stf.jus.br/estfvisualizadorpub/jsp/consultarprocessoeletronico/ConsultarProcessoEletronico.jsf?seqobjetoincidente=2299631, acesso em 18 de junho de 2013.

36 O Regimento Intento do STF contém uma pré-regulamentação a respeito das audiências públicas convocadas pela Corte, vide previsão do art. 154, parágrafo único, que assim dispõe: "A audiência prevista no inciso III [*III – para ouvir o depoimento das pessoas de que tratam os arts. 13, inciso XVII, e 21, inciso XVII, deste Regimento*] observará o seguinte procedimento: I – o despacho que a convocar será amplamente divulgado e fixará prazo para a indicação das pessoas a serem ouvidas; II – havendo defensores e opositores relativamente à matéria objeto da audiência, será garantida a participação das diversas correntes de opinião; III – caberá ao Ministro que presidir a audiência pública selecionar as pessoas que serão ouvidas, divulgar a lista dos habilitados, determinando a ordem dos trabalhos e fixando o tempo que cada um disporá para se manifestar; IV – o depoente

E relembre-se, toda procedimentalização determinada pelo relator deve seguir aquele rol de princípios estruturantes destacados por Gordillo, ou seja, ser pública e transparente nos seus trabalhos; propiciar o efetivo debate entre as partes, permitindo que todos exponham suas ideias; possibilitar que se esclareçam pontos obscuros das manifestações ou que se produzam provas a respeito das suas assertivas; impedir protelação dos trabalhos realizados; manter o ambiente de debates sano e zelar pela urbanidade entre os expositores, além de prezar pela agilidade e informalidade do evento em realização.

O enfoque a ser observado quando da realização da audiência publica é a maximização da efetividade do procedimento em razão de um mínimo de formalidade legal.[37]Avultam, pois, questões como prevalência da palavra oral, ausência de ritual fixo, operosidade e utilidade do procedimento[38]. No fim, a efetiva participação e o contributo da sociedade são os elementos que devem prevalecer para o alcance dos objetivos com o procedimento de oitiva da sociedade.

---

deverá limitar-se ao tema ou questão em debate; V – a audiência pública será transmitida pela TV Justiça e pela Rádio Justiça; VI – os trabalhos da audiência pública serão registrados e juntados aos autos do processo, quando for o caso, ou arquivados no âmbito da Presidência; VII – os casos omissos serão resolvidos pelo Ministro que convocar a audiência". Disponível em http://www.stf.jus.br/arquivo/cms/legislacaoRegimentoInterno/anexo/RISTF.pdf, acesso em 10 de janeiro de 2016. Notório, todavia, que esta pré-regulamentação não exclui a necessária abertura que a regulação da audiência pública deve ter para, eventualmente, se adequar às peculiaridades do procedimento em razão da matéria que será debatida.

---

37 Interessante abordagem é realizada por Gordillo sobre este aspecto da informalidade e ritualidade da audiência pública, que conjugando com os princípios norteadores do procedimento, assim destaca: "*Existe una estrecha relación entre los principios de contradicción y participación, por una parte y de oralidad e informalismo, por la otra. El debate en la audiencia pública debe, por su propia naturaleza, ser oral e informal, pero lógicamente ordenado por el órgano que preside la audiencia. Esto no requiere en modo alguno normas generales para todas las audiencias, sino que debe ser resuelto en cada caso singular conforme a los principios que informan este procedimiento. No se trata de que cualquiera puede hablar en cualquier momento, sino que existirá un orden preestablecido en la preaudiencia, que determinará quién o quiénes hablarán en qué orden y por cuánto tiempo, con réplicas y dúplicas por tiempos equivalentes y parejos para todas las partes. Hay un sistema básico de oralidad, pero introduciendo elementos de escritoriedad que llevan a un mejor orden del procedimiento sin quitarle oralidad en lo esencial*". GORDILLO, Agustín. *Tratado de derecho administrativo*... p. XI-11.

38 GAVRONSKI, Alexandre Amaral. *Técnicas Extraprocessuais de Tutela Coletiva*...p. 336-338. As expressões "operosidade" e "utilidade", citadas pelo jurista mencionado, foram tomadas emprestadas da obra de Paulo Cézar Pinheiro Carneiro, que, respectivamente, prescreve que o jurista deve "atuar da forma mais produtiva e laboriosa possível para assegurar o acesso à justiça",além de que "a jurisdição ideal seria aquela que pudesse, no momento mesmo da violação, conceder, a quem tem razão, o direito material". Para maiores incursões sobre o tema ver CARNEIRO, Paulo Cézar Pinheiro. *Acesso à Justiça: Juizados Especiais Cíveis e Ação Civil Pública.*Rio de Janeiro: Forense. 2000. p. 63 e 79.

3. A LEGITIMAÇÃO DEMOCRÁTICA DA AUDIÊNCIA PÚBLICA – CONTRADITÓRIO-INFLUÊNCIA, MOTIVAÇÃO DAS DECISÕES E COOPERAÇÃO

A ideia da audiência pública é, portanto, simples: trazer a sociedade para participar dos atos de deliberação política, ou seja, fazer com que a comunidade esteja presente nos debates sobre os rumos do Estado. E no caso da decisão judicial, a especificidade fica pelo auxílio aos magistrados no alcance da melhor e mais completa decisão, provendo-os com o máximo de subsídios a respeito do fato *sub judice*. A consequência para referidas atribuições é mais simples ainda: concretização da legitimação democrática.

No âmbito judicial a legitimidade das decisões acaba por enfrentar o frágil (mas, existente) argumento a respeito da inelegibilidade dos membros do Poder Judiciário. A lógica dos fundamentos embasados na ausência de amparo social das decisões judiciais em razão da forma de ingresso na magistratura pátria é insustentável. A legitimidade do Judiciário decorre da própria Constituição; é a *Lex Fundamentalis* quem prevê os deveres institucionais deste Poder, e o exercício da jurisdição é uma destas atribuições. O sustentáculo da legitimação é encontrado, também, dentro de um extenso rol de garantias constitucionalmente previstas, dentre as quais se destaca, *v.g.*, a obrigação de motivação das decisões – art. 93, IX, da CRFB/88. Não é demais ressaltar que o Judiciário é um poder essencialmente contramajoritário, ou seja, sua função primordial é fazer valer o direito – também por isso Taruffo, citando Ferrajoli, detaca que a legitimação do Judiciário decorre de seu conhecimento jurídico, seria, pois, um poder-saber[39] – o que nem sempre estaria conforme o entendimento da maioria; aliás, este é o grande segredo do sistema de freios e contrapesos, no ideal da tripartição de poderes[40].

No entanto, ainda que ventilada a falta de legitimidade democrática do Judiciário pela argumento da não eleição de seus membros, o que se observa é que referida crítica sucumbe com a proposta de abertura do campo de discussão. A representatividade do sistema eleitoral é muito menos abrangente do que a presentatividade da sociedade em uma audiência pública. O cidadão, pessoalmente, tem a oportunidade de participar da construção da decisão judicial, o que faz despontar a soberania popular na qual se escora o Estado Democrático de Direito, bem como contribui sobremaneira com a qualidade dos pronunciamentos judiciais, além de prover a decisão de maior aceitabilidade social.

---

39 TARUFFO, Michele. Leyendo a Ferrajoli: consideraciones sobre la jurisdicción. Trad. de Maximiliano Aramburo Calle. *In: Páginas sobre justicia civil*. Madrid: Marcial Pons, 2009, p. 28

40 O professor Luiz Roberto Barroso trata em diversos de seus textos sobre a função contra-majoritária da Corte Suprema brasileira, entendimento este que pode se entender para todo o Judiciário uma vez que todos os magistrados tem o poder de analisar a constitucionalidade das leis em sede de processo subjetivo – chamado controle difuso de constitucionalidade. Exemplificativamente, veja-se, BARROSO, Luis Roberto. *Judicialização, Ativismo Judicial e Legitimidade Democrática*, Revista de Direito do Estado nº 13, 2009.

Mas, para que todas estas questões despontem como efetivo contributo, é preciso que o resultado da audiência pública, com todos os seus materiais e informações, estejam devidamente documentados e disponíveis para consulta – tanto dos julgadores, quando dos cidadãos. E apesar dessa exigência parecer contrária à propalada desformalização do procedimento, entende-se que a documentação do resultado do procedimento é elemento dos mais importantes, afinal é através da conferência destes dados que poderá aferir, posteriormente, se a audiência pública foi capaz de influir na decisão proferida.

O citado direito de influência é um cânone do contraditório moderno; em tempos democráticos, não basta propiciar à sociedade a possibilidade de participar do processo de formação da decisão judicial, é preciso que as partes possam ver o resultado de sua participação. O debate instaurado no processo através das alegações cruzadas, estas retroalimentadas pelas produções probatórias ou pelos argumentos jurídicos utilizados para embasar cada uma dasposições, devem ser obrigatoriamente observadas quando da tomada de posição pelo magistrado.[41]

É no momento de motivar a decisão que o Judiciário mostra para as partes como foram consideradas seus argumentos. O magistrado tem por dever expor, dentre as suas razões decisórias, os motivos pelos quais adotou ou não as considerações dos sujeitos do processo. A reconstrução racional dos fatos ou a interpretação do direito discutido deve necessariamente perpassar pelas exposições de autor e réu no processo. Esta tendendência acabou ganhando uma diretriz infraconstitucional, cuja determinação é observada no art. 489, §1º, do novo CPC, que traz um panorama sobre a adequada motivação dentre as quais, a necessidade de *"enfrentar todos os argumentos deduzidos no processo capazes de, em tese, infirmar a conclusão adotada pelo julgador"*.

Por certo que esta sistemática deve ser adotada no sistema das audiências públicas. Ainda que se esteja em um plano superior ao conflito entre autor e réu, o ambiente de discussão racional instaurado no curso de um processo deve propiciar que os participantes possam influenciar a decisão judicial. Neste viés, impõe-se ao magistrado levar em consideração todos os fatos discutidos na audiência pública – ao menos aqueles aptos a incidir direta e efetivamente no objeto da contenda (seja contrário ou favorável).

---

41 Sobre o princípio do contraditório e o direito de influência ver CABRAL, Antonio do Passo. *Nulidades no Processo Moderno: Contraditório, Proteção da Confiança e Validade Prima Facie dos Atos Processuais ... Op. cit.*, p. 113-158. Ainda sobre a questão, mas sem adentrar especificamente sobre os contornos do direito de influência ver NUNES, Dierle José Coelho e THEODRO JUNIOR, Humberto. O Princípio do Contraditório: tendências de mudança de sua aplicação. *Revista da faculdade de direito do sul de minas*. Pouso Alegre, ano XXV, nº 28. Jan/jun. 2009. Ver também CABRAL, Antonio do Passo. Il principio del contraddittorio come diritto d'influenza e dovere di dibattito. *In*: *Rivista de Diritto Processuale*, anno LX, nº 2, aprile-giugno 2005; e CABRAL, Antonio do Passo. Contraditório. *In*: TORRES, Ricardo Lobo *et alii* (Org.). *Dicionário de Princípios Jurídicos*. Rio de Janeiro: Campos Jurídico, 2011. p. 193-210; e ainda GRECO, Leonardo. O princípio do contraditório. In: *Revista Dialética de Direito Processual*, nº 24, mar. 2005. Na doutrina internacional, veja-se TROCKER. Nicolò. *Processo civile e costituzione*. Milano: Giuffrè, p. 371, 1974.

Nem se poderia pensar diferente: a modernidade, na medida em que fez expandir a complexidade e contingência no mundo da vida, acabou por transpor estas dificuldades para o cenário judicial. As matérias em julgamento perante os tribunais pátrios são cada vez mais interdisciplinares, impondo o auxílio dos mais variados segmentos da sociedade para se entender o verdadeiro cerne do problema em discussão. Somente com o desembaraço desta teia estrutural que compõe a demanda é que o Judiciário pode tomar uma decisão acertada. E necessariamente, esta tomada de posição deve ser influenciada pela participação social.

E apenas da importância do procedimento, uma observação ainda merece ser realizada em relação as audiências públicas: o seu resultado não deve vincula o Poder Judiciário, ou seja, as conclusões documentadas ao final dos debates não tem o condão de obrigar aos magistrados a decidirem o caso concreto com base nos exatos termos concludentes do procedimento popular. Conforme aventado, o caráter consultivo-informativo do procedimento tem como justificativa alimentar o Judiciário com os mais variados argumentos sobre o fato em debate. A miríade de matérias coletadas na audiência pública instrui o processo judicial e como "prova" deve ser tratada, ou seja, devem ser vistos como subsídios para uma reconstrução de fatos ou demonstração de situações/acontecimentos; sua função é, pura e simplesmente, auxiliar o magistrado no alcance da melhor resposta judicial.[42]

Ao judiciário compete, pois, analisar e cotejar as informações com as peculiaridades da causa e ao final valorá-las, atribuindo o peso adequado a cada uma das matérias debatidas. O diferencial, pois, estaria no momento de justificar a adoção de determinados posicionamentos e a exclusão de outros.

A fundamentação adequada é o único meio de salvaguarda do Judiciário no momento de amparar ou não as conclusões determinadas pelo procedimento público de debates. Justificar uma decisão embasada em audiência pública exige, necessariamente, uma maior carga de argumentação por parte do magistrado, e a razão para tanto é simples: seu pronunciamento sofrerá, necessariamente, um maior controle social, motivo pelo qual terá como missão o dever de convencer um maior número de pessoas de que a decisão proferida é consentânea com o direito, que é a mais adequada para o caso[43]. E caso a deci-

---

42 Cf. TARUFFO, Michele. La Recolección ... *Op. cit.,* p. 353-359. Para verificar as interações entre prova e motivação das decisões, ver TARUFFO, Michele. Considerazioni su Prova e Motivazione. *In:* MEDINA, José Miguel Garcia *et alii. Os Poderes do Juiz e o Controle das Decisões Judiciais*. São Paulo: Editora Revista dos tribunais. 2008, p. 165-173.

43 Referido apontamento encerra a mais nobre das funções da motivação da decisão judicial, qual seja, o controle social da atuação jurisdicional. Os escritos de Taruffo são bem elucidativos sobre as razões para se fundamentar os pronunciamentos judiciais, por todos, veja-se TARUFFO, Michele. La Motivación de la Sentencia. Trad. de Maximiliano Aramburo Calle. *In: Páginas sobre justicia civil.* Madrid: Marcial Pons, 2009. Para uma visão sucinta das ideias do autor italiano e suas obras ver OLIVEIRA, Humberto Santarosa de. A Garantia Fundamental de Motivação das Decisões Judiciais. *In: Revista Eletrônica de Direito Processual,*Rio de Janeiro, vol XII, ano 7, p. 316-338, jul.-dez. de 2013, disponível em www.redp.com.br, acesso em 10 de junho de 2013.

são do magistrado acabe se afastando das conclusões da audiência pública, há quem defenda, de forma bem orientada e plausível, o maior dever de fundamentação do magistrado – maior ônus argumentativo.[44]

Em analogia, pode-se dizer que a motivação da decisão judicial que contraria um ou mais aspectos do resultado/conclusão de uma audiência pública merece um tratamento semelhante aquele dado pelos Tribunais da *common law* quando objetivam afastar a aplicação de um precedente (e, neste caso, seja para distinguí-lo do caso concreto, seja para efetivamente superá-lo, dando à questão novo tratamento): uma fundamentação analítica.[45] Obviamente que estas razões devem, como pede o atual art. 489, § 1º, conjungado com o art. 927, § 1º, ambos da nova lei processual, afastar todos aqueles argumentos contrários, além de apresentar as convincentes razões para chancelar a posição tomada.

---

44 Nestes termos aponta Antonio do Passo Cabral: "Assim, surge outro importante efeito da audiência pública, aquele de impor um ônus argumentativo (*Argumentationslast*) caso desejem os órgãos administrativos e judiciais afastar-se da conclusão popular. Isto ocorre porque, às vezes, o ordenamento estabelece um primado apriorístico (*prima facieVorrang*) de certos valores, interesses e direitos em detrimento de outros. Assim, quando observada essa 'hierarquia' valorativa, para que o magistrado faça prevalecer o bem, valor ou direito que não aquele *prima facie* prevalente, deve ter 'razões mais fortes' (*stärkereGründe*) do que seria necessário para justificar a decisão em benefício do interesse privilegiado pela ordem jurídica.", em CABRAL, Antônio do Passo. Os Efeitos Processuais da audiência pública. *Revista Eletrônica de Direito Administrativo Econômico (REDAE)*, Salvador, Instituto Brasileiro de Direito Público, nº. 12, novembro/dezembro/janeiro, 2008. Disponível em http://www.direitodoestado.com.br/redae.asp, acesso em: 15 de junho de 2013. A obrigação de motivar as decisões deve sempre ser observada com a cautela necessária, pois se traduz em uma das mais importantes garantias dos jurisdicionados, pelo justo motivo de possuir uma faceta instrumental, qual seja, é o *locus* no qual se analisa se todas as demais garantias processuais foram efetivamente observadas e se o direito foi efetivamente cumprido. Entende-se, pois, que independente do resultado das conclusões das audiências públicas e sua relação com a decisão judicial, as justificativas do pronunciamento devem ser suficientes ao ponto de analisar todos os argumentos favoráveis à tomada de posição, assim como deve refutar especificamente todos aquelas razões contrárias à conclusão alcançada pelo magistrado. Sobre este assunto, ver OLIVEIRA, Humberto Santarosa. *Motivação e Discricionariedade: as razões de decidir e o contraditório como elementos legitimadores da atuação judicial*. 2014. 187 f. Dissertação (Mestrado em Direito Processual) – Faculdade de Direito. Universidade do Estado do Rio de Janeiro, Rio de Janeiro.

45 Cf. STRECK, LenioLuiz e ABBOUD, Georges. *O que é isto – o precedente judicial e as súmulas vinculantes?*. Porto Alegre: Livraria do Advogado, 2013. p 36, quando assim afirma: "Para se afastar dessa decisão, o juiz deve, obrigatoriamente, proceder a exaustiva fundamentação, a fim de evidenciar que para aquele caso concreto não deve ser mantida a aplicação do precedente, para tanto, lançará mão do *distiguishing* e do *overrruling*". Lenio Streck defende, em grande parte de seus textos, a chamada "fundamentação analítica" ou fundamentação da fundamentação, impondo verdadeiro dever de enfrentar o caso concreto para que se alcance a decisão correta. Por todos os textos do citado autor, ver *Verdade e Consenso*. São Paulo: Saraiva, 2011. Na doutrina estrangeira, Michele Taruffo também enfrenta o ponto atinente a motivação das decisões judiciais e a necessidade de impor ao magistrado uma obrigação de enfrentar todos os fatos e fundamentos aptos a influenciar na tomada de posição, inclusive aqueles contrários ao resultado atingido, cf. TARUFFO, Michele. *La Motivación de la Sentencia ... Op. cit.*

A ideia aqui é demonstrar que a motivação da decisão judicial compreende, além de uma garantia, um *plus* à legitimidade democrática do Poder Judiciário, pois é a partir da apresentação das razões para a sociedade que se verificará se a audiência pública realizada teve o condão de influir no acertamento dos fatos e do direito, e, via de consequência, no próprio pronunciamento judicial.

É por todos estes motivos que se rechaça qualquer forma de obnubilar a realização de audiências públicas pelo Judiciário.[46] Não é a sua condição de procedimento de consulta que desnatura o seu conteúdo; os argumentos neste sentido, que tratam as audiências como mera formalidade inútil, é tão autoritário quanto as razões que buscam isolar o Judiciário da sociedade. O incentivo às formas de participação democrática não pode e nem devem ser dispensados tendo por premissa os exemplos do passado; deve-se pensar o novo com a cabeça e os ideiais da nova situação. Esta é a premissa na qual se prende com este estudo.

Assim, a voz ativa da sociedade nas audiências públicas se mostra presente na contribuição que os debates trarão ao deslinde dos casos em julgamento. Os argumentos discutidos devem ser observados pelo Judiciário no momento de decidir – seja para o bem, seja para o mau. O resultado da decisão judicial é apenas uma consequência do procedimento de participação popular, que alcança sua essência com o influxo das ideias trazidas pela população e o prestígio conferido a elas pelo magistrado.

Ratifica-se: o consenso não é, essencialmente, um escopo da audiência pública, mesmo porque a multiculturalidade da sociedade brasileira enseja a defesa das posições mais antagônicas; alcançá-lo, neste cenário, seria utópico. De toda, forma, mesmo que se considerasse palatável chegar a um consenso ou ao que se chama de "uma maioria esmagaora" sobre determinada matéria, ainda seria possível ao magistrado, na hora de decidir, discordar da ideia comum alcançada em sede de debate público, afinal, além de não ser vinculante, a própria atuação contramajoritária do Poder Judiciário consagra este fato; o direito não pode e nem deve render-se à vontade da maioria.

A divergência entre o resultado/conclusão da audiência pública e da decisão judicial não coloca o procedimento público de debate como um ornamento para a atuação judiciária; qualificá-la como algo "*limitado a um debate formal cujo impacto participativo é irrelevante para a tomada de decisão dos ministros ou para alteração das formas jurídicas tradicionais aos tribunais*" é pensar de forma retrógada[47]. As razões que embasam argumentos tais são frágeis ao ponto de não compreender a eter-

46 Por todos, VESTENA, Carolina Alves. *Participação Social e Audiências Públicas no STF: Democracia ou Formalismo?*. Artigo apresentado no XXI Congresso Nacional do Conpedi/UFF no dia 02 de novembro de 2012. Disponível em http://www.publicadireito.com.br/publicacao/livro.php?gt=76. Acesso em 18 de junho de 2013.

47 VESTENA, Carolina Alves. *Participação Social ... Op. Cit.* p. 574.

na dicotomia síntese-antíse, no qual os argumentos pré e contra poderão ser acatados ou rechaçados em razão das peculiaridades de cada caso.[48]

A força participativa das audiências públicas está no justo fato de propiciar o mais amplo debate sobre os temas em julgamento pelo Judiciário, conjungada com a sua efetiva possibilidade de influir na decisão do caso. A soberania popular não deve imperar sempre, mas sempre que possível, deve-lhe ser dado ouvidos, pois ela constituirá verdadeira força motriz nos processos de discussão sobre os rumos da administração pública, notadamente no Judiciário.

Mas a audiêmcia pública revela mais do que a possibilidade de concretização do contraditório-incluênica e da motivação adequadada das decisões judiciais. A oitiva da sociedade por meio da audiência pública consagra ainda a esperada cooperação das partes e do juiz para o alcance da solução justa[49] – o novo Código, em seu art. 6º, também encerra a cooperação como um princípio fundamental do processo civil brasileiro.[50-51]

---

48 Reafirmando-se o aspecto legitimante que pode ser alcançado com a audiência pública, tem-se a ação que julgou a constitucionalidade da lei de Biosegurança, na qual, o relator Ministro Ayres Britto, na decisão de convocação do procedimento, discorreu, com simplicidade ímpar, o arcabouço das ideias que se procurou defender neste trabalho. Merece registro a decisão ordinatória não somente pelo fato de sua importância histórica, mas pela sensibilidade com a qual demonstrou o Ministro ao tratar sobre a legitimidade social que se extrairia da audiência pública: "4. Daqui se deduz que a matéria veiculada nesta ação se orna de saliente importância, por suscitar numerosos questionamentos e múltiplos entendimentos a respeito da tutela do direito à vida. Tudo a justificar a realização de audiência pública, a teor do § 1º do artigo 9º da Lei nº 9.868/99. Audiência que, além de subsidiar os Ministros deste Supremo Tribunal Federal, também possibilitará uma maior participação da sociedade civil no enfrentamento da controvérsia constitucional, o que certamente legitimará ainda mais a decisão a ser tomada pelo Plenário desta nossa colenda Corte". A íntegra da decisão pode ser encontrada em http://redir.stf.jus.br/estfvisualizadorpub/jsp/consultarprocessoeletronico/ConsultarProcessoEletronico.jsf?seqobjetoincidente=2299631, tendo o despacho sido proferido em 19 de dezembro de 2006, mas somente publicado em 1º de fevereiro de 2007. Acesso em 19 de junho de 2013.

---

49 O termo é usado no sentido defendido por TARUFFO, Michele. Idee per una teoria della decisione giusta, in *Rivista Trimestrale di Diritto Procedura Civile*. Anno Lim, nº 2, 1997.

50 Assim destaca o art. 6º: "Todos os sujeitos do processo devem cooperar entre si para que se obtenha, em tempo razoável, decisão de mérito justa e efetiva". O princípio também tem sua essência presente no próprio conteúdo do art. 5º, que sedimenta: "Aquele que de qualquer forma participa do processodeve comportar-se de acordo com a boa-fé".

51 Sobre as normas fundamentais, ver PINHO, Humberto Dalla Bernardina de. Os princípios e as Garantias Fundamentais no Projeto de Código de Processo Civil: breves considerações acerca dos artigos 1º ao 11 do PLS 166/10. *In*: *Revista Eletrônica de Direito Processual*, vol. VI, ano 4, jul.-dez. 2010, p. 49-92. Disponível em www.redp.com.br, acesso em 08 de janeiro de 2013 e ainda CARNEIRO, Paulo Cezar Pinheiro. Comentários aos artigos 1º ao 15. In: Teresa Arruda Alvim Wambier et al. (Coord.), Breves comentários ao novo Código de Processo Civil, São Paulo: Revista dos Tribunais, 2015, p. 58 a 89.

O princípio encerra alguns deveres que compõe sua essência: esclarecimento, consulta e prevenção.[52-53] Esta cooperação é perfeitamente alcançada com a audiência pública, uma vez que deve haver uma verdadeira interação entre todos os participantes e o juiz da causa, para que possam, conjuntamente, construir a decisão do caso. A ideia da audiência pública encerra muito bem o que o Miguel Teixeira de Souza, utilizando-se de expressão cunhada por Leo Rosemberg, quis dizer com "comunidade de trabalho".[54]

---

52 Cfr., CABRAL. Antonio do Passo. *Nulidades no processo moderno ... Op. cit.,* 228-229; DIDIER, Fredie. *O princípio da cooperação: uma apresentação. Op. cit.,*p. 76. Há que se destacar, porém, que parte da doutrina nacional, influenciada pelos ensinamentos do português Miguel de Sousa Teixeira (*vide, v.g.* SOUZA, Miguel Teixeira de. Aspectos do novo processo civil português. *Revista Forense.* Rio de Janeiro: Ed. Forense. v. 338. ano 93. 1997. p. 149-158), acrescenta um quarto elemento, qual seja, o dever de auxílio. Neste sentido, MITIDIERO. Daniel. Colaboração no Processo Civil como um *prêt-à-porter*? ... *Op. cit.,* Assim, somente a título de curiosidade, para Mitidiero, o dever de auxílio corresponderia ao "dever de auxiliar as partes na superação de eventuais dificuldades que impeçam o exercício de direitos ou faculdades ou o cumprimento de ônus ou deveres processuais.". O presente trabalho não se ocupará desta questão, uma vez que pelos próprios exemplos dados para justificar o dever de auxílio (*v.g.* ordenar a exibição de documento ou coisa em poder da parte ou de terceiro), vislumbra-se que esta obrigação do juiz nada mais simboliza do que a resolução de questões inerentes ao direito material discutido no processo, o que se encontra dentro do poder-dever de decisão do magistrado. Assim, o dever de auxílio, na forma como exposto pela doutrina, não representa, autonomamente, um típico dever oriundo da cooperação, mas sim o exercício do vetusto poder decisório do juiz em dirimir determinadas controvérsias no decorrer do processo. Essa vertente do dever de cooperação, apesar de não unanimemente suscitada na doutrina brasileira, ainda encontra amparo em Portugal, que recentemente alterou seu Código de Processo Civil (a Lei nº 41/2013 entrou em vigor em 1º de setembro de 2013) e manteve incólume sua previsão, ao determinar no art. 7º, nº 4: "Sempre que alguma das partes alegue justificadamente dificuldade séria em obter documento ou informação que condicione o eficaz exercício de faculdade ou o cumprimento de ónus ou dever processual, deve o juiz, sempre que possível, providenciar pela remoção do obstáculo." Disponível em http://www.cej.mj.pt/cej/recursos/ebooks/ProcessoCivil/0351803665.pdf. Acesso em 05 de junho de 2013.

53 A título de elucidação, os deveres suscitados no texto correspondem a deveres impostos ao juiz, não havendo previsões específicas de deveres para as partes, mas apenas necessidade de guiar suas atuações pela ética e moral. Antonio do Passo Cabral aponta, a título elucidativo, alguns deveres das partes, como o dever de veracidade e o dever de completude, cfr. *Nulidades no Processo Moderno ...Op. cit.,* p. 218.

54 SOUZA, Miguel Teixeira de. Aspectos do novo processo civil português. *Revista Forense*. Rio de Janeiro: Ed. Forense. v. 338. ano 93. 1997. Escrevendo sobre a cooperação, o mestre português assim destaca em p. 150: "(...) na condução e intervenção no processo, os magistrados, os mandatários judiciais e as próprias partes devem cooperar entre si, concorrendo para se obter, com brevidade e eficácia, a justa composição do litígio. Este importante princípio da cooperação destina-se a transformar o processo civil numa 'comunidade de trabalho' e a responsabilizar as partes e o tribunal pelos seus resultados. Este dever de cooperação dirige-se quer às partes, quer ao tribunal". Há que se destacar, por fim, que o ideal desta "comunidade de trabalho" deve se observada a luz do modelo constitucional de processo, em atenta observância às garantias processuais dos cidadãos. Neste sentido, NUNES, Dierle José Coelho. *Processo Jurisdicional democrático*. Curitiba: Juruá, 2012, que assim destaca em p. 215: "Como uma das bases da perspectiva democrática, aqui defendida, resi-

O ideal de cooperação e trabalho em conjunto faz revolver à ideia da sociedade aberta dos intérpretes da Constituição (e, por que não, do Direito!?) propalada por Peter Häberle[55], e influi diretamente na motivação das decisões judiciais. O magistrado passa a trabalhar com um maior número de elementos aptos ao alcance da decisão – tudo em razão da colaboração da sociedade –, potencializando as razões de decidir, as quais poderão estar embasadas na realidade social e cultural da sociedade que se fez participante do ato deliberativo.

Em suma, determinada a audiência pública, o que se verifica é a existência de um verdadeiro direito público subjetivo da coletividade de ter seus argumentos ouvidos e analisados pela decisão a ser proferida – motivação adequada. Trata-se de uma visão do contraditório para além das partes do processo, a abranger a comunidade como um todo, representada pelos partícipes do procedimento popular.

Essa acepção coletiva do contraditório, aqui aliado ao ideal de cooperação, abrange a possibilidade de a comunidade auxiliar e influir na decisão judicial, podendo inclusive propor, produzir e participar das provas necessárias a corroborar seus argumentos – limitadas ao objeto da audiência pública.

No atual estágio do Estado Democrático de Direito, o contraditório participativo e o processo cooperativo, deve ir além de seus muros limitadores. Em tempos de maior participação popular nas decisões estatais, com a sociedade colaborando no processo de deliberação política, faz-se necessário que o contraditório transcenda o seu raio de limitação processual e abrace a comunidade que auxiliou o juízo na tomada de decisão, o que se verificaria com uma adequada motivação das decisões. Eis uma fórmula palatável de aliar decisão correta e legitimidade democrática.

4. CONCLUSÃO

A importância que a participação popular alcança em um Estado Democrático de Direito é questão que deve ser pensada, realizada e ampliada para a estrutura judicial. A legislação atual já apresenta algumas formas de integração entre os cidadãos e o processo, todavia, procurou-se demonstrar que uma utilização mais incisiva do instituto da audiência pública no Judiciário como um todo, seria um meio eficaz de satisfazer as aspirações de efetiva e concreta participação social.

A existência de alguns poucos limites substanciais como objeto de discussão nos espaços de deliberação pública, associado ao controle do Judiciário pela sociedade que pode ser efetivado com as audiências públicas, revelam a importância assumida

de na manutenção da tensão entre perspectivas liberais e sociais, a comunidade de trabalho deve ser revista em perspectiva policêntrica e co-participativa, afastando qualquer protagonismo e se estruturando a partir do modelo constitucional de processo. tal percepção técnica, embasada pelo 'modelo constitucional de processo' em sua acepção dinâmica, visa a implementação de garantias concretas, autônomas e inovadoras do contexto normativo.".

55 HÄBERLE, Peter. *Hermenêutica Constitucional* ... Op. Cit..

pelo instituto para combater um dos argumentos mais propalados contra à atuação do Judiciário no cenário do constitucionalismo contemporâneo, a falta de legitimidade democrática.

A participação popular dentro de uma audiência pública irriga o Judiciário de fatos e elementos aptos a auxiliar no deslinde da causa *sub judice* sob a ótica da realidade social. No mundo moderno, no qual as complexidades e as contingências da vida são cada vez maiores e mais específicas, permitir um julgamento sem propiciar o conhecimento dos mais amplo leque de elementos é irresponsável e até anti-democrático.

Mas a audiência pública vai além de sua mera realização; os dados e fatos coletados nos debates devem ser capazes de influir, de alguma forma, na decisão do magistrado. O dever de motivação das decisões judiciais em processos com realização de debates públicos é deveras relevante, pois compete ao juiz demonstrar para a sociedade que assimilou toda a discussão a respeito dos pontos apresentados e sobre eles se pronunciar. E ainda que sua decisão seja contrário ao resultado/conclusão daqueles alcançada na audiência pública, os argumentos decisórios devem ser usados para demonstrar os motivos da tomada de posição naquele sentido.

A estreita relação entre audiência pública, cooperação, amplo diálogo e motivação das decisões judiciais deve ser observada para que o procedimento cumpra a sua efetiva função de legitimar a atuação do órgão jurisdicional, o qu se faz por meio de uma resposta jurisdicional adequada.

Ora, o processo é eminentemente dialógico. Para que um debate seja produtivo, pressupõe-se um governo democrático. A democracia somente é vislumbrada quando o cidadão efetivamente participa dos procedimentos de deliberação do Estado, inclusive do Poder Judiciário. A audiência pública permite a interação e a discussão dos cidadãos na esfera judicial. Conclusão inexorável é que um processo se faz democrático com a participação popular, e a audiência pública, com amplo contraditório e efetiva cooperação da sociedade, tem este papel – desde que sua participação seja efetivamente respeitada.

A CELEBRAÇÃO DE ACORDOS EM MASSA COMO POTENCIALIDADE DO IRDR

José Roberto Sotero de Mello Porto
Roberto de Aragão Ribeiro Rodrigues

1. INTRODUÇÃO

O Código de Processo Civil de 2015, ao instituir o incidente de resolução de demandas repetitivas – IRDR, agregou ao ordenamento jurídico brasileiro interessante instrumento para o microssistema de gestão e julgamento de causas repetitivas, visando assegurar-lhes tratamento prioritário, adequado e racional.[1]

O incidente de resolução de demandas repetitivas consiste em mecanismo que se destina, precipuamente, à tutela coletivizada de direitos individuais homogêneos,[2-3] mas sem a exigência de um legitimado extraordinário, que se faz presente nas ações coletivas, há muito já empregadas no Brasil.[4]

---

1 DIDIER JR., Fredie. *Curso de direito processual civil*: o processo civil nos tribunais, recursos, ações de competência originária de tribunal e *querela nullitatis*, incidentes de competência originária de tribunal./Fredie Didier Jr., Leonardo Carneiro da Cunha. 13ª ed. reform. Salvador: Ed. JusPodivm, 2016, v. 3, pp. 590; 644.

2 MARINONI, Luiz Guilherme. Incidente de resolução de demandas repetitivas e recursos repetitivos: entre precedente, coisa julgada sobre questão, direito subjetivo ao recurso especial e direito fundamental de participar. *Revista dos Tribunais*. São Paulo: Editora Revista dos Tribunais, v. 962, dez. 2015, p. 131-151. Antonio do Passo Cabral registra, com acerto, que o IRDR possui escopo mais amplo que o das ações coletivas que tenham por objeto a tutela de direitos individuais homogêneos, uma vez que pode ter por objeto, por exemplo, a definição de uma controvérsia de índole estritamente processual. CABRAL, Antonio do Passo. CRAMER, Ronaldo. *Comentários ao novo Código de Processo Civil*. Coordenação Antonio do Passo Cabral, Ronaldo Cramer. Rio de Janeiro: Forense, 2015, p. 976.

3 Humberto Dalla Bernardina de Pinho fornece a seguinte definição para tal categoria: "(...) o direito individual homogêneo é direito subjetivo individual complexo; é um direito individual porque diz respeito às necessidades, aos anseios de uma única pessoa; ao mesmo tempo é complexo, porque suas necessidades são as mesmas de todo um grupo de pessoas, fazendo nascer, destarte, a relevância social da questão." PINHO, Humberto Dalla Bernardina de. *Jurisdição e pacificação:* limites e possibilidades do uso dos meios consensuais de resolução de conflitos na tutela dos direitos transindividuais e pluri-individuais. Curitiba: CRV, 2017, p. 138.

4 RODRIGUES, Marco Antonio dos Santos. O incidente de resolução de demandas repetitivas e sua legitimidade. In: ROSSI, Fernando et al. (Coord.). *O futuro do processo civil no Brasil:* uma análise crítica ao Projeto do Novo CPC. Belo Horizonte: Fórum, 2011, pp. 433-443, 435.

Com assumida inspiração do legislador brasileiro no procedimento-modelo alemão (*Musterverfahren*),[5] pode-se dizer que o incidente reproduz, já na segunda instância, a lógica que rege o julgamento por amostragem dos recursos extraordinários e especiais repetitivos.[6]

A fixação de uma tese jurídica acerca de questão de direito material ou processual em momento antecipado, ainda nos tribunais de apelação, consiste na grande vantagem do instituto, mormente em período de tão profunda e propalada crise do Judiciário, que tem como um de seus principais fatores a dispersão jurisprudencial.[7]

Constatados os requisitos estabelecidos nos incisos I e II do artigo 976 e instaurado o incidente, desloca-se o julgamento da questão de direito material ou processual repetitiva ao órgão do tribunal de justiça ou tribunal regional federal responsável pela uniformização de jurisprudência, nos termos do artigo 978.

Verifica-se, portanto, a "cisão da cognição judicial",[8] já que aquelas ações, individuais ou coletivas em trâmite ainda perante a primeira instância, são suspensas

---

5 A Exposição de Motivos do novo CPC deixa clara tal inspiração na seguinte passagem: "Com os mesmos objetivos, criou-se, com inspiração no direito alemão, o já referido incidente de Resolução de Demandas Repetitivas, que consiste na identificação de processos que contenham a mesma questão de direito, que estejam ainda no primeiro grau de jurisdição, para decisão conjunta." BRASIL. Congresso Nacional. Senado Federal. Comissão de Juristas Responsável pela Elaboração de Anteprojeto de Código de Processo Civil. Código de Processo Civil: anteprojeto/Comissão de Juristas Responsável pela Elaboração de Anteprojeto de Código de Processo Civil. – Brasília: Senado Federal, Presidência, 2010, p. 21. Disponível em <https://www.senado.gov.br/senado/novocpc/pdf/Anteprojeto.pdf>. Acesso em: 28 jun 2017.

6 MENDES, Aluisio Gonçalves de Castro. *Ações coletivas e meios de resolução coletiva de conflitos no direito comparado e nacional.* 4ª ed. rev., atual. e ampl. São Paulo: Editora Revista dos Tribunais, 2014,p. 299.

7 "Interessante (...) haver juízes no Brasil que se sentem diminuídos, pelo fato de terem de curvar-se a jurisprudência dominante de um tribunal superior ou a uma súmula vinculante. Há quem reconheça, felizmente, que a dispersão da jurisprudência e a falta de estabilidade comprometem fundamentalmente a credibilidade do Poder Judiciário como um todo. A uniformização da jurisprudência é muito provavelmente uma prática que aumenta o poder da instituição cuja função é decidir (...) harmonia ou coerência interna reforça a credibilidade externa. Penso que isso ocorre no Brasil: excesso de dispersão jurisprudencial desacredita o Judiciário e decepciona o jurisdicionado. É um mal para a sociedade." WAMBIER, Teresa Arruda Alvim. Precedentes e evolução do direito. In: *Direito Jurisprudencial.* Teresa Arruda Alvim Wambier, coordenação. São Paulo: Editora Revista dos Tribunais, 2012, pp. 11-95, p. 40.

8 "Como o próprio nome informa se trata de uma técnica introduzida com a finalidade de auxiliar no dimensionamento da litigiosidade repetitiva *mediante uma cisão da cognição* através do "procedimento-modelo" ou "procedimento-padrão", ou seja, um incidente no qual "são apreciadas somente questões comuns a todos os casos similares, deixando a decisão de cada caso concreto para o juízo do processo originário", que aplicará o padrão decisório em consonância com as peculiaridades fático-probatórias de cada caso." NUNES, Dierle José Coelho. O IRDR do novo CPC: este "estranho" que merece ser compreendido. *Revista Justificando*. Disponível em <http://justificando.com/2015/02/18/o-irdr-novo-cpc-este-estranho-que-merece-ser-compreendido/>. Acesso em 11 jun 2015.

até que venha a ser proferida pelo tribunal de segundo grau a decisão sobre a questão jurídica comum controvertida, conforme previsto no inciso I, do artigo 982, do CPC.

O caráter vinculante da tese fixada no IRDR é estabelecido pelo parágrafo 1º do artigo 985, que preconiza o cabimento de reclamação na hipótese de sua não observância.

Diante deste caráter vinculante dos julgamentos proferidos em IRDR, estabelecido expressamente também pelo artigo 927, III, entende-se que a definição da questão jurídica central também traz como consequência o julgamento liminar de improcedência (art. 332, III) de futuras ações que tenham por objeto pretensão cujo fundamento contrarie a tese jurídica pacificada no tribunal ao qual se vincule o juízo, independentemente da citação do réu.

Já a transação por adesão, prevista no art. 35 da Lei nº 13.140/2015, e que será abordada no último tópico deste artigo, consiste, em síntese, na possibilidade de que as controvérsias jurídicas que envolvam a administração pública federal direta, suas autarquias e fundações e particulares que se encontrem em situação idêntica venham a ser dirimidas mediante a celebração de um acordo global.

Considerando que os entes públicos estão entre os maiores litigantes do Brasil,[9] até mesmo em razão do gigantesco número de relações jurídicas que travam nas mais diversas searas com os jurisdicionados, a transação por adesão, enquanto instrumento para a realização de acordos em massa, pode contribuir de modo contundente para a racionalização da prestação jurisdicional no Brasil.

Não se buscará neste artigo delinear um perfil teórico completo do IRDR[10] ou da transação por adesão, mas tão somente procurar apontar as vantagens do uso conjugado destes dois institutos, imbricados por integrarem o objeto de estudo do Direito Processual Coletivo.[11]

2. OS DIFERENTES ÂMBITOS DE INCIDÊNCIA DO IRDR E DAS AÇÕES COLETIVAS

O incidente de resolução de demandas repetitivas, previsto nos artigos 976 a 987 do CPC, tem como principal escopo a promoção de uma superior concretização dos princípios constitucionais da isonomia, da segurança jurídica e da duração razoável dos processos.[12]

---

9 INSS, CEF, Fazenda Nacional, União, e Banco do Brasil lideram o *ranking* dos 100 maiores litigantes, elaborado pelo Conselho Nacional de Justiça. Disponível em: http://www.cnj.jus.br/images/pesquisas-judiciarias/pesquisa_100_maiores_litigantes.pdf. Acesso em 21 out 2017.

10 Vide TEMER, Sofia. *Incidente de resolução de demandas repetitivas*. Salvador: Ed. Juspodivm, 2016 e MENDES, Aloisio Gonçalves de Castro. *Incidente de resolução de demandas repetitivas*: sistematização, análise e interpretação do novo instituto processual. Rio de Janeiro: Forense, 2017.

11 MENDES, Aloisio Gonçalves de Castro. *Incidente de resolução de demandas repetitivas*: sistematização, análise e interpretação do novo instituto processual. Rio de Janeiro: Forense, 2017, p. 253.

12 RODRIGUES, Roberto de Aragão Ribeiro. *Precedente formado em casos repetitivos*: eficácia, *issue preclusion* e as teses jurídicas prejudiciais. Curitiba: Juruá, 2017, pp. 211-229.

Para atingir tais objetivos, o Código dispõe de forma expressa, em seu artigo 976, que o incidente será cabível quando houver, cumulativamente, efetiva repetição de ações que contenham controvérsia sobre idêntica questão de direito e haja risco de ofensa aos princípios da isonomia e à segurança jurídica.

O IRDR será plenamente adequado, portanto, ao tratamento de ações decorrentes de direitos individuais homogêneos.

Tais espécies de direitos individuais, tratados como coletivos apenas para fins processuais,[13] também podem, naturalmente, vir a ser tutelados pela via das ações coletivas.

Nota-se, portanto, um nítido campo de sobreposição entre o IRDR e as ações coletivas, no que concerne à tutela dos direitos individuais homogêneos.[14]

O incidente não prejudica a tutela de tais direitos por um legitimado extraordinário. Ao contrário, alia-se às tradicionais ações coletivas como mais um instrumento à disposição dos jurisdicionados.

Para a tutela dos direitos individuais homogêneos as ações coletivas terão preponderância absoluta sobre o IRDR apenas nas hipóteses em que o direito em disputa revestir-se da qualidade de "dano de bagatela".[15]Tal ocorre porque, nesses casos, não há estímulo suficiente ao ajuizamento de ações individuais.

As ações coletivas também serão, por óbvio, as exclusivamente adequadas à tutela dos direitos difusos e coletivos em sentido estrito.[16]

Há, por outro lado, uma zona de incidência exclusiva do incidente de resolução de demandas repetitivas.

Trata-se da hipótese de aplicação do incidente para a pacificação de questões jurídicas comuns, as quais podem versar sobre direito material ou mesmo direito processual, nos termos do art. 976 do CPC, e que não sejam suficientes, por si só, para

---

13 "Na essência, e por natureza, os direitos individuais homogêneos, embora tuteláveis coletivamente, não deixam de ser o que realmente são: genuínos direitos subjetivos individuais. Essa realidade deve ser levada em consideração quando se buscam definir e compreender os modelos processuais destinados à sua adequada e mais efetiva defesa. (...) estes são, essencialmente direitos subjetivos individuais que, embora passíveis de tutela coletiva na via judicial, nem por isso perdem a sua natureza, sob o ponto de vista material, de direitos pertencentes a pessoas determinadas, que sobre eles mantêm o domínio jurídico." ZAVASCKI, Teori Albino. *Processo coletivo:* tutela de direitos coletivos e tutela coletiva de direitos. 5ª ed. rev. e atual. e ampl. – São Paulo: Editora Revista dos Tribunais, 2011, p. 47-48.

14 André Vasconcelos Roque elabora didático gráfico com dois círculos secantes, nos quais ilustra as zonas exclusivas e convergentes do IRDR e das ações coletivas. Ações coletivas e procedimentos para a resolução de casos repetitivos: qual o espaço destinado a cada um? Procedimentos de resolução de casos repetitivos. In: DIDIER JR., Fredie, CUNHA, Leonardo Carneiro da. *Julgamento de casos repetitivos*. Salvador: Juspodivm, 2016, p. 32.

15 Consiste em exemplo clássico de dano de bagatela a discrepância entre a quantidade de produto informada ao consumidor na embalagem e a efetivamente existente.

16 ZAVASCKI, Teori Albino. *Processo coletivo:* tutela de direitos coletivos e tutela coletiva de direitos. 5ª ed. rev. e atual. e ampl. – São Paulo: Editora Revista dos Tribunais, 2011, p. 37.

o ajuizamento de uma demanda. A título de exemplo, basta cogitar a instauração de IRDR com a finalidade de fixar entendimento quanto à forma de contagem de um prazo prescricional ou processual.

Fixadas estas premissas, o presente artigo avançará no estudo do IRDR enquanto instrumento processual adequado à tutela dos direitos individuais homogêneos, procurando demonstrar, ao final, a vantajosidade da sua utilização em conjunto com a transação por adesão.

3. UM OLHAR SOBRE OS MECANISMOS DE TUTELA PLURI-INDIVIDUAL NO DIREITO ESTRANGEIRO: *MULTIDISTRICT LITIGATION – MDL*, *MUSTERVERFAHREN* E A POSSIBILIDADE DE CELEBRAÇÃO DE ACORDOS EM MASSA

O cenário consistente na litigância de massa, repetitiva, evidentemente não é exclusividade brasileira. Antes do delineio do moderno microssistema de casos repetitivos em nosso ordenamento (artigo 928 do Código de Processo Civil), a problemática já havia sido enfrentada por sistemas estrangeiros.

Nos Estados Unidos da América há mecanismo processual para o tratamento de ações de massa algo assemelhado ao Incidente de Resolução de Demandas Repetitivas – IRDR, denominado *Multidistrict Litigation – MDL*.[17]

Tal técnica é empregada no sistema norte-americano em julgamentos que envolvam questões comuns de ordem fática.[18] São as denominadas *mass tort litigation*,[19] as

---

17 Há previsão expressa no Título 28, § 1407, do *U.S. Code*:
"(a) When civil actions involving one or more common questions of fact are pending in different districts, such actions may be transferred to any district for coordinated or consolidated pretrial proceedings. Such transfers shall be made by the judicial panel on multidistrict litigation authorized by this section upon its determination that transfers for such proceedings will be for the convenience of parties and witnesses and will promote the just and efficient conduct of such actions. Each action so transferred shall be remanded by the panel at or before the conclusion of such pretrial proceedings to the districtfrom which it was transferred unless it shall have been previously terminated: *Provided, however*, That the panel may separate any claim, cross-claim, counter-claim, or third-party claim and remand any of such claims before the remainder of the action is remanded." Disponível em: https://www.law.cornell.edu/uscode/text/28/1407. Acesso em 04 out. 2017.

18 Cumpre consignar que nos EUA existem vários outros instrumentos processuais para o tratamento de ações de massa (*large-scale*) além do *Multidistrict Litigation* e das tradicionais *class actions* propostas por legitimados extraordinários. São eles a *formal consolidation, informal aggregation e a bankruptcy*. HENSLER, Deborah R. Revisiting the monster: newmyths and realities of class action and other large scale litigation. In: *Duke Journal of Comparative & International Law*. Vol. 11:179, p. 182. Disponível em: https://scholarship.law.duke.edu/cgi/viewcontent.cgi?article=1197&context=djcil. Acesso em 10 set. 2017.

19 "*Mass tort cases are those in which claims are highly numerous, exhibit a limited set of factual variations, and are geographically dispersed across jurisdictions.*" SAVAGE, Zachary B. *Scaling up*: implementing issue preclusion in mass tort litigation through bellwether trials. New York: *New York University Law Review*. April, 2013, p. 06.

quais são frequentemente processadas e julgadas por várias cortes distintas, fenômeno que dá origem ao termo *Multidistrict Litigation (MDL).*[20]

Podem ser citadas, a título de exemplo, as ações individuais propostas contra a indústria farmacêutica que tenham por objeto o pagamento de indenização por danos sofridos em razão do uso de medicamentos que causaram mal à saúde de seus usuários.

A despeito da indiscutível possibilidade e até mesmo preponderância de realização de transação nesta modalidade antes mesmo do seu julgamento, Deborah Hensler ressalva que a incidência de acordos globais em *MDLs* é significativamente inferior à obtida nas *class actions*,[21] as quais, como cediço, geralmente têm comodesfecho a celebração de um grande acordo.[22]

Feito este registro, cumpre esclarecer que, para a doutrina norte-americana, há significativa diferença entre os acordos firmados em ações coletivas e pluri-individuais – gênero do qual o MDL constitui espécie, com visto acima -, uma vez que nestes últimos não há necessidade de alteração no direito material ou nas regras processuais.[23]

Com efeito, a definição de acordo agregado pluri-individual estadunidense corresponde à transação que se destina à composição das pretensões de dois ou mais requerentes de forma interdependente.[24]

Ainda que o conceito de *non-class aggregate settlement* contemple o requisito da interdependência das pretensões a serem dirimidas,[25] seu escopo primordial de composição plúrima identifica-se com a proposta formulada no próximo tópico, de celebração de acordos em massa a partir de ações individuais que tenham por objeto direitos individuais homogêneos, cuja questão jurídica central tenha sido afetada para julgamento em sede de IRDR.

---

20 SAVAGE, Zachary B. Scaling up: implementing issue preclusion in mass tort litigation through bellwether trials. New York: *New York University Law Review*. April, 2013, p. 08.

21 HENSLER, Deborah R. Revisiting the monster: newmyths and realities of class action and other large scale litigation. In: *Duke Journal of Comparative & International Law*. Vol. 11:179, Disponível em: https://scholarship.law.duke.edu/cgi/viewcontent.cgi?article=1197&context=djcil. Acesso em 10 set. 2017, p. 191.

22 DANTAS, Bruno. *Princípios do direito*: processo agregado. Baseado na obra de *The American Law Institute*. Tradutor: Bruno Dantas. 1ª ed. São Paulo: Editora Revista dos Tribunais, 2017, pp. 319-320.

23 DANTAS, Bruno. *Princípios do direito*: processo agregado. Baseado na obra de *The American Law Institute*. Tradutor: Bruno Dantas. 1ª ed. São Paulo: Editora Revista dos Tribunais, 2017, p. 321.

24 DANTAS, Bruno. *Princípios do direito*: processo agregado. Baseado na obra de *The American Law Institute*. Tradutor: Bruno Dantas. 1ª ed. São Paulo: Editora Revista dos Tribunais, 2017, p. 321.

25 A exigência de interdependência das pretensões para celebração de um acordo em massa, sem paralelo no Direito brasileiro, consiste, segundo definição do *American Law Institute*, traduzida por Bruno Dantas, em: "(b) A resolução de pretensões mediante um acordo pluri-individual é considerada interdependente se: (1) a celebração do acordo pelo requerido for condicionada à participação de determinado número ou percentual de requerentes ou se depender de determinado valor total de pretensões; ou (2) o valor da pretensão de cada requerente não seja aferido somente a partir de fatos e transações individuais." DANTAS, Bruno. *Princípios do direito*: processo agregado. Baseado na obra de *The American Law Institute*. Tradutor: Bruno Dantas. 1ª ed. São Paulo: Editora Revista dos Tribunais, 2017, p. 321.

Também na Alemanha existe procedimento voltado à gestão dos casos repetitivos, o *Musterverfahren*[26], em três diplomas legais.[27] O instituto, que assumidamente motivou a criação do IRDR pátrio,[28] nasceu, em um primeiro momento, sem qualquer previsão positivada, como reação pragmática à repetição de ações (5.724) decorrentes do projeto de construção do aeroporto internacional de Munique, em 1979.[29]

No atual regramento do procedimento voltado aos litígios decorrentes do mercado financeiro, a composição é expressamente admitida.[30] Interessante é a menção

---

26 *Muster* significa padrão; *fahren*, processo.

27 "Hoje, existem na Alemanha três textos legais que preveem o cabimento do *Musterverfahren*para a resolução coletiva de conflitos de massa. São eles: (a) o § 114a da Lei dos Tribunais Sociais (SGG); (b) o art. 93a do Código da Justiça Administrativa (VwGO); e (c) a nova Lei de Introdução do Procedimento-Modelo para os Investidores em Mercado de Capitais (KapMuG)." (CAVALCANTI, Marcos de Araújo. Mecanismos de resolução de demandas repetitivas no direito estrangeiro: um estudo sobre o procedimento-modelo alemão e as ordens de litígios em grupo inglesas. *Revista de Processo*, vol. 238, Dez/2014, pp. 342.).

28 Assim enuncia a Exposição de Motivos do CPC/15: "Criaram-se figuras, no novo CPC, para evitar a dispersão excessiva da jurisprudência. Com isso, haverá condições de se atenuar o assoberbamento de trabalho no Poder Judiciário, sem comprometer a qualidade da prestação jurisdicional.
Dentre esses instrumentos, está a complementação e o reforço da ciência do regime de julgamento de recursos repetitivos, que agora abrange a possibilidade de suspensão do procedimento das demais ações, tanto no juízo de primeiro grau, quanto dos demais recursos extraordinários ou especiais, que estejam tramitando nos tribunais superiores, aguardando julgamento, desatreladamente dos afetados.
Com os mesmos objetivos, criou-se, com inspiração no direito alemão, o já referido incidente de Resolução de Demandas Repetitivas, que consiste na identificação de processos que contenham a mesma questão de direito, que estejam ainda no primeiro grau de jurisdição, para decisão conjunta".

29 Para completa descrição do conteúdo e do histórico do *Musterverfahren*, ver: MENDES, Aluisio Gonçalves de Castro. *Incidente de Resolução de Demandas Repetitivas*: sistematização, análise e interpretação do novo instituto processual. Rio de Janeiro: Forense, 2017, p. 30 e ss.

30 "Na versão anterior da KapMuG, lei germânica proibia que o procedimento-padrão fosse encerrado mediante composição das partes, salvo se estiverem acordes todos os sujeitos do processo, ou seja, autor, réu e intervenientes, conforme previsto na parte final da alínea 3 do § 14 da KapMuG anteriormente vigente.
No texto atual, o legislador alemão adotou uma importante inovação, ao inserir um sistema de comunicação da proposta de acordo, com a possibilidade de auto-exclusão (opt out – Austritt em alemão) por parte dos interessados. O § 17 estabelece que autor e réu do procedimento-padrão poderão formular uma proposta de acordo ou aceitar uma proposição do tribunal, com o objetivo de encerrar o procedimento-padrão e o processo originário. No entanto, a proposição deve ser levada ao conhecimento dos interessados, que terão a oportunidade de se manifestar, no prazo de um mês após a comunicação da proposta de acordo, requerendo a sua exclusão, se não concordarem com a oferta, nos termos do § 19 da KapMuG. Para que o acordo seja homologado, estabeleceu-se, no § 17, como limite que menos de 30 % (trinta por cento) dos interessados exerçam o direito de auto-exclusão. Portanto, se este percentual for atingido, a proposta de conciliação não será acolhida. Não havendo pedidos de exclusão ou se estes não alcançarem o percentual indicado, apenas os que manifestarem a exclusão ficarão desvinculados do acordo firmado e que será homologado, incidindo sobre todos os interessados que não manifestaram, tempestivamente, a sua

à possibilidade de exercício do mecanismo de *opt-out* pelas partes dos processos suspensos, nos três meses seguintes ao comunicado da proposta de acordo, o qual, de resto, só pode ser homologado se menos de 30% exercerem o direito de autoexclusão.

Tais experiências norte-americana e alemã, ainda que meramente noticiadas, em razão dos estreitos limites deste artigo, indicam que a celebração de acordos globais a partir de mecanismos de julgamento de casos pluri-individuais consiste em tendência plenamente factível para o Direito brasileiro.

4. A POTENCIALIDADE MÁXIMA DO IRDR: CONVERGÊNCIA COM O INSTITUTO DA TRANSAÇÃO POR ADESÃO PREVISTO NO ART. 35 DA LEI Nº 13.140/2015

O objetivo de se alcançar superior concretude aos princípios constitucionais da isonomia, da segurança jurídica e da duração razoável dos processos pela via da estabilização e do fortalecimento da jurisprudência foi, sem dúvida alguma, um dos motivos determinantes para o advento do novo Código de Processo Civil, tal como restou consignado em sua própria Exposição de Motivos.[31]

Paralelamente a essa grande diretriz, o legislador ordinário teve por mote, também, o estímulo aos meios consensuais de solução dos litígios, como se pode inferir da simples leitura dos artigos 3º e 165 do CPC/2015.

Essa noção de existência de duas diretrizes processuais fundamentais na contemporaneidade, a saber, a de fortalecimento da jurisprudência e a do estímulo aos meios consensuais de solução de conflitos, não tem passado desapercebida pela melhor doutrina.[32]

---

contrariedade em relação à composição." MENDES, Aluisio Gonçalves de Castro. *Ações coletivas e meios de resolução coletiva de conflitos no direito comparado e nacional.* São Paulo: Revista dos Tribunais, 2014. Acesso eletrônico.

---

31 "Prestigiou-se, seguindo-se direção já abertamente seguida pelo ordenamento jurídico brasileiro, expressado na criação da Súmula Vinculante do Supremo Tribunal Federal (STF) e do regime de julgamento conjunto de recursos especiais e extraordinários repetitivos (que foi mantido e aperfeiçoado) tendência a criar estímulos para que a jurisprudência se uniformize, à luz do que venham a decidir tribunais superiores e até de segundo grau, e se estabilize." BRASIL. Congresso Nacional. Senado Federal. Comissão de Juristas Responsável pela Elaboração de Anteprojeto de Código de Processo Civil. *Código de Processo Civil: anteprojeto*/Comissão de Juristas Responsável pela Elaboração de Anteprojeto de Código de Processo Civil. – Brasília: Senado Federal, Presidência, 2010, p. 17. Disponível em <https://www.senado.gov.br/senado/novocpc/pdf/Anteprojeto.pdf>. Acesso em: 28 jun 2017.

32 "Em síntese, no que tange à tutela jurisdicional mediante técnicas de adjudicação, o sistema caminha para o controle cada vez mais rigoroso da incongruência, em homenagem à segurança jurídica e à igualdade de tratamento. Ao lado desse fenômeno de padronização, por sua vez, outra tendência contemporânea consiste no estímulo aos modos consensuais de resolução de litígios." SILVA NETO, Francisco de Barros e. A conciliação em causas repetitivas e a garantia de tratamento isonômico na aplicação das normas. In: *Julgamento de casos repetitivos.* Fredie Didier Jr. e Leonardo Carneiro da Cunha. Salvador: Juspodivm, 2016, pp. 168-169.

Alinhada à tendência de incentivo aos meios consensuais de solução de controvérsias, a chamada "Lei da Mediação", Lei nº 13.140, de 26 de junho de 2015, ou seja, praticamente contemporânea à Lei nº 13.105, de 16 de março de 2015, que instituiu o novo CPC, disciplinou, em seu art. 35, o instituto da transação por adesão.

O instituto consiste, em síntese, na possibilidade de que as controvérsias entre particulares e entes da Administração Pública venham a ser objeto de transação por adesão, mediante prévia autorização do Advogado-Geral da União, que se baseará na jurisprudência pacífica do Supremo Tribunal Federal ou de tribunais superiores.

Importante destacar que, por possuir efeitos gerais, com aplicabilidade a todos os casos idênticos, nos termos do parágrafo 3º, a transação por adesão ostenta a grande virtude de zelar pela observância do princípio da impessoalidade, que norteia toda e qualquer atividade do Estado.

Com efeito, tal regra impede a particularização de acordos e, por via de consequência, a concessão de condições mais privilegiadas a determinados indivíduos.

Destaca-se, ainda, a superior adequação do uso conjugado da transação por adesão com os mecanismos processuais de julgamento de casos repetitivos previstos no CPC/2015, dentre os quais se encontra, naturalmente, o IRDR, em comparação com as ações coletivas que tenham por objeto a tutela de direitos individuais homogêneos, em razão das conhecidas dificuldades e delongas na fase de execução destas.[33]

Isto porque, na transação por adesão, em razão do acordo celebrado, que implica a renúncia, pelo interessado, ao direito sobre o qual se fundamenta a ação ou recurso, nos termos do parágrafo 4º do art. 35, não poderá haver ulterior discussão acerca do *quantum* efetivamente devido.

Urge, então, regulamentar, de forma adequada e efetiva, o mecanismo da transação por adesão, a fim de que possa alcançar toda a potencialidade que se extrai da regra inserta no art. 35 da Lei nº 13.140/2015.

Sustenta-se, portanto, que, após a devida regulamentação, a transação por adesão, quando conjugada com o IRDR, viabilizará uma potencialização deste mecanismo, visto que eliminará os problemas decorrentes da fase de execução das pretensões massificadas instrumentalizadas pela via das ações coletivas.

A conjugação desses dois inovadores institutos tende a trazer significativos ganhos para a racionalização da prestação jurisdicional brasileira.

De maneira concreta, acreditamos que o requisito de observância da "jurisprudência pacífica do Supremo Tribunal Federal ou de tribunais superiores" (artigo 35, I) mereça ser lido à luz dos artigos 926 a 928 do Código de Processo Civil.

Isso porque o diploma processual vigente trouxe, como um de seus pilares, a valorização da uniformização da jurisprudência, que deverá ser construída de maneira

---

33 Vide as infindáveis execuções decorrentes de ações coletivas que tiveram por objeto a cobrança do percentual de 28,86% a título de reajuste aos servidores públicos federais civis e militares, concedidos há mais de vinte anos, pelas Lei nº 8.622/93 e 8.627/93. O dispêndio de tempo em tais execuções, até os dias atuais, evidentemente sobrecarrega e compromete uma atuação mais relevante e estratégica dos Membros da Advocacia-Geral da União.

a ser íntegra, estável e coerente (artigo 926). De modo a efetivar essa noção programática, o legislador desenhou mecanismos qualificados de fixação de teses jurídicas, que definem a interpretação pretensamente definitiva daquela corte sobre questão específica, notadamente os incidentes de resolução de demandas repetitivas, de assunção de competência e de julgamento de recursos repetitivos.

No entanto, a normativa deu um passo ulterior, trazendo amplo leque de consequências práticas para as teses formadas, como a dispensa da observância da ordem de julgamento (artigo 12, §2°), o julgamento liminar de improcedência (artigo 332, II e III), o afastamento da remessa necessária da sentença neles lastreada (artigo 496, §4°), o julgamento monocrático de recursos pelo relator, negatório ou concessório (artigo 932, IV, "b" e "c" e V, "b" e "c"), bem como nos conflitos de competência (artigo 955, parágrafo único, II), o manejo de reclamação (artigo 988, IV), a desistência da ação antes da contestação independente do pagamento de custas e honorários (artigo 1.040, §2°) ou do consentimento do réu (artigo 1.040, §§ 1° e 3°) e a presunção de omissão da decisão que ignora julgado de casos repetitivos (artigo 1.022, parágrafo único, I).

Assim, a vinculatividade[34] formal[35] desses "precedentes de propósito"[36] não se limita ao plano teórico e abstrato, mas recebe efetividade por meio dos instrumentos

34 Afastando, com acerto, a terminologia "precedente" para essas decisões: "Decerto, a valorização da força dos precedentes tem crescido em escala geométrica nos últimos anos, mas é preciso compreender adequadamente o fenômeno, pois é completamente estranho aos sistemas que adotam o *stare decisis* o método de reabrir o julgamento encerrado no tribunal inferior para novo exame do recurso à luz da decisão da corte superior no recurso-piloto. Aliás, devo insistir no argumento de Nelson Nery Jr. e Georges Abboud de que, quando se define previamente a vinculatividade de uma decisão, pode-se estar tratando de diversas coisas, exceto de precedentes na acepção consagrada no *common law*." (DANTAS, Bruno. *Teoria dos Recursos Repetitivos:* tutela pluri-individual nos recursos dirigidos ao STF e ao STJ [arts. 543-B e 543-C do CPC]. São Paulo: Revista dos Tribunais, 2015, p. 122).

35 "Espera-se que ao reconhecimento formal do precedente agregue-se o substancial, isso é, trate-se de decisão proferida com elevado grau de qualidade (e.g., pleno respeito ao contraditório, participação efetiva de *amici curiae*, publicidade plena do procedimento, fundamentação exauriente em resposta a todos os argumentos relacionados ao problema etc.) e que a ela se submetam os juízes e Tribunais. O déficit qualitativo da decisão diminuirá ou, até, prejudicará o reconhecimento substancial a tal 'precedente', reduzindo sua 'força' vinculante, fazendo com que juízes não o respeitem e, consequentemente, se ajuíze grande número de reclamações fundadas no art. 988, IV e §§ 4° e 5° do CPC/2015.(...) No caso brasileiro, a lei atribui, formalmente, a qualidade de precedente a determinadas decisões, ao exigir sua observância e sujeitar seu desrespeito a controle exercido por meio da reclamação. A decisão que julga incidente de resolução de demandas repetitivas ou de assunção de competência, e.g., tem essa característica, *ex vi legis*. Mas isso atribui a tal decisão o reconhecimento de que se estaria diante de um precedente apenas formalmente. Ostentar tal qualidade formal permite que, de acordo com a lei processual, caiba reclamação contra a decisão que desrespeitar tal julgado – à semelhança do que sucede com a súmula vinculante, cuja afronta também justifica o ajuizamento de reclamação (cf. art. 988, III do CPC/2015, na redação da Lei nº 13.256/2016). Mas se essa qualificação formal não for acompanhada por um reconhecimento

36 CÂMARA, Alexandre Freitas. *O novo processo civil brasileiro*. 2ª ed. São Paulo: Atlas, 2016.

trazidos pela lei, destacadamente a reclamação[37] (artigo 988, IV e §5°, II). Outro elemento que impõe o dever de observância à sistemática de precedentes é o artigo 489, §1°, incisos V e VI.

Percebe-se, pois, que o Código de Processo Civil atual tem, como traço marcante, a valorização de certas decisões, mas, acaso não tivesse sido disciplinada a eficácia prospectiva das teses, o artigo 927 não bastaria *de per si* para garantir o respeito a essas decisões, contidas em seu rol.

A expressão adotada pela Lei de Mediação ("jurisprudência pacífica do Supremo Tribunal Federal ou de tribunais superiores") parece, apesar de ter sido redigida posteriormente ao novo diploma geral processual, ainda inserta na sistemática anterior. No código de 1973, por exemplo, a remessa necessária era dispensada quando a sentença se baseasse em "jurisprudência do plenário do Supremo Tribunal Federal" (artigo 475, §3°, CPC/73), ao passo que, no regramento vigente, são exigidos entendimentos fixados em incidente de julgamento de casos repetitivos ou de assunção de competência (artigo 496 §4°, II e III).

Da mesma forma, o relator, sob a égide do diploma revogado, podia negar seguimento a recursos que confrontassem a "jurisprudência dominante do respectivo tribunal, do Supremo Tribunal Federal, ou de Tribunal Superior" (artigo 557, *caput*, CPC/73), enquanto, agora, o julgamento monocrático imprescinde de pretérita fixação de tese em caso repetitivo ou em IAC (artigo 932, IV, "b" e "c", e V, "b" e "c").

---

continuação da nota 35

substancial, o 'precedente', ao invés de propiciar a obtenção de segurança e contribuir para a integridade da jurisprudência, produzirá efeito inverso, já que o não reconhecimento de que a decisão tenha qualidade de precedente (precedente em sentido substancial) acabará determinando o ajuizamento de elevado número de reclamações." (MEDINA, José Miguel Garcia. Integridade, estabilidade e coerência da jurisprudência no Estado Constitucional e Democrático de Direito: o papel do precedente, da jurisprudência e da súmula, à luz do CPC/2015. *Revista dos Tribunais*. v. 974. dez./2016. Acesso eletrônico.).

---

37 "Outro exemplo de consolidação da objetivação foi a previsão da reclamação no novo Código. Remédio essencial, foi estendida a todo e qualquer tribunal além de ter sido aprimorada. No art. 988, foram previstos, por exemplo, detalhes de procedimento e especificadas as hipóteses de cabimento. E, com as alterações da Lei 13.256/2016, regulada a utilização contra as decisões em recursos repetitivos. Note-se que a medida continua expressamente, mesmo após as alterações da referida lei, cabível inclusive para os Tribunais Superiores contra decisões em repetitivos, desde que exauridas as tentativas de impugnação, nos termos do § 5º, II, do art. 988. Além de instrumentos e remédios cabíveis, a nova legislação infiltrou em diversos pontos, consoante já anotado, a preocupação de que as teses, o que pacificado, a jurisprudência firme, sejam aplicadas e observadas, fortalecendo a tendência à objetivação. O art. 927 não é, assim, apenas uma norma genérica e principiológica ao pregar o respeito às decisões dos Tribunais, pois há instrumentos para fazer cumpri-lo. Tudo isso demonstra que a legislação evoluiu e que o novo CPC consolidou a objetivação." CÔRTES, Osmar Mendes Paixão. A consolidação da "objetivação" no novo Código de Processo Civil. *Revista de Processo*, v. 265, mar. 2017, p. 186-187.

O legislador de 2015, portanto, desenhou sistema de vinculatividade a certas decisões, as quais, por serem fruto de debate de participação ampliada, passaram a refletir em processos futuros. A opção é aplausível, já que valoriza a segurança jurídica – até porque o conceito de "jurisprudência dominante" sempre se mostrou fluido e de difícil constatação prática, em muitos casos.

Diante do cenário processual constitucionalizado, em que o Código de Processo se afigura norma geral de aplicabilidade supletiva e subsidiária aos regramentos específicos (artigo 15), acreditamos não ser a legislação atinente à mediação exceção legítima à nova lógica.

Até se mostraria sedutora a interpretação literal do artigo 35, I, da Lei nº 13.140/15, na medida em que permitiria, aparentemente, maior número de acordos, dispensando a fixação de tese ou de enunciado de súmula anterior (bastaria se apontar uma jurisprudência supostamente dominante). No entanto, deve-se levar em conta que tais formulações consensuais têm por objeto o interesse público, cujo grau de disponibilidade enseja elevada prudência.

Não se sustenta, de resto, a eventual alegação de que a falta de legitimidade dos entes políticos para a instauração dos incidentes julgadores de casos repetitivos e do IAC, já que, enquanto parte em elevado número de processos, podem deflagrar o procedimento objetivo a partir de qualquer um deles (artigo 977, II), tão logo identifiquem a relevância geral da questão. A propósito, reveste-se tal prerrogativa da natureza de poder-dever, não sendo razoável que a Administração Pública se furte a fazê-lo, escudada no posicionamento ora defendido, de modo a impedir eventuais acordos.

Um segundo diálogo entre a transação por adesão e os incidentes de julgamento de casos repetitivos é a possibilidade[38] do acordo ainda enquanto suspensos os processos subjetivos.[39] Nesse particular, Humberto Dalla Bernardina de Pinho admite que

---

38 Enunciado n° 63: "A perspectiva da conciliação judicial, inclusive por adesão, em razão ou no bojo de Incidente de Resolução de Demandas Repetitivas, é compatível com o Código de Processo Civil (Lei nº 13.105, de 16 de março de 2015) e com a Lei da Mediação (Lei nº 13.140, de 26 de junho de 2015)". A Jornada foi realizada em Brasília, nos dias 22 e 23 de agosto de 2016.

39 "Note-se que, no Direito Processual Civil brasileiro, poderá haver acordo coletivo mesmo em relação às questões processuais, desde que restrito às partes plenamente capazes, pois, em princípio, não parece existir objeção, em razão do caráter plúrimo, para que se admita a autocomposição, salvo alguma peculiaridade no caso concreto que incida na vedação contida na parte final do art. 190 do estatuto processual.

Em qualquer hipótese e ainda que não exista previsão normativa expressa, isso não representa caráter proibitivo para a formulação de acordos que resguardem os princípios pertinentes às soluções consensuais, dentre os quais o esclarecimento das partes e a autonomia da vontade, e confiram legitimidade ao pacto firmado, a partir de um percentual mínimo de aprovação ou máximo de rejeição para que possa ser chancelado, bem como a proteção dos interessados, com a estipulação de um sistema de comunicação e de expressão, seja para a manifestação expressa de adesão (*opt-in*), seja para a autoexclusão (*opt-out*)." (MENDES, Aluisio Gonçalves de Castro. *Incidente de Resolução de Demandas Repetitivas*: sistematização, análise e interpretação do novo instituto processual. Rio de Janeiro: Forense, 2017, p. 252).

se suceda solução consensual do litígio repetitivo tanto nos casos afetados como nos que restaram sobrestados.[40]

A transação por adesão revela elevada força atrativa em relação ao microssistema de casos repetitivos. Com efeito, a Fazenda Pública é autêntica litigante habitual, notadamente após o advento da Constituição Federal de 1988, que atribuiu largo papel garantidor ao Estado. Ademais, quando se discute eventual direito de categoria de funcionários públicos, tem-se potencial multiplicidade de ações fundadas nessa mesma questão jurídica, passível de pacificação com a fixação de uma tese.[41]

Encontrando esse cenário – de repetitividade de ações sobre mesma matéria, possivelmente a já ter dado ensejo a incidente vocacionado à sua pacificação, com a imediata suspensão dos processos –, deverá a Administração Pública aproveitar a oportunidade dada pelo ordenamento processual para que se inicie expediente transacional. O acordo fica facilitado, ademais, (i) pela possibilidade de o ente público enxergar o panorama global de ações sobre a questão, e (ii) pela suspensão imposta *ex lege*, a qual acaba por estimular os litigantes particulares a resolver, mais brevemente, seu imbróglio pela via consensual.

---

40 PINHO, Humberto Dalla Bernardina de. *Jurisdição e pacificação:* limites e possibilidades do uso dos meios consensuais de resolução de conflitos na tutela dos direitos transindividuais e pluri-individuais. Curitiba: CRV, 2017, p. 237-240.

41 O segundo IRDR instaurado no TJRJ versou sobre matéria atinente à gratificação de funcionários públicos (IRDR 0018608-85.2016.8.19.0000).

A EXTINÇÃO DO PROCESSO E O JULGAMENTO ANTECIPADO DO MÉRITO NO CÓDIGO DE PROCESSO CIVIL DE 2015

Leonardo Faria Schenk

1. DA EXTINÇÃO DO PROCESSO

O Capítulo do "julgamento conforme o estado do processo" tem início com as hipóteses de "extinção do processo" reguladas no art. 354.[1]

O juiz, depois de encerrada a fase postulatória e cumpridas as "providências preliminares", deverá verificar se o processo contém algum tipo de vício ou irregularidade insanável, ou não sanado oportunamente, que imponha a sua imediata extinção, sem a apreciação do mérito, na forma do art. 485.

Deverá o juiz verificar, ainda, se o direito ou a pretensão reclamado nos autos está extinto pela decadência ou pela prescrição, respectivamente, ou se a tutela jurisdicional postulada inicialmente pelo autor se tornou desnecessária, em razão de as partes terem alcançado, elas próprias, uma solução consensual para o conflito, hipóteses em que a extinção do processo, com a resolução do mérito, se imporá, com fundamento no art. 487, incisos II e III.[2]

Em qualquer desses casos, prosseguir com o processo, dando início à fase instrutória, seria despender tempo e recursos, quase sempre escassos, de forma inteiramente desnecessária.[3]

A decisão que colocar termo ao processo, com ou sem a apreciação do mérito, encerrando, por consequência, a etapa cognitiva do procedimento comum, terá a natureza de sentença e será impugnável por apelação.[4]

---

1 Trabalho elaborado por ocasião do início da vigência do Código de Processo Civil de 2015. Os artigos indicados ao longo do texto, inclusive nas notas, referem-se ao novo Código. Quando se fizer necessária a indicação de artigos do Código de 1973 ou de outro diploma legal haverá expressa referência.

2 Comentando as disposições semelhantes no Código de 1973, Moniz de Aragão observou que elas apenas repetiam "o velho anseio do Direito Processual de separar, no julgamento da causa, aquilo que é mérito daquilo que é processo". MONIZ DE ARAGÃO, Egas Dirceu. Julgamento conforme o estado do processo. **Revista de Processo**, São Paulo, nº 5, p. 197, jan. 1977 (versão digital).

3 CALMON DE PASSOS, José Joaquim. **Comentários ao Código de Processo Civil, Lei nº 5.869, de 11 de janeiro de 1973**, vol. III: arts. 270 a 331. Rio de Janeiro: Forense, 2005, p. 453.

4 Arts. 203, §1º e 1.009, respectivamente.

Em respeito à garantia do contraditório, o Código de 2015 deixou claro, no parágrafo único, do art. 487, que a prescrição e a decadência não serão reconhecidas sem que antes as partes tenham tido a oportunidade de se manifestar. Preocupou-se o legislador processual, a exemplo do que se vê no art. 10, em evitar a prolação de decisões que possam surpreender as partes.

Inovou o legislador ao autorizar, no parágrafo único, do art. 354, que a extinção diga respeito à parcela do processo, hipótese em que a decisão terá natureza interlocutória e será impugnável por agravo de instrumento.

A novidade está, propriamente, na autorização expressa para a extinção parcial, e não na extinção parcial em si, que já vinha ocorrendo no dia a dia da aplicação do Código de 1973 sem maiores dificuldades. Era o que se via, por exemplo, nas hipóteses correntes em que a decisão extinguia parcialmente o processo em razão da homologação do acordo parcial celebrado entre as partes[5] ou do reconhecimento da litispendência parcial[6] ou, ainda, da exclusão de apenas um dos litisconsortes, considerado parte ilegítima.[7]

A previsão do cabimento do agravo de instrumento no parágrafo único do art. 354 é relevante não apenas para os casos previstos no *caput*, como também para as hipóteses de extinção parcial do processo verificadas em outro momento da marcha processual, a exemplo do indeferimento parcial da petição inicial[8] e da estabilização da tutela antecipada antecedente com relação à parcela do pedido ou a um dos pedidos cumulados,[9] na medida em que o rol do art. 1.015 não as indica de modo expresso.

É importante notar que as sentenças proferidas com amparo no art. 485, isto é, as que extinguem o processo sem a resolução do mérito, e também aquelas homologatórias de acordo não precisarão observar a ordem cronológica preferencial de conclusão criada pelo art. 12 do Código de 2015.

---

5 Cf.: "Sobrevindo a extinção parcial do processo, com julgamento do mérito, em decorrência da homologação do acordo extrajudicial relativo à revisão com base no IRSM, impõe-se tenha prosseguimento a lide em relação ao pedido remanescente, revelando-se equivocada a decisão recorrida quando determina o arquivamento do processo sem a solução da lide quanto ao segundo pedido formulado" (TRF da 3ª Região, agravo de instrumento nº 2006.03.00.052735-0, DJe 13/11/2006).

6 Cf.: "Há litispendência entre a ação revisional e os embargos à execução, com relação ao pedido de revisão do contrato. Reconhecimento da litispendência e extinção parcial do processo, sem resolução de mérito, de ofício" (TJRS, agravo de instrumento nº 70059039156, DJe 30/5/2014).

7 Cf.: "O ato judicial que exclui litisconsorte do feito, permitindo o seu prosseguimento contra outro demandado, não tem a natureza jurídica de sentença, pois atinge apenas uma relação processual secundária, sem estancar o processo. 2. Essa extinção parcial, também chamada de extinção imprópria do processo, tem a natureza jurídica de decisão interlocutória, não comportando apelação, mas agravo de instrumento" (TRF da 1ª Região, agravo de instrumento nº 2003.01.00.029946-4, DJe 31/5/2014).

8 Arts. 330 e 331.

9 Art. 304, §1º.

No ponto, é forçoso reconhecer que a dispensa da ordem cronológica preferencial alcançará todas as hipóteses de "extinção do processo" previstas no art. 354 e não apenas os casos de extinção do processo sem a resolução do mérito.[10]

Por coerência, a ressalva prevista no art. 12 para a sentença homologatória de acordo deve englobar não apenas as decisões que homologarem a transação, como também as que homologarem o reconhecimento da procedência do pedido ou a renúncia à pretensão, todas arroladas no inciso III, do art. 487.

Pela mesma razão, a ressalva existente para a sentença que julga o pedido improcedente, de forma liminar, com fundamento na decadência ou na prescrição,[11] deve englobar as decisões que, no momento do "julgamento conforme o estado do processo", encerrarem a etapa cognitiva do procedimento comum com fundamento no inciso II, do art. 487.

Não se vê motivos para que hipóteses em tudo semelhantes recebam tratamento diferenciado, com a autorização para o julgamento fora da ordem cronológica preferencial de conclusão em uns casos, dada a simplicidade da matéria e o anseio, por todos compartilhado, de que o processo tenha uma duração razoável, e em outros não.

2. Do julgamento antecipado do mérito

Superada esta primeira etapa do "julgamento conforme o estado do processo" sem que o processo tenha sido extinto, na forma do art. 354, deverá o juiz verificar se a hipótese comporta o "julgamento antecipado do mérito".

Previsto no art. 355, o julgamento antecipado tem lugar quando não houver a necessidade de produção de outras provas ou quando, tendo havido a produção do efeito material da revelia, o réu não tiver requerido a produção de provas oportunamente.

A disposição corresponde, à primeira vista, ao art. 330, do Código de 1973.

As provas têm por objeto os fatos relevantes alegados nos autos para servir de suporte à pretensão das partes e normalmente são produzidas na fase instrutória do procedimento comum.[12] Antes dela, a delimitação da controvérsia se dá na fase inicial, chamada de postulatória, e, depois, segue-se a chamada fase decisória.

O "julgamento antecipado do mérito" é aquele que encerra o procedimento comum, a etapa cognitiva do processo judicial, logo após a fase postulatória,[13] e terá lugar sempre que a fase instrutória se revelar desnecessária.[14]

---

10 Art. 12, inciso IV.

11 Art. 332, §1º.

12 Sobre o conceito de prova, o seu objeto e destinatários, cf.: GRECO, Leonardo. **Instituições de processo civil: processo de conhecimento**, vol. II. 3 ed. rev. atual. e ampl. Rio de Janeiro: Forense, 2015. p. 100-127.

13 CALMON DE PASSOS, José Joaquim. **Comentários ao Código de Processo Civil,** Lei nº 5.869, de 11 de janeiro de 1973, vol. III: arts. 270 a 331. Rio de Janeiro: Forense, 2005, p. 461.

14 PIMENTEL, Wellington Moreira. **Comentários ao Código de Processo Civil**, vol. III: arts. 270 a 331 e 444 a 475, 2ª ed. rev. e atual. São Paulo: Ed. Revista dos Tribunais, 1979, p. 425.

Pode acontecer, por exemplo, que não haja entre as partes divergência no que diz respeito à matéria de fato, cingindo-se a controvérsia às consequências jurídicas dos fatos alegados e admitidos nos autos. Nessa hipótese, a questão a ser resolvida será exclusivamente de direito e a produção de outras provas ficará dispensada.[15]

Da mesma forma, se o réu não se desincumbir, na contestação, do ônus da impugnação especificada dos fatos alegados pelo autor, sendo eles suficientes para o acolhimento do pedido, da presunção de veracidade das alegações de fato do autor decorrerá a dispensa da produção de outras provas.[16]

Também a confissão, a notoriedade e a presunção legal de existência ou veracidade de fato alegado nos autos podem dispensar a produção de outras provas.[17]

Em todas essas hipóteses, não sendo necessário prosseguir na instrução, o magistrado estará autorizado a julgar desde logo o pedido, proferindo sentença com a resolução do mérito.

É bom notar que a divergência entre as partes sobre a matéria de fato nem sempre impede o "julgamento antecipado do mérito".

Deve o magistrado verificar, primeiro, se a controvérsia que produz a chamada questão de fato refere-se a fato pertinente e relevante, assim entendido aquele que diz respeito à causa, não lhe sendo estranho, e que é capaz de influir no seu julgamento. Se o fato alegado não for pertinente e relevante, a produção das provas a ele relacionadas será desnecessária, podendo o juiz indeferir o requerimento e julgar desde logo o pedido.[18]

Por outro lado, se o fato alegado pelo autor ou pelo réu for pertinente e relevante, deverá o juiz verificar, neste momento, se a prova documental produzida com a inicial ou com a defesa basta para a sua demonstração nos autos. Bastando, a produção de outras provas será igualmente desnecessária e o julgamento antecipado terá lugar.[19]

A análise sobre a relevância dos fatos alegados nos autos e a utilidade da prova exige cautela do magistrado.

A garantia do contraditório, prevista no inciso LV, do artigo 5º, da Constituição da República, e destacada na Parte Geral do Código,[20] assegura às partes o direito de

---

15 AMARAL SANTOS, Moacyr. **Primeiras linhas de direito processual civil**, 2º vol. 24 ed. rev. e atual. por Maria Beatriz Amaral Santos Köhnen. São Paulo: Saraiva, 2008, p. 273; CALMON DE PASSOS, obra citada, p. 461-462.

16 Arts. 336 e 374.

17 Art. 374.

18 CALMON DE PASSOS, obra citada, p. 463.

19 AMARAL SANTOS, obra citada, p. 273. Cássio Scarpinella Bueno esclarece, em comentários ao dispositivo, que as provas produzidas antecipadamente (art. 381 a 383), as atas notariais (art. 384) e também os laudos técnicos apresentados com o intuito de dispensar a realização da perícia (art. 472) podem autorizar o julgamento antecipado. BUENO, Cássio Scarpinella. Art. 330. In: **Comentários ao novo Código de Processo Civil**. Coord. Antonio do Passo Cabral, Ronaldo Cramer, 2ª ed. rev. atual e ampl. Rio de Janeiro: Forense, 2016, p. 555.

20 Arts. 7º e 10.

participar do processo e de influenciar, de modo eficaz, a formação do convencimento do julgador.

Em outras palavras, a garantia do contraditório assegura às partes o direito à produção das provas relacionadas a todos os fatos relevantes alegados nos autos como base para a pretensão levada a julgamento, alcançando os fatos simples que, embora não provem, por si, os fatos relevantes, poderão de alguma maneira auxiliar na formação do juízo sobre a existência daqueles.[21]

Dessa forma, se a prova requerida não for destinada a demonstrar alegações de fato manifestamente irrelevantes, podendo ter alguma utilidade, deverá o juiz deferir a sua produção e encaminhar o processo para a fase instrutória.

Deverá o juiz ter em vista, ainda, que as provas servirão de base para a formação do convencimento dos julgadores também no segundo grau de jurisdição, se houver a interposição de recurso, não sendo ele, portanto, o seu único e soberano destinatário.[22]

O indeferimento das provas dos fatos relevantes alegados nos autos, seguido do "julgamento antecipado do mérito", tem o potencial de gerar prejuízo para as partes, dando causa à nulidade da decisão. O cerceamento do direito à prova, nessa hipótese, se fará evidente, assim como evidente também ficará a violação ao conteúdo atual da garantia do contraditório.

O cabimento ou não do "julgamento antecipado do mérito", na hipótese do inciso I, do art. 355, não decorre, portanto, de uma escolha do juiz, porque já convencido, ao final da fase postulatória, em um sentido ou em outro, mas sim da natureza da controvérsia e da situação objetiva dos autos.

O Código também autoriza o "julgamento antecipado do mérito", no inciso II, do art. 355, quando o réu for revel e a revelia produzir o seu efeito material de presunção de veracidade das alegações de fato do autor,[23] desde que não tenha havido requerimento oportuno de produção de provas pelo réu.[24]

A presunção de veracidade que decorre da revelia teve a sua natureza relativa acentuada pelo legislador. As alegações de fato inverossímeis formuladas pelo autor ou que estiverem em contradição com prova constante dos autos não serão alcançadas pelo efeito material da revelia, exigindo que o autor se desincumba do ônus da prova.[25]

21 GRECO, obra citada, p. 113.

22 Na jurisprudência do STJ, anterior ao início da vigência do CPC/2015, cf.: "A determinação da realização de provas, a qualquer tempo e sob o livre convencimento do magistrado, é uma faculdade deste, incumbindo-lhe sopesar sua necessidade e indeferir diligências inúteis, protelatórias ou desnecessárias. Dessa forma, o juízo acerca da produção da prova compete soberanamente às instâncias ordinárias, não ocorrendo, na espécie, cerceamento de defesa por julgamento antecipado da lide" (Agravo regimental no agravo no recurso especial nº 179.887/SP, Rel. Ministro Ricardo Villas Bôas Cueva, 3ª Turma, julgado em 05/06/2014).

23 Art. 344.

24 Art. 349.

25 Arts. 345, inciso IV, e 348.

O mesmo ocorre quando, havendo litisconsórcio, um dos réus oferecer tempestivamente contestação ou quando o pedido versar sobre direitos indisponíveis ou, ainda, quando a petição inicial estiver desacompanhada de instrumento que a lei considere indispensável para a prova do ato, hipóteses antes já contempladas no sistema do Código de 1973.[26]

No Código de 2015, também como ocorria no sistema do Código anterior, o revel poderá intervir no processo em qualquer fase, recebendo-o no estado em que se encontra.[27]

A novidade está no art. 349, que assegura ao réu – acentuando, uma vez mais, a natureza relativa da presunção de veracidade decorrente da revelia – a produção de provas contrapostas às alegações do autor, bastando que o requerimento seja formulado nos autos a tempo da prática dos atos indispensáveis a essa produção.

Dessa forma, o "julgamento antecipado do mérito", também como um dos efeitos processuais da revelia, está vinculado à ausência de necessidade de produção de outras provas na fase instrutória.

A rigor, o encerramento da etapa cognitiva do procedimento comum exige, como primeira condição, nas duas hipóteses do art. 355, que as questões de fato não reclamem a produção de outras provas.[28]

Tanto é assim que o magistrado poderá julgar antecipadamente o mérito, conforme as circunstâncias específicas da causa, mesmo que a revelia não tenha produzido o seu efeito material de presunção de veracidade, ou, tendo produzido, mesmo que o réu tenha formulado oportunamente o requerimento de produção de provas, desde que haja nos autos prova documental suficiente para amparar, adequadamente, a formação do juízo com relação aos fatos alegados, tornando-se desnecessária a produção de qualquer outra prova.

A outra condição, também comum às duas hipóteses de "julgamento antecipado do mérito", exige que o processo tenha se constituído e se desenvolvido regularmente.[29] A prévia atividade saneadora não está dispensada no julgamento antecipado do

---

26 Código de 1973, art. 320.

27 Código de 1973, art. 322, parágrafo único. Código de 2015, art. 346, parágrafo único.

28 TALAMINI, Eduardo. Saneamento do processo. **Revista de Processo**, São Paulo, nº 86, abr. 1997, p. 12 (versão digital).

Nessa linha, na jurisprudência do STJ, anterior ao início da vigência do CPC/2015, cf.: "1. É possível o julgamento antecipado da lide quando o tribunal de origem entender substancialmente instruído o feito, declarando a existência de provas suficientes para seu convencimento. Os princípios da livre admissibilidade da prova e do livre convencimento do juiz (art. 130 do CPC) permitem ao julgador determinar as provas que entender necessárias à instrução do processo, bem como indeferir aquelas que considerar inúteis ou protelatórias. 2. Rever os fundamentos de não reconhecimento do cerceamento de defesa por ter sido a lide julgada antecipadamente demanda a reapreciação do conjunto fático-probatório dos autos, o que é inadmissível em recurso especial, a teor da Súmula nº 7 do Superior Tribunal de Justiça" (Agravo regimental no recurso especial nº 1.368.476/RS, Rel. Ministro Ricardo Villas Bôas Cueva, 3ª Turma, julgado em 10/06/2014).

29 AMARAL SANTOS, obra citada, p. 272.

mérito.[30] A ausência de uma das condições para o exercício do direito de ação, por exemplo, determinará a extinção do processo, sem a resolução do mérito, na forma do art. 354, como visto acima.

A decisão que antecipar o julgamento do mérito, na forma do art. 355, colocará fim à etapa cognitiva do procedimento comum e, por essa razão, terá a natureza de sentença,[31] que poderá ser impugnada por apelação.[32]

A exemplo do que ocorria no Código de 1973,[33] não havendo a ressalva para que essa sentença comece a produzir efeitos imediatamente após a publicação, o efeito suspensivo do recurso de apelação impedirá que o autor promova o seu cumprimento provisório.[34]

Havendo urgência ou a necessidade de se tutelar a evidência,[35] poderá o autor requerer que o juiz antecipe os efeitos da tutela na própria sentença. O julgamento antecipado do mérito não é incompatível com o regime da tutela provisória. Assim, o capítulo da sentença que tiver os efeitos da tutela antecipados poderá ser objeto de cumprimento provisório, uma vez que, nos termos do §1º, do art. 1.012, a apelação, em tal hipótese, será recebida apenas no seu efeito devolutivo.

3. DO JULGAMENTO ANTECIPADO PARCIAL DO MÉRITO

O Código de 2015 inova ao autorizar, no art. 356, o "julgamento antecipado parcial do mérito" quando um ou mais pedidos cumulados ou parcela deles se mostrar incontroverso ou estiver em condições de imediato julgamento. A etapa cognitiva do procedimento comum seguirá, avançando pela fase instrutória, com relação aos demais pedidos ou à parcela controvertida.

Assim, não tendo havido a "extinção do processo" nos termos do art. 354, tampouco o julgamento integral do mérito, de forma antecipada, como autoriza o art. 355, deverá o juiz avaliar se o processo comporta o "julgamento antecipado parcial do mérito".

O modelo inicialmente adotado pelo Código de 1973 exigia, para o julgamento antecipado do mérito,[36] nas hipóteses de formação de um processo cumulativo, que a dispensa da fase instrutória alcançasse todos os pedidos. Se, com relação a um deles, houvesse a necessidade de produção de outras provas, todos os demais deveriam aguardar a solução a ser ditada, ao final da etapa cognitiva, pela sentença.[37]

---

30 PIMENTEL, obra citada, p. 429.

31 Art. 203, §1º.

32 Art. 1.009.

33 Código de 1973, art. 520.

34 Art. 520.

35 Arts. 300 e 311.

36 Código de 1973, art. 330.

37 AMARAL SANTOS, Moacyr. **Primeiras linhas de direito processual civil**, 2º vol. 24 ed. rev. e atual. por Maria Beatriz Amaral Santos Köhnen. São Paulo: Saraiva, 2008, p. 274.

A protelação do julgamento dos pedidos ou parcela incontroversos, imposta pelo modelo processual anterior, não interessava quer ao autor, que ficava privado de obter desde logo a situação de vantagem a que tinha direito, quer ao réu, que permanecia obrigado a arcar com os acréscimos e demais riscos ligados à mora, sem poder se liberar de imediato da obrigação.[38]

A reforma na legislação processual civil ocorrida em 1994 deu um passo adiante e autorizou o levantamento da quantia ou da coisa depositada na ação de consignação em pagamento, com a consequente liberação parcial do autor, sempre que o réu alegasse a insuficiência do depósito, prosseguindo-se a discussão apenas quanto à parcela controvertida.[39]

A disposição foi acolhida pela doutrina como inteligente e tecnicamente correta, uma vez que, inexistindo controvérsia, não havia por que se procrastinar a satisfação do credor.[40]

Pouco depois, em um novo ciclo de reformas, o art. 273, §6º, do Código de 1973, passou a autorizar a antecipação dos efeitos da tutela quando um ou mais dos pedidos cumulados ou parcela deles se mostrar incontroverso.[41]

O fato de o legislador ter escolhido o regime da tutela provisória para permitir o julgamento parcial do mérito gerou diferentes interpretações. Alguns autores viam nessa antecipação um julgamento definitivo do mérito, não condicionado à reversibilidade, tal como ocorria na ação de consignação em pagamento.[42] Outros nela reconheciam apenas mais uma forma de tutela da evidência, que deveria ser depois confirmada na sentença,[43] sem aptidão para a produção da coisa julgada.[44]

---

38 THEODORO JÚNIOR, Humberto. **Curso de direito processual civil. Teoria geral do direito processual civil e processo de conhecimento**, vol. 1, 55 ed. rev. e atual. Rio de Janeiro: Forense, 2014, p. 418.

39 Cf. a redação do §1º, do art. 899, do Código de 1973 (incluído pela Lei nº 8.951/1994): "Alegada a insuficiência do depósito, poderá o réu levantar, desde logo, a quantia ou a coisa depositada, com a consequente liberação parcial do autor, prosseguindo o processo quanto à parcela controvertida".

40 CALMON DE PASSOS, José Joaquim. **Comentários ao Código de Processo Civil,** Lei nº 5.869, de 11 de janeiro de 1973, vol. III: arts. 270 a 331. Rio de Janeiro: Forense, 2005, p. 71.

41 Dispositivo incluído no Código de 1973 pela Lei nº 10.444/2002.

42 CALMON DE PASSOS, obra citada, p. 72; THEODORO JÚNIOR, obra citada, p. 419.

43 GRECO, Leonardo. **Instituições de processo civil: processo de conhecimento**, vol. II. 2 ed. rev. e atual. Rio de Janeiro: Forense, 2011, p. 330-332.

44 MARINONI, Luiz Guilherme; ARENHART, Sérgio Cruz. **Manual do processo de conhecimento**. 4 ed. rev. atual e ampl. São Paulo: Editora Revista dos Tribunais, 2005, p. 231; TALAMINI, Eduardo. Saneamento do processo. **Revista de Processo**, São Paulo, nº 86, abr. 1997, p. 13 (versão digital).

A jurisprudência do STJ, adotando posição intermediária, reconhecia na vigência do Código anterior o direito ao levantamento da parcela incontroversa do pedido, mas afastava a coisa julgada e os seus consectários. Cf.: "3. Se um dos pedidos, ou parte deles, já se encontre comprovado, confessado ou reconhecido pelo réu, não há razão que justifique o seu adiamento até a decisão final que aprecie a parte controversa da demanda que carece de instrução probatória, podendo ser deferida a antecipação de tutela para o levantamento da parte incontroversa (art. 273, § 6º, do Código de

O Código de Processo Civil de 2015, como se vê, dá mais um passo e regulamenta o "julgamento antecipado parcial do mérito" em Seção própria, dentro do Capítulo do "julgamento conforme o estado do processo". Cuida-se de uma inovação há muito reclamada pela doutrina.[45]

Na forma do art. 356, o "julgamento antecipado parcial do mérito" poderá ocorrer em duas hipóteses. A primeira, quando um ou mais dos pedidos cumulados ou parcela deles se mostrar incontroverso. E a segunda, quando um ou mais dos pedidos cumulados ou parcela deles estiver em condições de imediato julgamento, nos termos do art. 355, há pouco comentado.

A extinção parcial do processo também poderá ocorrer, como visto, nas hipóteses do art. 354.

Como a ausência de controvérsia com relação a um dos pedidos, indicada como requisito para o julgamento antecipado parcial no inciso I, do art. 356, deixa o processo em condições de imediato julgamento, requisito previsto no inciso II, do mesmo artigo, o que ainda pode decorrer da opção das partes pela autocomposição, hipótese que também autoriza a extinção parcial do processo na forma do parágrafo único, do art. 354, é possível notar, em tais dispositivos, a existência de uma superposição.

Preocupou-se o legislador, aparentemente, em lançar mão da conhecida redação do §6º, do art. 273, do Código de 1973,[46] para não desprezar os dividendos gerados em mais de década de aplicação, ao mesmo tempo em que procurou estender o julgamento parcial do mérito a todos os casos previstos no art. 355. Com isso, o Código perdeu em coerência e em clareza.

Processo Civil). 4. Não se discute que a tutela prevista no § 6º do artigo 273 do CPC atende aos princípios constitucionais ligados à efetividade da prestação jurisdicional, ao devido processo legal, à economia processual e à duração razoável do processo, e que a antecipação em comento não é baseada em urgência, nem muito menos se refere a um juízo de probabilidade (ao contrário, é concedida mediante técnica de cognição exauriente após a oportunidade do contraditório). Porém, por questão de política legislativa, a tutela do incontroverso, acrescentada pela Lei nº 10.444/02, não é suscetível de imunidade pela coisa julgada, inviabilizando o adiantamento dos consectários legais da condenação (juros de mora e honorários advocatícios)" (Recurso especial nº 1.234.887/RJ, Rel. Ministro Ricardo Villas Bôas Cueva, 3ª Turma, julgado em 19/09/2013).

---

45 TALAMINI, obra citada, p. 12-13.
No direito processual português o juiz está autorizado, na oportunidade do "despacho saneador", a conhecer "imediatamente do mérito da causa, sempre que o estado do processo permitir, sem necessidade de mais provas, a apreciação, total ou parcial, do ou dos pedidos deduzidos ou de alguma exceção perentória" (art. 595º, 1, b). Para Lebre de Freitas, nos comentários ao art. 510º, do Código português anterior, o julgamento antecipado está autorizado desde que "não haja necessidade de mais provas do que aquelas que já estão adquiridas no processo". FREITAS, José Lebre de; MACHADO, A. Montalvão; PINTO, Rui. **Código de Processo Civil anotado**, vol. 2º: artigos 381º a 675º. Coimbra: Coimbra Editora, 2001, p. 373.

46 Eis a redação: "A tutela antecipada também poderá ser concedida quando um ou mais dos pedidos cumulados, ou parcela deles, mostrar-se incontroverso".

Teria sido mais simples se o legislador tivesse contemplado a autorização para o julgamento parcial do mérito no próprio art. 355, nas hipóteses em que o preenchimento dos requisitos apenas se verificasse com relação a um ou mais dos pedidos cumulados ou parcelas deles. Aliás, foi essa a técnica legislativa utilizada no art. 354 para autorizar a extinção parcial do processo.

Observadas as hipóteses que autorizam o julgamento parcial no Código de 2015, temos que o reconhecimento do pedido ou a renúncia à pretensão, quando parciais, levarão à extinção também parcial do processo na forma do art. 354. O mesmo ocorrerá se a transação alcançar apenas parcela do objeto do processo.

Por outro lado, se o réu deixar de impugnar especificadamente em sua contestação as alegações de fato que sustentam, por si, um dos pedidos ou parcela deles, estará o juiz autorizado a dispensar a produção de outras provas e a julgar antecipadamente o mérito, também de forma parcial.

A confissão também poderá ensejar o julgamento antecipado parcial quando a presunção que dela decorre tornar incontroversas as alegações de fato capazes de sustentar um ou mais dos pedidos cumulados ou parcela deles, dispensando, observada essa delimitação, a produção de outras provas.[47]

O julgamento antecipado parcial também terá lugar se houver nos autos prova documental suficiente para a demonstração dos fatos relevantes alegados pelas partes com relação a um dos pedidos ou parcela deles, não havendo, nessa parte, utilidade na produção de outras provas.

O processo ainda estará em condições de imediato julgamento, autorizando a decisão parcial de mérito, nos casos em que o efeito material da revelia alcançar as alegações de fato relacionadas à parcela do seu objeto.

Poderá ocorrer, por exemplo, em uma cumulação simples de pedidos, que apenas com relação a um deles as alegações de fato não tenham seguido acompanhadas do instrumento que a lei reputa indispensável para a prova ou estejam em contradição com as demais provas dos autos ou, ainda, tenham sido objeto de requerimento oportuno de produção de outras provas pelo réu. O juiz ordenará, então, com relação a esses fatos, que o autor especifique as provas que deseja produzir, dando curso à fase instrutória.[48] Quanto ao outro pedido cumulado, cujas alegações de fato foram alcançadas pelo efeito material da revelia, a instrução probatória será desnecessária e o julgamento parcial estará autorizado.

Em todos esses casos, não havendo a necessidade de produção de outras provas com relação às alegações de fato que sustentam um ou mais pedidos cumulados ou parcela deles, nada justifica que as partes tenham que aguardar o desenrolar da fase instrutória, exigida pelos demais pedidos ou pela parcela controvertida, para julgamento conjunto.

47 Art. 374, incisos I e II.

48 Art. 348.

A correta aplicação da técnica de julgamento parcial pressupõe a independência entre os pedidos cumulados ou entre as suas parcelas. O questionamento do pedido prejudicial, por exemplo, deixará o pedido dependente, ainda que incontroverso ou em condições de imediato julgamento, fora do alcance do art. 356.[49] É preciso ter atenção redobrada para que a aparente economia processual não se traduza, com a reforma futura da decisão, em uma perda significativa para a duração do processo.[50]

Por encerrar a etapa cognitiva do procedimento comum com relação a um ou mais pedidos cumulados ou parcela deles, a decisão prevista no art. 356 poderia ser classificada como uma sentença parcial.

A sentença parcial distingue-se da definitiva apenas por não encerrar inteiramente a etapa cognitiva do processo. Nas duas, o juiz igualmente se pronuncia sobre o mérito, impedindo que as partes voltem a discutir o que foi decidido. Também o juiz fica impedido de emitir um julgamento divergente nas fases posteriores do procedimento. Há, nelas, portanto, uma pronúncia definitiva sobre as questões decididas.[51]

Contudo, no Código de 2015 a admissão de sentenças parciais depende de expressa previsão legislativa, como acontece em alguns procedimentos especiais, a exemplo da ação de consignação em pagamento.[52] Em todos os demais casos, apenas será sentença o pronunciamento judicial que colocar fim à etapa cognitiva do procedimento comum ou que extinguir a execução, como se lê no art. 203.

No "julgamento antecipado parcial do mérito", como visto, a etapa cognitiva do procedimento comum seguirá com relação ao pedido ou à parcela ainda não maduro para receber a decisão.

Assim, por opção do legislador, para manter a coerência do sistema recursal, a decisão que julgar parcialmente o mérito, de forma antecipada, terá natureza interlocutória e será impugnável por agravo de instrumento, como se observa tanto no §5º, do art. 356, quanto no inciso II, do art. 1.015.

A decisão interlocutória que julgar de forma antecipada um ou mais dos pedidos cumulados ou parcela deles emitirá um pronunciamento definitivo. Não haverá, portanto, a necessidade de confirmação dessa decisão na futura sentença que julgar o pedido ou a parcela remanescente e encerrar a etapa cognitiva do procedimento comum. Como consequência, se a parte vencida deixar de impugnar essa decisão in-

---

49 THEODORO JÚNIOR, obra citada, p. 418.

50 FREITAS; MACHADO; PINTO, obra citada, p. 374.

51 BAPTISTA DA SILVA, Ovídio Araujo. Decisões interlocutórias e sentenças liminares. **Revista de Processo**, São Paulo, nº 61, p. 11, jan. 1991 (versão digital). Sobre o conceito de "sentença de mérito interinal", vinculado ao julgamento parcial do mérito no processo de cognição exauriente, e o cabimento do recurso de apelação, cf.: CUNHA, Alcides A. Munhoz da. Sentenças interlocutórias desafiando apelação. **Revista de Processo**, São Paulo, nº 185, p. 211, jul. 2010.

52 Art. 545.

terlocutória de mérito, por meio dos recursos cabíveis, ou, ainda, depois de encerrada a etapa recursal, ela transitará em julgado.[53]

Não é por outra razão que os arts. 502 e 503, ao disciplinarem a coisa julgada, fazem referência à "decisão de mérito não mais sujeita a recurso", optando pelo gênero (decisão), e não mais pela espécie (sentença), como ocorria no sistema do Código de 1973.[54]

A cognição plena justifica, aqui, não subsistindo a necessidade de produção de outras provas, que a decisão interlocutória que resolveu antecipadamente o mérito, de forma parcial, transite em julgado.[55]

É preciso ressalvar, contudo, as hipóteses em que o "julgamento antecipado parcial do mérito" resultar de uma cognição sumária, sem que tenha havido ampla oportunidade para a demonstração das alegações de fato e para a eficaz influência na formação do convencimento do julgador, direitos assegurados pela garantia do contraditório, seja por renúncia das partes ou por imposição do legislador, a exemplo da simples homologação da autocomposição e da presunção que decorre da revelia, respectivamente. A decisão parcial de mérito, em tais casos, por não ter sido o resultado de uma cognição plena, até poderá resolver o conflito e se tornar estável no plano dos fatos, mas não estará apta à formação da coisa julgada.[56]

A correlação entre a cognição plena e a coisa julgada aparece no Código de 2015, de modo nítido, nos arts. 303 e 304, que tratam do novo regime de estabilização da decisão que defere a tutela antecipada em caráter antecedente, quando não impugnada, bem como nos parágrafos do art. 503, que afastam a formação da coisa julgada da questão prejudicial decidida incidentalmente nos autos quando, a seu respeito, não tiver havido o contraditório prévio e efetivo ou se verificar a existência de restrições probatórias ou de outras limitações à cognição do julgador.[57]

A decisão que julgar antecipadamente o mérito, de forma parcial, poderá reconhecer a existência de obrigação líquida ou ilíquida, sendo permitida a liquidação na pendência do recurso.[58]

53 Art. 356, §3º.

54 Código de 1973, arts. 467 e 468.

55 Nessa linha, analisando o regime da antecipação da parcela incontroversa do pedido no Código de 1973, cf.: CALMON DE PASSOS, obra citada, p. 72; THEODORO JÚNIOR, obra citada, p. 419.

56 Sobre o tema, cf.: SCHENK, Leonardo Faria. **Cognição sumária: limites impostos pelo contraditório no processo civil**. São Paulo: Saraiva, 2013. p. 140, passim.

57 A tese da correlação necessária entre a cognição plena e a coisa julgada é defendida, entre outros autores, por: PROTO PISANI, Andrea. **Lezioni di diritto processuale civile**. 5ª ed. Napoli: Jovene Editore, 2006. p. 546. Id. Verso la residualità del processo a cognizione piena? In: **Studi in onore di Carmine Punzi**. Torino: G. Giappichelli Editore, 2008. v. 1. p. 699; FAZZALARI, Elio. Procedimento camerale e tutela dei diritti. **Rivista di Diritto Processuale**. Padova: CEDAM, 1989. p. 912; FAIRÉN GUILLÉN, Victor. Juicio ordinario, plenarios rapidos, sumario, sumarisimo. In:**Temas del ordenamiento procesal**. Proceso civil. Proceso penal. Arbitraje. Madrid: Editorial Tecnos, 1969. t. 2. p. 827-832.

58 Art. 356.

Há, no Código, nesse ponto, uma orientação para que os juízes definam desde logo na decisão a extensão da obrigação, o índice de correção monetária e a taxa de juros, o termo inicial de ambos e a periodicidade da capitalização, se for o caso, mesmo nos casos em que o pedido tiver sido genérico.

As hipóteses de liquidação ficaram restritas, portanto, à impossibilidade de se determinar, de modo definitivo, o montante devido ou quando a apuração do valor depender da produção de prova de realização demorada ou excessivamente dispendiosa, assim reconhecida na sentença.[59]

Essa última previsão, além de nova, é curiosa. O Código de 2015 autoriza a sentença ilíquida quando a prova necessária à apuração do valor devido for demorada ou dispendiosa, mas não prevê, do outro lado, no capítulo da liquidação, salvo melhor juízo, uma oportunidade para o complemento da fase instrutória interrompida no procedimento comum. As espécies de liquidação continuam sendo o arbitramento e a anteriormente denominada liquidação por artigos (liquidação pelo procedimento comum), que se limita à prova de fatos novos, sendo defeso às partes, em qualquer uma delas, reabrir a discussão ou modificar a sentença.[60]

Não parece haver sentido em simplesmente interromper a fase instrutória do procedimento comum quando a apuração do valor devido depender da produção de prova cuja realização se revele demorada ou excessivamente onerosa. O cumprimento da decisão exigirá que a obrigação seja líquida. E etapa de liquidação exigirá, por sua vez, a produção das provas cuja realização é demorada ou dispendiosa. Permitir a prolação de uma sentença ilíquida, em tais casos, apenas adiará o problema, gerando para as partes, a princípio, um prejuízo maior, em termos de duração do processo, do que o ganho estimado com o prematuro encerramento da etapa anterior.

Com mais razão, a novidade prevista no inciso II, do art. 491, que autoriza a interrupção da fase instrutória quando for demorada ou dispendiosa a produção da prova, não se aplica ao "julgamento antecipado parcial do mérito".

A exigência de produção de outras provas impede a cisão do julgamento do mérito. Além disso, julgar antecipadamente um dos pedidos cumulados ou parcela deles, havendo outras provas a produzir, independentemente do tempo necessário para tanto ou do custo envolvido, revelará um contrassenso insuperável se, no mesmo processo, outro pedido cumulado ou parcela dele exigir o desdobramento da fase instrutória. Nessa hipótese, a única solução capaz de atender aos reclamos por um processo efetivo, com razoável duração,[61] será a instrução e o julgamento conjuntos, com a prolação de uma sentença líquida, que encerrará a etapa cognitiva do procedimento comum.

---

59 Art. 491.

60 Art. 509.

61 Arts. 4º e 6º.

O Código de 2015 ainda prevê a possibilidade de cumprimento provisório da decisão que julgar parcialmente o mérito, independentemente de caução, na pendência do recurso de agravo de instrumento.[62]

O cumprimento provisório, independentemente de caução, pode se justificar na hipótese do inciso I, do art. 356, uma vez que, não tendo havido efetiva controvérsia sobre um dos pedidos cumulados ou parcela deles, as chances de êxito no eventual recurso ficam reduzidas. O mesmo se dá com o efeito material da revelia que tenha atingido apenas parte do objeto do processo sem que o réu, no tempo oportuno, tenha requerido a produção de outras provas.

Contudo, na hipótese em que o juiz indefere a produção de outras provas e julga parcela do mérito de forma antecipada, como lhe autoriza o inciso II, do art. 356, o regime diferenciado do cumprimento provisório, sem a exigência de caução, parece não se justificar.

Não terá havido, aqui, a concordância expressa ou tácita das partes com um dos pedidos ou parcela deles. Ao contrário, o juiz poderá ter se convencido da suficiência da prova documental, dispensando a produção de outras igualmente relevantes, oportuna e justificadamente requeridas, havendo, por isso mesmo, uma vez evidenciado o cerceamento de defesa, fundamento razoável para o provimento do recurso.

Nessas hipóteses, o cumprimento provisório deveria se submeter às mesmas regras previstas no art. 520, com a exigência de caução para o levantamento de depósito em dinheiro, para a transferência de posse ou alienação de propriedade ou de outro direito real, ou quando puder provocar grave dano ao executado, observadas as ressalvas, também gerais, arroladas no art. 521.

Não tendo sido essa a opção do legislador, restará ao executado, se a dispensa de caução provocar o risco de dano grave, de difícil ou impossível reparação, havendo bons fundamentos para o provimento do seu recurso, requerer ao relator do agravo de instrumento a suspensão da eficácia da decisão recorrida, na forma do art. 995.

Aliás, a opção por recursos diferentes, com efeitos também diferentes, para a impugnação das decisões que julgam integralmente o mérito de forma antecipada ou o fazem de forma parcial, acaba gerando uma situação nada isonômica.

A sentença que julgar de forma antecipada o pedido, na forma do art. 355, não poderá ser objeto de cumprimento provisório porque a apelação, se interposta, terá, em regra, efeito suspensivo. Já a decisão que julgar apenas parcela do mesmo pedido de forma antecipada, com apoio no mesmo art. 355, em razão da remissão feita pelo inciso II, do art. 356, permitirá à parte vencedora o início imediato do cumprimento provisório, com a dispensa de caução, uma vez que o agravo de instrumento não suspenderá, por si, a eficácia da decisão recorrida.

---

62 Na jurisprudência do STJ, anterior ao início da vigência do CPC/2015, cf.: "A Jurisprudência desta Corte já assentou que não é necessária caução para levantamento de valores incontroversos, mesmo em sede de execução provisória" (Recurso especial nº 1.069.189/DF, Rel. Ministro Sidnei Beneti, 3ª Turma, julgado em 04/10/2011). Admitindo a ocorrência do efetivo trânsito em julgado da parcela incontroversa e a expedição do precatório, cf.: STJ, agravo regimental no recurso especial nº 1.073.490/PE, Rel. Ministra Denise Arruda, 1ª Turma, julgado em 03/03/2009.

No fundo, portanto, as hipóteses são idênticas e deveriam ter recebido tratamento equivalente, nessa quadra, pelo legislador processual.[63]

A solução para esse paradoxo, nos casos em que o "julgamento antecipado do mérito" tiver sido integral, passa pelo requerimento, formulado pelo autor, de antecipação dos efeitos da tutela na própria sentença, com fundamento na tutela de urgência ou da evidência,[64] uma vez que as apelações interpostas contra as sentenças que confirmam, concedem ou revogam a tutela provisória serão recebidas, como visto, apenas no efeito devolutivo.[65]

O trânsito em julgado da decisão que aprecia parcialmente o mérito, de forma antecipada, tornará definitiva a execução, por expressa disposição da parte final do §3º, do art. 356.

Observado o conjunto de disposições que regulam, no Código de 2015, o julgamento do mérito por capítulos, em momentos distintos, e a formação da coisa julgada, também por capítulos, será forçoso admitir o cabimento de mais de uma rescisória, em momentos também distintos.[66]

O trânsito em julgado não aparece vinculado, no Código de 2015, de forma una e indivisível, à decisão final sobre o mérito.

Como visto, o legislador autorizou o "julgamento antecipado parcial do mérito", com a liquidação e o cumprimento provisório da respectiva decisão, e previu o cabimento de um recurso específico contra ela. O diploma processual atual ainda estabelece, de modo claro, que o "trânsito em julgado" dessa decisão tornará definitiva a sua execução.[67]

Na mesma linha, a formação da coisa julgada está vinculada à "decisão de mérito não mais sujeita a recurso", sem que exista no Código de 2015 a distinção, como se via no sistema do Código de 1973, entre as decisões que encerram a etapa cognitiva do procedimento comum (sentença) e aquelas que apreciam o mérito parcialmente, de forma antecipada (decisão interlocutória).[68]

A opção do legislador também está refletida no *caput* do art. 966, que autoriza, nas hipóteses indicadas, a rescisão da "decisão de mérito, transitada em julgado", e não mais da "sentença de mérito, transitada em julgado".[69]

---

63 Sobre o paradoxo, apreciando o regime da antecipação dos efeitos da tutela do pedido incontroverso e o cumprimento da decisão final, com trânsito em julgado, cf.: DIDIER JÚNIOR, Fredie. Inovações na antecipação dos efeitos da tutela e a resolução parcial do mérito. **Revista de Processo**, São Paulo, nº 110, abr. 2003, p. 2 (versão digital).

64 Arts. 300 e 311, respectivamente.

65 Art. 1.012, §1º, inciso V.

66 Admitindo a formação da coisa julgada por capítulos, no regime do Código de 1973, cf.: THEODORO JÚNIOR, obra citada, p. 580-581; DINAMARCO, Cândido Rangel. **Capítulos de sentença**. 2ª ed. São Paulo: Malheiros, 2006, p. 118; BARBOSA MOREIRA, José Carlos. **Comentários ao Código de Processo Civil**, vol. V. 14ª ed. Rio de Janeiro: Forense, 2008, p. 116.

67 Art. 356, §3º.

68 Código de 1973, arts. 467 e 468. Código de 2015, arts. 502 e 503.

69 Código de 1973, art. 485.

Ainda há no Código de 2015 o expresso reconhecimento de que a "ação rescisória pode ter por objeto apenas 1 (um) capítulo da decisão".[70]

O ajuizamento de uma única ação rescisória, nos casos em que a formação da coisa julgada se deu por capítulos, em momentos distintos, não é bem visto pela doutrina.[71] Poderá haver inconvenientes ligados à competência quando a última decisão de mérito, em cada capítulo, tiver sido proferida por tribunais distintos. Isso porque não havendo prejudicialidade entre os capítulos da decisão, o tribunal que tiver proferido a última decisão de mérito no processo não será competente para julgar a ação rescisória no que diz respeito aos outros capítulos.[72]

Para o Supremo Tribunal Federal, de longa data, existindo capítulos autônomos, a coisa julgada poderá se formar com relação a cada um deles, em momentos distintos.[73]

Decorre logicamente desse entendimento a contagem, também por capítulos e a partir de momentos distintos, do prazo decadencial para o ajuizamento da ação rescisória.[74]

Ocorre que o Código de 2015 preferiu adotar, no *caput* do art. 975,[75] a orientação jurisprudencial do Superior Tribunal de Justiça que afirma, em sentido oposto, no

---

70 Art. 966, §3º.

71 THEODORO JÚNIOR, obra citada, p. 813-817.

72 Até então, para a jurisprudência do STJ, o reconhecimento da coisa julgada e o cabimento da ação rescisória estavam ligados a hipóteses específicas, cf.: "A ação rescisória pode ser utilizada para a impugnação de decisões com conteúdo de mérito e que tenham adquirido a autoridade da coisa julgada material. Em que pese incomum, é possível que tais decisões sejam proferidas incidentalmente no processo, antes da sentença. Isso pode ocorrer em três hipóteses: (i) em diplomas anteriores ao CPC/73; (ii) nos processos regulados pelo CPC em que, por algum motivo, um dos capítulos da sentença a respeito do mérito é antecipadamente decidido, de maneira definitiva; e, finalmente (iii) sempre que surja uma pretensão e um direito independentes do direito em causa, para serem decididos no curso do processo. Exemplo desta última hipótese é a definição dos honorários dos peritos judiciais e do síndico na falência: o direito à remuneração desses profissionais nasce de forma autônoma no curso do feito, e no próprio processo é decidido, em caráter definitivo. Não há por que negar a via da ação rescisória para impugnar tal decisão". (Recurso especial 711.794/SP, Rel. Ministra Nancy Andrighi, 3ª Turma, julgado em 05/10/2006).

73 A orientação jurisprudencial do STF, nesse sentido, aparece sumulada nos enunciados nº 354 ("Em caso de embargos infringentes parciais, é definitiva a parte da decisão embargada em que não houve divergência na votação") e nº 514 (Admite-se ação rescisória contra sentença transitada em julgado, ainda que contra ela não se tenha esgotado todos os recursos"). Em data recente, o Plenário reafirmou a orientação ao concluir, por unanimidade, pela imediata executoriedade dos capítulos autônomos do acórdão condenatório na ação penal 470/MG, declarando o respectivo trânsito em julgado (11ª questão de ordem, rel. Min. Joaquim Barbosa, julgada em 13/11/2013).

74 A 1ª Turma do STF decidiu, na vigência do Código anterior, que os "capítulos autônomos do pronunciamento judicial precluem no que não atacados por meio de recurso, surgindo, ante o fenômeno, o termo inicial do biênio decadencial para a propositura da rescisória" (Recurso extraordinário nº 666.589/DF, rel. Min. Marco Aurélio, julgado em 25/3/2014).

75 Eis a redação: "O direito à rescisão se extingue em 2 (dois) anos contados do trânsito em julgado da última decisão proferida no processo".

enunciado da Súmula nº 401, que o "prazo decadencial da ação rescisória só se inicia quando não for cabível qualquer recurso do último pronunciamento judicial".

Esse posicionamento jurisprudencial encara o trânsito em julgado como um fenômeno processual uno e indivisível, ligado à decisão final sobre o mérito da causa, havendo apenas um termo inicial do prazo decadencial para o ajuizamento da ação rescisória. Como consequência, ficam vedadas a decadência por capítulos e a tramitação simultânea da ação rescisória e do processo principal.[76]

Será preciso harmonizar as duas vertentes acolhidas no Código.

Não parece haver dúvida, a esta altura, de que o legislador autorizou a formação da coisa julgada, por capítulos, em momentos distintos na mesma relação processual, do que decorre, como lógica consequência, a autorização para o ajuizamento de mais de uma ação rescisória, em momentos também distintos.

Assim, a "última decisão proferida no processo", prevista no *caput*,do art. 975, como termo inicial do prazo para o ajuizamento da ação rescisória, deverá ser compreendida, a partir de uma interpretação sistemática do Código, como a última decisão de mérito, não mais sujeita a recurso, proferida no processo, com relação a um ou mais pedidos cumulados ou parcela deles, nas hipóteses do art. 356, e não apenas como a decisão de mérito proferida por último na relação processual com referência aos pedidos ou parcelas não alcançados pelo julgamento antecipado parcial.

A mudança estrutural promovida pelo legislador, nesse ponto, com o abandono do critério puramente cronológico e a previsão expressa de trânsito em julgado por capítulos, levará à necessidade de revisão do enunciado da Súmula nº 401 do Superior Tribunal de Justiça.

---

76 Cf.: "O ajuizamento da rescisória e o início do respectivo prazo decadencial possuem como requisito o trânsito em julgado, uno e indivisível, da decisão final sobre o mérito da demanda, repelindo-se a decadência por capítulos (enunciado nº 401 da Súmula do STJ). Com isso, a presente ação nem mesmo poderia ter sido proposta, sendo inviável a tramitação simultânea do processo principal e da rescisória. Precedentes." (STJ, agravo regimental na ação rescisória nº 4.939/AL, Rel. Ministro Antonio Carlos Ferreira, 2ª Seção, julgado em 11/06/2014).

DEVER DE COMPROMETIMENTO DO JUIZ E A AUDIÊNCIA DE MEDIAÇÃO DO ART. 334 DO NCPC. CRÍTICAS AOS DRIBLES HERMENÊUTICOS E À SUA DESIGNAÇÃO ALEATÓRIA.

Marcelo Mazzola

1. INTRODUÇÃO

Dentro da perspectiva de eficácia horizontal dos direitos fundamentais, o NCPC positivou consagrados princípios na Carta Magna, como a inafastabilidade da jurisdição, o contraditório, a isonomia, a duração razoável do processo, a proporcionalidade, a razoabilidade, a legalidade, a eficiência e publicidade, entre outros.

Com isso, o texto constitucional se torna definitivamente o centro de gravidade do sistema jurídico.

Na linha do CPC português, o NCPC positivou o princípio da cooperação, prevendo que todos os sujeitos do processo devem cooperar entre si para que se obtenha, em tempo razoável, decisão de mérito justa e efetiva (art. 6º). Trata-se de cláusula geral cooperativa e norma estruturante do processo civil contemporâneo.

Sob essa perspectiva, o trilho processual deve estar assentado em bases dialéticas e de intersubjetividade, permitindo que a decisão judicial seja construída dentro de uma comunidade de trabalho.

Não se pode mais conceber a figura do juiz arbitrário e opressor, que, com autoritarismo, limita a liberdade das partes, ainda que de forma supostamente motivada.

Em sua atividade colaborativa, o juiz deve auxiliar, prevenir, orientar e alertar os jurisdicionados, dedicando-se à causa em busca de uma decisão de mérito justa e efetiva.

Especificamente em relação aos deveres inerentes à cooperação, não há um consenso doutrinário. Alguns juristas entendem que a colaboração gera para o magistrado os deveres de esclarecimento, de consulta e de prevenção,[1] e outros ainda inserem o dever de auxílio.[2] Há quem entenda, também, que tais

---

1 DIDIER JR., Fredie. *Curso de Direito Processual Civil: teoria geral do processo e processo de conhecimento*. v. 1. 11ª ed. Salvador: Editora JusPodivm, 2009, p. 50-51.

2 MITIDIERO, Daniel. COLABORAÇÃO NO PROCESSO CIVIL COMO PRÊT-À-PORTER? UM CONVITE AO DIÁLOGO PARA LENIO STRECK. *Revista de Processo*. São Paulo: Revista dos Tribunais, nº 194, abr./2011, p. 55-68.

deveres seriam decorrentes do dever de engajamento, assim considerado uma ideia-mãe.[3]

Nessa subdivisão de deveres propagada pela doutrina, defendemos ainda o "dever de comprometimento" do juiz,[4] que resgata a ideia de operosidade e de máxima dedicação à causa, na linha dos ensinamentos do Professor Paulo Cezar Pinheiro Carneiro.[5]

A proposta deste artigo é analisar a importância do dever de comprometimento no momento de designação da audiência de mediação (art. 334 do NCPC).

Isso porque, alguns juízes estão deixando de designar a referida audiência com base em diferentes argumentos (violação da duração razoável do processo, desinteresse já manifestado pelo autor na petição inicial, possibilidade de postergação do ato para outra fase processual, violação do acesso à justiça, discussão sobre direitos indisponíveis, etc.), que, na realidade, são dribles hermenêuticos e não refletem o espírito do legislador.

2. DEVER DE COMPROMETIMENTO DO MAGISTRADO. COOPERAÇÃO E OPEROSIDADE

2.1. Uma nova visão paradigmática

Além dos deveres de esclarecimento, consulta, prevenção e auxílio, entendemos que a atuação colaborativa do juiz engloba o "dever de comprometimento".

Comprometer-se é muito mais do que engajar-se. É assumir responsabilidade. É mostrar total dedicação na realização da atividade jurisdicional, observando as garantias fundamentais e mirando sempre a efetividade do provimento jurisdicional.

O juiz comprometido se doa literalmente para a causa e investe seu tempo,[6] não apenas para conhecer os fatos, controlar a marcha processual e assegurar

---

3 CABRAL, Antonio do Passo. *Nulidades no Processo Moderno: contraditório, proteção da confiança e validade prima facie dos atos processuais*. Rio De Janeiro: Forense, 2009, p. 236.

4 Para maior aprofundamento, ver MAZZOLA, Marcelo. *Tutela Jurisdicional Colaborativa*: a cooperação como fundamento autônomo de impugnação. Curitiba: CRV, 2017.

5 CARNEIRO, Paulo Cezar Pinheiro. *Acesso à Justiça: Juizados Especiais Cíveis e Ação Civil Pública. Uma nova sistematização da Teoria Geral do Processo*. 2ª ed. Rio de Janeiro: Forense, 2003.

6 Bom exemplo é o art. 481 do NCPC, que estabelece que o juiz "de ofício ou a requerimento da parte, pode, em qualquer fase do processo, inspecionar pessoas ou coisas, a fim de se esclarecer sobre fato que interesse à decisão da causa". É a chamada inspeção judicial, que se justifica "siempre que para la mejor o más fácil verificación de hechos susceptibles de percepción sea conveniente su examen por el juez" (ECHANDÍA, Hernando Devis. Teoria general de la prova. t. II. Buenos Aires: Victor P. de Zevalia, 1981, p. 445). Para Leonardo Greco, se a inspeção for útil à apuração dos fatos, o juiz tem o dever de determiná-la (GRECO, Leonardo. *Instituições de Processo Civil*. v. II. 3ª ed. Rio de Janeiro: Forense, 2015, p. 276). Na mesma linha, o art. 565, § 3º, prevê que o juiz "poderá comparecer à área objeto do litígio quando sua presença se fizer necessária à efetivação da tutela jurisdicional".

o contraditório, mas, indo além, respeita os atos do próprio processo e busca a maximização da eficiência (art. 8º do NCPC) e a otimização da operosidade.

Como ensina Paulo Cezar Pinheiro Carneiro, a operosidade traduz a noção de que todos aqueles que participam, direta ou indiretamente, da solução dos conflitos, em âmbito judicial ou extrajudicial, devem atuar da forma mais produtiva e laboriosa possível, com a finalidade de assegurar o efetivo acesso à justiça. Para que isso se concretize, afigura-se indispensável a "atuação ética" e a "utilização dos instrumentos e dos institutos processuais de forma a obter a melhor produtividade possível".[7]

No plano da ética, o referido doutrinador ensina que "todos devem cooperar com as atividades destinadas à democratização do processo, tendo como meta ideal a participação de quem quer que seja, em igualdade de condições". Especificamente no caso do juiz, assinala que "é dele que se exige e se espera maior rigor no comportamento", devendo estar "a serviço da sociedade em primeiro lugar, cumprindo rigorosamente seus deveres e suas obrigações, da melhor forma que sua capacidade permitir".[8]

O segundo aspecto da operosidade está ligado à produtividade, alcançada em razão da utilização dos meios e instrumentos mais eficazes. Nesse particular, há muito o Professor Titular da UERJ já defendia a necessidade de o juiz estancar processos inviáveis, advertir as partes a respeito de comportamentos inadequados, inverter o ônus da prova, entre outros.

Na visão de Flavia Hill, a noção de operosidade é "o genuíno comprometimento do magistrado com a garantia de acesso à ordem jurídica justa",[9] o que, aliás, vai ao encontro da preocupação da Comissão da Juristas do NCPC de dar todo o rendimento possível a cada processo em si mesmo considerado.

Com efeito, as modificações implementadas pelo NCPC buscam o "máximo rendimento na consecução da entrega da prestação jurisdicional",[10] com o menor dispêndio de tempo, recursos e atividade judicante.

Nesse contexto, atuar com comprometimento à luz da operosidade aqui preconizada não é apenas dar expediente e despachar nos prazos regulamentares, observando o devido processo legal. É muito mais. É ler nas entrelinhas e perceber o que pode ser pinçado em busca de uma solução justa e efetiva. É garantir que o processo se desenvolva sem *loopings* subjetivos capazes de retardar a entrega da prestação jurisdicional. É enxergar com visão panorâmica, "em perspectiva 360 graus", firme na convicção de que o dever de comprometimento pressupõe um exercício ótimo de atuação.

---

7 CARNEIRO, Paulo Cezar Pinheiro. *Acesso à Justiça: Juizados Especiais Cíveis e Ação Civil Pública*. Op. cit., p. 63-64.

8 Idem, p. 65.

9 HILL, Flávia Pereira. *O direito processual transnacional como forma de acesso à justiça no século XXI: os reflexos e desafios da sociedade contemporânea para o direito processual civil e a concepção de um título executivo transnacional*. Rio de Janeiro: GZ Editora, 2013, p. 121.

10 BALZANO, Felice. Mais do mesmo: ainda a Súmula 410 do STJ. *Revista de Processo*. São Paulo: Revista dos Tribunais, nº 263, jan./2017, p. 414.

Nesse sentido, viola o dever de comprometimento o juiz que não percebe a possibilidade de acordo manifestada pelas partes em alegações finais e sentencia automaticamente o feito, ao invés de tentar viabilizar a autocomposição (art. 139, V, do NCPC), ou, ainda, quando ventila a hipótese de uma audiência especial de conciliação, criando expectativa nas partes, mas acaba julgando a demanda sem designar o ato.

Da mesma forma, viola o dever de comprometimento o magistrado que, por exemplo, indefere no despacho saneador a prova testemunhal requerida pelo autor, mas julga improcedente o pedido inaugural afirmando que as provas produzidas foram insuficientes.[11] Ora, um juiz comprometido com a causa certamente examinaria o encadeamento dos pronunciamentos judiciais e, percebendo eventual insuficiência de provas – por força de seu próprio despacho saneador –, determinaria a conversão do feito em diligência, antes de sentenciar, evitando um comando contraditório e inconsistente.

Nada obstante, ignora o dever de comprometimento o relator que, no caso de instauração de IRDR ou na escolha de recursos sob a sistemática dos repetitivos, escolhe entre os processos análogos aquele menos representativo da controvérsia,[12] evidenciando pouca responsabilidade na análise da matéria e ignorando os desdobramentos de um julgamento dessa natureza.

Também desprestigia o dever em tela o juiz que suspende automaticamente o processo afetado pelo IRDR ou pela sistemática dos recursos repetitivos, sem examinar a distinção entre a questão a ser decidida no caso concreto e aquela objeto do microssistema de formação de precedentes de observância obrigatória. A mesma crítica pode ser feita ao juiz que transforma o *obiter dictum* em precedente para fundamentar sua decisão, ignorando a *ratio decidendi* do paradigma invocado.

Ademais, ignora o dever de comprometimento o juiz que indefere genericamente pedido de segredo de justiça por entender, por exemplo, que eventuais informações

---

11 A conduta do julgador nesse caso também viola o princípio da boa-fé (art. 5º do NCPC)

12 Uma seleção descompromissada pode conduzir a uma cognição menos densa, menos horizontalizada, de menor qualidade, reduzindo o potencial de influência do contraditório no incidente, com reflexos na própria atuação dos sujeitos processuais. O caso a ser escolhido deve ser aquele com maior quantidade de argumentos, argumentação mais densa, clara e objetiva, sem restrições à cognição ou à instrução. Deve haver uma "representatividade argumentativa", nas palavras de Sofia Temer (TEMER, Sofia. *Incidente de resolução de demandas repetitivas – tentativa de sistematização*. Dissertação de mestrado. Universidade do Estado do Rio de Janeiro, 2015, p. 131). No mesmo sentido Georges Abboud e Marcos Cavalcanti: "o magistrado brasileiro, de *lege data*, tem o dever de realizar o controle judicial da representação adequada no âmbito do IRDR, em observância à cláusula do devido processo legal. Cabe a ele verificar se os advogados e as partes representativas têm condições técnicas, morais, financeiras, etc. de agir em juízo na defesa das posições jurídicas relacionadas às questões jurídicas discutidas nas demandas repetitivas. Deve verificar, também, se a causa pendente no tribunal abrange adequadamente a controvérsia repetitiva". (ABBOUD, Georges; CAVALCANTI, Marcos de Araújo. Inconstitucionalidades do incidente de resolução de demandas repetitivas (IRDR) e os riscos ao sistema decisório. *Revista de Processo*. São Paulo: Revista dos Tribunais, nº. 240, fev./2015, pp. 221-242).

confidenciais e estratégicas de empresas não estariam abarcadas no rol das hipóteses do art. 189 do NCPC.[13]

Na mesma toada, viola o dever de comprometimento o juiz que participa de calendários processuais com as partes, mas não cumpre os prazos ali fixados e aos quais está vinculado (art. 191, parágrafo único, do NCPC).

É claro que situações imprevisíveis (licença médica decorrente de acidente, greves, aposentadoria compulsória, entre outros) são justificativas capazes de elidir a responsabilidade do juiz,[14] mas a regra é a estrita observância ao conteúdo pactuado. Logo, se o magistrado já sabe de antemão que não terá como cumprir os prazos (férias, aposentadoria, etc.), não deve celebrar o calendário.

Ainda nesse plano, infringe o dever de comprometimento o relator que se escora em certidão da secretaria para declarar a tempestividade ou intempestividade dos embargos de declaração, sem perceber que a discussão envolve unicamente uma questão de direito (por exemplo, o *dies a quo* do prazo recursal na hipótese de dupla intimação do causídico em dias distintos, sobretudo quando a primeira ocorrer por Diário Oficial eletrônico e a segunda pelo portal do tribunal).

Sob outro prisma, mas ainda dentro do espírito da operosidade, pensamos que nenhum juiz não deve deferir a realização de nova perícia sem antes exaurir todas as possibilidades de corrigir defeitos e falhas na primeira prova técnica, inclusive através de quesitos de esclarecimentos ou mediante o comparecimento do perito em audiência. Mais do que isso, entendemos que se o julgador puder substituir a primeira perícia por uma prova simplificada (art. 464, §§ 2º e 3º), sem que isso viole direitos fundamentais das partes, deve assim proceder, evitando onerá-las e primando pela duração razoável do processo.

Por outro lado, prestigia o dever de comprometimento o juiz, que percebendo a concreta possibilidade de acordo, relativiza o período máximo – 6 (seis) meses – de suspensão do processo (art. 313, II c/c 4º), concedendo um prazo adicional para as partes concluírem a composição amigável (arts. 3º, §§ 2º e 3º, 139, V e VI), ou, então,

---

13 Concordamos com José Rogério Cruz e Tucci quando afirma que "andou bem o legislador, ao zelar, de forma expressa (inciso III), pela garantia constitucional da privacidade/intimidade de informações respeitantes às partes ou mesmo a terceiros (CF, art. 5º, inciso XII). Mas isso não basta. Há também outros dados, que, embora não preservados pela mencionada garantia, quando revelados, em muitas circunstâncias, acarretam inequívoco prejuízo a um dos litigantes. Refiro-me, em particular, às ações concorrenciais, que têm por objeto dados atinentes à propriedade intelectual, ao segredo industrial, ao cadastro de clientes, etc. Estas informações, igualmente, merecem ser objeto de prova produzida em regime de publicidade restrita". (TUCCI, José Rogério Cruz e. Garantias constitucionais da publicidade dos atos processuais e da motivação das decisões no Projeto do CPC. *Revista do Advogado*, v. 32, 2012, p. 116-123). Trata-se de questão sensível que exige uma avaliação cuidadosa do juiz, pois muitas vezes os ativos mais valiosos das empresas são justamente seus segredos comerciais e industriais.

14 No mesmo sentido GAJARDONI, Fernando; DELLORE, Luiz; ROQUE, Andre Vasconcelos; OLIVEIRA JUNIOR, Zulmar Duarte de. *Teoria geral do processo: comentários ao CPC 2015 – parte geral*. São Paulo: Forense, 2015, p. 636.

designa uma audiência especial de conciliação, para tentar otimizar a construção do consenso, exatamente como fez um magistrado carioca recentemente.[15]

No caso das tutelas provisórias – situação em que o juiz pode decidir de ofício (art. 9º do NCPC) –, o dever de comprometimento ganha contornos relevantes, pois, muitas vezes, os efeitos da ordem ecoam durante todo o processo,[16] causando graves prejuízos para uma das partes.

A situação é ainda mais sensível quando o magistrado vislumbra a probabilidade do direito do autor e reconhece o perigo da demora, mas, ao mesmo tempo, percebe um hiato na narrativa fática e eventual risco de irreversibilidade da medida.

Em tais situações, ainda que possa sacrificar um direito em nome de outro mais provável, entendemos que um juiz comprometido com a causa, sobretudo naqueles casos em que a discussão não envolve risco de vida (uma internação de emergência, por exemplo), deve intimar a parte contrária para prestar esclarecimentos, fixando um prazo exíguo de 24 (vinte e quatro) ou 48 (quarenta e oito) horas.

Essa providência, especialmente em situações envolvendo relacionamentos continuados (discussões societárias, relações comerciais, etc.), não sacrifica a celeridade esperada e, ao mesmo tempo, garante o mínimo de segurança jurídica, prestigiando o contraditório-influência.[17]

Note-se, ainda, que, em tais hipóteses, o juiz pode optar pela designação de uma justificação prévia,[18] que, aliás, tem expressa previsão legal (art. 300, § 2º, do NCPC).

---

15 Confira-se o seguinte despacho: "A petição de fls. 218 foi protocolada em 08/08/2016 e requer suspensão do processo por 30 dias, uma vez que as partes estariam em tratativas de acordo. O pedido de suspensão foi indeferido às fls. 222, eis que já haviam se passado mais de dois meses desde o protocolo da petição. A petição de fls. 231 foi protocolada em 01/11/2016 e requer suspensão do processo por 30 dias. Já se passaram mais de três meses e meio desde o protocolo da petição de fls. 231. No total, já se passaram mais de seis meses desde o protocolo da primeira petição em que as partes requereram a suspensão do feito por estarem em tratativas de acordo. Não se justifica que o feito permaneça paralisado, ante o longo tempo decorrido. Ante o ânimo conciliatório das partes, designe-se AUDIÊNCIA ESPECIAL DE CONCILIAÇÃO CONJUNTA COM O PROCESSO EM APENSO, devendo comparecer as partes, pessoalmente ou representante legal da parte com poderes para transigir, trazendo proposta concreta de acordo. Intimem-se as partes para o ato, cientes de que a não apresentação de proposta concreta poderá ser considerada como ato de litigância de má-fé." (Processo nº 0271168-51.2015.8.19.0001, 3ª Vara Cível da Comarca da Capital do Estado do Rio de Janeiro, despacho proferido em 17.02.2017).

16 A sistemática de recorribilidade das interlocutórias do NCPC também reforça a importância do dever de comprometimento, uma vez que, no caso das decisões não agraváveis de plano (hipóteses fora do rol do art. 1.015 do NCPC), o respectivo pronunciamento só poderá ser revisto em sede recursal (apelação ou contrarrazões), produzindo efeitos durante todo esse período, o que potencializa a responsabilidade do juiz.

17 GRECO, Leonardo. Garantias Fundamentais do Processo: o processo justo. *Estudos de direito processual*. Campo dos Goytacazes: Faculdade de Direito de Campos, 2005, p. 242.

18 MENDES, Aluisio Gonçalves de Castro; SILVA, Larissa Clare Pochmann da. A tutela provisória no ordenamento jurídico brasileiro. A nova sistemática estabelecida pelo CPC/2015 comparada às previsões do CPC/1973. *Revista de Processo*. São Paulo: Revista dos Tribunais, nº. 257, jul./2016, p. 163.

Ainda no plano das tutelas, Alexandre Câmara exalta a conduta cooperativa do juiz que, no caso de estabilização de tutela antecipada antecedente, em razão da ausência de recurso do réu, indaga ao autor (que já emendou a petição inicial – art. 303, § 1º, I, do NCPC) se tem interesse em se valer da estabilização, desistindo da ação, ou se pretende prosseguir sem estabilização, em busca de uma decisão fundada em cognição exauriente.[19]

Na realidade, o dever de comprometimento é inerente à atividade judicial e deve ser observado durante todo o *iter* processual.[20]

Nessa toada, vemos com bons olhos o juiz que **a)** no saneamento do feito, formula quesitos a serem respondidos pelo perito e indica, de forma clara, o escopo da prova técnica (art. 470, II), minimizando os riscos de a perícia trilhar caminhos tortuosos; **b)** quando da expedição de carta precatória para colheita de prova oral, envia ao juízo deprecado perguntas a serem respondidas pela testemunha e/ou pelo depoente; buscando o maior aproveitamento do ato processual; **c)** designa audiência especial para fins de calendarização do processo, quando houver convergência de interesses (a calendarização não precisa ser necessariamente realizada nas audiências de saneamento compartilhado); **d)** ao reconhecer a suaincompetência, indica "qual o juízo competente para julgar o pedido",[21] apontando precisamente o foro (comarca na Justiça Estadual e subseção judiciária na Justiça Federal) e o juízo, se possível. Assertivas genéricas (ex: determino a remessa dos autos ao "foro de domicilio do réu" ou à "justiça federal competente") podem suscitar dúvidas desnecessárias.

Também em processos envolvendo a Fazenda Pública, algumas situações práticas revelam a importância do dever de comprometimento. É o caso, por exemplo, do juiz que, após julgar parcialmente o mérito contra a Fazenda Pública (obrigação pecuniária) – independentemente de determinar a remessa necessária (interpretação dos arts. 356, § 3º c/c 496),[22] ressalvadas as exceções dos §§ 3º e 4º do art. 496 – esclarece desde logo que a execução definitiva daquela parcela do julgado só poderá ocorrer juntamente com a execução definitiva da parte que restou controvertida. Isso porque, os limites previstos nos mencionados parágrafos devem ser apurados à luz do valor total da condenação, sob pena de burla ao sistema de precatórios. Tal providência evita petições e movimentos inócuos.

No caso do IRDR, deve ser estimulada a criação de um plano de trabalho e de um calendário para o julgamento do incidente, permitindo que os envolvidos saibam, com

---

19 CÂMARA, Alexandre Freitas. *O novo processo civil brasileiro*. São Paulo: Atlas, 2015, p. 165.

20 Um juiz deprecado, por exemplo, demonstra comprometimento com a causa quando estuda previamente o caso e faz perguntas relevantes à testemunha ou ao depoente, participando e contribuindo objetivamente para a construção da futura decisão.

21 QUEIROZ, Pedro Gomes. A cumulação de pedidos relativos ao Direito de Família no CPC/2015. *Revista de Processo*. São Paulo: Revista dos Tribunais, nº. 262, dez./2016, p. 274.

22 A propósito, vide o Enunciado nº 17 do Fórum Nacional de Poder Público: A decisão parcial de mérito proferida contra a Fazenda Pública está sujeita ao regime da remessa necessária.

antecedência, as etapas e a dinâmica do *iter* procedimental, podendo se preparar e contribuir de forma mais efetiva.

Do Tribunal de Justiça de São Paulo, extraímos um bom exemplo do grau de comprometimento que se espera do julgador, que – na concepção da corte – não pode se prender à qualificação jurídica atribuída pelas partes, mas sim fazer a devida subsunção do fato à norma, à luz das garantias fundamentais, objetivando a efetividade da tutela jurisdicional.

Em seu voto, o Desembargador Luiz Antonio Costa cassou a decisão de primeiro grau por entender que o magistrado havia violado o dever de cooperação, destacando que, por mais que

> o juízo não entendesse possível o reconhecimento de usucapião extraordinário, do artigo 550 do antigo Código Civil, deveria verificar, vez caber-lhe a qualificação jurídica dos fatos, o preenchimento dos requisitos de outras espécies de usucapião, especialmente o ordinário, com prazo entre dez e quinze anos, nos termos do artigo 551 do CC de 1916, e o especial urbano, previsto no artigo 183 da Constituição Federal.[23]

Uma observação final: em novembro de 2016, a Lei nº 13.363 alterou alguns dispositivos do NCPC para estipular direitos e garantias para a advogada gestante, lactante, adotante ou que der à luz, bem como para o advogado que se tornar pai. Como resultado, foram incluídos os incisos IX e X ao artigo 313 do NCPC, prevendo-se a suspensão do processo "pelo parto ou pela concessão de adoção, quando a advogada responsável pelo processo constituir a única patrona da causa" e "quando o advogado responsável pelo processo constituir o único patrono da causa e tornar-se pai".

No caso do inciso IX, o período de suspensão será de 30 (trinta) dias (§ 6º), enquanto na hipótese do inciso X de 8 (oito) dias, ambos contados a partir da data do parto ou da concessão da adoção, mediante apresentação de certidão de nascimento ou documento similar que comprove a realização do parto, ou de termo judicial que tenha concedido a adoção, desde que haja notificação ao cliente.

Porém, a Lei nº 13.363/16 não regula algumas hipóteses que podem gerar controvérsias quanto aos prazos, como, por exemplo, a adoção por casais homossexuais, a adoção unilateral e a adoção por transexual.

Assim, à luz da operosidade, um juiz comprometido com a causa, ao perceber que a adoção reportada fora realizada por casal homossexual, em que ambos são advogados (e um deles é o único patrono do feito), deve intimar o causídico para esclarecer se deseja fazer jus ao prazo de 8 (oito) ou 30 (trinta) dias, evitando, com isso, que ambos os companheiros se valham do maior prazo de suspensão (caso o outro companheiro também figure como único patrono em causa diversa), o que teria o condão de alongar desnecessariamente um dos feitos. Esse é um exemplo de como o dever de comprometimento pode, eventualmente, transcender o próprio processo.

---

23 TJ/SP, Apelação Cível nº 0003918-97.2008.8.26.0562, 7ª Câmara de Direito Privado, Rel. Des. Luiz Antonio Costa, DJe 30.08.2011.

Poderíamos desenvolver inúmeras outras situações, mas a ideia aqui é apenas demonstrar o padrão de conduta que se espera de um juiz efetivamente comprometido com a causa. Como pontua Bedaque, o juiz deve estar comprometido com o resultado do processo, pois, da mesma forma que as partes, está em busca de resultados e sua integração também contribui para a isonomia.[24]

Em resumo, o dever de comprometimento não significa apenas prestar a tutela jurisdicional. É um *plus* que pressupõe assumir responsabilidade e querer efetivamente decidir, com justiça, em busca da maximização do resultado do processo, sopesando e analisando de forma multidirecional todos os interesses em jogo, à luz da operosidade.

Em tempos de grandes transformações – como essa que estamos vivendo, especialmente após o advento do novo CPC – o juiz não pode apenas cumprir pontualmente a sua rotina burocrática. Sem a sua efetiva "colaboração, por melhores leis que tenhamos, jamais lograremos construir um processo socialmente efetivo".[25]

2.2. Dever de comprometimento e a dispensa "imotivada" da audiência de mediação: análise de algumas justificativas

Não raro, observamos que juízes deixam de designar a audiência de mediação do artigo 334 do NCPC com base em diferentes argumentos (violação da duração razoável do processo, desinteresse já manifestado pelo autor na petição inicial, possibilidade de postergação do ato para outra fase processual, violação do acesso à justiça, discussão sobre direitos indisponíveis, etc.). Tais esquivas são, na verdade, dribles hermenêuticos que demonstram o pouco comprometimento com a causa.

Em linhas gerais, a mediação pode ser obrigatória, induzida ou convencionada.

Obrigatória porque decorre de expressa previsão legal. É o que ocorre nas ações de família e no conflito coletivo de posse velha. Explica-se: mesmo que nenhuma das partes queira, a mediação será realizada, pois o comando do legislador é claro: "o juiz ordenará a citação do réu para comparecer à audiência de mediação" (art. 695 do NCPC) e "antes de apreciar o pedido de concessão de medida liminar, [o juiz] deverá designar audiência de mediação" (art. 565 do NCPC).

Induzida porque, embora sua realização seja a regra (arts. 27 da Lei nº 13.140 c/c 334 do NCPC) e caiba ao juiz estimular, sempre que possível, a busca do consenso (arts. 3º, § 3º, e 139, V, do NCPC), isso não significa que a mediação acontecerá. Vale lembrar que o ato processual não será designado quando o conflito não admitir autocomposição (ou quando envolver direitos indisponíveis não transacionáveis – art. 3º da Lei nº 13.140), ou quando ambas as partes manifestarem desinteresse na composição consensual (art. 334, § 4º, do NCPC).

---

24 BEDAQUE, José Roberto dos Santos. *Efetividade do processo e técnica processual*. São Paulo: Malheiros, 2006, p. 21.

25 BARBOSA MOREIRA, José Carlos. Por um processo socialmente efetivo. In: BARBOSA MOREIRA, José Carlos. *Temas de direito processual*. São Paulo: Saraiva, Nona Série, 2007, p. 27.

Convencionada porque os contratantes podem pactuar as chamadas cláusulas de paz, prevendo a realização de mediação antes da judicialização da questão. Nesse caso, havendo expressa previsão contratual, o litígio não pode ser iniciado antes da tentativa de autocomposição (arts. 2º, § 1º, e 23 da Lei nº 13.140/15). Se mesmo assim a demanda for proposta, o magistrado deverá suspendê-la pelo prazo previamente acordado ou até o implemento da referida condição.

Feitas as ressalvas acima, examinaremos a controvérsia propriamente dita.

Inicialmente, cabe registrar que, em relação às demandas em que a mediação é obrigatória (ações de família e conflito coletivo de posse velha), os juízes, aparentemente, não estão deixando de designar o referido ato processual.

Todavia, no caso da audiência de mediação do artigo 334 do CPC (procedimento comum), alguns juízes, por diferentes motivos – que serão examinados abaixo –, não têm determinado o ato processual em questão, ignorando a imperatividade do verbo escolhido pelo legislador ("designará"), ratificada pelas expressões "promoverá" (art. 3º, § 2º, do NCPC) e "deverão ser" (art. 3º, § 3º, do NCPC).

Inicialmente, não concordamos com o argumento de que a designação de audiência de conciliação/mediação viola a duração razoável do processo (arts. 5º, LXXVIII, da CF e 139, II, do CPC).[26] Muito pelo contrário. Eventual acordo ou consenso alcançado no referido ato processual encurtará o processo e, no caso da mediação exitosa, ainda possibilitará o tratamento adequado do conflito.[27]

Mesmo que o autor declare, genericamente, na petição inicial não ter interesse na audiência, a designação do ato, por si só, não tem o condão de retardar o andamento do feito, pois, se o réu também não tiver interesse, basta apresentar petição até 10 (dez) dias antes da audiência (art. 335, § 5º, do NCPC). Ou seja, não há que se falar em efetivo prejuízo à celeridade processual.

Nesse particular, pensamos, inclusive, que, à luz do formalismo-valorativo, a rigidez da forma não deve atentar contra o verdadeiro espírito da audiência do art. 334. Assim, ainda que o réu não se manifeste no prazo previsto em lei (10 dias antes da audiência), mas faça isso antes da referida audiência, o juiz pode dispensar o ato, em que pese a inobservância do prazo estipulado, sobretudo se o demandando estiver de

---

26 Veja-se, a propósito, o seguinte despacho proferido por magistrado carioca "Considerando que houve manifestação do autor pela não realização da audiência prévia, com base no princípio da utilidade e da duração razoável do processo, deixo de designar a audiência prevista no art. 334 do NCPC. Cite-se o réu, fazendo constar do mandado que o prazo de resposta contar-se-á nos termos do art. 231 do NCPC." (Processo nº 0168163-76.2016.8.19.0001, 40ª Vara Cível do Rio de Janeiro, despacho proferido em 14.06.2016).

27 Em geral, o índice de consenso alcançado em mediações gira em torno de 70% (MAIA, Andrea. Justiça sem burocracia. Precisamos ser tão dependentes da engrenagem estatal para resolver nossas controvérsias? Disponível em http://oglobo.globo.com/opiniao/justica-sem-burocracia-1-19778455. Acesso em 18.01.2017). No caso da conciliação, o índice de acordos alcançados na última semana de conciliação realizada no âmbito do TJ/RJ foi de 77% (http://www.tjrj.jus.br/web/guest/home/-/noticias/visualizar/41215). Acesso em 19.01.2017.

boa-fé e apresentar justificativa para essa "demora". Isso evitará uma audiência inócua e acelerará o processo, inaugurando o prazo de defesa.

Discordamos também do entendimento de alguns juízes que determinam desde logo a citação do réu, quando o autor, na exordial, manifesta seu desinteresse na audiência[28] ou mesmo se silencia.[29]

Isso porque, como visto, o ato só não será realizado se **ambos** os litigantes manifestarem desinteresse.[30]

Supor que o mero desinteresse sinalizado pelo autor inviabilizaria, automaticamente, a construção do consenso é ignorar completamente a realidade prática. Com efeito, muitas vezes o autor comparece à audiência externando desconforto e impaciência, com um discurso colonizado, mas, após a intervenção do mediador e de eventuais esclarecimentos do réu, os ânimos se arrefecem e as partes conseguem evoluir construindo uma solução de benefício mútuo ou, ao menos, transacionando sobre parte do conflito (art. 3º, § 1º, da Lei de Mediação).

Pensamos, ainda, que a opção do legislador de condicionar a dispensa do ato ao desinteresse de ambas as partes tem – ao menos nesse momento de sedimentação do NCPC – um viés pedagógico, pois nem todos os jurisdicionados estão familiarizados com a mediação e seus princípios, e poder-se-ia imaginar que a audiência de conciliação do art. 334 seria uma versão "antecipada" da inócua audiência do art. 331 do CPC/73, o que, porém, não é verdade. Como se sabe, a audiência do novo diploma processual não é realizada pelos juízes ou por seus assessores, mas sim por mediadores capacitados, fora da respectiva serventia judicial, observando-se a estrita confidencialidade (art. 166 do NCPC).

Sob outro prisma, não procede o argumento de que como o juiz pode, a qualquer tempo, promover a autocomposição, preferencialmente com auxílio de conciliadores e mediadores judiciais (art. 139, V, do CPC), estaria autorizado a dispensar o ato no início da demanda, postergando-o para outra fase processual.[31] Isso porque, além de

---

28 Confira-se, por exemplo, o seguinte despacho: "Tendo em vista que o autor não manifestou interesse na audiência prévia, cite-se o réu, com as advertências legais, com o prazo de 15 dias para ofertar sua contestação, sob pena de revelia, ficando o pedido de tutela para ser apreciado após a contestação." (Processo nº 0025665-12.2016.8.19.0209, 2ª Vara Cível da Barra da Tijuca/RJ, despacho proferido em 29.08.2016).

29 Para Didier, o silêncio da parte autora indicará vontade de participar da referida audiência (DIDIER JR., Fredie. *Curso de Direito Processual Civil*. v. 1. 17ª ed. Salvador: JusPodivm, 2015, p. 555-556).

30 Como lembra Fernando Gajardoni, o novo CPC "não é o queremos que ele seja. (...) Ele é fruto de um processo legislativo regular, onde todas as forças políticas falaram e, ao final, prevaleceu a vontade democrática da nação brasileira". (GAJARDONI, Fernando. O Novo CPC não é o que queremos que ele seja Disponível em http://jota.info/artigos/o-novo-cpc-nao-e-o-que-queremos-que-ele-seja-20072015. Acesso em 18.01.2017).

31 Na linha do seguinte despacho: A interpretação que melhor se amolda à Constituição Federal é aquela em que a possibilidade de autocomposição deverá ser analisada no caso concreto, pelo magistrado. Impor às partes uma audiência de conciliação que possui exclusivamente esse objetivo, sendo que a prática ensina que o percentual de acordos é pequeno, senão irrisório (...) inviável

não ser esse o espírito do legislador, "nenhuma audiência ulterior será ou fará as vezes da audiência preliminar, por uma questão de definição. Só pode haver uma única audiência preliminar. Qualquer outra não será preliminar".[32]

Além disso, a experiência revela que quanto mais o processo se desenvolve, com acusações de parte a parte e o escalonamento do conflito, mais rarefeita se torna a atmosfera cooperativa, o que, via de regra, dificulta a composição consensual. Daí ser importante que a audiência aconteça na fase inicial do processo, antes mesmo da apresentação da contestação.

De outra banda, não concordamos com a ideia de que a designação de audiência de mediação viola o princípio do acesso à justiça (arts. 5º, XXXV, da Carta Magna e 3º do NCPC), por inviabilizar, ainda que momentaneamente, a efetiva entrega da prestação jurisdicional.

Primeiro, porque eventuais questões urgentes podem (e devem) ser examinadas em sede de tutela provisória. Note-se que, mesmo havendo cláusula contratual de mediação, o ingresso ao Judiciário para apreciação de questões urgentes não é vedado (art. 23, parágrafo único, da Lei nº 13.140/15)[33]. Segundo, porque como um dos requisitos da mediação é a voluntariedade, ninguém permanecerá eternamente vinculado, bastando que compareça à primeira audiência.

Registre-se, ainda, que, enquanto o dispositivo constitucional estabelece que "a lei não excluirá da apreciação do **Poder Judiciário** qualquer lesão ou ameaça de lesão a direito", o NCPC dispõe que "não se excluirá da **apreciação jurisdicional** ameaça ou lesão a direito". Essa sutil alteração evidencia que, no processo civil contemporâneo, a decisão adjudicada, isto é, imposta pelo julgador às partes, não pode mais ser considerada como a única forma de pacificação social, devendo ser valorizados e incentivados os métodos adequados de resolução de conflitos, entre eles a mediação (verdadeiro equivalente jurisdicional).

Com isso, a noção de jurisdição – antes vinculada essencialmente à atividade estatal – ganha novos contornos, podendo ser compreendida como o direito de acesso à justiça e efetiva solução do conflito.

---

alongar por meses o tempo de resposta do réu, simplesmente para a realização de audiência de conciliação. Nem se diga de qualquer ofensa ao sistema multiportas no novo diploma legal, uma vez que é dever do juiz (art. 139) promover a qualquer tempo a conciliação." (Processo nº 0028129-51.2016.8.19.0001, 42ª Vara Cível da Comarca da Capital do Estado do Rio de Janeiro, despacho proferido em 20.07.2016).

---

32 NIEMAYER, Sergio. Juízes dão rasteira na lei ao dispensarem audiência preliminar de conciliação. Disponível em http://www.conjur.com.br/2016-set-06/sergio-niemeyer-juiz-rasteira-lei-dispensar-audiencia?utm_source=dlvr.it&utm_medium=facebook. Acesso em 27.10.2016.

33 Art. 23. Se, em previsão contratual de cláusula de mediação, as partes se comprometerem a não iniciar procedimento arbitral ou processo judicial durante certo prazo ou até o implemento de determinada condição, o árbitro ou o juiz suspenderá o curso da arbitragem ou da ação pelo prazo previamente acordado ou até o implemento dessa condição.
Parágrafo único. O disposto no caput não se aplica às medidas de urgência em que o acesso ao Poder Judiciário seja necessário para evitar o perecimento de direito.

Ainda no plano das críticas, entendemos que a expressão "sempre que possível" (art. 3º, § 2º, do NCPC) não significa uma carta em branco para juízes dispensarem o ato processual. Na verdade, o termo deve ser compreendido à luz de uma interpretação sistemática, não podendo se distanciar da vontade do legislador (que previu expressamente as hipóteses de dispensa da audiência).

Preocupa-nos, por exemplo, a ideia de que a falta de estrutura de determinado foro possa ser considerada um argumento legítimo para justificar a dispensa da audiência de mediação. Ora, não é a lei que deve adequar-se aos juízes, mas sim o contrário. Aliás, todos os tribunais tiveram tempo de sobra para se estruturar e criar os Centros Judiciários de Solução de Conflitos e Cidadania (CEJUSCs).

Ademais, no caso de déficit operacional, é possível que os juízes se valham do Cadastro Nacional de Mediadores Judiciais e Conciliadores[34] e também das Câmaras Privadas cadastradas no respectivo tribunal. Em último caso, o juiz poderia, excepcionalmente, designar uma audiência especial de conciliação, a ser presidida por ele mesmo.[35]

Da mesma forma, causa certo desconforto a ideia de que, nas comarcas em que não haja mediador, a mediação possa ser feita por outro juiz da própria comarca ou por magistrado da comarca contígua, desde que "treinado e inscrito perante o Tribunal para tal função".[36] Além da inexequibilidade prática – não há cadastramento para juízes atuarem como mediadores –, seria o mesmo que admitir que um juiz possa cumular a função de magistrado e de auxiliar da justiça, recebendo, inclusive, remuneração, o que acabaria ferindo princípios básicos da mediação.[37]

Por fim, uma última observação: é importante que os juízes interpretem de forma sistemática a expressão "quando não se admitir autocomposição" (art. 334, § 4º, II, do CPC). Isso porque, direitos que admitam autocomposição não são apenas os direitos disponíveis, mas também os direitos indisponíveis que admitam transação (art. 3º da Lei nº 13.140/15).[38] Ou seja, o conceito de autocomposição é mais amplo do que o de direitos disponíveis.[39]

---

34 AZEVEDO, André Gomma de; BUZZI, Marco Aurélio. Novos Desafios para a mediação e conciliação no novo CPC: artigo 334. Disponível em http://www.conjur.com.br/2016-nov-11/novos-desafios-mediacao-conciliacao-cpc-artigo-334. Acesso em 22.01.2017.

35 Vale lembrar que, antes da Audiência de Instrução e Julgamento, o juiz tentará conciliar as partes, independentemente do emprego anterior de outros métodos de solução consensual (art. 359), o que demonstra que essa tarefa de conciliação também lhe compete (vide também arts. 3º, §§ 2º e 3º e 139, V).

36 GUERRERO, Luís Fernando. Os métodos alternativos de solução de controvérsias. In: LUCON, Paulo Henrique dos Santos; APRIGLIANO, Ricardo de Carvalho; SILVA, João Paulo Hecker da; VASCONCELOS, Ronaldo; ORTHMANN, André. *Processo em Jornadas. XI Jornadas Brasileiras de Direito Processual. XXV Jornadas Ibero-Americanas de Direito Processual*. Salvador: JusPodivm, 2016, p. 660.

37 No mesmo sentido PINHO, Humberto Dalla Bernardina de Pinho. A mediação e o Código de Processo Civil projetado. *Revista de processo*. São Paulo: Revista dos Tribunais, nº 207, maio/2012, p. 216.

38 Concordamos com Ravi Peixoto quando afirma que, no caso do art. 334, § 4º, II, do NCPC, não há menção à indisponibilidade dos direitos (e sim à autocomposição), "porque ela não pode ser confundida com a vedação da transação". (PEIXOTO, Ravi. A nova sistemática de resolução consensual de conflitos pelo Poder Público – uma análise a partir do CPC/2015 e da Lei nº 13.140/15. *Revista de Processo*. São Paulo: Revista dos Tribunais, nº. 261, nov. 2016, p. 473).

39 WAMBIER, Teresa Arruda Alvim et al. *Primeiros comentários ao novo Código de Processo Civil*. 1ª ed., op. cit.,p. 353.

Além disso, não se pode perder de vista que nem todo interesse público é indisponível, o que, inclusive, justifica os inúmeros acordos celebrados pelos entes públicos.[40]

Assim, mesmo em situações que envolvam interesses públicos e direitos indisponíveis, os litigantes podem, em tese, transacionar, não fazendo sentido o juiz descartar desde logo a audiência.

Elton Venturi vai além e sustenta que negociar indisponíveis "pode se revelar a melhor ou a única opção para sua efetivação proteção".[41]

Alguns exemplos podem facilitar a compreensão: a) em ações envolvendo poder familiar – direito indisponível –, é possível convencionar algumas obrigações daí decorrentes, tais como alimentos e visitação; b) em demandas sobre erro médico envolvendo menores, pode-se transacionar sobre os valores devidos, ouvindo-se, previamente, o Ministério Público;[42] e c) no caso das recuperações judiciais, que, via de regra, englobam interesses públicos e direitos indisponíveis, merece registro a paradigmática decisão proferida pelo Dr. Fernando Viana, Juiz Titular da 7ª Vara Empresarial/RJ, que, em processo envolvendo a operadora OI, determinou que o conflito entre os acionistas fosse encaminhado para a mediação. Tal decisão foi posteriormente mantida pelo Superior Tribunal de Justiça.[43]

Como se vê, a noção de interesse público não pode impedir, automaticamente e de forma abstrata, a designação da audiência de mediação.

2.3. Possibilidade de dispensa da audiência fora das hipóteses legais?

Deixando de lado os dribles hermenêuticos, entendemos que existem ao menos duas situações em que a audiência de conciliação/mediação pode ser dispensada, sem violar o espírito do legislador.

2.3.1. Cláusula opt-out

A primeira é quando as partes pactuam uma cláusula *opt-out* no bojo de um contrato ou mesmo durante uma mediação extrajudicial, abrindo mão da audiência em caso de eventual litígio.

---

40 MAZZOLA, Marcelo. OLIVEIRA, Rafael Carvalho Rezende. Mediação na Administração Pública. Disponível em http://genjuridico.com.br/2016/04/06/mediacao-na-administracao-publica/. Acesso em 19.01.2017.

41 VENTURI, Elton. Transação de direitos indisponíveis? *Revista de Processo*. São Paulo: Revista dos Tribunais, nº 251, jan./2016, p. 391-426.

42 Não concordamos, portanto, com o seguinte despacho proferido em ação dessa natureza: "Defiro J.G. Considerando tratar-se de direitos indisponíveis, revelando-se inviável a autocomposição, deixo de designar audiência de conciliação, na forma do art. 334, §4º, II do NCPC. Assim, citem-se e intimem-se, de ordem, por OJA de plantão, se necessário for (...)". Processo nº 0015993-13.2016.8.19.0004, 8ª Vara Cível de São Gonçalo/RJ, despacho proferido em 19.09.2016.

43 STJ, Conflito de Competência nº 148.728/RJ, Segunda Seção, Rel. Min. Marco Buzzi. Processo em segredo de justiça.

Desde que o respectivo negócio jurídico processual preencha os requisitos legais e não materialize qualquer nulidade (art. 190, parágrafo único, do NCPC, a disposição será válida.[44] Até porque, o NCPC e a Lei de Mediação não trazem qualquer disposição em sentido contrário, isto é, não vedam eventual convenção das partes nesse particular.

Porém, na prática, esse desinteresse prévio à mediação, que, na prática, é uma negativa preliminar ao consenso, pode até atrasar o procedimento ao invés de agilizá-lo.

Primeiro, porque o *right to opt out* da mediação caminha em rota de colisão frontal com as normas fundamentais do processo civil (art. 3º, §§ 2º e 3º, do NCPC), que, como visto, obrigam o Estado e todos os agentes do processo a promover e a estimular a solução consensual dos conflitos, especialmente através da mediação e da conciliação.

Segundo, porque é obrigação do juiz promover, a qualquer tempo, a autocomposição, preferencialmente com auxílio de mediadores judiciais (art. 139, V).

Terceiro, porque os princípios da autonomia da vontade, do consensualismo e do *Pacta Sunt Servanda* não são absolutos e podem ser relativizados diante do caso concreto.

Quarto, porque durante o lapso temporal entre a data de assinatura do contrato (ou da realização da mediação extrajudicial) e o ajuizamento da ação, as partes e seus advogados (que não são necessariamente os mesmos daquela época), podem ter reavaliado o assunto e mudado de opinião.

Quinto, porque a designação da audiência de mediação pelo juiz, mesmo que contrariamente à cláusula ajustada pelas partes, não trará qualquer prejuízo significativo para os litigantes, pois, como dito, basta o autor manifestar seu desinteresse na exordial e o réu através de petição – até 10 (dez) dias antes da data da audiência – para que o ato não seja realizado.

Sexto, e último, porque, mesmo se tratando de um negócio jurídico processual, o juiz pode, "de ofício ou a requerimento", controlar a validade das convenções previstas, recusando-lhes aplicação nas hipóteses do art. 190, parágrafo único. Assim, se tiver qualquer dúvida sobre a abusividade da disposição contratual ou da vulnerabilidade do réu, não dará aplicabilidade imediata à cláusula e poderá, eventualmente, intimá-lo para se manifestar a respeito (art. 10), atrasando o procedimento inicial ao invés de agilizá-lo.

De qualquer forma, não se pode negar que a cláusula de *opt out*,desde que válida, é um instrumento legítimo para justificar a dispensa da audiência de mediação.

---

44 A propósito, o enunciado nº 19 do Fórum Permanente de Processualistas Civis (FPPC): São admissíveis os seguintes negócios processuais, dentre outros: (...) pacto de mediação ou conciliação extrajudicial prévia obrigatória, inclusive com a correlata previsão de exclusão da audiência de conciliação ou de mediação prevista no art. 334; pacto de exclusão contratual da audiência de conciliação ou de mediação prevista no art. 334.

2.3.2. *Mediação antecedente à propositura da ação*

Outra questão que vem sendo debatida pela doutrina é a possibilidade de a audiência de mediação ser dispensada quando as partes (preferencialmente o autor desde logo na petição inicial) comprovarem que já se submeteram a procedimento (não exitoso) de mediação, conduzido por profissionais capacitados, envolvendo a questão objeto da ação.

A propósito, o enunciado nº 29 da mencionada I Jornada de Prevenção e Solução Extrajudicial de Conflitos, realizada em Brasília no mês de agosto de 2016, dispõe que, caso as partes comprovem a realização de mediação ou conciliação antecedente à propositura da demanda, o magistrado poderá dispensar a respectiva audiência inicial, "desde que tenha tratado da questão objeto da ação e tenha sido conduzida por mediador ou conciliador capacitado".

Nessa hipótese específica, parece intuitivo que as partes não alcançarão, ao menos na etapa inicial do processo, a composição amigável esperada, tornando despiciendo o ato processual em questão.

Seria, portanto, uma forma de flexibilizar a rigidez da norma e equilibrar os princípios em jogo (valorização dos métodos adequados de resolução de conflitos x duração razoável do processo, efetividade, etc.).

A ponderação afigura-se bem razoável e está em linha com o pensamento de Humberto Dalla[45] e de outros doutrinadores.[46]

3. DESIGNAÇÃO ALEATÓRIA DE AUDIÊNCIA DE MEDIAÇÃO EM VEZ DE AUDIÊNCIA DE CONCILIAÇÃO E VICE-VERSA

Da mesma forma, notamos que alguns magistrados vêm designando aleatoriamente audiências de mediação (art. 334 do NCPC), quando o caso dos autos revela uma clássica hipótese de audiência de conciliação, e vice-versa, o que, via de regra, impede a maximização dos resultados.

---

45 Para Dalla, se o autor comprovar documentalmente que já tentou resolver amigavelmente o litígio, por qualquer meio legítimo, poderia requerer a dispensa da audiência e a imediata citação do réu. (PINHO, Humberto Dalla Bernardina de. Audiência de conciliação ou de mediação: o art. 334 do CPC/2015 e a nova sistemática do acordo judicial. In: LUCON, Paulo Henrique dos Santos; APRIGLIANO, Ricardo de Carvalho; SILVA, João Paulo Hecker da; VASCONCELOS, Ronaldo; ORTHMANN, André. *Processo em Jornadas. XI Jornadas Brasileiras de Direito Processual. XXV Jornadas Ibero-Americanas de Direito Processual*. Salvador: JusPodivm, 2016, p. 453).

46 Antonio do Passo Cabral e Leonardo Carneiro da Cunha externam opinião semelhante quando fazem uma analogia com a convenção de procedimento participativo francesa, uma espécie de acordo celebrado pelas partes em processo ainda sem árbitro ou juiz, no qual aquelas se comprometem a atuar de forma compartilhada, com boa fé, para alcançar uma justa solução para o litígio. Para os referidos autores, "as partes que se submetem a essa técnica, mesmo não havendo sucesso ao final do procedimento", podem requerer a dispensa da audiência de mediação se o litígio desaguar no Judiciário". (CABRAL, Antonio do Passo; CUNHA, Leonardo Carneiro da. Negociação direta ou resolução colaborativa de disputar (collaborative law): "Mediação sem mediador". *Revista de Processo*. São Paulo: Revista dos Tribunais, nº. 259, set./2016, p. 484).

Embora a mediação e a conciliação sejam métodos autocompositivos de resolução de conflitos, ambas as técnicas possuem peculiaridades próprias e objetivos específicos,[47] pressupondo uma atuação diferenciada do terceiro imparcial.

Tanto é verdade que o NCPC determina que o mediador atuará preferencialmente nos casos em que houver vínculo anterior entre as partes, auxiliando os interessados a compreender as questões e os interesses em conflito, de modo que possam, pelo restabelecimento da comunicação, identificar, por si só, soluções consensuais que gerem benefícios mútuos (art. 165, § 3º).

Já em relação à conciliação, o novo diploma processual prevê que o conciliador atuará preferencialmente nos casos em que não houver vínculo anterior entre as partes, podendo sugerir soluções para o litígio, sendo vedada a utilização de qualquer tipo de constrangimento ou intimidação para que as partes conciliem (art. 165, § 2º).

Nesse contexto, é importante que o "filtro" realizado pelo juiz comprometido com a causa leve em consideração as nuances do caso concreto, aliadas às particularidades de cada instituto.[48] A ideia é evitar que uma simples discussão envolvendo colisão de veículos, na qual o prejudicado pleiteia unicamente o pagamento dos danos sofridos, seja endereçada à mediação, ou que uma complexa relação familiar, envolvendo a guarda de filhos, alimentos e/ou visitação, seja remetida para a conciliação, perdendo-se a oportunidade de um tratamento mais adequado ao conflito.

Humberto Dalla reconhece que é preciso, "em primeiro lugar, identificar qual a técnica mais adequada àquele conflito e, efetivamente, empregar esforços na tentativa real de buscar o acordo, compreendendo melhor as causas, limites e desdobramentos daquele litígio".[49]

A providência é fundamental e realça o dever de comprometimento do juiz, pois, num conflito da área de família, por exemplo, se forem apenas utilizadas téc-

---

47 Não concordamos com a afirmação de Dinamarco no sentido de que a distinção entre conciliação e mediação é muito tênue e não "haveria mal algum em fundi-los em um instituto só". DINAMARCO, Cândido Rangel. *Instituições de Direito Processual Civil*. 8ª ed., atualizada segundo o novo CPC e a Lei nº 13.256. São Paulo: Malheiros, 2016, p. 496-497. Isso porque, embora os institutos tenham semelhanças (métodos autocompositivos, presença de um terceiro imparcial sem poder decisório, informalidade, independência, imparcialidade, confidencialidade, valorização da autonomia da vontade, oralidade, decisão informada, entre outros), a essência é bem diferente. Na mediação, existe toda uma preocupação em restabelecer vínculos, restaurar relacionamentos, preservar situações continuadas, enquanto na conciliação busca-se, de forma objetiva, o acordo, isto é, a resolução pontual do conflito.

48 No mesmo sentido SILVEIRA, Bruna Braga da; MEGNA, Bruno Lopes. Autocomposição: causas de descumprimento e execução – um panorama sobre meios alternativos de solução de conflitos e o processo de execução no novo CPC. *Revista de Processo*. São Paulo: Revista dos Tribunais, nº 264, fev./2017, p. 478.

49 PINHO, Humberto Dalla Bernardina de. Audiência de conciliação ou de mediação: o art. 334 do CPC/2015 e a nova sistemática do acordo judicial. Op. cit., p. 449.

nicas de conciliação, o acordo obtido não será definitivo, por não atingir o conflito no seu âmago.[50]

Nesse particular, Michele Paumgartten reforça que "as diferenças entre a conciliação, a mediação e a sua função judicial devem ser bem compreendidas pelo juiz", a fim de evitar que os métodos sejam desprestigiados, podendo, inclusive, contribuir para o "recrudescimento do conflito existente".[51]

Em suma, um juiz verdadeiramente comprometido com a causa deve aquilatar as peculiaridades do caso concreto, avaliando, de forma consciente, a melhor técnica a ser empregada, tendo como foco a maximização dos resultados e a efetiva pacificação social.

4. CONCLUSÃO

Em sua atividade colaborativa, o juiz deve auxiliar, prevenir, orientar e alertar os jurisdicionados, dedicando-se à causa em busca de uma decisão de mérito justa e efetiva.

Nesse percurso, cabe observar os deveres de a) esclarecimento (agir de modo transparente e pragmático, proferindo comandos claros e objetivos), b) consulta (fomentar o diálogo), c) prevenção (alertar riscos e diligenciar para que os atos processuais não sejam praticados de forma viciada ou para que possam ser corrigidos rapidamente) – noção intimamente ligada à ideia de primazia de mérito – e d) auxílio (remover obstáculos impeditivos e reduzir desigualdades).

Sustentamos ainda o dever de comprometimento, que compreende a ideia de operosidade e de máxima dedicação à causa. A operosidade traduz a noção de que todos aqueles que participam, direta ou indiretamente, da solução dos conflitos, em âmbito judicial ou extrajudicial, devem atuar da forma mais produtiva e laboriosa possível, com a finalidade de assegurar o efetivo acesso à justiça.

Para que isso se concretize, afigura-se indispensável a atuação ética e a utilização dos instrumentos e dos institutos processuais de forma a obter a melhor produtividade possível. A ideia é dar todo o rendimento possível a cada processo em si mesmo considerado e garantir o comprometimento do magistrado na prestação de uma ordem jurídica justa. É extrair o máximo de rendimento da atividade jurisdicional, com menor dispêndio de tempo e de recursos.

Em relação aos métodos adequados de resolução de conflitos, viola o dever de comprometimento o juiz que deixa de designar a audiência de mediação do art. 334 do NCPC com base em argumentos que não exprimem a vontade do legislador (dribles hermenêuticos), ou que designa aleatoriamente audiência de mediação, quando o caso dos autos revela uma clássica hipótese de audiência de conciliação, e vice-versa, impedindo, nesse último caso, a maximização dos resultados.

---

50 LAGRASTA, Valeria Ferioli. O Novo paradigma de soluções dos conflitos: juízes e advogados estão preparados? In: LUCON, Paulo Henrique dos Santos; APRIGLIANO, Ricardo de Carvalho; SILVA, João Paulo Hecker da; VASCONCELOS, Ronaldo; ORTHMANN, André. *Processo em Jornadas. XI Jornadas Brasileiras de Direito Processual. XXV Jornadas Ibero-Americanas de Direito Processual*. Salvador: JusPodivm, 2016, p. 989.

51 PAUMGARTTEN, Michele. Os desafios para a integração das práticas conciliatórias ao novo processo civil. *Revista de Processo*. São Paulo: Revista dos Tribunais, nº 247, set./2015, p. 475-503.

IMPROCEDÊNCIA LIMINAR DO PEDIDO E CONTRADITÓRIO COLABORATIVO TELEOLÓGICO: REFLEXÕES A PARTIR CONCEPÇÃO DO ACESSO EFETIVO À JUSTIÇA

Márcia Michele Garcia Duarte

1. CONSIDERAÇÕES INICIAIS

O julgamento liminar de improcedência do pedido é um instituto que foi acrescido ao processo civil no ano de 2006, tendo por objetivo a racionalização do julgamento de processos repetitivos[1], seguindo o ciclo de reformas normativas decorrente do Pacto de Estado em Favor de um Judiciário mais Rápido e Republicano.

O modelo seguido pelo Código de Processo Civil de 2015 adveio com importantes modificações quanto à decisão pretérita a inspirar o julgamento da seguinte, exigindo que aquela decorra de decisão dos tribunais e não mais do juízo singular.

A despeito de ambos os modelos preverem a possibilidade de juízo de retratação, excepcionando a regra geral que não confere efeito regressivo ao recurso de apelação, fato é que percebemos que algumas outras questões deveriam ser observadas para se excluir do instituto a possibilidade de ferir o contraditório e da ampla defesa, não sendo apenas a possibilidade recursal a matriz de controle do cumprimento regular das garantias processuais constitucionais. Por isso propomos o enfrentamento da questão à luz do contraditório, contemporaneamente traduzido em contraditório participativo, que conta com a atuação ativa do julgador, e contraditório colaborativo, que espera das partes postura mais condizente com a boa-fé e lealdade perante o adversário.

Qualificam-se esse ainda com os fatores de possibilidades extras de debates dialogais em juízo, mesmo a respeito de assuntos não afetos diretamente ao processo em curso, mas com potencial de produzir consequências de efetiva extirpação dos conflitos entre aqueles particulares, e não somente a resposta rápida que confere o rótulo de vencedor ao réu sem que o mesmo sequer tenha participado da relação triangular processual.

Para justificar esse contraditório colaborativo qualificado, aqui denominado de "contraditório colaborativo teleológico", passaremos antes pelo breve histórico do contraditório e os motivos para as nomenclaturas compostas que atualmente lhe são

---

1 BRASIL. Congresso. Câmara dos Deputados. Projeto de Lei n° 4728/2004. Disponível em: <http://www.camara.gov.br/proposicoesWeb/prop_mostrarintegra;jsessionid=1EBD8CDCFD68253C5734627E285C700B.proposicoesWebExterno1?codteor=260588&filename=PL+4728/2004>. Acesso em: 17 out. 2017.

atribuídas, isso após descrever quais são as hipóteses de cabimento do julgamento liminar de improcedência do pedido.

Após estabelecer esta contextualização, apontaremos situações nas quais o julgamento precoce inibe a possibilidade de remediar conflitos futuros ou outros paralelos, sendo que tal oportunidade poderia ser concedida, a despeito do resultado final de improcedência, *i. e.*, na medida em que a prescrição e a decadência poderiam ser abdicadas por quem delas se aproveita, em prol do atingimento de uma solução mais completa para aqueles jurisdicionados.

Ademais, expôs o legislador como Norma Fundamental do Processo Civil que, sempre que possível, o Estado promoverá a solução consensual dos conflitos, observando-se que a conciliação, a mediação e outros métodos de solução consensual de conflitos sejam estimulados pelos profissionais do direito que atuam em processo judicial[2] e mesmo fora do processo.

Por fim, tendo em vista que a nova cultura jurídica rema em favor do privatismo processual, concedendo relevo às medidas de conciliação e de mediação, e que o CPC/2015 conferiu status principiológicos às condutas de boa-fé, cooperativa e colaborativa, agregados à duração razoável do processo, inafastabilidade da apreciação jurisdicional, contraditório efetivo, vemos na decisão de mérito de improcedência liminar a possibilidade de estar havendo a precocidade nos julgamentos, perdendo-se oportunidades valiosas de solução consensual dos conflitos da causa em julgamentos e de outras em potencial ou já existentes.

2. O JULGAMENTO LIMINAR DE IMPROCEDÊNCIA DO PEDIDO

O julgamento liminar de improcedência do pedido foi instituído no ordenamento pátrio a partir da Lei n° 11.277/2006, acrescendo ao Código de 1973 o art. 285-A, mais conciso que a disciplina atual, porém tendo aberto importante conduta judicial para extirpação de processos com resultado de improcedência, por motivo de, anteriormente, ter aquele mesmo juízo prolatado sentença de total improcedência em casos idênticos, unicamente de direito.

Ocorria grande risco nos julgamentos que ousamos denominar de precoces, na medida em bastava que o julgamento da causa paradigma anterior tivesse sido prolatado pelo mesmo juiz, não significando que tal entendimento estivesse seguindo precedente dos tribunais ou de acordo com questões de direito outras ainda *sub judice*, posto que ainda não concluídas nas instâncias superiores.

A sistemática do CPC/2015, disciplinada a partir do art. 332, é mais abrangente e voltada para parâmetros de julgamento oriundos dos tribunais, e conduz à postura judicial no sentido de improcedência liminar não só nas causas unicamente de direito, mas também aquelas por meio das quais se revelem elementos de fato notório, assim aduzindo como as que "dispensem a fase instrutória".

---

2 Art. 3o., §§ 2o e 3o do CPC/2015.

Nessas hipóteses, independentemente de citação do réu, o juiz – e não mais o juízo, da redação do CPC/1973 – julgará liminarmente improcedente o pedido que contrariar os enunciados de súmulas do Supremo Tribunal Federal ou do Superior Tribunal de Justiça, permitindo que mesmo as súmulas que não sejam vinculantes exerçam essa força orientadora respaldada na segurança jurídica da previsibilidade de resultado dos julgados, contribuindo para a uniformização da jurisprudência.

Também poderá o juiz decidir pela improcedência em caráter liminar o pedido que contrariar acórdão proferido pelo Supremo Tribunal Federal ou pelo Superior Tribunal de Justiça em julgamento de recursos repetitivos, sendo esses instrumentos aderidos ao sistema processual como forma de igualmente levar à uniformização de jurisprudência, observando-se que sejam os acórdãos oriundos de tribunal excepcional, unicamente.

Para os tribunais ordinários, merece julgamento pela improcedência liminar de pedido, quando entendimento firmado em incidente de resolução de demandas repetitivas (IRDR) ou de assunção de competência (IAC), institutos novéis ao CPC/2015, ambos voltados a uniformizar o entendimento do tribunal local, cuja decisão merece quórum especializado para além do órgão fracionado de cada tribunal.

Do mesmo modo, também o será quando se tratar de pedido contrário a enunciado de súmula de Tribunal de Justiça[3] sobre direito local, o que, como bem assinala Humberto Dalla[4], não poderá ser utilizado desde que a matéria não tenha sido enfrentada por tribunais superiores, hipóteses nas quais terá de ser descartada a aplicação desse inciso.

A improcedência liminar do pedido é cabível em casos de ação de procedimento comum[5], bem como naquelas deflagradas a partir de ritualística

---

3 O CPC/2015 deixa de indicar os Tribunais Regionais Federais, mas Humberto Dalla segue firme o no sentido de que o mesmo também se aplica aos TRFs, posicionamento do qual comungamos.

4 PINHO, Humberto Dalla Bernardina de. *Direito Processual Civil contemporâneo.* 4ª ed. São Paulo: Saraiva, 2017, v. 2, p. 78-79.

5 Apelação Cível. Relação de Consumo. Ação de repetição de indébito. Repasse de PIS e COFINS nas faturas de energia elétrica e de serviços telefônicos. Sentença de improcedência liminar do pedido, na forma do art. 332, do CPC. Irresignação da parte autora. Alegação de ilegalidade da conduta da concessionária de serviço público. A questão atinente ao repasse do pagamento do PIS e COFINS aos consumidores do serviço de energia elétrica se encontra pacificada no Superior Tribunal de Justiça, que no julgamento do Recurso Especial Representativo de Controvérsia nº 1.185.070/RS, sedimentou entendimento no sentido de inexistir natureza tributária na relação estabelecida entre a concessionária de energia elétrica e o consumidor que utiliza o serviço por ela prestado, sendo legítimo o repasse às tarifas de energia e de telefonia do valor proporcional, correspondente ao pagamento do PIS e COFINS. Legitimidade da cobrança. Manutenção do equilíbrio econômico-financeiro do contrato de prestação de serviço entre as concessionárias e consumidor. Lei nº 8.987/97. Inexistência de inconstitucionalidade. Manutenção da sentença que se impõe. NEGA-SE PROVIMENTO AO RECURSO. (TJRJ. Des(a). SÉRGIO SEABRA VARELLA – Julgamento: 22/02/2017 – VIGÉSIMA QUARTA CÂMARA CÍVEL CONSUMIDOR).

especial, como é o caso da ação rescisória[6], em embargos de terceiro[7].

Tem-se ainda que o juiz considerará improcedente o pedido em caráter liminar quando verificar, desde logo, a ocorrência de decadência ou de prescrição, fator esse que merecerá especial atenção adiante. Quanto ao réu, esse será intimado do trânsito em julgado da sentença[8], até mesmo para resguardar-lhe a oposição de coisa julgada material em eventual futura ação idêntica; será o réu citado, contudo, se o autor interpuser recurso de apelação[9], que se orienta pelo efeito regressivo[10], em caráter excepcional.

Assim, se o juiz se retratar da decisão, o processo terá seguimento com a citação do réu segundo a dinâmica comum e, caso o juiz mantenha a sentença, o ato citatório terá por objetivo incluir o réu na relação jurídica processual que se operará na fase de contrarrazões recursais à apelação anteriormente interposta[11]. O legislador dispôs ainda que a audiência de conciliação ou sessão de mediação seja designada quando não for o caso de improcedência liminar do pedido[12].

Cremos que isso deva ser aplicado com parcimônia, a fim de viabilizar que questões importantes possam ser debatidas em juízo antes de levar a causa à improceden-

---

6 § 4º do art. 968 do CPC/2015. AÇÃO RESCISÓRIA. PROPOSITURA. PRAZO DECADENCIAL DE DOIS ANOS. TERMO A QUO. DECADÊNCIA. IMPROCEDÊNCIA LIMINAR DO PEDIDO. A ação rescisória deve ser proposta no prazo de 02 (dois) anos a contar do trânsito em julgado da última decisão proferida que versar sobre o mérito dademanda (art. 495 do CPC/73). De acordo com a jurisprudência assente do E. STJ, "A interposição extemporânea de recurso não impede a fluência do prazo decadencial da ação rescisória". Hipótese em que os segundos e terceiros embargos de declaração opostos em face do acórdão rescindendo foram inadmitidos, por intempestivos. Acórdão que transitou em julgado em 30/01/2012. Ação rescisória proposta apenas em 02/08/2016. Decadência do direito. AÇÃO RESCISÓRIA JULGADA LIMINARMENTE IMPROCEDENTE. (Ação Rescisória Nº 70070589940, Primeiro Grupo de Câmaras Cíveis, Tribunal de Justiça do RS, Relator: Lúcia de Fátima Cerveira, Julgado em 06/10/2016).

7 EMBARGOS DE TERCEIRO OPOSTOS PELA CÔNJUGE DO DEVEDOR/FIADOR. EXECUÇÃO DE TÍTULO EXTRAJUDICIAL. CONTRATO DE LOCAÇÃO COMERCIAL. DÍVIDA ATINENTE A ALUGUERES E ENCARGOS INADIMPLIDOS. DETERMINAÇÃO DE PENHORA SOBRE OS IMÓVEIS DA DEMANDANTE. SENTENÇA DE IMPROCEDÊNCIA LIMINAR DO PEDIDO. IRRESIGNAÇÃO. Alegação de excesso da penhora que constitui inovação recursal, não merecendo ser conhecida sob pena de supressão de instância e de violação ao devido processo legal. Matéria, ademais que não é cognoscível de ofício, tampouco de ordem pública. Constitucionalidade do art. 3, VII, da Lei nº 8.009/90. Precedente do C. STF. Incidência dos verbetes de súmulas nos 549, do C. STJ, e 63, desta E. Corte. Constrição de bem indivisível, em virtude de regime matrimonial. Possibilidade de praceamento, reservando-se à apelante a metade do produto obtido na alienação judicial, observado, ainda, o valor mínimo de avaliação. Inteligência do art. 843, do CPC/15 (art. 655-B, do CPC/73). Solução de 1º grau mantida, com pequena modificação, de ofício. Recurso conhecido e desprovido, nos termos do art. 932, IV, alínea "A", do CPC/15. (TJRJ Des. Mauro Dickstein. Apelação Cível n° 0237636-33.2008.8.19.0001).

8 § 2º do art. 332 do CPC/2015.

9 Atentando para os requisitos de admissibilidade da apelação do art. 1.009 e seguintes do CPC/2015.

10 § 3º do art. 332 do CPC/2015.

11 No prazo de quinze dias, § 4o do art. 332 do CPC/2015.

12 Art. 334 do CPC/2015.

cia do pedido, notadamente quando se tem como objetivo, por meio da conciliação e da mediação, o diálogo das partes litigantes para extirpação do conflito muito além da mera solução técnico-jurídica distanciada dos quereres das partes.

3. A ESSÊNCIA DO CONTRADITÓRIO

O contraditório é conceituado por Humberto Dalla[13] como a garantia de ciência bilateral dos atos e termos do processo, sejam judiciais ou extrajudiciais, com a consequente possibilidade de as partes se manifestarem a respeito deles. Descreve-o ainda como um princípio de extrema importância que levou a juristas como Elio Fazzalari e Cândido Rangel Dinamarco a afirmarem que "sem contraditório, não há processo"[14]. Para Dalla, tal princípio impõe o verdadeiro diálogo com participação das partes ao longo do procedimento, garantindo-lhes serem ouvidos e influenciarem na decisão, constituindo importante premissa democrática relacionada à isonomia, de modo a conferir efetivo equilíbrio entre as partes.

Bem descreve que esse princípio viabiliza não somente às partes, mas também aos interessados a participarem ativamente da formação do convencimento do juiz, descrevendo-o sob a rubrica do binômio informação-possibilidade de informação, sendo o primeiro voltado para informação dos atos do juiz e da contraparte e o segundo, à abertura de prazo para se manifestar a respeito do apontado pela contraparte.

Leonardo Greco[15] mostrou-se preciso expositor do tema contraditório e percorreu importante narrativa histórica a fim de explicar que a audiência bilateral guarda origem na Antiguidade grega, mencionada por Eurípedes, Aristófanes e Sêneca, e que foi agregado ao direito comum como um princípio de direito natural inerente a qualquer processo judicial.

A verdade como aquilo que se busca no processo judicial, segundo matrizes da filosofia medieval voltada para a luz da lógica e da ética, revelou o raciocínio retórico-dialético sobre o qual o contraditório revestia-se de elemento indispensável à apuração da verdade, pois seria através dele que o juiz atingiria o saber das partes que revelam a verdade prática, algo que seria inatingível pelas ciências demonstrativas, conforme explica Greco.

Analisando esse contexto histórico, relata ainda que em *Policrático*, datado do século XII, John of Salisbury ressaltou a importância da teoria do processo enquanto fundamental elemento que unia filosofia política, impregnada de ética, o que denominou de concepção da dialética como *ars opponendi et respondendi*.

---

13 PINHO, Humberto Dalla Bernardina de. *Direito Processual Civil contemporâneo.* 6ª ed. São Paulo: Saraiva, 2015, v. 1, p. 98-100.

14 *Idem*, p. 98.

15 GRECO, Leonardo. O princípio do contraditório. *Revista Dialética de Direito Processual*, São Paulo, v. 24, p. 71-79, mar. 2005.

Nesse panorama, o contraditório tornou-se um método contínuo e prévio a todas as decisões adotadas no processo, deixando de ser mero momento de ciência que o réu tomava acerca do pedido do autor, donde manifestava sua resposta.

O contraditório dos tempos de Medievo pregava ainda a percepção de igualdade de tratamento entre as partes, apontando que daquela mesma obra de John of Salisbury extrai-se que o juiz deveria velar pela paridade de armas por meio de postura neutra, porém não passiva. Com isso, revelou-se que a primeira consequência do contraditório seria a compensação das diversas espécies de desigualdade existentes no processo, o que levava em conta, inclusive, as circunstâncias relativas à capacidade dos defensores.

Greco considera, assim, que o processo teria se tornado a *Magna Charta* dos direitos do cidadão, resguardando o primado da ordem fundada na retórica e na ética, não dependendo da vontade do legislador, nem do arbítrio do príncipe, conforme afirma mediante a seguinte citação:

> A tutela judicial dos direitos naturais à audiência bilateral e à paridade de tratamento tinha uma dimensão social, transcendendo as partes em conflito e constituindo, portanto, para o homem medieval a sua esfera de proteção e de resistência em contraposição ao arbítrio dos governantes.

Segundo o mesmo autor, no século XVI, o absolutismo monárquico reduziu o contraditório ao direito de ser ouvido; no século XIX e primeira metade do século XX, o positivismo ganhou expressão e na temática contraditório, esvaziou a função axiológica da audiência bilateral e do próprio contraditório, tendo desclassificado esse como princípio que tocava ao processo judicial, permitindo a sua integração como regra técnica característica de apenas alguns procedimentos.

Na Alemanha nazista, propuseram a eliminação do contraditório e a absorção do processo de partes na jurisdição voluntária e foi somente a partir do segundo pós-guerra que o contraditório ressurgiu enquanto um princípio, narrando Greco que o "Estado de Direito que se reconstruiu após os nefastos regimes autoritários, redefiniu as suas relações com os cidadãos, firmando o primado da dignidade humana e a eficácia concreta dos direitos fundamentais, assegurada pelo amplo acesso à sua tutela através da Justiça".

Foi assim que ocorreu importante evolução do contraditório que passou de princípio à garantia fundamental, cenário no qual o contraditório vai além de questões como as relações e paridade de armas entre as partes, merecendo ser assegurado como uma ponte de comunicação de dupla via entre as partes e o juiz, passando a integrar o contraditório e permitindo-se, por meio dessa garantia, todas as possibilidades de influenciar eficazmente as decisões judiciais, conforme explica Greco. Isso configura o que Leonardo Greco denomina de "contraditório participativo"[16], expondo

16 "Como expressão do princípio político da participação democrática, o contraditório não é mais exclusivo do processo judicial, mas se estende a todas as atividades dos poderes públicos de que

ser aquele que alarga todas as faculdades de as partes atuarem no processo em favor dos seus interesses e que, paralelamente, impõe ao juiz o dever de abandonar a postura burocrática e meramente receptícia. Em suas palavras:

> [...] o julgador envolve-se ativamente as partes num diálogo humano construtivo, em que o julgador não se limite a ouvir e as partes não se limitem a falar sem saber se estão sendo ouvidas, mas em que uns e outros, em comunicação de dupla via, construam juntos a solução da causa. Como diz Picardi, o contraditório deixou de ser um simples instrumento de luta entre as partes para transformar-se num instrumento operacional do juiz, ou melhor, um pressuposto fundamental do próprio julgamento.

De modo preciso, Greco[17] narra ainda que Fazzalari houvera percebido que o processo transbordava a feição de procedimento moldado pelos administrativistas, ligando-se, por outro turno, à participação dos interessados no *iter* procedimental e despontando o contraditório na centralidade do processo, que tem base na sua estrutura dialética e nos conteúdos que o permeiam, o instrumento de realização dos valores da pessoa humana. À ótica de Cappelletti, relembra Greco, surgiu o conceito do chamado "processo justo" (*fair hearing*), qual seja, aquele processo no qual se asseguram às partes todas as prerrogativas inerentes ao contraditório participativo.

Em cunho evolutivo, a doutrina descreve o "contraditório colaborativo" como decorrente de uma percepção ainda mais completa da visão dialogal em juízo e conferindo feição mais aprimorada ao devido processo legal. É o que Rangel[18] descreve como a maior "horizontalização" do julgador para com as partes. Alude que não se trata de algo utópico, posto que a criação de um ambiente harmônico pelo órgão julgador e da adoção de um comportamento leal pelas partes e seus respectivos advogados seria o resultado dos esforços de todos na contribuição para a construção do processo colaborativo.

Descreve Rangel que, mesmo quando imbuídos do desejo de fazer valer seus argumentos, os envolvidos na marcha processual estão habilitados a compreender que uma verdadeira comunidade de trabalho necessita da reeducação comportamental

---

podem resultar decisões que atinjam a liberdade, o patrimônio ou a esfera de interesses de cidadãos determinados. Quando os possíveis atingidos não são determináveis, audiências públicas e outros procedimentos podem tornar viável a sua participação no processo de tomada de decisões dos poderes públicos", conforme conceituado por Greco.

---

17 São palavras de Greco: "Como componente essencial do direito de acesso à Justiça ou direito à tutela jurisdicional efetiva, constitucionalmente assegurado, o direito de influir por todos os meios idôneos nas decisões judiciais que possam atingir a sua esfera de interesses não depende de regulamentação por lei infraconstitucional. Se a lei ordinária é omissa, o direito das partes de incidir ativamente sobre o desenvolvimento e o êxito do juízo decorre diretamente da Constituição, na sua qualidade de norma imediatamente aplicável. Nos casos em que a lei considere essa audiência facultativa, a disposição facultativa deve considerar-se transformada em uma norma cogente (*Trocker*)".

18 RANGEL, Rafael Calmon. *Revista Magister de Direito Civil e Processual Civil*, Porto Alegre, v. 12, nº 69, p. 67-80, nov./dez. 2015.

de todos os seus integrantes, e que esses devem primar pela boa conduta que leve à obtenção do pronunciamento judicial.

Qualificando esse novo nome conferido ao contraditório extraído da essência principiológica da conduta dos indivíduos no processo, propomos o "contraditório colaborativo teleológico" como uma expressão processual que se traduza no buscar a sobreposição da forma em prol do resultado mais efetivo na essência.

Vista essa matriz, invocamo-la com o intuito de conferir maiores subsídios às hipóteses defendidas neste estudo. Se o processo caminha para mais privatização em vez de publicização, admitem-se negócios jurídicos processuais e a fixação de calendários processuais de iniciativa das partes, não se justifica abreviar de forma tamanha o curso processual, extirpando eventual possibilidade de diálogo antes de julgar improcedente o pedido.

Há institutos processuais de grande valia como o julgamento antecipado da lide que também comporta um julgamento acelerado quando a causa se encontrar madura, sendo que, nesse caso, a triangulação da relação jurídica processual foi respeitada.

Diante dessas postulações, avancemos para outras hipóteses concretas que conferem fundamento para nossa inquietação crítica acerca do tema.

4. INTERCORRÊNCIAS POSSÍVEIS E PRECOCIDADE DO JULGAMENTO LIMINAR

Percebida essa exposição a respeito da essência do contraditório, lembremos ainda que se trata de uma garantia constitucional umbilicalmente associada à ampla defesa[19], cujo escopo é permitir ao demandado apresentar uma gama de recursos como meios para demonstrar a sua verdade a respeito dos fatos narrados, bem como se valer de mecanismos capazes de desconstituir, à ótica processual, o instrumento no qual responde no polo passivo.

Para exercer esse direito, o demandado pode se valer não somente da ferramenta intuitiva de objeção, que é a contestação, como também de reconvenção e pedido contraposto (a depender do procedimento), intentar ação declaratória incidental, possibilitar o ingresso de terceiro no processo, possibilitar a reunião de causas conexas ou continentes e resolver, via transação civil, pendências outras subjacentes ou tangenciais que possam ingressar no instrumento transacional, solucionando não apenas a lide ajuizada, como também outros conflitos latentes ou em potencial.

A ampla defesa, em conjunto com o contraditório participativo, consagra um sem número de hipóteses para a plena realização do direito para muito além da mera resolução do mérito do processo, individualmente considerado.

Retomando as lições de Greco, na esfera extrapartes, o contraditório se reveste do núcleo do Estado Democrático de Direito, que é a democracia essencialmente "participativa", permitindo a todos os indivíduos o direito de participação na formação

---

19 Art. 5°, LV, da CF/88.

da vontade estatal. Para o autor, citando Michele Taruffo, a decisão judicial, para ser considerada justa, deve ter observado o seguinte:

> a) correta escolha e interpretação da regra jurídica aplicável; b) o reconhecimento aceitável da verdade dos fatos relevantes; c) um procedimento válido e justo. O contraditório não integra apenas esse último pressuposto, mas é o pano de fundo indispensável à concretização de todos eles.

Humberto Theodoro Júnior[20] analisa as garantias do contraditório e da ampla defesa frente aojulgamento liminar de improcedência do pedido, entendendo que essa conduta não agrediria o devido processo legal, no tocante às exigências do contraditório e ampla defesa. Para o autor, o efeito recursal de retratação e a apelação em si, assegurariam "um contraditório suficiente para o amplo debate em torno da questão de direito enfrentada e solucionada *in limine litis*."

Comungamos desse entendimento e registramos que a nossa percepção de violação ao contraditório e à ampla defesa não diz respeito ao aspecto de possibilidade de se manifestar tecnicamente em juízo. Pedimos licença ao respeitável doutrinador para aduzirmos nossas considerações voltando-nos ao aspecto amplo do exercício dessas garantias, isso sim gerando prejuízo social decorrente da falta de oportunidade dialogal, bem como do uso de ferramentas processuais outras. Por exemplo: a ação declaratória incidental não poderá ser intentada conjuntamente às contrarrazões recursais, diante de eventual apelação do autor. Nesse exemplo, a situação concreta levaria à contramarcha da celeridade e da economia processual.

Ademais, quando a decisão liminar não é acolhida pelo órgão recursal, a delonga processual se mostra mais nociva do que benéfica a todos os envolvidos na relação jurídica processual, atingindo a garantia da duração razoável do processo. Ou seja, mesmo quando a apelação resta prejudicada em decorrência da desconstituição da sentença[21], a parte autora viu-se diante da obrigatoriedade de ingressar com medida

---

20 THEODORO JÚNIOR, Humberto. *Curso de Direito Processual Civil*. 58ª ed. rev. atual. ampl. Rio de Janeiro: Forense, 2017, v. 1, p. 785-787.

21 "Da desconstituição da sentença.O julgador de origem julgou liminarmente improcedente a ação, com base no art. 332, I e II, do Código de Processo Civil. Todavia, em que pese ser a matéria debatida nos autos exclusivamente de direito, necessária se faz, ao menos, a produção de prova documental mínima acerca de alguns dos contratos. Com efeito, a parte autora ajuizou a presente ação a fim de revisar os encargos alegadamente abusivos cobrados pela instituição financeira nos contratos de cheque especial (...), juntando cópia da confissão de dívida e extratos relativos à conta corrente, requerendo, contudo, a inversão do ônus da prova e a exibição incidental dos instrumentos faltantes.Nesse contexto, para o exame das abusividades das cláusulas contratuais seria necessária que se oportunizasse à instituição financeira a juntada dos contratos objeto da presente ação revisional como postulado, o que não ocorreu no caso, não havendo, assim, elementos suficientes nos autos para o exame dos pedidos postos na inicial. Assim, a lide não se mostra passível de julgamento liminar de improcedência na forma do art. 332 do CPC." (Nº CNJ: 0344074-03.2016.8.21.7000). APELAÇÃO CÍVEL. NEGÓCIOS JURÍDICOS BANCÁRIOS. AÇÃO REVISIONAL. SENTENÇA DE IMPROCEDÊNCIA LIMINAR DO PEDIDO PROLATADA NA FORMA DO ART. 332 DO CPC (ART. 285-A DO CPC/73). DECISÃO DESCONSTITUÍDA.

recursal apenas para obter o julgamento do fato decorrente do seu direito subjetivo de ação ser levado a julgamento não liminar.

Portanto, mesmo que a parte não pretendesse recorrer – lembremos que o recurso guarda natureza essencial de voluntariedade –, estando o interessado previamente decidido a se conformar com a decisão exauriente de primeiro grau, diante de uma decisão de improcedência liminar, a parte demandante vê-se obrigada a ingressar no elo recursal, incluídos os custos judiciais e advocatícios decorrentes dessa medida, como forma de levar a causa ao julgamento que perpasse todas as etapas do processo cognitivo.

Outro ponto a ser refletido, esse de espectro social, tem-se que a improcedência liminar do pedido repousa unicamente sobre matéria externa de uniformização de jurisprudência, desconsiderando que naquele processo a pacificação do conflito poderia se dar a partir do ajuste dialogal, para além da resposta jurisdicional que consagra vencedor e vencido.

Relevante ainda a previsão legislativa para julgamento liminarmente em caso de verificação de prescrição e de decadência[22], o que está reiterado na disciplina processual para julgamento com resolução do mérito. Em tais hipóteses, o legislador exclui expressamente a possibilidade de as partes se manifestarem antes de o juízo reconhecer aqueles fenômenos[23].

Isso não ocorre nos demais casos de prescrição e decadência, o que nos parece, respeitosamente, um contrassenso, na medida em que, havendo esses fenômenos decorrentes do transcurso do tempo, as oportunidades conciliatórias não devem ser cindidas por grupos, devendo, sim, ser resguardada a oportunidade negocial a todos os que buscam o manto da jurisdição.

Humberto Theodoro Júnior questionou a possibilidade de julgamento liminar de improcedência do pedido com base no reconhecimento, de ofício, da prescrição e considera que "o novo Código remediou, de certa forma, os inconvenientes da decretação de ofício da prescrição, determinando que esta não ocorra 'sem que antes seja dada às partes oportunidade de manifestar-se' (art. 487, parágrafo único)"[24].

Ademais, outro efeito concreto de deixar de agir de oficio precocemente em casos de prescrição e decadência, ainda que essas se mostrem patentes, mostra-se salutar a permitir importante oportunidade de encontro entre os litigantes para poderem conversar e cooperar na resolução do conflito, a despeito dos fenômenos processuais que garantem vencedor e vencido, mas que podem não representar a sensação de justiça. Afirmamos isso porque consideramos como notório que, para o leigo, essas questões não lhe tocam, por desconhecimento técnico. Resta-lhe apenas a sombra da sensação de justiça e de injustiça.

---

22 § 1º do art. 332 do CPC/2015.

23 Parágrafo único do art. 487 do CPC/2015.

24 THEODORO JÚNIOR, Humberto. *Curso de Direito Processual Civil*. 58ª ed. rev. atual. ampl. Rio de Janeiro: Forense, 2017, v. 1, p. 785.

Não obstante, questões nobres de conciliação em conflitos continuados podem ser perdidas pela decisão precoce, do mesmo modo que o próprio benefício da decadência ou da prescrição pode ser renunciado pelo beneficiário – reservando-lhe o pleno conhecimento de tal "vantagem" – em prol de se atingir importantes acordos e soluções efetivas e permanentes para a contenda da vida privada daqueles jurisdicionados.

Ademais, como bem assinada Humberto Theodoro Júnior, não há como o juiz reconhecer a prescrição na prática a partir de mera leitura inicial, posto que essa não opera *ipso iure*, mas, sim, envolve fatos verificáveis no exterior da relação jurídica, o que exige o contraditório, na medida em que questões de fato e de direito se entrelaçam, não podendo o juiz *ex officio* ser levantada e resolvida em caráter liminar. Aduz ainda que: "A prescrição envolve, sobretudo, questões de fato, que, por versar sobre eventos não conhecidos do juiz, o inibem de pronunciamentos prematuros e alheios às alegações e conveniências dos titulares dos interesses em confronto".[25]

Tomando por referência as importantes lições de Barbosa Moreira, diversos são os mitos do processo, sendo um deles pressupor "que todos os jurisdicionados clamam, em qualquer circunstância, pela solução rápida do litígio"[26], e outro dos submitos apontados: "consiste em hiperdimensionar a malignidade da lentidão e sobrepô-la, sem ressalvas nem matizes, a todos os demais problemas da Justiça"[27]. O autor ainda expressa o seguinte: "O que todos devemos querer é que a prestação jurisdicional venha a ser melhor do que é. Se para torná-la melhor é preciso acelerá-la, muito bem: não, contudo, a qualquer preço".

Do mesmo modo, não se pode pressupor que todo réu apenas quer a improcedência do pedido, quando outras importantes manifestações processuais lhe são asseguradas na ritualística processual civil; e ainda, em caráter subjetivo, pode se dispor a enfrentar a questão posta em juízo de maneira colaborativa e pacificadora, buscando soluções outras que o mero sair vencedor na arena judiciária. Tomando essa referência e à luz da nova percepção do direito processual mais voltada para a efetividade do

---

25 Expõe ainda o Professor: "Se é difícil para o juiz decretar *ex officio* e liminarmente a prescrição objetiva do Código Civil (arts. 189, 205 e a maioria dos incisos do art. 206), impossível será fazê-lo nos casos de prescrição subjetiva, como a do art. 27 do Código de Defesa do Consumidor e alguns incisos do art. 206 do Código Civil. É que nesses casos, além da interferência dos impedimentos, interrupções e suspensões, há a imprecisão do termo inicial da prescrição que se relaciona com um dado pessoal e subjetivo: a data do "conhecimento do dano e de sua autoria". Outras leis que autorizam decretação de prescrição no terreno tributário, sem provocação da parte devedora, não o fazem, todavia, sem condicionar a decisão a uma prévia audiência da Fazenda credora (Lei n° 6.830/1980, art. 40, § 4º), cautela que, com a devida vênia, não poderia ter sido omitida pelo novo Código de Processo Civil a pretexto de rejeição liminar do pedido". (Conforme THEODORO JÚNIOR, Humberto, *op. cit.*, p. 785).

26 Submito nº 02, do Primeiro Mito: "A rapidez acima de tudo (ou: Quanto mais depressa, melhor)". (Conforme MOREIRA, José Carlos Barbosa. O futuro da justiça: alguns mitos. In: _____. *Temas de direito processual*: oitava série. São Paulo: Saraiva, 2004, p. 2-3).

27 Submito nº 04, do Primeiro Mito (*Idem*, p. 5).

que para respostas jurisdicionais, suprimir a fase negocial pode estar anulando importante mecanismo ajuste entre os litigantes.

Vejamos a importância de se permitir o viés dialogal entre os litigantes a partir do julgado real aqui ilustrado. Cuidou-se de apelação cível em ação rescisória que foi julgada liminarmente improcedente em razão da ocorrência de decadência. Tinha por objeto a rescisão de acórdão fundado em falsidade de prova. O julgado descreve ainda que o fato que justificou a destituição do poder familiar do autor constituiu ilícito penal, do qual o autor houvera sido inocentado no processo penal por falta de provas. O julgado descreve que "não obstante a gravidade das alegações, não restou observado o prazo decadencial para a propositura da ação rescisória", concluindo, na forma do art. 332, parágrafo primeiro, c/c art. 487, Inciso II, do CPC, pela improcedência liminar do pedido, ante o reconhecimento da decadência[28].

Nesse caso, a questão "das Famílias" era o pano de fundo do conflito cível e penal. A despeito da gravidade da questão levada à esfera do juízo criminal, fato é que elementos emocionais e de relação de parentesco, fatores indissociáveis dos envolvidos, estavam expostos nas mesas do Judiciário e poderiam ser agregados aos Meios Adequados de Solução de Conflitos (Conciliação, Mediação, Constelações Familiares e Justiça Restaurativa), ainda que o resultado final fosse o reconhecimento da decadência, que poderia ser julgada *a posteriori*, após a permissão do encontro das partes e demais envolvidos no ambiente neutro e seguro do Judiciário.

Veja-se ainda que mesmo o processo sendo de competência originária do Tribunal, é possível a composição de acordos que serão homologados pelo Relator (art. 932, I, segunda parte, do CPC/2015), bem como a citação do réu na rescisória para apresentar resposta, caso queira, observa o procedimento comum (art. 970 do CPC/2015), o que permitiria perfeitamente o encaminhamento das partes para audiência de conciliação ou à sessão de mediação, ou acompanhamento por pessoal auxiliar do Judiciário das áreas humanas e sociais.

5. CONSIDERAÇÕES FINAIS

O presente estudo visou a descrever a sentença liminar de improcedência do pedido inaugurada no sistema processual brasileiro em 2006, o que se deu a partir do projeto de lei que instituiu esse modelo processual até a forma processual descrita no CPC/2015, observando as modificações importantes ocorridas na última década.

Em outro momento, fincou-se no estudo do contraditório, sua matriz histórica e as nomenclaturas contemporâneas para traduzi-lo à luz do neoprocessualismo, valendo-nos do "contraditório participativo" e do "contraditório colaborativo", buscando

28 A autora optou por deixar de indicar as referências da origem do julgado por se tratar de análise crítica com discordância. Tomou-o, neste estudo, apenas para ilustrar situação real na qual se evidenciou a precocidade da decisão de improcedência liminar, o que também teria sido atingido a partir de exemplo hipotético.

uma nova dimensão de *nomen juris* para traduzir o somatório desses dois conceitos de contraditório, orientando-nos pela ideia de melhor resultado possível no processo, no que tange às manifestações de vontade das partes. A isso denominamos de "contraditório colaborativo teleológico", que se mostra hábil a permitir que as partes se manifestem em juízo e o processo tenha seguimento como assento de negociações, mesmo quando evidentemente fadado à improcedência do pedido.

Disso resulta a inquietude com a sentença liminar de improcedência do pedido, quando coexiste no sistema processual o julgamento antecipado da lide, capaz, esse segundo, de reduzir o trâmite processual e levar ao mesmo resultado atingido pela via do primeiro. Difere, entretanto, por permitir que o demandado se integre ao processo, podendo apresentar manifestações outras naquela mesma via, que vão além da mera peça processual contestação.

Como vimos, para exercer a garantia do contraditório, o réu pode se valer ainda de reconvenção ou pedido contraposto, bem como intentar ação declaratória incidental. Diante da completude da formação da relação triangular processual, pode-se ainda possibilitar o ingresso de terceiro no processo e a reunião de causas conexas ou continentes.

Indo além das questões judicializadas, restam reflexos a tocar situações jurídicas que estejam na iminência de judicialização, o que mencionamos como questões pendentes, sejam subjacentes ou tangenciais, podendo, desde logo, serem debatidas via transação civil e resultarem na possibilidade de invocação apenas do juízo homologatório do instrumento transacional.

Sob essa ótica do contraditório colaborativo teleológico, o fim de efetividade do processo é sobreposto às regras formais processuais, e mesmo ao julgamento da questão material que, em verdade, ingressa em elemento secundário, invocado apenas para concluir processo quando frustradas as tentativas negociais ou que o demandado, de fato, não tenha qualquer outro interesse senão no julgamento antecipado da lide.

Defendemos, assim, que a pacificação do conflito possa se dar a partir do ajuste dialogal, para além da resposta jurisdicional rápida que consagra vencedor e vencido do modelo de improcedência liminar, pressupondo como único objetivo do réu no processo que o resultado lhe seja favorável sem o mesmo ter atuado para isso, descartando que o demandado possa ter interesse, sim, de ser ouvido, algo que somente se confere pela via do contraditório.

Enquanto teleológico, o contraditório colaborativo aqui proposto extrapola os interesses das partes e do juízo, caminhando em prol do espectro social e avançando para além da precoce improcedência liminar do pedido – repousada unicamente sobre matéria externa de uniformização de jurisprudência – visando, o nosso modelo proposto, a ir além, permitindo o pleno exercício do direito de manifestação do réu (não somente de resposta) e, primordialmente, à construção dialogal essencial para o resultado efetivo de qualquer conflito.

A REMESSA NECESSÁRIA E A SÚMULA 45/STJ – UMA ANÁLISE CRÍTICA

Márcio Carvalho Faria
Márcia de Paula Galvão Faria

INTRODUÇÃO

O foco central desse estudo é o instituto da remessa necessária, previsto atualmente no art. 496, CPC/15, que estabelece a obrigatoriedade de as sentenças proferidas contra a Fazenda Pública serem confirmadas pelo tribunal para que possam produzir efeitos. A pesquisa analisará, dentre outros pontos, as características básicas, as raízes históricas e os requisitos do reexame obrigatório. Ademais, pretende-se examinar o verbete de nº 45 da jurisprudência sumulada do Superior Tribunal de Justiça, a fim de que se verifique, à luz do princípio da isonomia, principalmente após a vigência do CPC/15, se há ou não possibilidade de sua manutenção no ordenamento jurídico.

Para tanto, serão investigados doutrina especializada, textos legislativos e artigos científicos sobre o tema, com o objetivo de contextualizar o problema, bem como julgados de tribunais nacionais, em especial do STJ e do STF.

Cabe destacar, desde logo, que não serão discutidas questões de direito criminal, administrativo ou trabalhista, assim como também não serão enfrentados pontos atinentes ao direito estrangeiro, vez que o foco deste estudo é a legislação brasileira.

1. ASPECTOS HISTÓRICOS RELEVANTES DA REMESSA NECESSÁRIA

O instituto da remessa necessária nasceu em tempos idos, provavelmente na Europa ocidental, ainda no Direito Medieval, sendo originariamente utilizado no processo penal e denominado, à época, de apelação *ex officio*[1].

Segundo Jorge Tosta[2], a obrigatoriedade de se recorrer data do século XIV, mais precisamente de 12 de março de 1355, tendo sido criada pelo Rei de Portugal D. Afonso IV, basicamente por conta da inquisitoriedade característica do processo penal lusitano daquele tempo[3].

---

1 Nesse sentido: CUNHA, Leonardo Carneiro da. *A Fazenda Pública em Juízo*. 9 ed. São Paulo: Dialética, 2011, p. 202.

2 TOSTA, Jorge. *Do reexame necessário*. São Paulo: RT, 2005, p. 105.

3 Neste sentido: JAYME, Fernando Gonzaga; SALOMÉ, Joana Faria; OLIVEIRA JR., Délio Mota de. O reexame necessário no processo civil brasileiro: um mal desnecessário, *inRevista de Processo*, v. 220. São Paulo: RT, 2013, p. 375-405, especialmente p. 377-382.

A partir de 1521, com a vigência do *Código Manuelino,* tal instituto teve sua abrangência ampliada, embora ainda restrito a questões criminais[4]. Pode-se afirmar, outrossim, que mesmo a partir de 1603, quando do surgimento das *Ordenações Filipinas,* o recurso de ofício seguia tendo como objetivo rever as decisões de juízes de primeira instância no processo penal em favor do réu, pois as penalidades podiam significar até mesmo a morte[5].

Foi somente a partir do século XIX, mais exatamente por meio da Lei de 04 de outubro de 1831 que, no Brasil, passou-se a falar em apelação *ex-officio* no processo civil. Seu artigo 90 impunha que o juízo deveria recorrer de toda sentença que proferisse contra a Fazenda Nacional, desde que a condenação excedesse a alçada[6].

Vale trazer à baila interessante dado histórico apresentado por Jorge Tosta, no sentido de que, mesmo quando de sua criação, muitas foram as críticas a seu respeito, pois para alguns não se mostraria justo impor aos demais litigantes um privilégio processual fazendário dessa natureza. Apesar disso, com o objetivo de evitar prevaricações dos procuradores fiscais, o "remédio" seria obrigar os juízes a apelar de ofício[7], sendo este, também conforme Jorge Tosta, "o motivo do surgimento do reexame necessário em nosso sistema processual civil"[8].

Com a promulgação da Constituição de 1891 e o início do período das codificações estaduais, a remessa necessária esteve presente nas legislações da Bahia (art. 1251, Lei nº 1121, de 21/08/1915), de Minas Gerais (arts. 1455 e 1467, Lei nº 830, de 07/09/1922), do Distrito Federal (à época, no Rio de Janeiro, pelo arts. 1116, 1118 e 1122 do Decreto 16752, de 31/12/1924), de São Paulo (arts. 1076 e 1089, Lei nº 2421, de 14/01/1930), de Santa Catharina (art. 1855), do Pará (art. 1063), do Ceará (art. 1327), do Rio Grande do Norte (art. 970) e de Pernambuco (art. 1444)[9].

Com a reunificação do direito processual efetuada pelo CPC/1939[10], a apelação *ex officio* foi prevista no Livro VII, que tratava dos Recursos, exatamente em seu art. 822, o qual trazia em seu parágrafo único, inciso III, a hipótese de revisão obrigatória das sentenças proferidas contra a União, os Estados e os Municípios.

O Código de Processo Civil de 1973, a seu turno, trouxe tal instituto na seção referente à coisa julgada, mais precisamente no artigo 475, condicionando a produção de efeitos da sentença à sua posterior confirmação pelo tribunal, nos casos de anulação de casamento (inciso I) ou de pronunciamentos contrários à União, aos Estados e aos Municípios (incisos II e III).

---

4 TOSTA, Jorge. *Do reexame necessário...*, ob. cit., p. 107.

5 CUNHA, Leonardo Carneiro da. *A Fazenda Pública...*, ob. cit., p. 202.

6 NERY JUNIOR, Nelson. *Teoria Geral dos Recursos.* 7ª ed. São Paulo: RT, 2014, p. 91.

7 TOSTA, Jorge. *Do reexame necessário...*, ob. cit., p. 108-109.

8 *Ibidem*, p. 109.

9 *Ibidem*, p. 109-114.

10 Disponível em: http://www.planalto.gov.br/ccivil_03/decreto-lei/1937-1946/Del1608.htm, acesso em 30 ago. 2017.

Posteriormente, o art. 10 da Lei nº 9469/97 ampliou o conceito de "Fazenda Pública" para efeito de incidência da remessa obrigatória, determinando que, se incluíssem as autarquias e fundações públicas e, mais tarde, já com a Lei nº 10352/01, inclui-se também o Distrito Federal (art. 475, I, CPC/73).

Impende ressaltar que foi a mesma Lei nº 10352/01 que, a um só tempo, revogou a hipótese relativa à anulação de casamento como, e principalmente, elencou situações em que a remessa estaria dispensada (art. 475, §§ 2º e 3º, CPC/73).

Nesse diapasão, causas com valores inferiores a 60 salários mínimos, bem como aquelas fundadas em jurisprudência pacificada, notadamente de Tribunais Superiores.

Finalmente, o Código de Processo Civil de 2015 manteve a previsão do duplo grau de jurisdição obrigatório para determinadas sentenças em seu artigo 496, o qual se encontra posicionado no capítulo "Da sentença e da coisa julgada", especificamente na seção "Da remessa necessária", e teve o mérito de consolidar a terminologia utilizada pela doutrina, além de adotá-la, de modo uniforme, por todo o diploma (arts. 936, § 4º, II; 947; 978, parágrafo único; e 1040, II).

2. A REMESSA NECESSÁRIA E O NOVO CPC

O Código de Processo Civil de 2015, conforme dito anteriormente, manteve a remessa necessária, mas alterou seu posicionamento, que passou a ser regulada em uma seção específica (seção III do capítulo XIII, título I, livro I, da Parte Especial), sendo essa a primeira modificação facilmente perceptível, vez que no CPC/73 estava prevista na seção II, Capítulo VIII, Título VIII, Livro I, que era destinada ao trato da coisa julgada.

Em relação ao conteúdo, as inovações consistem: i) mantiveram-se excluídas do duplo grau de jurisdição obrigatório as sentenças proferidas contra as sociedades de economia mista e as empresas públicas, por possuírem, ambas as espécies de empresas, natureza jurídica de direito privado; ii) para efeito de incidência do instituto, ocorreu sensível aumento no valor da condenação que determina a sua observância (art. 496, § 3º), passando de 60 (sessenta) salários mínimos (art. 475, § 2º, CPC/73) para montantes que variam de 100 a 1000 salários mínimos, conforme o ente público vencido (a saber: 100 para municípios que não constituam capitais de estados, bem como suas respectivas autarquias e fundações; 500 para estados e Distrito Federal, além de municípios que constituam capitais de estados, assim como as suas respectivas autarquias e fundações; e 1.000 quando se tratar da União e as respectivas autarquias e fundações de direito público); iii) a inclusão da hipótese de não incidência do instituto quando a sentença estiver fundada em entendimento firmado em incidente de resolução de demandas repetitivas (IRDR) ou em incidente de assunção de competência (IAC) e entendimento coincidente com orientação vinculante firmada no âmbito administrativo do próprio ente público, consolidada em manifestação, parecer ou súmula administrativa (art. 496, § 4º).

Cabe destacar a enorme influência que os precedentes exercem no reexame obrigatório, em especial com o CPC/15: no regime anterior, apenas nos casos em que as sentenças estivessem amparadas por súmulas de Tribunal Superior se permitia a dispensa do envio dos autos ao juízo *ad quem*; no atual diploma, todavia, além da manutenção da hipótese já mencionada, a existência de precedentes firmados em novos procedimentos (IRDR e IAC), ainda que em graus inferiores, bem como a manifestação do próprio ente público em âmbito administrativo, são suficientes para impedir que a causa se dirija, compulsoriamente, à instância revisora[11].

Regra geral, só há remessa necessária contra sentença (art. 496, *caput*, CPC/15), sendo tal ponto mantido na redação do novel código. No entanto, se for proferida decisão interlocutória resolutória de mérito (art. 356, CPC/15) contra a Fazenda Pública, mostrar-se-á imperiosa a remessa necessária, sendo essa, outrossim, mais uma novidade do CPC/15.

Nos demais pontos, permanece, em linhas gerais, a sistemática do CPC/73, já com as alterações delineadas no capítulo 1 acima.

Nesse sentido, deve-se lembrar de que a remessa obrigatória, de natureza jurídica controvertida (vide capítulo 3), tem lugar quando vencida a Fazenda Pública, por si ou suas autarquias e fundações de direito público (art. 496, inciso I) ou, ainda, quando julgados procedentes, total ou parcialmente, embargos à execução fiscal (art. 496, inciso II).

Assim sendo, mesmo que não haja apelação, ou quando ela for parcial[12], o juiz deverá determinar expressamente a remessa dos autos ao juízo *ad quem* e, se não o fizer, o presidente do respectivo tribunal avocá-los-á (art. 496, §1º, CPC/15).

De se ressaltar que, de acordo com o STJ[13], só haverá remessa necessária quando a decisão resolver o mérito, de modo que a extinção do feito sem resolução de mérito, ainda que desfavoravelmente à Fazenda Pública, não dá ensejo ao instituto.

Quanto ao procedimento no tribunal, a remessa se assemelha, em muitos pontos, ao julgamento dos recursos, especialmente após a entrada em vigor do CPC/15. Assim, por exemplo, é possível que seu julgamento seja precedido de sustentação oral (art. 936, I), bem como se admite, também, solicitação de preferência em seu julgamento (art. 936, II).

Ainda a corroborar tal afirmativa de que o instituto em estudo tem peculiar relação com os recursos, prescreve o art. 935, CPC/15 que a apreciação da remessa deve ser incluída em pauta, com antecedência mínima de cinco dias, sob pena de nulidade (súmula 117/STJ). De mesmo modo, a remessa pode ser apreciada monocraticamente pelo relator, nas hipóteses do art. 932, IV e V, CPC/15, conforme já prescrevia, também, a súmula 253/STJ.

---

11 Nesse sentido: CUNHA, Leonardo Carneiro da. Art. 496. *in* WAMBIER, Teresa Arruda Alvim *et al* (coord). *Breves comentários ao Novo Código de Processo Civil.* 2. tiragem. São Paulo: RT, 2015, p. 1261-1262.

12 Sobre o tema, vide o enunciado de nº 432, do Fórum Permanente de Processualistas Civis: "A interposição de apelação parcial não impede a remessa necessária".

13 Nesse sentido: STJ, 1ª T., REsp 927.624/SP, Rel. Min. Luiz Fux, j. 02/10/2008, DJe 20/10/2008.

3. NATUREZA JURÍDICA DA REMESSA NECESSÁRIA

Existem diversas teorias acerca da natureza jurídica da remessa necessária[14], podendo aqui se frisar, como principais, a que a considera uma condição de eficácia da sentença e, ainda, a que a reconhece como um recurso.

Os adeptos da primeira teoria se valem principalmente de dois argumentos para sustentá-la: *a um*, defendem que a remessa necessária, por significar um requisito *sine qua non* para que a sentença contrária aos interesses fazendários possa surtir efeitos, deveria ser entendida como uma condição de eficácia exigida por lei; *a dois*, consideram que, por estar o instituto previsto no capítulo intitulado "Da sentença e coisa julgada" (capítulo XIII, livro I, título I, parte especial do CPC/15), não poderia ter natureza recursal, já que os recursos estão regulados em outro livro do código, o de número III.

Ademais, conforme leciona Humberto Dalla Bernardina de Pinho[15], a remessa não pode ser vista como um recurso, "por lhe faltarem tipicidade, voluntariedade, tempestividade, dialeticidade, legitimidade, interesse em recorrer e preparo, características próprias dos recursos". De certo modo, é basicamente este o mesmo en-

---

14 Como não é esse o escopo principal do trabalho e tais teorias são, reconhecidamente, de adoção minoritária na doutrina, preferiu-se a elas fazer referência em rodapé. Assim, podem ser citadas três teorias, a saber: (a) *teoria do impulso oficial*: para seus defensores (PONTES DE MIRANDA, Francisco Cavalcanti. *Comentários ao Código de Processo Civil.* v. XI. 2ª ed., p. 156 *apud* TOSTA, Jorge. *Do reexame necessário*..., ob. cit., p. 148), a remessa necessária, por não ter natureza jurídica de recurso, não apresenta a característica da voluntariedade, e deve, de ofício, ser encaminhada ao tribunal pelo juiz, que não possui capacidade postulatória. Diante dessas duas particularidades, essa teoria defende ter a remessa necessária natureza jurídica de impulso oficial fixado por lei; (b) *teoria do ato complexo*: essa teoria, que encontra defensores na jurisprudência do STJ (1 T., REsp 242.111/RJ, Rel. Min. Humberto Gomes de Barros, j. 22/08/2000, DJ 25/09/2000, p. 94), vale-se do conceito de ato complexo do direito administrativo, qual seja, um ato que precisa da manifestação de dois órgãos distintos. Dessa forma, a exigência de julgamento em tribunal hierarquicamente superior para dar efetividade à sentença proferida em primeiro grau, faz com que a natureza jurídica da remessa necessária seja a de um ato complexo; (c) *teoria do "quase recurso"*: de acordo com seus defensores (por exemplo: MARQUES, José Frederico. Manual de direito processual civil. v. III. 2. parte. 3ª ed. São Paulo: Saraiva, 1978, p. 116-117), a remessa necessária, por não possuir a característica dos recursos de ser interposta pela(s) parte(s) que sucumbiu(ram), e sim de ofício pelo juízo a quo, ao juízo *ad quem*, ela seria considerada um "quase recurso". Sobre o tema, consulte: MAZZEI, Rodrigo. A remessa "necessária" (reexame por remessa) e sua natureza jurídica, *in* NERY JUNIOR, Nelson; WAMBIER, Teresa Arruda Alvim (coord). *Aspectos polêmicos e atuais dos recursos cíveis e assuntos afins,* v. 12. São Paulo: RT, 2011, p. 405-432.

15 PINHO, Humberto Dalla Bernardina de. *Direito Processual Contemporâneo.* v. 2. 4ª ed. São Paulo: Saraiva, 2017, p. 252.

tendimento de Orione Neto[16], para quem a ausência de previsão legal[17] faz que com que faleça natureza recursal à remessa.

Vale dizer que essa teoria já existia antes mesmo do CPC/73, mas foi na vigência do código revogado que se tornou dominante[18].

Bernardo Pimentel Souza, um de seus defensores, após análise das condições para a ocorrência da remessa oficial ao tribunal ad quem declara, "[...] [d]aí a conclusão acerca da natureza jurídica do instituto: *condição à formação da coisa julgada*"[19] .

Tais condições seriam a falta de cumprimento dos requisitos dos recursos, como por exemplo, preparo, voluntariedade, tipicidade, interesse em recorrer, legitimidade, prazo para sua interposição, entre outros, o que impediria sua classificação como tal.

De igual teor, Nelson Nery Junior[20] defende a impossibilidade de se reconhecer a remessa como recurso, basicamente porque (i) o juiz não estaria entre os legitimados para recorrer (art. 499, CPC/73 e art. 996, CPC/15), não tendo, portanto, como se considerar íntegro um recurso interposto pelo juiz, sujeito processual não dotado de legitimidade legal; (ii) não haveria prazo para a submissão do processo ao tribunal para apreciação da remessa necessária, o que contraria um dos requisitos de admissibilidade mais característicos dos recursos, qual seja, a tempestividade; (iii) não há dialeticidade, vez que o instituto não impugna especificamente os pontos da decisão analisada, ao contrário dos recursos que, por sua natureza, pressupõem tal enfrentamento, seja para fomentar o contraditório, seja para permitir uma revisão específica por parte do juízo ad quem; e, dentre outras razões, talvez a fundamental: (iv) não há, na remessa obrigatória, a voluntariedade, uma das caraterísticas essenciais de todo ato recursal, vez que corriqueiramente a doutrina[21] o vislumbra como um ônus ou faculdade, e não uma obrigação.

---

16 "[...] Existem alguns remédios que, por absoluta falta de previsão legal, não são considerados como recursos, mas, tendo em vista a finalidade para a qual foram criados, fazem as vezes destes e, por esta razão, são reputados seus sucedâneos. Os mais importantes são o pedido de reconsideração, a correição parcial, a remessa obrigatória (art. 475 do CPC), também conhecida pelo *nomen juris* de reexame necessário de sentença [...]" (ORIONE NETO, Luiz. *Recursos Cíveis*. 2ª ed. São Paulo: Saraiva, 2006, p. 155).

17 "[...] Recurso, para o jurista brasileiro, há de ser tudo aquilo (e só aquilo) que o direito brasileiro considera recurso e como tal disciplina". (BARBOSA MOREIRA, José Carlos. O juízo de admissibilidade no sistema dos recursos civis. Rio de Janeiro: 1968, p. 10 apud BARBOSA MOREIRA, José Carlos. Em defesa da revisão obrigatória das sentenças contrárias à fazenda pública, *in Temas de Direito Processual (Nona Série).* São Paulo: Saraiva, 2007, p. 199-210, especialmente p. 201-202).

18 NERY JUNIOR, Nelson. *Teoria geral...*, ob. cit., p. 92-93, especialmente nota de rodapé nº 115.

19 SOUZA, Bernardo Pimentel. *Introdução aos Recursos Cíveis e à Ação Rescisória*. 7ª ed. São Paulo: Saraiva, 2010, p. 970-972.

20 NERY JR., Nelson. *Teoria geral...*, ob. cit., p. 91-94.

21 "[...] pode-se conceituar *recurso*, no direito processual civil brasileiro, como o remédio voluntário idôneo a ensejar, dentro do mesmo processo, a reforma, a invalidação, o esclarecimento ou a integração de decisão judicial que se impugna. Atente-se bem: dentro do mesmo *processo,* não necessariamente dos mesmos *autos.*" (BARBOSA MOREIRA, José Carlos. *Comentários ao Código de processo civil,* Lei nº 5.869, de 11 de janeiro de 1973. vol. V: arts. 476 a 565. 15ª ed. Rio de Janeiro: Forense, 2009, p. 233).

Dentre os defensores da primeira teoria estavam também, até o advento do CPC/15, Fredie Didier Jr. e Leonardo Carneiro da Cunha, como se vê:

> O reexame necessário condiciona a eficácia da sentença à sua reapreciação pelo tribunal ao qual está vinculado o juiz que a proferiu. Enquanto não for procedida à reanálise da sentença, esta não transita em julgado, não contendo plena eficácia. [...] Conclui-se, desse modo, que o reexame necessário reveste-se da natureza de condição de eficácia da sentença, não ostentando feição de recurso[22].

No entanto, com o surgimento do CPC/15, Didier Jr. e Cunha mudaram de ponto de vista, passando a defender, na nova edição de seu Curso, que "a remessa necessária [...] é, enfim, um recurso de ofício, interposto, geralmente, na própria sentença"[23], pois, ainda segundo tais autores, "dizer que a remessa necessária é *condição de eficácia da sentença* contém o equívoco de definir algo pelos seus efeitos, e não pelo que é"[24] .

Cumpre mencionar que a teoria da remessa necessária como recurso, apesar de ter ganhado tão importantes adeptos, e antes mesmo disso já ter sido vista como precisa por autores como Sérgio Bermudes[25], ainda é considerada como minoritária.

De acordo com essa teoria, os requisitos dos recursos seriam relativizados. Para Didier Jr. e Cunha, "não existe um conceito universal de recurso. [...] No sistema brasileiro, há recursos voluntários e recursos compulsórios. Em ambos há provocação e impugnação"[26], e essas seriam as características fundamentais da definição de um recurso.

Assim, para tal posição, na remessa necessária haveria um recurso interposto, de ofício, pelo próprio juízo prolator da decisão contrária aos interesses da fazenda pública.

A despeito da relevância do debate, cabe-nos salientar que, para os fins desse artigo, tal discussão não será determinante, já que, quer se adote a primeira teoria, quer se acolha a segunda (ou mesmo quer se entenda pertinente alguma das teorias minoritárias mencionadas na nota de rodapé nº 17), o problema irá persistir, qual seja: a aplicação, à remessa necessária, do ditame da súmula 45/STJ[27], a saber, vedação da *reformatio in pejus* (vide capítulo 5).

---

22 DIDIER JR., Fredie; CUNHA, Leonardo Carneiro da. *Curso de direito processual civil, meios de impugnação às decisões judiciais e processo nos tribunais*. v. 3. 9ª ed. Salvador: Juspodivm, 2011, p. 487.

23 DIDIER JR., Fredie; CUNHA, Leonardo Carneiro da. *Curso de direito processual civil, meios de impugnação às decisões judiciais e processo nos tribunais*. v. 3. 13 ed. Salvador: Juspodivm, 2016, p. 403.

24 *Ibidem*, p. 403.

25 BERMUDES, Sérgio. *Introdução ao processo civil*. 4 ed. Rio de Janeiro: Forense, 2006, p. 173-174.

26 DIDIER JR., Fredie; CUNHA, Leonardo Carneiro da. *Curso de direito processual civil...*, ob. cit., 13ª ed., (...), p. 404.

27 STJ, Súmula 45: "No reexame necessário, é defeso, ao tribunal, agravar a condenação imposta a Fazenda Pública". Disponível em: [http://www.stj.jus.br/docs_internet/SumulasSTJ.pdf]. Acesso em: 17.04.2017.

4. ANÁLISE CRÍTICA DA REMESSA NECESSÁRIA

A remessa necessária, conforme visto no capítulo I, faz parte do ordenamento jurídico brasileiro desde as primeiras legislações genuinamente pátrias, estando presente, especificamente, em todos os Códigos de Processo Civil editados até os dias atuais.

Sua adoção na legislação interna se deu com as justificativas de que o Estado ou não possuía defensores minimamente capazes, diligentes e probos[28], ou não os detinha em número suficiente para proteger seus interesses[29], argumentos esses que, para grande parte da doutrina[30], devem ser vistos como uma verdadeira ofensa aos seus servidores, já que a remessa necessária deixa evidente a falta de confiança nos representantes do poder público em juízo.

Além disso, o instituto sob análise é tido como resquício do princípio inquisitório[31] e inexistente nos sistemas processuais dos países mais desenvolvidos[32].

Nesse sentido, é importante salientar a posição de Leonardo Greco, para quem a remessa necessária é:

> Inconstitucional, imoral e uma demonstração da hipocrisia do Estado brasileiro, essa é a minha opinião sobre o duplo grau de jurisdição obrigatório ou remessa necessária. O Estado, que promete ser o guardião dos direitos dos cidadãos, é o primeiro a não respeitá-los, com a consciência da impunidade, tantos são os obstáculos que o cidadão terá de superar para obter na justiça a tutela dos seus direitos[33].

---

28 "[...] Esse aberrante favorecimento, que a generalidade dos ordenamentos dos povos civilizados desconhece, põe o Estado em situação manifestamente mais cômoda que os particulares, além de apoiar-se no falso pressuposto da incapacidade profissional, desleixo ou mesmo corrupção generalizada entre os procuradores dos entes estatais". (DINAMARCO, Cândido Rangel. *Instituições de direito processual civil*. v. 1. 6 ed. São Paulo: Malheiros, 2009, p. 217).

29 "[A] sobrevivência dessa excrescência se deve à falta de confiança do Estado nos seus juízes e nos seus procuradores e *à* pouca importância que, nas elevadas esferas dos três Poderes do Estado, tem sido dada ao dever do Estado de respeitar os direitos de todos e dever do Judiciário de tutelá-los com eficácia. [...] Para justificar a permanência do reexame necessário, com frequência se ouve a utilização do argumento de que nem todos os entes públicos dispõem de procuradores competentes e em número suficiente, pois muitos deles são pequenos e pobres municípios do interior". (GRECO, Leonardo. *Instituições de processo civil: recursos e processos da competência originária dos tribunais,* v. 3. 1 ed. Rio de Janeiro: Forense, 2015, p. 85-86).

30 *Nesse sentido:* DINAMARCO, Cândido Rangel. *Instituições de direito processual civil...*, ob. cit., p. 217; BUZAID, Alfredo. *Da apelação ex officio no sistema do Código de Processo Civil.* São Paulo: Saraiva, 1951, p. 57-58 *apud* BUENO, Cassio Scarpinella. *Curso sistematizado de Direito Processual Civil.* v. 5. 4ª ed. São Paulo: Saraiva, 2013, p. 399; GRECO, Leonardo. *Instituições de processo civil...*, ob. cit., p. 85-86; ZENKNER, Marcelo. O (velho) reexame necessário no Novo CPC, *in* DIDIER JR., Fredie; ARAÚJO, José Henrique Mouta; CUNHA, Leonardo Carneiro da (coord). *Advocacia pública*. Salvador: Juspodivm, 2015, p. 265-278.

31 Nesse sentido: STJ, 2T., REsp. 52.101/ES, Rel. Min. Nancy Andrigui, j. 15.8.2000, DJU 11.9.2000, p. 232; NERY JUNIOR, Nelson. *Teoria geral...*, ob. cit., p. 91; e SOUZA, Bernardo Pimentel. *Introdução aos recursos cíveis...*, ob. cit., p. 86.

32 GRECO, Leonardo. *Instituições de processo civil...*, ob. cit., p. 83-88.

33 *Ibidem,* p. 87.

A doutrina majoritária[34], ao criticar o pretexto para a existência da remessa necessária, lamenta a perda da oportunidade, por parte do legislador, de ter dado fim ao instituto quando da elaboração do CPC/15, assim como ocorreu, por exemplo, com os embargos infringentes (art. 530, CPC/73) e o agravo retido (art. 522, CPC/73).

No essencial, a discussão limita-se à possibilidade de se conferir, de modo (i)legítimo, tratamento diferenciado a determinado ente processual. Em outras palavras: a remessa necessária deve ser encarada como um indevido privilégio, que vulnera a isonomia processual, ou tão somente como uma prerrogativa, justificada pelos interesses defendidos pela Fazenda Pública?

Para Leonardo Greco, não existem dúvidas a respeito da natureza de privilégio do instituto:

> As partes devem ser tratadas com igualdade, de tal modo que desfrutem concretamente das mesmas oportunidades de sucesso final, em face das circunstâncias da causa [...]. A igualdade concreta também se aplica quando uma das partes é o Estado, sob pena de privar o particular da garantia da tutela jurisdicional efetiva. Os chamados privilégios processuais da Fazenda Pública somente são legítimos na medida em que se fazem necessários para que o Estado possa exercer com plenitude a sua defesa em juízo, em igualdade de condições com qualquer outro litigante. De nenhum modo são toleráveis para dar ao Estado posição de vantagem ou para dificultar ou retardar o acesso à Justiça do cidadão ou para eximir o Estado do cumprimento dos seus deveres. *Reexame necessário*, critérios diferenciados para o arbitramento de honorários da sucumbência, [...] *são privilégios que violam a garantia da igualdade concreta*. Quanto aos prazos em dobro ou em quádruplo, a questão é polêmica[35].

No mesmo sentido, vê-se o posicionamento de Ada Pellegrini Grinover, que considera o reexame necessário um "verdadeiro privilégio, insustentável, porque nem sempre nesses casos [nos que incide a remessa necessária] a lide versará sobre bem da vida considerado socialmente relevante"[36]. Em outros termos, continua Grinover, o instituto seria inconstitucional por estabelecer vantagem baseada na pessoa e não na relevância pública da matéria discutida.

---

34 De acordo: GRECO, Leonardo. *Instituições de processo civil...*, ob. cit., p. 83-88; NERY JUNIOR, Nelson. *Teoria geral...*, ob. cit., p. 97; e ZENKNER, Marcelo. O (velho) reexame necessário no Novo CPC..., ob. cit., p. 265-278.

35 GRECO, Leonardo. *Garantias fundamentais do processo: o processo justo*. Disponível em: http://egov.ufsc.br/portal/sites/default/files/anexos/15708-15709-1-PB.pdf., acesso em 10 abr 2017. (grifos acrescentados).

36 GRINOVER, Ada Pellegrini. *Os princípios Constitucionais e o Código de Processo Civil*. São Paulo: Bushatsky, 1975, p. 45. De ressaltar que o mesmo entendimento foi confirmado muitos anos depois, na consagrada obra escrita pela autora, em coautoria com Cintra e Dinamarco: CINTRA, Antonio Carlos de Araújo; GRINOVER, Ada Pellegrini; DINAMARCO, Cândido Rangel. *Teoria geral do processo*. 25ª ed. São Paulo: Malheiros, 2009, p. 60.

De igual teor, é o pensamento de Maurício Giannico:

> O excesso de prerrogativas processuais do Estado, justificável apenas sob a ótica de uma inaceitável filosofia política totalitária, remete-nos a uma concepção ultrapassada, nociva e contrastante com as já conhecidas tendências da universalização da jurisdição, da efetividade do processo e da pacificação social com justiça. Esses privilégios são, no mais das vezes, indesejáveis resquícios advindos dos sistemas antidemocráticos que regeram o contexto nacional vivido nas décadas de 30 e 40 (Estado Novo) e, na prática, subsistem por uma mera comodidade institucional[37].

Em sentido diametralmente oposto, coloca-se a relevante doutrina de José Carlos Barbosa Moreira[38] que, embora minoritária, entende relevante a existência e manutenção da prerrogativa da remessa necessária no ordenamento jurídico pátrio.

Assim, e para defender seu ponto de vista, Barbosa Moreira propõe-se a trazer argumentos que, em seu entender, serviriam para refutar as principais críticas à remessa obrigatória.

Com tal escopo, entende Barbosa Moreira que não é possível mensurar se os interesses da Fazenda Pública são defendidos por seus procuradores de forma satisfatória, e que somente uma pesquisa estatística encerraria tal discussão. Com efeito, como não se tem notícia da realização dessa pesquisa, fica praticamente impossível defender que a desnecessidade da remessa, já que, pelo menos em tese, ela pode ser útil aos interesses fazendários.

Ademais, não se poderia nomear de autoritário o instituto multicitado, pois sua origem, ao contrário do que muitos alegam, não se deu durante o regime ditatorial do país, mas sim em 1831, ainda no período do Império, não sendo uma inovação dos Códigos de Processo Civil de 1939 e 1973. Aliás, Barbosa Moreira afirma que "é falsa a premissa implícita de que tem feição autoritária toda e qualquer medida legislativa tomada em período ditatorial ou semiditatorial"[39].

Nessa mesma toada, prossegue Barbosa Moreira dizendo que não é possível afirmar com propriedade que a remessa obrigatória seria uma exclusividade brasileira[40], vez que ela está presente no ordenamento jurídico de vários países da América Latina (por exemplo, o da Colômbia), e, ainda que não positivado nas legislações europeias, ainda sob sua perspectiva, essa falta não significa tratamento igualitário entre o Poder Público e o particular, mas sim que existem outras formas de proteção dos Estados (por exemplo, o contencioso administrativo francês[41]).

---

37 GIANNICO, Mauricio. Remessa obrigatória e o princípio da isonomia, *in Revista de Processo*, v. 111. São Paulo: RT, 2003, p. 53-68.

38 BARBOSA MOREIRA, José Carlos. Em defesa da revisão obrigatória das sentenças contrárias à fazenda pública, *in Temas de Direito Processual (Nona Série)*. São Paulo: Saraiva, 2007, p. 199-210.

39 BARBOSA MOREIRA, José Carlos. Em defesa da revisão obrigatória..., ob. cit., p. 207.

40 BARBOSA MOREIRA, José Carlos. Em defesa da revisão obrigatória..., ob. cit., p. 204-206. No mesmo sentido: MAZZEI, Rodrigo. A remessa "necessária" (reexame por remessa) e sua natureza jurídica..., ob. cit., p. 405-432; TOSTA, Jorge. *Do reexame necessário*..., ob. cit., p. 120-123.

41 BARBOSA MOREIRA, José Carlos. Em defesa da revisão obrigatória..., ob. cit., p. 205.

Por fim, Barbosa Moreira afirma que a lei busca o resultado justo para a Fazenda Pública, de modo que a submissão aos dois graus de jurisdição se trata de mera prerrogativa processual, justificada, na maioria das vezes, pelo interesse público, o que parece ser uma medida razoável para se proteger o patrimônio público[42].

Com propriedade, assevera:

> A obrigatoriedade do reexame em segundo grau das sentenças contrárias à Fazenda Pública não ofende o princípio da isonomia, corretamente entendido. A Fazenda não é um litigante qualquer. Não pode ser tratada como tal; [...]. O interesse público, justamente por ser público – ou seja, da coletividade como um todo – é merecedor de proteção especial [...][43].

Ainda sob essa lógica, pode-se citar o posicionamento de Leonardo Carneiro da Cunha, que entende ser a remessa necessária uma consequência da necessidade de se preservar os interesses públicos[44], e não necessariamente de um privilégio sem fundamento, pois

> As "vantagens" processuais conferidas à Fazenda Pública revestem o matiz de prerrogativas, eis que contêm fundamento razoável, atendendo, efetivamente, ao princípio da igualdade, no sentido aristotélico de tratar os iguais de forma igual e desiguais de forma desigual[45].

Analisados, ainda que brevemente, alguns dos principais argumentos contrários e favoráveis à remessa – e sem que aqui seja, por ora, realizado qualquer conclusão a esse respeito –, certo é que o instituto, como visto nos capítulos anteriores, foi mantido no CPC/15, e, portanto, deve ser estudado.

Nesse propósito, é fundamental entendê-lo como uma regra excepcional no ordenamento, na medida em que, como também já visto (cap. 2), suas hipóteses de incidência foram bastante reduzidas com o art. 496, CPC/15. Assim, e como exceção que é, a remessa deve ser interpretada restritivamente, até mesmo como uma forma de amenizar seu impacto no ordenamento[46].

---

42 BARBOSA MOREIRA, José Carlos. Em defesa da revisão obrigatória..., ob. cit., p. 208.

43 *Ibidem*, p. 209.

44 CUNHA, Leonardo Carneiro da. *A Fazenda Pública...*, ob. cit., p. 204.

45 *Ibidem*, p. 35.

46 Nesse sentido: GRINOVER, Ada Pellegrini. *O processo em sua unidade*. São Paulo: Saraiva, 1978, p. 285; JAYME, Fernando Gonzaga; SALOMÉ, Joana Faria; OLIVEIRA JR., Délio Mota de. O reexame necessário..., ob. cit., p. 383; MOLLICA, Rogerio. A remessa necessária e o Novo Código de Processo Civil, *in* DIDIER JR., Fredie; ARAÚJO, José Henrique Mouta; CUNHA, Leonardo Carneiro da (coord). *Advocacia pública*. Salvador: Juspodivm, 2015, p. 455-466; NERY JUNIOR, Nelson. *Teoria geral...*, ob. cit., p. 91-99; STJ, 2T., AgRgAg 2187-DF, rel. Min. Luiz Vicente Cernicchiaro, j. 14.3.1990, v.u., DJU 2.4.1990, p. 2455.

5. A SÚMULA 45/STJ E AS (SUPOSTAS) OFENSAS À CF/88

5.1. A súmula 45/STJ: uma análise crítica

Tomando-se por base a corrente que entende constitucional o instituto da remessa necessária – sem que isso implique, no presente artigo, em posicionamento a esse respeito –, cumpre destacar, nesse capítulo, a discussão a respeito do verbete nº 45 do enunciado sumular do STJ.

O posicionamento do STJ, desde muito antes da súmula aqui analisada, vinha sendo no sentido de que a remessa de ofício foi idealizada para defender o interesse do Estado ou de pessoa jurídica de direito público envolvida na causa, não podendo o tribunal ser contrário ao "espírito" do instituto, agravando a situação da Fazenda Pública. Destarte, em julgamento realizado em 5 de agosto de 1992, por ocasião do julgamento do REsp 14.238/SP[47], o Ministro Relator Demócrito Reinaldo, com o aval de todos os julgadores presentes da 1ª Turma, propôs o encaminhamento dos autos à 1ª Seção para a elaboração de uma súmula, a fim de uniformizar a sua interpretação.

Posteriormente[48], tal sugestão foi plenamente aceita na 1ª Seção, tendo sido editado o verbete nº 45 aqui citado, o qual, como se percebe da leitura da jurisprudência do STJ[49] e de outras cortes locais do país[50], vem sendo, salvo raras exceções[51], reiteradamente aplicado[52].

---

47 STJ, 1ª Turma, REsp 14.238/SP, Rel. Min. Demócrito Reinaldo, j. 05/08/92, DJ 21/09/92.

48 Deve-se fazer, aqui, uma observação no mínimo curiosa: segundo o STJ, o julgamento do qual partiu a ideia de se propor a edição da súmula 45 se deu, como visto, em 5 de agosto de 1992. Sucede, entretanto, que ao se verificar, no próprio site do STJ, a data de criação da respectiva súmula, constata-se o dia 16 de junho de 1992. Ora, como poderia ser possível que a súmula "nascesse" antes mesmo da sua proposta de criação? Certamente, há algum equívoco nas datas informadas pelo STJ.

49 Nesse sentido, vejam-se decisões de cinco das seis turmas do STJ: REsp 1017496/AM, 1T., Rel. Min. Luiz Fux, j. 04/02/2010, DJe 19/02/2010; REsp 1.600.115/GO, 2T., Rel. Min. Herman Benjamin, j. 18/08/2016, DJe 12/09/2016; REsp 34.301/SP, 4T., Rel. Min. Antonio Torreão Braz, j. 23/11/1993, DJ 07/02/1994, p. 1185; REsp 1203710/MG, 5T., Rel. Min. Regina Helena Costa, j. 22/10/2013, DJe 28/10/2013; AgRg no Ag 1103245/RS, 6T., Rel. Min. Maria Thereza de Assis Moura, j. 23/11/2010, DJe 17/12/2010.

50 Nesse sentido: TRF1, 5T., AC 0002151-16.2011.4.01.3806/MG, Rel. Des. Federal Souza Prudente, e-DJF1 de 29/03/2016; TRF3, 11ª Turma, Remessa Necessária Cível 1705438 – 0048850-56.2011.4.03.9999, Rel. Juíza Convocada Noemi Martins, j. 06/12/2016, e-DJF3 Judicial 1 Data:16/12/2016; TRF3, 2ª Seção, EI 114122 – 0402906-15.1991.4.03.6103, Rel. Juíza Convocada em Substituição Regina Costa, j. 20/10/2009, e-DJF3 Judicial 1 23/11/2009 pg.16.

51 Nesse sentido: TRF1, 5T., AC 0002151-16.2011.4.01.3806/MG, Rel. Des. Federal Souza Prudente, e-DJF1 de 29/03/2016; TRF3, 11ª Turma, Remessa Necessária Cível 1705438 – 0048850-56.2011.4.03.9999, Rel. Juíza Convocada Noemi Martins, j. 06/12/2016, e-DJF3 Judicial 1 Data:16/12/2016; TRF3, 2ª Seção, EI 114122 – 0402906-15.1991.4.03.6103, Rel. Juíza Convocada em Substituição Regina Costa, j. 20/10/2009, e-DJF3 Judicial 1 23/11/2009 pg.16.

52 Vale ressaltar que o próprio STJ pode vir a rever sua posição, pelo menos quanto às causas previdenciárias, consoante se infere de notícia recentemente publicada no portal Migalhas, em que

Diante de tal posicionamento dominante nos tribunais e, especialmente, para que possa se chegar ao cerne da controvérsia, faz-se necessário revisitar o sistema recursal brasileiro, especialmente duas de suas características básicas, quais sejam: i) a voluntariedade e ii) a vedação da *reformatio in pejus*.

A voluntariedade significa que o recurso é uma manifestação intencional de um dos sujeitos processuais, e está vinculada aos legitimados previstos no art. 996, CPC/15, a saber, a parte vencida, o terceiro prejudicado e o Ministério Público, quer como fiscal da lei, quer como parte interessada.

Em outros termos: o recurso é, conforme assevera Alexandre Freitas Câmara, "um mecanismo de utilização voluntária", "uma manifestação de insatisfação", vez que "recorre contra uma decisão aquele que, insatisfeito com ela, pretende provocar o seu reexame"[53].

Por sua vez, o princípio da proibição da reformatio in pejus tem o objetivo de evitar que o juízo ad quem possa decidir de modo a piorar a situação de quem interpôs o recurso. Nas palavras de Leonardo Greco:

> Sendo o recurso um direito subjetivo de obter o reexame de uma decisão judicial que causa prejuízo ao recorrente [...], desse reexame somente poderá resultar uma decisão que reduza esse prejuízo ou o mantenha, mas não que o agrave. É a chamada proibição da *reformatio in pejus*[54].

Isto é, sendo o recurso um direito do interessado, com base no princípio da vedação da *reformatio in pejus*, desse reexame só poderá resultar uma decisão que mantenha o entendimento da primeira instância ou que reduza o prejuízo do recorrente, sendo vedado seu agravamento, sob pena de se ferir o próprio direito ao recurso. Afinal, caso o recurso pudesse piorar a situação daquele que dele se utiliza, dificilmente o interessado se veria incentivado a levar a sua pretensão ao juízo ad quem, e acabaria por se conformar, ainda que forçosamente, com a decisão do juízo *a quo*.

A *reformatio in pejus*, assim, atenta contra a própria essência do duplo grau de jurisdição, pois a chance de ter sua situação piorada faria com que o recorrente não se sentisse incentivado a devolver ao Judiciário a questão que lhe foi desfavorável.

---

a 1ª Seção discute se há, ou não, possibilidade de rever decisão tomada desfavoravelmente ao Estado em sede de remessa necessária. Nos autos do REsp 1.544.804/RJ, logo após o voto do Min. Relator Mauro Campbell, o julgamento foi suspenso, mediante pedido de vista da Min. Assusete Magalhães, e até a presente data não foi retomado. Veja-se: http://www.migalhas.com.br/Quentes/17,MI255229,11049 Beneficio+previdenciario+revisado+em+reexame+necessario+esta+em, acesso em 15 mai. 2017.

---

53 CÂMARA, Alexandre Freitas. *O novo processo civil brasileiro.* 3ª ed. São Paulo: Atlas, 2017, p. 495.

54 GRECO, Leonardo. *Instituições de processo civil...*, ob. cit., p. 25.

Por outro lado, e como já mencionado[55], a remessa necessária tem como principal característica a devolução ao juízo ad quem, de ofício, por ato do juízo a quo, da sentença em que os interesses fazendários foram prejudicados.

No entanto, de acordo com Leonardo Greco, "[o] juiz não tem qualquer interesse em que a sua decisão seja revista ou reexaminada, por ser o mais isento dos sujeitos processuais"[56]. Logo, tal ato descaracteriza totalmente a voluntariedade, de tal forma que ocorre, nessa circunstância, o chamado "efeito translativo"[57] que, conforme Cassio Scarpinella Bueno,

> [...] viabiliza a possibilidade de o Tribunal, mesmo sem provocação de quaisquer das partes [...] modificar integralmente a sentença, tal qual proferida, ainda que isso acarrete, em termos práticos, uma piora na situação da Fazenda Pública, mesmo sem recurso da outra parte[58].

Essa é, em linhas gerais, a mesma ideia defendida por Nelson Nery Junior:

> Consequência análoga à provocada pelo efeito translativo do recurso ocorre com o reexame necessário, pelo tribunal, das sentenças sujeitas ao duplo grau obrigatório (CPC 475). Também aqui não se pode falar em efeito devolutivo da remessa necessária, porque se está diante de manifestação do princípio inquisitório. O que existe, na verdade, é que a eficácia plena da sentença, nos casos do CPC 475, fica condicionada ao seu reexame pelo tribunal ad quem. A sentença como um todo é que fica submetida ao reexame, de sorte que é lícito ao tribunal modificar a sentença, reformando-a ao anulando-a, total ou parcialmente[59].

Assim sendo, e em síntese, pode-se perceber que a característica da voluntariedade (e, por consequência, a proibição da reformatio in pejus) está ligada ao efeito devolutivo, ao passo que, por outro lado, a remessa *ex officio* está ligada ao efeito translativo.

A despeito de tais diferenças, a jurisprudência pátria e a doutrina favorável à súmula 45/STJ têm defendido, ainda que por analogia, a aplicação da proibição da reformatio in pejus ao reexame necessário, sob a justificativa de que tal instituto foi criado para tutelar interesses da Fazenda Pública, de modo que, por consequência, o duplo grau de jurisdição só a ela aproveitaria.

Em outras palavras, e para que fique ainda mais claro: no julgamento da remessa necessária, independentemente do que possa ter ocorrido em primeiro grau de juris-

---

55 Vide, a esse respeito, o capítulo 2, especificamente o entendimento daqueles que, como Didier Jr. e Cunha, veem na remessa obrigatória um recurso de ofício.

56 GRECO, Leonardo. *Instituições de processo civil...*, ob. cit., p. 22.

57 Nesse sentido: BUENO, Cassio Scarpinella. *Curso sistematizado...*, ob. cit., p. 407; SOUZA, Bernardo Pimentel. *Introdução aos Recursos Cíveis...*, ob. cit., p. 85-88; NERY JÚNIOR, Nelson. *Teoria Geral dos Recursos...*, ob. cit., p. 94-98.

58 BUENO, Cassio Scarpinella. *Curso sistematizado...*, ob. cit., p. 407; destaques acrescentados.

59 NERY JÚNIOR, Nelson. *Teoria Geral dos Recursos...*, ob. cit., p. 464.

dição, entende a jurisprudência que deverá o tribunal observar as súmulas 45 e 325[60] do STJ, o que restringe o julgamento, restando ao órgão julgador duas opções: ou entende que a sentença está perfeita, e julga improcedente a remessa, ou julga imprecisa a sentença, reformando-a, desde que tal decisão seja favorável à Fazenda Pública.

Ora, se é correta a premissa de que, em sede de remessa necessária, todas as questões contrárias à Fazenda Pública são enviadas de ofício ao tribunal, parece correto também pensar que isso se deve ao efeito translativo, uma vez que, como visto, o efeito devolutivo está ligado a um ato volitivo.

Assim sendo, não parece razoável querer que se incida, em questão atinente ao efeito translativo, uma regra característica do efeito devolutivo, qual seja, a proibição da *reformatio in pejus.*

Vale frisar: por maior que seja o equívoco cometido pela sentença, de acordo com os citados enunciados do STJ, deverão ser revistas somente as parcelas da condenação suportada pela Fazenda Pública, ou seja, se ficar caracterizado que houve negativa de direitos na sentença e o seu reparo importar em melhora na situação daquele que litiga com o Estado, não haveria, quanto a tais pontos, incidência do efeito translativo, e o tribunal deveria fechar seus olhos a esse respeito, em evidente desperdício de atividade jurisdicional e, porque não dizer, à isonomia.

Em síntese: ainda que se considere que a remessa é um recurso interposto pelo próprio juiz, de ofício, não parece haver razoabilidade em entender que a "devolutividade" implicaria apenas em resultados favoráveis à Fazenda Pública. O que a lei impõe é, como já se viu, em respeito ao interesse público ali discutido, que haja um reexame da matéria, nada mencionando a respeito do *resultado* deste rejulgamento.

Se isso não fosse suficiente, o enunciado aqui discutido ainda vulnera a isonomia processual, como se passa a demonstrar.

5.2. A súmula 45/STJ: uma ofensa ao princípio constitucional da isonomia?

Como se sabe, os direitos fundamentais previstos na CF/88 devem perpassar todo o sistema jurídico, vez que

> [...] as normas constitucionais que consagram direitos fundamentais não se referem apenas a direitos subjetivos dos indivíduos, estabelecendo, também, as garantias fundamentais da proteção desses direitos e os princípios objetivos da ordem democrática do Estado de Direito[61].

---

60 A súmula 325, aqui referida, é, de certo modo, decorrência lógica da súmula 45, já que aquela prevê, de modo expresso, que "A remessa oficial devolve ao Tribunal o reexame de todas as parcelas da condenação suportadas pela Fazenda Pública, inclusive dos honorários de advogado". Disponível em: [http://www.stj.jus.br/docs_internet/SumulasSTJ.pdf]. Acesso em 26.04.2017.

61 QUEIROZ, Cristina. *Direitos Fundamentais (teoria geral).* Coimbra: Coimbra Editora, 2002, p. 71 *apud* JAYME, Fernando Gonzaga; SALOMÉ, Joana Faria; OLIVEIRA JR., Délio Mota de. O reexame necessário..., ob. cit., p. 385.

Nesse sentido, Paulo Roberto de Gouvêa Medina ensina que:

> [...] Têm-se, ao lado dos princípios constitucionais processuais, princípios constitucionais básicos de imediata repercussão no campo do processo. Desses decorrem alguns dos direitos públicos subjetivos invocáveis em juízo, como o da isonomia (Const. do Brasil, art. 5º, *caput*)[62].

Dessa forma, a súmula 45 do STJ deve ser aferida à luz dos chamados princípios constitucionais processuais, em especial, o princípio da igualdade, elencado no art. 5º, caput da CF/88 e, na legislação ordinária, no art. 139, I do CPC/2015.

Também chamado de princípio da isonomia, este preceito determina que o ordenamento jurídico trate igualmente os iguais e desigualmente os desiguais, na medida da sua desigualdade, além de assegurar às partes processuais tratamento igualitário.

Tal princípio deve ser observado tanto no aspecto formal como no material, devendo, ainda, quando utilizado, manter uma relação lógica e direta com a finalidade buscada pela norma jurídica que o estabeleceu.

Quanto ao aspecto formal ou estático, conforme estabelece Rafael Sirangelo de Abreu[63], determinada norma é considerada isonômica se for aplicada igualmente para todos os destinatários, e se não estabelecer distinções desarrazoadas.

Com efeito, ao menos aparentemente, a remessa necessária se justifica, já que pretende conceder – e de fato concede – um benefício ao Estado por conta do interesse público defendido em juízo.

Por outro lado, e ainda sob o enfoque de Rafael Sirangelo de Abreu[64], o viés material ou dinâmico do princípio da isonomia deve ser respeitado quando da aplicação em concreto do dispositivo sob exame, de modo que substancialmente não deixe dúvidas a respeito da observância da igualdade.

É especificamente sob tal perspectiva que, salvo melhor juízo, a súmula 45 do STJ parece ofender a isonomia.

Isso porque o STJ, ao editar e aplicar a súmula 45, fez, em favor da Fazenda Pública, uma interpretação restritiva do art. 475 do CPC/73, atual art. 496 do CPC/15, excluindo, de modo ilegítimo e ilegal, uma possibilidade de interpretação que, em tese, seria plenamente possível do instituto da remessa necessária, qual seja, a de piorar a situação da Fazenda Pública.

---

62 MEDINA, Paulo Roberto Gouvêa. *Direito Processual Constitucional.* 2 ed. Rio de Janeiro: Forense, 2004, p. 28.

63 ABREU, Rafael Sirangelo de. *Igualdade e processo: posições processuais equilibradas e unidade do direito.* São Paulo: RT, 2015, p. 29-30.

64 *Ibidem*, p. 37. Mais adiante (p. 199), Rafael Sirangelo de Abreu aborda a questão da isonomia especificamente a respeito da remessa necessária, também entendendo que "a potencialidade de prejuízo ao patrimônio da coletividade não impõe, por si só, a necessidade de tratamento diferenciado, uma vez que no debate processual haverá plenas oportunidades de desempenho do exercício de influência por todos os sujeitos processuais".

Tal restrição não poderia ser feita pelo intérprete legal, pois, como dispõe conhecida regra hermenêutica, "onde a lei não distingue, não cabe ao intérprete distinguir". É essa, aliás, a conclusão a que chegou Bernardo Pimentel:

> [...] Com efeito, superada a orientação que considerava a remessa obrigatória uma espécie de recurso de ofício, tem-se atribuído ao instituto do reexame necessário a natureza jurídica de condição à formação da coisa julgada. Daí a impossibilidade da aplicação do princípio da irreformabilidade para pior ao reexame necessário. Trata-se de princípio norteador dos recursos, por estar atrelado ao princípio dispositivo, próprio dos recursos. Sob outro prisma, não há no art. 475 nenhum indício de que "o duplo grau de jurisdição" é limitado em favor dos entes públicos. Na verdade, há apenas exigência do "duplo grau de jurisdição", o qual deve ser integral, tendo em vista a inexistência de restrição no preceito de regência: **ubi lex non distinguit, nec interpres distinguere**. Aliás, interpretação diversa não se coaduna com o princípio da isonomia[65].

Ademais, como bem observa Hugo de Brito Machado Segundo, o reconhecimento concreto da isonomia não pode ser uma justificativa para arbitrariedades, mas sim para um propósito legítimo[66] do legislador/aplicador.

Afinal, a ideia de igualdade somente comporta essa diferenciação de abordagem quando há uma intenção e para sua efetivação são utilizados critérios razoáveis e suficientes para que seja evitado o tratamento tendencioso[67].

Em outros termos, e consoante lição de Ada Pellegrini Grinover, Antônio Carlos de Araújo Cintra e Cândido Rangel Dinamarco, "a igualdade perante a lei é premissa para a afirmação da igualdade perante o juiz", de modo que "da norma inscrita no art. 5º, caput, da Constituição, brota o princípio da igualdade processual"[68] .

No caso, ao contrário, conforme lição da doutrina majoritária[69], não há nada na norma de regência, nem mesmo no ordenamento pátrio como um todo, que per-

---

65 SOUZA, Bernardo Pimentel. *Introdução aos Recursos Cíveis...*, ob. cit., p. 87; destaques do original.

66 MACHADO SEGUNDO, Hugo de Brito. *Processo Tributário*. 9 ed. São Paulo: Atlas, 2017, p. 20-21.

67 "A igualdade na legislação pressupõe a inexistência de distinções arbitrárias no seu conteúdo. A distinção tem de ser feita de forma racional pelo legislador. É claro que a igualdade 'não consiste em um tratamento igual sem distinção de todos em todas as relações, já que 'senão aquilo que é igual deve ser tratado igualmente'. O problema da igualdade na legislação, portanto, está na utilização de critérios legítimos para distinção entre pessoas e situações no processo. É vedada, em outras palavras, a existência de 'distinções arbitrárias' na legislação, isto é, realizadas sem finalidade legítima (legitimate purpose)'. O direito a igualdade e à paridade de armas, para além de vincular o legislador, vincula igualmente o juiz na condução do processo. É inadmissível que, por ato judicial, as partes tenham oportunidades assimétricas ao longo do processo" (MARINONI, Luiz Guilherme *et al. Novo Curso de processo civil*. v. 1. São Paulo: RT, 2015, p. 499).

68 CINTRA, Antonio Carlos de Araújo; GRINOVER, Ada Pellegrini; DINAMARCO, Cândido Rangel. *Teoria Geral do Processo...*, ob. cit., p. 59.

69 Nesse sentido: BUENO. Cassio Scarpinella. *Curso sistematizado...*, ob. cit.; NERY JÚNIOR, Nelson. *Teoria Geral...*, ob. cit., SOUZA, Bernardo Pimentel. *Introdução aos Recursos Cíveis...*, ob. cit.; NERY JÚNIOR, Nelson. *Princípios do processo civil na Constituição Federal.* 7ª ed. São Paulo: RT, 2002.

mita inferir que a súmula 45 do STJ estaria a homenagear a isonomia processual em concreto[70].

Nessa lógica, Nelson Nery Junior coloca:

> Nesse procedimento da remessa necessária é impertinente falar em *reformatio in peius*, já que não atua o princípio dispositivo, mas o inquisitório. Assim, não havendo recurso da parte ou interessado, pode o tribunal, v.g., modificar a sentença agravando a posição da Fazenda Pública, pois o reexame necessário não foi criado para proteger descomedidamente os interesses públicos, mas para fazer com que a sentença que lhes fora adversa seja obrigatoriamente reexaminada por órgão de jurisdição hierarquicamente superior[71].

De modo ainda mais enfático, conclui Nelson Nery Jr que:

> Condicionar o reexame necessário a o tribunal apenas melhore a situação da Fazenda Pública, vale dizer, condicionar o reexame necessário *secundum eventum*, é violar a garantia constitucional da igualdade. Daí por que reputamos ser incorreto, *data maxima venia*, porque inconstitucional, o entendimento sumulado do Superior tribunal de Justiça (STJ 45), no sentido de que o Tribunal não poderia agravar, no julgamento da remessa necessária, a situação da Fazenda Pública, sob os fundamentos de que a parte contrária teria aquiescido à sentença e de que, caso se prejudicasse a Fazenda, haveria *reformatio in peius*, proibida pelo sistema recursal brasileiro[72] .

Ainda sob esse ponto de vista, Cassio Scarpinella Bueno pondera:

> A ausência de iniciativa da parte prejudicada pela sentença em busca de sua revisão é, destarte, suficiente para afastar do instituto a possibilidade de ocorrência da "reformatio in pejus", instituto que, ademais, limita-se aos recursos, o que o reexame necessário não é. [...] Compreender que do reexame necessário não pode resultar prejuízo para a Fazenda Pública quando não houver apelação da parte interessada (ou do terceiro) robustece as considerações [...] no sentido de tornar ainda mais evidente que o instituto destoa do "modelo constitucional do direito processual civil", em especial do "princípio da isonomia"[73].

Diante de tais considerações, vale frisar: em nenhum dispositivo do CPC, e nem mesmo de qualquer outra norma, existe a vedação propagada pela súm. 45/STJ, de modo que, como destaca Bernardo Pimentel Souza[74], possuindo a remessa necessária natureza jurídica de condição de eficácia da sentença, a exigência do duplo grau de jurisdição obrigatório deveria se dar de modo integral.

---

70 Contra, entendendo ser legítima a interpretação dada pela súmula 45/STJ: JORGE, Flávio Cheim. *Teoria geral dos recursos cíveis*. 3 ed. São Paulo: RT, 2007, p.203-204.

71 NERY JÚNIOR, Nelson. *Teoria Geral...*, ob. cit., p. 464.

72 *Ibidem*, p. 98.

73 BUENO. Cassio Scarpinella. *Curso sistematizado...*, ob. cit., p. 407.

74 SOUZA, Bernardo Pimentel. *Introdução aos Recursos Cíveis...*, ob. cit., p. 971-972.

A manifesta crítica à súm. 45/STJ é também abraçada por Marcus Vinícius Rios Gonçalves, como se vê:

> O reexame necessário também merece análise à luz do princípio da igualdade. Em si, ele não o ofende, pois apenas submete a eficácia da sentença à apreciação do tribunal. O que constitui injustificável privilégio é a impossibilidade de se agravar a situação da Fazenda (Súmula 45 do STJ). Não há, portanto, um reexame necessário de toda decisão, mas reapreciação apenas daquilo em que a Fazenda sucumbiu, o que não se sustenta à luz do princípio da isonomia[75].

Por fim, e a arrematar quaisquer dúvidas, importa observar a interpretação do art. 5º, caput da CF/88 elaborada pelo próprio STF, em trabalho denominado "A Constituição e o Supremo":

> O princípio da isonomia, que se reveste de autoaplicabilidade, não é – enquanto postulado fundamental de nossa ordem político-jurídica – suscetível de regulamentação ou de complementação normativa. Esse princípio – cuja observância vincula, incondicionalmente, todas as manifestações do Poder Público – deve ser considerado, em sua precípua função de obstar discriminações e de extinguir privilégios (RDA 55/114), sob duplo aspecto: (a) o da igualdade na lei; e (b) o da igualdade perante a lei. A igualdade na lei – que opera numa fase de generalidade puramente abstrata – constitui exigência destinada ao legislador que, no processo de sua formação, nela não poderá incluir fatores de discriminação, responsáveis pela ruptura da ordem isonômica. A igualdade perante a lei, contudo, pressupondo lei já elaborada, traduz imposição destinada aos demais poderes estatais, que, na aplicação da norma legal, não poderão subordiná-la a critérios que ensejem tratamento seletivo ou discriminatório. A eventual inobservância desse postulado pelo legislador imporá ao ato estatal por ele elaborado e produzido a eiva de inconstitucionalidade. (STF, MI 58, rel. p/ o ac. min. Celso de Mello, j. 14/12/90, DJ de 19/4/91; destaques acrescentados)[76].

Desse modo, ainda que se considere constitucional, por força da proteção ao interesse público, o instituto da remessa necessária e, por consequência, o art. 496, CPC/15, percebe-se nitidamente que não se mostra compatível com a Magna Carta a interpretação descrita na súmula 45/STJ, que estabelece "tratamento seletivo ou discriminatório" não trazido pelo legislador.

Demais disso, ao restringir a aplicação da norma legal, todos os órgãos do Judiciário que dão guarida à súmula 45/STJ acabam por se colocar na função de legisladores, em evidente desprezo à separação de poderes, já que, conforme ressalta Enrico Tullio Liebman, em análise da clássica obra "Juízes Legisladores?", de Mauro Cappelletti,

> [...] A lei é a lei, e o juiz a ela se submete (art. 101, alínea 2, da Constituição Italiana), não podendo completá-la ou integrá-la, mas somente aplicá-la, o que quer dizer, tornar claro, concretizar, explicitar, o que o ordenamento jurídico já contém, embora de forma abstrata[77].

---

75 GONÇALVES, Marcus Vinicius Rios. *Novo curso de direito processual civil, teoria geral e processo de conhecimento (1ª parte)*. v. 1. 13 ed., São Paulo: Saraiva, 2016, p. 51.

76 Disponível em: <http://www.stf.jus.br/portal/constituicao/constituicao.asp>. Acesso em: 08 de maio de 2017.

77 LIEBMAN, Enrico Tullio. A força criativa da jurisprudência e os limites impostos pelo texto da lei, *in Revista de Processo*, v. 43. São Paulo: RT, 1986, p. 57-60; destaques acrescentados.

Afinal, como preceitua o próprio STF, "tanto vulnera a lei o provimento judicial que implica exclusão do campo de aplicação da hipótese contemplada, como a que inclui exigência que se lhe mostra estranha"[78]. Isto posto, pode-se concluir que o entendimento que retira uma hipótese de aplicação do art. 496, CPC/15 certamente o vulnera.

CONCLUSÃO

O presente artigo se propôs a analisar o instituto da remessa necessária, trazendo inicialmente seu histórico, para então comentar sua previsão no CPC/15, atualizando o leitor acerca das alterações sofridas em relação ao CPC/73. Posteriormente foi discutida sua natureza jurídica, levando a uma análise crítica da remessa e, consequentemente, do conteúdo da súmula 45 do Superior Tribunal de Justiça.

Ainda que presente em todos os Códigos de Processo Civil brasileiros, o instituto ora examinado é duramente criticado pela doutrina, seja em relação à justificativa para a sua criação, seja quanto à sua manutenção até os dias atuais.

Como foi demonstrado ao longo do trabalho, a doutrina majoritária entende ser a remessa necessária um privilégio da Fazenda Pública, que não se justifica no atual cenário processual, devido a crescente valorização da constitucionalização do processo.

Diante da permanência do instituto no ordenamento jurídico pátrio pelo CPC/15, a doutrina traz à tona a discussão acerca da sua natureza jurídica, prevalecendo o entendimento de que se trata de condição de eficácia da sentença.

Nesse momento pode-se perceber que a doutrina majoritária entende que toda a matéria discutida no processo seria devolvida ao tribunal, o qual, teoricamente, poderia analisá-la de forma ampla e irrestrita. No entanto, como visto, essa reanálise é modulada pela súmula 45/STJ, a impedir que as questões contrárias à Fazenda Pública sejam enfrentadas.

Diante disso, foi feita uma investigação crítica da referida súmula, identificando que, ao editá-la, o STJ fez uma interpretação restritiva do então art. 475, CPC/73, hoje substituído pelo art. 496 do CPC/15, para, como dito, excluir a possibilidade de o tribunal piorar a situação da Fazenda Pública.

Tal atitude merece censura, vez que o intérprete da lei não tem competência para suprimir uma das possibilidades de resultado quando da aplicação da lei, já que

---

78 EMENTA: [...] Recurso extraordinário. Violação à lei. *Tanto vulnera a lei o provimento judicial que implica exclusão do campo de aplicação de hipótese contemplada, como o que inclui exigência que se lhe mostra estranha.* [...] Violação à lei. Registro de candidatos ao Senado. Suplentes. Par. 3 do art. 45, CF/88. Este dispositivo legal não disciplina o registro dos candidatos. Vulnera-o decisão que o tem como pertinente para, de forma peremptória, indeferir o registro de chapa em que apresentado apenas um suplente, pouco importando que a diligência objetivando a complementação respectiva esteja prevista em diploma legal de cunho ordinário. O desrespeito a este não serve à manutenção do esvaziamento dos direitos e garantias constitucionais explícitos e dos que decorrem dos princípios inseridos na Lei Maior (STF, Pleno, RE 128519, Rel. Min. Marco Aurélio, j. 27/09/1990, DJ 08-03-1991 PP-02206 EMENTA VOL-01610-04 PP-00576; destaques acrescentados).

o dispositivo que regula a remessa necessária em momento algum garante que o resultado da revisão não possa piorar os interesses fazendários.

Assim, entende-se que o STJ – e todos os tribunais que aplicam a súm. 45/STJ –, além de violarem a regra de hermenêutica de que não cabe ao intérprete criar distinções não criadas pelo legislador, violam também a garantia constitucional da igualdade.

Nesse sentido, considera-se que o enunciado sumular multicitado deve ser visto como uma afronta ao modelo constitucional processual vigente no ordenamento jurídico atual, que não comporta mais privilégios processuais desarrazoados.

Diante desse contexto, observa-se inequívoco desrespeito ao princípio da isonomia, especificamente em seu aspecto material, que preceitua a observância da igualdade das partes quando da aplicação em concreto do dispositivo legal, no caso o artigo 496 do CPC/15.

Por todas essas razões, e de modo conclusivo, entende-se que, caso determinado tribunal local venha a aplicar a súmula 45/STJ, deverá se pensar na interposição de recurso especial por ofensa ao art. 496, CPC/15, nos termos do art. 105, III, CF/88.

De igual modo, defende-se que o STJ – a Corte Superior que, de acordo com a CF/88, deve ser a "guardiã da lei federal"– deve urgentemente cancelar sua súmula 45, na medida em que, como dito, seu entendimento se afigura ilegal e contrário ao princípio da isonomia.

A IMPROCEDÊNCIA LIMINAR DO PEDIDO NO CÓDIGO DE PROCESSO CIVIL DE 2015

Marco Antonio dos Santos Rodrigues

1. A DURAÇÃO RAZOÁVEL DO PROCESSO E A IMPROCEDÊNCIA LIMINAR DO PEDIDO

A Emenda Constitucional nº 45/04 trouxe ao artigo 5º da Constituição da República mais um direito fundamental processual: o direito à duração razoável do processo, constante do inciso LXXVIII desse dispositivo. Esse direito consagra aos jurisdicionados um processo sem dilações indevidas, ou seja, que o processo não se atrase indevidamente.

Nesse sentido, o Código de Processo Civil de 2015, no artigo 4º, no capítulo que cuida das normas fundamentais do processo civil, consagra expressamente tal direito fundamental, prevendo o direito de as partes obterem a solução integral do mérito em prazo razoável. Note-se, entretanto, que corretamente o legislador não previu qual seria a duração adequada para um processo, considerando que isso depende de circunstâncias relativas ao desenvolvimento de cada relação processual[1].

O direito a um processo com prazo razoável é efetivado pelo Código de Processo Civil por meio de diferentes mecanismos que procuram trazer uma prestação jurisdicional de forma mais rápida, o que, em última análise, promove o direito ao processo célere.

A improcedência liminar do pedido, chamada pelo Código de Processo Civil de 1973 de julgamento liminar do mérito, insere-se no contexto de busca de uma tutela efetiva, porém de maneira mais célere, evitando uma desnecessária dilação processual[2].

---

1 "Portanto, o que o artigo 5º, inciso LXXVIII, da Carta Magna consagra é um direito a um processo que tramite sem dilações indevidas, ainda que necessite de uma duração considerável" (RODRIGUES, Marco Antonio dos Santos. *A modificação do pedido e da causa de pedir no processo civil*. Rio de Janeiro: GZ, 2014, p. 209). José Rogério Cruz e Tucci, por sua vez, com razão constata não ser possível fixar *a priori* uma regra específica, que delimite quando a garantia da duração razoável do processo é respeitada ou não. Diante disso, informa que a Corte Europeia dos Direitos do Homem usa três critérios, a partir das circunstâncias do caso concreto, para a verificação da observância dessa garantia. São eles: a complexidade do assunto; o comportamento das partes e de seus procuradores, ou da acusação e da defesa do processo penal; e a atuação do órgão jurisdicional (TUCCI, José Rogério Cruz e. Garantia do processo sem dilações indevidas. *Revista Jurídica*, Porto Alegre, ano 48, nº 277, p. 5-25, nov. 2000. p. 8).

2 Convém lembrar a clássica lição de José Carlos Barbosa Moreira, no sentido de que não necessariamente a justiça célere é adequada: "Para muita gente, na matéria, a rapidez constitui o valor por

O legislador, em prol da celeridade e da efetividade da tutela jurisdicional, permitiu que, ao realizar o juízo de admissibilidade da demanda, o juiz dispensasse a citação do réu, proferindo desde logo sentença de mérito. Passa-se, então, à análise dos requisitos para a realização de tal julgamento liminar.

2. REQUISITOS E HIPÓTESES DE CABIMENTO

Inicialmente, verifica-se que o artigo 332 do Código de Processo Civil de 2015 efetuou alteração em relação ao sistema do artigo 285-A do estatuto processual anterior. Isso porque, para o reconhecimento da improcedência liminar do pedido, a demanda deve dispensar instrução probatória, o que configura o primeiro requisito para a adoção de tal técnica. O diploma, então, abandona a ideia de que a ação que terá seu pedido apreciado de plano necessita ser exclusivamente de direito. Trata-se, com efeito, de alteração salutar, já que uma demanda dificilmente cuida apenas de norma jurídica, havendo muitas vezes fatos que estão sujeitos à subsunção a tais questões de direito[3].

Assim sendo, ainda que a ação proposta cuide de fatos, caso tais alegações fáticas não demandem instrução probatória, é possível ocorrer a solução liminar do mérito do processo iniciado.

O segundo requisito para a improcedência liminar, embora não expressamente arrolado no dispositivo sob análise, é que tal improcedência seja total. Se o juiz proferisse julgamento do mérito procedente em alguma medida, antes da citação do réu, isso representaria um prejuízo à esfera jurídica do demandado, sem que lhe fosse propiciado o direito ao processo e sobretudo à utilização de mecanismos para a defesa de seus interesses, a fim de influenciar a tomada de decisão do julgador[4]. Diante disso, haveria ofensa ao devido processo legal e ao contraditório.

---

excelência, quiçá o único. Seria fácil invocar aqui um rol de citações de autores famosos, apostados em estigmatizar a morosidade processual. Não deixam de ter razão, sem que isso implique – nem mesmo, quero crer, no pensamento desses próprios autores – hierarquização rígida que não reconheça como imprescindível, aqui e ali, ceder o passo a outros valores. Se uma justiça lenta demais é decerto uma justiça má, daí não se segue que uma justiça muito rápida seja necessariamente uma justiça boa. O que todos devemos querer é que a prestação jurisdicional venha a ser melhor do que é. Se para torná-la melhor é preciso acelerá-la, muito bem: não, contudo, a qualquer preço" (MOREIRA, José Carlos Barbosa. O futuro da justiça: alguns mitos. *Revista de Processo*, v. 102, pp. 228-237, abr.-jun. 2001. p. 232).

3 "Com efeito, no processo há uma indissociável relação entre fatos e direito afirmados em juízo" (RODRIGUES, Marco Antonio dos Santos. *A modificação do pedido e da causa de pedir no processo civil*. Rio de Janeiro: GZ, 2014, p. 50). Nessa linha, NIEVA FENOLL, Jordi. *El hecho y el derecho en la casación penal*. Barcelona: Bosch, 2000. p. 124.

4 No estágio atual do processo civil, o contraditório deixou de ser visto com base meramente no binômio informação/possibilidade de defesa, passando a exigir seja possibilitado às partes o direito de influência na tomada de decisão pelo órgão jurisdicional, contribuindo para a formação da solução do conflito. Vendo o contraditório como direito de influência, à guisa de exemplo, pode-se

No que diz respeito às hipóteses de cabimento da improcedência liminar, cumpre destacar que o Código de 2015 as ampliou, em relação ao sistema do julgamento liminar de mérito constante do Código de Processo Civil de 1973, o que denota uma busca de celeridade no procedimento. São elas:

> "Art. 332. Nas causas que dispensem a fase instrutória, o juiz, independentemente da citação do réu, julgará liminarmente improcedente o pedido que contrariar:
> I – enunciado de súmula do Supremo Tribunal Federal ou do Superior Tribunal de Justiça;
> II – acórdão proferido pelo Supremo Tribunal Federal ou pelo Superior Tribunal de Justiça em julgamento de recursos repetitivos;
> III – entendimento firmado em incidente de resolução de demandas repetitivas ou de assunção de competência;
> IV – enunciado de súmula de tribunal de justiça sobre direito local.".

No que se refere aos casos previstos nos incisos I, II, III e IV, constata-se que a busca de celeridade no processamento da demanda de conhecimento em primeiro grau de jurisdição se alia ao prestígio à isonomia e à segurança jurídica. Procura-se, por meio de tais regras, conferir efetividade aos precedentes e gerar respeito aos entendimentos já firmados pelos tribunais superiores ou pelos tribunais locais. Nessa esteira, cumpre observar que o Superior Tribunal de Justiça, analisando o julgamento liminar de mérito por repetitivas decisões de improcedência do artigo 285-A do Código de Processo Civil anterior, já entendeu que sua aplicação depende da conformidade do entendimento do juízo prolator da sentença com o do tribunal a que pertence[5] e com o dos tribunais superiores[6].

---

indicar LUISO, Francesco P.. *Principio del contraddittorio ed efficacia della sentenza verso terzi*. Milano: Giuffrè, 1981, p. 18; GRECO, Leonardo. "O princípio do contraditório". *In*: GRECO, Leonardo. *Estudos de Direito Processual*. Campos dos Goytacazes: Ed. Faculdade de Direito de Campos, 2005, p. 545; THEODORO JÚNIOR, Humberto, NUNES, Dierle José Coelho. Uma dimensão que urge reconhecer ao contraditório no direito brasileiro: sua aplicação como garantia de influência, de não surpresa e de aproveitamento da atividade processual. *Revista de Processo*, São Paulo, v. 34, nº 168, p. 107-141, fev. 2009, p. 109; OLIVEIRA, Carlos Alberto Alvaro de. A garantia do contraditório. *Revista Forense*, Rio de Janeiro, v. 95, nº 346, p. 9-19, abr./jun. 1999, p. 16; RODRIGUES, Marco Antonio dos Santos. *A modificação do pedido e da causa de pedir no processo civil*. Rio de Janeiro: GZ, 2014, pp. 158-159.

---

5 Note-se que este autor já defendeu, sob a égide do Código de Processo Civil de 1973, a necessidade de que o entendimento do juízo prolator da sentença liminar esteja em consonância com o do tribunal a que pertence (RODRIGUES, Marco Antonio dos Santos. Da inaplicabilidade da teoria da causa madura ao julgamento liminar de improcedência em demandas repetitivas. *Revista Dialética de Direito Processual*, v. 124, p. 63-71, 2013).

6 "DIREITO PROCESSUAL CIVIL. IMPROCEDÊNCIA PRIMA FACIE. ART. 285-A DO CPC. ENTENDIMENTO DO JUÍZO SENTENCIANTE. DISSIDÊNCIA RELATIVA ÀS INSTÂNCIAS SUPERIORES. APLICAÇÃO DA NOVA TÉCNICA. DESCABIMENTO. EXEGESE TELEOLÓGICA. 1. A aplicação do art. 285-A do CPC, mecanismo de celeridade e economia processual, supõe alinhamento entre o juízo sentenciante, quanto à matéria repetitiva, e o entendimento cristalizado nas instâncias superiores, sobretudo

Nessa linha, o inciso I busca o respeito aos enunciados de súmula do Superior Tribunal de Justiça e do Supremo Tribunal Federal, o que prestigia a segurança jurídica, uma vez que vai ser adotada para o caso que está em juízo a solução que já foi consolidada por Tribunal Superior. Ademais, ainda que o juízo decidisse em sentido distinto ao de enunciado de súmula daqueles tribunais, caso a demanda chegasse às cortes superiores por meio de recursos, muito provavelmente estas fariam prevalecer o entendimento do enunciado sumulado.

Da mesma forma, o acórdão proferido por tais tribunais em sede de recurso representativo de controvérsia, como será seguido pelos tribunais locais no julgamento de outros recursos[7], também é admitido pelo novo estatuto processual civil como

junto ao Superior Tribunal de Justiça e Supremo Tribunal Federal. 2. Recurso especial não provido." (STJ, REsp 1109398/MS, Rel. Ministro Luis Felipe Salomão, Quarta Turma, julgado em 16/06/2011, DJe 01/08/2011).

7 Destaque-se que a Corte Especial do Superior Tribunal de Justiça já decidiu nessa linha: "PROCESSUAL CIVIL. RECURSO ESPECIAL. ART. 105, III, A E C, DA CF/1988. SOBRESTAMENTO DO JULGAMENTO DA APELAÇÃO, POR FORÇA DE SUBMISSÃO DA QUAESTIO IURIS CONTROVERTIDA AO RITO PREVISTO NO ART. 543-C, DO CPC – RECURSO ESPECIAL REPRESENTATIVO DE CONTROVÉRSIA. POSSIBILIDADE. INTERPRETAÇÃO TELEOLÓGICO-SISTÊMICA. PRINCÍPIO CONSTITUCIONAL DA RAZOÁVEL DURAÇÃO DOS PROCESSOS (ART. 5º LXXVIII, DA CRFB/1988). 1. A submissão de matéria jurídica sob o rito prescrito no artigo 543-C, do Código de Processo Civil, inserido pela Lei nº 11.672, de 8 de maio de 2008, justifica a suspensão do julgamento de recursos de apelação interpostos nos Tribunais. 2. A suspensão dos julgamentos das apelações que versam sobre a mesma questão jurídica submetida ao regime dos recursos repetitivos atende a exegese teleológico-sistêmica prevista, uma vez que decidida a irresignação paradigmática, a tese fixada retorna à Instância a quo para que os recursos sobrestados se adequem à tese firmada no STJ (art. 543-C, § 7º, I e II, do CPC). 3. É que o novel instituto tem como ratio essendi evitar o confronto das decisões emanadas dos Tribunais da Federação com a jurisprudência do Superior Tribunal de Justiça, mercê de a um só tempo privilegiar os princípios da isonomia e da segurança jurídica. 4. A ponderação de valores, técnica hoje prevalecente no pós-positivismo, impõe a duração razoável dos processos ao mesmo tempo em que consagra, sob essa ótica, a promessa calcada no princípio da isonomia, por isso que para causas com idênticas questões jurídicas, as soluções judiciais devem ser iguais. 5. Ubi eadem ratio ibi eadem dispositio, na uniformização de jurisprudência, a cisão funcional impõe que a tese fixada no incidente seja de adoção obrigatória no julgado cindido, por isso que a tese repetitiva adotada pelo Tribunal competente para conferir a última exegese à legislação infraconstitucional também é, com maior razão, de adoção obrigatória pelos Tribunais locais. 6. A doutrina do tema assenta que: Outro é, pois, o fenômeno que se tem em vista quando se alude à conveniência de adotar medidas tendentes à uniformização dos pronunciamentos judiciais. Liga-se ele ao fato da existência, no aparelho estatal, de uma pluralidade de órgãos judicantes que podem ter (e com freqüência têm) de enfrentar iguais questões de direito e, portanto, de enunciar teses jurídicas em idêntica matéria. Nasce daí a possibilidade de que, num mesmo instante histórico – sem variação das condições culturais, políticas, sociais, econômicas, que possa justificar a discrepância -, a mesma regra de direito seja diferentemente entendida, e a espécies semelhantes se apliquem teses jurídicas divergentes ou até opostas. Assim se compromete a unidade do direito – que não seria posta em xeque, muito ao contrário, pela evolução homogênea da jurisprudência dos vários tribunais – e não raro se semeiam, entre os membros da comunidade, o descrédito e o cepticismo quanto à efetividade da

causa de improcedência liminar, assim como o entendimento firmado em sede de incidente de resolução de demandas repetitivas ou de assunção de competência, em consonância com a necessidade de observância de tais julgados, como forma de evitar soluções contraditórias para uma mesma questão de direito.

Com relação aos casos de improcedência liminar acima mencionados, decorrentes de precedentes relevantes, vê-se que o no Código adota postura melhor que a constante do artigo 285-A do Código de Processo Civil de 1973, que previa a possibilidade de uso de tal técnica por repetitivas decisões de improcedência no juízo, o que dava margem a dúvidas em sede doutrinária e nos tribunais acerca de quais decisões justificariam esse julgamento ao início do processo.

Além de tais hipóteses de improcedência liminar, o parágrafo 1º do mesmo artigo prevê o reconhecimento de plano de prescrição ou decadência, que já era prevista no Código de Processo Civil de 1973, no artigo 295, inciso IV. Note-se que o artigo 487, inciso II, do novo diploma, estabelece que o reconhecimento de prescrição ou decadência é caso de resolução de mérito, o que faz com que um julgamento ao início do processo com tal teor também seja de mérito.

2.1. Exigência de Contraditório?

Questão importante que surge, ao se analisar a improcedência liminar do pedido no Código de Processo Civil de 2015, se refere à necessidade de contraditório antes da prolação da sentença liminar de improcedência.

O Código de 2015 conferiu grande importância ao contraditório, enquanto direito fundamental que assegura a influência das partes na formação do convencimento judicial. Assim é que o artigo 9º do novo diploma estabeleceu um dever de oitiva prévia da parte contra quem será proferida uma decisão, ao prever que não se proferirá decisão contra uma das partes sem que ela seja previamente ouvida.

Note-se que tal contraditório deve ser útil, ou seja, se o pronunciamento judicial em nada for prejudicar a parte, não há necessidade de que seja ouvida. Assim, no caso da improcedência liminar do pedido, como se trata de decisão que em nada prejudica a esfera jurídica do réu, este não precisa ser ouvido.

No caso do autor, de outro lado, diante do mencionado artigo 9º, e do dever de alerta instituído pelo artigo 10, no sentido de que as partes possuem o direito de que lhes seja possibilitada a manifestação sobre fundamento que as partes não tiveram a oportunidade de tratar, será preciso que o demandante seja intimado para se ma-

garantia jurisdicional. (MOREIRA, José Carlos Barbosa. Comentários ao Código de Processo Civil, Lei nº 5.869, de 11 de janeiro de 1973, vol. V: Arts. 476 a 565. 15ª ed. Rio de Janeiro: Forense, 2009, p. 4 e 5) 7. Deveras, a estratégia político-jurisdicional do precedente, mercê de timbrar a interpenetração dos sistemas do civil law e do common law, consubstancia técnica de aprimoramento da aplicação isonômica do Direito, por isso que para "casos iguais", "soluções iguais". 8. Recurso especial conhecido e desprovido" (REsp 1111743/DF, Rel. Ministra Nancy Andrighi, Rel. p/ Acórdão Ministro Luiz Fux, Corte Especial, julgado em 25/02/2010, DJe 21/06/2010).

nifestar acerca do fundamento que o julgador adotará para proferir a improcedência liminar do mérito?

O artigo 487, parágrafo único, prevê que ressalvada a hipótese do § 1º do art. 332, a prescrição e a decadência não serão reconhecidas sem que antes seja dada às partes oportunidade de manifestar-se. Dessa forma, verifica-se que, no caso de reconhecimento liminar de prescrição ou decadência, houve expressa opção legislativa por excluir tal hipótese da necessidade de oitiva prévia das partes – ou seja, tanto do autor como do réu.

Nas demais hipóteses de cabimento da improcedência liminar, constantes dos incisos do artigo 332, não houve previsão autorizativa da decisão de mérito antes da oitiva do autor. Note-se que, entre as exceções ao artigo 9º, constantes do parágrafo único do mesmo dispositivo legal ou de outras normas, não há a previsão de que seja possível proferir julgamento liminar de improcedência sem a oitiva do autor. Assim, impõe-se seja o autor ouvido antes de tal sentença, pois pode demonstrar não ser caso de aplicação ao caso concreto do precedente invocado pelo magistrado.

3. O PROCEDIMENTO DA APELAÇÃO EM FACE DA SENTENÇA LIMINAR DE IMPROCEDÊNCIA

Uma vez proferida a sentença liminar, é possível que o autor não a impugne, deixando precluir o prazo para recurso. Nesse caso, conforme estatui o parágrafo 2º do artigo 332 do Código de Processo Civil, uma vez ocorrido o trânsito em julgado, o réu deverá ser intimado, para tomar conhecimento da decisão que lhe foi integralmente favorável[8]. Verifica-se que o legislador preocupou-se em dar ciência ao réu da sentença, o que parece ter como grande objetivo que o demandado possa opô-la em face do autor no futuro, caso este pretenda ajuizar nova ação que ofenda aquela primeira coisa julgada.

De outro lado, como desdobramento do exercício de seu direito de ação, pode o autor recorrer da sentença de improcedência *initio litis* por meio de apelação, consoante previsto no parágrafo 3º do mesmo dispositivo. Em tal hipótese, o parágrafo 4º estabelece que o juiz pode efetuar juízo de retratação quanto à sentença liminar em cinco dias, reconsiderando seu entendimento e determinando o prosseguimento do processo por suas regras gerais, com a citação do réu. Trata-se do efeito regressivo dos recursos[9], que, via de regra, a apelação não possui no Código de Processo Civil de 2015[10].

---

8 O parágrafo 2º remete a intimação aos termos do artigo 241 do Código, que assim prevê: "Art. 241. Transitada em julgado a sentença de mérito proferida em favor do réu antes da citação, incumbe ao escrivão ou ao chefe de secretaria comunicar-lhe o resultado do julgamento".

9 Trata-se de expressão utilizada, dentre outros autores, por Alcides de Mendonça Lima (LIMA, Alcides de Mendonça. *Introdução aos recursos cíveis*. 2ª ed. São Paulo: Revista dos Tribunais, 1976. p. 289).

10 No que se refere à apelação, o artigo 1010, parágrafo 3º, do no Código prevê que, após as formalidades de intimação para apresentação de contrarrazões, e de eventual apelação adesiva e oportunidade de contrarrazões a esta última, o juiz remeterá os autos do processo ao tribunal, independentemente de juízo de admissibilidade.

Se, entretanto, o magistrado não se retratar quanto à sentença prolatada, determinará a citação do réu, para contrarrazões ao recurso de apelação, no prazo de quinze dias.

Destaque-se que as aludidas contrarrazões configuram mera resposta ao recurso de apelação, mas não resposta à demanda[11]. Com efeito, responder à apelação é puramente demonstrar as razões pelas quais não pode ser provida. A contestação à demanda, de outro lado, possui espectro muito maior, valendo destacar que, no novo Código, tal peça processual reúne ainda mais matérias, já que engloba a impugnação ao valor da causa, segundo prevê o artigo 337, inciso III do estatuto processual; a arguição de incompetência relativa, conforme consta do inciso II do mesmo artigo; a impugnação à gratuidade da justiça – artigo 337, inciso XII[12] –; e a reconvenção, que o artigo 343 estabelece que pode se dar por meio de pedido na contestação.

Dessa forma, o direito fundamental ao contraditório, enquanto direito de as partes amplamente influenciarem a tomada de decisão de mérito, fica prejudicado, caso as contrarrazões à apelação sejam consideradas com natureza de contestação, pois isso pode vir a afetar o resultado do julgamento desse recurso. Como consequência do que se afirma, caso anulada a sentença, não fica satisfeito o direito a responder a demanda. Quando do retorno dos autos ao primeiro grau, deve ser oportunizado ao réu ofertar as modalidades de resposta possíveis no procedimento em curso[13].

Em primeiro lugar, cabe frisar que a apelação é recurso de fundamentação livre, que pode ter dois diferentes objetivos, isto é, a anulação e a reforma de uma sentença. A anulação é finalidade recursal buscada quando invocado suposto erro procedimental na demanda, o chamado *error in procedendo*. Já a reforma ocorre, se provido recurso que pretenda atacar erro na apreciação da ação, o *error in iudicando*.

---

11 Já pudemos nos manifestar sobre o julgamento liminar de mérito do artigo 285-A do Código de Processo Civil de 1973 nesse sentido: "Com efeito, o ato de comunicação processual convoca o réu a se manifestar quanto ao recurso ofertado pelo autor. Por isso, trata-se de uma mera resposta à apelação, e não à demanda. Ao contrário, a resposta à ação deve ser efetuada por meio de alguma das figuras legalmente previstas no artigo 297 do Código de Processo Civil, quais sejam, a contestação, a exceção e a reconvenção, bem como pela impugnação ao valor da causa, regulada no artigo 261 do mesmo diploma." (RODRIGUES, Marco Antonio dos Santos. Da inaplicabilidade da teoria da causa madura ao julgamento liminar de improcedência em demandas repetitivas. *Revista Dialética de Direito Processual*, v. 124, p. 63-71, 2013). Em sentido contrário: DIDIER JUNIOR, Fredie. *Curso de Direito Processual Civil*, vol. 1. Salvador: Juspodium, 8ª ed., 2007, p. 422.

12 "Art. 337. Incumbe ao réu, antes de discutir o mérito, alegar:
(...)
II – incompetência absoluta e relativa;
III – incorreção do valor da causa;
(...)
XII – indevida concessão do benefício da gratuidade de justiça."

13 No mesmo sentido, MOUTA, José Henrique. "Processos repetidos e os poderes do magistrado diante da Lei nº 11.277/06. Observações e críticas". *Revista Dialética de Direito Processual*. São Paulo: Dialética, 2006, nº 37, p. 78.

Na hipótese de apelação em face da sentença de improcedência liminar proferida com base no artigo 332 do Código de Processo Civil de 2015, pode ser que tenha ocorrido um erro procedimental na prolação da aludida decisão recorrida, acarretando o pleito recursal de anulação. É o caso, por exemplo, da aplicação do dispositivo em questão para julgamento de demanda fundada em matéria fática que demande instrução probatória, o que ofende norma constante do *caput* do referido dispositivo. Caso o Tribunal observe que a sentença foi proferida em sede de ação que ainda precisa da produção de provas, cabível a anulação do julgado, o que acarreta a remessa dos autos em retorno ao primeiro grau, para seu processamento conforme as regras comuns do procedimento, com a adoção das fases processuais de postulação, saneamento e instrução.

Note-se que, se anulada a sentença de improcedência liminar baseada no aludido artigo 332, não se vislumbra prejuízo aos direitos fundamentais processuais em virtude da adoção de tal resultado no julgamento do recurso.

De outro lado, é possível que, embora tenham sido cumpridos os requisitos previstos no artigo 332, o tribunal recursal competente verifique que houve uma má aplicação do direito à espécie, porque o entendimento correto sobre a questão não poderia ser pela improcedência total da pretensão autoral.

Ocorrendo tal situação, a solução que parece adequada, à luz dos direitos fundamentais do devido processo legal, do contraditório e da ampla defesa, é a anulação, e não a reforma da sentença.

Registre-se, contudo, que no que concerne ao julgamento liminar do artigo 285-A do atual Código de Processo Civil, há entendimento que admite a possibilidade de aplicação da teoria da causa madura, prevista no artigo 515, parágrafo 3º do Código de Processo Civil de 1973 e consagrada no parágrafo 3º do artigo 1013 do novo estatuto processual[14], para permitir a reforma da sentença de improcedência, com sua substituição por um acórdão de procedência total ou parcial da pretensão[15].

---

14 "§ 3º Se o processo estiver em condições de imediato julgamento, o tribunal deve decidir desde logo o mérito quando:

I – reformar sentença fundada no art. 485;

II – decretar a nulidade da sentença por não ser ela congruente com os limites do pedido ou da causa de pedir;

III – constatar a omissão no exame de um dos pedidos, hipótese em que poderá julgá-lo;

IV – decretar a nulidade de sentença por falta de fundamentação".

15 "*Como se trata de causa que cujo julgamento dispensa a produção de outras provas (porque as questões de fato se provam documentalmente), não assustará se o tribunal, acaso pretenda reformar essa sentença, ao invés de determinar a devolução dos autos à primeira instância, também examine o mérito e julgue procedente a demanda, sob o argumento de que o réu já apresentou a defesa (em forma de contra-razões) e a causa dispensa atividade probatória em audiência (...)*" (DIDIER JUNIOR, Fredie. *Curso de Direito Processual Civil*, vol. 1. Salvador: Juspodium, 8ª ed., 2007, p. 422). Em sentido contrário: "*Em face do que sustentei, a respeito da insuficiência do contraditório em 2º grau, essa solução não me parece possível. Se o tribunal der provimento à apelação para reformar a sentença liminar de improcedência, deverá determinar o retorno dos autos à primeira*

O parágrafo 3º do artigo 1013 do Código de Processo, como forma de promover a celeridade no desenvolvimento do processo, permitiu, no julgamento de apelação em face de sentença terminativa, bem como em outras hipóteses, que caso a demanda esteja em condições de imediato julgamento, haja a reforma da decisão recorrida, com a consequente prolação de acórdão de mérito. Com isso, buscou-se, da mesma forma que no artigo 515, parágrafo 3º do Código de Processo Civil de 1973, evitar situações de desnecessária anulação de sentença, para a prolação de novo julgamento em primeiro grau, que estaria sujeito a novo recurso dirigido ao tribunal.

Diante disso, como a ação que permite a aplicação do artigo 332 dispensa a fase instrutória, pode-se vir a imaginar a aplicação do mesmo entendimento de que, por analogia, se aplica o artigo 1013, parágrafo 3º, às demandas com improcedência liminar baseada no primeiro dispositivo, pois este exige que a ação esteja em condições de imediato julgamento[16].

---

instância para que o processo siga todo o procedimento normal perante esse juízo, intimando-se o réu, já citado, para defender-se, nos termos do artigo 297 do Código" (GRECO, Leonardo. *Instituições de Processo Civil*, vol. II. Rio de Janeiro: Forense, 2010, p. 49).

---

16 Nessa linha, cabe destacar inclusive julgados que não veem óbice à aplicação analógica da teoria da causa madura ao julgamento do artigo 285-A do Código vigente: "CONSTITUCIONAL- PROCESSUAL CIVIL- PRINCÍPIO DA RAZOÁVEL DURAÇÃO DO PROCESSO. CIVIL E CONSUMIDOR. CÉDULA DE CRÉDITO BANCÁRIO. JUROS. CAPITALIZAÇÃO MENSAL. POSSIBILIDADE. CONTRATO FIRMADO NA VIGÊNCIA DA MP Nº 2.170-36/01. COMISSÃO DE PERMANÊNCIA. DEFESO A SUA CUMULAÇÃO COM OUTROS ENCARGOS. TABELA PRICE. POSSIBILIDADE DE USO. REPETIÇÃO EM DOBRO DO INDÉBITO. 1. "Art. 285-A. Quando a matéria controvertida for unicamente de direito e no juízo já houver sido proferida sentença de total improcedência em outros casos idênticos, poderá ser dispensada a citação e proferida sentença, reproduzindo-se o teor da anteriormente prolatada". 1.1 O julgamento initio litis previsto no supracitado dispositivo legal veio atender ao mandamento constitucional de efetiva celeridade processual, incluído entre os direitos e garantias fundamentais (Constituição Federal, artigo 5°, inciso LXXVIII). 1.2 Com a entrada em vigor daquela nova Norma Constitucional, a efetiva prestação jurisdicional foi erigida a princípio fundamental denominado "prazo razoável do processo", que assegura a razoável duração do processo e os meios que garantam a celeridade de sua tramitação. 1.3 "faz-se necessária à alteração do sistema processual brasileiro com o escopo de conferir racionalidade e celeridade ao serviço de prestação jurisdicional, sem, contudo, ferir o direito ao contraditório e à ampla defesa" (exposição motivos). 2. Sendo a matéria exclusivamente de direito e tendo sido o réu devidamente citado para exercer a ampla defesa e o contraditório, possível o julgamento pelo juízo ad quem, em aplicação ao artigo 515, § 3° do Código de Processo Civil, que prestigia os princípios da instrumentalidade e da celeridade, permitindo ao tribunal ingressar diretamente no mérito quando afastada a preliminar e a causa estiver "madura", a dispensar instrução suplementar. (...) 8. Recurso conhecido e parcialmente provido." (TJDFT, Acórdão nº 402863, 20080111543327APC, Relator João Egmont, 6ª Turma Cível, julgado em 20/01/2010, DJ 03/03/2010 p. 134). Na mesma linha: *"PROCESSUAL CIVIL E ADMINISTRATIVO. POUPANÇA. EXPURGOS INFLACIONÁRIOS. PLANO BRESSER E PLANO VERÃO. SENTENÇA ANULADA. AFASTADA A PRESCRIÇÃO QUINQÜENAL. LEGITIMIDADE PASSIVA DA CEF. JULGAMENTO DO MÉRITO NA FORMA DO ART. 515,* § 3º DO CPC. HONORÁRIOS *ADVOCATÍCIOS. 1 – Nas ação em que se objetiva a condenação da instituição financeira ao pagamento de expurgos relativos aos meses de junho/87 e janeiro/89, a prescrição é* vintenária. *Precedentes do STJ. 2 – A causa está madura para julgamento,*

No entanto, com o devido respeito, não pode prosperar o raciocínio acima explicitado, decorrente da interpretação do Código de Processo Civil. Em primeiro lugar, o direito fundamental ao contraditório, positivado no artigo 5º, inciso LV da Constituição da República, impõe que seja dada a ambas as partes a oportunidade de exercer seu direito de influência na formação da decisão em todos os graus de jurisdição, e não apenas em grau recursal. Ocorre que, caso admitida a aplicação da teoria da causa madura, o réu não teve a oportunidade de apresentar argumentos a fim de convencer o julgador de primeiro grau quanto a seu direito, para a prolação da sentença. Diferentemente do que exige o contraditório, o demandado teve apenas disponibilizada em seu favor a defesa em face da apelação autoral.

Dessa forma, verifica-se que foi suprimida uma instância decisória, prejudicando o réu, que não teve como contribuir à formação da sentença.

Frise-se, ainda, que a ofensa ao contraditório parece se agravar, ao se recordar que, caso a reforma da sentença seja à unanimidade de votos, caberão somente os recursos especial e extraordinário, e apenas se o acórdão supostamente tiver violado dispositivo de lei federal ou da Constituição da República, respectivamente, sendo que tais mecanismos de impugnação possuem uma série de exigências que limitam bastante sua admissibilidade.

Assim sendo, não parece legítimo, à luz das garantias fundamentais do processo, permitir a aplicação analógica da teoria da causa madura no julgamento de apelação em face de sentença de improcedência liminar fundada no artigo 332 do Código de Processo Civil[17].

---

uma vez que a CEF foi citada na forma do art. 285-A, § 2º do CPC, a questão discutida é meramente de direito e o autor trouxe aos autos os extratos das contas-poupança, demonstrando a existência de saldo ao tempo de cada plano econômico. (...) 6 – Recurso provido." (TRF-2, AC 200751010114330 AC – APELAÇÃO CIVEL – 416430; Sexta Turma Especializada; Relator: Desembargador Federal LEOPOLDO MUYLAERT, julgado em 13/10/2008, publicado no DJU – 23/10/2008 – Página::195). Vale destacar, também, outros julgados no mesmo sentido: TJRS, Apelação Cível Nº 70042437798, Terceira Câmara Cível, Tribunal de Justiça do RS, Relator: Eduardo Delgado, Julgado em 20/06/2012; TJDFT, Acórdão nº 439352, 20100110291094APC, Relator NATANAEL CAETANO, 1ª Turma Cível, julgado em 12/08/2010, DJ 24/08/2010, p. 78; TJSE, APELAÇÃO CÍVEL Nº 8721/2009, 9ª VARA CÍVEL, RELATOR DES. MARILZA MAYNARD SALGADO DE CARVALHO, Julgado em 05/03/2010.

---

17 Nesse sentido, à luz do artigo 285-A do Código de Processo Civil atual, há precedentes: "TRIBUTÁRIO. EXTINÇÃO DO MANDADO DE SEGURANÇA SEM RESOLUÇÃO DO MÉRITO. A AUSÊNCIA DE NOTIFICAÇÃO DA AUTORIDADE IMPETRADA CONSTITUI EM ÓBICE À APLICAÇÃO DA TEORIA DA CAUSA MADURA. NÃO INCIDE, NO CASO, O DISPOSTO NO ARTIGO 285-A DO CPC. SENTENÇA ANULADA PARA O REGULAR PROCESSAMENTO DO WRIT. 1. A sentença recorrida extinguiu o mandado de segurança, ao fundamento de que a impetração não pode ser comutada em ação de cobrança, nos termos da vedação prevista no verbete sumulado pelo STF, nº 269, antes mesmo que a autoridade impetrada tivesse sido notificada. 2. A incidência do artigo 285-A do Código de Processo Civil, com a redação com a qual foi instituído pela Lei nº **11.277, de 27.02.2006, pressupõe** o julgamento do processo com resolução do mérito, sem o que não se poderá **concluir pela improcedê**ncia do pedido, de modo que o dispositivo não pode ser invocado para aplicação do princípio da instrumen-

Corroborando a tese da inaplicabilidade da teoria da causa madura à situação sob análise, recorde-se que o papel das contrarrazões apresentadas pelo réu após ser citado são de resposta à apelação, não à demanda. Aplicar tal teoria no julgamento da apelação em face da sentença liminar de improcedência afastaria do réu as possibilidades de ofertar diferentes fundamentos de resposta, que possuem variadas finalidades, o que acarretaria um claro prejuízo ao seu direito fundamental ao contraditório.

CONSIDERAÇÕES FINAIS

Diante do sentido que deve ser dado à celeridade, pode-se afirmar que esta configura um interesse público, sendo de relevância ao Poder Judiciário e à própria sociedade que haja uma solução para a demanda, mas tal interesse deve respeitar a promoção das demais garantias do processo justo, de maneira a promover o interesse público na realização concreta do direito em jogo[18].

talidade das formas. 3. Não se pode aplicar a "teoria da causa madura" **no caso, pois o processo não** está **em condiçõ**es de imediato julgamento, at**é mesmo sob pena de violaçã**o ao respeito que se deve conferir **à não** supressão de instância, além da ausência da citação da parte ré, cumpre anular (cassar) a sentença recorrida e determinar o regular prosseguimento do feito no juízo "a quo". 4. Apelo a que se d**á parcial provimento." (**TRF-2, AMS 200651010041424 AMS – APELAÇÃO EM MANDADO DE SEGURANÇA – 64498; Quarta Turma Especializada; Relator Desembargador Federal LUIZ ANTÔNIO SOARES; julgado em 21/11/2006; publicado DJU em 31/01/2007, página 172). No mesmo tribunal, cabe destacar: TRF-2, AC 200751010145830 AC – APELAÇÃO CIVEL – 418194; Oitava Turma Especializada; Relator Desembargador Federal PAUL ERIK DYRLUND; julgado em 29/07/2008; publicado no DJU em 04/08/2008, página 294. No Tribunal de Justiça do Rio Grande do Sul: "*APELAÇÃO CÍVEL. DIREITO PRIVADO NÃO ESPECIFICADO. INCLUSÃO INDEVIDA EM CADASTRO DE INADIMPLENTES. CANCELAMENTO DE REGISTRO. SENTENÇA LIMINAR DE IMPROCEDÊNCIA (ART. 285-A DO CPC). RESPONSABILIDADE PASSIVA DO MANTENEDOR DOS CADASTROS. SISTEMA INTEGRADO DE INFORMAÇÕES. AUSÊNCIA DE COMUNICAÇÃO DO ART. 43, § 2º, DO CDC. QUESTÃO DE FATO. 1. Legitimidade passiva: o órgão que administra e mantém cadastros de proteção ao crédito tem legitimidade para responder a demanda que busca o cancelamento dos registros, pelo descumprimento do artigo 43, § 2º, do Código de Defesa do Consumidor. 2. Desconstituição da sentença liminar: o art. 285-A do CPC autoriza ao Juiz proferir sentença liminar de improcedência dos pedidos da inicial, sendo desnecessária a citação da parte ré. 3. Comunicação prévia do art. 43, § 2º, do CDC: a demanda fundada na ausência de envio da correspondência de que trata a norma em comento exige a análise da situação fática, impondo-se seja oportunizado às partes a ampla dilação probatória, nos termos do art. 333, I e II, do CPC. 4. Caso dos autos: os elementos dos autos não autorizam o julgamento do feito, à luz da teoria da causa madura (art. 515, § 3º, do CPC), devendo o feito retornar à origem, para que se oportunize, à parte ré, que conteste e, a ambas as partes, a ampla dilação probatória, em atenção aos ditames do devido processo legal. Sentença desconstituída de ofício, prejudicado o apelo.*" (TJRS, Apelação Cível Nº 70036490449, Décima Segunda Câmara Cível, Relator Des. Umberto Guaspari Sudbrack, Julgado em 15/12/2011.).

18 Nessa linha, BEDAQUE, José Roberto dos Santos. *Efetividade do processo e técnica processual*. 3ª ed.. São Paulo: Malheiros, 2010. p. 131. Na doutrina portuguesa, José João Baptista defende a necessidade de ponderação da celeridade com a justiça (BAPTISTA, José João. *Processo Civil I*: Parte geral e processo declarativo. 8ª ed. Coimbra: Coimbra Editora, 2006. p. 78).

Assim sendo, pode-se afirmar que o julgamento liminar de improcedência do pedido é técnica que prestigia a efetividade e a tempestividade da tutela jurisdicional. No entanto, isso não justifica que as contrarrazões de apelação assumam natureza de contestação à demanda, restringindo o contraditório do réu. Ademais, eventual apelação em face da sentença liminar de improcedência não pode levar à reforma desta, com acórdão de procedência, mas apenas à sua anulação.

NOVO CÓDIGO DE PROCESSO CIVIL: INCORPORAÇÃO DO DIREITO COMUM OU MERO RESPEITO À SEGURANÇA JURÍDICA?

Murilo Strätz

1. INTRODUÇÃO

O presente estudo ocupa-se, inicialmente, de traçar certas balizas históricas relativamente à formação do nosso arcabouço processual, com vistas a demonstrar que as raízes de nossa família jurídica são de matriz preponderantemente civilística, em contraposição à tradição casuística do Direito Comum (*Common Law*).

Concluída a breve retrospectiva histórica que culmina no apogeu do Positivismo Jurídico, o texto passa, no item 3, a tentar demonstrar o esgotamento da metodologia positivista enquanto pano de fundo da processualística contemporânea, embora a cultura da discricionariedade judicial persista ainda arraigada no "senso comum teórico dos juristas" (para valer-me da célebre expressão cunhada por Luis Alberto Warat).

Na sequência (item 4), desenvolve-se a tese da vinculação a determinados pronunciamentos judiciais como técnica voltada à previsibilidade do Direito, para, no item 5, demonstrar a interpenetração existente entre as duas principais famílias jurídicas (*Civil Law* e *Common Law*), sobretudo no que tange ao valor dos precedentes.

Finaliza-se a construção do texto com a análise de um emblemático julgamento ocorrido em 1993, em que a Primeira Seção do Tribunal Constitucional de Portugal declara que os assentos – instituto lusitano análogo aos enunciados da nossa súmula vinculante – não são fontes de direito e, portanto, que é inconstitucional atribuir-lhes força obrigatória geral, como se de lei se tratasse.

2. NOSSAS ORIGENS ROMANO-GERMÂNICAS

Até o advento da Emenda Constitucional nº 16/1965 – que incorporou o controle concentrado à Constituição de 1946, nos moldes austríacos, tais como concebidos por Kelsen[1], o Direito Constitucional brasileiro estava atrelado ao modelo estadunidense

---

1 "Se o controle da constitucionalidade das leis é reservado a um único tribunal, este pode deter competência para anular a validade da lei reconhecida como "inconstitucional" não só em relação a um caso concreto, mas em relação a todos os casos a que a lei se refira – quer dizer, para anular a lei como tal. Até esse momento, porém, a lei é válida e deve ser aplicada por todos os órgãos aplicadores do Direito" (KELSEN, Hans. Jurisdição Constitucional. Trad. de Alexandre Krug. 2ª ed. São Paulo: Martins Fontes, 2007, p. 290).

de *judicial review* (controle difuso), do qual também extraiu, em sua primeira vertente, a cláusula do devido processo legal.

O nosso microssistema de tutela de direitos coletivos bebeu, outrossim, da fonte norte-americana (*class actions*), embora os Direitos Civil e Penal brasileiros sigam o modelo continental (França, Itália, Portugal e Alemanha, por exemplo).

Já o modelo de jurisdição *una*, entretanto, divergiu do sistema de *contencioso administrativo* em geral adotado por esses países da Europa Continental, cuja jurisdição comum (em contraposição à jurisdição administrativa) não aprecia causas de interesse da Administração Pública, as quais são julgadas, em última instância, por seus respectivos Conselhos de Estado[2], órgãos estes que costumam não pertencer ao Judiciário.

Fredie Didier Jr. ensina que nosso ensino jurídico se inspirou no modelo de Coimbra, apesar de alguns cursos serem estruturados a partir do exame de casos, conforme a tradição do Direito Comum.[3] E Portugal, como não poderia deixar de ser, herdou uma tradição jurídica iniciada na Europa Continental a partir do Direito Romano e do Direito Canônico, posteriormente legando ao Brasil, sua recém-emancipada Colônia, a legislação lusitana do Reino, inclusive a que tratava do Processo Civil.[4]

Na Roma Antiga, a vivência prática do Direito no caso concreto se confundia com a própria noção de Direito, de sorte que os pretores e jurisconsultos restringiam-se a dizer o direito para cada controvérsia individual que lhes fosse submetida à apreciação, sem, contudo, qualquer pretensão de se atribuir generalidade aos fundamentos utilizados na decisão. Mas essas decisões foram sedimentando-se com o tempo

---

2 Na Alemanha tal órgão é denominado Tribunal Federal Administrativo, nos termos do art. 95 da Constituição tedesca (Lei Fundamental Bohn, de 23 de maio de 1949).

3 DIDIER JR., Fredie. Curso de direito processual civil: introdução ao direito processual civil, parte geral e processo de conhecimento. 19ª. Salvador: Ed. Jus Podivm, 2017, p. 68.

4 O primeiro ordenamento legal a disciplinar o Direito Processual brasileiro veio da Corte Portuguesa, conforme era de se esperar em uma ex-colônia lusitana. Proclamada a Independência do Brasil em 1822, também era de se esperar que as Ordenações do Reino fossem substituídas pela legislação brasileira. A mudança, todavia, não se deu rapidamente, pois a autoridade das leis portuguesas foi mantida pelo Decreto de 20.10.1823 até a entrada em vigor das codificações editadas pelo Governo Imperial brasileiro, notadamente a Consolidação das Leis do Processo Civil, editada pela Resolução Imperial de 28.12.1876). Herdaram-se, assim, os ditames processuais contidos nas Ordenações Filipinas, promulgadas por Filipe I em 1603, as quais foram precedidas pelas Ordenações Manuelinas (1521) e pelas Ordenações Afonsinas (1456), todas inspiradas no Direito Romano e no Direito Canônico. Em seu Livro III, as Ordenações Filipinas disciplinavam o processo civil, que se dava por escrito e com fases rigidamente distintas, cuja aplicação prática foi sendo posteriormente alterada por inúmeras modificações pontuais a partir de legislações esparsas (das quais se destaca o Regulamento nº 737/1850, que regia o processo civil no Direito Comercial), até que o Governo Imperial, dando cumprimento à Lei nº 2.033/1871, proclamou, por meio de Resolução Imperial de 28.12.1876, a Consolidação das Leis do Processo Civil. Esta, porém, não se limitava a compilar as disposições processuais então vigentes, pois também as reescrevia e por vezes as substituía por fragmentos de textos romanos e citações de juristas de renome (CINTRA, Antônio Carlos de Araújo. Teoria geral do processo / Antônio Carlos de Araújo Cintra, Ada Pellegrini Grinover, Cândido R. Dinamarco. 25ª ed. ampl. e atual. São Paulo: Ed. Revista dos Tribunais, 2009, pp. 111-114).

e passaram a transformar-se em máximas amiúde obrigatórias, as quais se deveriam reproduzir sempre que o caso fosse praticamente idêntico, o que se fazia, sobretudo àquela época, em homenagem à exclusiva autoridade que se atribuía aos cinco maiores jurisprudentes da época. Assim, as máximas estabelecidas por Papiniano, Ulpiano, Modestino, Gaio e Paulo eram as únicas que poderiam em juízo ser utilizadas como fundamento jurídico de uma pretensão ou sentença, de acordo com a Lei das Citações adotada no ano de 426 d.C. Tratava-se de restringir, por via legal, o uso do argumento de autoridade, que somente poderia referir-se a cinco juristas de proeminência reconhecida na fase do *Dominato*, em pleno Império Romano.[5]

Já a partir dos séculos XI e XII, a aplicação do Direito na vertente romana passou a exigir dos operadores jurídicos uma interpretação dos textos legais, o que não era empresa fácil, já que as leis romanas estavam escritas em latim e compunham um hermético diploma posteriormente conhecido como *Corpus Iuris Civilis*. Os juristas da Idade Média, porém, somente tiveram acesso a este diploma em 1080, embora desde o século VI as leis romanas nele já estivessem compiladas por ordem do Imperador Justiniano. A elucidação das complexas regras ali contidas demandava a intermediação de cultos professores, os quais, reunidos no que se passou a chamar de Escola de Bolonha, incumbiam-se da elaboração de comentários ou *glosas* feitas à margem de cada dispositivo legal comentado.[6]

---

5 José Carlos de Matos Peixoto ensina que a Lei das Citações remonta ao século V, mais precisamente ao ano de 426 d.C., tendo como objeto estabelecer que Gaio, Papiniano, Paulo, Ulpiano e Modestino seriam os ÚNICOS cinco jurisconsultos cujos fragmentos e escritos poderiam ser citados em juízo, como fundamento de petições e sentenças (MATOS PEIXOTO, José Carlos de. Curso de direito romano: parte introdutória e geral. 4ª ed. Rio de Janeiro: Renovar, 1997, t. I, p. 120).

6 "Com a descoberta, em 1080, das leis romanas compiladas por ordem do Imperador Justiniano no século VI d.C., mais tarde chamadas de *Corpus Iuris Civilis*, iniciou-se todo um esforço acerca do seu entendimento e compreensão, de forma a adotar-se, na prática medieva, o exemplo romano. Segundo Wieacker, 'a Idade Média sentiu a cultura antiga como uma forma modelar e atemporal da sua própria vida'. O desenvolvimento das cidades italianas justificou a formação de uma corporação própria — a Universidade —, destinada aos estudos jurídicos para a formação de funcionários públicos, como síndicos, procuradores, notários e advogados. Como o texto jurídico romano era muito difícil, antes de mais nada ele deveria ser explicado. E do resultado da interpretação feita pelos professores aparecem as glosas, palavra por palavra, linha por linha, para logo alcançar todo o sistema, visto como um todo harmônico, a reunir as partes, conforme princípios de ordem geral. A técnica expositiva da Escola de Bolonha ligava-se, segundo Wieacker, à tradição do ensino trivial. Segundo o mesmo informa, mantinham-se 'ainda as figuras de explicação e de raciocínio elaboradas originalmente pela lógica, pela gramática e pela retórica gregas, aplicadas, inicialmente pelos eruditos alexandrinos, à exegese dos textos filológicos: a glosa gramatical ou semântica, a exegese ou interpretação do texto, e a distinção. [...] O método de análise escolástico, por sua vez, foi fator responsável pelo aparecimento da dogmática jurídica, tal como ocorrera com a religião. De acordo com J. Harold Berman, o método escolástico pressupunha a absoluta autoridade de certos livros, que continham um completo e integrado corpo doutrinário, como era o caso do *Corpus Iuris Civilis* e da Bíblia, corporificando a razão. Verifica-se, assim, que a chamada ciência do direito e a ciência da teologia formam-se na mesma época" (LACOMBE, Margarida Maria Camargo. Hermenêutica e Argumentação: uma contribuição ao estudo do Direito. 3ª ed. Rio de Janeiro: Renovar, 2003, pp. 26-27).

Essa prática jurídica de matriz universitária até hoje influencia o tronco a que se liga o Direito brasileiro, a ponto de alguns autores chamarem o *Civil Law* de o "Direito dos Professores", em contraposição ao "Direito dos Juízes", que caracterizaria o *Common Law*[7]. Otávio Luiz RODRIGUES JUNIOR[8], todavia, adverte que tal linha divisória entre as clássicas famílias jurídicas vem se tornando mais frágil, dando como exemplo disso o aumento da influência da opinião dos doutos nas decisões de tribunais ingleses e o total repúdio à sua utilização em sentenças judiciais na Itália e na França, onde há regras legais que expressamente proíbem citações doutrinárias no corpo das decisões.

Mas foram os ideais racionalistas e isonômicos do Iluminismo que realmente lançaram as bases do que posteriormente veio a caracterizar o modelo judicial brasileiro, de modo que, até a entrada em vigor do Novo Código de Processo Civil (CPC/2015), o nosso Direito seguia, em termos infraconstitucionais, a estrita tradição legalista[9] que se iniciou a partir da Revolução Francesa com a Era das Codificações, cujos escopos principais eram o de evitar o protagonismo judicial (impondo-se a figura do "juiz boca-da-lei") e o de racionalizar ao máximo a legislação (reunindo-a em um diploma único que regulasse totalmente determinado campo de Direito). A lei deveria a todos ser aplicada igualmente, dada a fundada desconfiança que os revolucionários nutriam pelos magistrados do Antigo Regime. Emblemáticos desse período histórico foram os códigos civis francês e alemão, respectivamente, *Code Civil* (ou Código Napoleônico), de 1804, e *Bürgerliches Gesetzbuch* (BGB), de 1900.

Enfim, conforme se abordará adiante, não concordamos com a afirmação de que o Novo Código (NCPC/2015) tenha incorporado ao Direito brasileiro o sistema de *stare decisis*. Aliás, considerando que o Supremo Tribunal Federal também exerce jurisdição criminal e trabalhista, um diploma legal voltado a reger a jurisdição civil (NCPC, art. 16) nem poderia mesmo alterar a sistemática legal prevista em outros ramos do Direito Processual, tais como o processo penal[10] e o processo penal militar, e muito menos

---

7 No *Common Law* dos Estados Unidos da América, porém, a contribuição dos professores universitários também é acentuada nas decisões judiciais, conforme se verá mais adiante neste artigo.

8 RODRIGUES JUNIOR, Otávio Luiz. As relações entre a doutrina e a jurisprudência. Consultor Jurídico. <http://www.conjur.com.br/2012-out-24/direito-comparado-relacoes-entre-doutrina-jurisprudencia>. Acesso em 12/09/2017.

9 Alguns autores denominam de "paleojuspositivismo" tal período histórico, em que a cultura legalista era representada por esse juspositivismo primitivo, primevo ou de exegético, representado na França pela Escola da Exegese e na Alemanha pela Jurisprudência dos Conceitos. A essa primeira versão de positivismo se seguiu o positivismo normativista ou kelseniano, que, admitindo o discricionarismo judicial e o solipsismo decisionista, é o principal alvo das críticas hermenêuticas feitas a partir do paradigma neoconstitucional do Estado Democrático de Direito. Vide, por todos: STRECK, Lenio. Lições de crítica hermenêutica do direito. 2ª ed. Porto Alegre: Livraria do Advogado, 2016, pp. 119-125.

10 Porém, em julgamento recente (ocorrido em 09/08/2017), a Terceira Seção do Superior Tribunal de Justiça (STJ) julgou procedente, por unanimidade, reclamação ajuizada pelo Ministério Público contra acórdão do Tribunal de Justiça do Rio Grande do Sul (TJRS), que persistia em adotar enten-

subverter o modelo jurisdicional previsto na Constituição, pois a via legal seria tecnicamente inidônea para tanto.

Longe de ter importado qualquer modelo estrangeiro ou alterado, por via oblíqua, a Constituição, o CPC/2015 limitou-se prestigiar a força de determinados pronunciamentos judiciais, o que homenageia a segurança jurídica, a previsibilidade, a estabilidade, o desestímulo à litigância excessiva, a confiança, a igualdade perante a jurisdição, a coerência, o respeito à hierarquia, a imparcialidade, o favorecimento de acordos, a economia processual (de processos e de despesas) e a maior eficiência.

Ronaldo CRAMER[11] enaltece a importância de se prestigiarem não só os fundamentos deontológicos (segurança jurídica e isonomia), mas também os fundamentos pragmáticos (duração razoável do processo, desestímulo à litigância e solução para as causas repetitivas) que legitimam a adoção de um sistema de precedentes.

O direito processual brasileiro é composto por um complexo sistema que combina elementos das tradicionais famílias jurídicas, o que o torna *sui generis*. Com efeito, o nosso modelo jurisdicional não adota um modelo de precedentes, nem mesmo após a promulgação do Novo Código de Processo Civil (NCPC/2015), pois aqui é a própria lei que serve de fundamento de validade ao precedente.

O valor jurídico deste é dado pelo Legislativo, e não pelo Judiciário, ao contrário do que se dá no *Common Law*, em que o valor do precedente é reconhecido por si só, sem intermediação legal. Nossa fonte formal do direito continua sendo, portanto, a lei, já que é esta que confere autoridade aos pronunciamentos judiciais elencados no art. 927 do Novo Código.

Além disso, conforme se verá a seguir, as nossas modalidades decisórias vinculantes sequer se enquadram, tecnicamente, na noção anglo-saxônica de precedente. E nessa noção nem precisariam mesmo se enquadrar as *teses jurídicas* firmadas pelo Supremo e pelo STJ, já que, se no *Common Law* um precedente só obriga quando possui uma intrínseca autoridade argumentativa, aqui no Brasil alguns pronunciamentos judiciais só possuem autoridade porque legalmente obrigam.

Por fim, enquanto os genuínos precedentes (que se dividem em elucidativos e criativos), por serem moldáveis e evoluírem ao longo do tempo, aplicam-se a situações semelhantes, os pronunciamentos vinculantes à brasileira incidem apenas em casos idênticos, de modo chapado, sem muito espaço para a criatividade de seu aplicador.

Destarte, no Novo Código, é o *statute law* que contraditoriamente estabelece o valor jurídico do *case law*. Não se trata, portanto, de *Common Law*, nem do tipo de precedente que caracteriza este sistema.

---

dimento incompatível com a interpretação da Corte Superior sobre a consumação do crime de roubo, firmada no Recurso Especial 1.499.050 sob o rito dos recursos repetitivos. Isso prova que o Superior Tribunal de Justiça se inclina a aplicar, ao processo penal, a sistemática contida no art. 988 do Novo Código de Processo Civil (Rcl 33862/RS, STJ, 3ª Seção, Rel. Ministro Rogerio Schietti Cruz, aresto publicado em 16/08/2017).

11 CRAMER, Ronaldo. Precedentes judiciais: teoria e dinâmica. 1ª ed. Rio de Janeiro: Forense, 2016, p. 54-64.

3. ESGOTAMENTO DO(S) MODELO(S) POSITIVISTA(S)[12]

Nem o modelo individualista de processo judicial aclamado na década de 1970 do século passado nem o modelo de demandas coletivas disciplinado pelo microssistema legal de tutela coletiva (Lei da Ação Popular, Lei da Ação Civil Pública e Código de Defesa do Consumidor) atenderam, de modo eficaz, às legítimas expectativas de um número cada vez maior de jurisdicionados, considerando-se a crescente multiplicidade de casos repetitivos[13] (litigância de massa) e a necessidade de que o Judiciário resolva esse excesso de litigiosidade de modo uniforme, participativo / democrático[14],

---

12 O presente estudo não se debruça sobre os diversos tipos de positivismo jurídico, seja em sua forma primitiva (legalismo, paleopositivismo, ou positivismo exegético-conceitual), seja em sua fase analítico-normativista (positivismo semântico-discricionário, aqui também incluído o positivismo *soft* (ou principiológico) de Herbert Hart). Também não se explorarão suas nuances mais atuais (vertentes inclusiva e exclusiva do positivismo). Encara-se o positivismo jurídico *lato sensu*, para os fins colimados pelo presente estudo processual, como antípoda ao jusnaturalismo e à ascensão das modernas concepções pós-positivistas que passaram a ganhar fôlego a partir do final da II Grande Guerra. Segundo Luís Roberto Barroso, a superação histórica do jusnaturalismo e o fracasso político do positivismo abriram caminho para um conjunto amplo e ainda inacabado de reflexões acerca do Direito, de modo que o pós-positivismo busca ir além da legalidade estrita, mas não despreza o direito posto; procura empreender uma leitura moral do Direito, mas sem recorrer a categorias metafísicas, *verbis*: "A interpretação e aplicação do ordenamento jurídico hão de ser inspiradas por uma teoria de justiça, mas não podem comportar voluntarismos ou personalismos, sobretudo os judiciais. No conjunto de ideias ricas e heterogêneas que procuram abrigo neste paradigma em construção incluem-se a atribuição de normatividade aos princípios e a definição de suas relações com valores e regras; a reabilitação da razão prática e da argumentação jurídica; a formação de uma nova hermenêutica constitucional; e o desenvolvimento de uma teoria dos direitos fundamentais edificada sobre o fundamento da dignidade humana. Nesse ambiente, promove-se uma reaproximação entre o Direito e a filosofia" (BARROSO, Luís Roberto. Neoconstitucionalismo e constitucionalização do direito: o triunfo tardio do direito constitucional no Brasil. Disponível em: http://www. luisrobertobarroso.com.br/wp-content/themes/LRB/pdf/neoconstitucionalismo_e_ constitucionalizacao_ do_direito_pt.pdf. Acesso em 21.09.2017).

13 Tanto as demandas individuais quanto as coletivas podem constituir, ou não, causas repetitivas. Os julgamentos de casos repetitivos podem ter por objeto questão de direito material ou processual. É o que prevê o parágrafo único do art. 928 do Novo Código, *verbis*:
"Art. 928. Para os fins deste Código, considera-se julgamento de casos repetitivos a decisão proferida em:
I – incidente de resolução de demandas repetitivas;
II – recursos especial e extraordinário repetitivos.
Parágrafo único. O julgamento de casos repetitivos tem por objeto questão de direito material ou processual." individuais quanto as coletivas podem constituir, ou nraver, , seja por via extrajudicial.

14 "Os procedimentos judiciais são indispensáveis à participação do cidadão em defesa dos seus direitos fundamentais e do patrimônio público. Nesses casos a participação é viabilizada pela jurisdição e, assim, incorpora-se ao processo outra particularidade. O processo, nessa dimensão, assume a condição de via ou conduto de participação, e não apenas de tutela jurisdicional. Além de instrumento da jurisdição para a tutela dos direitos na perspectiva dos direitos fundamentais, o processo passa a ser instrumento para que o cidadão possa participar em busca da realização e da proteção dos seus direitos fundamentais e do patrimônio público. Ou melhor: o processo, nessa perspectiva,

isonômico, em tempo razoável e atento à segurança jurídica, sem que se desconsiderem, por outro lado, as especificidades de cada caso concreto. Tampouco as três ondas renovatórias[15], propugnadas na década de setenta do século passado por CAPPELLETTI e GARTH, foram suficientes para que a jurisdição fosse prestada de modo efetivamente isonômico, considerada a isonomia em suas três dimensões: igualdade *ao* processo (direito de acesso à justiça); igualdade *no* processo (direito ao contraditório substancial e à paridade de armas); e igualdade *pelo* processo (direito de receber do Judiciário, como resultado da tutela prestada, tratamento coerente e análogo ao recebido pelos jurisdicionados que se encontrem em situação semelhante). O que se vê na prática do caos judiciário são pilhas de processos que aguardam há anos uma solução. Essa demora inaceitável não decorre, porém, apenas da falta de estrutura da máquina judiciária ou do preparo inadequado de seus membros e servidores para a correta verificação das nuances fáticas de cada demanda. Tal morosidade também advém da falta de definição institucional do direito aplicável às controvérsias deduzidas em juízo, dada a dispersão jurisprudencial que se verifica em relação à maior parte das questões jurídicas que costumam ser discutidas nos autos, cada juiz e tribunal decidindo à sua maneira sobre o sentido que deve ser dado aos preceitos constitucionais e legais.

Toda e qualquer regra de direito, positivada ou não, estará potencialmente sujeita a interpretações polissêmicas, pois cabe ao intérprete atribuir sentido à norma. Em verdade, texto e norma não se confundem, pois é a interpretação do primeiro que gera a segunda, de modo que um preceito legal se torna a norma do caso concreto quando do seu texto se depreende a regra solvente da controvérsia jurídica.

O Novo Código, rompendo com a tradição positivista que marcava o Diploma Processual de 1973, inaugura uma nova era, dita pós-positivista[16], em que a herme-

---

mais do que instrumento do poder, é instrumento para a participação no poder, contribuindo para a otimização da participação do povo ou, em outros termos, para democratizar a democracia através da participação" (MARINONI, Luiz Guilherme. Novo curso de processo civil: teoria do processo civil, volume 1 / Luiz Guilherme Marinoni, Sérgio Cruz Arenhart, Daniel Mitidiero. 2ª ed. rev., atual. e ampl. São Paulo: Editora Revista dos Tribunais, 2016).

---

15 Em suma, a primeira onda buscou remover o obstáculo econômico do acesso à justiça, sobretudo por meio da assistência judiciária gratuita. A segunda onda propôs-se a dar adequada representação à defesa, em juízo, de interesses difusos, coletivos e individuais homogêneos, por meio do microssistema de tutela coletiva. A terceira onda, por fim, pretendeu assegurar um resultado prático, efetivo e útil aos que demandam justiça, considerando que o exercício da jurisdição não poderia mais restringir-se ao mero funcionamento formal-burocrático do aparelho judicante, mas sim contemplar uma política pública dedicada a assegurar a satisfação do direito material vindicado, seja por via judicial, seja por via extrajudicial. Para exame completo do tema, vide: CAPPELLETTI, Mauro; GARTH, Bryant. Acesso à justiça. Trad. Ellen Gracie Northfleet. Porto Alegre: Sérgio Antonio Fabris Editor, 1988.

16 Não é objeto do presente artigo o aprofundamento dos estudos (vastíssimos) sobre os vários conceitos de pós-positivismo, nem em quais subtipos tal marco teórico se desdobra, sob pena de se perder o foco deste modesto trabalho, cujo tema central pertence, preponderantemente,

nêutica processual não se exaure nos limites de uma codificação de pretensões totalizantes, mas toma como ponto de partida cláusulas gerais, cujo sentido está sempre aberto ao influxo das regras e dos princípios constitucionais. Neste sentido, o Código assevera, expressamente, em seu art. 1º, que o *"processo civil será ordenado, disciplinado e interpretado conforme os valores e as normas fundamentais estabelecidos na Constituição da República Federativa do Brasil"*, e, no art. 8º, que o juiz, ao aplicar o ordenamento jurídico, resguardará e promoverá a dignidade da pessoa humana, bem como observará a proporcionalidade, a razoabilidade, a legalidade, a publicidade e a eficiência. Como se vê, a postura pós-positivista – a englobar diversas matizes que não são objeto deste artigo – não se satisfaz com a vetusta visão, sustentada pelo clássico positivismo kelseniano, de que bastava à decisão judicial que não destoasse dos limites da lei. Agora, a congruência da decisão deve prestar contas não só à lei, mas sim, e sobretudo, àquilo que seja racionalmente defensável em um viés argumentativo.

Este trecho de KELSEN pode provocar arrepio nos críticos do decisionismo:

> O fato de a ordem jurídica conferir força de caso julgado a uma decisão judicial de última instância significa que está em vigor não só uma norma geral que predetermina o conteúdo da decisão judicial, mas também uma norma geral segundo a qual o tribunal pode, ele próprio, determinar o conteúdo da norma individual que há de produzir. Estas duas normas formam uma unidade. Tanto assim que o tribunal de última instância tem poder para criar, quer uma norma jurídica individual cujo conteúdo se encontre predeterminado numa norma geral criada por via legislativa ou consuetudinária, quer uma norma jurídica individual cujo conteúdo não se ache deste jeito predeterminado mas que vai ser fixado pelo próprio tribunal de última instância.[17]

Com base nisso, Kelsen reconhecia ser consideravelmente limitada a possibilidade de predeterminar, através de normas gerais criadas por via legislativa ou consuetudinária, as normas individuais que hão de ser produzidas pelos tribunais. Porém, na

ao campo do Direito Processual, embora faça incursões pontuais em tópicos de Teoria do Direito, Hermenêutica Constitucional e Filosofia do Direito. Não obstante, deve-se entender por pós-positivismo, para os fins do presente artigo (até porque não há um pós-positivismo, mas vários pós-positivismos), o pano de fundo metodológico que busca mitigar a discricionariedade judicial, elemento fundamental de toda experiência jurídica, o que leva STRECK a afirmar que "todas as teorias do direito que se projetam nesta dimensão pós-positivista procuram enfrentar o problema das vaguezas e ambiguidades dos textos jurídicos; procuram, enfim, enfrentar problemas próprios da chamada razão prática – que havia sido expulsa do território jurídico-epistemológico pelo positivismo" (STRECK, 2016c, p. 133). Mas é o próprio STRECK quem alerta para os perigos de se supor que todas as teorias neoconstitucionais estariam de fato fundadas naquela dimensão pós-positivista, pois nem sempre é assim, infelizmente, já que alguns autores, segundo o crítico gaúcho, ainda continuam valendo-se do método positivista nas novas roupagens teóricas, de modo a, mediante artifícios puramente retóricos, mascarar a discricionariedade e o solipsismo no processo de tomada da decisão jurídica, afastando-se, assim, do direito legislado, como se este pudesse ser alterado pela simples vontade do juiz no caso concreto (*Ibidem*, pp. 134-135).

17 KELSEN, Hans. Teoria pura do Direito. 2ª edição. São Paulo: Martins Fontes, 1987, p. 285.

sua visão, este fato não justifica a concepção segundo a qual, antes da decisão judicial, não haveria Direito algum, a ideia de que todo Direito é Direito dos tribunais, de que não haveria sequer normas jurídicas gerais, mas apenas normas jurídicas individuais.

Como se vê, apesar de Kelsen negar que as normas jurídicas individuais possam existir independentemente das normas jurídicas gerais, ele não consegue descrever, de modo convincente, o mecanismo pelo qual as normas jurídicas gerais logram, de modo racional, predeterminar o conteúdo das primeiras, sem que o julgador incorra em decisionismos. Aliás, para Kelsen, as decisões são atos de vontade, e não inferências ou atos de cognição, o que o levou a negar qualquer tipo de lógica às normas ou ao pensamento normativo. Kelsen entende que, como as regras não contêm "valor-verdade"[18] (é impossível atribuir a elas juízos de verdade ou falsidade, de forma inteligível), elas não podem servir como premissas para um raciocínio lógico em sentido forte. O paradigma neoconstitucional[19], com exceção de Dworkin[20], insurge-se

---

18 MacCormick afirma que, embora as regras não tenham valor-verdade, a interpretação jurídica que se faz delas pode possuir valor-verdade: "A conclusão dessa sessão (*sic*) do capítulo é, portanto, que não pode haver objeção séria ao deducionismo com base na observação correta de que as normas jurídicas não possuem valor-verdade. As normas de fato não o possuem, mas afirmações descritivo-interpretativas sobre o Direito podem possuí-lo, e a defesa do deducionismo estabelecida aqui exige apenas que afirmações desse tipo cumpram um papel crucial e legítimo em uma prática razoável de justificação jurídica. A teoria dos fatos institucionais indica que é perfeitamente apropriado atribuir valor-verdade tanto às afirmações sobre a validade de regras jurídicas válidas, como às afirmações descritivo-interpretativas sobre o conteúdo das regras válidas, entendidas como afirmações sobre o Direito existente em uma dada jurisdição ou nação" (MAcCORMICK, Donald Neil. Retórica e o Estado de Direito. Tradução de Conrado Hübner. Rio de Janeiro: Elsevier, 2008, pp. 88-89).

19 Embora não seja objeto do presente ensaio aprofundar conceitualmente o complexo e multifacetado fenômeno do neoconstitucionalismo – o que exigiria, no mínimo, um vastíssimo estudo apenas para estabelecer os pilares centrais de seus principais marcos teóricos -, cabe rapidamente reportar que as maiores referências no nascimento desse novo direito constitucional são a promulgação da Lei Fundamental de Bonn (Constituição alemã), de 1949, e, especialmente, a criação do Tribunal Constitucional Federal, instalado em 1951. Para mais informações, vide: BARROSO, Luís Roberto. Neoconstitucionalismo e constitucionalização do direito: o triunfo tardio do direito constitucional no Brasil. Disponível em: http://www.luisrobertobarroso.com.br/wp-content/themes/LRB/pdf/neoconstitucionalismo _e_constitucionalizacao_do_direito_pt.pdf. Acesso em 21.09.2017.

20 A concepção dworkiniana de Direito como integridade, ao combater o positivismo e a discricionariedade judicial neste pressuposta (enquanto teoria descritiva), filia-se a uma teoria formalista (declaratória, em contraposição às teorias instrumentalistas) e normativa (em contraposição às teorias descritivas) do Direito, segundo a qual o ordenamento jurídico, por também ser composto de princípios (além de regras) e de uma história institucional, seria completo (íntegro, sem lacunas nem contradições) e, por isso, forneceria sempre a resposta correta para cada caso, por mais difícil que este seja. Destarte, o juiz jamais teria a opção decisionista de "escolher" entre uma ou outra solução (entre as várias que o ordenamento proporcionaria, segundo os positivistas), já que a solução de cada caso já estaria predeterminada pelo sistema jurídico (incluída sua principiologia e história institucional), ainda que não em forma de regra expressa, cabendo por isso ao juiz apenas revelá-la (e não criá-la) a partir da interpretação reconstrutiva (a teoria do Direito em Dworkin é interpreta-

contra a afirmação de que *"o conteúdo da norma jurídica individual está predeterminado pela norma jurídica geral"*.

Segundo a metodologia[21] que serve de pano de fundo aos diversos formatos de neoconstitucionalismo, a lei geral e abstrata não tem o poder de determinar, de antemão, o conteúdo da norma que regerá o caso concreto, especialmente no que tange às peculiaridades que o podem excepcionar do âmbito de aplicação daquela previsão geral. Essa indeterminabilidade não constitui afronta à segurança jurídica, senão sua própria garantia, no que tange aos ideais de cognoscibilidade, confiabilidade e calculabilidade[22]. Dworkin, porém, como se sabe, discorda desse entendimento, pois reputa decisionista a concepção que permita ao aplicador do Direito criar norma que não conste do ordenamento jurídico e aplicá-la retroativamente aos fatos ocorridos antes de tal criação (*ex post facto*).

O paradigma neoconstitucional insurge-se também, de outro lado, contra as afirmações de que o "o tribunal pode criar uma norma individual cujo conteúdo não

---

tiva, em contraposição às teorias semânticas / ontológicas / pré-interpretativas do Direito, que o concebem como realidade estabelecida de antemão). Para Dworkin (capítulo 1 de "O Império do Direito", 1999), o Direito é "um conceito interpretativo", e não algo dado independentemente do ideal moral e político à luz do qual ele é interpretado.

---

21 Citando a assertiva de Karl Larenz segundo a qual *"Ninguém mais pode afirmar seriamente que a aplicação das normas jurídicas não é senão uma subsunção lógica às premissas maiores abstratamente formuladas"*, Robert Alexy afirma que tal constatação é um dos poucos pontos em que há unanimidade dos juristas na discussão da metodologia contemporânea, para concluir que, *verbis*: "Em um grande número de casos, a decisão jurídica que põe fim a uma disputa judicial, expressa em um enunciado normativo singular, não se segue logicamente das formulações das normas jurídicas que se supõem vigentes, juntamente com os enunciados empíricos que se devam reconhecer como verdadeiros ou provados" (ALEXY, 2011, p. 19). Isso implica dizer que a metodologia positivista não serve mais como pano de fundo metodológico das mais variadas tendências e vertentes de direito contemporâneo, desde meados do século passado.

22 Humberto Ávila esclarece que a concepção do Direito como prática argumentativa pode perfeitamente se compatibilizar com os ideais de cognoscibilidade, de confiabilidade e de calculabilidade: "Como adiante ficará mais claro, a compreensão do Direito como uma prática argumentativa e a aceitação de que a norma não envolve apenas um sentido, mas sentidos normativos alternativos – como será adiante retomado -, tudo isso não impede a persecução dos ideais de cognoscibilidade, de confiabilidade e de calculabilidade. Isso porque, de um lado, o caráter argumentativo do Direito é limitado por postulados hermenêuticos e aplicativos que diminuem, sobretudo, o âmbito decisional, como é o caso dos postulados (ou metanormas de aplicação) da proporcionalidade e da razoabilidade; e, de outro, porque o espectro em que se situam as consequências normativas alternativas é limitado por meio da prática doutrinária e jurisprudencial, que, paulatinamente, vai qualificando algumas opções de sentido como sendo as mais corretas ou as mais fortemente suportadas pelo ordenamento constitucional. A concepção realista, de que a decisão judicial depende de aspectos frívolos, com se o juiz teve uma boa noite e tomou um bom café da manhã, é, ela, sim, totalmente irreal, pois a decisão nunca opera em um vácuo, tendo em vista, entre outros fatores, os significados intersubjetivamente assimilados à linguagem e os séculos de interpretação e de significações compartilhadas pelos operadores do Direito" (ÁVILA, 2012, pp. 176-177).

esteja predeterminado pela norma geral", pois o reconhecimento deste decisionismo implicaria afronta ao devido processo legal e à segurança jurídica.

Para o neoconstitucionalismo *lato sensu*, uma das missões da Teoria da Argumentação Jurídica (TAJ) consiste em analisar a racionalidade que inspira o raciocínio jurídico, a racionalidade que deve presidir o trânsito desde uma disposição legal à interpretação resultante em um caso concreto por parte de um juiz. Este trânsito é, segundo MAcCORMICK[23], denominado por Peczenik como "salto" ou "transformação", já que a passagem de um enunciado normativo para a sua interpretação / aplicação ao caso concreto não tem um caráter abertamente lógico, já que não é uma simples consequência lógico-dedutiva. Quanto mais difícil for um caso, maior será este "salto" ou "transformação".

Há quem sustente que todos os casos são difíceis, porque todos os casos são, pelo menos teoricamente, capazes de provocar controvérsia. Todos os casos são problematizáveis teoricamente. No entanto, a realidade é que na prática do Direito todos temos a sensação de que há casos que provocam discrepâncias sérias, enquanto que outros se resolvem de forma rotineira, como se não houvesse a menor sombra de dúvida acerca de como se teria que decidir.

Infere-se, portanto, que teoricamente todos os casos são difíceis, mas na prática se deve distinguir entre casos fáceis e casos difíceis. Em outras palavras, a distinção entre casos fáceis e casos difíceis se mantém em um nível pragmático, cujos meandros o positivismo clássico não consegue – e nunca conseguiu – planificar.

4. A VINCULAÇÃO COMO TÉCNICA VOLTADA À PREVISIBILIDADE

O Novo Código estabelece pronunciamentos vinculantes cuja previsão vai além do texto constitucional. Vale dizer, o Código impõe que determinadas decisões, acórdãos, enunciados sumulares e orientações sejam obrigatoriamente seguidas (ou observadas) por juízes e tribunais, em hipóteses não previstas na Constituição da República.

O art. 927 do Novo Código estabelece que os juízes e tribunais "observarão":

a) as decisões do Supremo Tribunal Federal em controle de concentrado de constitucionalidade;

b) os enunciados de súmula vinculante;

c) os acórdãos proferidos em incidente de assunção de competência (IAC) ou de resolução de demandas repetitivas (IRDR);

d) os acórdãos proferidos em julgamento de recursos extraordinários e especiais repetitivos (REsp's repetitivos);

e) os enunciados da súmula do Supremo em matéria constitucional e da súmula do Superior Tribunal de Justiça em matéria infraconstitucional;

---

23 Donald Neil. Retórica e o Estado de Direito. Tradução de Conrado Hübner. Rio de Janeiro: Elsevier, 2008, pp. 23-25.

f) a orientação do plenário ou do órgão especial aos quais estiverem vinculados (a vinculação, neste caso, aplica-se somente aos magistrados que integrem o respectivo tribunal, e não a juízes ligados a tribunais diversos, ainda que hierarquicamente inferiores).

Muito se questiona sobre o conteúdo semântico da oração "os juízes observarão tais e quais pronunciamentos". Antes de se responder tal questionamento, deve-se fazer uma breve digressão sobre o trajeto que o Projeto de Código percorreu até chegar à redação final do referido art. 927.

O Anteprojeto partiu do Senado, e seu art. 847, IV, previa, originalmente, que "a jurisprudência do Supremo Tribunal Federal e dos tribunais superiores deve nortear as decisões de todos os tribunais e juízos singulares do país, de modo a concretizar plenamente os princípios da legalidade e da isonomia"[24]. Como se vê, não se falava "os juízes e tribunais observarão" a jurisprudência superior, mas apenas que esta deveria servir de "norte" às suas decisões.

Posteriormente, aprovado o Projeto no Senado, aquele art. 847 foi renumerado como art. 882, mantendo-se a mesma redação do reproduzido inciso IV. A única alteração deu-se no *caput* do dispositivo, com a inclusão da expressão "em princípio", que passou a ter a seguinte redação: "Os tribunais, em princípio, velarão pela uniformização e pela estabilidade da jurisprudência, observando-se o seguinte: (...)"[25]. Logo, houve modificação substancial, já que a expressão "em princípio" retirou o caráter absoluto da vinculação antes operada pela jurisprudência dos tribunais superiores.

Modificação maior, porém, deu-se na Câmara dos Deputados, Casa revisora, que criou um segmento intitulado "Do precedente judicial" (Capítulo XV do Título I do Livro I da Parte Especial), cujo art. 521, IV, previa que, "não havendo enunciado de súmula da jurisprudência dominante, os juízes e tribunais seguirão os precedentes: a) do Plenário do Supremo Tribunal Federal, em matéria constitucional; b) da Corte Especial ou das Seções do Superior Tribunal de Justiça, nesta ordem, em matéria infraconstitucional". Já o inciso V estabelecia que, "não havendo precedente do Supremo Tribunal Federal ou do Superior Tribunal de Justiça, os juízes e órgãos fracionários de tribunal de justiça ou de tribunal regional federal seguirão os precedentes do plenário ou do órgão especial respectivo, nessa ordem". E o inciso VI previa que "os juízes e órgãos fracionários de tribunal de justiça seguirão, em matéria de direito local, os precedentes do plenário ou do órgão especial respectivo, nessa ordem"[26].

24 Disponível em http://www.senado.gov.br/senado/novocpc/pdf/Anteprojeto.pdf. Acesso em 08.11.2016.

25 Disponível em http://www.senado.leg.br/atividade/rotinas/materia/getPDF.asp?t=84495&tp=1. Acesso em 08.11.2016.

26 Disponível em <http://www2.camara.leg.br/atividade-legislativa/comissoes/comissoes-temporarias/especiais/54a-legislatura/8046-10-codigo-de-processo-civil/proposicao/pareceres-e-relatorios/parecer-do-relator-geral-paulo-teixeira-08-05-2013>. Acesso em 08.11.2016.

Tal modificação operada pela Câmara foi eliminada pelo Senado quando o Projeto retornou à Casa iniciadora, que aboliu aquele Capítulo intitulado "Do precedente judicial" e conferiu a atual redação que prevaleceu no art. 927, tal como a conhecemos hoje.

Há, porém, quem sustente, como fez STRECK, que o verbo "observarão" não significaria "estarão obrigados a seguir", pois o art. 927 não fez constar a palavra "vinculação"[27]. Mas, segundo a abalizada opinião de renomados autores como Humberto THEODORO JR.[28], Cândido Rangel DINAMARCO[29], Fredie DIDIER JR.[30] e Hermes ZANETI JR.[31], apenas para citar alguns, o comando verbal "observarão" é suficiente para denotar que os juízes e tribunais estão, sim, obrigados a seguir os pronunciamentos elencados no art. 927. Já Luiz Guilherme MARINONI (2010, p. 285) vai além, entendendo, radicalmente, que os pronunciamentos emanados das Cortes Supremas, por serem precedentes, são sempre obrigatórios, independentemente de estarem ou não contidos no art. 927.

Menos respeitáveis não são os autores[32] que sustentam a inconstitucionalidade da vinculação operada pelo Novo Código, na parte em que extrapola a previsão constitucional, a qual se limita a atribuir efeitos vinculantes às decisões em controle concentrado e aos enunciados de súmula vinculante emanados pelo Supremo Tribunal Federal.

Não obstante a intensa discussão doutrinária que cerca o novel dispositivo legal, fato é que os pronunciamentos elencados no art. 927 revestem-se sim, ainda que em menor ou maior grau, de efeitos vinculantes, até porque a interpretação deste dispositivo legal deve ser feita de modo sistemático com outros artigos do Código, que preveem mecanismos voltados a assegurar a obrigatória observância daqueles tipos de decisão por parte dos juízes em geral.

Entre tais dispositivos legais, destaca-se o art. 988, que disciplina o cabimento de reclamação, por exemplo, para garantir a observância de precedente formado em incidente de resolução de demandas repetitivas (IRDR) ou em incidente de assunção de competência (IAC), bem como para assegurar, desde que esgotadas as instâncias ordinárias, a autoridade de acórdão proferido em recurso extraordinário com repercussão geral reconhecida ou de acórdão proferido em recursos extraordinário ou especial repetitivos.

---

27 "E, para não esquecer: o CPC fala que juízes e tribunais "observarão". Não há a palavra 'vinculação'." (STRECK, 2016, CONSULTOR JURÍDICO. http://www.conjur.com.br/2016-set-29/senso-incomum--critica-teses-defendem-sistema-precedentes-parte-ii#sdfootnote6anc. Acesso em 27/10/2016).

28 THEODORO JR., 2016, pp. 359-372.

29 DINAMARCO e LOPES, 2016, pp. 43-44.

30 DIDIER JR.; BRAGA e OLIVEIRA; 2015, p. 455.

31 ZANETI JR., 2016a, p. 340 e ss.

32 Citam-se, a título ilustrativo, Leonardo Greco, Lenio Streck, Dierle Nunes, Alexandre Bahia, Marcelo Cattoni, Flávio Quinaud, Nelson Nery Jr. e Rosa Maria de Andrade Nery, Cassio Scarpinella Bueno, José Miguel Garcia Medina, José Rogério Cruz e Tucci, Maurício Ramires, Júlio Rossi, Marcos Cavalcanti, Eduardo Fonseca, Lucio Delfino, Francisco Borges Motta, entre outros.

Além do art. 988, os seguintes dispositivos legais também convergem para atribuir mais ou menos força aos pronunciamentos elencados no referido art. 927:

1) Art. 311, II, que autoriza a concessão de tutela de evidência quando as alegações de fato puderem ser comprovadas apenas documentalmente e houver tese firmada em julgamento de casos repetitivos ou em súmula vinculante.

2) art. 332, que possibilita julgamento liminar de improcedência das pretensões que versem exclusivamente sobre questão de direito e contrariem enunciados de súmulas do STF ou do STJ, acórdãos proferidos pelo STF ou STJ em julgamento de recursos excepcionais repetitivos, entendimento firmado em incidente de resolução de demandas repetitivas ou de assunção de competência e enunciado de súmula de Tribunal de Justiça quanto ao direito local.

3) art. 496, § 4º, que afasta o cabimento de remessa necessária quando a sentença estiver fundada em: I) súmula de tribunal superior; II) acórdão proferido pelo STJ ou pelo STJ em julgamento de recursos repetitivos; III) entendimento firmado em IRDR ou IAC; e IV) entendimento coincidente com orientação vinculante firmada no âmbito administrativo do próprio ente público, consolidada em manifestação, parecer ou súmula administrativa.

4) art. 521, IV, que franqueia a dispensa de caução nos casos de cumprimento provisório de sentença consonante com súmula da jurisprudência do STF ou do STJ ou em conformidade com acórdão proferido no julgamento de casos repetitivos.

5) art. 932, inciso IV, que permite ao Relator, unipessoalmente, negar provimento a recurso cuja tese for contrária a súmula do STF, do STJ ou do próprio tribunal, a acórdão proferido pelo STF ou pelo STJ em julgamento de recursos repetitivos, ou ainda a entendimento firmado em incidente de resolução de demandas repetitivas ou de assunção de competência. Já o inciso V do referido art. 932 atribui ao Relator o poder de, depois de facultada a apresentação de contrarrazões, dar provimento a recurso interposto em face de decisão que for contrária às balizas elencadas acima.

Após alteração promovida pela Câmara dos Deputados (Casa Revisora do Projeto que se converteu no Novo Código), o art. 521, § 3º, do Projeto previa que somente a opinião majoritária dos julgadores sobre os mesmos fundamentos é que teria efeito vinculante, mas tal previsão não foi mantida pelo Senado na aprovação final do texto. De acordo com a redação prevalecente, portanto, não há mais tal limitação. Isso levou o Fórum Permanente de Processualistas Civis (FPPC) a elaborar o Enunciado nº 319, com o seguinte teor, *verbis*: "Os fundamentos não adotados ou referendados pela maioria dos membros do órgão julgador não possuem efeito de precedente vinculante. (Grupo: Precedentes)". Aplicáveis à hipótese são também os Enunciados 317 e 318 do mesmo FPPC[33].

33 "**317.** (art. 927). O efeito vinculante do precedente decorre da adoção dos mesmos fundamentos determinantes pela maioria dos membros do colegiado, cujo entendimento tenha ou não sido sumulado. (Grupo: Precedentes)".

Como se vê, o Novo Código, de um lado, foi muito além do rol de decisões que o texto constitucional, em seus artigos 102, § 2º, e 103-A, prevê como vinculantes, rol este que se resumia à súmula vinculante e às decisões definitivas de mérito, proferidas pelo Supremo Tribunal Federal, nas ações diretas de inconstitucionalidade e nas ações declaratórias de constitucionalidade. Porém, a questão da constitucionalidade dessa ampliação temática, por via legal, do rol de pronunciamentos judiciais vinculantes não será, infelizmente, objeto do presente estudo.

De outro lado, porém, o Novo Código não atribuiu a todos os pronunciamentos previstos no art. 927 a aptidão de ensejar o manejo da reclamação prevista no art. 988, o que leva a doutrina[34] a debater sobre a existência de graus, menores ou maiores, de vinculação que cada tipo de pronunciamento elencado no art. 927 carrega. Alexandre Freitas Câmara entende que não é propriamente o art. 927 que atribui força vinculante aos pronunciamentos ali previstos, pois tal caráter obrigatório na verdade é conferido por outros dispositivos legislativos, o que, todavia, não desobriga os juízes de manifestarem expressamente as razões pelas quais deixam de seguir aqueles precedentes superiores, uma vez que o art. 927 lhes imporia um ônus argumentativo (CÂMARA, 2016a, p. 433-434).

Assim, de acordo com o art. 988, não desafiam reclamação as decisões que desrespeitem os enunciados de súmula do STF em matéria constitucional ou do STJ em matéria infraconstitucional (inciso IV do art. 927), bem como as que destoem da orientação do plenário ou do órgão especial (inciso V do art. 927), embora tais pronunciamentos possam ensejar até mesmo ação rescisória por manifesta violação de norma jurídica (art. 966, V e § 5º), além de julgamento liminar de improcedência do pedido e dispensa do duplo grau obrigatório.

Essa incongruência do Novo Código leva a doutrina a perscrutar sobre a existência de precedentes vinculantes de um lado, de precedentes meramente normativos (ou impeditivos de recurso) de outro, e, por fim, de precedentes sem qualquer densidade normativa, senão com eficácia apenas persuasiva, seguindo-se uma ordem decrescente de vinculação.[35]

"**318.** (art. 927). Os fundamentos prescindíveis para o alcance do resultado fixado no dispositivo da decisão (*obiter dicta*), ainda que nela presentes, não possuem efeito de precedente vinculante. (Grupo: Precedentes)".

---

34 Teresa Wambier, Maria Lúcia Lins Conceição, Leonardo Ferres da Silva Ribeiro e Rogério Licastro Torres de Mello, por exemplo, entendem que apenas os provimentos previstos no art. 988 ostentariam efeito vinculante, pois não teria "obrigatoriedade forte" um pronunciamento cuja autoridade não pudesse ser assegurada pela via reclamatória (WAMBIER, CONCEIÇÃO, RIBEIRO e MELLO, 2015, p. 1315).

35 "Mais interessante, ainda, é notar que as hipóteses previstas no art. 927, IV e V, em princípio não autorizam o uso da reclamação, embora possam ser controladas pelo sistema recursal comum (apelação, agravo, embargos de declaração, recurso especial e extraordinário e embargos de divergência). Estaria, com isso, o legislador fazendo uma diferença entre precedentes vinculantes e precedentes normativos? Ou talvez criando graus de vinculação? Poderíamos falar em prece-

Daniel NEVES, por sua vez, diferencia a expressão já decantada "súmula vinculante" (inciso II do art. 927) daquilo que denomina "súmula com eficácia vinculante" (inciso IV do art. 927), para concluir, porém, que nenhuma diferença prática deve haver em termos de vinculação entre ambas.[36]

A Lei nº 13.256, de 04 de fevereiro de 2016, veio a alterar o Novo Código de Processo Civil, ainda durante a sua *vacatio legis*, para restringir o cabimento de reclamação em face de decisões que desrespeitem os precedentes obrigatórios criados em julgamento de repercussão geral pelo Supremo e em julgamento de recursos especiais e extraordinários repetitivos, pois, nessas hipóteses, a reclamação passa a ser considerada "inadmissível quando não esgotadas as instâncias ordinárias" (inciso II do § 5º do art. 988, na redação dada por aquela Lei).

Essa alteração equivale a dizer que a reclamação, na hipótese do art. 927, III, *in fine*, somente será processada depois de interpostos todos os recursos no bojo dos quais se possa revisar a matéria de fato, vale dizer, depois de exauridas a primeira e a segunda instâncias de julgamento. Trata-se de severa limitação a imposta pela Lei nº 13.256/2016 ao uso de reclamação para garantia da autoridade dos pronunciamentos do Supremo e do Superior Tribunal de Justiça em sede de repercussão geral e de recursos extraordinários e especial repetitivos.

Trata-se de lei mal formulada tecnicamente e aprovada em resposta ao *lobby* do Supremo e do Superior Tribunal de Justiça, temerosos que estavam com o risco iminente de receberem um acréscimo de milhares de reclamações com a entrada em vigor do Novo Código.

De acordo com a redação dada ao art. 988 do Novo Código, uma decisão proferida por tribunal local em sede de incidente de resolução de demandas repetitivas (IRDR) possui, paradoxalmente, efeito vinculante maior do que o atribuído a uma de-

---

dentes vinculantes absolutos e relativos? Finalmente, haveria densidade normativa diversa entre os precedentes listados apenas no art. 927 e aqueles que constam do art. 988? Essa tese parece não fazer muito sentido pois algumas dessas hipóteses, embora não previstas no art. 988, autorizam providências concretas típicas de precedentes normativos, como a dispensa do duplo grau obrigatório ou mesmo o julgamento liminar de improcedência do pedido, nas hipóteses acima referidas. Ademais, o art. 966, V, ao prever o cabimento de ação rescisória contra decisão que violar, manifestamente, norma jurídica, e, notadamente, o § 5º desse dispositivo, acrescido pela Lei nº 13.256/2016, ao estabelecer que, na forma do referido dispositivo, integram o conceito de norma jurídica o enunciado de súmula, acórdão ou precedente previsto no art. 927, parece sinalizar, de forma clara, que não há diferença entre precedente vinculante e normativo. Ainda assim, teríamos que conviver com uma situação desconfortável. Teríamos precedentes normativos cuja força é duplamente protegida (por recurso e por ação rescisória) e outros com proteção tripla (recurso, reclamação e rescisória). Uma forma de esvaziar essa discussão, seria compreender o rol do art. 988 como exemplificativo, de modo a abarcar, ainda que implicitamente, todas as hipóteses dos universos de precedentes (arts. 311, II; 332; 496, § 4º, 521, IV, 927 e 932, todos do CPC/2015" (PINHO e RODRIGUES, 2016, p. 416).

36 NEVES, 2016, p. 494.

cisão proferida em sede de repercussão geral pelo Supremo, já que a autoridade desta não poderá ser assegurada por reclamação, ao passo que a daquela, sim.

Verifica-se, assim, que o rol de decisões do art. 988, cuja autoridade pode ser garantida mediante reclamação, além de não guardar sintonia com o rol previsto no art. 927 (este é mais extenso), não possui nem mesmo coerência interna, uma vez que confere maior proteção processual a certas decisões de tribunais inferiores do que a conferida a pronunciamentos similares do Supremo e do STJ, o que se revela contraditório e penoso ao jurisdicionado.

Afirma Daniel NEVES, acertadamente e em tom crítico, que tal incongruência revelaria "uma eficácia vinculante jurídica com eficácia apenas persuasiva no plano prático" (NEVES, 2016, p. 501). Já Luís Roberto BARROSO e Patrícia Perrone Campos MELLO classificam como tendo: a) "eficácia intermediária" (ou "eficácia normativa em sentido fraco") os pronunciamentos do art. 927 que não ensejem reclamação para a sua observância compulsória; b) "eficácia normativa em sentido forte" os que desafiem reclamação; e, por fim, c) "eficácia persuasiva" os que produzam efeitos apenas entre as partes (BARROSO e MELLO, 2016). Já Cassio Scarpinella BUENO, por sua vez, afirma que não há gradação entre as hipóteses do art. 927, no que tange aos níveis de vinculação, já que, em sua opinião, todas elas seriam igualmente vinculantes (BUENO, 2015, p. 545-546).

5. O DIÁLOGO ENTRE AS PRINCIPAIS FAMÍLIAS JURÍDICAS

O sistema da *Common Law*, que vigora nos países de origem anglo-saxônica[37], é caracterizado por privilegiar a força dos usos e costumes em sua tradição jurídica, formando complexas regras consuetudinárias e deixando a lei como vetor norteador de segundo plano, ao contrário do que se observa nos países que, como o Brasil, seguiram o legado deixado pelo Direito Romano e que integram o sistema da *Civil Law*, ou tronco Romano-Germânico.

Nasceu na Inglaterra a partir do século XI, sendo ali moldado pelas decisões históricas dos antigos Tribunais Reais de Justiça, que deveriam valer para todos os súditos (daí "direito comum") em situação semelhante e das quais só cabia recurso à *Curia Regis*, formada pelo Rei e seus assessores mais próximos. É atualmente a base dos sistemas jurídicos dos seguintes países: Inglaterra, País de Gales, Irlanda do Norte, Irlanda, Estados Unidos da América (exceto o Estado da Louisiana), Canadá (exceto o direito civil do Quebec, que segue o modelo francês), Austrália, Nova Zelândia, África do Sul, Índia, Malásia, Brunei, Paquistão, Cingapura e Hong Kong, entre outros (FIGUEIREDO, 2013, pp. 92-95). As Cortes Reais, porém, consistiam numa jurisdição especial, já que a maioria dos casos era julgada pelas Cortes Locais situadas nos diver-

37 "Os anglos e os saxões dominaram a Inglaterra por bastante tempo, de 597 até o início do século XI; inclusive o nome do país deriva desse período, pois *England* deriva de *Engla Land*, expressão em inglês arcaico que significa "terra dos anglos" (CRAMER, 2016, p. 14).

sos feudos, cada um dos quais controlado por seu respectivo barão. Somente a partir do século XV é que as Cortes Reais passaram a ser os tribunais mais demandados da Inglaterra, e o *Common Law*, que antes só se referia aos assuntos do Rei, tornou-se o direito mais aplicado naquele país para qualquer tipo de questão judicial (CRAMER, 2016, p. 14-15).

Entrementes, a tradicional distinção segundo a qual o *common law* seria fundado sobre precedentes, ao passo que o *civil law* seria fundado na lei escrita, não tem mais, atualmente, qualquer valor descritivo, na abalizada opinião de Michele TARUFFO, para quem "nos sistemas de *civil law se* faz amplo uso da referência à jurisprudência, enquanto nos sistemas de *common law* se faz amplo uso da lei escrita" (TARUFFO, 2011, p. 140). Chega-se a falar, já há bastante tempo, de "*statutorification* do *Common Law*"[38], visto que, com o crescimento do direito legislado, sobra cada vez menos espaço para o *case law* ser criado no vácuo legal. Fala-se, também, de "commonlawnização"[39] ou "precedentalização" do *Civil Law*, citando-se como exemplo desse fenômeno a recente atribuição de força vinculante às decisões das Supremas Cortes da Alemanha, Itália, Espanha e Brasil[40].

Em recente obra, TARUFFO reafirma que nem mesmo na Inglaterra, e muito menos nos Estados Unidos da América, o precedente tem eficácia formalmente vinculante, pois sua força varia de caso para caso e dependerá de sua capacidade argumentativa. Quanto melhores os fundamentos constantes do precedente, mais este será seguido pelos juízes como norte para a resolução dos casos futuros.[41]

Para CAPPELLETTI, porém, a distinção entre os dois sistemas permanece aguda, uma vez que as cortes continentais, normalmente formadas por agentes públicos

---

38 *"The reasons for statutorification are too profound to be reversed, for courts are not capable of writing speedly enough most of the rules a modern society apparently needs"* (CALABRESI, 1982, p. 163).

39 Fredie DIDIER JR. e Marcus Seixas SOUZA, porém, repelem a ideia de que o sistema brasileiro esteja sofrendo um processo de "commonlawnização". Entendem que, embora esteja em curso uma inegável tendência de convergência entre as tradicionais famílias jurídicas, o nosso sistema de precedentes somente poderá criar normas a partir das leis, de modo que nossos tribunais jamais poderão criar normas exclusivamente a partir dos casos (*case law*) que lhe são submetidos (DIDIER e SOUZA, 2015, pp. 105-106).

40 "Já no que respeita aos países de direito romano-germânico, constata-se, hoje, uma tendência indiscutível a conferir efeitos vinculantes e gerais às decisões judiciais proferidas pelas cortes constitucionais. Essa tendência pode ser constatada, exemplificativamente, nos efeitos atribuídos aos julgados das cortes constitucionais da Alemanha, da Itália e da Espanha, todas produtoras de precedentes vinculantes, e, por que não, na eficácia atribuída às próprias decisões do Supremo Tribunal Federal, como se verá a seguir" (BARROSO e MELLO, 2016, p. 6).

41 "Qualquer intenção de atribuir tal eficácia ao precedente está então destituída de fundamento: se poderá falar só de força do precedente entendendo que esta possa ser maior ou menor segundo os casos, de modo que se terá um precedente forte quando possua a capacidade de determinar efetivamente a decisão de casos sucessivos, e um precedente débil quando os juízes sucessivos tendam a não lhe reconhecer um grau relevante de influência sobre suas decisões." (TARUFFO, 2016, p. 239)

não eleitos diretamente, são difusas, numerosas e responsáveis pelo julgamento de um número extenuante de processos, ao passo que as cortes do direito comum são compactas e formadas por membros eleitos pela população, o que lhes confere mais autoridade e maior legitimidade para decisões de conteúdo político mais acentuado. Além disso, as cortes de *Common Law* decidiriam de modo mais uniforme e teriam ampla discricionariedade de escolher, mediante *writ of certiorari*, os processos que julgará (CAPPELLETTI, 2007, p. 161).

O direito material define-se empiricamente no direito comum, na medida em que as questões são levadas à apreciação dos julgadores, que constroem a solução valendo-se de um método indutivo (partindo do particular para o geral), ao contrário do que se dá no sistema romano, em que a solução é engendrada a partir da norma geral em direção ao caso específico (método dedutivo).[42]

Sabe-se que a possibilidade de a Suprema Corte rever atos dos Estados que contrariem a Constituição ou Leis Federais, o chamado *judicial review*, é manifestação dos "poderes implícitos" que são conferidos, à União e a seus tribunais em detrimento dos Estados, pela *Supremacy Clause*, prevista no art. VI da Constituição Norte-Americana[43].

Porém, o *judicial review* do sistema estadunidense[44], que tem por função assegurar a supremacia da Constituição, faz com que os seus precedentes não tenham a mesma força vinculante que se observa nos precedentes britânicos.

Mas, tanto os norte-americanos, quanto os ingleses, quando interpretam a lei, não se valem da analogia nem interpretação extensiva, as quais têm lugar apenas na interpretação dos precedentes (*case law*). Tal postura se deve, historicamente, à desconfiança com que os juízes viam os atos emanados do Legislativo, os quais, no entender dos magistrados, limitariam seu poder de criar o Direito para o caso concreto. Considerando que a Constituição Norte-Americana é sintética, pouco ou nada estabe-

---

42 TARUFFO observa que a argumentação jurídica, na aplicação do precedente, não tem "uma estrutura silogístico-dedutiva, nem uma estrutura dogmático-sistemática, mas uma estrutura *tópica*, no mesmo sentido esclarecido por Viehweg em *Topik und Jurisprudenz*", de sorte que os precedentes "representam, de fato, os *topoi* que orientam a interpretação da norma na complexa fase dialética da *Rechtsfindung* e que dão suporte à interpretação adotada como válida no âmbito da argumentação justificativa (por exemplo, na motivação da sentença)" (TARUFFO, 2011, pp. 140-141).

43 *"This Constitution, and the Laws of the United States which shall be made in pursuance thereof; and all treaties made, or which shall be made, under the authority of the United States, shall be the supreme law of the land; and the judges in every state shall be bound thereby, anything in the constitution or laws of any state to the contrary notwithstanding"* (http://www.usconstitution.net/xconst_A6.html Acesso em 05.01.2016).

44 *En ese contexto resultó más fácil admitir tempranamente el poder de overruling para poder revocar una precedente decisión, anulándolo como precedente por considerarlo erróneo, o incluso el poder de redefinirlo o formulalo mejor sin anularlo formalmente (overstatement). (...) Como ya se ha dicho antes, no debe olvidarse la influencia del fator universitário. La formación universitaria de los juristas norteamericanos, a diferencia de Inglaterra, milito en contra de la aceptación mecânica de todo precedente, que supone en definitiva aceptar la imposición de una regla burocrática* (VASQUEZ SOTELO, 1998, p. 364).

lecendo a respeito de uma plêiade de importantes assuntos que diuturnamente batem às portas do Judiciário, à Suprema Corte tem sido reservado o papel de construir o arcabouço jurídico a partir do qual a interpretação constitucional deve ser norteada. Assim se deu, por exemplo, no julgamento, em 1973, do caso em que se reconheceu às mulheres o direito ao aborto (*Roe v. Wade*, 410 U.S. 113), pois não havia qualquer dispositivo constitucional expresso neste sentido. A Suprema Corte aplicou ao caso a proteção à intimidade e a cláusula do devido processo legal, entendendo, assim, que a penalização do aborto feria tais postulados constitucionais.

TARUFFO atribui aos precedentes um papel ordenador do que chama de "caos da jurisprudência" ou "caos indistinto da praxe judiciária"[45].

É exatamente isso o que acontece na Suprema Corte estadunidense e na recente Suprema Corte do Reino Unido, onde o número anual de processos julgados é infinitamente menor do que os julgados, por exemplo, pelo STF ou pela Corte de Cassação italiana.

TARUFFO aponta que a *House of Lords* (hoje substituída pela *UK Supreme Court*) profere, em média, menos de cem decisões por ano, e que a Suprema Corte estadunidense decide menos de duzentos casos anualmente, ao passo que a Corte de Cassação italiana prolata em média cinquenta mil sentenças por ano! (TARUFFO, 2011, p. 145). Já o Supremo Tribunal Federal julga aproximadamente o dobro do que a Corte de Cassação italiana. Só para se ter uma noção, no ano de 2008, o STF proferiu 128.823 decisões.

Mas, segundo estatística obtida no sítio eletrônico do Supremo, este número caiu gradativamente nos anos de 2010, 2011 e 2012 para, respectivamente, 109.688, 102.422 e 90.074, sendo novamente majorado, porém, nos anos de 2013, 2014, 2015 e 2016, para, respectivamente, 90.252, 114.438, 116.644 e 117.094 (Disponível em <http://www.stf.jus.br/portal/cms/verTexto.asp?servico=estatistica&pagina=decisoesgeral> – Acesso em 02/02/2017). Conclui-se, portanto, que o número de decisões proferidas pelo Supremo seguiu linha decrescente de 2010 a 2012 e crescente de 2013 a 2016.

Naquelas verdadeiras "cortes de precedentes", os Tribunais de cúpula sabem que precisam julgar poucos casos para que estes sejam considerados precedentes raros, marcantes e dotados de autoridade e universalidade. Somente assim a racionalidade envolvida nos julgamentos consegue ser captada pelos jurisdicionados e demais tribu-

45 Os precedentes poderiam operar como as *estruturas dissipadoras* das quais se fala nas teorias da complexidade, ou seja, como momentos de formação de áreas de ordem dentro da desordem do fluir do caos da jurisprudência. Eles, de fato, poderiam constituir importantes fatores de racionalização, de uniformidade, pois, flexível, de previsibilidade e de igualdade de tratamento na incontrolável quantidade e variedade dos casos que são decididos pelas cortes. Para que isso aconteça, todavia, é necessário que eles não sejam, na vez deles, um elemento de desordem e de variação casual legada à especificidade dos casos singulares concretos: é necessário, portanto, que se trate de precedentes em sentido próprio e, por isso, que eles apresentem os caracteres distintivos de "raridade", autoridade e universalidade em função dos quais eles possam emergir do caos indistinto da praxe judiciária (TARUFFO, 2011, p. 155).

nais. MARINONI exige que, além de conter essas características, o precedente tenha enfrentado todos os principais argumentos relacionados à questão de direito[46].

Na Alemanha, o ordenamento jurídico, embora pertencente ao tronco do *civil law* (tronco romano-germânico)[47], também não permite que sua Corte Constitucional fique tão sobrecarregada de processos quanto o nosso Supremo Tribunal Federal, conforme revelou o jurista alemão Jan Peter SCHMIDT[48] em entrevista concedida ao veículo Consultor Jurídico.

6. A EXPERIÊNCIA PORTUGUESA

Ao atribuir força vinculante a certos pronunciamentos judiciais, o Novo Código contraria em certa medida, porém, a guinada que se observou, a partir da década de

46 "Quando são enfrentados pontos de direito, as decisões muitas vezes se limitam a anunciar o que está escrito na lei, não revelando propriamente uma solução judicial acerca da questão de direito, no sentido de solução que ao menos dê uma interpretação da norma legal. De qualquer forma, a decisão que interpreta a lei, mas segue julgado que a consolidou, apenas por isso não constitui precedente. Contudo, para constituir precedente, não basta que a decisão seja a primeira a interpretar a norma. É preciso que a decisão enfrente todos os principais argumentos relacionados à questão de direito posta na moldura do caso concreto. Até porque os contornos de um precedente podem surgir a partir da análise de vários casos, ou melhor, mediante uma construção da solução judicial da questão de direito que passa por diversos casos" (MARINONI, 2010 p. 216).

47 Nas palavras de Jan Peter SCHMIDT: "O Direito Romano é a base da nossa cultura jurídica. Roma foi a única civilização antiga que desenvolveu um modelo muito sofisticado de Direito Privado. Esse Direito Privado foi herdado na Europa por meio de um processo que chamamos de "recepção". Da Idade Média em diante, ele se espalhou por toda a Europa. E é uma influência civilizadora e unificadora na Europa. Ele impulsionou o nível de sofisticação dos sistemas jurídicos europeus a níveis nunca imaginados pelo Direito tribal germânico. Isso se deu devido ao fato de ele ser um Direito aprendido, um Direito sofisticado que era estudado em universidades. Um Direito que se afirmou por si só. E virou a base para a cultura jurídica predominante na Europa" <http://www.conjur.com.br/2015mar01/entrevistareinhardzimmermannjanpeterschmidtjuristas> Acesso em 02/12/2015.

48 SCHMIDT afirmou, na ocasião, que: "Por outro lado, há muitas diferenças na forma como o Direito funciona na prática. Por exemplo, uma significativa diferença, e que tem grande impacto na prática diária, é como os processos judiciais no Brasil demoram muitos anos até serem finalmente resolvidos. E o Judiciário brasileiro está sobrecarregado de processos. Em contraste, o Judiciário alemão – quando comparado com os de outros países, não só com o brasileiro – funciona de forma relativamente rápida, e é relativamente barato. Então podemos dizer que o acesso à Justiça é muito mais fácil na Alemanha. No Brasil, grande parte da sociedade tem um acesso muito pequeno à Justiça, também por causa da falta de recursos financeiros, da falta de conhecimento sobre os direitos que eles possuem. Por isso, eles não podem ir aos tribunais para reclamar seus direitos, porque eles nem sabem que direitos têm. Então, nesses aspectos, há muitas diferenças. A desigualdade social é muito menor na Alemanha do que no Brasil." <http://www.conjur.com.br/2015mar01/entrevistareinhardzimmermannjanpeterschmidtjuristas> Acesso em 02/03/2015.

1990, no Direito Lusitano, do qual o Brasil herdou suas primeiras legislações, pois a previsão contida no art. 927 do NCPC de certa forma resgata os "assentos"[49], cuja força vinculante foi julgada inconstitucional no ano de 1993 pelo Tribunal Constitucional português (Acórdão nº 810/1993).

Nesse histórico julgamento ocorrido em 1993, a Primeira Seção do Tribunal Constitucional de Portugal apreciou recurso que sustentava a inconstitucionalidade da aplicação do assento de 3 de Julho de 1984, sob a alegação de que este não constitui fonte de direito como se infere do disposto no artigo 112, nº 1 e 5[50], da Constituição portuguesa de 1976, corolário do princípio da separação de poderes estabelecido no artigo 111[51], cuja aplicação "inibe os tribunais de se imiscuirem no campo do legislativo e vice-versa"[52]. E a Corte lusitana, após aquilatar as densas correntes doutrinárias[53] formadas sobre o espinhoso tema, declarou inconstitucional, em processo de

---

49 O Alvará de 10 de dezembro de 1518, que foi mantido pela Lei da Boa Razão, de 18 de agosto de 1769, estabeleceu que os "assentos" – cuja estrutura era muito semelhante aos enunciados de Súmula brasileiros – teriam força vinculante sobre os demais órgãos do Judiciário português. Tal eficácia geral e vinculante ("doutrina com força obrigatória e geral") foi mantida pelos Códigos de Processo Civil portugueses de 1939, 1961 e 1966 (CRUZ E TUCCI, 2004, pp. 135-145).

50 "Art. 112. Actos normativos.
1 – São actos legislativos as leis, os decretos-leis e os decretos legislativos regionais.
(...)
5 – Nenhuma lei pode criar outras categorias de actos legislativos ou conferir a actos de outra natureza o poder de, com eficácia externa, interpretar, integrar, modificar, suspender ou revogar qualquer dos seus preceitos" (Disponível em http://www.parlamento.pt/Legislacao/Paginas/ConstituicaoRepublicaPortuguesa.aspx. Acesso em 19/10/2016).

51 "Art. 111. Separação e interdependência.
1. Os órgãos de soberania devem observar a separação e a interdependência estabelecidas na Constituição.
2. Nenhum órgão de soberania, de região autónoma ou de poder local pode delegar os seus poderes noutros órgãos, a não ser nos casos e nos termos expressamente previstos na Constituição e na lei" (Disponível em http://www.parlamento.pt/Legislacao/Paginas/ConstituicaoRepublicaPortuguesa.aspx. Acesso em 19/10/2016).

52 Disponível em http://www.tribunalconstitucional.pt/tc/acordaos/19930810.html Acesso em 20/10/2016.

53 Destacou-se, no julgamento, a doutrina de Castanheira Neves, segundo a qual a natureza jurídica dos assentos vem sendo disputada por três modalidades distintas, *verbis*: "ordem ou instrução (normativa) de serviço afirmada na ordem jurisdicional; interpretação autêntica a imputar-se a um acto jurisdicional; lei interpretativa como possibilidade reconhecida a um tribunal! Tudo isto autênticas heterodoxias dogmáticas que se têm defendido, não decerto qualquer delas com total ou absoluta ausência de fundamento (...), mas a denunciarem, na verdade, a estrutura paradoxal do nosso instituto" (NEVES, A. Castanheira. **O Instituto dos "Assentos" e a Função Jurídica dos Supremos Tribunais**. Coimbra: Coimbra, 1983, p. 285). Mas o próprio Tribunal afirma que o referido autor entende por classificá-la em norma geral e abstrata, como legítima fonte de direito, "em termos de uma prescrição jurídica (imperativo ou critério normativo-jurídico obrigatório) que se constitui no modo de uma norma geral e abstracta, proposta à pré-determinação normativa de uma aplicação futura, susceptível de garantir a segurança e a igualdade jurídicas, e que não

fiscalização concreta, a parte final do art. 2º do Código Civil português (Decreto-Lei nº 47.344/1966), que assim dispunha: *"Nos casos declarados na lei, podem os tribunais fixar, por meio de assentos, doutrina com força obrigatória geral"*[54]. Para tanto, entendeu o Tribunal ser inconstitucional atribuir-se "força obrigatória geral" aos assentos, embora estes possam continuar a ser editados com finalidade meramente persuasiva. O voto-vencido proferido pela Conselheira Maria da Assunção Esteves – no sentido da inconstitucionalidade total daquele art. 2º – bem resume o julgamento no seguinte trecho, *verbis*:

> No memorando que apresentei como primeira relatora, defendi a tese da inteira inconstitucionalidade da norma do artigo 2º do Código Civil, que determina que "nos casos declarados na lei, podem os tribunais fixar, por meio de assentos, doutrina com força obrigatória geral".
> A tese vencedora julga inconstitucional um segmento da norma [o que contém a locução "doutrina com força obrigatória geral"] que, no entanto, esgota todo o sentido do artigo 2º do Código Civil. Depois, num vai-vem entre direito constituído e direito constituendo, reinventa a norma-objecto, com apoio num mecanismo de revisibilidade dos assentos que o sistema não prevê e com o qual, por isso, o sentido remissivo da norma do artigo 2º do Código Civil não conta. E, em nome da unidade da ordem jurídica, propõe um sistema alternativo de uniformização de jurisprudência que rejeita um critério comum de reconhecimento da normatividade entre os juízes do Supremo Tribunal de Justiça e os juízes dos tribunais inferiores, por um lado, e entre os tribunais e a comunidade interpretativa geral, por outro lado. Ao mesmo tempo, põe em causa a liberdade dos juízes, que a Constituição diz que "apenas estão sujeitos à lei" (C.R.P., artigo 206º).
> 2. A linha argumentativa central do acórdão dirige-se a contornar o problema da natureza legislativa dos assentos. Para isso amputa a norma do artigo 2º do Código Civil da expressão "doutrina com força obrigatória geral". O acórdão reconhece, pois, que os assentos são inconstitucionais se dispuserem de força obrigatória geral. Como não existe outro lugar do sistema jurídico onde se defina a força vinculativa dos assentos, o acórdão, ao conceder neste ponto, teria de conceder na tese da inteira inconstitucionalidade da norma do artigo 2º do Código Civil, que é uma norma lógica e significativamente incindível.
> Mas em vez disso, no seu intuito de salvar aquele instituto, cria-lhe uma segunda natureza, de modo a compatibilizá-lo com a Constituição. Só que essa intencionalidade, mesmo se entendida em termos de uma "teoria de conservação normativa", não pode significar a ablação de uma norma do seu conteúdo de significação fundamental e a integração pelo intérprete da lacuna criada como se de um legislador em sentido verdadeiro e próprio se tratasse. "... Não pode, no decurso da interpretação, uma lei inequívoca segundo o teor literal e o sentido ser investida de um sentido contrário, nem o conteúdo normativo ser determinado de novo de modo fundamental, nem a meta legislativa defraudada num ponto de vista essencial" (BVerfGE 54, pág. 299).

só se impõe com a força ou eficácia de uma vinculação normativa universal como se reconhece legalmente com o carácter de fonte de direito, com o que assumem a natureza de uma disposição legislativa" (Disponível em http://www.tribunalconstitucional.pt/tc/acordaos/19930810.html Acesso em 20/10/2016).

54 Disponível em http://www.tribunalconstitucional.pt/tc/acordaos/19930810.html Acesso em 20/10/2016,

> É isto que o acórdão faz, ao destruir a norma do artigo 2º do Código Civil, que define em termos de "força obrigatória geral" a força vinculativa dos assentos, a estes atribuindo depois, no seu intuito salvífico, uma força vinculativa confinada às instâncias inferiores do segmento da organização judiciária de que o Supremo Tribunal de Justiça é a instância de cúpula.[55]

Como se vê, embora os tribunais portugueses de primeiro e segundo graus não possam mais emitir assentos com "força obrigatória geral", os assentos emanados do Supremo Tribunal de Justiça[56] seguem tendo força obrigatória em relação àquelas cortes inferiores.

No Direito Constitucional português, assim como no brasileiro, em regra somente a decisão proferida em sede de controle concentrado/abstrato de constitucionalidade é que ostenta caráter geral e vinculante (lá denominado de "força obrigatória geral")[57]. Não obstante, o art. 281, 3[58], da Constituição lusitana excepcionalmente atribui tal

---

55 Disponível em http://www.tribunalconstitucional.pt/tc/acordaos/19930810.html Acesso em 20/10/2016.

56 De acordo com o art. 210, nº 1, da Constituição Portuguesa, o Supremo Tribunal de Justiça é o "órgão superior da hierarquia dos tribunais judiciais, sem prejuízo da competência própria do Tribunal Constitucional" (disponível em <http://www.tribunalconstitucional.pt/tc/tribunal-orgaoconst.html>. Acesso em 20/10/2016).

57 "Artigo 281. Fiscalização abstracta da constitucionalidade e da legalidade
1. O Tribunal Constitucional aprecia e declara, com força obrigatória geral:
a) A inconstitucionalidade de quaisquer normas;
b) A ilegalidade de quaisquer normas constantes de acto legislativo com fundamento em violação de lei com valor reforçado;
c) A ilegalidade de quaisquer normas constantes de diploma regional, com fundamento em violação do estatuto da região autónoma;
d) A ilegalidade de quaisquer normas constantes de diploma emanado dos órgãos de soberania com fundamento em violação dos direitos de uma região consagrados no seu estatuto.
2. Podem requerer ao Tribunal Constitucional a declaração de inconstitucionalidade ou de ilegalidade, com força obrigatória geral:
a) O Presidente da República;
b) O Presidente da Assembleia da República;
c) O Primeiro-Ministro;
d) O Provedor de Justiça;
e) O Procurador-Geral da República;
f) Um décimo dos Deputados à Assembleia da República;
g) Os Representantes da República, as Assembleias Legislativas das regiões autónomas, os presidentes das Assembleias Legislativas das regiões autónomas, os presidentes dos Governos Regionais ou um décimo dos deputados à respectiva Assembleia Legislativa, quando o pedido de declaração de inconstitucionalidade se fundar em violação dos direitos das regiões autónomas ou o pedido de declaração de ilegalidade se fundar em violação do respectivo estatuto" (Disponível em http://www.parlamento.pt/Legislacao/Paginas/ConstituicaoRepublicaPortuguesa.aspx. Acesso em 19/10/2016).

58 "Art. 281. (...) 3. O Tribunal Constitucional aprecia e declara ainda, com força obrigatória geral, a inconstitucionalidade ou a ilegalidade de qualquer norma, desde que tenha sido por ele julgada inconstitucional ou ilegal em três casos concretos" (Disponível em http://www.parlamento.pt/Legislacao/Paginas/ConstituicaoRepublicaPortuguesa.aspx. Acesso em 19/10/2016).

força obrigatória geral ao controle incidental, desde que o preceito normativo tenha sido julgado pelo Tribunal Constitucional como inconstitucional ou ilegal em **três casos concretos**.

Outro problema que se coloca na institucionalização do julgamento de teses é o de extrair o trecho relevante que formará a "tese" do julgado e que, assim, vinculará os demais juízes e tribunais. Sabe-se que no controle concentrado de constitucionalidade, por exemplo, a eficácia contra todos (*erga omnes*), que atinge a toda a coletividade brasileira, sem exceção, encontra-se no *dispositivo* do acórdão proferido pelo Plenário do Supremo, que declara que determinada lei é constitucional ou não; isso vale para toda e qualquer pessoa. O efeito vinculante dessa mesma decisão, por sua vez, é extraído da *fundamentação* do julgado; é a "tese" – ou, como prefere a doutrina majoritária, a *ratio decidendi* (ou *holding*, como preferem os juristas estadunidenses) – dali extraída que orientará os demais juízes e tribunais a julgarem da mesma forma outras leis que tenham as mesmas características daquela que foi sindicada pelo Supremo. A *tese*, porém, não se confunde com a própria *fundamentação* da qual é extraída, sendo mais restrita[59] que esta, pois aquela consiste na descrição do entendimento adotado pela corte como premissa necessária para decidir o caso concreto, à luz das razões invocadas pela maioria. O próprio Código de 2015 implicitamente distingue "tese" de "fundamentação" nos artigos 979, § 2º; 988, § 4º; e 1039[60]. Por isso, no mais das vezes, os fundamentos da decisão são mais abrangentes que a tese a partir deles formada.[61] Nos Estados Unidos, o método colegiado de decisão no julga-

---

59 Segundo MARINONI (2010, p. 149), "a *ratio dedidendi* não se confunde com a fundamentação, mas nela se encontra".

60 "Art. 979. A instauração e o julgamento do incidente serão sucedidos da mais ampla e específica divulgação e publicidade, por meio de registro eletrônico no Conselho Nacional de Justiça.

[...]

§ 2º Para possibilitar a identificação dos processos abrangidos pela decisão do incidente, o registro eletrônico das **teses** jurídicas constantes do cadastro conterá, no mínimo, os fundamentos determinantes da decisão e os dispositivos normativos a ela relacionados."

"Art. 988. Caberá reclamação da parte interessada ou do Ministério Público para:

(...)

III – garantir a observância de enunciado de súmula vinculante e de decisão do Supremo Tribunal Federal em controle concentrado de constitucionalidade;

IV – garantir a observância de acórdão proferido em julgamento de incidente de resolução de demandas repetitivas ou de incidente de assunção de competência;

(...)

§ 4º As hipóteses dos incisos III e IV compreendem a aplicação indevida da **tese** jurídica e sua não aplicação aos casos que a ela correspondam".

"Art. 1.039. Decididos os recursos afetados, os órgãos colegiados declararão prejudicados os demais recursos versando sobre idêntica controvérsia ou os decidirão aplicando a **tese** firmada."

61 "A *ratio decidendi* ou o *holding* não é o próprio fundamento aprovado pela maioria para decidir. A *ratio decidendi* ou a tese é uma descrição do entendimento jurídico que serviu de base à decisão. Essa diferença sutil foi objeto dos debates travados durante o julgamento da ADI 4697, quando parte do pleno do Supremo Tribunal Federal inclinou-se a aprovar, como tese afirmada no julgamento,

mento pela Suprema Corte é *reservado* e *deliberativo*, pois a decisão final é formada a portas fechadas e levando-se em conta a posição da maioria em determinado sentido; no Brasil, ao contrário, o método é *público* e *agregativo*, de modo que aqui o resultado é alcançado aritmeticamente, sem que, porém, a tese formada decorra necessariamente dos mesmos fundamentos utilizados pela maioria dos julgadores, o que torna maior a dificuldade de sabermos se a tese final foi de fato adotada pela maior parte do colegiado (BARROSO e MELLO, 2016, p. 23), porquanto cada um dos magistrados que compôs a maioria pode ter adotado um fundamento distinto para tanto.

Há, no *Common Law*, dois métodos clássicos para se definir a *ratio decidendi* e o seu alcance. Se utilizado o método "**fático-concreto**", a extensão do precedente será mais restrita, já que este somente poderá ser utilizado para casos realmente muito semelhantes. De outro lado, de acordo com o método "**abstrato-normativo**"[62], a *ratio decidendi* terá em conta a norma mais adequada para solucionar todas as demandas que se encontrem dentro de uma apropriada categoria de similitude, o que poderá gerar um precedente muito assemelhado a uma norma geral e abstrata. Uma tese muito restrita às particularidades do caso concreto que lhe deu origem pode tornar-se pouco aplicável, ao passo que a sua excessiva generalização pode acabar usurpando a função legislativa.[63] Daí a importância que a doutrina atribui à utilização conjugada

a proposição segundo a qual é constitucional a lei que delega a fixação da anuidade aos Conselhos Profissionais, desde que determine o seu limite máximo e defina parâmetros para a sua gradação. No caso, o fundamento da decisão era a compatibilidade da delegação da competência para definir tal anuidade com o princípio da legalidade, na medida em que a lei delimitava ao menos seu teto e critérios mínimos de escalonamento" (MENDES e MELLO, 2016, p. 22).

62 É neste método que a doutrina brasileira se escuda para afirmar que um julgado vinculante, além de criar a norma individual para resolver o caso concreto, "também cria outra norma, de caráter geral, que servirá de baliza decisória para os casos idênticos" (CRAMER, 2016, p. 89). Ao aplicar esse método, o órgão colegiado deve ter o cuidado, porém, de não criar uma norma cuja formulação não era necessária e suficiente à resolução do caso concreto, pois, nesse caso, o Judiciário estaria usurpando a função primordial do Legislativo.

63 "O exemplo clássico utilizado pela doutrina para ilustrar a situação acima corresponde ao precedente proferido em *Donoghue v. Stevenson* (1932). A demanda neste caso teve por pano de fundo o fato de que a autora entrou em um bar e ali comprou e consumiu o conteúdo de uma garrafa opaca de *ginger beer*, até verificar que havia uma lesma morta dentro dela. Na sequência, a autora contraiu gastroenterite severa e sofreu danos em virtude do incidente. Por isso, postulou uma indenização em face do produtor. A corte condenou o produtor a indenizar a autora porque entendeu que ele tinha o dever de controlar a qualidade do seu produto e que era previsível que a omissão no cumprimento deste dever poderia gerar danos a seus consumidores. A partir destes fatos, o *holding* da decisão poderia ser formulado, de forma bem restritiva, nos seguintes termos: "sempre que bebidas contaminadas, acondicionadas em garrafas opacas, gerarem danos a quem consumi-las, seu produtor estará obrigado a indenizar os prejudicados". O *holding* poderia, ainda, ser formulado em diferentes níveis de generalidade, para estabelecer que: sempre que o produtor de alimentos gerar danos ao consumidor, por falha no dever de controlar a sua qualidade, estará obrigado a indenizá-lo; ou sempre que um produtor de qualquer bem ou o fornecedor de qualquer serviço gerar danos ao consumidor, deverá indenizá-lo; ou sempre que o produtor de bens ou o

dos dois métodos, a fim de não se limitar excessivamente a aplicação de um precedente, de um lado, nem se alargar em demasia sua incidência, de outro (BARROSO e MELLO, 2016, pp. 19-23).

7. CONCLUSÃO

Conclui-se que o Novo Código não estabelece um verdadeiro sistema de precedentes, até porque ele, em rigor, como já visto acima, não trata de precedentes[64], senão apenas determina que determinados pronunciamentos judiciais de tribunais (entre acórdãos e verbetes sumulares) sejam observados por parte dos juízes e órgãos jurisdicionais a estes vinculados. O Senado, que foi a Casa iniciadora do Novo CPC, suprimiu o Capítulo denominado "Do Precedente Judicial", que havia sido criado pela Casa revisora, a Câmara dos Deputados.

Isso demonstra que a intenção de se aprofundar sobre o tema e mesmo de institucionalizá-lo no Código restou abortada pela própria Casa iniciadora do Projeto.

E, em nossa opinião, fez bem o Senado, pois, como observa STRECK (2016b, p. 5), o Novo Código não disciplina precedentes, senão traz provimentos vinculantes *por disposição legal*, como, por exemplo, súmula vinculante e acórdãos paradigmáticos, cuja função é a de reduzir a complexidade judicial, para enfrentar o fenômeno brasileiro da litigiosidade repetitiva. O sistema genuíno de precedentes inglês, por sua vez, é criador de complexidade, o que permite a sua equiparação ao contido no artigo 927, a menos que se desvirtue a aplicação do NCPC.

Desde a tramitação do projeto no Congresso Nacional, a inovação normativa está polarizando o debate doutrinário sobre o tema. De um lado, parcela da doutrina enxerga nos precedentes uma absorção inadequada de outra cultura, causadora de ruptura catastrófica com os princípios da legalidade e da separação de poderes, sendo, por isso, inconstitucional; a outra parte da doutrina visualiza nos precedentes uma mudança decorrente na teoria da interpretação e, consequentemente, na teoria do direito, e não uma *mera* importação do *Common Law*, de modo que a vinculação aos precedentes é imperativo da racionalidade, coerência, segurança jurídica e igualdade, sendo, portanto, constitucional (ZANETI JR., 2016b, p. 372).

Abonamos a segunda corrente, porém, com algumas ressalvas.

É que a vinculação atribuída pelo Novo Código a determinados pronunciamentos judiciais não significa que o Judiciário deverá encerrar-se em si mesmo, autopoieticamente, como o ponto de chegada do fenômeno jurídico. Ao contrário

fornecedor de serviços, inclusive de bens imóveis, gerar danos ao consumidor, deverá indenizá-lo; ou, por fim, qualquer um que gere dano a outrem está obrigado a indenizar" (BARROSO e MELLO, 2016, p. 21).

64 Embora não definam o que se deve entender por precedente, tal como este é formalmente concebido nos países de *Common Law*, os artigos 489, § 1º, V e VI, 926, §2º, 927, §5º, 988, IV, e 1.042, § 1º, II, do Novo Código valem-se expressamente do termo "precedente".

disso, o Novo Código propõe uma vertente comparticipativa/cooperativa, a estimular o policentrismo e a interdependência de todos os sujeitos processuais, em um verdadeiro contraditório substancial, de modo que um pronunciamento vinculante não seja visto como um ponto de chegada, senão de partida, sempre aberto aos argumentos que poderão ser lançados quanto à sua correta aplicabilidade ao caso concreto, rumo ao seu aprimoramento.

A observância de pronunciamentos vinculantes que definem teses jurídicas não deve ocorrer do mesmo modo pelo qual um magistrado observa um comando legal, cuja abertura interpretativa nem sempre leva o Judiciário a dar tratamento isonômico a quem se encontra em situação semelhante perante uma mesma lei. Esta, por si só, nada garante[65]. Com efeito, a aplicação de um precedente não pode seguir a mesma lógica de aplicação de uma lei, já que "a força gravitacional do precedente não pode ser apreendida por nenhuma teoria que considere que a plena força do precedente está em sua força de promulgação, enquanto peça de legislação" (DWORKIN, 2002, p. 176). Vale dizer, um precedente se constrói gradativamente, diante da diuturna confrontação entre os aspectos fáticos do caso a ser julgado e os do que levou à formulação do precedente. Não se trata, portanto, de subsunção do fato a uma norma geral (plasmada num enunciado sumular, p.e.), tal como pregava a Escola da Exegese[66], com suas pretensões totalizantes, no sentido de tentar esgotar toda a diversidade do fenômeno jurídico por meio de textos legais e de aprisionar o sentido destes mediante recursos gramaticais (por isso que a Exegese também é conhecida como Escola Filológica[67]). O *Civil Law*, diferentemente do *Common Law*, sempre se iludiu com a

---

65 "A lei, pura e simplesmente, não mais garante automaticamente tratamento isonômico aos jurisdicionados, porque passa necessariamente pelo 'filtro' dos Tribunais para que estes, à luz da doutrina e de outros elementos, decidam casos concretos, por meio de processos interpretativos cada vez mais complexos e que têm, de fato, o potencial de levar a decisões diferentes e desarmônicas entre si" (WAMBIER, Teresa Arruda Alvim, 2014, p. 1226).

66 Também chamado de Paleojuspositivismo, é a primeira fase do juspositivismo (primitivo, primevo ou exegético), representado na França pela Escola da Exegese e na Alemanha pela Jurisprudência dos Conceitos. A essa primeira versão de positivismo se seguiu o positivismo normativista ou kelseniano, que, admitindo o discricionarismo judicial e o solipsismo decisionista, é o principal alvo das críticas hermenêuticas feitas a partir do paradigma intersubjetivo do Estado Democrático de Direito. Vide, por todos: STRECK, Lenio. **Lições de crítica hermenêutica do direito**. 2ª ed. Porto Alegre: Livraria do Advogado, 2016, pp. 119-125.

67 Interessante notar que o positivismo normativista de Kelsen, embora represente um enorme aprimoramento científico em relação ao Paleojuspositivismo, continua vinculado aos limites da semântica, de modo que se afasta propositalmente do "nível poluído do ambiente propriamente interpretativo do direito", para apegar-se a uma pureza jurídica supostamente científica, na qual aspectos valorativos/axilológicos não devem ser levados em conta pelo cientista do Direito, mas, quando muito, apenas por seus operadores (STRECK, 2016c, pp. 124-125). Como se vê, para Kelsen, a separação que existe é entre a *Ciência* do Direito e outros ramos das "ciências" humanas (tais como a Filosofia, a Moral, a Política, a Sociologia, a Psicologia, etc), e não entre o Direito propriamente dito e estes. Tal nuance é relevante, mas nem sempre considerada em leituras menos atentas.

promessa legal de certeza jurídica[68], e sabemos que tal promessa jamais foi cumprida, já que a lei não amarra o magistrado.

Nessa linha, Maurício RAMIRES anota que há enorme diferença entre a aplicação de um precedente, no estilo do *Common Law*, e de uma tese contida em súmula (ou em julgamento proferido pelo STF ou STJ). Na observância de um precedente, os juízes podem ampliar (*widening*) o espectro fático do precedente ou mesmo reduzi-lo (*narrowing*), pois é no caso concreto que se constrói a solução jurídica em sistemas de precedentes. Em sistemas como o nosso, porém, a aplicação de um enunciado geral de jurisprudência não leva em conta as peculiaridades fáticas dos julgados que lhe serviram de inspiração, o que torna a aplicação de uma súmula algo muito assemelhado à aplicação de uma lei geral e abstrata. (RAMIRES, 2010, p. 73).

Daí que os pronunciamentos vinculantes previstos no art. 927 devem ser vistos como orientações gerais e ***concretas***[69] dos tribunais, mas não ***abstratas***, sem que a sua possibilidade de aplicação a inúmeros casos iguais, porém, fique prejudicada em razão daquela concretude. O fato de um pronunciamento ser concreto não o impede de ser universal, mas sim o obriga, pois a universalidade é uma exigência de qualquer decisão judicial, o que se dá em resposta a um imperativo categórico, conforme nos ensinou Kant.

Immanuel KANT, em sua "Fundamentação da Metafísica dos Costumes", estabelece que o uso da razão prática[70] conduz à máxima universal (imperativo categórico) segundo a qual o homem deve agir de forma tal que a sua conduta possa ser considerada um padrão universal de conduta. Se a sua ação não é direcionada exclusivamente pela razão, pois se desvirtua por inclinações outras (como a vontade subjetiva) que não apenas a determinada por aquela lei universal de conduta, o homem deve obrigar-se pelo mandamento da razão (que representa um princípio objetivo), cuja

---

68 "Se no *civil law* imaginou-se que a segurança e a previsibilidade poderiam ser alcançadas por meio da lei e da sua estrita aplicação pelos juízes, no *common law*, por nunca ter existido dúvida de que os juízes podem proferir decisões diferentes, enxergou-se na força vinculante dos precedentes o instrumento capaz de garantir a segurança de que a sociedade precisa para se desenvolver" (MARINONI, 2010, p. 49).

69 "É preciso perceber: precedentes são normas gerais e concretas; leis são normas gerais e abstratas. Permitir aos juízes e tribunais estabelecer normas gerais e abstratas fere a separação de poderes e o princípio da legalidade. O CPC/2015 expressamente vinculou os juízes e tribunais a partir dos fundamentais determinantes (circunstâncias fáticas e solução jurídica) e exigiu que os próprios enunciados de súmulas fizessem referência às circunstâncias fáticas (arts. 489, § 1º, V e 926, § 2º do CPC)" (ZANETI JR, 2016a, p. 368).

70 "Tudo na natureza age segundo leis. Só um ser racional tem a capacidade de agir *segundo a representação* das leis, isto é, segundo princípios, ou: só ele tem uma *vontade.* Como para derivar as acções das leis é necessária a *razão,* a vontade não é outra coisa senão razão prática. Se a razão determina infalivelmente a vontade, as acções de um tal ser, que são conhecidas como objectivamente necessárias, são também subjectivamente necessárias, isto é, a vontade é a faculdade de escolher *só aquilo* que a razão, independentemente da inclinação, // reconhece como praticamente necessário, quer dizer como bom" (KANT, 2007, p. 47).

fórmula é dada pelo imperativo[71]. Quando um imperativo determina uma ação que é boa por si mesma, sem qualquer outra finalidade, ele é considerado um imperativo categórico, em contraposição ao imperativo hipotético[72].

É que, embora o nosso Direito continue tendo a lei como sua fonte formal por excelência, o direito aplicado pelos tribunais, sobretudo os de superposição, passa agora a ocupar um papel de proeminência na interpretação jurídica, já que esta, a partir do Novo Código, deverá debruçar-se também sobre os textos produzidos pelos Tribunais Superiores. Se assim não for, de que adiantará a lei ser a mesma para todos?[73] Sê-lo-á apenas no papel, se os juízes puderem, cada um à sua moda, aplicarem-na do modo que quiserem e sem respeitar o sentido interpretativo fixado pelas Cortes de vértice.

Enfim, não se trata de cercear a independência interpretativa dos juízes e tribunais de primeira e segunda instâncias, mas sim de conscientizá-los do relevante papel que organicamente ocupam na pirâmide judiciária, cujo complexo funcionamento deve prestar reverência não apenas à autonomia judicial, mas, sobretudo, à segurança jurídica, à previsibilidade, à estabilidade, à confiança, à coerência, à imparcialidade, à igualdade perante a jurisdição, ao desestímulo à litigância excessiva, ao respeito à hierarquia, ao favorecimento de acordos, à economia processual (de processos e de despesas) e à maior eficiência que os novos instrumentos processuais poderão proporcionar aos jurisdicionados.

---

71 "A representação de um princípio objectivo, enquanto obrigante para uma vontade, chama-se um mandamento (da razão), e a fórmula do mandamento chama-se *imperativo.* Todos os imperativos se exprimem pelo verbo *dever (sollen),* e mostram assim a relação de uma lei objectiva da razão para uma vontade que segundo a sua constituição subjectiva não é por ela necessariamente determinada (uma obrigação). Eles dizem que seria bom praticar ou deixar de praticar qualquer coisa, mas dizem-no a uma vontade que nem sempre faz qualquer coisa só porque lhe é representado que seria bom fazê-la. Praticamente *bom é* porém aquilo que determina a vontade por meio de representações da razão, por conseguinte não por causas subjectivas, mas objectivamente, quer dizer por princípios que são válidos para todo o ser racional como tal. Distingue-se do *agradável,* pois que este só influi na vontade por meio da sensação em virtude de causas puramente subjectivas que valem apenas para a sensibilidade deste ou daquele, e não como princípio da razão que é válido para todos" (KANT, 2007, pp. 48-49).

72 "Ora, todos os *imperativos* ordenam ou *hipotética* ou *categoricamente.* Os hipotéticos representam a necessidade prática de uma acção possível como meio de alcançar qualquer outra coisa que se quer (ou que é possível que se queira). O imperativo categórico seria aquele que nos representasse uma acção como objectivamente necessária por si mesma, sem relação com qualquer outra finalidade. Como toda a lei prática representa uma acção possível como boa e por isso como necessária para um sujeito praticamente determinável pela razão, todos os imperativos são fórmulas da determinação da acção que é necessária segundo o princípio de uma vontade boa de qualquer maneira. No caso de a acção ser apenas boa como meio para *qualquer outra coisa,* o imperativo é *hipotético;* se a acção é representada como boa *em si,* por conseguinte como necessária numa vontade em si conforme à razão como princípio dessa vontade, então o imperativo é *categórico*" (KANT, 2007, p. 50).

73 "O princípio da legalidade, base do Estado de Direito, só tem sentido prático se concretizado à luz do princípio da isonomia. Se houver várias regras para decidir-se o mesmo caso, como se vai saber de antemão qual vai ser a aplicada pelo juiz, no caso de José? É inútil a lei ser a mesma para todos, se os tribunais podem interpretá-la de modos diferentes e surpreender os jurisdicionados" (WAMBIER *et al*, 2014, p. 225).

BREVES CONSIDERAÇÕES ACERCA DA CONSTITUCIONALIDADE DA ADOÇÃO DE UM SISTEMA DE PRECEDENTES PELO NCPC

Odilon Romano Neto

1. ALGUMAS PALAVRAS EM HOMENAGEM AO PROFESSOR HUMBERTO DALLA BERNARDINA DE PINHO

Antes de iniciar a abordagem do tema objeto deste trabalho, cabe o registro de algumas breves palavras acerca do Professor Humberto Dalla Bernardina de Pinho, homenageado nesta coletânea, para cuja participação aceitei, honrado, o convite formulado pelos Coordenadores.

Meu primeiro contato com sua obra e com sua intensa produção acadêmica se deu nos estudos que desenvolvi durante o Mestrado em Direito Processual na Universidade do Estado do Rio de Janeiro (UERJ), onde o homenageado foi meu professor e de quem muito aprendi, não apenas sobre o Direito enquanto ramo da ciência, mas sobretudo como desenvolver uma pesquisa acadêmica séria, culminando com a honra de tê-lo como um dos integrantes da banca de defesa de minha dissertação, relativa ao tema da coisa julgada inconstitucional.

Sua contribuição ao direito processual, em especial na temática do acesso à justiça e dos meios alternativos de resolução de conflitos, é digna de nota. Mestre, Doutor e Pós-Doutor em Direito, o homenageado tem uma vasta obra, integrada por dezenas de artigos e livros, por meio dos quais vem dando importante contribuição para o desenvolvimento da ciência processual, sendo seu exemplo fonte de inspiração para todos nós que tivemos o privilégio de sermos seus alunos nos estudos de graduação ou pós-graduação.

Em síntese, a bela homenagem feita pelos Coordenadores por meio desta obra é o justo reconhecimento a um acadêmico que vem contribuindo intensamente para o desenvolvimento do direito processual, razão pela qual mais uma vez agradeço o convite para integrar o rol de autores desta coletânea.

2. CONSIDERAÇÕES INICIAIS SOBRE O TEMA

No atual estágio de evolução da ciência jurídica não é mais adequada a concepção positivista da função jurisdicional, segundo a qual a atividade do juiz se limitaria a revelar um sentido único, correto e preexistente da lei. A clássica imagem do juiz *boca da lei*, elaborada por Montesquieu para representar um juiz cuja atuação, própria de um ser inanimado, estaria limitada à mecânica aplicação da lei, cuja interpretação lhe seria até mesmo vedada, não subsistiu à constatação de que as leis humanas não são dotadas do mesmo grau de precisão das leis naturais, exigindo-se em relação às primeiras o desempenho de uma atividade interpretativa, para construção do seu sentido.

A inadequação dessa clássica concepção da função jurisdicional se tornou ainda mais acentuada com o constitucionalismo moderno, na medida em que se reconheceu ao Judiciário o poder de aferir a compatibilidade da lei em relação à Constituição, do que resulta a inevitável necessidade de interpretá-la, a fim de lhe definir um sentido compatível com a Constituição ou, em não sendo isto possível, afastar sua aplicação, por meio de algum dos mecanismos de controle de constitucionalidade.

De outra parte, a crescente complexidade das relações humanas nas sociedades contemporâneas tem conduzido o legislador à utilização de fórmulas cada vez mais abertas, servindo-se de conceitos jurídicos indeterminados e de cláusulas gerais, cuja densificação deve ser realizada pelo juiz, igualmente à luz da Constituição.

Em um contexto como o que ora se apresenta, é cada vez mais recorrente na doutrina a afirmação de que a atividade normativa do Estado não tem na lei o seu produto final, mas que, ao contrário, a atividade jurisdicional, por meio do labor interpretativo dos textos legais, dá concretude e significado final à obra do legislador.

Assim vistas as coisas, a atividade jurisdicional passa a ser concebida não mais como simples atividade de resolução dos conflitos apresentados pelas partes, para os quais provê uma resposta nos limites da relação jurídica decidida. Ao lado desta tradicional função, o Judiciário assume contemporaneamente o papel de definir pautas de conduta para a sociedade, indicando o sentido do direito elaborado pelo legislador, tarefa desempenhada por todos os seus órgãos, em especial pelos tribunais superiores, na medida que a estes a Constituição atribuiu, na generalidade dos casos, a missão de dar a última palavra quanto ao significado do direito.

Dessa forma, os ideais de segurança e isonomia, antes projetados unicamente na lei, passam a ser compartilhados também pelo produto da atividade jurisdicional, as decisões judiciais, das quais se espera, em especial quando qualificadas como precedentes ou jurisprudência, a necessária estabilidade, a fim de que as atividades em sociedade possam ser devidamente planejadas em um ambiente juridicamente previsível.

Nesse sentido, pode-se afirmar que a estabilidade dos entendimentos jurisdicionais consolidados tem se revelado um objetivo comum a todos os sistemas jurídicos, tanto de *common law*, quanto de *civil law*, verificando-se uma preocupação em se desenvolver mecanismos aptos a alcançá-lo, realidade da qual não se afasta o direito brasileiro, que desde sua origem, com a incorporação do instituto português dos *assentos*, já buscava eliminar divergências na jurisprudência e imprimir-lhe estabilidade.

Entre nós, esse ideal de segurança e estabilidade nas decisões judiciais, em especial dos tribunais superiores, vem sendo amplamente reconhecido pela doutrina nacional, refletindo-se em uma tendência de crescente fortalecimento do papel não apenas da jurisprudência, mas também dos precedentes e dos enunciados de súmula, a ponto de haver o Código de Processo Civil de 2015 (CPC/2015) consagrado em seu artigo 926 que os tribunais têm o dever de *uniformizar sua jurisprudência e mantê-la estável, íntegra e coerente*.

É a partir desse contexto evolutivo do direito jurisprudencial que o Código de Processo Civil de 2015 estabeleceu um *sistema de precedentes*, que tem por norma nuclear seu artigo 927, embora irradiando seus efeitos em todo o regramento do Código, por meio do qual objetiva conferir uniformidade e estabilidade aos entendimentos do Poder Judiciário nas suas diferentes instâncias, superando o cenário de insegurança em que ainda se encontra o direito jurisprudencial brasileiro, e que vem recebendo de longa data qualificações na doutrina como *justiça lotérica* ou *loteria judiciária*.

Não obstante, a introdução de um sistema de precedentes por meio de lei ordinária vem recebendo críticas contundentes por parcela da doutrina nacional, que defende a necessidade de reforma constitucional, tal qual se deu com a introdução dos *enunciados de súmula vinculante,* pela Emenda Constitucional nº 45/04. O objeto do presente estudo é, assim, desenvolver algumas reflexões acerca desse novo *sistema de precedentes*, sob a ótica de sua compatibilidade com a Constituição, trazendo alguns elementos que permitam evidenciar a inexistência de tal inconstitucionalidade.

3. O DUPLO PAPEL EXERCIDO PELA JURISDIÇÃO NAS SOCIEDADES CONTEMPORÂNEAS

A função jurisdicional é tradicionalmente vista como uma função estatal voltada à resolução de conflitos de interesses concretamente submetidos à apreciação do Poder Judiciário, que atua como um terceiro por meio de órgãos independentes e imparciais – especialmente pelos juízes -,[1] proporcionando uma solução adequada à luz do que dispõem a Constituição e o ordenamento jurídico em geral, bem como impondo, se necessário por meio de mecanismos de coerção, a observância do quanto decidido.[2]

É uma função por meio da qual o Estado, afastando o exercício da autotutela pelos sujeitos diretamente envolvidos no conflito, *substitui* atividades que poderiam ser desenvolvidas pelas próprias partes com o fim de solucionar a controvérsia, por uma atividade própria, desenvolvida sob um regramento que assegure garantias mínimas, na busca de uma solução justa para o conflito.[3]

1 Artigo 16 do CPC/2015. A jurisdição civil é exercida pelos juízes e pelos tribunais em todo o território nacional, conforme as disposições deste Código.

2 Nesse sentido, Leonardo Greco define a jurisdição como uma "função preponderantemente estatal, exercida por um órgão independente e imparcial, que atua a vontade concreta da lei na justa composição da lide ou na proteção de interesses particulares" (GRECO, Leonardo. *Instituições de processo civil.* vol. I. 2ª ed. Rio de Janeiro: Forense, 2010, p. 65). Na mesma linha está a concepção de jurisdição trazida por Cândido Rangel Dinamarco, Ada Pellegrini Grinover e Antonio Carlos de Araújo Cintra, no qual evidenciam, ainda, o caráter de substitutividade de que se reveste a função jurisdicional, na medida em que o Estado, por uma atividade sua, substitui as atividades das pessoas diretamente envolvidas no conflito (CINTRA, Antonio Carlos de Araújo; GRINOVER, Ada Pellegrini; DINAMARCO, Cândido Rangel. *Teoria geral do processo.* 23ª ed. São Paulo: Malheiros, 2007, pp. 145/147).

3 A noção de atividade jurisdicional como uma função *substitutiva* da atividade das partes vem de clássica lição de Chiovenda: "Pode definir-se a jurisdição como a *função do Estado que tem por*

Embora esse conceito tradicional traduza com precisão essa clássica e nuclear dimensão da atividade jurisdicional, ao que vem reconhecendo a doutrina, ele já não é mais suficiente ou satisfatório, na medida em que hoje se reconhece que a atividade jurisdicional não se limita a proporcionar uma solução para o concreto conflito de interesses submetido à apreciação judicial, mas também serve à orientação da sociedade, fixando padrões de conduta conforme o direito, delineando um horizonte previsível do ponto de vista jurídico, o que também se afigura de fundamental importância para o progresso social e econômico do país.

Como ressaltou Daniel Mitidiero, a função jurisdicional atua em uma *dimensão particular* e em uma *dimensão geral*,[4] ou ainda, deve se orientar em uma *dupla direção* ou segundo um *duplo discurso*,[5] sendo que sob uma dimensão particular, a tutela de direitos por meio da função jurisdicional busca propiciar no caso concreto uma solução justa e efetiva, ao passo que, sob o segundo aspecto, em sua dimensão geral, busca fixar em precedentes a compreensão do direito que deverá ser observada em julgamentos subsequentes, conferindo unidade ao direito e contribuindo para a segurança jurídica.[6]

Em linha semelhante, Paula Pessoa Pereira destaca que contemporaneamente a jurisdição desempenha uma *função privada*, consistente na resolução dos conflitos de interesses submetidos a julgamento, e uma *função pública*, consistente no *enriquecimento do estoque de normas jurídicas*, por meio da *definição das normas jurídicas* aplicáveis, com a consequente atribuição de *estabilidade à ordem normativa para reger as condutas sociais*.[7]

É justamente em razão do reconhecimento deste fundamental papel exercido pelas decisões judiciais, em uma *dimensão geral* ou *pública*, que nosso ordenamento jurídico, nas sucessivas reformas pelas quais vem passando, tem incorporado instru-

---

escôpo a atuação da vontade concreta da lei por meio da substituição, pela atividade de órgãos públicos, da atividade de particulares ou de outros órgãos públicos, já no afirmar a existência da vontade da lei, já no torná-la, pràticamente, efetiva" (CHIOVENDA, Giuseppe. *Instituições de direito processual civil*. vol. II. MENEGALE, J. Guimarães (trad.). 2ª ed. São Paulo: Edição Saraiva, 1965, p. 3).

4 MITIDIERO, Daniel. A tutela dos direitos como fim do processo civil no estado constitucional. In: MENDES, Aluisio Gonçalves de Castro; MARINONI, Luiz Guilherme; WAMBIER, Teresa Arruda Alvim (coords.). *Direito jurisprudencial*. vol. II. São Paulo: Revista dos Tribunais, 2014, p. 252.

5 *Ibidem*, p. 257. Cf., ainda, *Idem*. *Cortes superiores e cortes supremas*: do controle à interpretação, da jurisprudência ao precedente. 2ª ed. rev. atual. e ampl. São Paulo: Revista dos Tribunais, 2014, pp. 23/24.

6 MITIDIERO, Daniel. A tutela dos direitos como fim do processo civil (...). *Op. cit.*, p. 262.

7 PEREIRA, Paula Pessoa. *Legitimidade dos precedentes*: universabilidade das decisões do STJ. São Paulo: Revista dos Tribunais, 2014, p. 52 e, principalmente, pp. 140/150. Em sentido semelhante, já no ano de 1988, Felippe Augusto de Miranda Rosa e Odila Cândido ressaltavam que os tribunais tinham uma *função primária de dirimir conflitos*, ao lado da qual se vislumbrava uma *outra função de produzir uma jurisprudência* (ROSA, Felippe Augusto de Miranda; CANDIDO, Odila Dinorá de Aragão. *Jurisprudência e mudança social*. Rio de Janeiro: Jorge Zahar Editor, 1988, p. 19).

mentos de ordem variada, voltados à uniformização de entendimentos no Judiciário e ao fortalecimento do papel dos precedentes e da jurisprudência, culminando com a introdução, pelo CPC/2015, de um verdadeiro sistema de precedentes vinculantes.

Essa função pública ou essa dimensão geral da jurisdição, que hoje não pode ser desconsiderada, até mesmo diante da constatação, já referida, de que a obra do legislador não é um produto acabado, mas demanda a intervenção do intérprete para a fixação do seu sentido, pode se manifestar sob diferentes perspectivas, sendo que as duas mais importantes, que serão abordadas a seguir, dizem respeito à definição de pautas de conduta social, elemento fundamental para a segurança jurídica e para a previsibilidade das atividades em sociedade e, ainda, à promoção de uma verdadeira igualdade perante o direito, concretizando, assim, esses dois fundamentais princípios constitucionais.

4. O SISTEMA DE PRECEDENTES, A DEFINIÇÃO DE PAUTAS DE CONDUTA SOCIAL E A PREVISIBILIDADE JURÍDICA

Sob a referida *dimensão geral ou pública* da atividade jurisdicional, uma primeira função de essencial importância desempenhada por um sistema de precedentes, sobretudo nos países da família do *common law*, é a função de definição de pautas de conduta social, de forma a contribuir para um ambiente em que haja a previsibilidade necessária ao adequado planejamento das atividades desenvolvidas pelos jurisdicionados nos mais variados âmbitos sociais.

Como observado, a pretensão, própria do positivismo, de que a lei encerrasse um sentido único cuja clareza dispensasse a atividade interpretativa pelo juiz, concebido então como um mecânico aplicador da lei (juiz *boca da lei*), foi superada pela constatação de que o texto da lei pode ter múltiplos significados, de modo que seu *conteúdo* ou *sentido* é construído a partir da atividade interpretativa realizada pelo Judiciário, sendo a norma jurídica o resultado da interpretação do texto normativo.

Dessa forma, na medida em que se reconhece que o Judiciário não é um mero aplicador mecânico do texto, mas participa da própria *construção de seu significado*, resta evidenciado que a *definição de pautas de conduta social* não decorre exclusivamente da lei, mas da lei tal como interpretada pelo Judiciário. De fato, em um contexto no qual se considera superada a concepção de um juiz *boca da lei*, "as decisões judiciais passam a ter uma importância não apenas sob o prisma da resolução do caso concreto, mas como fixadoras de padrões de conduta".[8]

Assim, uma vez que por meio das decisões judiciais são *definidas as pautas de conduta* pelo Judiciário, há de se reconhecer que aquelas contribuem para que se possa antever com maior precisão as consequências advindas da atuação em sociedade,

---

8 MENDES, Aluisio Gonçalves de Castro. Precedentes e jurisprudência: papel, fatores e perspectivas no direito brasileiro contemporâneo. In: ______.; MARINONI, Luiz Guilherme; WAMBIER, Teresa Arruda Alvim (Coords.). *Direito jurisprudencial*. vol. II. São Paulo: Revista dos Tribunais, 2014, p. 18.

de forma que o papel destas para a formação de um ambiente de previsibilidade há de ser igualmente reconhecido como uma de suas funções contemporaneamente mais relevantes.

Há, como aponta a doutrina, uma *indissociabilidade* entre direito e previsibilidade,[9] sendo função do primeiro assegurar a segunda, bem como entre segurança jurídica e previsibilidade,[10] sendo a última alcançada em especial por meio de precedentes e de uma jurisprudência uniforme e constante.

Nesta linha, nos países da família do *common law*, a observância dos precedentes é considerada importante fator de estabilidade e segurança jurídicas, essenciais ao desenvolvimento da atividade econômica e, consequentemente, ao crescimento do próprio país. Os precedentes e sua respectiva observância expressam, portanto, um ideal de estabilidade na interpretação do direito pelos tribunais.[11]

Mais do que um papel orientador do julgamento de questões similares que possam se apresentar ao Judiciário no futuro, os precedentes são considerados, no *common law*, como uma *exata declaração do direito*, tendo o cidadão o direito a vê-los observados pelos tribunais, a fim de que os mesmos sirvam, com segurança, como baliza a nortear seu comportamento em suas atividades privadas.[12-13]

---

9 WAMBIER, Luiz Rodrigues; VASCONCELOS, Rita de Cássia Corrêa de; WAMBIER, Teresa Arruda Alvim. Jurisprudência oscilante do STJ – Ofensa à segurança jurídica sob o aspecto da previsibilidade das decisões judiciais.In: GALLOTTI, Isabel et al. (coords.). *O papel da jurisprudência no STJ*. São Paulo: Revista dos Tribunais, 2014, p. 224.

10 WAMBIER, Teresa Arruda Alvim. *Recurso especial, recurso extraordinário e ação rescisória*. 2ª ed. reform. e atual. São Paulo: Revista dos Tribunais, 2008, pp. 57/60.

11 "Essentially, the stability of the common law rests on the doctrine of precedent [...] In other words, too much legal fluidity would mean no one could plan for the future. Without a stable framework of legal rules for contracting, tort liabilities, organization governance and the like, business people could not confidently invest money, enter long term arrangements or establish the operations that employ thousands of workers" (Em tradução livre: "Essencialmente, a estabilidade do *common law* repousa na doutrina do precedente [...] Em outras palavras, fluidez legal excessiva significaria que ninguém poderia se planejar para o futuro. Se uma estrutura estável de regras legais para contratos, responsabilidade civil, governança organizacional e similares, empresários não poderiam investir dinheiro com confiança, assumir acordos de longo prazo ou estabelecer as operações que empregam milhares de trabalhadores") (HUMBACH, John A. *Whose Monet?: an introduction to the american legal system*. Austin: Aspen Publishers, 2007, p. 106).

12 "If a decision has been made upon solemn argument and mature deliberation, [...] the community have a right to regard it as a just declaration of exposition of the law, and to regulate their actions and contract by it. [...] It is by the notoriety and stability of such rules that professional men can give advice to those who consult them; and people in general can venture with confidence to buy and trust, and to deal with each other" (KENT, James. *Kent´s Commentaries on American Law*. 3dª ed., 1838, p. 475, *apud* HUMBACH, John A. *Whose Monet?* (...). *Op. cit.*, p. 106).

13 Como precisamente leciona Luiz Guilherme Marinoni, "aquele que se coloca em condições similares às do caso já julgado possui legítima expectativa de não ser surpreendido por decisão diversa" (MARINONI, Luiz Guilherme. *Precedentes obrigatórios.* 3ª ed. rev. atual. e ampl. São Paulo: Revista dos Tribunais, 2013, p. 105).

O respeito aos precedentes exerce, portanto, a fundamental missão de estruturar um cenário jurídico estável e previsível, a partir do qual os jurisdicionados possam planejar suas vidas, com segurança a respeito das responsabilidades decorrentes de sua atuação, na medida em que a confiança depositada na manutenção dos entendimentos até então adotados pelo Judiciário lhes permite "prever as consequências jurídicas dos seus atos e condutas".[14]

Nos países vinculados à tradição da *civil law* essa função não foi reconhecida na mesma extensão, em parte por razões históricas, ante o largo período de prevalência do pensamento positivista que reconhecia à lei o caráter de fonte única, ou pelo menos principal, do direito, de modo que as decisões judiciais se limitavam a declarar uma *vontade* predeterminada pela lei, sem nada acrescentar.

Como acentuou Marinoni, se a lei era a única fonte do direito e a decisão judicial nada mais fazia do que revelar um direito preexistente, sem nada acrescentar, a segurança jurídica e a previsibilidade almejadas pela sociedade seriam encontradas na própria lei e não nas decisões judiciais. Era função do legislador proporcionar a segurança jurídica necessária ao desenvolvimento das atividades em sociedade.[15]

Contudo, a constatação de que a atividade jurisdicional tem um papel criador, agregando sentido aos textos normativos, tem levado à percepção crescente, também nos países de *civil law*, de que os precedentes também exercem um relevante papel no que diz respeito à segurança jurídica e à previsibilidade.

O direito brasileiro é um exemplo digno de nota no que diz respeito ao incremento da percepção desse importante papel das decisões judiciais,[16] na medida em que

14 *Ibidem*, p. 137.

15 *Ibidem*, pp. 60/61.

16 Essa valorização do papel das decisões judiciais, potencializada com o CPC/2015, já se fazia presente e passava por um processo de gradual incremento ainda sob a regência do CPC/1973: "No campo do direito processual, inúmeras alterações foram incorporadas ao Código de Processo Civil de 1973 e à Constituição Federal para valorizar o julgamento dos tribunais, uma postura, em sua origem, incomum ao cenário de *civil law*. Em 1998, a Lei nº 9.756 conferiu nova redação ao art. 120, parágrafo único; ao art. 544, §3º (posteriormente alterado pela Lei nº 12.322/2010) e ao art. 557, todos do Código de Processo Civil, para que: 1) com previsão no art. 120, parágrafo único, o relator possa julgar de plano o conflito de competência, desde que haja jurisprudência dominante no tribunal sobre o conflito suscitado; 2) nos casos de agravo em face de decisão que indeferiu a remessa do recurso ao STJ, a possibilidade do relator dar provimento ao recurso especial, desde que a decisão recorrida esteja em confronto com súmula ou jurisprudência dominante do STJ, de acordo com a redação conferida em 1998; 3) o relator possa negar seguimento monocraticamente ao recurso em confronto com súmula ou jurisprudência dominante do respectivo tribunal, do STF ou de Tribunal Superior ou, ainda, dar provimento monocraticamente ao recurso caso a decisão recorrida esteja em desconformidade com súmula ou jurisprudência dominante do STF ou de Tribunal Superior" (MENDES, Aluisio Gonçalves de Castro; SILVA, Larissa Clare Pochmann da. Precedente e IRDR: algumas considerações. In: DIDIER JR., Fredie et al. (coords.). *Coleção grandes temas do novo CPC*: Precedentes. Salvador: JusPodivm, 2015, p. 571). Outros exemplos de modificações voltadas ao incremento do valor das decisões judiciais relacionadas pelos autores, havidas ainda sob o regramento do CPC/1973, são a introdução da súmula vinculante e do requisito da repercussão

o CPC/2015 trouxe importantes inovações relacionadas ao tema, tais como a possibilidade de modulação temporal dos efeitos das decisões que alteram jurisprudência dominante ou precedentes oriundos do julgamento de casos repetitivos (artigo 927, §3º), bem como exigiu que as alterações de entendimentos consolidados observem os princípios da segurança jurídica, da proteção da confiança e da isonomia, fazendo-se acompanhar de fundamentação adequada e específica (artigo 927, §4º).

5. O SISTEMA DE PRECEDENTES E A PRESERVAÇÃO DA IGUALDADE PERANTE O DIREITO

As discussões acerca da igualdade se originaram na obra de pensadores gregos e romanos, tendo se materializado em vários textos e brocardos romanos.[17] Não obstante, diversamente do que ocorre na atualidade, as discussões ainda não se davam, na Antiguidade, no plano jurídico, mas no plano filosófico. De outra parte, a noção de igualdade dos antigos não é a mesma consagrada como ideal liberal na Revolução Francesa, bastando, para tanto, observar que Platão e Aristóteles admitiam como algo natural a existência da escravidão.[18]

O ideal de igualdade liberal, consistente na igualdade de tratamento perante a lei, consolidou-se após a Revolução Francesa,[19] incorporando-se ao arcabouço jurídico dos Estados democráticos,[20] inclusive no Brasil, em que as sucessivas Constituições o

geral, a negativa de seguimento a recurso de apelação (art. 518, §1º, CPC/1973), o julgamento de improcedência liminar (art. 285-A, CPC/1973), o regramento dos recursos especiais e extraordinários repetitivos (artigos 543-A, 543-B e 543-C do CPC/1973, dentre outros (*Ibidem*, pp. 571/572).

17 Rodolfo de Camargo Mancuso observa que um ideal de tratamento igualitário pode ser extraído de passagens como "juris praecepta sunt haec: honeste vivere, alterum non laedere, suum cuique tribuere" (os preceitos do direito são: viver honestamente, não causar dano a outrem, dar a cada um o que é seu), "odiosa restringenda, benigna amplianda" (o restritivo é odioso e o ampliativo é benigno) e "ubi emolumentum, ibi onus" (onde houver a mesma vantagem, deve estar o mesmo encargo) (MANCUSO, Rodolfo de Camargo. *Divergência jurisprudencial e súmula vinculante*. 4ª ed. rev. atual. e ampl. São Paulo: Revista dos Tribunais, 2010, p. 125).

18 ANOTILHO, José Joaquim Gomes. *Direito constitucional e teoria da constituição. 7º ed., 15.* reimpr. Coimbra: Edições Almedina, 2003, pp. 380/381.

19 Como ressalta Canotilho, a doutrina, ao abordar a temática dos direitos fundamentais, costuma estabelecer um *corte histórico* a partir da Declaração de Direitos de Virgínia (1776) e da Declaração de Direitos do Homem e do Cidadão (1789), de forma a considerar que no período anterior a estes documentos, a noção de direitos fundamentais não havia ainda se consolidado, em especial como categoria jurídica, embora seja de se observar que suas raízes podem ser encontradas em documentos mais antigos, como as cartas de franquias medievais, dentre as quais a mais célebre foi a *Magna Charta*, de 1215 (*ibidem*, pp. 380/382).

20 MARINONI, Luiz Guilherme. Não há igualdade perante o direito sem respeito aos precedentes. In: SAVARIS, José Antônio; STAFFEN, Márcio Ricardo; BODNAR, Zenildo (orgs.).*Juizados especiais federais*: contributos para uma releitura. vol. II. Itajaí: UNIVALI, 2014, p. 8. Disponível em: <http://www.univali.br/ppcj/ebook>. Acesso em: 02 out. 2014.

contemplaram,[21] até a Constituição da República de 1988, na qual foi expressamente previsto no *caput* do artigo 5º,[22] além de permear o texto constitucional como um todo (por exemplo, igualdade tributária, igualdade previdenciária, universalidade do acesso à saúde, igualdade do direito de votar e ser votado, dentre outros).[23]

A igualdade, sob a perspectiva liberal posterior à Revolução Francesa, era marcada pela pretensão de universalidade, de modo que todos os homens estivessem igualmente submetidos à lei, independentemente de sua condição econômica ou classe social. Como ressaltou com propriedade Canotilho,[24] esse ideal se manifestava sob o duplo aspecto da *igualdade quanto à criação do direito* e da *igualdade na aplicação do direito*.

Sob o aspecto da *igualdade quanto à criação do direito*, compreendida como a introdução de atos normativos abstratos e gerais, dirige-se ao Poder Legislativo, de quem se exige a elaboração de um direito igual para todos os cidadãos,[25] ao passo que sob o aspecto da *igualdade na aplicação do direito*, exige-se que esse direito igual seja aplicado de forma igual para todos, independentemente de classe social, condição econômica, sexo ou raça, dirigindo-se precipuamente aos órgãos da Administração Pública e ao Poder Judiciário.[26]

---

21 Art. 179, inc. XIII, da Constituição Imperial de 1824 ("A Lei será igual para todos, quer proteja, quer castigue, o recompensará em proporçãodosmerecimentos de cada um"); art. 72, §2º da Constituição de 1891 ("Todos são iguais perante a lei. A República não admite privilégios de nascimento, desconhece foros de nobreza e extingue as ordens honoríficas existentes e todas as suas prerrogativas e regalias, bem como os títulos nobiliárquicos e de conselho"); art. 113, 1, da Constituição de 1934 ("Todos são iguais perante a lei. Não haverá privilégios, nem distinções, por motivo de nascimento, sexo, raça, profissões próprias ou dos pais, classe social, riqueza, crenças religiosas ou idéias políticas"); art. 122, 1º, da Constituição de 1937 e art. 141, 1º da Constituição de 1946 ("Todos são iguais perante a lei") e, ainda, o art. 150, §1º, da Constituição de 1967 ("Todos são iguais perante a lei, sem distinção, de sexo, raça, trabalho, credo religioso e convicções políticas. O preconceito de raça será punido pela lei") e o art. 153, §1º, da Emenda Constitucional nº 01/69 ("Todos são iguais perante a lei, sem distinção de sexo, raça, trabalho, credo religioso e convicções políticas. Será punido pela lei o preconceito de raça").

22 "Art. 5º. Todos são iguais perante a lei, sem distinção de qualquer natureza [...]".

23 TEIXEIRA, Patrícia Gomes. A uniformização da jurisprudência como forma de realização de valores constitucionais. In: FUX, Luiz; NERY JR., Nelson; WAMBIER, Teresa Arruda Alvim (coords.). *Processo e constituição*: estudos em homenagem ao professor José Carlos Barbosa Moreira. São Paulo: Revista dos Tribunais, 2006, p. 736.

24 CANOTILHO, José Joaquim Gomes. *Direito constitucional e teoria da constituição. Op. cit.*, pp. 426/427.

25 As discussões acerca do que seja "um direito igual para todos os cidadãos" (*ibidem*, p. 426) são extremamente densas, no tocante à definição do próprio conteúdo do princípio da igualdade, em especial em seu sentido material, em que tal princípio assume um papel de instrumento de justiça social, servindo para estabelecer políticas afirmativas, a partir do reconhecimento de distinções lastreadas em fundamentos materiais razoáveis (*ibidem*, pp. 427/432). Tal discussão, contudo, ultrapassa os limites do presente trabalho.

26 *Ibidem*, p. 426.

Cabe observar que a *igualdade na aplicação do direito* tem um caráter complementar em relação à *igualdade na criação do direito*, na medida em que, de um lado, esta restaria esvaziada, caso não houvesse uniformidade na aplicação do direito, ainda que este, no plano formal, fosse igual para todos[27] e, de outro lado, porque o ideal liberal de que a lei seria suficiente para assegurar a igualdade não se revelou verdadeiro, por uma grande variedade de motivos, como bem destaca Ana Paula de Barcellos, ao lembrar que os sistemas jurídicos contemporâneos são muito complexos e albergam textos normativos nem sempre coerentes entre si, pelo que deles é possível extrair ampla variedade de interpretações não uniformes.[28]

Uma análise exauriente da igualdade e da sua evolução na história do pensamento é tema que ultrapassa os limites do presente trabalho, de forma que, para os fins aqui perseguidos, parece-nos suficiente adotar a conclusão de Canotilho, no sentido de que o princípio da igualdade é "um dos princípios estruturantes do regime geral dos direitos fundamentais"[29] e, por consequência, "informador de toda a ordem jurídico-constitucional",[30] de modo que se projeta nos mais diversos âmbitos de regulação previstos na Constituição, devendo estar presente não apenas no momento da criação do direito positivo, mas também e principalmente no momento de sua aplicação pelo Judiciário.

Forte em tal conclusão, é de se observar que os reflexos do princípio da igualdade se fazem sentir também no âmbito do direito processual, em que é assegurada, por exemplo, a igualdade de tratamento das partes no processo, imposta como dever ao juiz no tanto no Código de Processo Civil de 1973,[31] quanto no de 2015.[32] Tal garan-

---

27 Como bem ressaltou Teresa Arruda Alvim Wambier, "é inútil a lei ser a mesma para todos, se os tribunais podem interpretá-la de modos diferentes e surpreender os jurisdicionados" (WAMBIER, Teresa Arruda Alvim. Precedentes e evolução do direito. In: ______. (coord.). *Direito jurisprudencial.* São Paulo: Revista dos Tribunais, 2012, p. 32). No mesmo sentido está a lição de Andrea Barbosa e Diego Cantoario, segundo os quais "a igualdade perante a lei pressupõe, evidentemente, também a igualdade na sua aplicação", de forma que "restaria esvaziada a cláusula isonômica se a lei, apesar de única, igual para todos, fosse aplicada diferentemente para cada qual, sem que se pudesse dizer razoável o discrímen" (BARBOSA, Andrea Carla; CANTOARIO, Diego Martinez Fervenza. O incidente de resolução de demandas repetitivas no projeto de código de processo civil: apontamentos iniciais. In: FUX, Luiz (coord.). *O novo processo civil brasileiro (direito em expectativa)*: (reflexões acerca do projeto de novo código de processo civil). Rio de Janeiro: Forense, 2011, p. 447).

28 BARCELLOS, Ana Paula de. Voltando ao básico. Precedentes. Uniformidade, coerência e isonomia. Algumas reflexões sobre o dever de motivação. In: MENDES, Aluisio Gonçalves de Castro; MARINONI, Luiz Guilherme; WAMBIER, Teresa Arruda Alvim (coords.). *Direito jurisprudencial.* vol. II. São Paulo: Revista dos Tribunais, 2014, pp. 144/145.

29 CANOTILHO, José Joaquim Gomes. *Direito constitucional e teoria da constituição. Op. cit.*, p. 426.

30 *Ibidem*, p. 432.

31 Art. 125. O juiz dirigirá o processo conforme as disposições deste Código, competindo-lhe:
I – assegurar às partes igualdade de tratamento.

32 Art. 139. O juiz dirigirá o processo conforme as disposições deste Código, incumbindo-lhe:
I – assegurar às partes igualdade de tratamento.

tia processual busca assegurar uma igualdade de oportunidades (*paridade de armas*) no âmbito interno de um processo específico, relacionando-se em grande medida ao princípio do contraditório.[33-34]

De outra parte, o ordenamento brasileiro também busca assegurar uma igualdade no acesso à justiça, em especial pela garantia constitucional de "assistência jurídica integral e gratuita aos que comprovarem insuficiência de recursos",[35] pela instituição de Defensorias Públicas, no âmbito da União e dos Estados e, ainda, por meio de procedimentos e técnicas processuais aptos a superar barreiras econômicas, sociais e culturais ao acesso à justiça, tais como a criação dos Juizados Especiais e a universalização da tutela antecipatória.[36]

Não obstante, a doutrina tem anotado que a garantia de igualdade de tratamento perante a lei, associada às garantias de igualdade de tratamento no processo e de igualdade de acesso à justiça, a despeito de constituírem garantias de fundamental importância,[37] são insuficientes para assegurar um tratamento efetivamente igual, se não houver, adicionalmente, uma garantia de igualdade de tratamento também no plano da interpretação e aplicação da lei pelo Poder Judiciário, o que Marinoni denomina de *igualdade diante das decisões judiciais*.[38]

A igualdade perante o direito é alcançada, portanto, quando há uma igualdade perante a lei e, para além desta, uma igualdade perante a *interpretação* e a *aplicação da lei* pelo Poder Judiciário, conferindo-se, em todos os órgãos do Judiciário, aplicação uniforme do direito para todos os jurisdicionados em idêntica situação.

Nessa linha, a aplicação uniforme da lei, por meio de precedentes ou de mecanismos de uniformização de entendimentos jurisdicionais, é uma exigência contemporânea do princípio da igualdade, por meio da qual se alcança, na termi-

---

33 MARINONI, Luiz Guilherme. Não há igualdade perante o direito (...). *Op. cit.*, p. 9.

34 A doutrina contemporânea ressalta que essa *paridade de armas* não é alcançada pela simples disponibilização dos meios processuais, sobretudo em matéria probatória, exigindo-se a ativa participação do juiz na atividade instrutória para a sua concretização, alcançando-se uma *paridade de armas real* e não simplesmente formal, contribuindo para a superação de obstáculos econômicos e culturais, a fim de que o processo não se transforme em uma arena em que o juiz seja o mero observador "de um duelo entre o lobo e o cordeiro" (BEDAQUE, José Roberto dos Santos. *Poderes instrutórios do juiz. 7ª ed. rev. atual. e ampl. São Paulo: Revista dos Tribunais, 2013*, pp. 105/117).

35 Art. 5º, LXXIV, CRFB/88.

36 MARINONI, Luiz Guilherme. Não há igualdade perante o direito (...). *Op. cit.*, pp. 9/10.

37 Luiz Guilherme Marinoni se refere às garantias processuais, respectivamente, como *igualdade no processo* e *igualdade ao processo* (*Idem.Precedentes obrigatórios.Op. cit.*, p. 142). Adotando a mesma terminologia, porém reunindo as espécies *igualdade no processo* e *igualdade ao processo* na expressão *igualdade diante da jurisdição*: *Idem.* Não há igualdade perante o direito (...). *Op. cit.*, pp. 9/10.

38 *Idem. Precedentes obrigatórios. Op. cit.*, p. 142.

nologia de Canotilho, uma *igualdade na aplicação do direito,* sem a qual o princípio da igualdade não pode ser concretamente realizado em sua plenitude.[39]

É nesse contexto que se reconhece ao sistema de precedentes um fundamental papel na realização do princípio da igualdade, prestando-se a garantir uma uniforme interpretação e aplicação da lei para todos os jurisdicionados em igual situação de fato e de direito, evitando que um mesmo direito receba, após sua adequada maturação e discussão no Poder Judiciário, diferentes interpretações nos variados órgãos que o integram, frustrando o ideal de segurança jurídica e de isonomia de tratamento que o Estado de Direito busca proporcionar.[40]

6. A CONSTITUCIONALIDADE DA INTRODUÇÃO DE UM SISTEMA DE PRECEDENTES POR LEI ORDINÁRIA SEM EXPRESSA PREVISÃO CONSTITUCIONAL

O Código de Processo Civil de 2015 introduziu profundas modificações na temática relativa aos efeitos das decisões judiciais, trazendo um extenso rol de novas hipóteses em que estas passam a ser vinculantes para os órgãos integrantes do Poder Judiciário, nos diferentes incisos de seu artigo 927, que por sua importância se transcreve:

> Art. 927. Os juízes e os tribunais observarão:
> I – as decisões do Supremo Tribunal Federal em controle concentrado de constitucionalidade;
> II – os enunciados de súmula vinculante;
> III – os acórdãos em incidente de assunção de competência ou de resolução de demandas repetitivas e em julgamento de recursos extraordinário e especial repetitivos;
> IV – os enunciados das súmulas do Supremo Tribunal Federal em matéria constitucional e do Superior Tribunal de Justiça em matéria infraconstitucional;
> V – a orientação do plenário ou do órgão especial aos quais estiverem vinculados.
> [...]

Assim, para além das decisões proferidas pelo STF em controle concentrado de constitucionalidade (inciso I) e dos enunciados de súmula vinculante (inciso II), que contam com expresso lastro constitucional, o CPC/2015 dispôs que também têm efeitos vinculantes as decisões proferidas no *incidente de resolução de demandas repeti-*

---

39 Como bem observou Rodolfo de Camargo Mancuso, "se a Constituição assegura que 'todos são iguais perante a lei' (art. 5º, *caput*), entendida a *lei* no sentido de norma obrigatória imposta pelo Estado, é logicamente imperioso que essa isonomia seja válida tanto em face da *norma legislada* (= produto final da atividade parlamentar), como perante a *norma judicada*, ou seja, quando o texto de regência vem subsumido aos fatos de uma lide, no bojo de uma ação judicial" (itálicos no original) (MANCUSO, Rodolfo de Camargo. *Divergência jurisprudencial* (...). *Op. cit.*, p. 28).

40 Como leciona Antonio do Passo Cabral, "a constância da jurisprudência é saudada modernamente como relevante fator não só de segurança jurídica, mas também de igualdade" (CABRAL, Antonio do Passo. Estabilidade e alteração de jurisprudência consolidada: proteção da confiança e a técnica do julgamento-alerta. In: GALLOTTI, Isabel et al. (coords.). *O papel da jurisprudência no STJ*. São Paulo: Revista dos Tribunais, 2014, p. 34).

tivas (inciso III), sejam elas proferidas pelos tribunais de 2º grau (hipótese em que a vinculação ficará adstrita aos próprios órgãos fracionários do tribunal e aos juízos de primeiro grau a ele vinculados), sejam elas proferidas pelo STJ ou pelo STF, quando da apreciação de recursos especial ou extraordinário nele interpostos. Na mesma linha, dispôs serem vinculantes as decisões proferidas quando do julgamento do *incidente de assunção de competência* (inciso III), bem como as decisões proferidas em julgamento de recursos especiais e extraordinários repetitivos (inciso III), além de enunciados de súmula do STF e do STJ (inciso IV) e das orientações do plenário ou do órgão especial relativamente aos juízes vinculados aos respectivos tribunais (inciso V).

Além do fundamento geral contido no artigo 927, outros dispositivos do novo Código reforçam a compreensão de que se buscou atribuir a essas decisões efeitos vinculantes em relação aos demais órgãos do Poder Judiciário, destacando-se a previsão expressa de cabimento de reclamação na maior parte dos casos em que venham a ser inobservados (artigo 988). Embora a Lei nº 13.256/2016, editada antes mesmo da entrada em vigor do CPC/2015, tenha alterado seu artigo 988, enfraquecendo o cabimento da reclamação, no que diz respeito aos recursos especiais e extraordinários repetitivos, o sistema de preservação da observância dos atos jurisdicionais referidos no artigo 927 segue bastante hígido, a sustentar a conclusão de que o sistema introduzido pelo novo Código mantém sua preocupação relativamente a esse aspecto.

Diante desse novo cenário que se descortina no direito processual brasileiro, surge como primeira indagação saber se é possível ao legislador ordinário estabelecer novas hipóteses de vinculação formal, sem apoio em norma constitucional expressa, apartando-se do procedimento adotado no passado em relação aos enunciados de súmula vinculante, cuja introdução se deu por meio de emenda constitucional (EC nº 45/04).

Embora as discussões acerca desta questão fundamental ainda estejam em seu início, destacam-se desde logo importantes vozes no sentido da inconstitucionalidade dos dispositivos do novo Código, dentre as quais se destaca Cássio Scarpinella Bueno, para quem "decisão jurisdicional com caráter vinculante no sistema brasileiro depende de prévia autorização *constitucional* – tal qual a feita pela EC nº 45/2004 – e, portanto, fora da esfera de disponibilidade do legislador infraconstitucional".[41]

Para o autor, todos os dispositivos do novo Código que atribuem efeitos vinculantes a decisões judiciais sem arrimo constitucional expresso devem ser consideradas apenas "normas diretivas de maior otimização das decisões paradigmáticas", mas nunca normas atributivas de um verdadeiro efeito vinculante, para o que se exigiria reforma constitucional.[42]

No mesmo sentido, Nelson Nery Junior e Rosa Maria de Andrade Nery consideram inconstitucionais os incisos III a V do artigo 927 do CPC/2015, na medida em que introduziriam hipóteses de vinculação sem lastro constitucional. Segundo entendem,

---

41 BUENO, Cassio Scarpinella. *Novo código de processo civil anotado*. São Paulo: Saraiva, 2015, p. 568.

42 *Ibidem*, p. 568.

cometer aos tribunais o poder de produzir teses vinculantes (para além dos limites constitucionalmente autorizados para a súmula vinculante) seria equivalente a atribuir-lhes uma função legislativa, o que exigiria autorização constitucional expressa. Criticam ainda o fato de, após a ciência jurídica ter superado a concepção do *juiz boca da lei*, caminhar-se agora para a figura do *juiz boca dos tribunais*, mero reprodutor de teses consolidadas nos tribunais superiores.[43]

Em arrimo à posição dos juristas que apontam tal inconstitucionalidade, poderiam ser colacionadas, ainda, duas decisões históricas que guardam estreita ligação com o tema, quais sejam, a decisão proferida pelo STF em 1977,[44] na qual se reconheceu que o artigo 902, §1º, da Consolidação das Leis do Trabalho (relativo aos efeitos vinculantes atribuídos ao *prejulgado trabalhista*) não havia sido recepcionado pela Constituição de 1946 e, ainda, a decisão proferida pelo Tribunal Superior Eleitoral (TSE) no ano de 1992,[45] reconhecendo a inconstitucionalidade do artigo 263 do Código Eleitoral, que tratava do *prejulgado eleitoral*.

Nesses dois importantes acórdãos o STF e o TSE se orientaram no sentido de que não pode o legislador, sem arrimo constitucional, criar hipóteses de vinculação de decisões judiciais, sob pena de violação à separação de poderes e à independência judicial.

No extremo oposto, há os que defendem a possibilidade de o legislador infraconstitucional disciplinar a matéria, independentemente de previsão constitucional, por não se tratar de matéria reservada à disciplina constitucional, pelo que não haveria o que se falar em inconstitucionalidade.[46]

A fim de corroborar tal orientação, Luiz Henrique Volpe Camargo invoca o julgamento pelo STF da Questão de Ordem na Reclamação nº 1880,[47] em que se reconheceu a constitucionalidade do parágrafo único do artigo 28 da Lei nº 9.868/99, que atribuía efeitos vinculantes às decisões do STF proferidas em ações diretas de inconstitucionalidade, apesar de a Constituição, na redação vigente quando da edição da lei, atribuir tais efeitos de forma expressa unicamente às decisões proferidas em ações declaratórias de constitucionalidade.[48]

No entanto, não nos parece que o julgamento do STF na questão de ordem referida tenha a extensão pretendida por Luiz Henrique Volpe Camargo, haja vista que

---

43 NERY JUNIOR, Nelson; NERY, Rosa Maria de Andrade. *Comentários ao código de processo civil*. São Paulo: Revista dos Tribunais, 2015, pp. 1836/1837.

44 STF. Pleno. Rp 946/DF. Rel. Min. Xavier de Albuquerque. J. 12/05/1977. DJ 01/07/1977, p. 4459.

45 TSE. RESPE – Recurso Especial Eleitoral nº 9936/RJ. Acórdão nº 12.501, de 14/09/1992. Rel. Min. Sepúlveda Pertence. DJ 11/03/1993, p. 3478.

46 Nesse sentido: CAMARGO, Luiz Henrique Volpe. O incidente de resolução de demandas repetitivas no projeto de novo CPC: a comparação entre a versão do senado federal e a da câmara dos deputados. In: FREIRE, Alexandre et al. (orgs.). *Novas tendências do processo civil*: estudos sobre o projeto do novo código de processo civil. vol. 3. Salvador: JusPodivm, 2014, p. 305.

47 STF. Pleno. Rcl. 1880 AgR/SP. Rel. Min. Maurício Corrêa. J. 07/11/2002. DJ 19/03/2004, p. 17.

48 *Ibidem*, pp. 306/307.

a decisão do STF não conferiu ao legislador uma *carta branca* para a introdução de novas hipóteses de vinculação, limitando-se a afirmar que naquela situação específica do artigo 28, parágrafo único, da Lei nº 9.868/99, seria possível reconhecer-lhe a constitucionalidade, ante a similaridade dos efeitos da declaração de inconstitucionalidade nas ações declaratórias de constitucionalidade e nas ações diretas de inconstitucionalidade, de forma que os efeitos vinculantes, em relação ao julgamento destas últimas, estaria implícito na Constituição.[49]

A questão é complexa e uma análise suficientemente profunda dos variados aspectos envolvidos é tarefa não comportada por este estudo, cujo objetivo é lançar algumas considerações e impressões iniciais sobre o tema, de forma a apresentar e justificar nosso entendimento de que é inarredável a exigência de que a atribuição de efeitos vinculantes por meio de lei encontre fundamento no texto constitucional, *embora não se exija que este fundamento constitucional seja explícito*.

Com efeito, a imposição de que um órgão jurisdicional observe o quanto decidido por outros órgãos jurisdicionais implica uma limitação na margem de liberdade conferida pela Constituição ao juiz na apreciação dos casos a ele submetidos e na liberdade de interpretação da lei. Exatamente por tal razão, seria inconstitucional qualquer ato normativo infraconstitucional que, atribuindo efeitos vinculantes a decisões judiciais, não encontrasse fundamento explícito ou implícito na Constituição.

O que não exigimos – e parece ser este o ponto em que se apoiam os autores que apontam inconstitucionalidade nos dispositivos do novo Código – é que esse fundamento constitucional seja explícito, necessariamente introduzido por uma emenda constitucional, nos moldes do que se passou com os enunciados de súmula vinculante.[50] É necessário que o fundamento da vinculação se encontre na Constituição, mas não é necessária a introdução de dispositivo constitucional expresso para cada novo caso de vinculação.

O STF, na evolução de sua jurisprudência, vem reconhecendo efeitos vinculantes aos acórdãos proferidos pelo plenário em sede de controle difuso de constitucionalidade. Tal hipótese de vinculação não conta com suporte em disposição constitucional

---

49 Neste sentido: MATTOS, Luiz Norton Baptista de. O incidente de resolução de demandas repetitivas no novo CPC. In: GAJARDONI, Fernando (org.). *Coleção repercussões do novo CPC*: magistratura. Salvador: JusPodivm, 2015, p. 154.

50 A exigência de fundamento constitucional expresso é também a posição sustentada pelo Conselho Federal da Ordem dos Advogados do Brasil na petição inicial da Ação Direta de Inconstitucionalidade nº 2331, em que são questionados diversos dispositivos da Lei nº 9.882/99, dentre os quais o §3º do artigo 10, que atribui efeitos vinculantes às decisões proferidas em julgamento das arguições de descumprimento de preceito fundamental. Sustenta a OAB que o artigo 102, §1º, da CRFB/88 não "não contém palavra que autorize" a introdução de efeitos vinculantes pelo legislador infraconstitucional (íntegra da petição inicial disponível em: <http://redir.stf.jus.br/estfvisualizadorpub/jsp/consultarprocessoeletronico/ConsultarProcessoEletronico.jsf?seqobjetoincidente=1828554>. Acesso em: 20 jul. 2015). Esta ação direta pende de julgamento, tendo sido proferido apenas um voto, pelo Ministro Neri da Silveira, que não acolhia a alegação de inconstitucionalidade.

expressa e, não obstante, a partir de uma interpretação sistemática da Constituição e, em especial, da missão por esta conferida ao STF, este passou a compreender que as decisões proferidas nessa seara também se revestem de efeitos vinculantes.

Da mesma forma, no julgamento da Questão de Ordem na reclamação nº 1880, acima referido, o STF reconheceu, embora sem expressa disposição constitucional, que as decisões proferidas em sede de ação direta de inconstitucionalidade têm efeitos vinculantes. A análise desse julgado deixa entrever que a compreensão que o STF e o TSE tinham a respeito do papel dos tribunais superiores, nos julgamentos históricos já referidos, foi significativamente alterado, consoante se depreende de excerto do voto do Ministro Gilmar Mendes:

> [...] o legislador ordinário não está impedido de atribuir essa proteção processual especial [efeitos vinculantes] a outras decisões de controvérsias constitucionais proferidas pela Corte, como foi reconhecido, inclusive, no caso da ADPF (cf. voto do relator Ministro Néri da Silveira na ADI 2231/DF, sessão ordinária de 05 de dezembro de 2001). Na verdade, o efeito vinculante decorre do particular papel político-institucional desempenhado pela Corte, ou pelo Tribunal Constitucional, que deve zelar pela observância estrita da Constituição nos processos especiais concebidos para solver determinadas e específicas controvérsias constitucionais. (grifo nosso)

Embora este julgado tenha abordado a questão da atribuição de efeitos vinculantes pelo legislador infraconstitucional unicamente em face do papel desempenhado pelo Supremo Tribunal Federal, parece-nos que as conclusões ali lançadas podem ser aproveitadas também para a discussão acerca da atribuição de efeitos vinculantes às decisões de outros tribunais superiores, porque estes têm igualmente uma missão constitucionalmente prevista, qual seja, a atribuição de *unidade de sentido ao direito federal infraconstitucional*, comum ou especializado.

Da mesma forma, ainda que de modo menos robusto, tal linha de justificação fundamenta ou, ao menos, afasta a alegação de inconstitucionalidade na atribuição de efeitos vinculantes às decisões dos tribunais de segundo grau, tal qual o fez o CPC/2015, em especial com os *incidentes de resolução de demandas repetitivas* e *de assunção de competência*.

Embora no sistema jurídico brasileiro não haja uma tradição de precedentes vinculantes e, portanto, seja imperativo buscar na Constituição, ainda que implicitamente, um fundamento de validade para a criação de novas hipóteses de vinculação, ao que nos parece, o fundamento de validade para a atribuição de efeitos vinculantes às decisões dos tribunais de segundo grau reside igualmente nas exigências de preservação da igualdade e da segurança jurídica.

Embora a missão constitucional de preservação desses princípios, por meio de precedentes e de uma jurisprudência uniforme, seja precipuamente dos tribunais superiores, seria equivocado negar aos tribunais de segundo grau um papel relevante também neste campo, até mesmo diante do crescente estreitamento das vias de acesso aos tribunais superiores. Como destacou Luiz Norton Baptista de Mattos, a introdução de mecanismos que fortaleçam a uniformidade da jurisprudência vai ao encontro desses princípios constitucionais.[51]

A questão se põe, portanto, não em uma exigência de norma constitucional expressa e específica a autorizar cada nova hipótese de atribuição de efeitos vinculantes pelo legislador, mas no imperativo de que cada nova hipótese introduzida pelo legislador encontre suporte na Constituição, ainda que dela sistematicamente extraído.

A justificação, sob o prisma constitucional, de cada uma das novas hipóteses trazidas pelo artigo 927 do CPC/2015 demandaria um trabalho individualizado não comportado no presente estudo, tendo em vista a heterogeneidade das hipóteses de vinculação ali tratadas (decisões de tribunais superiores, decisões de tribunais de segundo grau, decisões na jurisdição constitucional, decisões em casos repetitivos, enunciados de súmula vinculante e de súmula persuasiva). O objetivo neste trabalho, consoante exposto, é trazer algumas considerações iniciais de caráter geral voltadas à justificação da constitucionalidade do sistema de precedentes introduzido pelo Código de Processo Civil de 2015.

Apenas se assenta desde logo, embora sem abordagem específica, que no caso específico do incidente de resolução de demandas repetitivas, dos recursos extraordinário e especial repetitivos e também do incidente de assunção de competência, é possível fundamentar a atribuição de efeitos vinculantes na missão, atribuída em caráter principal aos tribunais superiores e em caráter secundário aos tribunais de segundo grau, de conferir *unidade de sentido* ao direito, para realização dos valores constitucionais de igualdade, segurança jurídica e proteção da confiança, tornando previsíveis as consequências do atuar em sociedade, medida indispensável ao planejamento e ao próprio *desenvolvimento nacional*, um dos objetivos da República (art. 3º, II, CRFB/88).

Não se pretende com isso defender uma visão concentradora da atribuição de sentido ao direito ou, ainda, defender a figura de um *juiz boca dos tribunais*, até porque o atual estágio da evolução do pensamento jurídico e a própria prática da operação com precedentes nos sistemas de *common law* evidenciaram que a aplicação de precedentes é atividade que nada tem de mecânica, envolvendo sofisticados mecanismos de interpretação e de confrontação de casos, que permitem aos juízes, à luz de cada caso concreto, identificar se o caso sob julgamento se amolda ou não aos precedentes invocados.

Nesse aspecto, tal como o instituto da *súmula vinculante* não transformou o juiz em uma *boca das súmulas*, não nos parece que o novo Código vá transformar o juiz em *boca dos tribunais* ou em *boca dos precedentes*. O juiz sempre terá a tarefa de interpretar os precedentes, elaborar distinções, valorar e decidir.

---

51 "O alicerce ou a pedra fundamental da teoria do respeito aos precedentes e à jurisprudência dos tribunais situa-se no princípio constitucional da isonomia, albergado no artigo 5º, *caput*, da Constituição Federal, que prescreve que *"todos são iguais perante a lei, sem distinções de qualquer natureza"* (MATTOS, Luiz Norton Baptista de. O incidente de resolução de demandas repetitivas no novo CPC. *Op. cit.*, p. 157).

O que nos parece, em princípio, é que inexiste contrariedade entre a pretensão do novo Código de atribuir efeitos vinculantes às decisões dos tribunais superiores ou de segundo grau e a Constituição, pois desta se extrai, conforme já exposto, a atribuição a esses tribunais da missão de conferir *unidade de sentido* ao direito, em âmbito nacional ou regional, promovendo a igualdade e a uniformidade não só perante a lei, mas também perante a *norma judicada*.

É relevante assentar, portanto, que a atribuição de efeitos vinculantes às decisões dos tribunais superiores e de segundo grau pelo legislador infraconstitucional encontra fundamento na Constituição, pois se harmoniza com a missão de atribuição de *unidade de sentido ao direito*, não se vislumbrando a inconstitucionalidade apontada por seus críticos, embora ressalvas possam ser feitas pontualmente em futuro estudo em que se aborde cada uma das novas hipóteses trazidas pelo novo Código.

7. CONCLUSÃO

Do quanto de se expôs, é possível observar que o novo Código de Processo Civil, ao introduzir um sistema de precedentes vinculantes, potencializando uma tendência de valorização do papel das decisões judiciais que já se verificava sob a égide do CPC/1973, não incidiu em inconstitucionalidade.

Os sistemas de precedentes têm como principais finalidades a preservação da igualdade perante o direito e da segurança jurídica, conferindo previsibilidade às consequências advindas das condutas tomadas em sociedade, valores que integram o próprio sentido material do Estado de Direito, razão pela qual é desnecessário que haja um dispositivo constitucional prevendo de forma expressa cada nova hipótese de vinculação trazida pelo legislador infraconstitucional.

O fundamento do sistema de precedentes introduzido pelo CPC/2015 está, portanto, implícito na Constituição da República e se relaciona às próprias finalidades a que ele se propõe, que são absolutamente harmônicas com os princípios da igualdade e da segurança jurídica que, além de previstos no artigo 5º da CRFB/88 de forma expressa, permeiam todo o texto constitucional.

ORIGEM E DESENVOLVIMENTO DO PREQUESTIONAMENTO – DO DIREITO INGLÊS AO ATUAL CÓDIGO DE PROCESSO CIVIL

Osmar Mendes Paixão Côrtes

I. DELIMITAÇÃO DO TEMA

O prequestionamento, exigência decorrente do cabimento dos recursos de natureza extraordinária, pela primeira vez foi previsto expressamente na nossa legislação (artigo 1025 do atual CPC).

Mas o prequestionamento não é uma novidade, sendo exigido desde o século XII no Direito Inglês. E muito embora não expresso nas legislações anteriores, sempre foi contemplado, pois ligado intrinsecamente ao cabimento dos recursos extraordinários. O presente estudo analisa a sua origem e o desenvolvimento posterior, até o Código vigente, referindo ainda as diferentes posições sobre a exigência.

Ao final, cuida especificamente do novo dispositivo sobre o prequestionamento, constante do novo Código de Processo Civil.

II. ORIGEM DO PREQUESTIONAMENTO

Na Inglaterra, os recursos tiveram um desenvolvimento muito diferente dos países romano-germânicos, em função da presença do forte poder real. Não havia tamanha necessidade política para um sistema recursal. Robinson, Fergus e Gordon[1] completam a justificativa afirmando que há, também, uma razão lógica — como a *Curia Regis* era a Corte do próprio rei, não havia motivo para existir um recurso do rei para qualquer outro lugar, em especial porque a *Curia Regis* tinha jurisdição originária para muitas causas.

J.H. Baker acrescenta uma outra razão para, quando da formação dos sistemas jurídicos, não existirem recursos — não havia a possibilidade de erro humano em julgamento baseado na intervenção divina. Mas ressalta que, principalmente a partir do século XVIII, o direito de recorrer a uma Corte Superior passou a ser visto como uma "decorrência básica da justiça natural ou dos direitos humanos"[2].

---

1 ROBINSON, OF, FERGUS, TD, GORDON, WM. *European Legal History — Sources and Institutions*. 3ª ed. London: Butterworths, 2000.p. 149.

2 BAKER, J.H. *An Introduction to English Legal History*. 4ª ed. Bath: Butterworths Lexis Nexis, 2002. p. 135. Tradução nossa de: *"basic requirement of natural justice or a 'human right'"*.

Existiam mecanismos de controle anteriores ao incremento do sistema recursal. Por exemplo, à época do *nisi prius*, o Júri formava o seu veredicto (com base nos fatos) que era encaminhado aos juízes para julgamento final. Todavia, se houvesse alguma divergência entre os juízes, os debates prosseguiam até esgotarem todas as dúvidas e questões processuais e procedimentais poderiam ser levantadas originariamente quando do julgamento.

O sistema recursal desenvolveu-se principalmente em função dos procedimentos em erro (*proceedings in error*) e da revisão levada a cabo pelo Chanceler, com base na eqüidade, culminando com a final consagração da *Court of Appeal* e da *House of Lords*, como instâncias recursais.

Os *proceedings in error* tiveram como base os *records*, que continham uma minuta formal de todos os estágios da ação até o seu julgamento. Esses registros, ou *records*, eram aceitos como evidências conclusivas, e o seu conteúdo era, por regra, indiscutível. Em determinados casos, todavia, quando pairava sobre o *record* algum questionamento ou havia suspeita de erro, podia-se proceder à sua "revisão".

Para tanto, dever-se-ia utilizar um *writ of error* para ordenar os juízes a enviar o registro a uma Corte Superior para "inspeção". Isso tanto nos casos de manifesto erro demonstrado pela análise do *record,* como nos casos de novos fatos que demandassem produção de prova pelo autor, segundo J.H. Baker[3], para corrigir determinado ponto (por exemplo, se parte morresse). O réu poderia, então, ser ouvido, e a Corte mantinha ou reformava a decisão da Corte inferior.

No início, quando do aparecimento das primeiras Cortes de revisão das Cortes *of record*, por volta do século XII, havia a dificuldade de localização do registro e muitos fatos não constavam dos registros, o que criava problemas para se suscitarem questões de direito substancial. Só no século XVI, com o desenvolvimento da sistemática dos *writs*, foi possível se dar efetividade à revisão, pois os registros e o procedimento foram organizados e sistematizados. Cada Corte *of record* estava sujeita à supervisão de uma Corte Superior, para evitar que prosperassem erros de julgamento, registrados.

O *writ of error* era expedido pelo Chanceler, dirigido à Corte inferior, que proferiu o julgamento, ordenando que o processo fosse remetido para uma Corte superior, que poderia "corrigir" a decisão primeira, desde que preenchido um requisito — existência de *error*.

A Compilação feita por William Blackstone — *Commentaries on the Laws of England* [4], é boa fonte para a análise do que consistia esse remédio. O suposto erro deveria estar ligado à questão de direito relacionada ao procedimento, não podendo ser um erro na apreciação de fatos:

> "O *Writ of error* objetiva impugnar algum erro no procedimento de uma *court of record*; para corrigir erros de uma corte de primeira instância, que não é *of record*, pode-se utilizar de um

3 *Id.* p. 136.

4 BLACKSTONE, William. BLACKSTONE, William. *Commentaries on the Laws of England (Facsimile of the First Edition of 1765-1769)*. Chicago: The University of Chicago Press, 1979.

> *writ of false judgment*. O *writ of error* apenas pode ser usado sobre erros de direito nascidos da face do procedimento, de forma que nenhuma evidência é requerida para embasá-lo: e não há método para reverter um erro na determinação dos fatos, apenas uma nova demanda, para corrigir os erros do antigo veredito."[5]

William Blackstone destaca, ainda, que o *writ of error* chegou a ser utilizado para corrigir meros erros formais, como de ortografia e outros dos funcionários da justiça. Mas o entendimento que prevaleceu foi o de que erros triviais poderiam ser corrigidos independentemente de um *writ*, a qualquer tempo. Em suas palavras, "quando a justiça demandar, emendas e correções serão admitidas a qualquer tempo, enquanto pendente a causa, apesar de o registro estar feito".[6]

A justificativa para a utilização do *writ of error* para corrigir erros formais está no fato de que, em determinado momento, durante o reinado de Edward I, houve sérios problemas de alteração dos *records*. Então, foi determinado que um *record* não poderia, jamais, ser alterado ou violado. Todavia, com o passar do tempo, observou-se que era desnecessário movimentar todo um instrumental, razão pela qual, até a conclusão do julgamento, eventuais erros simples poderiam ser corrigidos. O *writ of error* passou, assim, a ser utilizado somente para erros mais graves, não meramente formais.

R. Ross Perry destaca que havia duas formas de *writ of error*, o *writ of error coram nobis (or vobis)* e o *writ of error* propriamente dito. O primeiro servia para rever decisões proferidas com erros de fato, e o segundo, de direito.

Mas o erro de fato não era um mero erro na valoração e apreciação dos fatos, pois, conforme anota R. Ross Perry, "não há (como já observado) recurso no Direito Inglês dessa decisão, exceto pelo pedido de novo julgamento; e haver sido decidido errado não importa tecnicamente em um erro impugnável pelo *writ of error*."[7] Esse erro não se referia, portanto, a um elemento constante dos autos que não foi considerado pelo juiz, na sua valoração, ou a um elemento que poderia mas que não foi levado aos autos antes do julgamento. Esse erro, que autorizava a revisão das decisões mediante o *writ of error coram nobis*, referir-se-ia a fatos que afetassem a validade e regularidade da decisão, como, por exemplo, a participação de um menor no processo sem assistência, ou a participação de uma mulher casada sem o marido. Nesses casos,

---

5 *Id.* pp. 405-406. Tradução nossa de: *"A WRIT of error lies for some supposed mistake in the proceedings of a court of record; for, to amend errors in a base court, not of record, a writ of false judgment lies. The writ of error only lies upon matter of law arising upon the face of the proceedings; so that no evidence is required to substantive or support it: and there is no method of reversing an error in the determination of facts, but by an attaint, or a new trial, to correct the mistakes of the former verdict."*

6 *Id.* p. 406. Tradução nossa de: *"where justice requires it, will allow of amendments at any time while the suit is depending, notwithstanding the record be made up."*

7 PERRY, R. Ross. PERRY, R. Ross. *Common-law Pleading — Its History and Principles*. Boston: Little, Brown, and Company, 1897. p. 223. Tradução livre de: *"there is (as formerly observed) no appeal in the English law from its decision, except by way of motion for a new trial; and its being wrongly decided is not error in that technical sense to which a writ of error refers."*

consoante R. Ross Perry, "o *writ of error coram nobis* é aplicado, porque o erro, de fato, não é dos juízes, e a reversão não alcança o próprio julgamento".[8]

O *writ of error* propriamente dito, por outro lado, destinava-se a rever decisões com erros de direito que eram aqueles que poderiam ser constatados pelo exame dos *records* (o que não estiver no *record* não poderia ser considerado para constatar o erro). R. Ross Perry explica que esses erros poderiam surgir quando todos os registros demonstrassem que a ação deveria ser julgada de uma forma, segundo o direito, e o foi de outra, tendo havido algum erro na apreciação de alguma questão de direito. Nas suas palavras:

> "haverá erro de direito se o julgamento ocorrer de forma equivocada, inapropriada ao caso; apesar disso, como vimos, os juízes não têm, na prática, nada a fazer com o registro do arquivo. Mas, por outro lado, não será erro de direito nada que não esteja estampado na face do arquivo; problemas não aparentes não são considerados como apreciados pelos juízes."[9]

Ainda segundo R. Ross Perry, o erro de fato, corrigível via *writ of error coram nobis*, poderia até ser revisto pelos próprios julgadores que proferiram a decisão. Já o *writ of error* demandaria, necessariamente e sempre, um exame por outro órgão.

O mesmo autor[10], o que é importante destacar, insere o *writ of error* entre as formas extraordinárias de ação, que não eram necessárias, ordinariamente, à postulação de um direito, mas que eram, em determinados casos, os únicos remédios para a administração da justiça.

Podem ser enumeradas as seguintes características dos *writs of error*:

(i) por eles não se pretende mero reexame de fatos e provas;

(ii) por eles não se pretende apenas o reexame da causa;

(iii) o *writ of error* propriamente dito importa no reexame de matéria de direito, não de questões de fato;

(iv) mesmo o erro de fato, que dá ensejo ao *writ of error coram nobis*, não importa em reexaminar fatos e provas;

(v) há requisitos para a revisão, positivos — registro (*record*) e erro -, e negativos — não se pode pretender o mero reexame da causa, nem de fatos e provas;

(vi) no *writ of error coram nobis*, o erro afeta a validade/regularidade da decisão; no *writ of error* propriamente dito, o erro, constante do *record*, é de tal forma que não se admitiria a revisão pela mesma Corte.

---

8 *Id. Ibid.* Tradução livre de: *"the writ of error coram nobis applies, because the error in fact is not the error of the judges, and reversing it is not reversing their own judgement."*

9 *Id.* p. 224. Tradução nossa de: *"there will be error in law if judgment has been entered in a wrong form, inappropriate to the case; although, as we have seen, the judges have in practice nothing to do with the entry on the roll. But, on the other hand, nothing will be error in law that does not appear on the face of the record; for matters not so appearing are not supposed to have entered into the consideration of the judges."*

10 *Id.* p. 102.

William Blackstone[11] enumera as seguintes hipóteses de cabimento do *writ of error*:

(i) das cortes inferiores *of record* da Inglaterra para a *King's Bench*;

(ii) da *King's Bench* da Irlanda para a *King's Bench* da Inglaterra;

(iii) da *Court of Common Pleas* para a *King's Bench*;

(iv) da *King's Bench* para a House of Lords;

(v) do *Exchequer* para a *Court of Exchequer Chamber*;

(vi) de decisões em primeira instância da *King's Bench*, em ações de *debt, detinue, convenant, account, café ejectments* e *trespass* para a *Court of Exchequer Chamber*;

(vii) de todas as Cortes, em última instância, para a *House of Peers*.

Merece transcrição a seguinte passagem de Matthew Hale, ilustrativa da competência da *House of Lords*, revendo decisões, mediante *writ of error*:

> "E esses não eram apenas sobre o beneplácito dos *Lords*, mas eram *De jure*, como aparece para aqueles antigos julgamentos da *House of Lords* no Parlamento; e a razão é evidente: primeiro, porque se tal Corte de procedimento extraordinário julgasse antes dos *Lords* em primeira instância, a parte perderia o benefício de recorrer, por *writ of error*, conforme autorizado pelo Direito; e essa é a razão pela qual, até um *writ of error*, ou petição de erro, de um julgamento de qualquer Corte inferior, não pode ir diretamente ao Parlamento, até que tenha passado pela *King´s Bench*; por isso o primeiro recurso é exigível."[12]

A origem do requisito do prequestionamento, assim, está na exigência de que o erro a ser objeto do writ estivesse registrado (no record).

O Brasil, a despeito das influências dos países de tradição romano-germânica, teve a sua recorribilidade extraordinária espelhada na sistemática do Direito Inglês e do Norte-americano (que adotou o *writ of error* com a função agregada de manter a unidade da Federação, evitando o desrespeito à legislação federal).

Feita a referência histórica, pode-se definir o prequestionamento como o trato, pela decisão recorrida, da matéria a ser reexaminada pelo Tribunal Superior. Não basta que esteja posta no recurso. Deve estar debatida na decisão objeto do recurso.

Já se falou ser o prequestionamento um requisito *jurisprudencial*, porque imposto em decorrência do entendimento adotado pelo referido Tribunal na interpretação da lei. Uma análise mais detalhada da questão, todavia, leva a conclusão diversa.

---

11 BLACKSTONE, William. *Op. cit.* pp. 410/411.

12 HALE, Matthew. HALE, Matthew. *The History of the Common Law of England. (Facsimile of the Edition of 1713)*. Chicago: The University of Chicago Press, 1979.p. 49. Tradução nossa de: *"And these were not barely upon the Bene placita of the Lords, but were De jure, as appears by those former Judgments given in the Lords House in Parliament; and the Reason is evident: First, Because if such a Course of Extraordinary Proceeding should be had before the Lords in the first Instance, the Party should lose the Benefit of his Appeal by Writ of Error, according as Law allows; and that is the Reason, why even in a Writ of Error, or Petition of Error upon a Judgment in any inferior Court, it cannot go per Saltum into Parliament, till it has passed the Court of King's Bench; for that the First Appeal is thiter."*

O prequestionamento não constitui requisito à parte do cabimento, mas está englobado nele. Isso porque, para analisar se o recurso atende as alíneas dos permissivos constitucionais dos recursos, é essencial que tenha a decisão recorrida tratado do tema que será levado à apreciação da Corte Superior.

Ademais, os Tribunais Superiores não podem reexaminar matéria fática, em relação a qual as instâncias ordinárias são soberanas, pela própria natureza dos recursos extraordinários, que objetivam preservar a integridade do ordenamento objetivo. Os aspectos fáticos devem ser, portanto, apreciados em primeira e segunda instâncias, não pela Corte Superior.

Assim, o prequestionamento está ligado ao próprio cabimento do recurso, não constituindo requisito autônomo. A história, como visto, não contradiz esse entendimento, pois sempre foi exigido que a decisão recorrida tratasse do tema objeto do recurso extraordinário, mesmo no *writ of error* do Direito Inglês e do Direito Norte-americano, em que sempre se pressupôs a existência de "erro" que aparecesse no *record* (registro) da decisão recorrida. No desenvolvimento das Constituições pátrias já em 1934 foi trazida a expressa que vinculava o cabimento do recurso contra decisão que fosse contrária a literal disposição de tratado ou lei federal "sobre cuja aplicação se haja questionado". Nesse sentido, inclusive, a observação do Ministro Lúcio de Mendonça:

> "Para que caiba este recurso, é necessario que a questão que o provoca tenha sido effectivamente agitada em processo movido perante as justiças estaduaes e lá tenha sido julgada: não basta que tal questão se possa ou pudesse suscitar naquella ordem judiciaria. Isto é expresso no *Judiciary Act*, a que mais de uma vez nos termos referidos como a origem remota do nosso recurso:
>
> 'But to authorize the removal under that act, it most appear by the record, either expressely or by clear and necessary intendment, that some one of the enumerated questions did arise in the State court, and was there passed upon. It is not sufficient that might have arisen or been applicable.'

Ainda neste ponto assentou o supremo tribunal a sã doutrina no Accordam de 11 de maio de 1895."[13]

As Constituições posteriores seguiram a mesma linha e mantiveram a exigência, quanto ao cabimento do recurso, da contrariedade ou violação. Todavia, a legislação, tampouco a ordinária, não se preocupou em trazer a especificação de como se dá a configuração do prequestionamento.

A exigência sempre foi tratada pela doutrina e como uma decorrência do cabimento dos recursos de natureza extraordinária – para ser cabível o recurso, em virtude do alcance limitado das impugnações excepcionais, a matéria deve ter sido debatida pela decisão atacada.

---

13 Lúcio de Mendonça. *Do Recurso Extraordinário*. pp. 26-27 *apud* CAVALCANTI, João Barbalho Uchôa. *Constituição Federal Brasileira (1891)*. Brasília: Senado Federal, 2002. pp. 244-245.

O Código de Processo Civil de 2015, assim, inovou a tratar expressamente do prequestionamento, inclusive tentando resolver problema doutrinário e jurisprudencial sobre como se dá a sua configuração.

III. AS DIFERENTES POSIÇÕES SOBRE A CONFIGURAÇÃO DO PREQUESTIONAMENTO – OS ENTENDIMENTOS DO SUPREMO TRIBUNAL FEDERAL E DO SUPERIOR TRIBUNAL DE JUSTIÇA

No exame da satisfação da exigência, preliminar ao do recurso, pelos Tribunais Superiores, surge a questão de saber se basta que a matéria tenha sido debatida ou se os dispositivos legais devem estar expressos na decisão recorrida.

A nosso juízo, é suficiente que a matéria tenha sido apreciada na decisão, o que a torna passível de reexame pelas Cortes Superiores, sendo dispensável a referência numérica ao dispositivo, exigência feita apenas para o recurso.

O Supremo Tribunal Federal há algum tempo dispensa a referência numérica ao dispositivo, entendendo por satisfeito o prequestionamento se apreciada a matéria na decisão recorrida. Merece referência o seguinte acórdão:

> Ementa
> "RECURSO EXTRAORDINÁRIO – MATÉRIA FÁTICA E LEGAL. O recurso extraordinário não é meio próprio ao revolvimento da prova, também não servindo à interpretação de normas estritamente legais. PREQUESTIONAMENTO – CONFIGURAÇÃO – RAZÃO DE SER. O prequestionamento **não resulta da circunstância de a matéria haver sido** arguida pela parte recorrente. A configuração pressupõe debate e decisão prévios pelo Colegiado, ou seja, emissão de entendimento. O instituto visa o cotejo indispensável a que se diga enquadrado o recurso extraordinário no permissivo constitucional." (STF – ARE 791694/PB. Rel. Min. Marco Aurélio. Primeira Turma. DJ de 11/04/2014)

É a exegese da súmula 282, segundo a qual "é inadmissível o recurso extraordinário, quando não ventilada, na decisão recorrida, a questão federal suscitada".

O Superior Tribunal de Justiça tem entendimento consolidado na Súmula 211, segundo a qual "inadmissível recurso especial quanto à questão que, a despeito da oposição de embargos declaratórios, não foi apreciada pelo Tribunal *a quo*".

A jurisprudência majoritária do STJ, assim, orienta-se no sentido de admitir o prequestionamento se a tese foi apreciada pela decisão recorrida (ainda que não referido o dispositivo legal) e de exigir a oposição de embargos declaratórios se a matéria não foi devidamente examinada pela decisão recorrida.

A nosso juízo, é suficiente, na linha do que tem prevalecido, que a matéria tenha sido apreciada na decisão, o que a torna passível de reexame pela Corte Superior, sendo dispensável a referência numérica ao dispositivo legal, exigência feita apenas para o recurso.

Uma maior atenção merece ser dada a entendimento do Supremo Tribunal no sentido de que a simples oposição de embargos declaratórios, em determinadas circunstâncias, serve para prequestionar a matéria.

Este entendimento do Supremo Tribunal Federal, adotado pelo atual Código de Processo Civil no artigo 1025, é louvável, mas deve ser aplicado com cautela, já que o Tribunal Superior estará reexaminando matéria não constante da decisão recorrida, pois muitas vezes os Tribunais inferiores não apreciam a questão que ensejaria o recurso extraordinário e a Corte Suprema determina o retorno dos autos para melhor exame (o que pode ir de encontro com a economia e celeridade processuais).

Este posicionamento do STF, acolhido pelo Código de Processo Civil de 2015, decorre de uma interpretação a *contrario sensu* da sua Súmula 356[14] – se o ponto omisso sobre o qual não foram opostos embargos declaratórios não foi prequestionado, o ponto omisso objeto de embargos pode ser dado por prequestionado.

O artigo 1025 prevê que "consideram-se incluídos no acórdão os elementos que o embargante suscitou, para fins de pré-questionamento, ainda que os embargos de declaração sejam inadmitidos ou rejeitados, caso o tribunal superior considere existentes erro, omissão, contradição ou obscuridade."

Para não haver o risco de os Tribunais Superiores tornarem-se instâncias revisoras de fatos (já que os embargos declaratórios podem servir para sanar omissões relativas a fatos), parece que o referido entendimento pode ser aplicado, em nome da economia e da celeridade processual quando a matéria ventilada nos embargos declaratórios for de direito.

E ainda. A matéria não pode ser nova, uma inovação. Deve, ao contrário, já ter sido articulada e não ter sido (devidamente) apreciada pelo órgão julgador.

Aliás, aqui, importante fazer uma ressalva. Não existem embargos declaratórios simplesmente prequestionadores. Os embargos servem para prequestionar determinadas matérias pois eles servem para sanar vícios das decisões, que deveriam ter apreciado dado tema e não apreciaram.

A regra deve ser a de, se o Tribunal inferior não apreciar todas as questões trazidas no recurso de natureza ordinária, serem opostos os pertinentes embargos declaratórios apontando a omissão no exame da matéria legal e fática, se for o caso. Não havendo a integração da decisão originária, em resposta aos embargos, a parte recorrente deve postular a nulidade da decisão que se recusou a apreciar as questões omissas (legais ou fáticas), por ofensa ao artigo 1022, do novo CPC. E o Superior Tribunal de Justiça, como tem ocorrido na jurisprudência dominante, deverá decretar a nulidade da decisão por ausência de resposta aos embargos, o que configura desrespeito à regra do devido processo legal e da fundamentação das decisões judiciais[15].

---

14 Súmula 356/STF: O ponto omisso da decisão, sobre o qual não foram opostos embargos declaratórios, não pode ser objeto de recurso extraordinário, por faltar o requisito do prequestionamento.

15 Sobre o tema, vide nosso "As nulidades acolhidas pelos Tribunais Superiores em recursos de natureza extraordinária – necessidade ou formalismo?" in *Os poderes do juiz e o controle das decisões judiciais – estudos em homenagem à professora Teresa Arruda Alvim Wambier*. MEDINA, José Miguel Garcia *et al* (coord.).São Paulo: RT, 2008. pp. 976-982

As decisões que entendem prequestionada a matéria pela simples oposição de embargos declaratórios prestigiam a celeridade e a economia (evitando anulações e idas e vindas dos processos), mas podem pecar ao pressupor que a matéria ventilada em embargos está na decisão recorrida.

Daí a margem deixada ao final do artigo 1025 – o Tribunal verificará se ocorreu ou não o vício.

IV. O PREQUESTIONAMENTO NO ATUAL CÓDIGO DE PROCESSO CIVIL

A principal questão sobre o tema é: deve-se exigir a formalidade de se provocar o Tribunal inferior para que aprecie a tese legal (ainda que sem a referência numérica ao dispositivo) e questões fáticas (já que se os fatos forem referidos na decisão recorrida, o Tribunal Superior pode reapreciá-los, avaliando o acerto ou desacerto jurídico) e, havendo a recusa, deve-se postular a decretação da nulidade da decisão ordinária recorrida? Ou, em nome da economia e da celeridade processual, pode-se flexibilizar sempre a exigência do prequestionamento e dar por satisfeito o preenchimento do requisito pela simples oposição de embargos declaratórios, ainda que não respondidos, evitando a decretação da nulidade e a determinação de que outra decisão seja proferida?

É certo que a efetividade da prestação jurisdicional é, hoje, uma garantia constitucional, insculpida no artigo 5º, LXXVIII. E a economia e a celeridade processual implementam a efetividade.

Por outro lado, também é certo que determinadas exigências e formalidades da recorribilidade extraordinária têm razões históricas e fazem parte da própria natureza dos recursos extraordinários.

Nesse sentido, o prequestionamento, que tem justificativa lógica e histórica. Se os recursos extraordinários têm como objetivo central a verificação de ofensa à legislação (em nome da integridade do ordenamento e da unidade da Federação) e a uniformização jurisprudencial, pressupõem o preenchimento do cabimento constitucionalmente previsto (artigos 102, III, e 105, III, da Constituição da República).

E esses permissivos sobre o cabimento dos recursos deixam clara a intenção de corrigir eventuais desrespeitos legais e jurisprudenciais por parte das decisões recorridas, dos Tribunais inferiores. Não se trata de ver, apenas, o acerto ou o desacerto considerando o interesse subjetivo em jogo, mas se a decisão ordinária está ou não em conformidade com o ordenamento jurídico e se destoa de outra de Tribunal distinto.

Assim, o requisito do cabimento pressupõe que a decisão recorrida extraordinariamente seja inserida em algumas das hipóteses dos permissivos constitucionais, contrariando, por exemplo, um dispositivo legal.

E para ver se a decisão recorrida se enquadra em alguma das hipóteses de cabimento, essencial que ela tenha apreciado a matéria. Aí, a exigência do prequestionamento, que não é um mero formalismo, mas uma exigência constitucional – a decisão recorrida deve ter contrariado um dispositivo constitucional, ou divergido de outra de um outro Tribunal, por exemplo.

A técnica de oposição prévia de embargos declaratórios para que seja sanada omissão no exame de determinada questão legal ou fática (que devem ter sido levadas à apreciação da Corte inferior previamente, pelo instrumento próprio) nada mais faz do que sanar omissão e, por consequência, preparar a decisão de natureza ordinária para a recorribilidade extraordinária.

Não se trata de simples burocracia ou excesso de formalismo, portanto, defender a nulidade da decisão que se recusou a apreciar devidamente os embargos declaratórios e permaneceu omissa no exame da questão legal ou fática que demonstraria o enquadramento do caso em algum permissivo constitucional do cabimento.

Esta, portanto, a regra – se não houver a resposta aos embargos declaratórios, deve-se postular a nulidade da decisão recorrida por ofensa aos artigos 5º, LIV, e 93, IX, da Constituição Federal (no caso do recurso extraordinário), e 1022, do novo CPC (no caso do recurso especial).

Defender sempre a satisfação do requisito pela simples oposição de embargos demonstra uma grande preocupação com a efetividade da prestação jurisdicional, evitando nulidades e mais tempo para o desfecho da causa. Mas há o risco de admitir a satisfação do requisito do cabimento sem que a decisão recorrida esteja enquadrada nas hipóteses dos permissivos constitucionais.

Apenas é possível, no nosso entender, dar por satisfeito o requisito do prequestionamento pela simples oposição de embargos se a matéria objeto dos declaratórios for jurídica (e não fática). E, ainda, que ela tenha já sido articulada anteriormente ou devesse ser conhecida de ofício.

Ou seja, é o que diz a parte final do artigo 1025 – o Tribunal decidirá se ocorreu o vício. A Corte Superior, ao apreciar a necessidade do prequestionamento, caso a caso, verificará se a simples oposição bastou ou não (se ocorrente mesmo o vício que deveria ser sanado pelos embargos – e vícios jurídicos).

O que parece perigoso é generalizar a tese de que é um formalismo decretar-se a nulidade de decisões que não tenham respondido devidamente aos embargos e levar o Tribunal a extrapolar os limites de suas funções, reexaminando, por exemplo, aspectos legais (e até fáticos) não ventilados na decisão recorrida, mas articulados em embargos declaratórios.

Vale repetir. O artigo 1025 parece contemplar a mais moderna posição segundo a qual a simples oposição bastaria para dar por prequestionada a matéria. Mas o legislador foi cauteloso.

Não são quaisquer embargos declaratórios que servem para satisfazer o requisito do prequestionamento.

Se os embargos forem conhecidos e respondidos, obviamente a matéria estará prequestionada. Se não forem, todavia, deve-se, em primeiro lugar, ver se a matéria era de ordem fática ou jurídica. Se fática, não respondidos os embargos, a matéria não pode ser dada por prequestionada, sob pena de se consentir com a conclusão de que a matéria colocada nos embargos pela parte recorrente corresponde ao que deveria estar no acórdão.

Se apenas jurídica a questão objeto dos embargos declaratórios, a simples oposição dos embargos pode servir para prequestionar a matéria, mas desde que o Tribunal Superior considere existentes erro, omissão, contradição ou obscuridade. Ou seja, o Tribunal Superior, ao julgar o recurso de natureza extraordinária, deve notar que a matéria objeto dos embargos, não devidamente respondidos, deveria integrar o acórdão recorrido – e a essa conclusão o Tribunal só poderá chegar se a matéria objeto dos embargos for jurídica. Se fática, não, sob pena de adentrar o reexame de fatos e provas – o que é vedado.

Portanto, não é qualquer matéria objeto dos embargos de declaração que poderá ser dada por prequestionada. Ao contrário, dar-se-á por prequestionada a matéria objeto dos embargos se, cumulativamente: (i) os embargos forem conhecidos, (ii) a matéria for jurídica (não fático-probatória), (iii) o Tribunal Superior considerar que o vício da decisão embargada (omissão, obscuridade ou contradição) de fato existiu, não sendo inovadora a tese articulada nos declaratórios.

Essa, a nosso sentir, a leitura ideal, que não abre margem para que os Tribunais Superiores presumam que a matéria fática constante nos declaratórios é verdadeira ou adentrem o reexame de fatos e provas, o que vai de encontro com a própria e tradicional função das Cortes Superiores – guardiãs da Federação, da Constituição e da legislação infraconstitucional. O artigo em comento, assim, evita a declaração desnecessária de nulidades para resposta aos embargos. Se o Tribunal Superior já tiver elementos suficientes para julgar a causa, dando por prequestionada a matéria (até por celeridade – valor constitucionalmente garantido no artigo 5º, da Constituição Federal), dispensado fica o acolhimento de preliminares de nulidades por ausência de resposta devida a embargos declaratórios.

A AÇÃO RESCISÓRIA TENDO COMO FUNDAMENTO A VIOLAÇÃO AO PARÁGRAFO 1º DO ARTIGO 489 DO CPC DE 2015

Paulo Cezar Pinheiro Carneiro Filho

1. A AÇÃO RESCISÓRIA COMPORTA O EXAME DE UMA NULIDADE, ATÉ ENTÃO EFICAZ, DECORRENTE DO ERRO DA MANIFESTAÇÃO DA VONTADE DO JUIZ NA AÇÃO ORIGINÁRIA. A NOVA REGRA DO PARÁGRAFO 1º DO ARTIGO 489 DO CPC DE 2015, RECONHECENDO EXPRESSAMENTE ALGUMAS ESPÉCIES DO GÊNERO NULIDADE POR AUSÊNCIA DE FUNDAMENTAÇÃO.

Quando o Estado chama para si a responsabilidade de resolver o conflito entre os seus jurisdicionados, cabe a ele distribuir aquilo que seria justo às partes envolvidas. Mas o que seria o justo a ser distribuído ao autor e ao réu? Qual seria o conceito de justiça? Em verdade, não foi possível, até o presente, estabelecer acordo entre os homens, para se fixar aquilo que é justo. Com isto, as injustiças, que possam acarretar determinado mecanismo de realização do direito, vêm a ser apenas o preço do bem-estar e da tranquilidade gerais.[1]

Justamente para melhor garantir a responsabilidade do Estado na distribuição de justiça, Jorge Americano defende a ação rescisória como instrumento para garantir a correta e justa distribuição de justiça às partes em casos anteriormente julgados com infração à disposição da lei.[2] A crítica feita por alguns autores a tal posição é de

---

1 "Poder-se-ia considerar ideal a ordem jurídica que assegurasse perfeita distribuição da justiça entre os homens: que tratasse igualmente as coisas iguais e desigualmente, observada a justa proporção, as coisas desiguais. As divergências de opiniões, a respeito dos critérios de igualdade, são o primeiro, e seguramente o maior, obstáculo à consecução dessa ordem jurídica ideal. Não foi possível, até o presente, estabelecer acordo entre os homens, para se fixar aquilo que é justo. Diante dessa impossibilidade e da necessidade irredutível de paz social, os homens que dispõe do poder se contentam em estabelecer aquilo que, bem ou mal, deverá ser considerado como direito. De sorte que as injustiças, que possa acarretar determinado mecanismo de realização do direito, vêm a ser apenas o preço do bem estar e da tranquilidade gerais." (VIDIGAL, Luís Eulálio de Bueno. *Comentários ao Código de Processo Civil.* Vol. VI. São Paulo: Revista dos Tribunais, 1976, 2ª ed., p. 3-4).

2 "Se o Estado, em nome do princípio jurídico, me obriga a submeter-me à sua decisão, impõe-se logicamente que esta decisão seja justa, que corresponda àquela necessidade social ou individual que se propôs suprir ou corrigir. Daí concluir-se, em lógica pura, pela responsabilidade do Estado quando houver erro judiciário. Todavia, desde que se tranca ou suprime essa consequência inevitá-

que a verdade, no processo, deveria ser pesquisada como o é na história, isto é, sem quaisquer restrições no tempo e no espaço. Isto importaria sacrifício da estabilidade das relações jurídicas, com a conciliação das exigências de certeza com as exigências de justiça e, citando Pontes de Miranda, afirma que a ação rescisória seria um remédio a ser ministrado contra sentenças nulas ou injustas,[3] não se restringindo apenas às hipóteses de violação de lei.

Calamandrei sustentava que o conceito de nulidade da sentença no Direito romano era um conceito jurídico: a sentença nula era juridicamente inexistente[4]. Contudo, em nosso sistema, há diferença abissal entre a sentença nula e a sentença inexistente, conforme examinaremos.

Já a diferença entre o conceito de sentença nula e sentença injusta foi bem explicada por Eduardo Couture através da distinção entre a nulidade de fundo e a de forma. Para o professor uruguaio, a nulidade de fundo ocorreria quando a sentença rescindenda tivesse deixado de observar norma de direito substancial e a nulidade de forma ocorreria quando a decisão tivesse inobservado regra procedimental. A nulidade por infração à lei ou substancial ocorreria quando o juiz que sentencia, aplicando uma lei já revogada, ou não aplicando a lei que rege o caso concreto, ou falseando em sua interpretação a letra ou espírito da lei, não profere uma sentença nula em sua forma, mas errônea em seu fundo. É o caso da sentença injusta que causa prejuízo, e que tem seu corretivo no recurso de apelação.

Em relação às consequências da declaração da nulidade de fundo e da declaração de nulidade de forma, no reconhecimento desta, o juiz deve fazer o que se chama tradicionalmente *renvoi*: mandar devolver os autos a instância inferior para que esta se pronuncie na forma legal. Por outro lado, quando a nulidade seja de fundo, como então o vício não está no processo, mas na própria sentença, o juiz da nulidade assume ambos os poderes do juiz de apelação e profere a sua decisão como entender de direito e justiça.[5]

---

vel, força será dar remédio para outro meio. E assim, além da revisão em matéria criminal, temos a ação rescisória em matéria cível." (AMERICANO, Jorge. *Da acção rescisória dos julgados no Direito brasileiro.* São Paulo: Livraria Acadêmica, Saraiva & C. Editores, 1926, 2ª ed., p. 7).

---

3 VIDIGAL, Luís Eulálio de Bueno. *Comentários ao Código de Processo Civil.* ob. cit., p. 6-7.

4 CALAMANDREI, Piero. *Opere Giuridiche.* Volume Sesto. Napoli: A Morano, 1965, p. 24.

5 COUTURE, Eduardo Juan. *Fundamentos do Direito Processual Civil.* São Paulo: Editora Livraria Acadêmica, 1946, p. 312-313. Bueno Vidigal também aponta a nulidade da sentença decorrendo do erro da manifestação de vontade do juiz *in procedendo* e a injustiça da decisão em virtude de erro do juiz *in iudicando*: "A nulidade da sentença suscetível de ser reconhecida em ação rescisória poderia, portando resultar de: A) vícios que, embora permitindo o nascimento da relação jurídica processual, deveriam ter impedido o seu desenvolvimento (sentença proferida: por juiz peitado, impedido, ou absolutamente incompetente, com ofensa à coisa julgada); B) vícios que, embora permitam o nascimento e o desenvolvimento da relação jurídica processual acarretam a nulidade total ou parcial do processo (sentença proferida em processo nulo por falta de atos, termos, ou formalidades substanciais); C) injustiça em virtude de: a) ilegalidade decorrente de má aplicação

A incidência de nulidade na sentença como pressuposto de admissibilidade para o manejo da ação rescisória configura o interesse em agir da parte sucumbente na ação originária. Afinal, a sentença é válida e eficaz, e se a nulidade processual não for desconstituída em dois anos, não haverá mais com rescindir o julgado e desfazer a nulidade. Consequentemente, o erro de manifestação do juiz ao conduzir o processo ou ao julgar ficará sanado.[6]

José Carlos Barbosa Moreira, a seu turno, aponta a existência de nulidade sanável e eficaz como pressuposto da ação rescisória, a configurar o interesse em agir do autor, que objetiva desconstituir justamente a nulidade até então eficaz.[7] Neste sentido, o autor critica parte da doutrina nacional, porque os autores que têm construído a rescisória como ação tendente à declaração da nulidade da sentença empregam o termo "nulidade" em sentido impróprio; uma invalidade que só opera depois de judicialmente decretada classificar-se-á, como melhor técnica, como "anulabilidade".[8]

---

do direito aos fatos da causa (sentença proferida contra direito expresso); b) má informação do juiz provocada por atividade criminosa (sentença fundada em prova falsa). Os vícios indicados na letra A, que deveriam impedir o desenvolvimento da relação processual, e os indicados na letra B, que acarretam a nulidade total ou parcial do processo, decorrem de erros cometidos pelo juiz in procedendo, que consistem na recusa, por parte do juiz, em executar aquilo que a lei a ele, singular e diretamente ordena. A injustiça referida na letra C decorre de erros cometidos pelo juiz *in judicando*, isto é, de errônea declaração de lei, cujo efeito característico é o de declarar como concreta vontade da lei aquilo que a lei na realidade não determina." (VIDIGAL, Luís Eulálio de Bueno. *Comentários ao Código de Processo Civil.* ob. cit., p. 99-100).

---

6 "De modo nenhum as sentenças, a que se refere ao art. 485, são sentenças nulas. São válidas e rescindíveis. O prazo para propositura não é prescripcional (= para que nasça a *exceptio),* mas sim preclusivo de direito e pretensão. Não há sanação com o advento do último instante dos dois anos: se havia nulidade processual e a sentença a sanou, nada tem isso com a rescindibilidade; se sanada não tivesse sido a nulidade, não precisaria da ação rescisória, porque a própria sentença seria nula. A sentença ou nada encontra que sane, ou sana a nulidade que existia, ou ela mesma é nula, Por onde se vê que pode o juiz, de ofício julgar precluída a pretensão." (MIRANDA, Francisco Cavalcanti Pontes de; BERMUDES, Sérgio (atual.). *Comentários ao Código de Processo Civil.* Tomo VI. 3ª ed. Rio de Janeiro: Forense, 1998, p. 190-191).

7 "Eficácia das sentenças rescindíveis – (a) Todas as sentenças sobre as quais se pode propor a rescisória tem eficácia (força e efeitos) se outra razão não milita. Todas as sentenças que se não for proposta a ação rescisória, continuarão como estavam, sem serem nulas, pois que não foi intentada a ação nos dois anos, são inimpugnáveis." (MIRANDA, Francisco Cavalcanti Pontes de; BERMUDES, Sérgio (atual.). *Comentários ao Código de Processo Civil.* Tomo VI. ob. cit., p. 199).

8 Ponte de Miranda, no seu "Tratado sobre a Ação Rescisória", também sustenta que as anulações não existem, de regra, no direito processual civil, mas apenas nulidades, rescindibilidades e revogabilidade. A nulidade será desfeita, desconstituída, rescindida quando "a sentença que existia deixou de existir". Para ele, inclusive, o conceito de anulabilidade estaria vinculado ao direito material. Assim, os atos judiciais que não dependam de sentença, ou que sejam meramente homologatórios, poderão ser rescindindos como atos jurídicos em geral, nos termos da lei civil: "o legislador, mesmo a respeito dos atos em processo, que são anuláveis conforme o direito material, preferiu frisar a diferença, assim o ato dito judicial que podia ou pode ter decretação de anulação conforme o

Rescindir, como anular, é desconstituir. Nesta linha de conceitos, a sentença rescindenda seria portadora de uma nulidade válida e eficaz, que, enquanto não desconstituída, ou melhor, anulada, produziria todos os efeitos determinados pela parte dispositiva da decisão.[9]

Já quanto ao ato processual inexistente, Bueno Vidigal sustenta que a inexistência estaria configurada quando o ato é ineficaz, não produzindo qualquer efeito jurídico a sentença. Em suma, ato inexistente seria ato ineficaz.[10] Todavia, não se poderia configurar a inexistência quanto à sentença incompreensível, porque os critérios de compreensão variam segundo as pessoas; o ser, ou não, compreensível a sentença não importa. Se a sentença contém a parte dispositiva, ela deve ser considerada existente. Em suma, se a sentença é eficaz, a decisão é existente, produzindo efeitos.[11]

---

direito material, e, pois, é anulável, tem-se, se ocorre o que se prevê no art. 486, como rescindível. Daí tais atos judiciais que não dependem de sentença, ou em que ela é meramente homologatória, poderem "ser rescindidos, como os atos jurídicos em geral, nos termos da lei civil. (...) A decisão rescindente não é declarativa, mas sim constitutiva negativa. O que era deixa de ser ou o que não era passa a ser. No momento em que passa em julgado a decisão favorável proferida na ação rescisória, a sentença que existia deixou de existir. Nenhum efeito da sentença rescindida pode perdurar se toda a sentença foi rescindida." (MIRANDA, Francisco Cavalcanti Pontes de. *Tratado da ação rescisória das sentenças e de outras decisões*. Rio de Janeiro: Forense, 1976, 5ª ed., p. 120).

---

9 MOREIRA, José Carlos Barbosa. *Comentários ao Código de Processo Civil*. Vol. V. Rio de Janeiro: Forense, 2008, 14ª ed., p. 108-109.

10 Barbosa Moreira, complementa, aduzindo que o ato inexistente seria ato ineficaz, porque desprovido de elemento essencial. Assim, "não se desconstitui o que não existe": "Os vícios de sentença podem gerar consequências diversas, em gradação que depende da respectiva gravidade. A sentença desprovida de elemento essencial, como o dispositivo, ou proferida em 'processo' a que falte pressuposto de existência, qual seria o instaurado perante órgão não investido de jurisdição, é sentença *inexistente*,e será declarada tal por qualquer juiz, sempre que alguém a invoque, sem necessidade (e até sem possibilidade) de providência tendente a desconstituí-la: não se desconstitui o que não existe. Mas a sentença pode existir e ser *nula*, v.g., se julgou *extra petita*.Em regra, após o trânsito em julgado, (que, aqui, de modo algum se preexclui), a nulidade converte-se em simples *rescindibilidade. O defeito, arguível, em recurso* como motivo de *nulidade, caso* subsista, não impede que a decisão, uma vez preclusas as vias recursais, surta efeito até que seja *desconstituída,* mediante *rescisão.*"(MOREIRA, José Carlos Barbosa. *Comentários ao Código de Processo Civil*. Vol. V. ob. cit., p. 107).

11 Interessante observar a contradição na posição de Bueno Vidigal, quando sustenta que a sentença inexistente não produz efeito, mas possibilita à parte prejudicada "requerer a repetição do que houver pago ou a reposição das coisas no estado anterior." Há um contrassenso evidente! Dentre as sentenças nulas, mas existentes, Bueno Vidigal aponta também a sentença que contém uma impossibilidade lógica, a que converte dívida civil em prisão, e a que reconhece o fideicomisso do terceiro grau e a sentença inconveniente como a que ordena medida conhecida pela ciência como calamidade pública: "As sentenças inexistentes não produzem qualquer efeito jurídico; decorrido o prazo de recurso, poderão ser impugnadas na execução, e decorrido o prazo para a propositura da rescisória (art. 495), ainda poderá a parte por elas prejudicada requerer a repetição do que houver pago ou a reposição das coisas no estado anterior à execução, sem que lhe possa opor, com possibilidade de êxito, a exceção de coisa julgada. Não devem ser considerados de inexistência os

O ato inexistente por força da falta de elemento mínimo, que acaba impedido que produza seus efeitos, pode decorrer do seu objeto, do agente e de sua capacidade. Quanto ao objeto, a sentença sem dispositivo é classificada como um ato inexistente, assim como na falta de assinatura do juiz, porque o ato não emana da vontade do magistrado. Quanto à capacidade do agente, o ato inexistente é o praticado pelo advogado sem procuração. Este exemplo é alvo de muitas críticas, porque o ato, embora inválido, já que não apresentada a procuração para ratificá-lo, produziu efeitos por pelo menos 15 dias, na linha do artigo 104 do CPC.[12-13]

---

seguintes: a) a sentença incompreensível, porque os critérios de compreensão variam segundo as pessoas; o ser, ou não, compreensível a sentença não importa. Se a sentença contém a parte dispositiva, ela deve considerar-se existente. O mesmo se deve dizer da sentença indeterminável e da invencivelmente contraditória. A matéria a ser interpretada ou determinada é da alçada do juiz da execução ou daquela que vier a conhecer da exceção de coisa julgada. b) a sentença que contém uma impossibilidade lógica, como, por exemplo, a que declara casadas duas pessoas do mesmo sexo. É sentença ineficaz, mas não é inexistente. c) A sentença que converte a dívida civil em prisão e a que reconhece o fideicomisso do terceiro grau. Em ambas as hipóteses figuradas, o que há é ofensa a disposição literal de lei (art. 485, V, do CPC). São pois, exemplos típicos de nulidade a ser reconhecida em ação rescisória. d) a sentença que ordena medida reconhecida pela ciência como calamidade pública. Trata-se de sentença inconveniente, mas evidentemente válida. e) a sentença proferida em processo, no qual, pelo menos juiz, já proferida sentença inexistente. Não nos parece que assim seja. A sentença proferida em último lugar, por ter sido proferida contra o dispositivo no art. 471 do CPC." (VIDIGAL, Luís Eulálio de Bueno. *Comentários ao Código de Processo Civil.* ob. cit., p. 36-37).

---

12 "Suposto tratar-se de vício sanável a subscrição, quer do ato que formaliza a demanda, quer da sentença, pode vir a qualquer momento; e, consideradas outras circunstâncias que, no contexto, atestem que o ato emana da vontade de determinado agente, a falta de assinatura mais se assemelha a uma falha formal do que substancial. Quanto a deficiências na *capacidade* (em sentindo amplo)dos agentes, também parece certo que o vício pode levar à inexistência. (...). Contudo, a questão da capacidade – exceto na medida em que afete substancialmente a declaração contida no ato que é a demanda ou que é a sentença – parece estar mais ligada ao plano da validade do que ao da existência. Quanto ao *objeto,* não há dúvida de que é inexistente a sentença desprovida de dispositivo. Contudo, a essa expressão, como já visto com base em lição clássica, há de se dar entendimento largo, sendo provavelmente escassas as hipóteses em que, pura e simplesmente, não haveria dispositivo na sentença. Por outro lado, a falta de pedido, embora possa e deva impor o reconhecimento da inépcia da inicial e a extinção do processo, não conduz necessariamente à sentença inexistente. Pode não haver pedido, mas, se há sentença, esta deve ser impugnada a modo e o tempo adequados sob pena de prevalecer. Não fosse assim, e seria forçoso reconhecer que as sentenças *ultra-petita* – e com mais razão as *extra petita* – padeceriam de inexistência; o que, como já visto, não parece correto." (YARSHELL, Flavio Luiz. *Ação Rescisória:* Juízos Rescindente e Rescisório.São Paulo: Malheiros, 2005, p. 245-246).

13 Quanto às consequências, aduz Pontes de Miranda que "sentença ineficaz é a ferida de morte por alguma impossibilidade: cognoscitiva (sentença incompreensível, ilegível, indeterminável), lógica (sentença invencivelmente contraditória), *moral, (sentença incompatível com a execução ou a eficácia, como a que ordenasse a escravidão ou convertesse dívida civil em prisão, coisa inconfundível com a detenção civil nos casos especiais da legislação), jurídica (sentença que cria direitos reais*

A inexistência serviria para designar uma coisa que carece daqueles elementos que são a própria essência e vida do ato. Nesta linha de ideias, o ato inexistente não pode ser revalidado, nem precisa ser invalidado. Consequentemente, não é necessário, a seu respeito, um ato posterior que o prive de validade, nem tampouco é possível que atos posteriores o confirmem ou homologuem, conferindo-lhe eficácia. O ato é ineficaz porque nasceu morto, não produzindo efeitos.[14]

Apenas para encerrar o exame do ato inexistente, ou seja, ineficaz, porque não produz efeitos, como exceção à regra, temos as hipóteses de sentenças proferidas à revelia do réu. Nestes casos, a sentença é eficaz, já que contém todos os seus elementos essenciais para que possa produzir efeitos. O que não se formou foi a relação jurídica processual, ou seja, o próprio processo. Como exemplo de sentença inexistente e eficaz, poder-se-ia imaginar a apreensão de um bem do réu que não foi citado em ação condenatória, ora em face de execução. Esta é uma hipótese em que a sentença inexistente poderá produzir efeitos enquanto não desconstituída.[15]

---

além daqueles que o direito permite, como, em direito civil brasileiro fideicomisso do terceiro grau). Devemos aditar: material (física), científica (se, por exemplo, a sentença ordenar medida que, agora, se verifica ser calamidade pública, segundo descobertas da ciência), estética (se ordenava levantar platibanda e a lei municipal caíra em desuso). É nula *ipso irue: a) se o mesmo juiz publicou, no mesmo processo, outra sentença (Adolf Each, Urteilsnichtigkeit, Rheinische Zeitschift, III, 389); b) se faltou ou foi nula a citação inicial, tendo ocorrido à revelia o processo)"* (MIRANDA, Francisco Cavalcanti Pontes de; BERMUDES, Sérgio (atual.). *Comentários ao Código de Processo Civil.* Tomo VI. ob. cit., p. 194). Já no seu Tratado, como hipóteses de sentença inexistente, ou melhor, ineficaz, Pontes arrola a sentença proveniente de autoridade pública não judiciária civil; b) a sentença que não foi publicada, c) "a sentença publicada sem ser proferida em demanda civil a cuja instrução e debate imediatamente se ligue (e.g., proferida ao mesmo tempo que a pronuncia penal, ou a que se ditou em processo diferente daquele a que se destinavam as notas, é ineficaz, no caso de impossibilidade física, lógica, jurídica e moral, no conteúdo da sentença, como a que manda cortar a terra pelo meio, ou atribuir o domínio a um cavalo, ou decreta a escravidão, ou permite o incesto ou o castigo a fogo, ou a venda de documentos secretos do Estado a pais estrangeiro); d) a sentença contra a pessoa que goze de exterioridade.etc).." (MIRANDA, Francisco Cavalcanti Pontes de. *Tratado da ação rescisória das sentenças e de outras decisões.* ob. cit., p. 453).

---

14 "O conceito de inexistência é utilizado, portanto, para designar uma coisa que carece daqueles elementos que são a própria essência e vida do ato; um 'quid' incapaz de qualquer efeito (463). A seu respeito só se pode falar por meio de negativas, já que o conceito de inexistência é uma ideia convencional que significa a negação de tudo o que pode constituir um objeto jurídico. Quando se trata de determinar os efeitos do ato inexistente, vê-se logo que ele a não só carece absolutamente de efeitos, como também que sobre ele nada é possível construir. A fórmula que definiria esta situação seria, pois, a de que **o ato inexistente(fato não pode ser revalidado, nem precisa ser invalidado).** Não é necessário a seu respeito um ato posterior que o prive de validade, nem tampouco é possível que atos posteriores o confirmem ou homologuem, conferindo-lhe eficácia." (COUTURE, Eduardo Juan. *Fundamentos do Direito Processual Civil.* ob. cit., p. 302) (grifo nosso).

15 Liebman tem interessante estudo acerca do processo inexistente por falta de citação do réu. Neste sentido: "Primeiro e fundamental requisito para a existência de um processo sempre foi, e sempre será, a citação do réu, para que possa ser ouvido em suas defesas. *Audiatur et altera pars.* É com a

Todavia, a sentença objeto de ação rescisória é constituída de todos os seus elementos essenciais, produzindo efeitos. Tanto isto é verdade que a eficácia do julgado desperta o interesse em agir do autor, já que a sentença rescindenda poderá ser desconstituída pela ação rescisória, por força de vícios próprios ou de erro ou erros do juiz ao julgar a causa.

Os casos de nulidade de sentença estão previstos nos incisos I, II, III, IV, V e VIII do artigo 485 do Código de 1973 e nos incisos I, II, III, IV e V do artigo 966 do Código de2015, ou seja, nos casos em que a sentença foi proferida por força de prevaricação, concussão ou corrupção do magistrado, for proferida por juiz impedido ou absolutamente incompetente, resultar de dolo ou coação da parte vencedora em detrimento da parte vencida, em simulação ou colusão das partes para fraudar à lei, ofender a coisa julgada ou violar manifestamente norma jurídica.

Já os casos de erro de julgamento estão previstos nos incisos VI, VII e IX, todos do artigo 485 do Código de 1973 e nos incisos VI, VII e VIII do artigo 966 do Código de 2015, ou seja, quando a sentença for fundada em prova falsa apurada em processo criminal ou na própria ação rescisória, for fundada em erro de fato, ou há prova nova a desconstituir o julgado.[16]

O juiz, ao proferir sua sentença, de forma incontestável, manifesta sua vontade, através de um complexo raciocínio, estabelecido por uma convicção que é obrigatoriamente fundamentada e, então, explicada pelo agente do Estado aos seus jurisdicionados, através do estabelecimento de premissas lógicas, que são encadeadas de forma racional, para a compreensão de um homem médio.[17] Os erros dos juízes, ou seja, as

---

citação que se instaura o processo. Sem esse ato essencial não há verdadeiramente processo, nem pode valer a n que vai ser proferida. Um cidadão, não pode ser posto em face de uma sentença que o condena, quando não teve oportunidade de se defender. Sempre foi assim e façamos votos para que sempre assim seja." (LIEBMAN, Enrico Tullio. *Estudo sobre o Processo Civil Brasileiro.* São Paulo: Bestbook, 1990, p. 141).

---

16 GRECO, Leonardo. *Instituições de Processo Civil.* Vol. III. Rio de Janeiro: Forense, 2015, p. 336.

17 O articulista não concorda com a posição majoritária da doutrina, no sentido de que a manifestação de vontade do juiz é muito limitada ao proferir a sentença porque os efeitos do ato já são fixados e preestabelecidos pela lei. Neste sentido se manifestou Liebman: "Em sua qualidade de atos jurídicos, os atos processuais são indubitavelmente e por definição fatos voluntários; e não são nem menos pensáveis senão como resultado da vontade do sujeito que o pratica. Mas se trata aqui de uma vontade de todo genérica: a simples vontade e consciência de realizar o ato, não se requerendo de fato que seja dirigida a atingir determinado efeito e não se podendo nem ao menos determiná-lo e adequá-lo à própria vontade, porque o efeito é já fixado e preestabelecido pela lei. Nisto os atos processuais se distinguem das outras categorias de atos jurídicos e em particular dos negócios jurídicos. Mas, não é só: também este tênue elemento voluntário tem uma importância claramente secundária. O formalismo, necessário para assegurar a regular e rápida movimentação do processo e por isso a certeza e a precisão dos atos singulares, que se sucedem e sobrevêm uns aos outros, não permite que se dê relevância alguma à real vontade do sujeito. A observância das prescrições formais – em sentido amplo – estabelecidas pela lei torna sem a mais o ato operativo para os efeitos que são próprios, permanecendo irrelevante a intenção interna do sujeito agente

nulidades graves, que o legislador optou pela possibilidade de revisão em homenagem a uma prestação jurisdicional mais justa, através da ação rescisória, são eficazes enquanto não desconstituídas pelo processo sobre processo.[18]

O parágrafo 1º do artigo 489 do CPC apresenta hipóteses expressas de nulidade da sentença por erro dos juízes: a) quando o magistrado se limitar a indicar, reproduzir ou parafrasear ato normativo, sem explicar sua relação com a causa ou a questão decidida; b) quando empregar conceitos jurídicos indeterminados em sua sentença ou invocar motivos que se prestariam a justificar qualquer decisão, sem explicar, em ambas as hipóteses, o motivo concreto de sua incidência naquele caso; c) quando não enfrentar todos os argumentos deduzidos no processo, em tese, capazes de infirmar a conclusão adotada; d) caso se limite a invocar precedente ou enunciado de súmula ou deixar de seguir precedente ou enunciado de súmula invocado pelas partes sem demonstrar em ambos os casos a incidência ou não do precedente ou súmula ao caso concreto.

Ademais, a Lei nº 13.256/2016, que já alterou o recém-nascido CPC para disciplinar o julgamento dos Recursos Extraordinário e Especial, aditou o parágrafo 5º do artigo 966, ao prever o cabimento da ação rescisória com fundamento em manifesta violação à norma jurídica, quando a decisão, baseada em enunciado de súmula ou acórdão proferido em julgamento de casos repetitivos, não tenha considerado a existência de distinção entre a questão discutida no processo e o padrão decisório que lhe deu fundamento.

Por outro prisma em que se examine o parágrafo 1º do artigo 489 do CPC, agora, felizmente, a falta de fundamentação, então uma nulidade absoluta, que atenta não só contra a cláusula pétrea expressa no artigo 93, IX, da Constituição Federal, como malfere as garantias mínimas e fundamentais do devido processo legal, dentre elas o direito ao contraditório e, consequentemente, o acesso à justiça. Passou a ter o pará-

---

e excluída toda e qualquer pesquisa interna do sujeito agente e excluída toda e qualquer pesquisa direta para descobri-la, ressalvada apenas a possibilidade de interpretar caso a caso o significado com o qual o ato foi posto concretamente em existência." (LIEBMAN, Enrico Tullio. *Manual de Direito Processual Civil.* Vol. I. Tocantins: Intelectus, 2003, p. 195-196). Ora, é evidente que os efeitos da lei já foram preestabelecidos pelo legislador, mas só o ato de vontade do juiz que qualificará os fatos narrados nos autos naquela moldura legal, tudo após o magistrado formar sua convicção. Como os bons juízes falam: primeiro se decide qual das partes merece receber a tutela. Depois, se fundamenta como tentamos demonstrar no segundo capítulo deste trabalho.

---

18 "Na ação rescisória há julgamento de julgamento. É, pois, processo sobre outro processo. Nela, e por ela, não se examina o direito de alguém, mas a sentença passada em julgado, a prestação jurisdicional, não apenas apresentada (seria recurso), mas já entregue. É remédio jurídico processual autônomo. O objeto é a própria sentença rescindenda, – porque ataca a coisa julgada formal de tal sentença: a *sentia lata ei data*. Retenha-se o enunciado: ataque à coisa julgada formal. Se não houve trânsito em julgado, não há pensar-se em ação rescisória. É reformável, ou revogável, ou retratável, a decisão." (MIRANDA, Francisco Cavalcanti Pontes de. *Tratado da ação rescisória das sentenças e de outras decisões*. ob. cit., p. 120).

grafo 1º do artigo 489, assim, de forma expressa, cuidado minuciosamente do tema e, tratando de violação expressa e normatizada, ou seja, manifesta de norma jurídica, conforme se extrai expressamente do artigo, a ação rescisória é o remédio para se tentar curar a sentença transitada em julgado sem fundamentação, à luz da nova legislação, que veio a suprir laguna importantíssima em nosso ordenamento jurídico, porque não havia norma infraconstitucional expressa debruçando-se no exame do dever do magistrado ao fundamentar suas decisões.

2. A COISA JULGADA E A IMPOSSIBILIDADE DE SE DISCUTIR ATRAVÉS DA AÇÃO RESCISÓRIA NULIDADES DECORRENTES DA FALTA DE FUNDAMENTAÇÃO DA SENTENÇA: JURISPRUDÊNCIA PRATICAMENTE UNÍSSONA ACERCA DO TEMA. O PARÁGRAFO 1º DO ARTIGO 489 EXAMINADO EM CONJUNTO COM O INCISO V DO ARTIGO 966 DO NOVO CPC. O LEGISLADOR ABRIU UMA PORTA OUTRORA INEXPUGNÁVEL PARA O MANEJO DA AÇÃO RESCISÓRIA POR DEFICIÊNCIA DE FUNDAMENTAÇÃO

A coisa julgada pode ser interpretada como instituto do direito natural. Se se permitisse as partes proporem um sem número de ações para se discutir uma sentença não mais passível a recurso. Estar-se-ia eternizando um litígio, que nunca chegaria ao fim. A hipótese causaria prejuízo para ambas as partes, já que autor, réu e todos aqueles que estão compondo a relação jurídica não receberiam jamais a tutela estatal e, assim, também causariam prejuízo ao Estado, porque seu ato, considerado a eterna instabilidade de sua decisão, em sã consciência, jamais poderia ser designado como ato de autoridade[19].

Outro ponto tormentoso do instituto é a justificativa da eficácia da coisa julgada. Dentre as interpretações mais aceitas, destacam-se a teoria da ficção da verdade e a teoria da presunção da verdade. A teoria da ficção da verdade, capitaneada por Savigny, justificou a coisa julgada como a necessidade de prestigiar definitiva-

---

19 Como explica Couture, comentando as oscilações a respeito da coisa julgada, menciona que os glosadores levaram esta noção aos seus exageros máximos a fim de sustentarem o não cabimento de medidas contra a sentença que apresentasse alguma nulidade. É famoso o dístico de Scassia: "A coisa julgada faz do branco preto; origina e cria as coisas; transforma o falso em verdadeiro". Examinado a coisa julgada por outro ângulo, a necessidade de certeza era encarada e interpretada sob outra ótica, sendo a coisa julgada, assim, relativizada. No direito romano, considerando o caráter privatista do processo, a coisa julgada era encarada como negócio concluído pelas partes. No direito processual norueguês primitivo, a coisa julgada era elemento desconhecido, porque, em face de um novo elemento de convicção, seria sempre possível rever a sentença, não mais imune a recurso. No direito espanhol e colonial americano, a coisa julgada era relativizada, permitindo a sua revogação a qualquer tempo, se proferida contra o patrimônio do Rei. (COUTURE, Eduardo Juan. *Fundamentos do Direito Processual Civil*. ob. cit., p. 329-331).

mente a autoridade jurisdicional. Já a teoria da presunção da verdade, comandada por Pothier, defendia que a busca da verdade era o objetivo do processo.

A fim de evitarmos os extremos e buscando sempre o equilíbrio, não é razoável encarar a coisa julgada como verdade absoluta ou dogma insuperável. Entretanto, também não é lógico desperdiçar a longa e custosa atividade estatal encartada na sentença, permitindo a eternização do litígio, sem qualquer utilidade prática advinda do ato de autoridade do Estado, que poderia ser sempre desconstituído. Como se a sentença, o ato estatal, pudesse ser desprezado ao gosto do freguês. Afinal, a coisa julgada é, em resumo, uma exigência política e não propriamente jurídica; não é de razão natural, mas, sim, de exigência prática.[20]

Para Cândido Dinamarco, seguindo a linha doutrinária enraizada em nosso sistema por Liebman, a coisa julgada é a imutabilidade da sentença e de seus efeitos. Todavia, como sustenta Chiovenda,[21] esta imutabilidade dos efeitos da sentença, ou

---

20 "A primeira destas questões consiste no seguinte: habitualmente se diz que a coisa julgada é um instituto de razão natural ou de direito natural, imposto pela essência mesma do direito e sem o qual este seria ilusório; que sem ele, a incerteza reinaria nas relações sociais e o caos e a desordem seriam a regra nos fenômenos jurídicos." (COUTURE, Eduardo Juan. *Fundamentos do Direito Processual Civil*. ob. cit., p. 329). Leonardo Greco sustenta que a coisa julgada teria fundamento político e jurídico. Jurídico porque como exercício de jurisdição, exterioriza a vontade única do Estado quanto à postulação que lhe foi apresentada. Político porque permite segurança às partes na certeza de gozarem da tutela jurisdicional efetiva: "A coisa julgada possui dois fundamentos: um político e outro jurídico. Este se baseia no princípio da unidade da jurisdição (...) segundo o qual o exercício da jurisdição exterioriza a vontade única do Estado acerca da postulação que lhe foi encaminhada. É o que está consagrado como regra geral nos artigos 471 do Código de 1973 e 505 do Código de 2015: "nenhum juiz decidirá novamente as questões já decididas, relativas à mesma lide." O Poder Judiciário, então, exerce jurisdição em nome do Estado e a sua decisão representa a vontade estatal na solução do conflito. (...) O fundamento político da coisa julgada é a necessidade de estabilidade das decisões, que evita que os litígios se eternizem. Aquele cujo direito foi reconhecido pela sentença deve poder gozá-lo plenamente, exigindo da outra parte o comportamento determinado pela decisão, para o que deve contar, se necessário, como todo o apoio do aparato estatal. Isso porque a coisa julgada é uma garantia não somente da segurança jurídica (Constituição, art. 5º, *caput* e inc. XXXVI), mas também da própria tutela jurisdicional efetiva (Constituição, art. 5º, XXXV). Sem coisa julgada não há Estado Democrático de Direito." (GRECO, Leonardo. *Instituições de Processo Civil*. Vol. II. Rio de Janeiro: Forense, 2015, 3ª ed., p. 315).

21 Segundo Chiovenda, a coisa julgada deveria ser encarada como exigência social da segurança no gozo dos bens porque seria a forma do Estado atender a exigência social de segurança: "Entendido o processo como instituto público destinado a atuação da vontade da lei em relação aos bens da vida por ela garantidos, culminante na emanação de um ato de vontade (*a pronuntiatio iudicis*) que condena ou absolve, ou seja, reconhece ou desconhece um bem da vida a uma das partes, a explicação da coisa julgada só se pode divisar na exigência social da segurança no gozo dos bens." (CHIOVENDA, Giuseppe; MENEGALE, J. Guimarães (trad.). *Instituições de Direito Processual Civil*. Vol. I. São Paulo: Saraiva, 2ª ed., 1942, p. 274).

melhor, a imutabilidade do direito declarado no caso concreto, poderia ser revista através da demanda de revogação, restrita a determinadas causas de injustiça de fato da decisão da sentença.[22-23]

Em determinadas hipóteses, o legislador, buscando o equilíbrio entre a segurança jurídica e o acesso à justiça, possibilita a rediscussão da questão já decidida pelo Estado, ou melhor, os efeitos da sentença, já transitada em julgado, podem ser modificados, se naquele ato estatal decisório repousa nulidade ou nulidades que o legislador considerou mais graves e injustas e, assim, mais importante sua revisão, em comparação com a imperatividade do ato estatal e à segurança jurídica dos jurisdicionados. A nulidade, a possibilitar o manejo da ação rescisória, uma vez classificada com gravíssima pelo legislador, não pode ser sanada pelo chamado efeito sanatório da coisa julgada, já que, transitada em julgado a sentença, todos os vícios ali contidos ficariam curados, sanados e não mais abertos a novas postulações e discussões.[24]

---

22 Como explica Chiovenda, ocorre injustiça na sentença quando: "É *injusta* quando considera existente uma vontade de lei concreta que não existe, ou considera inexistente uma vontade que existe. A injustiça concerne, portanto, à sentença como juízo: podem, pois, depender de um erro do juiz acerca da questão de direito ou acerca de um uma questão de fato (supra, nº38). O erro do juiz sobre a questão de direito pode consistir em considerar inexistente uma norma abstrata que existe, ou existente uma norma abstrata que não existe; ou em interpretar uma norma existente de modo diverso do verdadeiro (violação de lei); ou, enfim, em dar por aplicável a uma dada relação uma norma existente, mas pertinente a outras relações jurídicas, como acontece quando se aplica norma geral mesmo nos casos excetuados, ou quando se aplica uma norma existente, mas pertinente a outras relações jurídicas, como acontece quando se aplica norma geral mesmo nos casos excetuados, ou quando se aplica uma norma a casos a que não se estende (falsa aplicação da lei). Pode suceder que uma sentença seja intrinsecamente justa, mas exteriormente não, por ser errado o raciocínio do juiz: exata a conclusão, mas errôneas as premissas. A injustiça na questão de fato pode derivar: a) ou da insuficiente demonstração da verdade, pela parte; e essa podem à sua vez, depender da carência de provas imputável, ou não, ao adversário; b) ou da presença de elementos de decisão objetivamente falsos; c) ou de uma atividade dolosa realizada por uma parte em prejuízo da outra; d)ou do dolo do juiz; e) ou, enfim, da insuficiente apreciação do fato levada a efeito pelo juiz, e essa pode, ainda, apresentar graus diversos, conforme o erro de fato resulte dos atos e documentos da causa, por modo a ser ou não incontrastavelmente estabelecido por eles, e conforme haja sido, ou não, o ponto de fato controvertido sobre o qual a sentença se tenha pronunciado." (CHIOVENDA, Giuseppe; MENEGALE, J. Guimarães (trad.). *Instituições de Direito Processual Civil.* Vol. III. ob. cit., p. 275-276).

23 A posição dominante acerca da natureza jurídica da coisa julgada no Brasil é a posição de José Carlos Barbosa Moreira. Para o professor, a coisa julgada não se consubstanciaria nas qualidades dos efeitos da sentença, mas da própria sentença ou do seu conteúdo, como demonstrado em MOREIRA, José Carlos Barbosa. Eficácia da sentença e autoridade da coisa julgada. In: *Temas de Direito Processual.* 3ª Série. São Paulo: Saraiva, 1984, p. 112-113.

24 Para Humberto Theodoro, a eficácia preclusiva da coisa julgada ou efeito sanatório da coisa julgada pode ser assim definido: "Qualquer novo debate judicial a seu respeito, contudo, só será viável se não afetar a situação substancial recoberta pela coisa julgada formada no processo anterior. Se a lide for outra, se o pedido a resolver for diverso, novo objeto litigioso terá sido deduzido em juízo, e livre será o reexame dos mesmos fatos (enquanto simples motivos) sobre que versou a causa

O efeito preclusivo ou sanatório da coisa julgada merece destaque. Com base neste princípio, entende-se que uma vez transitada em julgado a sentença, preclui a possibilidade de as partes discutirem outras alegações não formuladas no curso da relação jurídica processual. É como se a decisão ficasse revestida de uma armadura, tornando irrelevante qualquer outro argumento ou prova que a parte vencida pudesse apresentar[25].

São duas as exceções ao efeito preclusivo da coisa julgada. A primeira seria a das inexatidões materiais e erros de cálculos da sentença na linha expressa do artigo 494 do CPC (art. 463 do CPC de 73). O erro material é aquele perceptível *primu ictu oculi* e, assim, sem a necessidade de um maior exame, a traduzir desacordo entre a vontade do juiz e a vontade expressa na sentença. Dentre alguns exemplos de erros materiais, poder-se-ia citar a troca da legislação por outra, a consideração de data inexistente no processo, inexatidão na narrativa dos fatos, dentre inúmeros outros erros dos magistrados ao proferirem suas decisões.

Todavia, o erro de juízo de valor ou aplicação de norma jurídica sobre o fato do processo não pode ser interpretado como erro material, mas, sim, como erro de manifestação de vontade ao julgar. Já os erros de cálculo são apenas aqueles erros arit-

---

cuja sentença já se acha revestida da anterioridade de *res iudicata*. O que essa autoridade impõe, em sua essência, é a impossibilidade de futuro processo vir a desconhecer ou diminuir o bem ou a situação jurídica material reconhecida à parte no julgamento anterior. O resultado do segundo processo, nessa perspectiva, nunca poderá questionar o resultado do anterior. Ou, como diz Proto Pisani, não se podem repropor questões para obter resposta judicial que importe 'diminuir ou desconhecer o bem reconhecido no precedente julgado'. Assentadas essas premissas, cumpre ressaltar que da passagem da sentença em julgado decorre uma consequência jurídica imediata, que se manifesta paralelamente à composição da lide posta em juízo e que vem a ser o seu efeito preclusivo. Dois dispositivos do Código tornam evidente tal efeito: (i) o art. 505, que proíbe qualquer juiz de voltar a decidir '*as questões já decididas relativas à mesma lide*', e ii) o art. 508, que reputa deduzidas e repetidas 'todas as alegações e as defesas, que a parte poderia opor tanto ao acolhimento quanto à rejeição do pedido' solucionado na sentença de mérito passada em julgado. Assim, o que o sistema do Código deixa bem evidenciando é que, mesmo não incidindo a coisa julgada sobre os motivos da sentença, não poderão eles ser invocados para, em novas demandas, ou em decisões supervenientes no mesmo processo, provocar a modificação ou frustação daquilo que se acha sob a autoridade da *res iudicata.* Nem mesmo alegações e defesas que, se usadas a seu tempo, modificariam o julgamento da causa podemulteriormente fundamentar decisões em detrimento daquilo que logrou alcançar o *status* de coisa julgada." (THEODORO JÚNIOR, Humberto. *Curso de Direito Processual Civil.* Vol. I. Rio de Janeiro: Forense, 2015, 56ª ed., p. 1125).

---

25 "A coisa julgada cria uma armadura para a decisão, tornando irrelevantes quaisquer razões que se deduzam no intuito de revê-la. Nem mesmo questões que devem ser examinadas a qualquer tempo, como falta de pressupostos processuais, podem ser arguidas – o 'a qualquer tempo' deve ser compreendido como 'a qualquer tempo até a coisa julgada' (a propósito, STJ, 3ªT., REsp 1.381.654, Rel. Min. Paulo de Tarso Sanseverino, j.05.11.2013, DJE 11.11.2013; STJ, 2ª T., AgRg no RMS40422/RO, Rel. Min. Castro Meira, j. 11.06.2013, DJE 18.06.2013)." (DIDIER JUNIOR, Fredie. Art. 508. In: CABRAL, Antônio do Passo; CRAMER, Ronaldo (org.). *Comentários ao novo Código de Processo Civil.* Rio de Janeiro: Forense, 2015, p. 782).

méticos, como a inclusão de parcela indevida ou a exclusão, por omissão ou equivoco, de parcela devida.

A segunda exceção ao efeito sanatório da coisa julgada seria daqueles casos de nulidades gravíssimas, em que o legislador entendeu que poderiam ser atacados pela ação rescisória.

Neste ponto, vale mencionar a posição deJorge Americano,que sustenta que a ação rescisória tem, por fim, a decretação da nulidade de uma sentença, fica, por via de consequência, sem decisão a espécie sobre que decidira a sentença nula[26]. Por outro lado, não é qualquer nulidade que ficará refém ao manejo da ação. Até porque, se assim fosse permitido pelo Estado, a coisa julgada oriunda da sentença não teria qualquer valia e a sentença, como ato estatal, não teria qualquer valor, porque poderia ser sempre revista ao arbítrio do usuário insatisfeito com a prestação jurisdicional.

A coisa julgada, como direito fundamental que é,[27] expresso no artigo 5º da Constituição Federal, no seu inciso XXXVI, não pode ser desconsiderada em qualquer hipótese, como se a ação rescisória pudesse ser manejada a qualquer pretexto, ou melhor, sem fundamento sério. A coisa julgada no Brasil é extremamente frágil. A escancarada vulnerabilidade da coisa julgada pela ação rescisória, que não tem paralelo em nenhum sistema processual moderno, subsiste até hoje, com a complacência da doutrina, à exceção da luminosa tese de Luis Eulálio de Bueno Vidigal. A causa do fenômeno é a origem da ação em nosso sistema jurídico, através do Decreto nº737 de 1850, como mais um meio de arguição de nulidades da sentença, com prazo prescricional de 30 anos e, que poderia ser manejada em diversas hipóteses, mesmo que a questão que fundamentasse a nulidadetivesse sido exaustivamente debatida e discutida no curso da relação jurídica processual.[28]

---

26 AMERICANO, Jorge. *Da acção rescisória dos julgados no Direito brasileiro.* ob. cit., p. 13.

27 "O direito à segurança, que é um direito fundamental consagrado no *caput* do artigo5º da Constituição, não compreende apenas a segurança patrimonial e a incolumidade física, mas também direito de gozar plenamente os direitos que a Constituição e as leis conferem a cada pessoa, que não estariam protegidos se os litígios se eternizassem. Impedir ou limitar o exercício dos direitos pelos cidadãos acarreta, em última análise, violação à sua liberdade. Isso porque "só pode ser realizado o ideal do ser humano livre, isento do temor e da miséria, se forem criadas condições que permitam a cada pessoa gozar dos seus direitos econômicos, sociais e culturais, bem como dos seus direitos civis e políticos."(...) a coisa julgada não é apenas uma garantia individual, mas também coletiva, porque a coletividade tem interesse na regularidade do funcionamento da máquina judiciária, o que engloba a estabilidade das decisões nos termos previstos na legislação processual." (GRECO, Leonardo. *Instituições do Processo Civil.* Vol. II. Rio de Janeiro: Forense, 2015,3ª ed., p. 318).

28 "Somente em 1843, já independente o Brasil, é que foi criada formalmente em Portugal a ação rescisória, em seguida no Brasil incorporada ao Regulamento 737 de 1850,como mais um meio de arguição de nulidades da sentença, com prazo prescricional de 30 anos , como todas as ações pessoais, e facultando o desfazimento do julgado por qualquer violação de direito expresso, mesmo que a questão em que se fundamentasse a ação tivesse sido amplamente debatida e decidida em todas as instâncias do processo de que havia resultado a sentença. De lá pra cá, a evolução foi mínima. Na verdade, a escancarada vulnerabilidade da coisa julgada pela ação rescisória, que

As hipóteses de nulidade da sentença estão tipificadas no artigo 966 do CPC. Dentre os oito incisos do novo artigo, o que tem relação com a violação ao § 1º do artigo 489 do CPC é o inciso V, que prevê o cabimento da ação rescisória se a sentença violar manifestamente norma jurídica. A aplicação do referido inciso permite um debate mais intenso na doutrina e na jurisprudência do que a utilização dos outros sete incisos do artigo 966 do CPC. Isto ocorre pelo fato de que esta hipótese comporta o preenchimento de dois conceitos indeterminados, quais sejam, o que seria manifesta e o que seria norma jurídica. Todas as outras hipóteses são mais fechadas, permitindo um alcance mais restrito na manifestação do operador do direito ao se interpretar.[29316]

O artigo 485, V do CPC de 1973 previa o cabimento de ação rescisória quando a sentença violasse literal disposição de lei. A controvérsia jurisprudencial ocorria na definição dos conceitos "literal" e "disposição de lei". Já na doutrina, como destacado por Leonardo Greco, um dos poucos defensores da interpretação restritiva ao cabimento da ação foi Bueno Vidigal. A interpretação dominante da doutrina era no sentido do cabimento da ação rescisória, quanto ao conceito disposição de lei, em interpretação bastante extensiva. Compreende, à evidência, a Constituição, a Lei Complementar, ordinária ou delegada, a Medida Provisória, o Decreto Legislativo, a Resolução, o decreto emanado do Executivo, ato normativo baixado por órgão do Poder Judiciário (*v.g*, Regimento Interno: Constituição Federal, art. 96, I, "a").[30]

A doutrina praticamente uníssona, inclusive, sempre interpretou o sentido de "disposição de lei" de forma não só a abarcar as regras emanadas pelo Estado, através dos seus três Poderes, nas suas três esferas, como também a abranger costumes e princípios.

Quanto ao conceito de violação literal de lei, a doutrina, bem ilustrada em Pontes de Miranda, também, defendia que a violação decorreria não só do exame da lei, já que de sua leitura seria possível ao interprete extrair a violação, como também do exame do próprio direito como um todo, conjugado com a lei específica aplicável, porque a lei é o roteiroe, assim a interpretação do juiz poderia ser *secundum legem, praeter legem* e *contra legem*. A possibilidade de interpretação da lei pelo juiz, possibilitando

não tem paralelo em nenhum sistema processual moderno, subsiste até hoje com a complacência da doutrina, à exceção da luminosa tese de Luis de Bueno Vidigal, que procurou limitar a violação de literal disposição de lei apenas às leis de direito material. As únicas limitações impostas ao instituto no curso do tempo, igualmente sem uma mais detida reflexão teórica, foram as reduções do prazo para cinco anos no Código Civil de 1916 e para dois anos nos Códigos de 1973 (art. 495) e de 2015 (art. 975), e adoção pelo Supremo Tribunal Federal do atécnico verbete da Súmula nº343, que jazeu como um cadáver durante décadas e de repente ressuscitou para alguns casos, mas não para outros, assentada na insustentável premissa de que a incerteza ou a dúvida se sobrepõe à lei e de que a mesma lei por ter mais de uma interpretação. É o que mesmo lava-mãos do verbete sumular 400, que felizmente jaz no silêncio do sepulcro, embora nunca o STF tenha assinado o atestado de óbito da sua revogação." (GRECO, Leonardo. *Instituições do Processo Civil.* Vol. II. ob. cit., p. 315-316).

29 Por exemplo, o que é a violação à coisa julgada (inciso IV), como se configuraria o dolo ou coação da parte vencedora (inciso III) ou como definir o que seria erro de fato, verificável do exame dos autos (inciso VIII).

30 MOREIRA, José Carlos Barbosa. *Comentários ao Código de Processo Civil.* ob. cit., p. 131.

que ele possa julgar até mesmo contra o texto expresso da lei, conforme examinaremos, amplia o campo de incidência do cabimento da ação rescisória, já que o remédio contra a nulidade poderá ser utilizado não só para garantir a observância do texto expresso da lei, como garantir a observância da interpretação da lei.

Bueno Vidigal, de forma absolutamente minoritária na doutrina, não só sustentava a impossibilidade do manejo da ação rescisória para se discutir *errores in procedendo*, como também a ação não se prestaria a rever erros cometidos na interpretação de cada uma das provas consideradas isoladamente e na apreciação e confronto entre elas, assim como erros na interpretação do contrato, mesmo que resultantes de ofensa a literal disposição de lei, e erros decorrentes de sentenças proferidas contra os costumes, a analogia, os princípios gerais de direito e a jurisprudência dominante.

A fim de justificar sua radical posição, Bueno Vidigal sustenta que, se não fossem estabelecidas barreiras ao acesso à justiça, com limitações ao manejo da ação rescisória, dificilmente se encontrará uma decisão errada que não seja suscetível de ser anulada por ação rescisória. Para ilustrar a questão e a fim de comprovar sua tese, ele sustenta que uma das maiores dificuldades para o magistrado seria fundamentar sua sentença com lógica e, se ausência de fundamentação ou a má fundamentação pudesse ser debatida pela parte então prejudicada dificilmente se conceberia decisão injusta que não fosse suscetível de rescisão.[31]

---

31 VIDIGAL, Luís Eulálio de Bueno. *Comentários ao Código de Processo Civil*. ob. cit., p. 105-106 e 111-112. A posição defendida pelo Bueno Vidigal acerca da fundamentação das decisões como *error in procedendo* imune à ação rescisória veio a ser encapada pela jurisprudência. O STJ, no julgamento do Recurso Especial nº 55.351, decidiu que "não é nulo acórdão fundamentado sucintamente, de maneira deficiente (ou seja, sem o exame aprofundado das alegações suscitadas pelas partes) ou mal fundamentado, mas, sim, o sem fundamentação, o que carece de motivação. Precedentes da Corte". Ora, a jurisprudência é absolutamente complacente com os erros dos juízes ao prestar a jurisdição, ao ponto de afirmar que a prestação jurisdicional pode ser prestada sem motivação. Confira-se a íntegra da ementa do acórdão: CIVIL E PROCESSUAL CIVIL. LOCAÇÃO DE IMOVEL URBANO. BENFEITORIAS E DIREITO DE RETENÇÃO (ART. 35, DA LEI Nº 8.245/91). CONTESTAÇÃO. OMISSÃO DO TRIBUNAL LOCAL SOBRE PEDIDO SUBSIDIARIO (ART. 535, II, CPC): INEXISTENCIA, JA QUE FOI SUPRIDA NO JULGAMENTO DOS EMBARGOS DE DECLARAÇÃO. NÃO E NULO O ACORDÃO FUNDAMENTADO SUCINTAMENTE, DE MANEIRA DEFICIENTE OU MAL FUNDAMENTADO, MAS SIM O QUE CARECE DE MOTIVAÇÃO. PRECEDENTES DA CORTE. RECURSO ESPECIAL NÃO CONHECIDO. I – AO FUNDAMENTAR SUA CONTESTAÇÃO NO ART. 35 DA LEI Nº 8.245/91 (LEI DO INQUILINATO), O REU DEVE ATENDER AS EXIGENCIAS CONTIDAS NOS INCISOS DO PARAGRAFO 1. DO ART. 744 DO CPC. A DOUTRINA TAMBEM EXIGE A OBSERVANCIA DESSES REQUISITOS. II – NÃO HA OMISSÃO DO TRIBUNAL LOCAL EM RELAÇÃO AO PEDIDO SUBSIDIARIO, SE ELE FOI DENEGADO NO JULGAMENTO DOS EMBARGOS DE DECLARAÇÃO. INTELIGENCIA DO ART. 535, II, DO CPC. III – NÃO E NULO O ACORDÃO FUNDAMENTADO SUCINTAMENTE, DE MANEIRA DEFICIENTE OU MAL FUNDAMENTADO, MAS, SIM, O SEM FUNDAMENTAÇÃO, O QUE CARECE DE MOTIVAÇÃO. INTELIGENCIA DO ART. 458, II, DO CPC. PRECEDENTES DA CORTE: RESP Nº 19.661-0/SP, RESP Nº 7.870/SP, RESP Nº 10.670/MG, RESP Nº 2.227/GO E RESP Nº 5.272/MA. IV – RECURSO ESPECIAL NÃO CONHECIDO POR AMBAS AS ALINEAS. (REsp 55.351/RJ, Rel. Ministro ADHEMAR MACIEL, SEXTA TURMA, julgado em 30/04/1996, DJ 10/06/1996, p. 20397).

No mesmo sentido, mas com efeitos mais devastadores, já que com Repercussão Geral, o Supremo Tribunal Federal, examinado o Agravo de Instrumento nº 791.292, entendeu que não viola o artigo 93, inciso IX, da Constituição Federal, o julgado que examina sucintamente os argumentados apresentados pelas partes, sem determinar o exame pormenorizado de cada uma das alegações ou provas, nem que sejam corretos os fundamentos da decisão. Segundo, o relator, Ministro Gilmar Mendes, citando um sem número de precedentes do Excelso Pretório, não há violação dos art. 5º, LIV e LV, nem do art. 93, IX, da Constituição, que não exige o exame pormenorizado de cada uma das alegações ou provas apresentadas pelas partes, nem que sejam corretos os fundamentos da decisão; exige, apenas, que a decisão esteja motivada.[32]

O ataque aos *errores in procedendo* dos juízes ao fundamentar suas decisões era tarefa ingrata para as partes sob a ótica do CPC de 1973, porque não havia norma expressa demonstrando o que seria uma decisão mal fundamentada ou não fundamentada. Esta interpretação ficava ao talante dos juízes, que, em tese, poderiam decidir, observado o livre convencimento motivado, limitando-se à indicação, à reprodução ou à paráfrase de ato normativo ou empregando conceito juridicamente indeterminado, sem explicar sua relação com a causa ou a questão decidida, invocando motivos que se prestariam a justificar qualquer outra decisão, não enfrentando todos os argumentos apresentados no processo capazes de, em tese, infirmar a conclusão adotada, se limitando a invocar precedente ou súmula, sem demonstrar a aplicação ao caso concreto ou deixar de seguir enunciado de súmula, jurisprudência ou precedente invoca-

32 Questão de ordem. Agravo de Instrumento. Conversão em recurso extraordinário (CPC, art. 544, §§ 3° e 4°). 2. Alegação de ofensa aos incisos XXXV e LX do art. 5º e ao inciso IX do art. 93 da Constituição Federal. Inocorrência. 3. O art. 93, IX, da Constituição Federal exige que o acórdão ou decisão sejam fundamentados, ainda que sucintamente, sem determinar, contudo, o exame pormenorizado de cada uma das alegações ou provas, nem que sejam corretos os fundamentos da decisão. 4. Questão de ordem acolhida para reconhecer a repercussão geral, reafirmar a jurisprudência do Tribunal, negar provimento ao recurso e autorizar a adoção dos procedimentos relacionados à repercussão geral. (AI 791292 QO-RG, Relator(a): Min. GILMAR MENDES, julgado em 23/06/2010, REPERCUSSÃO GERAL – MÉRITO DJE-149 DIVULG 12-08-2010 PUBLIC 13-08-2010 EMENT VOL-02410-06 PP-01289 RDECTRAB v. 18, nº 203, 2011, p. 113-118). Ainda: Sentença: exigência constitucional de fundamentação: inteligência. O que a Constituição exige, no art. 93, IX, e que a decisão judicial seja fundamentada; não, que a fundamentação seja correta, na solução das questões de fato ou de direito da lide: declinadas no julgado as premissas, corretamente assentadas ou não, mas coerentes com o dispositivo do acórdão, está satisfeita a exigência constitucional. (RE 140370, Relator(a): Min. SEPÚLVEDA PERTENCE, Primeira Turma, julgado em 20/04/1993, DJ 21-05-1993 PP-09768 EMENT VOL-01704-02 PP-00461). No mesmo sentido, AI-AgR 242.237, Rel. Min. Sepúlveda Pertence, DJ de 22.9.2000; AI-AgR 764.981, Rel. Min. Ayres Britto, DJE divulgado em 6.5.2010; AI-Agr 637.301, Rel. Min. Cármen Lúcia; 1ªTurma, DJE de 28.10.2009; AI-AgR 529.105, Rel. Min. Joaquim Barbosa, DJE de 6.5.2010; AI-AgR 594.628; Rel. Min, Gilmar Mendes, DJE de 27.3.2008; RE-AgR 327.143 Rel. Min. Carlos Velloso, DJ de 23.8.2002. E, ainda, monocraticamente, RE 601.207, Rel. Min. Joaquim Barbosa, DJE de 21.5.2010; AI 697.581; Rel. Min Ayres Britto, DJE de 21.5.2010; AI 764.718, Rel. Min Cezar Peluso, DJE de 27.4.2010; AI 580.429, Rel. Min. Ellen Gracie, DJE de 9.5.2006; AI 679.321, Rel. Min. Dias Toffoli, DJE de em 14.4.2010.

do pela parte, sem demonstrar a existência de distinção no caso em julgamento ou a superação do entendimento.

O atual CPC abre uma porta outrora inexpugnável para que as partes possam impugnar a fundamentação das decisões judiciais. Agora, há texto expresso demonstrando e apontando as violações decorrentes dos erros in procedendo dos juízes ao fundamentar suas decisões. Interessante observar que, apesar de não termos artigo expresso apresentando um roteiro para os juízes observarem ao fundamentar suas decisões, após boa pesquisa na jurisprudência, localizamos, até então, apenas três julgados exigindo que a decisão judicial fosse fundamentada sob a ótica do novo roteiro traçado pelo CPC de 2015.

O TJRJ, no julgamento da Apelação Cível nº 0005773-48.2008.8.19.0064, cuja discussão girava em torno da rescisão de um negócio jurídico, anulou o julgado porque a sentença deixou de examinar diversos pontos levados ao processo através de reconvenção.[33320] Esta hipótese, agora, viola frontalmente artigo expresso de lei, quando o inciso IV, do artigo 489, reconhece a nulidade da sentença que não enfrentar todos os argumentos deduzidos no processo capazes de, em tese, infirmar a conclusão adotada pelo julgador.

O TJSP, também examinado ação de rescisão contratual, no julgamento da Apelação nº 1032834-61.2014.8.26.0224, anulou a sentença. E isto porque, ao decidir sobre os pedidos de aplicação da multa contratual, danos materiais e restituição de valores, o juiz foi demasiadamente sucinto, em como se vê: "Diante do descumprimento contratual por parte dos vendedores, deverão restituir aos compradores o

---

33 0005773-48.2008.8.19.0064 – APELAÇÃO Des(a). GUARACI DE CAMPOS VIANNA – Julgamento: 17/01/2012 – DÉCIMA NONA CÂMARA CÍVEL: APELAÇÃO. RESCISÓRIA C/C INDENIZATÓRIA. VENDA DE IMÓVEL. EXISTENCIA DE ÁREA NON EDIFICANDI, EM DESACORDO COM DOCUMENTO PÚBLICO CELEBRADO ENTRE AS PARTES. 1. Os fundamentos das preliminares apresentadas pelo réu restaram divergentes com a norma invocada, portanto, não resta outra alternativa, senão rejeitá-los. 2. Agravo retido do réu que não merece ser conhecido, uma vez que não cumpriu a exigência do artigo 523, caput e §1º, do Código de Processo Civil. 3. Nulidade da diligencia pericial, diante da inobservância do disposto no artigo 431-A do CPC. 4. Ausência de fundamentação da sentença, quanto a reconvenção ofertada, descumprindo os requisitos insculpidos nos artigo 458, do CPC e artigo 93, IX, da Constituição Federal. 5. Agravo retido da autora que se rejeita, pois sendo o magistrado o destinatário das provas (artigo 130 do CPC) tem ele o poder-dever de requisitar as importantes, a fim de firmar sua convicção e indeferir as inúteis ou protelatórias, consagrando o princípio do livre convencimento do Juiz. 6. Condenação a autora por taxa de ocupação. Sentença extra petita. Nos termos do artigo 128 do Código de Processo Civil, é defeso ao magistrado proferir decisão fora dos limites da ação proposta, não podendo, ainda, conhecer de questões não suscitadas. 7. Como quer que seja, porém, não é hora de enfrentar-se a matéria da lide, pois como já analisado, houve nulidade procedimental, o que afasta o principio da causa madura, restando incabível apreciação do mérito. 8. Sentença que se anula. Parcial provimento a ambas as apelações, para anular a sentença, bem como o processo a partir da realização do auto de verificação de fls. 127, a fim de que outra sentença seja proferida, observando o disposto nos artigos 128 e 460, caput, do CPC, no artigo 458, do CPC e artigo 93, IX, da Constituição Federal, bem como o artigo 431-A do CPC, nos termos do voto do Des. Relator.

valor das prestações pagas, além de multa, danos morais e materiais".[34] Esta hipótese, hoje, seria facilmente encaixada no inciso III do artigo 489 do CPC, já que, agora, o juiz não poderá invocar motivos que se prestariam a justificar qualquer outra decisão como ocorreu na sentença muito bem anulada pela 5ª Câmara de Direito Privado do Tribunal de Justiça de São Paulo.

O Superior Tribunal de Justiça, julgando o Recurso Especial nº 265.351, anulou a sentença por ausência de fundamentação, já que a pura e simples transcrição das razões e contrarrazões de apelação com a opção por uma delas, sem mais nem menos, não serve de fundamentação para os efeitos dos artigos 165 e 458, II do Código de Processo Civil. Este julgado, relatado pelo Ministro Carlos Alberto Menezes Direito, possivelmente, um dos ministros mais competentes que já compôs aquele tribunal, demonstra que as hipóteses previstas no parágrafo 1º do artigo 489 do CPC se entrelaçam porque, ao apenas relatar os fundamentos expostos pelo autor e pelo réu, o acórdão acaba se limitando à indicação de ato normativo invocado pelas partes, sem explicar sua relação com a causa ou questão decidida, na forma expressa do inciso I, como também não enfrenta todos os argumentos deduzidos no processo capazes de, em tese, infirmar a conclusão adotada pelo julgador, conforme determina o inciso IV, como também acaba invocando motivos que se prestariam a fundamentar qualquer decisão, na linha do inciso III.

Como já afirmado, salvo os pouquíssimos julgados em sentido contrário, a jurisprudência consolidada, examinando o dever de fundamentação dos magistrados, ou melhor, os magistrados, ao examinar o seu dever de fundamentação, eram absolutamente lenientes com as suas próprias condutas, ao ponto de encontramos acórdãos no sentido de que, mesmo que a decisão fosse mal fundamentada, não haveria nulidade. Felizmente, o CPC, em seu artigo 489, apresenta um roteiro expresso, através de um conteúdo mínimo, que deverá ser observado pelo magistrado ao decidir ou julgar a lide, possibilitando, assim, a declaração de nulidade caso a decisão ou sentença não observe aquelas regras expressas e literais ali contidas.A discricionariedade do juiz passa a ser mais bem controlada, já que o seu ato decisório deverá estar vinculado às regras contidas no parágrafo 1º do artigo 489 do CPC, como um conteúdo mínimo a ser observado pelo julgador ao decidir.

---

34 "Isto porque, ao decidir sobre os pedidos de aplicação da multa contratual, danos materiais e restituição de valores, MM. Juiz singular foi demasiadamente sucinto, em como se vê: "Diante do descumprimento contratual por parte dos vendedores, deverão restituir aos compradores o valor das prestações pagas, além de multa, danos morais e materiais." (sic) (fls.158). Note-se que sobre os referidos pedidos não há sequer mais uma linha no r, *decisum* monocromático. Conforme a garantia constitucional da fundamentação do provimento judicial (artigo 93, inciso IX da CF). *"O Ministro, desembargador ou juiz necessariamente de explicar o porquê do seu posicionamento."* (grifo nosso). E, nos termos do artigo 458 do Código de Processo Civil, são requisitos essenciais da sentença: o relatório, a fundamentação e o dispositivo." (TJSP, Apelação nº 103.2834-61.2014.8.26.0224, da Comarca de Guarulhos, apelantes: Sergio Faour AUD e RDR Incorporações Ltda, apelados: Valter José dos Santos e Maribel OMS Santos. Relator: Fábio Podestá, São Paulo, 2015).

E não é só. O dever de fundamentação dos magistrados também ficou mais fortalecido à luz do inciso V do artigo 966 do CPC. O referido inciso prevê o cabimento da ação rescisória se o acórdão ou sentença rescindendo violar manifestamente norma jurídica. O artigo 485, V, do CPC de 1973 possibilitava o cabimento da ação rescisória se o julgado rescindendo violasse literal disposição de lei. As barreiras ao manejo da ação rescisória começavam pela interpretação do significado disposição de lei. Não só a jurisprudência dominante restringia o cabimento da ação rescisória apenas contra texto expresso de lei, como parte da doutrina minoritária defendia, por exemplo, o não cabimento da ação rescisória se o acórdão rescindendo violasse um princípio jurídico.[35]

O significado de norma jurídica é bem mais abrangente do que disposição de lei, possibilitando o cabimento da ação rescisória não só quando o texto expresso da lei for violado, como também quando a interpretação do texto legal se chocar com princípios constitucionais, como o devido processo legal ou a dignidade da pessoa humana, cabendo assim, a não aplicação do texto expresso à luz das peculiaridades do caso concreto. A norma jurídica poderá ser extraída dos costumes, dos princípios de direito positivados ou não e, mais, a norma jurídica deverá ser extraída da própria interpretação da lei.[36]

---

35 Neste sentido, Yarshell sustenta que, agora, através da nova redação do inciso V do artigo 485 do CPC de 73, a ação rescisória seria cabível para tutelar a violação a princípio jurídico ou costume: "De outro lado, o CPC encampou a tese de que a rescisória não é autorizada apenas quando da violação da *lei,* mas também de normas resultantes de outras fontes do direito. Daí, quiçá, o temor de alguns: uma decisão de mérito poderá ser rescindida com base em 'simples princípio'? A preocupação é louvável e compreensível. Mas, a primeira e mais simples resposta é está: Se decisões podem estar fundadas em princípios, então é quando menos lógico e coerente que rescisões possam igualmente ocorrer por violação literal (ou manifesta) a esse tipo de norma. Isso não significa abertura para rescisões indiscriminadas, que colocariam a segurança em risco. Por outro lado, a alteração talvez ensejasse uma revisão crítica do emprego que muitos de nós temos feito dos *princípios;*quer no confronto de *regras* positivadas no ordenamento, quer na indevida ponderação de valores, sem que se cogite de fenômeno de inconstitucionalidade. Não só *princípios,* mas também é possível cogitar doravante de cabimento de rescisória com alegação de manifesta violação a normas consuetudinárias (o que pode ser comum, por exemplo, em relações mercantis e do comércio eletrônico), ainda que guardada a nota de excepcionalidade inerente à medida. Por outro lado, muito embora, tenham obtido força vinculante e seu papel seja potencializado no CPC/2015, os precedentes judiciais não poderão, em princípio, sub-livremente servir de reforço na argumentação de violação manifesta a uma verdadeira *norma jurídica."*(CARMONA, Carlos Alberto. O novo Código de Processo Civil e o juiz hiperativo. In: GRINOVER, Ada Pellegrini [et. al]. *O novo Código de Processo Civil – questões controvertidas.* São Paulo: Atlas, 2015, pp. 61-76).

36 Rodrigo Barioni comentando o artigo 966 do novo CPC, defende a intepretação do artigo neste sentido: "Verifica-se, em primeiro lugar, o emprego da locução 'norma jurídica' em substituição ao vocábulo 'lei'. A norma jurídica não é sinônimo de texto legal, mas o resultado da interpretação de qualquer preceito normativo, escrito ou não escrito. A alteração, portanto, tem duplo significado: de um lado, indica que não apenas o desrespeito à 'lei', em sentido estrito, autoriza a ação rescisória, mas a transgressão a qualquer enunciado normativo presente no ordenamento jurídico, ainda que não escrito. Assim, por exemplo, autoriza-se a ação rescisória por violação a princípio geral do direito, ainda quando não integrante de texto escrito. De outro lado, afasta a equivocada ideia de que o cabimento da ação rescisória estaria limitado aos casos de ofensa à interpretação literal do

Nesta linha de ideias, a interpretação da lei poderá ser *secundum legem, praeter legem* ou *contra legem*[37].

Ao aplicarmos o parágrafo 1º do artigo 489 em conjunto com o inciso V do artigo 966, é evidente que a ação rescisória será cabível não só quando o intérprete, através da sua manifestação de vontade, deixar de aplicar os incisos expressos do artigo, como, também, através de uma interpretação *praeter legem* da norma, seria possível atacar a nulidade não cominada em uma sentença, transitada em julgado, que se aproxime de uma das hipóteses previstas. Esta, sim, nulidade, cominada pelo legislador, mas que não se encaixa perfeitamente em qualquer uma delas. Bom exemplo ocorreu no julgamento do Recurso Especial nº 265. 371, anteriormente mencionado, em que o STJ anulou o acórdão por falta de fundamentação, já que o julgado apenas relatava o que havia sido exposto no recurso e nas contrarrazões, optando o julgador por uma das posições expostas.

Esse exemplo poderia se aproximar de algumas outras hipóteses previstas no parágrafo 1º do artigo 489, mas não se encaixar perfeitamente em uma delas. Contudo, através de uma interpretação mais aberta dos incisos, ou seja, *praeter legem*, é possível se reconhecer outras nulidades da sentença por falta de fundamentação apesar de não tipificadas expressamente no parágrafo1º do artigo 489 do CPC.

Encerrando, vamos torcer para que a porta aberta para o manejo da ação rescisória através de artigo expresso do CPC, debruçando-se sobre a fundamentação da sentença e, que permite, inclusive, a interpretação *praeter legem* da norma, conforme

---

texto positivado. A ação rescisória é cabível quando o conteúdo do dispositivo, em sua interpretação (não exclusivamente literal), tenha sido desrespeitado pela decisão judicial. Justamente por isso, o art.966, V, deixou de exigir que a violação fosse literal." (BARIONI, Rodrigo. Art. 966. In: DANTAS, Bruno; DIDIER JUNIOR, Fredie; TALAMINI, Eduardo; WAMBIER, Teresa Arruda Alvim (org.). *Breves Comentários ao Novo Código de Processo Civil.* São Paulo, Revista dos Tribunais, 2015, p. 2153). Ronaldo Cramer se posiciona no mesmo sentido: "Visto isso, tem-se que a ação rescisória, com fundamento no inciso V, pode impugnar decisão de mérito que ofende uma norma, seja ela regra ou princípio. Não é necessário que a norma violada esteja prevista expressamente num dispositivo legal. Se o inciso V consagra a rescisão por violação da norma, esta não precisa decorrer de um dispositivo legal, mas pode resultar da interpretação sistemática de diversos dispositivos, como é a hipótese da norma implícita. Não são poucas as normas implícitas em nosso ordenamento, como os princípios da segurança jurídica e do duplo grau de jurisdição." (CRAMER, Ronaldo. Art. 966. In: CABRAL, Antônio do Passo; CRAMER, Ronaldo (org.). *Comentários ao Novo Código de Processo Civil.* Rio de Janeiro: Forense, 2015, p. 1403).

---

37 Pontes de Miranda explica que a intepretação *secudum legem* ocorre quando o juiz "se atém ao texto da lei, ou ao que dela imediatamente resulta, e julga com tal aderência à literalidade". Já a interpretação *praeter legem* ocorre quando o juiz decide sem lei, mas junto (imediatamente) à lei, ou seja, "a aplicação de regra jurídica *praeter legem* é a que resulta de atividade do juiz fora do conteúdo imediato da disposição literal, porém não contra ela." E a interpretação *contra legem* ocorre quando o juiz julga contra texto expresso de lei." (MIRANDA, Francisco Cavalcanti Pontes de; BERMUDES, Sérgio (atual.). *Comentários ao Código de Processo Civil.* ob. cit., p. 263-267).

previsto no inciso V do artigo 966, não seja fechada e trancada pela jurisprudência, que, ao que tudo indica, não terá bom vontade na aplicação do parágrafo 1º do artigo 489 do Código de Processo Civil.[38]

38 Há alguns indícios para se afirmar que a jurisprudência não terá boa vontade na aplicação do artigo 489 do novo CPC. Em primeiro lugar, conforme se extrai dos enunciados aprovados pela Escola Nacional de Formação e Aperfeiçoamento de Magistrados, foram publicados cinco enunciados, tentando temperar as hipóteses previstas no § 1º do artigo 489 do novo CPC: "É ônus da parte, para os fins do disposto no art.489§ 1º, V e VI, do CPC/2015, identificar os fundamentos determinantes ou demonstrar a existência de distinção no caso em julgamento ou a superação do entendimento, sempre que invocar jurisprudência, precedente ou enunciado de súmula. A fundamentação sucinta não se confunde com a ausência de fundamentação e não acarreta a nulidade da decisão se forem enfrentadas todas as questões cuja resolução, em tese, influencie a decisão da causa. Os precedentes a que se referem os incisos V e VI do § do art. 489 do CPC/2015 são apenas os mencionados no art. 927 e no inciso IV do art. 332. Não ofende a norma extraível do inciso IV do § 1º do art.489 do CPC/2015 a decisão que deixar de apreciar questões cujo exame tenha ficado prejudicado em razão da análise anterior de questão subordinante. O art. 489, § 1º, IV do CPC/2015 não obriga o juiz a enfrentar os fundamentos jurídicos invocados pela parte, quando já tenham sido enfrentados na formação dos precedentes obrigatórios.". E não é só! A Lei nº 13.256, que disciplinou o processo e o julgamento dos recursos Especial e do Extraordinário, revogou o § 2º do artigo 1029, que previa que "quando o recurso estiver fundado em dissídio jurisprudencial é vedado ao tribunal inadmiti-lo com base em fundamento genérico de que as circunstancias fáticas são diferentes sem demonstrar a existência da distinção."

A CRISE NO ACESSO ILIMITADO À JUSTIÇA

Rafael Estrela Nóbrega

I. INTRODUÇÃO

A realidade brasileira apresenta um duplo desafio ao estudo do acesso à justiça. Por um lado, as significativas desigualdades econômico-sociais de nosso país acarretam uma parcela significativa da população a exclusão de direitos básicos e de instrumentos para torná-los efetivos.

Trata-se de um campo, ainda existente, da chamada "litigiosidade contida", como nomeada por Kazuo Watanabe.[1] Significa dizer que, mesmo em situações de extrema vulnerabilidade, diversos cidadãos são impossibilitados de levar suas necessidades ao conhecimento do Poder Judiciário.

Por outro lado, há, concomitantemente, uma judicialização excessiva que compromete o adequado exercício da função jurisdicional.[2] Segundo os últimos dados divulgados, 102 milhões de processos tramitam no país, o que, certamente, inviabiliza uma análise qualitativa das pretensões e das defesas articuladas pelas partes.

Não se revela eficaz um Poder Judiciário assoberbado de demandas, ainda mais quando diante de escasso número de auxiliares da justiça, ante o impedimento de novos concursos por força do limite orçamentário previsto na Lei de Recuperação Fiscal.

A "cultura de sentença"[3], existente em nosso país, converte o direito fundamental de ação em, praticamente, um "dever de agir",[4] como se a solução adjudicada pelo juiz fosse a única possibilidade de resolução dos conflitos jurídicos existentes.

Apesar de paradoxal, imperioso se destacar que essas contradições não se restringem ao campo processual. Como país em desenvolvimento, no Brasil, coexistem elementos de pré-modernidade, como analfabetismo e uma administração patrimonialista, e elementos de pós-modernidade, como a massiva inclusão digital de parte

---

1 WATANABE, Kazuo. Filosofia e características básicas do Juizado Especial de Pequenas Causas, in WATANABE, Kazuo (coord.). *Juizado Especial de Pequenas Causas*. São Paulo: RT, 1985, p. 2.

2 JUSTIÇA EM NÚMEROS 2016: *ano-base 2015*. Brasília: CNJ, 2016. Anual. p. 17.

3 A expressão, igualmente famosa, também foi consagrada por Kazuo Watanabe, no seguinte texto: WATANABE, Kazuo. Cultura da sentença e cultura da pacificação. In: YARSHELL, Flávio Luiz; MORAES, Maurício Zanoide de (org.). *Estudos em homenagem à Professora Ada Pellegrini Grinover*. São Paulo: DPJ Editora, 2005. pp. 684-690.

4 MANCUSO, Rodolfo de Camargo. *Acesso à justiça*: condicionantes legítimas e ilegítimas. 2ª ed. São Paulo: Editora Revistas dos Tribunais, 2015. p. 28.

da população e a integração global. Proporciona-se, assim, uma subsistência de valores contraditórios entre si.[5]

Nesse contexto, na tentativa de enfrentar o número de causas ante as possibilidades materiais do Judiciário, diversas medidas têm sido implantadas. Ao lidar com dois valores necessariamente conflitantes, entretanto, surgem, por óbvio, diversas polêmicas, inclusive, de adequação constitucional das condicionantes propostas. Por isso, a análise de acesso à justiça deve levar em conta esse delicado equilíbrio.

Não se pode perder de vista, ainda, que o acesso à justiça é apenas uma faceta de um problema mais amplo, de acesso ao direito. Nunca é demais realçar que os direitos fundamentais têm eficácia imediata (CF, art. 5º, §1º), sendo necessário que se assegure a fruição da própria posição jurídica de vantagem, não apenas a proteger de eventuais violações.[6]

Tal problemática, portanto, envolve a necessidade de assegurar a sobrevivência digna de todos, superando-se o quadro de miséria e de marginalização existente. No presente trabalho, contudo, nosso foco se voltará propriamente às questões processuais, mais ligadas com o acesso à justiça em si.

2. BREVE EVOLUÇÃO HISTÓRICA DA TEMÁTICA NO BRASIL

Flavio Galdino traça uma análise histórica precisa da evolução do acesso à justiça no Brasil. O autor identifica o seu surgimento, como texto normativo, na Constituição de 1946, como reação ao governo autoritário do Estado Novo, estabelecido no Brasil por Vargas, com a Carta Magna de 1937.[7]

Na verdade, a tradição política do país era a exclusão de determinados atos do controle jurisdicional.[8] Na Constituição Imperial de 1824, a existência do Poder Moderador (arts. 98 a 101) indica um campo em que o Monarca exercia sua supremacia sobre os demais poderes constituídos, na ideia de que ele velava "sobre a manutenção da Independência, equilíbrio, e harmonia dos mais Poderes Políticos" (CI 1824, art. 98, *in fine*).

Já na República, com a Emenda Constitucional nº 3/26, a CF 1891, em seu art. 60, §5º, passou a excluir da apreciação do Judiciário uma série de atos.[9] No mesmo

---

5 BINENBOJM, Gustavo. *Poder de polícia, ordenação e regulação:* Transformações político-jurídicas, econômicas e institucionais do Direito Administrativo Ordenador. 1 ed. Belo Horizonte: Fórum, 2016. p. 63-64.

6 GRECO, Leonardo. O acesso ao direito e à Justiça. In: ______. Estudos de Direito Processual. Campos dos Goytacazes: Ed. Faculdade de Direito de Campos, 2005. p 197-223.

7 GALDINO, Flavio. A evolução das ideias de acesso à justiça. In SARMENTO, Daniel; GALDINO, Flavio (org). *Direitos Fundamentais*: Estudos em homenagem ao professor Ricardo Lobo Torres. Rio de Janeiro: Renovar, 2006. p. 438.

8 Ibid. p. 438 e 440.

9 Art. 60, § 5º Nenhum recurso judiciário é permitido, para a justiça federal ou local, contra a intervenção nos Estados, a declaração do estado de sítio e a verificação de poderes, o reconhecimento,

sentido, a Constituição de 1934, no art. 18 das Disposições Transitórias, retirou a possibilidade de questionamento dos atos do Governo Provisório (1930-1934).[10]

Seja como for, a previsão específica do art. 141, §4º da CF 1946 constituiu grande novidade para a época, adotando-se o chamado princípio da ubiquidade da jurisdição nos seguintes termos: "a lei não poderá excluir da apreciação do Poder Judiciário qualquer lesão de direito individual".

Nesse primeiro momento, a garantia volta-se precipuamente a evitar os abusos do Executivo e a assegurar a harmonia e a independência entre os Poderes, direcionando uma vedação à atividade legislativa, qual seja, de criar campos de atividade infensa ao controle jurisdicional. Não se cuida, então, de criar qualquer dever ao juiz, nem de regular qualquer situação jurídica subjetiva das partes no processo.[11]

Com o passar do tempo, ainda sob a mesma Carta Magna, o art. 141, §4º passa a ser lido como garantia do direito de ação, enquanto direito público e subjetivo de provocar a atividade jurisdicional. Cuida-se de posição condizente com a evolução da doutrina processual e com a posição central que a ação ocupava à época no âmbito da teoria geral do processo.[12]

Digno de nota, ainda nesse momento, o escopo de proteção meramente individualista e ressarcitório. Pelo texto expresso, apenas são alcançados pelo princípio os direitos individuais já lesionados, não projetando qualquer efeito para situações plurissubjetivas ou para a tutela inibitória, o que não deixa de ser coerente com o contexto político e jurídico da época.

Com o Golpe de 1964, o país volta ao autoritarismo e, com isso, se veem novos bloqueios ao Judiciário para controle dos atos administrativos e legiferante.[13] Nessa fase, abundaram-se Atos Institucionais e até previsão constitucional de que medidas do Regime Militar não poderiam ser questionados judicialmente[14].

---

a posse, a legitimidade e a perda de mandato dos membros do Poder Legislativo ou Executivo, federal ou estadual; assim como, na vigência do estado de sitio, não poderão os tribunais conhecer dos atos praticados em virtude dele pelo Poder Legislativo ou Executivo.

10 Art. 18 Ficam aprovados os atos do Governo Provisório, dos interventores federais nos Estados e mais delegados do mesmo Governo, e excluída qualquer apreciação judiciária dos mesmos atos e dos seus efeitos.

11 GALDINO, Flavio. A evolução das ideias de acesso à justiça. In SARMENTO, Daniel; GALDINO, Flavio (org). *Direitos Fundamentais*: Estudos em homenagem ao professor Ricardo Lobo Torres. Rio de Janeiro: Renovar, 2006. p. 441.

12 Ibid, p. 442.

13 Ibid, p. 446.

14 Veja-se, nesse sentido, o AI nº 2/1965, art. 19 – Ficam excluídos da apreciação judicial: I – os atos praticados pelo Comando Supremo da Revolução e pelo Governo federal, com fundamento no Ato Institucional de 9 de abril de 1964, no presente Ato Institucional e nos atos complementares deste; II – as resoluções das Assembléias Legislativas e Câmara de Vereadores que hajam cassado mandatos eletivos ou declarado o impedimento de Governadores, Deputados, Prefeitos ou Vereadores,

Formalmente, a garantia da ubiquidade da jurisdição até continuou a existir, originalmente, no art. 150, §4º da Carta Magna de 1967 e, depois, no art. 153, §4º, com a redação dada pela Emenda Constitucional nº 1/1969, sem que fosse, possível, entretanto, lhe assegurar maior concretude.

3. OS MOVIMENTOS DE ACESSO À JUSTIÇA E A CONSTITUIÇÃO DE 1988

3.1. Aspectos gerais sobre o movimento de acesso à justiça

Com a redemocratização do país, em meados da década de 1980, pôde-se, novamente, trazer-se à baila a construção de novos ideais e teorias, muitas vezes obstados em períodos autoritários. Nesse contexto, no campo processual, incorporando-se a doutrina dos clássicos estudos de Cappelletti e Garth, floresce a ideia de acesso à justiça como princípio, que viria a ser consagrado na ordem constitucional de 1988.[15]

O principal mérito da teoria desenvolvida foi o de converter o conceito antes tido como mera garantia formal do direito de ação em uma garantia substancial, de acesso a uma ordem jurídica justa.

Em um plano global, o movimento apresentava-se como uma reação a um modelo de direito excessivamente formalista. Colocava-se, portanto, contra uma modelagem que pretendia identificar o fenômeno jurídico exclusivamente no complexo da norma, afastando a avaliação do direito positivo dos critérios de justiça, sociais, éticos, políticos e econômicos, e tentando transformar o processo de aplicação da norma em mero silogismo judicial.[16]

Parte-se, então, da concepção de que o jurista não deve apenas descrever o direito, sem, igualmente, retroceder às menções abstratas de especulação jusnaturalística. É preciso que se encare sua responsabilidade de identificar problemas e, partir deles, elaborar e projetar reformas que atendam às necessidades sociais.[17]

Mauro Cappelletti identifica três dimensões da justiça no mundo contemporâ-

---

a partir de 31 de março de 1964, até a promulgação deste Ato. Na mesma direção, o AI nº 5/1968, art. 11 – Excluem-se de qualquer apreciação judicial todos os atos praticados de acordo com este Ato institucional e seus Atos Complementares, bem como os respectivos efeitos. Os artigos 173 e 181, respectivamente, da Constituição de 1967 e da Emenda Constitucional nº1/1969, dispunham que "ficam aprovados e excluídos de apreciação judicial os atos praticados pelo Comando Supremo da Revolução de 31 de março de 1964".

15 GALDINO, Flavio. A evolução das ideias de acesso à justiça. In SARMENTO, Daniel; GALDINO, Flavio (org). *Direitos Fundamentais*: Estudos em homenagem ao professor Ricardo Lobo Torres. Rio de Janeiro: Renovar, 2006. p. 449-450.

16 CAPPELLETTI, Mauro. *O acesso à justiça e a função do jurista em nossa época*. Revista de processo, São Paulo, nº 61, p. 144/160, jan./mar., 1991. p. 1

17 Ibid, p. 3.

neo: constitucional, transnacional e social.[18] O primeiro plano indica o reencontro de muitos ordenamentos com valores fundamentais, que vinculam também o legislador e levaram à propagação da jurisprudência constitucional no segundo pós-Guerra. As novas Constituições deixaram de ser mero conselho ou orientação aos poderes estatais impactando a questão do acesso à justiça, explicitando e positivando diversas de suas facetas. Em especial, pela previsão de direitos como a assistência judiciária gratuita, a defesa dos consumidores e do meio-ambiente.[19]

O segundo apresenta a tentativa de superar a ideia tradicional de soberania nacional e criar um núcleo de "governo universal". Trata-se de problemas que não encontram limites nas barreiras artificiais dos Estados: economia, comunicações, intercâmbios de pessoas e culturas, migrações de trabalhadores, turismo e poluição. No caso brasileiro, por exemplo, a CF previu a formação de uma comunidade latino-americana de nações (art. 4º, p. único); e a criação de um tribunal internacional para tutela de direitos humanos (art. 7º do ADCT).[20]

Por fim, o aspecto social realça justamente o que vem sendo buscado, mais fortemente, como ideário de acesso à justiça. Registre-se que esses espectros não são estanques. A dimensão social se relaciona com a constitucional, porque deriva do nascimento e fortalecimento dos direitos sociais, junto aos tradicionais direitos individuais de liberdade. Também se relaciona com a transnacional, porquanto esta consiste na defesa dos direitos fundamentais, que não se limita às fronteiras dos estados nacionais.[21]

Nesse plano social, Cappelletti registra dois problemas principais: a falta de efetividade dos direitos sociais, que não podem ser meras declarações de direitos, devendo, verdadeiramente, atuar sobre a situação econômico-social dos indivíduos; e a busca de formas e métodos, em geral novos e alternativos, para a racionalização e controle do aparato estatal, bem como para a proteção contra os abusos que ele mesmo pode acarretar.[22]

Sabe-se que o processo, por si, não é capaz de promover a superação das desigualdades sociais existentes. Isso não exime o operador do direito de buscar desenvolver um instrumento idôneo à eficiente realização do direito material, sendo capaz de atender às aspirações da sociedade com a Justiça, ao mesmo tempo em que permita às partes competir com a maior igualdade possível, ante as diversas barreiras coloca-

---

18 Id. O acesso à justiça como programa de reformas e método de pensamento. In: *Cadernos de direito processual:* Revista do Programa de Pós-Graduação em Direito da Universidade Federal do Espírito Santo, Espírito Santo, nº 2, 2008. p. 377-379.

19 CAPPELLETTI, Mauro. *Op cit, nota 16*. p. 8.

20 Ibid. p. 9.

21 CAPPELLETTI, Mauro. O acesso à justiça como programa de reformas e método de pensamento. In: *Cadernos de direito processual:* Revista do Programa de Pós-Graduação em Direito da Universidade Federal do Espírito Santo, Espírito Santo, nº 2, 2008. p. 377-379.

22 Ibid. p. 381 e 383.

das. Trata-se da necessidade de efetividade social do processo, trazida das lições do professor José Carlos Barbosa Moreira.[23]

Para essa busca pelo processo socialmente efetivo, o primeiro passo necessário seria a identificação das barreiras que contribuem para esse déficit de acesso à justiça, marginalizando parcela significativa da população.

Um obstáculo evidente é o de natureza econômica. A pobreza leva a que parcela significativa da humanidade fique privada de seus direitos mais básicos, bem como frustre a possibilidade de que os venha exigir em juízo.[24]

Essa não é, entretanto, a única faceta dos problemas econômicos de acesso à justiça. Mesmo nos casos das pessoas que tenham meios financeiros para se valer do serviço jurisdicional, é possível que elas se sintam desestimuladas a litigar, em uma relação de custo-benefício,[25] perpetuando determinadas violações de direito.

Tal reflexão aproxima-se do segundo obstáculo, nomeado por Cappelletti de obstáculo organizador. Cuida-se da constatação de que direitos ou interesses, coletivos ou difusos, não são tutelados de maneira eficaz pelos mecanismos tradicionais e individualistas de tutela.[26] São problemas massificados que passam a se apresentar na sociedade contemporânea e não guardam correspondência com os instrumentos processuais então existentes.

Há também problemas ligados à própria geografia. Leonardo Greco chega a afirmar que justiça distante representa, em muitos casos, a ausência de lei.[27] Em primeiro lugar, porque violações de direitos são cometidas e é muito custoso e demorado acionar o aparelho judiciário. Em segundo, porque o juiz dificilmente pode ir ao local do fato e ter um contato mais direto com as provas.

Barreiras burocráticas representam outro óbice à plenitude do acesso à justiça, em um problema interno de organização do próprio Judiciário.[28]

Identifica-se, igualmente, a barreira processual.[29] Aponta-se a necessidade de formas alternativas de solução de conflitos, em uma reformulação da jurisdição, buscando-se um salto qualitativo, que pode ser obtido por meio de tutelas diferenciadas ou por meios alternativos de solução de conflitos.

---

23 BARBOSA MOREIRA, José Carlos. Por um processo socialmente efetivo. In: *Temas de direito processual*. São Paulo: Saraiva, 2004. p. 15-28.

24 CAPPELLETTI, Mauro. *O acesso à justiça e a função do jurista em nossa época*. Revista de processo, São Paulo, nº 61, p. 144/160, jan./mar., 1991. p. 4.

25 GRECO, Leonardo. O acesso ao direito e à Justiça. In: ______. Estudos de Direito Processual. Campos dos Goytacazes: Ed. Faculdade de Direito de Campos, 2005. p. 206.

26 CAPPELLETTI, Mauro. *O acesso à justiça e a função do jurista em nossa época*. Revista de processo, São Paulo, nº 61, p. 144/160, jan./mar., 1991. p. 5.

27 GRECO, loc. cit. p. 207.

28 Ibid, p. 209.

29 CAPPELLETTI, Mauro, loc cit. p. 7.

Dentro dessa análise, o autor italiano cunha a famosa ideia das "ondas de acesso à justiça".[30] A primeira onda buscou superar as dificuldades inerentes à pobreza, objetivando formas de dar assistência jurídica para os pobres. A segunda onda é referente a uma tutela efetiva de direitos e interesses não meramente individuais, mas tipicamente coletivos.

Por sua vez, a terceira onda traz a necessidade de completa releitura do funcionamento do sistema processual. Busca-se um novo modelo de justiça, baseado numa maior participação das partes e no influxo de critérios de equidade social distributiva, e formas de se submeter a atividade pública a formas mais adequadas de controle, descentralizadas e colaborativas. Nesse sentido, tenta-se enfrentar os riscos inerentes a atraso, a custos inúteis e a complicações do processo, que aumentam a conflituosidade e o distanciamento do Poder frente às exigências da sociedade.

3.2. Os impactos no Brasil

Como mencionado, as referidas teorias chegam, com força, ao Brasil no decorrer da década de 1980. A doutrina as recepciona com grande reverência, alçando o acesso à justiça, inclusive, à posição de polo metodológico mais importante do sistema processual.[31]

No campo legislativo, conforme anotado por Paulo Cezar Pinheiro Carneiro,[32] o país não seguiu cronologicamente as três ondas renovatórias observadas alhures por Mauro Cappelletti. Pelo contrário, o que se viu, por aqui, foi um movimento concentrado, que teve como grande marco a Constituição da República de 1988, e que trouxe elementos concernentes a todas as espécies de reforma preconizadas pelo mestre italiano.

Como exemplo, o professor aponta a Lei nº 7347/1985 (lei da ação civil pública), a Lei nº 8069/1990 (Estatuto da Criança e do Adolescente), a Lei nº 8078/1990 (Código de Defesa do Consumidor), Lei nº 9099/1995 (lei dos Juizados Especiais) e a Lei nº 9307/1996 (lei da arbitragem).

Nesse contexto, assimila-se, no direito brasileiro, a ideia de que o processo civil também deve atuar pautado na busca pela isonomia substancial na sociedade, em pensamento afinado com o Estado Social.[33]

---

30 Id. O acesso à justiça como programa de reformas e método de pensamento In: *Cadernos de direito processual:* Revista do Programa de Pós-Graduação em Direito da Universidade Federal do Espírito Santo, Espírito Santo, nº 2, 2008. p. 382-386.

31 DINAMARCO, Cândido Rangel. *A instrumentalidade do processo*. 14 ed. São Paulo: Malheiros Editores, 2009. p. 359.

32 PINHEIRO CARNEIRO, Paulo Cezar. Comentários aos arts. 1º a 15. In:WAMBIER, Teresa Arruda Alvim; DIDIER JR., Fredie; TALAMINI, Eduardo; DANTAS, Bruno (orgs.). *Breves comentários ao novo Código de Processo Civil*. São Paulo: Editora Revista dos Tribunais, 2015. p. 62.

33 GALDINO, Flavio. A evolução das ideias de acesso à justiça. In: SARMENTO, Daniel; GALDINO, Flavio (org). *Direitos Fundamentais*: Estudos em homenagem ao professor Ricardo Lobo Torres. Rio de Janeiro: Renovar, 2006. p. 450.

Os reclamos pela efetividade das normas constitucionais, ou seja, sua capacidade de verdadeiramente atuar na realidade a que elas se direcionam,[34] também reflete no direito processual.

Com esse referencial, o conteúdo do art. 5º, XXXV da CF, sem se descuidar do comando ao Legislador, passa a ser considerado também uma garantia em face do Judiciário. O foco coloca-se fortemente nos resultados úteis que a prestação de justiça possa conferir ao cidadão. Diz-se, não sem motivo, que a jurisdição assume o *status* de polo metodológico da teoria geral do processo.[35]

Enfim, conferindo-se ainda maior importância ao dispositivo, coloca-se que ele confere ao indivíduo um direito subjetivo à tutela jurisdicional adequada. Nesse sentindo, o enfoque é ainda maior na efetividade do processo, voltando-se às situações jurídicas decorrentes dessa relação processual e dirigindo-se primordialmente ao magistrado.[36]

Em apertada síntese, essa foi a evolução do conceito no Direito brasileiro. Não há como se negar que o crescimento de sua importância, como instrumento para a proteção dos jurisdicionados é, largamente, uma medida positiva. Nem se diminui, da mesma maneira, o importante trabalho de inclusão de parcelas historicamente excluídas do Judiciário, por meio do trabalho da Defensoria Pública, dentre outras iniciativas relevantes, reduzindo-se a chamada litigiosidade contida.

Entretanto, o atual momento, à luz de um novo Código de Processo Civil e de novas demandas sociais, impõe que os contornos do acesso à justiça sejam repensados. Não que se objetive retroceder a períodos históricos anteriores mas para que, mantendo-se o Judiciário aberto à população, possa se permitir ganhos qualitativos na prestação de justiça, significativamente prejudicada ante a sobrecarga de processo. Esse é o ponto que pretendemos abordar em seguida.

4. RACIONALIZAÇÃO: O DESAFIO DE LIMITAR LEGITIMAMENTE O ACESSO À JUSTIÇA

4.1. A crise numérica de processos no Brasil

Uma diversidade de fatores levou a uma verdadeira explosão de litigiosidade no atual momento histórico. Em números atuais, o país atingiu a impressionante marca de 102 milhões de processos[37] para estimados 206 milhões de habitantes.[38]

---

34 O conceito clássico de efetividade foi pioneiramente desenvolvido em BARROSO, Luís Roberto. *O direito constitucional e a efetividade das suas normas*: limites e possibilidades da Constituição Brasileira. 8 ed. Rio de Janeiro: Renovar, 2006. p. 82-83.

35 GALDINO, Flavio. loc cit p. 452.

36 Ibid, p. 458.

37 JUSTIÇA EM NÚMEROS 2016: ano-base 2015. Brasília: CNJ, 2016. Anual. p. 17.

38 BRASIL. INSTITUTO BRASILEIRO DE GEOGRAFIA E ESTATÍSTICA – IBGE. *Estimativas de população*. Disponível em: ftp://ftp.ibge.gov.br/Estimativas_de_Populacao/Estimativas_2016/serie_2001_2016_TCU.pdf. Acesso em 12/07/2017.

Tal crescimento vertiginoso não se restringe a causas jurídicas, podendo se citar, por exemplo, o adensamento populacional, a gradativa escassez de recursos naturais e a instalação de uma sociedade massificada como razões que impactaram no crescimento das demandas judiciais.[39]

Influíram, igualmente, para o grande aumento de número de processos a insuficiência de outros meios de resolução de conflitos e a exacerbada "judicialização da vida", como colocada pelo Ministro Luís Roberto Barroso.[40]

Não se pode ignorar, no entanto, que, para o atingimento desse quadro, colaborou uma leitura irreal do princípio do acesso à justiça. Partindo-se de uma leitura por demais ampla do art. 5º, XXXV da Constituição da República estabelece-se que todo e qualquer conflito, necessariamente, deve ser resolvido na seara judicial, como manifestação de cidadania, transformando-se o Judiciário em um "guichê geral de reclamações" de qualquer espécie.[41]

O atual quadro, de justiça ofertada de forma genérica e incondicionada, impede um funcionamento eficiente e uma razoável relação custo/benefício da prestação jurisdicional,[42] gerando uma série de reclamações acerca da lentidão do processo e, até mesmo, da qualidade do serviço prestado.

Além disso, o gigantismo hodiernamente atribuído à função jurisdicional traz uma série de outras externalidades negativas.[43] Em primeiro lugar, a máquina judiciária acaba insuflada, acarretando maiores custos às já combalidas finanças públicas. Em segundo lugar, cria-se uma "cultura demandista", em que o Judiciário passa a ser visto como o centro por excelência de resolução dos problemas da sociedade.

De se registrar que as reclamações sobre a lentidão e a inviabilidade do número de processos não são uma questão é realmente nova. Por exemplo, o assoberbamento do Supremo Tribunal Federal é um problema registrado, ao menos, desde a década de 1960. Inclusive, tentou-se, sem sucesso, resolvê-lo por meio da criação do Superior Tribunal de Justiça no âmbito da Constituição de 1988.

Nada obstante, o atual momento mostra-se particularmente crítico, o que tem ensejado uma série de reações, principalmente na seara legislativa, voltadas a possibilitar um funcionamento razoável do Poder Judiciário.

---

39 MANCUSO, Rodolfo de Camargo. *Acesso à justiça*: condicionantes legítimas e ilegítimas. 2 ed. São Paulo: Editora Revistas dos Tribunais, 2015, p. 422.

40 A ideia subjacente é a de que questões de larga repercussão política ou social acabam decididas pelo Poder Judiciário, não por órgãos propriamente políticos. Vide BARROSO, Luís Roberto. Judicialização, Ativismo Judicial e Legitimidade Democrática in *Revista (Syn)thesis*, v. 5, n.1 (2012), pp. 23-32.

41 MANCUSO, Rodolfo de Camargo. *Loc.cit*, p. 141.

42 MANCUSO, Rodolfo de Camargo. *Acesso à justiça*: condicionantes legítimas e ilegítimas. 2 ed. São Paulo: Editora Revistas dos Tribunais, 2015. p. 221.

43 Ibid, p. 144.

4.2. As restrições ao direito de ação na jurisprudência do STF

Essas medidas abrem, desde logo, o debate. Como assegurar que restrições ao acesso à justiça, princípio constitucional com a estatura de garantia individual, possam assegurar sua legitimidade à luz de outros valores presentes na CF 1988?

É claro que se admitem limitações mesmo aos direitos fundamentais. Robert Alexy deixa claro que normas de competências, regras e princípios podem restringi-los, desde que se apresentem em compatibilidade com a Constituição. Além disso, como "limite do limite", devem igualmente respeito à proporcionalidade, não podendo esvaziar completamente a norma fundamental.[44]

O direito de ação, nesse sentido, indubitavelmente, não se apresenta como incondicionado. Seu regular prosseguimento, por exemplo, depende da aferição da presença das condições da ação – vez que atestada a ilegitimidade e a falta de interesse de agir, o Estado-juiz não aprecia o mérito da causa.[45]

Aliás, a esse respeito, o Supremo Tribunal Federal já se manifestou positivamente acerca da imposição de requisitos especiais para a configuração do interesse de agir em determinadas demandas.

No caso do *habeas data*, a Lei nº 9507/97, art. 8º, em seu par. un., I, II e III, coloca, como documento essencial à propositura da ação, a prova da recusa administrativa em fornecer a informação ou em proceder à retificação ou à anotação cabível. Mesmo antes da legislação, em entendimento ratificado em julgados posteriores, a Suprema Corte[46] já entendia que, ausente esse requerimento prévio, não haveria interesse de

---

44 ALEXY, Robert. *Teoria dos direitos fundamentais*. 2 ed. São Paulo: Malheiros Editores, 2012. p. 281-285; 295-301.

45 MANCUSO, Rodolfo de Camargo. *Acesso à justiça*: condicionantes legítimas e ilegítimas. 2 ed. São Paulo: Editora Revistas dos Tribunais, 2015. p. 207.

46 Nesse sentido, antes da Lei nº 9507/97: "E M E N T A: HABEAS DATA – NATUREZA JURÍDICA – REGIME DO PODER VISÍVEL COMO PRESSUPOSTO DA ORDEM DEMOCRÁTICA – A JURISDIÇÃO CONSTITUCIONAL DAS LIBERDADES – SERVIÇO NACIONAL DE INFORMAÇÕES (SNI) – ACESSO NÃO RECUSADO AOS REGISTROS ESTATAIS – AUSÊNCIA DO INTERESSE DE AGIR – RECURSO IMPROVIDO. – A Carta Federal, ao proclamar os direitos e deveres individuais e coletivos, enunciou preceitos básicos, cuja compreensão é essencial a caracterização da ordem democrática como um regime do poder visível. – O modelo político-jurídico, plasmado na nova ordem constitucional, rejeita o poder que oculta e o poder que se oculta. Com essa vedação, pretendeu o constituinte tornar efetivamente legítima, em face dos destinatários do poder, a prática das instituições do Estado. – O habeas data configura remédio jurídico-processual, de natureza constitucional, que se destina a garantir, em favor da pessoa interessada, o exercício de pretensão jurídica discernível em seu tríplice aspecto: (a) direito de acesso aos registros; (b) direito de retificação dos registros e (c) direito de complementação dos registros. – Trata-se de relevante instrumento de ativação da jurisdição constitucional das liberdades, a qual representa, no plano institucional, a mais expressiva reação jurídica do Estado às situações que lesem, efetiva ou potencialmente, os direitos fundamentais da pessoa, quaisquer que sejam as dimensões em que estes se projetem. – *O acesso ao habeas data pressupõe, dentre outras condições de admissibilidade, a existência do interesse de agir. Ausente o interesse legitimador da ação, torna-se inviável o exercício desse remédio constitucional. – A prova*

agir que justificasse a propositura do *writ* constitucional, em clara limitação, legítima, ao direito de ação.

No que tange às ações previdenciárias, a Corte igualmente considerou imprescindível o prévio requerimento em sede administrativa ao INSS para o ajuizamento da ação judicial requerendo o benefício. Na ocasião,[47] a Corte expressamente afirmou que a estipulação de condições ao direito de agir é constitucional, sendo que a lesão ou a ameaça de lesão a direito, como regra, só se configura com a negativa da autarquia. As exceções ficariam por conta dos casos em que há notório entendimento em desfavor do administrado ou excessiva demora na decisão.

---

do anterior indeferimento do pedido de informação de dados pessoais, ou da omissão em atendê-lo, constitui requisito indispensável para que se concretize o interesse de agir no habeas data. Sem que se configure situação prévia de pretensão resistida, há carência da ação constitucional do habeas data. " (STF, RHD 22, Relator(a): Min. MARCO AURÉLIO, Relator(a) p/ Acórdão: Min. CELSO DE MELLO, Tribunal Pleno, julgado em 19/09/1991, publicado em 01/09/1995). Posteriormente a ela: "EMENTA: HABEAS DATA. AUSÊNCIA DE COMPROVAÇÃO DE RESISTÊNCIA AO FORNECIMENTO DAS INFORMAÇÕES: ART. 8º, PARÁGRAFO ÚNICO, INCISO I, DA LEI Nº 9.507/1997. AUSÊNCIA DE INTERESSE DE AGIR. INFORMAÇÕES RELATIVAS A TERCEIROS. AGRAVO REGIMENTAL NÃO PROVIDO. *1. A ausência da comprovação da recusa ao fornecimento das informações, nos termos do art. 8º, parágrafo único, inciso I, da Lei nº 9.507/1997, caracteriza falta de interesse de agir na impetração.* Precedente: Recurso em Habeas Data nº 22, Relator o Ministro Celso de Mello, DJ 1º.9.1995. 2. O habeas data não se presta para solicitar informações relativas a terceiros, pois, nos termos do inciso LXXII do art. 5º da Constituição da República, sua impetração deve ter por objetivo "assegurar o conhecimento de informações relativas à pessoa do impetrante". Agravo regimental não provido. (STF, HD 87 AgR, Relator(a): Min. CÁRMEN LÚCIA, Tribunal Pleno, julgado em 25/11/2009, publicado em 04/02/2010).

---

47 "Ementa: RECURSO EXTRAORDINÁRIO. REPERCUSSÃO GERAL. PRÉVIO REQUERIMENTO ADMINISTRATIVO E INTERESSE EM AGIR. 1. *A instituição de condições para o regular exercício do direito de ação é compatível com o art. 5º, XXXV, da Constituição. Para se caracterizar a presença de interesse em agir, é preciso haver necessidade de ir a juízo.* 2. A concessão de benefícios previdenciários depende de requerimento do interessado, não se caracterizando ameaça ou lesão a direito antes de sua apreciação e indeferimento pelo INSS, ou se excedido o prazo legal para sua análise. É bem de ver, no entanto, que a exigência de prévio requerimento não se confunde com o exaurimento das vias administrativas. 3. A exigência de prévio requerimento administrativo não deve prevalecer quando o entendimento da Administração for notória e reiteradamente contrário à postulação do segurado. 4. Na hipótese de pretensão de revisão, restabelecimento ou manutenção de benefício anteriormente concedido, considerando que o INSS tem o dever legal de conceder a prestação mais vantajosa possível, o pedido poderá ser formulado diretamente em juízo – salvo se depender da análise de matéria de fato ainda não levada ao conhecimento da Administração –, uma vez que, nesses casos, a conduta do INSS já configura o não acolhimento ao menos tácito da pretensão (...) 9. Recurso extraordinário a que se dá parcial provimento, reformando-se o acórdão recorrido para determinar a baixa dos autos ao juiz de primeiro grau, o qual deverá intimar a autora – que alega ser trabalhadora rural informal – a dar entrada no pedido administrativo em 30 dias, sob pena de extinção. Comprovada a postulação administrativa, o INSS será intimado para que, em 90 dias, colha as provas necessárias e profira decisão administrativa, considerando como data de entrada do requerimento a data do início da ação, para todos os efeitos legais. O resultado será comunicado ao juiz, que apreciará a subsistência ou não do interesse em agir. " (STF, RE 631240, Relator(a): Min. LUÍS ROBERTO BARROSO, Tribunal Pleno, julgado em 03/09/2014, publicado em 10/11/2014)

O entendimento, inclusive, pode vir a ser paradigmático para diversas outras demandas. O próprio STF já teve a oportunidade de aplica-lo a respeito do seguro DPVAT, seguro obrigatório de acidentes automobilísticos.[48]

O condicionamento para o ingresso em juízo, entretanto, não é sempre legitimado. Nas ADIn 2139 e 2160,[49] o STF suspendeu cautelarmente a vigência do art. 625-D da CLT, que exigia que o trabalhador buscasse a prévia conciliação antes de ajuizar a demanda perante a Justiça especializada. Entendeu-se que a lei ordinária não poderia criar tais óbices ao direito previsto no art. 5º, XXXV da CF.

Deve-se ressaltar que a decisão se deu por maioria. Em importante passagem, o voto do Ministro Cezar Peluso afirmou que havia "simplesmente uma tentativa preliminar de conciliar e de resolver pacificamente o conflito, com a vantagem de uma solução não ser imposta autoritariamente (...). As soluções consensuais são, em todas as medidas, as melhores do ponto de vista social". Por isso, para os julgadores vencidos, a legislação processual trabalhista não incidiria em qualquer inconstitucionalidade.

4.3. O destaque aos métodos alternativos de resolução de controvérsias

A despeito da decisão sobre as Câmaras de Conciliação Prévia, os chamados métodos alternativos têm sido bastante prestigiados como forma de dar vazão à crise do Judiciário. Não só, vale a pena ressaltar, pela diminuição do acúmulo de processos, mas, igualmente, por, em diversos casos, se mostrarem mais consentâneos com os objetivos de pacificação social buscados.

Isso porque, mesmo que se imagine uma sentença de mérito prolatada de forma célere, justa e efetiva, ela pode não ser a forma mais indicada para lidar com determinada controvérsia. Há, em verdade, real inaptidão de se resolver determinados conflitos pela solução adjudicada, que pode representar uma ruptura de uma relação interpessoal que torne perene, ainda que fora do processo, aquela determinada situação de crise.[50] Os exemplos clássicos se mostram no campo das relações jurídicas continuativas, tais como empresariais ou familiares.

---

48 "EMENTA: AGRAVO REGIMENTAL NO RECURSO EXTRAORDINÁRIO. CONSTITUCIONAL. GARANTIA DE ACESSO AO PODER JUDICIÁRIO. EXIGÊNCIA DE REQUERIMENTO PRÉVIO. CARACTERIZAÇÃO DO INTERESSE DE AGIR. AUSÊNCIA DE AFRONTA AO ART. 5º, INC. XXXV, DA CONSTITUIÇÃO DA REPÚBLICA. AÇÃO DE COBRANÇA DO SEGURO DPVAT. REQUERIMENTO INEXISTENTE MAS DESNECESSÁRIO PORQUE ATENDIDA REGRA DE TRANSIÇÃO PELA CONTESTAÇÃO DE MÉRITO DA SEGURADORA (RE 631.240). AGRAVO REGIMENTAL AO QUAL SE NEGA PROVIMENTO". (STF, RE 824712 AgR, Relator(a): Min. CÁRMEN LÚCIA, Segunda Turma, julgado em 19/05/2015, publicado em 03/06/2015)

49 JUDICIÁRIO – ACESSO – FASE ADMINISTRATIVA – CRIAÇÃO POR LEI ORDINÁRIA – IMPROPRIEDADE. Ao contrário da Constituição Federal de 1967, a atual esgota as situações concretas que condicionam o ingresso em juízo à fase administrativa, não estando alcançados os conflitos subjetivos de interesse. Suspensão cautelar de preceito legal em sentido diverso. (ADI 2160 MC e 2139 MC, Relator(a): Min. OCTAVIO GALLOTTI, Relator(a) p/ Acórdão: Min. MARCO AURÉLIO, Tribunal Pleno, julgado em 13/05/2009, publicado em 23/10/2009)

50 PINHO, Humberto Dalla Bernardina de. *Direito Processual Civil Contemporâneo*. 6 ed. São Paulo: Saraiva, 2015, v.1. p. 810.

Nessas hipóteses, a plenitude do acesso à justiça, com a atuação do direito material e a pacificação das partes não se dará por meio da jurisdição estatal, mas por um dos métodos ditos alternativos ou adequados de resolução de conflitos.[51]

Justamente por essa constatação, demonstra-se algum desconforto com uma utilização afoita desses mecanismos, em uma perspectiva puramente estatística, o que frustra os seus potenciais benefícios de paz social.[52]

Nada obstante essa legítima preocupação, fato é que, cada vez mais, a relação entre a jurisdição e os demais mecanismos de solução de controvérsias tem sido explorada como contraponto à visão de monopólio estatal da jurisdição, como forma de composição justa e tempestiva das lides.[53]

Em especial, nota-se que, idealmente, a definição por meio de sentença estatal adjudicada deveria ser excepcional, como *ultima ratio*, de um sistema que possibilite às próprias partes em crise buscarem, por si, resolver as situações de crise que se coloquem entre elas.

Mesmo que o indivíduo busque o Poder Judiciário, ainda assim é possível que o juiz, tendo em vista as necessárias adequação e flexibilização, submeta às partes a uma instância conciliatória, antes de tomar uma decisão impositiva.[54]

Não se pode esquecer que o uso dos *alternative dispute resolution* – ADR – representa uma das facetas da terceira onda renovatória trazida por Cappelletti. Trata-se de uma ideia de promover uma justiça coexistencial, que promova a reaproximação dos contendores, em uma recíproca compreensão.[55]

Nesse contexto, podem se apresentar diversas externalidades positivas da valorização dos mecanismos alternativos.[56] Em primeiro lugar, estimula a cidadania, por possibilitar que a própria sociedade cuide, por iniciativa própria dos problemas que surgem em seu seio, sem uma necessária intervenção estatal. Em segundo, reduz a sobrecarga da Justiça, permitindo que ela atue sobre processos em que realmente necessária à sua atuação, o que possibilita uma atuação mais eficiente. Por fim, o debate anterior ao processo, ainda que não redunde em acordo, gera uma maior "maturação" da lide, o que facilita o andamento posterior do feito judicial.

Entretanto, é importante se destacar que os meios alternativos de resolução de controvérsia não podem ser vistos como "panaceia", para todos os males. A Lei nº

---

51 Ibid, p. 809.

52 Id; HALE, Durval; CABRAL, Tricia Navarro Xavier. *O Marco Legal da Mediação no Brasil*. São Paulo: Atlas, 2016. p. 276.

53 MANCUSO, Rodolfo de Camargo. *Acesso à justiça*: condicionantes legítimas e ilegítimas. 2 ed. São Paulo: Editora Revistas dos Tribunais, 2015. p. 128.

54 PINHO, Humberto Dalla Bernardina de, loc cit, nota 50, p. 843.

55 CAPPELLETTI, Mauro. *O acesso à justiça e a função do jurista em nossa época*. Revista de processo, São Paulo, nº 61, p. 144/160, jan./mar., 1991. p. 7.

56 MANCUSO, Rodolfo de Camargo. *Acesso à justiça*: condicionantes legítimas e ilegítimas. 2ª ed. São Paulo: Editora Revistas dos Tribunais, 2015. p. 157.

9245/1995 alterou o art. 277 para estabelecer uma audiência conciliatória prévia no rito sumário, no bojo do CPC de 1973.[57] O CPC de 2015, ante os resultados insatisfatórios que vinham sendo obtidos, extinguiu esse procedimento. Manteve, contudo, a confiança na audiência preliminar para conciliação ou mediação, conforme previsto no art. 334 do atual Código de Processo Civil.

Na prática forense, a observância do referido dispositivo tem oscilado, mormente diante da enorme carga de trabalho dos juízos de primeira instância e da inexistência, na maior parte das comarcas, de uma estrutura adequada para promover a autocomposição entre as partes.

Inclusive, a questão da obrigatoriedade dessas audiências mostra-se igualmente controversa no âmbito dos Tribunais. Em pesquisa no TJRJ, sem pretensão de exaurimento do tema, notou-se que, em um período de um mês, houve dois julgamentos em que se considerou ocorrida nulidade por não designação da referida audiência[58] e um caso em que o vício foi desconsiderado, por se reputar inexistente prejuízo.[59]

57 A insatisfação com os resultados da aplicação do rito, na verdade, já vem desde a própria edição do CPC de 1973, como se pode ver em BARBOSA MOREIRA, José Carlos. Tendências contemporâneas do direito processual civil. In: *Temas de direito processual*. São Paulo: Saraiva, 1984. p. 6.

58 Vide "APELAÇÃO CÍVEL. DESPEJO. AUDIÊNCIA DE CONCILIAÇÃO (CPC, ARTIGO 334). OBRIGATORIEDADE. NÃO OBSERVÂNCIA. NULIDADE QUE SE IMPÕE. 1. Cinge-se a discussão trazida com o recurso interposto na obrigatoriedade da audiência de conciliação prevista no artigo 334, caput, do Código de Processo Civil e, em consequência, na nulidade da sentença por não ter sido designada em primeiro grau a referida audiência. 2. O artigo citado ao dispor que o "juiz designará audiência de conciliação ou de mediação", estabelece a obrigatoriedade da realização do ato. 3. Veja-se que o §4º do referido dispositivo indica as duas hipóteses em que a "audiência não será designada", quais sejam, quando ambas as partes manifestarem, expressamente, desinteresse na composição consensual e quando não se admitir a autocomposição, hipóteses essas que não se enquadram no caso concreto. 4. Assim, tratando-se de norma procedimental, de caráter impositivo, a não observância impõe a nulidade do processo, para que o ato seja designado. Precedentes do TJRJ. 5. Recurso provido". (TJRJ, Ap. Cível nº 0015228-30.2016.8.19.0202, Rel. Des. José Carlos Paes, 14ª CC, j. em 28/06/2017). No mesmo sentido, "APELAÇÃO CÍVEL. CONSUMIDOR. AÇÃO DE COBRANÇA. PROCESSO JULGADO POR SENTENÇA PROFERIDA EM AUDIÊNCIA, COM RESOLUÇÃO DO MÉRITO, JULGANDO IMPROCEDENTE O PEDIDO FORMULADO PELO AUTOR/APELANTE. INOBSERVÂNCIA DOS ARTIGOS 334 E 335 DO CPC/2015, QUE ENCONTRAM INSPIRAÇÃO NA NORMA FUNDAMENTAL INSCULPIDA NO ART. 3º DO MESMO DIPLOMA LEGAL. NORMA COGENTE QUE OBJETIVA A CRIAÇÃO DE UMA CULTURA PROCESSUAL DE CONCILIAÇÃO, ARBITRAGEM E OUTROS MÉTODOS DE SOLUÇÃO DE CONFLITO. SENTENÇA QUE ORA SE ANULA A FIM DE QUE O FEITO PROSSIGA SEU CURSO REGULAR, OPORTUNIZANDO-SE ÀS PARTES O PLENO EXERCÍCIO DO CONTRADITÓRIO E DA AMPLA DEFESA. RECURSO PROVIDO" (TJRJ, Ap. Cível nº 0329528-42.2016.8.19.0001, Rel. Des. Luiz Roberto Ayoub, 26ª CC, j. em 14/06/2017)

59 Veja-se: "AGRAVO DE INSTRUMENTO. DIREITO MARÍTIMO. TUTELA DE URGÊNCIA DEFERIDA. COMPETÊNCIA. CAUÇÃO. AUDIÊNCIA. PROBABILIDADE DO DIREITO PRESENTE. SÚMULA 59 DESTE TJRJ. DECISÃO MANTIDA. (...) 4. Não há falar em nulidade da citação em sua gênese, conforme sustenta a agravante, pelo fato de não ter sido designada a audiência do art. 334 do CPC/15, pois não há nulidade sem prejuízo e não há prejuízo porque a irresignação da ré agravante não tem fundamento na tese de que perdeu uma chance que tinha para conciliação, mas sim porque não teve tempo

Seja como for, fato é que o fracasso do rito sumário e as incertezas iniciais do CPC atual demonstram que não bastam as mudanças legislativas no caminho para a conciliação, sendo necessário que haja, efetivamente, uma mudança cultural.

Ainda com essa observação, os métodos de solução apresentam-se mais consentâneos com o acesso à justiça que as formas de mera gestão de acervo, que lidam com o problema apenas sob o viés quantitativo.

Nesse contexto, tem se lidado com situações paliativas, voltadas a atacar os efeitos da sobrecarga de processos, mas sem lidar com as causas dessa cultura, fortemente demandista.[60] Assim sendo, por mais que o Judiciário apresente os maiores níveis de produtividade, não se impediria a continuidade de uma entrada maciça de processos por uma visão enviesada de acesso à justiça. Até mesmo porque, como aponta analogia citada por Barbosa Moreira, quanto melhor a estrada, mais carros trafegarão por ela, o que, rapidamente, retroalimenta a sobrecarga.[61]

Os métodos alternativos têm o mérito de estimular a chamada "cultura de pacificação", que, potencialmente, se alcançarem o alcance social necessário, podem vir a representar um efetivo avanço nas soluções de controvérsias.

O Judiciário deve permanecer, sempre, aberto aos que dele necessitem. Entretanto, esse caminho não precisa ser o primeiro, muito menos o único possível. O principal é que se tenha um acesso à ordem jurídica justa, por qualquer forma que seja a mais adequada a assegurá-lo.

5. CONCLUSÃO

Em breve síntese, tentou-se delinear, no presente trabalho, uma evolução histórica, em nosso país, do princípio ora inscrito no artigo 5º, XXXV da Constituição da República. Mostrou-se como ele já convivem com diversos bloqueios ilegítimos à atuação judicial, com a finalidade de perpetuar alguns projetos de poder.

Com a redemocratização e a absorção dos ideários de acesso à justiça, que já vinham sendo trabalhados no estrangeiro, o princípio ganha grande valor, colaborando para o desenvolvimento da ciência processual brasileira, em um viés voltado à efetividade social do Processo Civil.

Sem qualquer diminuição de todos os seus méritos, não pode se ignorar que, no presente momento, há uma inviabilização à prestação jurisdicional efetivada pela gravíssima crise numérica, com mais de 100 milhões de feitos tramitando no Poder Judiciário de nosso país.

---

para se defender de modo mais amplo, sendo certo que aquela audiência não tem esse propósito (...) 8. Negado provimento ao recurso". (TJRJ, AI nº 0006316-34.2017.8.19.0000, Rel. Des. Antônio Iloízio Barros Bastos, 4ª CC, j. em 31/05/2017).

60 MANCUSO, Rodolfo de Camargo. *Acesso à justiça*: condicionantes legítimas e ilegítimas. 2 ed. São Paulo: Editora Revistas dos Tribunais, 2015. p. 10-11.

61 BARBOSA MOREIRA, José Carlos. Miradas sobre o processo civil contemporâneo in ________. Temas de direito processual. São Paulo: Saraiva, 1997. p. 61.

Dessa constatação, trouxemos a ideia de que o reconhecimento do direito de ação como direito fundamental não impede a imputação de condicionantes legítimas para o seu exercício, em alguns casos, inclusive, já aceitas pelo Supremo Tribunal Federal, como no caso do prévio requerimento ao INSS nas ações previdenciárias.

Por fim, apontamos que os métodos alternativos – ou adequados – de solução de controvérsias podem atuar como verdadeiros aliados para que se crie no Brasil uma "cultura de pacificação" que, no longo prazo, pode verdadeiramente amenizar a carga de processos destinada à jurisdição estatal e, mais importante que isso, garantir a fruição do direito material de forma mais tempestiva e efetiva pela parte.

Sabe-se que a mera mudança legislativa, estimulando os ADR, de nada valerá sem uma correspondente mudança cultural, em que o ingresso em juízo não seja mais visto como primeira e única forma de resolver conflitos existentes na sociedade.

RACIOCINANDO COM BASE EM PRECEDENTES – UMA VISÃO CRÍTICA ACERCA DE SUA JUSTIFICAÇÃO E APLICAÇÃO NA TEORIA DA ARGUMENTAÇÃO JURÍDICA

Raphael Jorge de Castilho Barilli

INTRODUÇÃO

É notável que há muito tempo os precedentes vêm ganhando posição de destaque no discurso jurídico, de modo que atualmente a argumentação com base em precedentes é quase tão relevante quanto a tradicional argumentação fundada em regras e princípios, não sendo diferente na prática brasileira, onde cada vez mais os juristas e, em especial os tribunais, resolvem questões de grande importância com a simples indicação de um caso precedente. Diante disso, surgem diversas questões teóricas e práticas que estão na ordem do dia: O que é um precedente e como raciocinar com base nele? O que justifica utilizar um caso precedente julgado no passado para guiar as condutas no futuro? Será que os juristas têm o costume de decidir com precedentes somente quando é conveniente? O raciocínio com base em precedentes tem a mesma força em todas as áreas do direito?

Não pretendemos tratar de todas as dúvidas que permeiam a utilização dos precedentes como técnica de argumentação, até porque a discussão é vasta e está longe de apresentar respostas definitivas. O objetivo do estudo é promover uma breve reflexão sobre os pontos principais do tema e, se possível, convocar o leitor a um pensamento crítico sobre a sua justificação dentro do discurso jurídico, enfrentando as suas fontes de suporte e de limitação, chegando a uma utilização racional do instituto.

Neste sentido, vemos no Brasil ainda muito tímidas as iniciativas dos estudiosos em abordar o tema do *legal reasoning* (raciocínio jurídico) e da argumentação jurídica, que seriam campos destinados a estudar não o direito em si, suas teorias e aplicação, mas sim as formas com que os juristas pensam e argumentam. É notável que nas faculdades brasileiras, diferentemente dos cursos nos Estados Unidos da América e outros países, o ensino jurídico é extremamente dogmático, preocupado com a lei e a jurisprudência, não atentando em ensinar o aluno a pensar como um jurista ao final do curso, momento em que a maioria dessas leis e entendimentos já estarão revogados.[1]

---

1 SCHAUER, Frederick. *Thinking like a lawyer. A new introduction to the legal reasoning*. Havard Press, 2009, prefácio.

O enfrentamento do tema dos precedentes demanda de maneira inicial tratar não da forma com que o legislador procede à sua regulamentação, mas sim ir mais abaixo e ver na raiz do pensamento o que seria raciocinar com precedentes e se essa forma de solução seria algo razoável ou não.[2] É exatamente isto que pretendemos com esse breve trabalho, promover um debate sobre o raciocínio jurídico, tendo como base o raciocínio com precedentes, que é notadamente algo que se faz não só no direito, mas também em várias outras áreas da vida em que utilizamos a mesma lógica como as relações familiares, trabalho e a religião.

Além disso, é imprescindível questionar porquê mesmo que haja uma adoção expressa dos precedentes como forma de decisão, em algumas áreas do direito ele parece ter mais força do que em outras. Ou seja, quando tratamos de uma questão contratual, é fácil enxergar a submissão aos precedentes, todavia quando levamos isso para outras áreas mais sensíveis do direito, o raciocínio parece ficar enfraquecido e outras formas de argumentação aparecem de forma mais evidente. Em matérias como o direito criminal, por exemplo, as ações e recursos não param de chegar aos tribunais superiores, mesmo quando já há um precedente dotado de força vinculante.

Essa e outras questões serão tratadas ao longo do texto, cumprindo ressaltar, por fim, que será indispensável observar a experiência anglo-saxã sobre o assunto, verdadeiro berço do instituto, que oferecerá os subsídios necessários para bem compreendermos o tema. Sendo assim, ignorar tal influência seria de um erro grosseiro capaz de comprometer o estudo, entretanto, resgataremos e enfatizaremos sempre a contextualização fática e cultural da abordagem que, por óbvio, é bastante distinta entre o Brasil e os países do *common-law*[3].

DESENVOLVIMENTO

1. RACIOCINANDO COM BASE EM PRECEDENTES

Raciocinar com base em precedentes não é algo que se faz exclusivamente no universo do direito, frequentemente de maneira complexa em petições e decisões jurídicas. Ao contrário, todos nós na vida cotidiana decidimos corriqueiramente com base em precedentes, de modo que fazemos algo pelo simples fato de já ter sido feito antes.

---

2 LAMOND, Grant. *Precedent and Analogy in Legal Reasoning – The Stanford Encyclopedia of Philosophy. Metaphysics Research Lab*, Stanford University, 2006. Encontrando em https://plato.stanford.edu/entries/legal-reas-prec/

3 "Common law é uma expressão utilizada para designar um conjunto de sistemas jurídicos que tem suas origens na Inglaterra da Idade Média, e que hoje inclui a Grã-Bretanha, os Estados Unidos da América, Austrália, Nova Zelândia, Canadá (com exceção do sistema legal da província de Quebec), Índia, Israel, África do Sul, Irlanda, Gana, Malásia, Bermuda e a maioria dos demais países que estiveram sobre o domínio colonial inglês. Juntos esses países formam a família do common law e que tem como principal característica a ausência de leis codificadas." (SCHAUER, Frederick. *Ob. Cit.*, pag. 103. Tradução livre).

Frederick Schauer[4] dá um exemplo simples e que nos ajuda a entender o pensamento proposto. Quando um pai permite que seu filho mais novo tenha os mesmos privilégios na mesma idade do filho mais velho, como por exemplo sair desacompanhado ou passar a noite fora, ele está sendo constrangido pela força do precedente, de modo que sua "decisão" será mais justa e coerente dentro da entidade familiar se agir da forma como agiu antes.

Note-se que o pai do exemplo de Schauer dispensará esforços argumentativos com o filho mais novo, ganhando em eficiência e rapidez, tal como um Tribunal abarrotado de serviço aumenta a sua produtividade ao decidir desta forma, e evitará reações por parte do filho mais velho, afinal tratou casos aparentemente iguais de forma similar. Não entraremos por ora em possíveis distinções (*distinguishing*) que o filho mais novo poderia argumentar, indicando que sua situação não corresponde à anterior, ou mesmo na superação (*overruling*), apontando os erros ou injustiças da decisão, bastando para nós neste momento demonstrar que pensar com base em precedentes faz parte do raciocínio e da argumentação cotidiana.

Desta maneira, a ideia central do pensamento com base em precedentes dentro da teoria da argumentação jurídica[5] é a de que um juiz ou tribunal deve seguir decisões anteriores proferidas por órgãos de maior estatura (precedente vertical) ou por ele próprio (precedente horizontal), ou seja, deve dar no presente a mesma resposta à questões jurídicas dadas por si ou por cortes superiores no passado. Sendo assim, no raciocínio com base em precedentes, espera-se que o julgador decida da mesma forma que decidido anteriormente pelo simples fato já estar resolvido.

Cumpre-nos ressaltar já neste momento que existe uma grande diferença de níveis de discurso entre ser persuadido, por um lado, e constrangido pelo precedente, por outro lado, que é de fato o que caracteriza a obrigação do precedente dentro da teoria da argumentação. Schauer ensina que podemos observar uma decisão anterior e aprender com ela, sendo uma habilidade do homem aprender com o passado, vindo a agir desta forma porque fomos persuadidos pelos argumentos e conclusões empreendidos, oportunidade em que não estaremos raciocinando com base em precedentes, ainda que a decisão anterior tenha força vinculante.[6]

Nota-se que, na prática, o advogado em sua petição ou o próprio juiz em sua decisão provavelmente citarão o precedente que os fizerem pensar daquela forma, afinal possuem uma decisão com autoridade[7] a seu favor, o que inegavelmente confere um

---

4 *Ibidem.*, pag. 37.

5 Para um aprofundamento no tema da argumentação jurídica, recomendamos a obra: SCHECAIRA, Fabio. STRUCHINER, Noel. Teoria da argumentação jurídica. 1Ed. Editora PUC-RIO. 2016.

6 SCHAUER, Frederick. *Ob. Cit.*, pag. 38.

7 "A 'autoridade' dentro da teoria da argumentação é explicada como característica das leis e precedentes fazendo alusão ao fato de que a força deriva não de sua solidez, mas de seu *status*, e filósofos do direito referem-se a essa vertente da autoridade independente do conteúdo. Quando uma regra é dotada de autoridade, espera-se que os sujeitos sigam independentemente do conteúdo." (*Ibidem*, pag. 62. Tradução livre).

peso argumentativo, todavia, o precedente aqui não está exercendo a sua obrigação natural, afinal ninguém está sendo constrangido para que ele apareça como elemento decisório. Na verdade, tanto o advogado, quanto o juiz aprenderam com os argumentos trazidos na decisão e agora pretendem persuadir também os demais, sem entrar no mérito se aquele precedente é vinculante ou não.

Sendo assim, o que caracteriza o raciocínio com base em precedentes é que juízes e tribunais devem seguir a decisão anterior pelo simples fato de uma corte superior ou o próprio órgão já ter decidido, ainda que não concorde com a conclusão. Imaginemos, por exemplo, a decisão do Supremo Tribunal Federal no julgamento conjunto da Ação Direta de Inconstitucionalidade 4277 e da Arguição de Descumprimento de Preceito Fundamental 132 de 2011[8] onde foi reconhecida a união estável entre pessoas do mesmo sexo como entidade familiar, conferindo os mesmos direitos civis aos companheiros homoafetivos. Por mais que um juiz ou tribunal inferior não concorde com a conclusão, decidir com base em precedentes seria seguir a posição do tribunal superior em casos semelhantes sem entrar no mérito do acerto ou desacerto dos argumentos trazidos.

Compreender isso é fundamental para observarmos porque os juristas, em especial os brasileiros, têm tanta dificuldade em obedecer um precedente que lhes é contrário, adotando a suposta argumentação com base em precedentes somente quando a conclusão é favorável. Deste modo, chegamos a uma figura cômica bastante comum na atualidade de juízes e advogados que só "seguem" precedentes quando é conveniente, ou seja, quando a decisão favorece, sendo que na verdade essa conveniência ou concordância é absolutamente irrelevante para o raciocínio com base em precedentes dentro da teoria da argumentação jurídica.

2. JUSTIFICAÇÃO DA DECISÃO COM BASE EM PRECEDENTES – SEGURANÇA JURÍDICA E EFICIÊNCIA

Diante do que foi visto até agora é natural que surjam questionamentos quanto à racionalidade da argumentação com base em precedentes. Ou seja, que sentido faz seguir uma decisão que talvez seja equivocada pelo simples fato de já ter sido tomada anteriormente? É razoável que um sistema jurídico priorize uma decisão subótima em detrimento de outra que pode ser considerada ideal para o caso por uma simples questão de temporalidade?

Neste momento é crucial apontar a clássica diferenciação entre os precedentes verticais e os precedentes horizontais dentro da teoria da argumentação. Apesar de a raiz do raciocínio e consequente argumentação ser a mesma, ou seja, a obrigação

8 STF ADI 4277/DF e ADPF 132 RJ, Rel. Min. Ayres Britto, julgado em 5/5/2011.

que constrange a decisão independentemente de concordância equivale em ambos os casos, há uma sensível diferença em relação à justificação, que chega quase a gerar dois sistemas autônomos dentro da tradição do *common law*.[9]

Os precedentes verticais são aqueles emanados de decisões de tribunais e órgãos superiores, de modo que se justificam pela relação de hierarquia natural presente na organização judiciária. Deste modo, assim como se espera que um empregado siga as decisões do empregador sem questionar as razões, como se espera que um católico siga as decisões do Papa em matéria de fé e moral, é natural que um juiz ou tribunal seja constrangido pelas decisões do órgão superior, gerando uma noção de unidade e coerência, o que é uma exigência geral de organização administrativa, e não uma particularidade de sistemas jurídicos.

Todavia, quando observamos os precedentes horizontais, sendo a obrigação de seguir as decisões anteriores emanadas pelo próprio órgão, a questão apresenta-se muito menos óbvia, podendo gerar grande perplexidade. Não se espera, por exemplo, que um centro de pesquisa em saúde siga as mesmas conclusões anteriores, sendo natural que haja uma expectativa de evolução na atividade desenvolvida alcançando--se novos resultados, assim como não se espera que um órgão legislativo produza normas semelhantes às já promulgadas, esperando a sociedade que haja uma evolução na produção das leis.

Não seria o mesmo para o raciocínio jurídico? Ou seja, não deveríamos esperar que os juízes e tribunais evoluíssem sempre nas suas decisões? Autores clássicos como Oliver Wendell Homes[10] e Jeremy Bentham[11] classificam a obrigação decorrente dos precedentes horizontais como atividade irracional, sendo um equívoco persistir nessa forma de argumentação. Todavia, a ideia dos precedentes horizontais se faz presente de maneira maciça nos países do *common law* até os dias de hoje, cabendo-nos analisar o porquê de tal hegemonia.

A essência dos precedentes horizontais repousa sobre o conceito do chamado *stare decisis,*[12] instituto jurídico secular da tradição anglo-saxã que representa um fim maior de consolidação do entendimento. Neste sentido, mesmo os críticos dos precedentes como Bentham[13] devem reconhecer que a vinculação do órgão a um entendi-

---

9 SCHAUER, Frederick. *Ob. Cit.*, pag. 41.

10 HOLMES, Oliver. W. *The Path of the law*. Harvard. L. Rev. 457 (1897) encontrado em *www.constitution.org/lrev./owh/path_law*.

11 BENTHAM, Jeremy. *Constitutional Code. Vol 1 – Collected Works of Jeremy Bentham.* pag 434 (F. Rosen & J. H. Burns.).

12 "Stare decisis et non quieta movere, expressão em latim para algo como 'respeitar as coisas decididas e não mexer no que está estabelecido' é a doutrina que prevê que espera-se que a corte decida as questões do mesmo jeito que decidido no passado, mesmo se os membros da corte tiverem mudado, ou ainda que os mesmos membros tenham mudado de opinião." (SCHAUER, Frederick. *Ob. Cit.*, pag. 37. Tradução livre).

13 Jeremy Bentham foi um dos grandes críticos do *common law*, considerando que seria um direito criado por juízes baseado em atos judiciais autocráticos, na sua expressão *judge-made law*, além

mento consolidado gera inúmeras vantagens para a sociedade, promovendo confiança e segurança jurídica, gerando para as partes envolvidas na disputa uma considerável previsibilidade quanto ao resultado antes mesmo de a questão ser judicializada.

Como afirma Schauer "na vida, e especialmente no Direito, muitas vezes é valioso ter as coisas resolvidas para que outros possam confiar nessas decisões e orientar seu comportamento de acordo"[14]. Se imaginarmos a realidade de um país do *common law*, onde, apesar de haver inúmeras leis e regulamentos ao contrário do que se imagina no senso comum, a atividade legislativa é limitada a questões gerais e o direito é maciçamente criado a partir de disputas particulares, o *stare decisis* aparece como ponto basilar, bastando pensar em uma empresa que precisa realizar uma transação comercial carecendo de conhecer exatamente aquilo que pode e aquilo não pode ser objeto do contrato.

Considere, por exemplo, a importância comercial de precedentes históricos como *Henningsen v. Bloomfield Motors, Inc.* julgado na Suprema Corte de Nova Jersey, nos Estados Unidos da América, onde fixada a responsabilidade do fabricante por danos causados por peças defeituosas sob uma garantia implícita de comercialização, uma vez que os fabricantes e revendedores, ainda que não possuíssem contrato direto com o adquirente, não poderiam limitar a garantia à substituição de peças defeituosas, pois isso violaria valores de justiça do contrato e política pública.[15]

Neste sentido, o sistema de precedentes provê segurança jurídica[16] à população e aos próprios órgãos jurisdicionais, na medida em que estabiliza e esclarece a res-

---

de que seria essencialmente retroativo, apegado ao passado. Por isso, Betham teria promovido uma intensa campanha para a codificação do direito inglês, tendo como principal preocupação a incapacidade de o direito inglês promover segurança jurídica. Como se observa em Gerald Postema, *Bentham and the Common Law Tradition*: "A lei, como a justiça – ou talvez devêssemos dizer justiça na administração da lei – exige que as regras ou precedentes estabelecidos sejam seguidos, mesmo quando há boas razões para a utilidade – Bentham fala de 'conveniência' aqui – exigir uma exceção." (POSTEMA, Gerald J. *Bentham and the Common Law Tradition*. Oxford: Oxford University Press, 1986, pag. 193. Tradução livre).

---

14 SCHAUER, Frederick. *Thinking like a lawyer*. 2009, pag. 43.

15 (161. A.2d 69 N.J. 1960) encontrado em *law.justia.com/cases/new-jersey/supreme-court/1960*.

16 Daniel Mitidiero faz uma interessante reflexão sobre o princípio da segurança em uma dimensão analítica: "A segurança jurídica pode ser decomposta analiticamente em cognoscibilidade, estabilidade, confiabilidade e efetividade da ordem jurídica. Nenhuma ordem jurídica pode ser considerada segura se inexiste cognoscibilidade a respeito do que deve reger determinada situação da vida. É necessário que o sistema jurídico viabilize certeza a respeito de como as pessoas devem se comportar, sem o que não se pode saber exatamente o que é seguro ou não (...). A segurança jurídica depende igualmente da ideia de estabilidade (continuidade, permanência, durabilidade), porque uma ordem jurídica sujeita a variações abruptas não provê condições mínimas para que as pessoas possam se organizar e planejar suas vidas. Uma ordem jurídica segura constitui ainda uma ordem confiável, isto é, que é capaz de reagir contra surpresas injustas e proteger a firme expectativa naquilo que é conhecido e naquilo com que se concretamente planejou. A segurança jurídica depende, por fim, da capacidade de efetividade normativa. Vale dizer: de segurança de realização (Realisierungssicherheit)." (MITIDIERO, Daniel. Precedentes – Da persuasão à vinculação. 2ed. Editora Revista dos Tribunais, pag. 24).

peito das situações já postas em análise e resolvidas. É claro que a questão demanda uma ponderação de valores, colocando a segurança jurídica, de um lado, e a prestação jurisdicional adequada, de outro lado. Todavia, não devemos, especialmente se observarmos a questão em larga escala, minorar ou mesmo subestimar a repercussão que a segurança jurídica tem na vida das pessoas.

Além disso, outro valor contemplado por esse sistema é a eficiência para os tribunais, que passam a decidir de maneira muito mais ágil uma vez que a causa já está decidida, bastando uma simples referência. Qualquer pessoa que já tenha vivido uma pontual experiência sequer com o Poder Judiciário é capaz de reconhecer a grande importância que medidas de eficiência possuem na prática, já que os tribunais estão cada vez mais assoberbados por uma carga de trabalho expressiva, sendo irreal esperar que todas as ações e recursos sejam julgados com o mesmo nível de cognição.

É dessa forma que o *stare decisis* associado aos precedentes verticais oferecem uma importante ferramenta de eficiência, representando um controle de entrada chamado no direito anglo-saxão de *sellection effect*.[17] Além dessa válvula natural, que afasta dos níveis superiores do judiciário os litigantes com reivindicações mal fundamentadas, muitos tribunais têm liberdade para selecionar as causas[18] que serão postas em julgamento, de forma que todas as demais que não passem por esse critério são imediatamente resolvidas na forma do precedente, exceto quando representam uma hipótese de distinção (*distinguishing*) ou de superação (*overruling*)[19] do entendimento anterior.

Diante dessas premissas, Neil MacCormick[20] chega à importante conclusão:

> Num estado moderno, com muitos juízes e muitas cortes, e uma hierarquia estruturada de recursos, as mesmas regras e soluções devem orientar a decisão independentemente do juiz do caso. Fidelidade ao Estado de Direito requer que se evite qualquer variação frívola do padrão decisório de um juiz ou corte outro.

---

17 "O selection effect representa um efeito de barreira para que os casos que terminem na corte sejam somente, ou quase somente, aqueles em que ambas as partes litigantes possuam legítima expectativa de obterem êxito ao final, ocorrendo quando ambas possuem argumentos plausíveis. Sendo assim, o selection effect é chamado desta forma porque incentiva o sistema jurídico a criar um universos em que somente certas aplicações da lei ou regras sejam selecionadas para serem julgadas, e esses casos selecionados possuem a característica especial de se encontrarem no extremo da aplicação da lei." (SCHAUER, Frederick. *Ob.Cit.*, pag. 22. Tradução livre).

18 Schauer aponta em seu livro que ano de 2006, a Suprema Corte dos EUA recebeu 8922 petições de revisão e raramente outras formas de revisão, e decidiu somente 73 casos com fundamentação plena após sustentação oral, demonstrando a aplicação maciça de precedentes no âmbito da Suprema Corte. (*Ibidem*, pag. 171).

19 Sobre *distinguishing e overruling*, "O primeiro, e mais típico, é distintivo, pelo que um tribunal de apelação aceita o precedente, mas limita o alcance de sua aplicabilidade e estabelece uma nova regra para as circunstâncias em que o precedente anterior já não se aplica. O segundo, e menos típico, é anulação, pelo qual um tribunal de apelação simplesmente substitui o precedente por uma nova regra." (GENNAIOLI, Nicola. SHLEIFER, Andrei. *Overruling and the instability of law*. 2007, pp. 309–328, Pag. 2. Tradução livre).

20 MACCORMICK, Neil. Retórica e o Estado de Direito – Uma teoria da argumentação jurídica. Editora Eslevier. 2008, pag. 191.

E especialmente em relação à eficiência, o autor prossegue dizendo:

> (...) uma terceira razão para aderir a precedentes é a economia de esforço – juízes e advogados não precisam realizar novo esforço argumentativo sobre as mesmas circunstâncias. Uma vez decidido após análise cuidadosa, um caso deve ser tratado como se tivesse sido resolvido de uma vez por todas, a não ser que possa demonstrar ter surgido um elemento especial que exija reconsideração.

3. RACIOCINANDO COM PRECEDENTES DIANTE DO PRINCÍPIO DA LEGALIDADE

Ao prosseguirmos na abordagem até aqui proposta, seria comum esperar que as pessoas adotassem o raciocínio com base em precedentes na grande maioria das situações que fosse apresentada, afinal, como dito, argumentar com base em precedentes promove segurança jurídica para um número indefinido de pessoas e permite maior eficiência aos órgãos julgadores. Entretanto, não é isso que observamos na prática onde muitas vezes as discussões passam ao largo dos precedentes, especialmente em determinadas áreas mais sensíveis da vida onde a visão se concentra menos no coletivo e mais no indivíduo.

Situando a discussão no meio jurídico, o que pretendemos salientar aqui é limitação que a ideia de legalidade[21] impõe à força do raciocínio com base em precedentes, diminuindo seu campo de aplicação natural em razão da imposição normativa que encerra um comando claro e objetivo, fruto da soberania popular, que ganha maior relevo em determinadas áreas do direito associadas a garantias individuais. Note-se que não só o raciocínio com base em precedentes, mas toda a atividade cognitiva em geral parece ficar mais limitada[22], ou pelo menos mais adstrita à lei quando tratamos dessas áreas mais delicadas do Estado de direito, de modo que provavelmente alterará a força natural que o precedente exerce dentro do raciocínio e da argumentação jurídica.

---

21 "O princípio da legalidade, neste sentido, não é ele mesmo um princípio legal, mas um princípio do direito. É distintivo da lei em dois sentidos. Primeiro, a lei, ao contrário da política, está sujeita a restrições normativas externas, em vez de prudenciais. O governo da lei é essencialmente limitado, e foi projetado especificamente dessa forma, e por esse motivo. O limitado Rechtsstaat formal emergiu contra o irrestrito Polizeistaat discricionário. Em segundo lugar, e relacionado, o conceito moderno de legalidade baseia-se no princípio da autonomia e, mais especificamente, na autonomia ou na capacidade de autogoverno de todas as pessoas como tais (em oposição, por exemplo, à autonomia de todos os chefes de família atenienses ou Roman paters familias). Os aspectos do princípio da legalidade, em outras palavras, devem estar ligados não apenas à "regra da lei", mas mais especificamente ao domínio da lei como autogoverno das pessoas autônomas." (DUBBER, MARKUS. *The legality principle in american and german criminal law: An essa yin comparative legal history*. 2014, pag. 15. Tradução livre).

22 Sobre o tema, em relação ao direito penal, Luidgi Ferrajoli ensina que "Tudo isso significa que no direito penal, uma vez que a principal garantia da liberdade do imputado contra o arbítrio é a taxatividade e portanto a possibilidade de verificação das hipóteses típicas, a fonte de legitimação substancial, seja externa ou interna, se identifica em grande parte com a fonte de legitimação formal proveniente da máxima submissão do juiz à lei, tal como resulta assegurada pela estrita legalidade e portanto pela estrita submissão à jurisdição penal." (FERRAJOLI, Luidgi. Direito e Razão – Teoria do garantismo penal. 3ed. Editora Revista dos Tribunais, 2002, pag. 436).

A ideia nos parece clara quando tratamos da esfera criminal, sendo o princípio da legalidade um dos grandes limitadores do raciocínio com base em precedentes no direito penal, já que a garantia de que não existe crime ou pena sem lei (do latim: *nulla poena, nullum crimen, sine lege*) associado à garantia do devido processo legal para implicação de culpa (do latim: *nulla culpa sine judicio*), exige do julgador para se declarar alguém culpado um raciocínio com base na subsunção da lei ao caso individual, desenvolvido em um processo adequado, tornando qualquer outra forma de argumentação secundária ou acessória. E essa dinâmica de raciocínio se coloca primeiramente aos litigantes, que tendem a não se submeter à força de um precedente ainda que se trate de um caso simples já decidido dezenas de vezes, em primeiro lugar pelos benefícios que advém do processo e, em segundo lugar, pela expectativa de um juízo de legalidade, ou seja, uma vez acusado em processo criminal, todos querem ver a lei sendo aplicada até a última instância, independentemente de quantas vezes o caso já foi resolvido.

Tanto é assim, que na Suprema Corte dos Estados Unidos, onde o sistema de precedentes funciona em larga escala, os casos criminais representam a maior exceção ao *selection effect*[23], onde as apelações e remédios contra prisões ilegais não costumam ser retidas em sua origem pela existência de um precedente, levando às cortes supremas casos de relativa simplicidade e muitas vezes já resolvidos. Ora, se o caso é simples e já foi resolvido, por que não há a mesma submissão aos precedentes que existem em outras áreas do direito? A nosso sentir, justamente porque nos casos criminais e em alguns outros ramos onde os valores individuais são mais sensíveis quando comparado a valores coletivos, as partes e até os mesmos os juízes tendem a raciocinar menos com precedentes e mais com a lei estrita.

Essa sistemática não é muito distante do que observamos no Supremo Tribunal Federal e outras cortes brasileiras, onde é comum vermos casos simples que se resumem à tipificação de uma conduta, à aplicação de uma circunstância agravante ou mesmo à linha divisória entre tentativa e consumação do delito dividirem a pauta dos tribunais com casos não criminais de altíssima complexidade jurídica. Nesta linha, diversos foram os casos em que o Supremo Tribunal Federal julgou a aplicação ou não do princípio da insignificância[24] para os casos de furto, até que chegou ao estabeleci-

---

23 "O selection effect é importante, porém uma larga exceção a essa operação (ainda que não seja a única exceção) é o domínio que consiste as apelações criminais, petições de habeas corpus e queixas trazidas para remediar o que são percebidas como condições de prisão inconstitucionalmente restritivas. Esta categoria de casos – casos em que os demandantes ou peticionários ou solicitantes são habitualmente encarcerados durante toda a vigência dos processos – representa uma exceção ao selection effetc precisamente em razão dos diferentes incentivos os quais se operam sob os encarcerados. (SCHAUER, Frederick. *Ob. Cit.*, pag. 185. Tradução livre).

24 "O princípio da insignificância – que deve ser analisado em conexão com os postulados da fragmentariedade e da intervenção mínima do Estado em matéria penal – tem o sentido de excluir ou de afastar a própria tipicidade penal, examinada na perspectiva de seu caráter material. Doutrina. Tal postulado – que considera necessária, na aferição do relevo material da tipicidade penal, a presen-

mento de vetores de interpretação para auxiliarem a aplicação pelos órgãos inferiores e mesmo assim os casos não param de chegar ao tribunal[25]. Mas por que os litigantes não raciocinam com base em precedentes e simplesmente se submetem ao entendimento? Ou seja, se já se tem uma ideia da provável decisão, por que não evitamos o desgaste?

Isso se explica, a nosso ver, de maneira muito simples: Em primeiro lugar, as garantias já mencionadas revelam o desenho jurídico específico do direito penal e processual penal, mais preocupado com o indivíduo do que com a coletividade, de modo que qualquer argumento de segurança jurídica e de eficiência cai por terra quando tratamos do direito de liberdade de alguém, havendo uma expectativa de um juízo de aplicação da lei. Para isso, basta que façamos um breve exercício de alteridade e nos coloquemos na figura do réu em um processo penal, onde provavelmente a última coisa que pensaríamos seria em eficiência ou estabilidade das decisões, mas sim gostaríamos de ver a lei aplicada no seu maior grau de garantia.

Não estamos propondo que só nessas áreas do direito mais associadas à legalidade é que há expectativa dos litigantes quanto há um juízo segundo a lei, nem que casos fáceis relacionados a outros temas também não sejam levados às cortes por diversas outras razões, o que demandaria uma pesquisa empírica que ultrapassa os limites desse trabalho. O centro da nossa abordagem neste primeiro argumento é de que em áreas mais associadas à garantias individuais, as partes tendem a esperar um juízo mais adstrito à lei[26], e o raciocínio quanto à matéria tende a ser centrado nisso, o que naturalmente diminui ou ao menos suaviza a força do raciocínio com base em precedentes.

Em segundo lugar, na maioria dos países onde vigora a presunção de inocência,[27]

ça de certos vetores, tais como (a) a mínima ofensividade da conduta do agente, (b) a nenhuma periculosidade da conduta do agente, (c) o reduzidíssimo grau de reprovabilidade do comportamento e (d) a inexpressividade da lesão jurídica provocada – apoiou-se, em seu processo de formulação teórica, no reconhecimento de que o caráter subsidiário do sistema reclama e impõe a função dos próprios objetivos por ele visados, a intervenção mínima do Poder Público *(...)*. Trechos da ementa do HC 84412/ SP. Rel. Min. Celso de Mello. Julgado em 19/10/2004."

---

25 Ainda sobre o princípio da insignificância no crime de furto, o Supremo Tribunal Federal já decidiu em diversas oportunidades que este não se aplica aos casos de furto qualificado, e mesmo assim os litigantes não param de levar a matéria ao tribunal por meio de ações e recursos. (HC 110374/DF julgado em 2011; HC 110949/RS julgado em 2012; HC 109230/RS julgado em 2012; HC 115891/DF julgado em 2013; HC 121769/MT julgado em 2014).

26 FERRAJOLI, Luidgi. *Ob. Cit.*, pag. 437.

27 "No Brasil, a presunção de inocência está expressamente consagrada no art. 5, LVII da Constituição, sendo o princípio reitor do processo penal e, em última análise, podemos verificar a qualidade de um sistema processual através do seu nível de observância (eficácia). (...) é um princípio fundamental de civilidade, fruto de uma opção garantista a favor da tutela da imunidade dos inocentes. Ainda que para isso tenha-se que pagar o preço da impunidade de algum culpável. Isso porque, ao corpo social, lhe basta que os culpados sejam geralmente punidos, pois o maior interesse é que todos os inocentes, sem exceção, estejam protegidos." (LOPES JR., AURY. Direito Processual Penal. 11Ed. Editora Saraiva. 2014, pag. 215).

o simples fato de prolongar o processo evitando uma decisão definitiva já implica em diversos benefícios para o réu, tais como a possibilidade de responder ao processo em liberdade, o encarceramento em estabelecimento prisional distinto, a não implicação de anotação criminal em sua folha de antecedentes, respondendo como primário em outros processos, o acesso a formas diferentes de trabalho na prisão entre outros. Sendo assim, a relação de custo e benefício indicada por Schauer[28] que orienta a litigância perante os tribunais é distinta em matéria penal, pois em casos simples de natureza cível que tratem, por exemplo, de uma multa contratual, as partes provavelmente sopesarão os custos do processo e do tempo em relação ao benefício possivelmente alcançado e tenderão a soluções negociais ou mesmo a uma sucumbência antecipada, já que a resposta pode se apresentar imediata e incontroversa, todavia, ao pensarmos no direito penal e em outros ramos do direito associados à ideia de legalidade estrita, como o direito tributário e o direito administrativo sancionatório, esse raciocínio certamente será alterado.

Para exemplificar o ponto de vista, imaginemos que um determinado autor de crime de roubo é acusado formalmente pelo Ministério Público, tendo obtido a posse da *res furtiva* por um breve espaço de tempo fora do campo de visão da vítima, sendo detido alguns instantes após o crime. Há entendimento pacificado no Superior Tribunal de Justiça em diversos casos precedentes[29] considerados vinculantes pela legislação processual brasileira sobre o momento consumativo do delito de roubo, estabelecendo que se considera consumado o delito quando o agente detenha a posse do bem, ainda que por breve espaço de tempo, mesmo que o sujeito seja logo perseguido e detido, ou seja, não se exige a posse mansa e pacífica.

Neste exemplo, por mais que haja um caso precedente de uma corte superior, o que vemos na prática é que o raciocínio com base em precedentes não costuma se impor da mesma forma, limitando a propositura de recursos e remédios contra as decisões. Muito pelo contrário, por mais que o entendimento seja vinculante[30] as partes tendem a litigar cada vez mais propondo ações, recursos e remédios contra prisões exatamente pela expectativa que um juízo de legalidade produz nas pessoas envolvidas e pelos benefícios que o processo pode acarretar.

Sob o ponto de vista do juiz, vemos que o raciocínio com base em precedentes também não costuma se apresentar em sua forma original, ou seja, é absolutamente incomum esperar que um tribunal que se depare com um caso criminal já decidido

---

28 SCHAUER, Frederick. *Ob. Cit.*, pag. 185.

29 STJ. 3 Seção. REsp 1.524.450-RJ, Rel. Min. Nefi Cordeiro, julgado em 14/10/2015 (recurso repetitivo) (inf. 572) e STJ. 3 Seção. REsp 1.499.050-RJ. Rel. Min. Rogerio Schietti Cruz, julgado em 14/10/2015 (recurso repetitivo) (inf. 572).

30 O entendimento do Superior Tribunal de Justiça sobre essa questão já foi alçado ao patamar normativo, havendo enunciado de súmula do tribunal sobre a questão: Súmula 582 – "Consuma-se o crime de roubo com a inversão da posse do bem mediante emprego de violência ou grave ameaça, ainda que por breve tempo e em seguida à perseguição imediata ao agente e recuperação da coisa roubada, sendo prescindível a posse mansa e pacífica ou desvigiada."

simplesmente deixe de conhecer as ações ou indefira o recurso sob o argumento de haver precedente, como é esperado que se faça em casos de natureza cível.[31] Na verdade, a questão é que, em última análise, o precedente acaba assumindo verdadeiro papel de argumentação analógica nas mãos do juiz, que se difere dos precedentes exatamente porque a pessoa que emprega tem uma opção de utilizar uma fonte análoga dentre as possíveis, apontando para a semelhança dos casos buscando persuadir as partes.

Como diz Schauer, "o uso de precedentes do direito, portanto, difere substancialmente do uso da analogia, pois, neste último, uma decisão anterior é selecionada para apoiar um argumento agora, enquanto na anterior, uma decisão se impõe (...)"[32]. Sendo assim, não só a valoração, mas o próprio objetivo das duas formas de argumentação são completamente distintos, um buscando restringir e constranger, o outro buscando ampliar e persuadir, sendo exatamente esse o labor dos juízes em matéria penal, que ao invés de restringir a cognição aplicando o precedente, acabam por ampliar e argumentar buscando persuadir as partes de que o precedente anterior está correto e se aplica ao caso em análise.

Um exemplo da jurisprudência nacional que nos faz compreender essa dinâmica seria o entendimento firmado pelo Supremo Tribunal Federal[33] em relação à violação de domicílio pelas forças de segurança nos casos de estado flagrancial de delito, onde firmado o entendimento de que a violação é possível nos temos do artigo 5, XI da Constituição da República Federativa do Brasil de 1988[34] desde que apontada a justa causa para o ingresso, ainda que não haja estado flagrancial de fato. Certamente aqui o precedente por mais vinculante que seja cumprirá tão somente função analógica, acabando os juízes e aos tribunais nos casos individuais por dispender grande esforço argumentativo para mostrar que o caso se aplica ao entendimento, ao contrário de restringir na origem as milhares de ações de *habeas corpus* que certamente decorrerão de situações de prisão em flagrante com violação de domicílio.

Portanto, a orientação das cortes superiores sobre questões criminais não é só salutar como extremamente útil, auxiliando na interpretação da lei, permitindo que as partes, as diferentes instituições e a sociedade em geral tenham conhecimento e

---

31 É o que vemos na dinâmica do Novo Código de Processo Civil (Lei nº 13.256/2016) ao prever a negação, pelo relator, de seguimento de recurso interposto contra entendimento dominante, senão vejamos: "Art. 932. Incumbe ao relator: (...) IV – negar provimento a recurso que for contrário a: (...)c) entendimento firmado em incidente de resolução de demandas repetitivas ou de assunção de competência;".

32 SCHAUER, Frederick. *Ob. Cit.*, pag. 88. Tradução livre.

33 STF RE 603. 616/RO Rel. Min. Gilmar Mendes julgado em 5/11/2015

34 Artigo 5º da CRFB/88: *Todos são iguais perante a lei, sem distinção de qualquer natureza, garantindo-se aos brasileiros e aos estrangeiros residentes no País a inviolabilidade do direito à vida, à liberdade, à igualdade, à segurança e à propriedade, nos termos seguintes: (...) XI – a casa é asilo inviolável do indivíduo, ninguém nela podendo penetrar sem consentimento do morador, salvo em caso de flagrante delito ou desastre, ou para prestar socorro, ou, durante o dia, por determinação judicial;*

aprendam com o entendimento que provavelmente será aplicado no futuro, ou mesmo que critiquem e apontem os erros, fortalecendo e dando unidade à jurisprudência nacional. Todavia, nesta e em outras áreas do direito onde a questão individual é mais sensível, dificilmente as pessoas tendem a raciocinar com base em precedentes, colocando o juízo de legalidade acima de qualquer coisa, e isso explica, pelo menos em linhas bem gerais e de forma bem apressada, porque as ações e recursos não param de se multiplicar em algumas matérias, mesmo quando o precedente parece ser o mais vinculante possível.

CONCLUSÃO

Após essa breve exposição sobre o raciocínio com base em precedentes, apresentando a sua forma original diante de alguns institutos similares, como a argumentação analógica e a persuasão, podemos notar que todo esse crescimento que se observa na prática jurídica é plenamente compreensível e justificável. Como salientado, a segurança jurídica e a eficiência são valores de altíssima relevância para qualquer sociedade, e o raciocínio com base em precedentes talvez seja um dos institutos relacionados à jurisdição que mais contribuem com esse panorama.

Por outro lado, vemos a resistência da aplicação dessa forma de raciocínio em algumas áreas do direito, especialmente o direito criminal, onde não se costuma produzir o mesmo efeito limitador aos chamados casos fáceis, de modo que as partes tendem a litigar cada vez mais sobre assuntos já resolvidos, a nosso ver pelos benefícios que advém do processo e, especialmente, pela expectativa de um juízo de legalidade. Ademais, os próprios juízes tendem aplicar nesses casos os precedentes mais como argumentação analógica, apontando de maneira analítica os acertos do entendimento e sua correspondência ao caso, ao invés de simplesmente restringir a atividade cognitiva.

Sendo assim, é importante que tenhamos esse quadro em mente se quisermos entender como pensam os profissionais do direito e a sociedade de uma maneira em geral, pois vimos que situações que são quase idênticas sob o prisma da argumentação acabam apresentando soluções bem distintas. Desejamos, ao invés de responder a todas as questões, estimular o debate para que o raciocínio jurídico e a argumentação tomem o assento que merecem na formação dos juristas, pois estudar como se pensa o direito é tão ou mais importante do que estudar o direito em si.

O PRINCÍPIO DO CONTRADITÓRIO NO ÂMBITO DA TUTELA PLURI-INDIVIDUAL

Rodrigo Cunha Mello Salomão

I. INTRODUÇÃO

Não é nova a percepção de que o Poder Judiciário brasileiro vem sendo cada vez mais exigido. E isso não se deu ao acaso. Em um primeiro momento, com o reconhecimento dos novos direitos e a impactante ampliação do princípio do acesso à justiça, o ordenamento jurídico brasileiro se viu diante da necessidade de desenvolver uma espécie de tutela jurisdicional coletiva.

Seria preciso enfrentar, naquela oportunidade, a falta de estrutura do Poder Judiciário e a ausência de flexibilidade do direito processual, voltado estritamente para os litígios individuais.

Apesar da criação de novas leis e formas de tratamento dos direitos da coletividade, estas não se mostraram integralmente insuficientes. Ainda mais com o surgimento dos direitos individuais homogêneos e a eclosão de outros fenômenos que ampliaram o acesso à informação e encurtaram as distâncias, gerando uma verdadeira massificação das relações sociais.

Tal massificação, por sua vez, repercutiu diretamente no Poder Judiciário, pois ocasionou o aparecimento de milhares de demandas idênticas. Essa situação fez com que o ordenamento se deparasse com um novo desafio, o qual passou a ser enfrentado por meio da chamada tutela pluri-individual, uma vez que a tradicional dicotomia de tutela individual e tutela coletiva já não se mostrava mais suficiente.

E o objeto do presente estudo são, justamente, as técnicas de julgamento inseridas nesse novo tipo de tutela pluri-invidual. Após essa contextualização com as ações coletivas e as espécies de direitos coletivos a serem tutelados, o presente artigo abordará, em breves linhas, as principais nuances do sistema dos recursos repetitivos e do incidente de resolução de demandas repetitivos, à luz do novo Código de Processo Civil, bem como do Regimento Interno do Superior Tribunal de Justiça.

Com a análise dos objetivos buscados e dos princípios norteadores desses novos mecanismos, tentaremos enfrentar uma das questões mais tormentosas nessa matéria: o respeito às garantias processuais individuais, sobretudo o princípio do contraditório, no âmbito desses incidentes de coletivização.

Nesse ponto, buscaremos apontar algumas alternativas e institutos que mitigam eventual déficit participativo encontrado no julgamento dos recursos repetitivos e do IRDR, como a importante escolha dos casos que irão representar a controvérsia e a participação de terceiros interessados no conflito.

Por fim, chamaremos a atenção para a necessidade de ponderação com outros princípios igualmente fundamentais e que buscam ser tutelados com a tutela pluri-individual, como a isonomia, segurança jurídica e duração razoável do processo.

II. OS DIREITOS COLETIVOS E A MUDANÇA DE PARADIGMA NO DIREITO PROCESSUAL: DA TUTELA INDIVIDUAL À TUTELA COLETIVA

A ascensão do Estado Social propiciou o reconhecimento dos chamados "novos direitos" e dos direitos transindividuais, sendo este último um gênero do qual são espécies os direitos difusos e os direitos coletivos *stricto sensu*. Nesse momento, o princípio do acesso à justiça experimentou seu maior alcance e a judicialização de direitos pertencentes à coletividade como um todo afetou diretamente os cânones da forma de prestação jurisdicional.

No entanto, a tutela dos direitos coletivos no Brasil encontrou, em um primeiro momento, óbices de natureza estrutural, material e pessoal. Dito de outro modo, a estrutura do Poder Judiciário não estava preparada para encarar essa nova realidade.

Some-se a isso o fato de que a legislação processual então em vigor se mostrava claramente inadequada ao novo cenário, uma vez que suas normas estavam fincadas no paradigma tradicional do processo individual[1]. Nos dizeres de Leonardo Carneiro da Cunha[2], *"as normas que disciplinam o processo civil brasileiro foram inspiradas no paradigma liberal da litigiosidade, estruturadas de forma a considerar única cada ação, retratando um litígio específico entre duas pessoas. Em outras palavras, o processo civil é, tradicionalmente, individual, caracterizando-se pela rigidez formalista"*.

Desde 1977, Barbosa Moreira já chamava a atenção para esse caráter essencialmente individual do processo civil brasileiro, ao afirmar que *"tem sabor de lugar-comum a observação de que a estrutura clássica do processo civil, tal como subsiste na generalidade dos ordenamentos de nossos dias, corresponde ao modelo concebido e realizado para acudir fundamentalmente a situações de conflito entre interesses individuais"*[3].

Nesse cenário, a legislação processual brasileira precisaria, então, quebrar o paradigma da individualidade e se amoldar às novas exigências de tutela dos direitos coletivos. Até porque, o direito processual, em razão de seu caráter essencialmente instrumental, deve estar sempre se adequando à regulação das relações jurídicas

---

1 O paradigma individual do processo brasileiro encontra suas raízes históricas no direito europeu construído a partir do domínio burguês. Nesse ponto, Bruno Dantas anota que *"a estrutura essencialmente individualista do direito burguês emergente da Revolução Francesa atraiu um modelo individualista de direito processual civil"*, DANTAS, Bruno. "Teoria dos recursos repetitivos: tutela pluri-individual nos recursos dirigidos ao STF e STJ", São Paulo: Editora Revista dos Tribunais, 2015, p. 33.

2 CUNHA, Leonardo Carneiro da. O regime processual das causas repetitivas. Revista de Processo. Vol. 179, Jan/2010, versão digital.

3 BARBOSA MOREIRA, José Carlos. A ação popular do direito brasileiro como instrumento da tutela jurisdicional dos chamados "interesses difusos". *Temas de direito processual civil.* São Paulo: Saraiva, 1977. p. 110

substanciais, de forma a conferir a máxima efetividade ao direito material tutelado em cada caso.

O estudo do tema e a necessidade de mudança originou o chamado "direito processual coletivo", apresentando diferenças em aspectos essenciais da estrutura do processo, com princípios e institutos próprios. Importantes conceitos do direito processual, como legitimidade ativa, limites da coisa julgada, litispendência e competência, foram revisitados e passaram a produzir regras próprias no âmbito da tutela coletiva[4].

Além da pré-existente Lei da Ação Popular (Lei nº 4.717/1965), a tutela dos direitos coletivos contou com a edição da Lei de Ação Civil Pública (Lei nº 8.429/1992) e do Código de Defesa do Consumidor (Lei nº 8.078/1990), as quais possuem relevantes normas destinadas à regulação da matéria. Viu-se, então, a formação de um "microssistema de ações coletivas".

Apesar de notável amadurecimento do legislador ao contemplar importantes questões relacionadas à tutela dos direitos coletivos, as normas então elaboradas não foram suficientes para a resolução de litígios em massa no Brasil[5]. Isso porque, além de não alcançar todas os tipos de demandas repetidas, o "microssistema de ações coletivas" apresentou alguns problemas consideráveis. Embora as ações coletivas não sejam o objeto principal deste estudo, entendo pertinente abordar, ainda que de forma breve, as principais deficiências apontadas pela doutrina.

As mais importantes críticas doutrinárias dizem respeito à extensão dos efeitos da coisa julgada[6] e à restrição da legitimidade ativa para ajuizar as demandas coletivas, sobretudo em relação à pessoa natural e às associações[7].

---

4 *"A inadequação de alguns institutos e princípios do processo individual, principalmente os que dizem respeito à litispendência, conexão e continência, fortaleceram a ideia de que estaria surgindo no Brasil um verdadeiro Direito Processual Coletivo".* ROQUE, André Vasconcelos. "As ações coletivas no direito brasileiro contemporâneo: de onde viemos, onde estamos e para onde vamos?". Revista Eletrônica de Direito Processual – REDP – Volume XII, p .50.

5 *"De forma geral, os processos coletivos no Brasil falharam em sua promessa de proporcionar uniformidade de decisões, celeridade e economia processual. Apesar do ajuizamento de várias ações coletivas, nenhuma foi capaz de conter a verdadeira enxurrada de demandas individuais envolvendo as mais diversas questões"*. ROQUE, André Vasconcelos. Op. Cit., p .48.

6 "Ao instituir a coisa julgada *erga omnes secundum eventum probationis* para os demais legitimados (art. 16 da LACP, art. 103, I e II, do CDC) ou mesmo *secundum eventum litis* para os indivíduos substituídos (art. 103, III e §1º, do CDC), permitiu o legislador que convivessem com ações coletivas centenas de milhares de ações individuais tratando de questões comuns a todos os interessados, em grave prejuízo do funcionamento da máquina judiciária". AMARAL, Guilherme Rizzo. Efetividade, segurança, massificação e a proposta de um incidente de resolução de demandas repetitivas. Revista de Processo. São Paulo: RT, vol. 196, jun/2011.

7 No julgamento do RE 573.232/SC, em 2014, o Supremo Tribunal Federal firmou o entendimento de que as associações somente podem ajuizar ações coletivas em nome de seus associados caso tenha autorização expressa destes, pois se trata de representação processual e não substituição. Esse mesmo entendimento foi externado pelo STJ ao apreciar o REsp 1.325.278. Posteriormente, em maio deste ano de 2017, o STF firmou a seguinte tese, no âmbito do RE 612.043: "a eficácia subjetiva da coisa julgada formada a partir de ação coletiva, de rito ordinário, ajuizada por associa-

É de se destacar, também, o ineficiente sistema de comunicação dos cidadãos acerca da propositura de demandas coletivas. Prevê o art. 94, do CDC, que *"proposta a ação, será publicado edital no órgão oficial, a fim de que os interessados possam intervir no processo como litisconsortes, sem prejuízo de ampla divulgação pelos meios de comunicação social por parte dos órgãos de defesa do consumidor"*. O dispositivo legal em referência parte da premissa de que a sociedade, de maneira geral, acompanha as publicações do Diário Oficial, o que, contudo, não condiz com a realidade.

Nesse ponto, não é demais ressaltar a imprescindibilidade da comunicação para que as ações coletivas alcancem a maior aderência possível e, por conseguinte, atinjam maior eficiência possível. De acordo com Paulo Cezar Pinheiro Carneiro, a informação é ponto de partida no campo individual, pois, sem ela, vários direitos não seriam reclamados em ações individuais; e ao mesmo tempo, é ponto de chegada no campo coletivo, porque eventuais direitos reclamados nas ações coletivas precisam ser conhecidos pelos interessados, para que eles possam usufruir da tutela jurisdicional[8].

Mencione-se, também, a ausência de formas de flexibilização do procedimento e adequação ao conflito. Apesar da criação de normas próprias para a tutela coletiva, as regras do Código de Processo Civil, salvo pontuais ajustes, permaneceram voltadas à resolução dos litígios individuais[9].

Tais questões, aliadas à falta de uma cultura de associatividade[10], fez com que o sistema de tutela de direitos coletivos não fosse suficiente para evitar a propositura de milhares de demandas individuais em concomitância com as próprias ações coletivas, todas versando sobre o mesmo assunto. Por conseguinte, embora tenha representado importante avanço na matéria, o "microssistema de tutela coletiva" não se mostrou integralmente suficiente para o fim colimado.

ção civil na defesa de interesses dos associados, somente alcança os filiados, residentes no âmbito da jurisdição do órgão julgador, que o sejam em momento anterior ou até a data da propositura da demanda, constantes de relação juntada à inicial do processo de conhecimento". Com isso, afirmou-se a constitucionalidade do artigo 2-A da Lei nº 9.494/1997, que estabelece o alcance dos efeitos de ações coletivas propostas por entidade associativa contra a Fazenda Pública.

8 CARNEIRO, Paulo Cezar Pinheiro. Acesso à justiça – Juizados Especiais Cíveis e Ação Civil Pública. 2ª ed., Rio de Janeiro: Forense, 2003, p. 54/55.

9 *"O Código de Processo Civil brasileiro, não obstante exemplo de aprimoramento técnico, constitui diploma distante das necessidades da sociedade moderna, voltada precipuamente para uma categoria de interesses, cujas características e peculiaridades foram praticamente ignoradas pelas regras instrumentais. As normas codificadas têm em vista tão somente os conflitos envolvendo direitos individuais. Não são adequadas, pois, à regulamentação de processos cujo objeto sejam interesses coletivos ou difusos"* (Direito e processo: influência do direito material sobre o processo. 5ª ed. São Paulo: Malheiros, 2009, p. 16).

10 TEMER, Sofia. "Incidente de Resolução de Demandas Repetitivas", 2ª ed., Salvador: JusPodium, 2017, p. 35/36.

III. OS DIREITOS INDIVIDUAIS HOMOGÊNEOS E A TUTELA PLURI-INDIVIDUAL

O quadro acima narrado foi ainda agravado com o surgimento, em paralelo, dos direitos individuais homogêneos[11]. De acordo com o professor Humberto Dalla[12], *"os direitos individuais homogêneos seriam os que advêm de uma mesma circunstância fática, de titularidade determinada ou ao menos determinável, sendo esse o seu ponto de diferenciação em relação aos direitos difusos, cuja origem também é uma mesma circunstância fática, todavia os seus titulares são indeterminados"*.

Sem pretender ignorar a discussão doutrinária acerca de sua natureza, é possível afirmar que se tratam de direitos individuais, com sujeito limitado e objeto divisível, mas que possuem uma origem comum – um núcleo de homogeneidade -, que permite à esses direitos, em tese individuais, serem tratados de forma coletiva.

A possibilidade de serem tutelados coletivamente, vale dizer, é o que aproxima os direitos individuais homogêneos dos direitos difusos e dos direitos coletivos *stricto sensu*. No entanto, a ação coletiva é apenas uma forma possível de tratamento desses direitos, sendo certo que a divisibilidade a eles inerente permite a tutela jurisdicional individual.

É importante esclarecer, aqui, que os direitos individuais homogêneos têm origem diversa dos direitos difusos e coletivos *stricto sensu*. Enquanto estes últimos decorreram, como dito antes, da ascensão do Estado Social e do reconhecimento dos novos direitos, aqueles primeiros são fruto de outros fenômenos, como os avanços tecnológicos, a industrialização, a facilidade de acesso à informação e o encurtamento das distâncias.

Não precisaria ser dito que os referidos avanços proporcionaram uma massificação das relações sociais e, por consequência, das relações jurídicas, criando uma litigiosidade de massa. A sociedade moderna se deparou, então, com uma nova categoria de ações, além da heterogênea individual e das "tradicionais" ações coletivas:

---

11 O Código de Defesa do Consumidor, em seu art. 81, definiu bem as três espécies de direitos coletivos, o que, de certa forma, acabou evitando alongadas discussões doutrinárias acerca desses conceitos. Confira-se: *"Art. 81. A defesa dos interesses e direitos dos consumidores e das vítimas poderá ser exercida em juízo individualmente, ou a título coletivo. Parágrafo único. A defesa coletiva será exercida quando se tratar de: I – interesses ou direitos difusos, assim entendidos, para efeitos deste código, os transindividuais, de natureza indivisível, de que sejam titulares pessoas indeterminadas e ligadas por circunstâncias de fato; II – interesses ou direitos coletivos, assim entendidos, para efeitos deste código, os transindividuais, de natureza indivisível de que seja titular grupo, categoria ou classe de pessoas ligadas entre si ou com a parte contrária por uma relação jurídica base; III – interesses ou direitos individuais homogêneos, assim entendidos os decorrentes de origem comum"*.

12 "Os limites e as possibilidades do uso dos meios consensuais de resolução de conflitos na tutela dos direitos transindividuais e pluri-individuais", tese apresentada, em 2017, na defesa da promoção à categoria de Professor Titular de Direito Processual Civil na Faculdade de Direito da Universidade do Estado do Rio de Janeiro, p. 159.

as chamadas demandas isomórficas, caracterizadas pela identidade em tese e não em concreto da causa de pedir e pedido, com repetição em larga escala[13].

A insuficiência das ações coletivas e o surgimento das demandas seriadas, resultou na necessidade de criação de novos mecanismos de resolução de litígios de massa, sem prejuízo das ações coletivas[14]. Nas palavras de Bruno Dantas,

> *"a realidade mostrou que a dicotomia tutela individual x tutela coletiva não consegue viabilizar, de um lado, a efetividade dos direitos substanciais e, de outro, a atuação eficiente do Poder Judiciário. Com isso, vêm ganhando espaço as técnicas de julgamento de casos e recursos repetitivos, hipótese típica de tutela pluri-individual"*[15].

Esse novo tipo de tutela pluri-individual se volta, precipuamente, à tutela dos direitos individuais homogêneos e sua aplicação exige, além da origem comum dos direitos (requisito necessário, também, para a tutela coletiva), a caracterização da multiplicidade de casos em que a mesma tese jurídica esteja sendo discutida[16].

Abordando a necessidade de se recorrer à outros mecanismos de resolução das

---

13 *"As demandas levadas à apreciação do Poder Judiciário passaram a ser isomórficas, criando-se uma terceira categoria de causas, ao lado das demandas puramente individuais heterogêneas e das demandas coletivas propriamente ditas. Tais casos repetitivos caracterizam-se pela "identidade em tese, e não em concreto, da causa de pedir e do pedido, associada à repetição em larga escala", constituindo um cenário próprio de litigiosidade de massa".* MENDES, Aluisio Gonçalves de Castro; TEMER, Sofia. "O incidente de resolução de demandas repetitivas do novo código de processo civil", Revista de Processo, | vol. 243/2015 | p.283 – 331 | Mai / 2015 DTR\2015\7913, p. 2.

14 André Roque observa que a criação do Incidente de Resolução de Demandas Repetitivas não afasta a necessidade de adequada tutela coletiva no Brasil. Segundo o autor, *"os objetivos perseguidos pelas ações coletivas são mais amplos que os almejados pela resolução de casos-piloto ou casos-teste. Como se viu, o incidente previsto no novo CPC tem por finalidade evitar a multiplicação de processos, proporcionando isonomia e segurança jurídica. Não está entre suas finalidades, todavia, promover o acesso à justiça, nem assegurar a tutela de direitos ontologicamente coletivos* [direitos difusos e coletivos stricto sensu]. *(...) Além disso, muitas vezes os titulares dos direitos em discussão não possuem informação ou incentivos suficientes para litigar em juízo. Assim, as ações coletivas mostram-se capazes de romper com a força inercial dos litigantes individuais, algo que o incidentes de resolução de demandas repetitivas não seria capaz, sequer em tese, de alcançar, eis que pressupõe a existência, ou pelo menos a potencialidade, de ações individuais que possam ser qualificadas como repetitivas.* Citando os exemplos da Alemanha e da Inglaterra, o autor conclui afirmando que *"não é por acaso, aliás, que o fortalecimento de institutos análogos no direito comparado se verificou sem prejuízo das ações coletivas"*. Op. Cit., p. 58.

15 DANTAS, Bruno. Op. Cit., p. 72.

16 Daí porque se falar que a aplicação da tutela coletiva e da tutela pluri-individual possuem fundamentos distintos: enquanto a primeira busca, de um lado, facilitar o acesso à justiça, segurança jurídica, economia processual e resolver eventuais dificuldades na formação de litisconsórcio; a segunda, por outro lado, visa conferir máxima eficiência ao Poder Judiciário e preservar o princípio da isonomia por meio da uniformização das decisões que serão aplicadas aos casos repetidos.

chamadas macro-lides, demandas repetidas ou seriadas, bem como os motivos por trás dessa novo tipo de tutela, Humberto Dalla[17] assim assevera:

> *"Em resposta à repetição das demandas, que desagrada tanto os jurisdicionados, que sofrem com a morosidade da justiça e com o sentimento de insegurança jurídica, proveniente da sempre presente possibilidade de decisões antagônicas acerca da mesma situação, quanto o próprio Poder Judiciário, que não consegue se desincumbir de modo satisfatório de suas atribuições, surgiu a necessidade premente de criação de um regime processual próprio para tratar dessas ações repetitivas, criando uma sistemática diversa das ações coletivas, a ser utilizada de acordo com as especificidades e peculiaridades de cada situação"*

IV. A TUTELA PLURI-INDIVIDUAL NO ORDENAMENTO JURÍDICO BRASILEIRO

Sem prejuízo das diversas outras medidas adotadas ao longo dos anos com o intuito de resolver o problema do excesso de demandas[18], passou-se a desenvolver no Brasil, como dito, mecanismos de tutela pluri-individual[19], que funcionam, basicamente, da seguinte maneira: dentre as diversas causas repetidas, escolhe-se uma ou algumas poucas para serem julgadas, enquanto as outras demandas idênticas (isto é, que discutem a mesma tese jurídica) ficam sobrestadas; após o julgamento do(s) processo(s) paradigma (ou representativos da controvérsia), as decisões tomadas pelo órgão jurisdicional responsável são estendidas para os demais casos.

A primeira normatização efetiva desse tipo de mecanismo veio com as Leis 11.418/2006 e 11.672/2008, que regulamentaram o julgamento dos recursos repetitivos, respectivamente, no STF e no STJ, inserindo os artigos 543-B e 543-C do Código de Processo Civil de 1973. Mais recentemente, as regras de procedimento e julgamento dos recursos repetitivos foram aperfeiçoadas com o novo código de processo civil.

Dispõe o artigo 1.036, do CPC/15, que *"sempre que houver multiplicidade de recursos extraordinários ou especiais com fundamento em idêntica questão de direito,*

---

17 PINHO, Humberto Dalla Bernardina de. Op. Cit., p. 249.

18 Não é de hoje a convivência da sociedade brasileira com o excesso da judicialização. A criação do Superior Tribunal de Justiça com a Constituição Federal de 1988, vale lembrar, buscava resolver a então chamada "crise do STF", por meio de uma repartição de competências. Mas essa medida, como se sabe, não surtiu o efeito esperado e não foi suficiente para resolver o problema. Posteriormente, foram inseridos outros mecanismos com a mesma finalidade, dentre os quais podemos citar a Súmula Vinculante (Emenda Constitucional nº 45/2004), a repercussão geral como requisito de admissibilidade dos recursos extraordinários (Lei nº 11.418/2006), as súmulas de jurisprudência dominante, a improcedência liminar do pedido, o incidente de uniformização, etc.

19 Em uma análise histórica da legislação brasileira, Bruno Dantas aponta que a primeira previsão no ordenamento jurídico sobre litigância repetitiva se deu na Lei nº 10.259/2001, ao prever o pedido de uniformização de interpretação de lei federal nos Juizados Especiais Federais. Observa o autor que o §6º, do art. 14, da referida lei, previu que *"eventuais pedidos de uniformização idênticos, recebidos subsequentemente em quaisquer Turmas Recursais, ficarão retidos nos autos, aguardando-se pronunciamento do Superior Tribunal de Justiça"*. Op. Cit, p. 55

haverá afetação para julgamento de acordo com as disposições desta Subseção, observado o disposto no Regimento Interno do Supremo Tribunal Federal e no do Superior Tribunal de Justiça".

Constatada essa multiplicidade, o Presidente ou Vice-Presidente do Tribunal de Justiça ou Tribunal Regional Federal deverá escolher 2 (dois) ou mais recursos-piloto a serem remetidos ao STJ ou STF para fins de afetação (§1º, do art. 1.036). A escolha efetuado pelo Tribunal *a quo*, no entanto, não vincula a instância superior, sendo certo que o ministro relator do recurso poderá escolher outros recursos representativos da controvérsia, na forma dos §§4º e 5º, do mesmo dispositivo legal.

Após a seleção dos recursos que servirão como paradigma para os demais casos, o ministro relator irá proferir a decisão de afetação, por meio da qual *"identificará com precisão a questão a ser submetida a julgamento"* e *"determinará a suspensão do processamento de todos os processos pendentes, individuais ou coletivos, que versem sobre a questão e tramitem no território nacional"* (artigo 1.037). Como se verá melhor adiante, a expressa determinação de identificação do tema se mostrou um importantíssimo avanço na matéria e foi muito bem acompanhada pelo regimento interno do Superior Tribunal de Justiça.

Com o julgamento de mérito do recurso representativo, o entendimento adotado pelo STF ou STJ será aplicado aos demais casos em trâmite no próprio Tribunal Superior (artigo 1.039) ou nas instâncias hierarquicamente inferiores (art. 1.040). Registre-se, aqui, a interessante previsão do inciso IV, do art. 1.040, que exige da Administração Pública a fiscalização do efetivo cumprimento da tese firmada nos casos que versem sobre prestação de serviço público objeto de concessão, permissão ou autorização[20].

Perceba-se que estamos diante de uma espécie de "julgamento por amostragem", já que o órgão responsável por decidir a questão jurídica comum aos casos repetidos também procederá ao julgamento recurso individual em si mesmo.

Essa técnica de julgamento, que encontra semelhança com o "recurso en el interés de la ley" e "pleito-testigo" do direito espanhol[21], vêm apresentando resultados

20 "Art. 1.040. Publicado o acórdão paradigma: (...) IV – se os recursos versarem sobre questão relativa a prestação de serviço público objeto de concessão, permissão ou autorização, o resultado do julgamento será comunicado ao órgão, ao ente ou à agência reguladora competente para fiscalização da efetiva aplicação, por parte dos entes sujeitos a regulação, da tese adotada".

21 *"O tribunal poderá eleger o julgamento de apenas um recurso ou parte deles, consoante critério próprio apto a cumular todas as questões suscitadas nos recursos parecidos, suspendendo recursos semelhantes. Por sua vez, este mecanismo presente no sistema administrativo espanhol permite que ao proferir a sentença no recurso selecionado, os recorrentes cujos recursos restaram suspensos serão notificados, podendo, todavia, optar pela desistência, pela extensão da decisão proferida, ou ainda, pela continuação de seu processo individual, conforme assevera o art. 111 da Ley 29/1998".* O autor aponta, contudo, uma importante diferença entre a técnica espanhola e o recurso repetitivo brasileiro: no caso do "pleito-testigo", o recorrente possui a faculdade de sujeitar-se ou não a decisão proferida no julgamento no âmbito administrativo espanhol; no Brasil, não há tal faculdade, já que a decisão do recurso repetitivo possui eficácia vinculante aos demais casos. CASTRO, Daniel Penteado de. "Questões polêmicas sobre o julgamento por amostragem do recurso especial repetitivo", Revista de Processo | vol. 206/2012 | p. 79 – 122 | Abr / 2012 DTR\2012\38927.

satisfatórios no âmbito do STF e do STJ. E isso tende a evoluir ainda mais com o novo CPC, tanto em razão do aprimoramento das normas procedimentais dos recursos repetitivos como também pelo efeito vinculante trazido com o novo sistema de precedentes, expressamente previsto no art. 927, III.

Em relação aos tribunais de segundo grau e juízos de primeira instância, todavia, a situação permaneceu idêntica[22]. Diante desse cenário, o novo Código de Processo Civil introduziu o Incidente de Resolução de Demandas Repetitivas, objetivando enfrentar o problema da litigiosidade de massa no âmbito dos Tribunais de Justiça e Tribunais Regionais Federais. Trata-se de um incidente de coletivização inspirado no procedimento-modelo alemão (*Musterverfahren*) e no *Group Litigation Order* britânico.

Ao analisarem a natureza jurídica do IRDR, Aluisio Gonçalves de Castro Mendes e Sofia Temer afirmam *"tratar-se de procedimento incidental autônomo, de julgamento abstrato – ou objetivo – das questões de direito controvertidas, comuns às demandas seriadas, a partir da criação de um procedimento-modelo"*. Nesse sentido, os especialistas no assunto observam que há, aqui, uma cisão cognitiva, pois o objeto do incidente será apenas a questão jurídica controvertida e não o julgamento das causas propriamente ditas[23].

É nessa cisão cognitiva que reside a diferença entre o IRDR e os recursos repetitivos, o que, contudo, não impede que ambos os institutos sejam analisados conjuntamente no âmbito da tutela pluri-individual.

Esclarecida rapidamente a natureza desse novo mecanismo, registre-se que o art. 976, do CPC, exige a presença simultânea de dois requisitos para sua instauração: *"efetiva repetição de processos que contenham controvérsia sobre a mesma questão unicamente de direito"* e *"risco de ofensa à isonomia e à segurança jurídica"*.

Demonstrando o preenchimento desses requisitos, quaisquer dos legitimados do art. 977, do CPC, poderá solicitar a instauração do incidente ao presidente do Tribunal local e, caso admitido, seu julgamento caberá ao órgão colegiado indicado pelo respectivo regimento interno, na forma do art. 978. Ao final do procedimento, a tese jurídica firmada pelo órgão competente será aplicada a todos os processos individuais

---

22 Essa afirmação foi feita por Bruno Dantas, escorado em relatório do Núcleo de Estatística – Assessoria de Gestão Estratégica da Secretaria-Geral do STF. Op. Cit., p. 20.

23 *"Não haverá, no espaço de resolução coletiva do incidente, o julgamento da(s) causa(s) propriamente dita(s), mas apenas a definição jurídica da questão jurídica controvertida, que será posteriormente adotada para o julgamento da(s) causa(s) de onde este se originar, bem como nas demais demandas repetitivas fundadas em igual questão. Há, portanto, uma cisão cognitiva – ainda que virtual e não física –, firmando-se a tese jurídica no procedimento incidental em que haverá se reproduzido o "modelo" que melhor represente a controvérsia jurídica que se repete em dezenas ou milhares de pretensões. A tese jurídica será aplicada em seguida às demandas repetitivas, por ocasião do julgamento propriamente dito da causa perante o juízo em que tramitar o processo, momento este em que será feita também a análise e julgamento das questões fáticas e das questões jurídicas não comuns pelo juízo competente, esgotando-se a análise da pretensão ou demanda propriamente dita"*. MENDES, Aluisio Gonçalves de Castro; TEMER, Sofia. Op. Cit., p. 4.

e coletivos em trâmite e que vierem a tramitar na região do respectivo tribunal, e que versem sobre idêntica questão de direito (art. 985, do CPC).

Esses são, em breves linhas, os aspectos gerais do recurso repetitivo e do incidente de resolução de demandas repetitivas, mecanismos estes de extrema importância para a tutela jurisdicional e que formam um microssistema de tutela pluri-individual inserido no novo código de processo civil.

V. A RACIONALIZAÇÃO DA JURISDIÇÃO E O PRINCÍPIO DO CONTRADITÓRIO

De toda a contextualização apresentada acima, é possível extrair que o legislador brasileiro tem apostado nos mecanismos de tutela pluri-individual com o nítido intuito de racionalizar e conferir eficiência à tutela jurisdicional, sobretudo diante desse cenário de massificação e repetição de demandas[24].

No entanto, essa busca pela efetividade não pode ocorrer de forma desenfreada. Isto é, a necessidade de conferir funcionalidade ao sistema não poderá ignorar ou se sobrepor às garantias processuais individuais, devendo haver um equilíbrio entre os objetivos do processo e os princípios fundamentais a ele inerentes.

Nesse sentido, as principais preocupações externadas pela doutrina se referem ao princípio do contraditório e os limites subjetivos da coisa julgada. Em interessante análise do tema, Luiz Guilherme Marinoni importa para o IRDR a relevante discussão norte-americana acerca da proibição do jurisdicionado relitigar uma questão já decidida (*collateral estoppel*) e questiona a aplicação da tese jurídica firmada no incidente àqueles que não participaram do julgamento:

> *"A decisão do incidente aplica-se em todos os processos pendentes que versem sobre idêntica questão de direito (art. 985, I, do CPC/2015), vale dizer, impede que os litigantes destes processos voltem a discutir a questão resolvida. De modo que a única dificuldade está em esclarecer o que significa proibir rediscutir questão já decidida. Como é possível chamar a decisão que, ditada no processo de um para os casos de muitos, impede-os de relitigar a questão resolvida, submetendo-os? Perceba-se que a decisão tomada no referido incidente constitui uma nítida proibição de litigar a questão já decidida, que, nos casos de decisão negativa aqueles que não puderam participar e discutir, assemelha-se a um inusitado e ilegítimo collateral estoppel. (...) a decisão proferida no caso de um, assim como a decisão proferida no incidente de resolução, não pode retirar o direito de discutir a questão daquele que não participou. O contrário constituiria grosseira violação do direito fundamental de participar do processo e de influenciar o juiz. Lembre-se que a mesma advertência feita pela Suprema Corte estadunidense para legitimar o non-mutual collateral estoppel se impõe em face do incidente de resolução de demandas repetitivas. Isso porque uma decisão só pode*

24 Em sua tese de titularidade, Humberto Dalla afirma que "a partir da leitura dos requisitos para instauração do IRDR, podemos visualizar, de forma clara, as intenções do instituto: evitar a multiplicação de demandas sobre uma mesma questão de direito, além de garantir a previsibilidade da atuação dos juízes e a igualdade entre os jurisdicionados", Op. Cit., p. 188.

prejudicar alguém que pôde participar do processo. Afinal, todos têm o direito de falar ao juiz (arts. 7º, 9º, 10 e 489, §1º, IV, do CPC/2015)"[25].

Sem desconsiderar as relevantes observações do ilustre processualista, é preciso destacar, por outro lado, a existência de alternativas que mitigam a aludida falta de participação dos litigantes individuais que serão atingidos pela tese jurídica formada no âmbito do julgamento por amostragem.

Aponte-se, por exemplo, a importância da escolha dos casos/recursos que irão representar a controvérsia, a possibilidade das partes demonstrarem a ausência de semelhança entre seu caso individual e o julgado modelo, a intervenção de terceiros no julgamento do caso-piloto (notadamente a figura do *amicus curiae*).

Em importante análise do primeiro ponto mencionado acima, Antonio do Passo Cabral[26] assim afirma:

> *"a escolha da causa interfere na extensão das prerrogativas dos sujeitos do processo no próprio incidente. Assim, parece claro que a seleção do processo-teste, se mal realizada, pode gerar críticas no que se refere ao respeito das garantias processuais dos litigantes, especialmente daqueles ausentes, já chamados de "litigantes-sombra", cuja participação fica reduzida no incidente apesar de poderem vir a sofrer os efeitos daquele debate judicial".*

Nessa linha, buscando mitigar esse déficit participativo, o autor propõe dois vetores básicos para a escolha do casos representativos de controvérsia: o primeiro seria a amplitude do contraditório e o segundo a pluralidade e representatividade.

A amplitude do contraditório seria um vetor objetivo, composto pelos seguintes fatores: completude da discussão, isto é, maior quantidade de argumentos debatidos na demanda; qualidade e diversidade da argumentação; contraditório efetivo (contra-argumentação e completude da decisão); e inexistência de restrição à cognição e à prova.

Nesse ponto, convém destacar que a escolha de casos que contenham maior amplitude de fundamentos nos dois sentidos da discussão repercute diretamente no dever de fundamentação do órgão responsável pelo julgamento. Com efeito, o acórdão que julgará o incidente de resolução de demandas repetitivas e o recurso especial no sistema dos repetitivos deverá apreciar todos argumentos e teses que envolvam a questão jurídica controvertida, de forma a evitar que surjam novos conflitos decorrentes dos fundamentos que não foram analisados[27].

---

25 MARINONI, Luiz Guilherme. "O 'problema' do incidente de resolução de demandas repetitivas e dos recursos extraordinário e especial repetitivos". *In* http://www.marinoni.adv.br/wpcontent/uploads/2016/10/O_PROBLEMA_DO_INCIDENTE_DE_RESOLUCAO_DE-3.pdf

26 CABRAL, Antonio do Passo. "A escolha da causa-piloto nos incidents de resolução de processos repetitivos". Revista de Processo | vol. 231/2014 | p. 201 – 223 | Mai / 2014 DTR\2014\1789 .

27 "Definir uma tese em decisão paradigmática sem tomar em consideração um grupo mais completo dos fundamentos da pretensão e da defesa que comumente são encontrados nos processos repetitivos traz um duplo risco. Por um lado, a solução do incidente pode revelar-se equivocada porque justamente um daqueles argumentos não compreendidos no processo-teste poderia conduzir o Tri-

Pluralidade e representatividade, de outro lado, seria um vetor subjetivo que aponta para a escolha de causas *"em que tenha havido uma ampla participação, com audiências públicas, intervenção de amicus curiae, vários sujeitos debatendo e controvertendo as argumentações uns dos outros"*. Nessa toada, a seleção de uma ação coletiva para figurar como representativa de determinada controvérsia se mostraria de extrema valia para a formação da tese a ser aplicada aos demais casos.

Partindo para o campo prático, percebemos que o legislador não estabeleceu parâmetro rígidos e objetivos para a seleção dos casos-pilotos. Em relação aos recursos repetitivos, há apenas a previsão do art. 1036, §6º, segundo o qual *"somente podem ser selecionados recursos admissíveis que contenham abrangente argumentação e discussão a respeito da questão a ser decidida"*.

Atento à importância dessa fase de seleção dos paradigmas, o Superior Tribunal de Justiça adaptou seu regimento interno para conferir maior efetividade ao mecanismo dos recursos repetitivos. De acordo com o art. 256, §1º, do RISTJ, os tribunais locais, ao efetuaram a escolha dos recursos especiais representativos de controvérsia deverão considerar: *"I – a maior diversidade de fundamentos constantes do acórdão e dos argumentos no recurso especial; II – a questão de mérito que puder tornar prejudicadas outras questões suscitadas no recurso; III – a divergência, se existente, entre órgãos julgadores do Tribunal de origem, caso em que deverá ser observada a representação de todas as teses em confronto"*.

Note-se, aqui, a importância conferida à tais condições, na medida em que o ministro relator poderá rejeitar, de forma fundamentada, a indicação do recurso especial como representativo da controvérsia devido ao não cumprimento dos requisitos regimentais, devendo, em seguida, solicitar o envio de novos recursos que se enquadrem nesses parâmetros (artigos 256-E e 256-F, do RISTJ).

Quanto ao Incidente de Resolução de Demandas Repetitivas, não foi previsto qualquer parâmetro de escolha dos casos. Em razão disso, deve-se utilizar as regras aplicáveis aos recursos repetitivos, já que estamos diante de um microssistema de tutela pluri-individual.

Indo além, o Regimento Interno do Tribunal Superior também teve a preocupação de estabelecer expressamente o amplo dever de motivação dos acórdãos proferidos no julgamento de recursos especiais repetitivos. que, nos termos do art. 104-A, deverão conter: *"I – os fundamentos relevantes da questão jurídica discutida, favoráveis ou contrários, entendidos esses como a conclusão dos argumentos deduzidos no processo capazes de, em tese, respectivamente, confirmar ou infirmar a conclusão adotada pelo órgão julgador; II – a definição dos fundamentos determinantes do julgado; III – a tese jurídica firmada pelo órgão julgador, em destaque; IV – a solução dada ao caso concreto pelo órgão julgador"*.

---

bunal a uma conclusão diversa. E a decisão do incidente pode também ser menos eficiente, seja porque não vislumbrou uma possibilidade decisória, seja porque, ao omitir-se sobre certos argumentos, deixa espaço para novos dissensos, podendo surgir, posteriormente, questionamentos no sentido de evitar a aplicação da decisão do incidente a processos pendentes". CABRAL, Antonio do Passo. Op. Cit.

Destaque-se também a existência de previsão legal semelhante relacionada ao IRDR, já que, de acordo com o art. 984, §2º, do CPC, *"o conteúdo do acórdão abrangerá a análise de todos os fundamentos suscitados concernentes à tese jurídica discutida, sejam favoráveis ou contrários"*.

Os parâmetros de seleção dos casos-piloto e a ampla fundamentação do acórdão fazem com que a questão jurídica controvertida seja analisada sob todos os aspectos e considerando o maior número de argumentos em ambos os sentidos. E isso certamente confere maior abrangência ao julgamento do IRDR e dos recursos repetitivos, evitando a inobservância de relevantes argumentos e, por conseguinte, mitigando a necessidade imperativa de participação de todos aqueles que possuem demandas individuais envolvendo a mesma questão de direito.

Um segundo fator importante para esse equacionamento entre a racionalização da jurisdição e o contraditório, seria a ampla participação de terceiros durante o julgamento do caso-piloto. De fato, a intervenção de terceiros interessados, sobretudo de órgãos e entidades atuantes na área objeto da controvérsia, contribui largamente com o enriquecimento do debate e, por conseguinte, atribui maior legitimidade ao procedimento e à decisão final.

De certa forma, os argumentos e as importantes informações que serão trazidas pelas entidades que possuem contato direto com a matéria controvertida irão suprir, ou ao menos mitigar, os fundamentos que seriam veiculados por cada um dos indivíduos envolvidos nas milhares de demandas repetidas.

Nesse contexto, o novo Código de Processo Civil deixou expressa a possibilidade de manifestação de pessoas, órgãos e entidades com interesse na controvérsia, tanto no âmbito do IRDR (art. 983[28] e art. 984, II, 'b') quanto nos recursos repetitivos (art. 1.038[29]). Neste último caso, há ainda a previsão dos artigos 256-J[30] e 256-K[31], do Regimento Interno do STJ.

---

28 Art. 983. O relator ouvirá as partes e os demais interessados, inclusive pessoas, órgãos e entidades com interesse na controvérsia, que, no prazo comum de 15 (quinze) dias, poderão requerer a juntada de documentos, bem como as diligências necessárias para a elucidação da questão de direito controvertida, e, em seguida, manifestar-se-á o Ministério Público, no mesmo prazo. § 1o Para instruir o incidente, o relator poderá designar data para, em audiência pública, ouvir depoimentos de pessoas com experiência e conhecimento na matéria.

29 Art. 1.038. O relator poderá: I – solicitar ou admitir manifestação de pessoas, órgãos ou entidades com interesse na controvérsia, considerando a relevância da matéria e consoante dispuser o regimento interno; II – fixar data para, em audiência pública, ouvir depoimentos de pessoas com experiência e conhecimento na matéria, com a finalidade de instruir o procedimento; III – requisitar informações aos tribunais inferiores a respeito da controvérsia e, cumprida a diligência, intimará o Ministério Público para manifestar-se.

30 Art. 256-J. O relator poderá solicitar informações aos Tribunais de origem a respeito da questão afetada e autorizar, em decisão irrecorrível, ante a relevância da matéria, a manifestação escrita de pessoas naturais ou jurídicas, órgãos ou entidades especializadas, com representatividade adequada, a serem prestadas no prazo improrrogável de quinze dias.

31 Art. 256-K.A fim de instruir o procedimento, pode o relator, nos termos dos arts. 185 e 186 deste Regimento, fixar data para ouvir pessoas ou entidades com experiência e conhecimento na matéria em audiência pública.

Podemos destacar, ainda, um terceiro fator que, em certa medida, previne que esses mecanismos de tutela pluri-individual atinjam os litigantes que não deveriam ser atingidos. Ou, em outras palavras, evita que a decisão de determinada questão jurídica controvertida se aplique, indevidamente, aos casos que possuem suas peculiaridades.

Estamos falando da possibilidade de cada parte se manifestar e até mesmo recorrer da decisão que determina o sobrestamento de seu processo individual em razão da afetação de determinado recurso especial (art. 1037, §§9º a 13, do CPC). Tal previsão, diga-se desde já, deve ser estendida também aos casos de suspensão decorrentes da instauração de IRDR.

A oportunidade de externar a inaplicabilidade da tese jurídica que será apreciada pelo Tribunal, embora não represente o exercício do contraditório diretamente no julgamento do incidente de coletivização, se afigura um importante expediente de proteção de cada litigante individual, que poderá demonstrar as razões pelas quais a solução do seu caso concreto não deve ser a mesma do caso-paradigma que ensejou o sobrestamento de sua demanda. Busca-se preservar, com isso, a zona de heterogeneidade dos direitos individuais homogêneos, a qual, evidentemente, não pode ser objeto de julgamento único a ser estendido aos demais casos.

Nesse contexto, a decisão de afetação do recurso repetitivo ou de instauração do IRDR adquire especial importância[32], na medida em que deverá delimitar, de forma clara e específica, qual tese jurídica será ali apreciada, permitindo que todos os demandantes afetados possam exercer plenamente o direito de se insurgir contra a decisão de suspensão do processo. Por óbvio, somente será possível demonstrar eventuais distinções entre o caso individual e o caso-piloto, caso a tese jurídica afetada esteja precisamente delineada.

Todos esses fatores elencados acima devem ser ainda conjugados com os igualmente fundamentais princípios que norteiam os mecanismos de tutela pluri-individual e se encontram inseridos nessa busca pela racionalização da jurisdição. Com efeito, o IRDR e o sistema dos recursos repetitivos se fundam nas garantias da segurança jurídica, isonomia e duração razoável do processo, ao tentarem coibir a existência de decisões contrárias em casos iguais e proporcionarem um julgamento muito mais rápido da questão jurídica comum aos inúmeros casos repetidos.

Nesse sentido, não é demais conferir, mais uma vez, as precisas lições do professor Humberto Dalla[33]:

> *"A lógica, como já ressaltado ao longo destas paginas, baseia-se no papel, assumido pelo novo Código, de buscar uma uniformização jurisprudencial cada vez mais intensificada. Dessa forma, inclusive, busca-se dar maior concretude a princípios constitucionais basilares, tais como a isonomia entre jurisdicionados que se encontrem em situação jurídica seme-*

32 Não por outra razão, o novo código de processo civil exige expressamente a clara delimitação da tese jurídica objeto de afetação para julgamento em incidente de coletivização (art. 979, §2º e art. 1.037, I).

33 Op. Cit., p. 250/251.

lhante, a segurança jurídica e a duração razoável dos processos cujos recursos excepcionais versem sobre a mesma questão de direito"

Ressalte-se, aliás, que esses mesmos princípios da uniformidade das decisões, segurança jurídica e duração razoável do processo buscam ser reforçados com a inovadora instituição de um sistema de precedentes no novo código de processo civil, o que também deve ser levando em consideração.

Diante disso, além das alternativas abordadas nesse capítulo, o princípio do contraditório e os limites subjetivos da coisa julgada devem ser ponderados com outras garantias constitucionais que se busca proteger por meio dessas ferramentas de solução de processos repetidos.

VI. CONCLUSÃO

De tudo que se expôs até aqui, é possível constatar que a tutela pluri-individual surgiu, no Brasil, diante da necessidade de enfrentar as milhares de causas repetidas. Os mecanismos de tutela coletiva até então desenvolvidos, além de insuficientes, não se mostravam adequados ao tratamento dos direitos individuais homogêneos, que, embora individuais, possuem um ponto de origem comum.

O excesso de demandas individuais versando sobre o mesmo ponto controvertido exigiu, então, a racionalização da tutela jurisdicional. Afinal, além de ocasionar o entupimento e morosidade do Poder Judiciário, o tratamento estritamente individual das demandas repetidas permitia a existência de decisões conflitantes sobre questão idêntica.

Daí porque, o novo Código de Processo Civil aperfeiçoou o procedimento dos recursos repetitivos já existentes no âmbito do STJ e do STF, bem como instituiu o incidente de resolução de demandas repetitivas a serem instaurados nos tribunais locais.

Nesse sentido, pode-se asseverar que o novo código trouxe importante normatização acerca da tutela pluri-individual, na medida em que previu, expressamente, a ampla participação de órgãos e entidades interessados na matéria objeto de julgamento, e a possibilidade de cada demandante individual apontar eventuais diferenças entre o seu processo e o caso paradigma.

Ademais, o art. 1.036, §6º, do CPC, combinado com o art. 256, §1º, do RISTJ, formulou regras objetivas de seleção dos recursos-piloto, de forma a ampliar e conferir maior legitimidade ao julgamento por amostragem.

Essas previsões, ao inserirem maior pluralidade e representatividade, afastam, ao meu ver, eventual alegação de violação ao contraditório. Até porque, tal princípio deve ainda ser ponderando com as garantias da segurança jurídica, isonomia e duração razoável do processo, fortemente tuteladas no âmbito desses mecanismos, que buscam claramente a racionalização e efetividade da tutela jurisdicional.

PARÂMETROS PARA UM NOVO CONCEITO DE JURISDIÇÃO

Ronaldo Campos e Silva

1. INTRODUÇÃO

Da segunda metade do século XX para os dias de hoje, teoria e prática do Direito sofreram profundas transformações, em grande parte experimentadas pela consagração do Estado constitucional, que trouxe consigo a centralidade dos direitos fundamentais, a força normativo dos princípios e da própria Constituição. O Constitucionalismo reconfigurou a Teoria Geral do Direito, fundou uma nova hermenêutica jurídica e alterou, decisivamente, o papel de juízes e tribunais no dia-a-dia da sociedade. As teorias da jurisdição, todavia, foram concebidas em período anterior, em pleno Estado legislativo, quando a Constituição era não mais do que uma *"carta de intenções"*, sem força normativa, e os princípios eram encarados como meros instrumentos de supressão das lacunas das leis. É tempo, portanto, de buscarmos entender como essas transformações impactam no próprio conceito de jurisdição, notadamente quando se tem em conta a existência de um novo Código de Processo Civil, que se assenta fortemente na força vinculante dos precedentes e na priorização dos métodos consensuais de solução de conflitos.

2. ALGUMAS TEORIAS CLÁSSICAS DA JURISDIÇÃO

Para oferecermos alguma completude a este nosso estudo, convém relembrar algumas das clássicas teorias da jurisdição, todas elas construídas em um período fortemente legicêntrico, em que o sistema dos precedentes não havia ainda invadido os países de tradição do *civil law*, em que a solução consensual dos conflitos era vista como uma técnica meramente *"alternativa"* e a jurisdição não se ocupava da política, ao menos não do modo como hoje se vê.

Giuseppe Chiovenda dizia que jurisdição é a função do Estado que tem por escopo a atuação da vontade concreta da lei por meio da substituição, seja na afirmação de sua vontade *ou na sua efetivação prática.*[1] Tal concepção assume a ideia de que a atividade jurisdicional é substitutiva da vontade das partes, exercendo o Estado-Juiz, por meio do processo, a função de revelar, em concreto, a vontade abstrata da lei.

---

1 CHIOVENDA, Giuseppe. *Instituições de direito processual civil.* São Paulo: Saraiva, 1969.

Chiovenda identifica dois elementos supostamente essenciais à jurisdição: a aplicação da vontade concreta da lei e a substitutividade.[2] Ao afirmar que o escopo da jurisdição é a atuação da vontade da lei, Chiovenda limita o papel do juiz à explicitação da sua vontade abstrata, à individualização da regra a ser aplicada no caso concreto. Queira ou não, o juiz de Chiovenda é ainda o juiz "*boca da lei*", o executor da lei, o funcionário do príncipe, aquele que oferece concretude à norma jurídica geral e abstrata estabelecida pelo legislador. Por outro lado, a ideia chiovendiana de substitutividade parte da lógica de que, no desenvolvimento da atividade jurisdicional, o juiz substitui-se àqueles que deveriam ter tido (e não tiveram) um comportamento conforme a norma de direito substancial. O ordenamento jurídico, ao passo em que veda ao indivíduo "*fazer justiça com as próprias mãos*" diante da violação à lei, oferece a ele uma proteção substitutiva, que é, precisamente, a tutela jurisdicional.

Francesco Carnelutti é também fundador de uma das mais importantes e conhecidas teorias da jurisdição, encontrando na *lide* o seu pólo metodológico, o seu elemento essencial. Segundo Carnelutti, jurisdição é a atividade de justa composição da lide, assim considerada como o conflito de interesses qualificado por uma pretensão resistida[3]. Ao exercer a jurisdição, o juiz compõe a lide, *criando a norma individualcom base na norma geral fixada na lei.*[4]

As teorias clássicas de Chiovenda e de Carnelutti guardam proximidades, tanto que Liebman as considerava "complementares"[5], definindo a jurisdição como "*a atividade dos* órgãos do Estado destinada a formular e atuar praticamente a regra jurídica concreta que, segundo o direito vigente, disciplina determinada situação jurídica".[6]

Mas há também distinções entre as visões de Chiovenda e Carnelutti. Enquanto para Chiovenda o papel do juiz é o de *revelar o comando abstrato contido na norma,*

---

2 Bastante similar é a definição de Calamandrei, transcrita por Afrânio Silva Jardim, a partir da pesquisa de Ibañes Frocham: "*Es la función mediante la cual un órgano del Estado sustituye la própria actividad, y la actividad ajena al actuar concretas voluntades de ley já nacidas antes del proceso, las cuales no se dirigen a ese órgano sino a los sujeitos de la relación jurídica somedida a decision*". JARDIM, Afrânio Silva. *Direito processual penal. Estudos e pareceres*. Rio de Janeiro: Lumen Jures, 2014, p.7

3 CARNELUTTI, Francesco. *Instituiciones del proceso civil.* Buenos Aires. EJEA, 1973, p. 183.

4 Para Carnelutti o juiz não cria a norma, mas cria a "norma individual", e o faz com base na norma geral pré-existente.

5 Muitos autores brasileiros consideram complementares os conceitos de Chiovenda e de Carnelutti. Nesse sentido: FUX, Luiz. *Curso de direito processual civil.* Rio de Janeiro: Forense, 2004, p. 41; SANTOS, Moacyr Amaral. *Primeiras linhas de direito processual civil. Processo de conhecimento,* Vol 1, 25ª ed., São Paulo: Saraiva, 2007, p. 67; GRECO FILHO, Vicente. *Direito processual civil brasileiro.* Vol. 1, 20 ed., São Paulo: Saraiva, 2008, p. 175; THEODORO JÚNIOR, Humberto. *Curso de direito processual civil.* Vol. 1, 50 ed, Rio de Janeiro: Forense, 2009, pp. 36-37. Em sentido contrário, negando a possibilidade de conciliação entre as teorias de Chiovenda e Carnelutti: CÂMARA, Alexandre Freitas. *Lições de direito processual civil*, Vol. 1, 24 ed, São Paulo: Atlas, 2003, pp. 78-82.

6 LIEBMAN, Enrico Tullio. *Manual de direito processual civil.* Vol 1, 3ª ed. Tradução e notas de Cândido Rangel Dinamarco. São Paulo: Malheiros, 2005, p. 23.

em Carnelutti o juiz desempenha a função de *criar a norma individual com base no preceito abstrato contido na norma geral*. Para Chiovenda, a função do juiz é meramente *declaratória* da vontade abstrata da lei; para Carnelutti, a função do juiz é *criadorada norma individual, conquanto o faça com base na norma geral identificada na fundamentação da sentença*. Resulta disso que a teoria de Chiovenda é dualista, ao passo que a teoria de Carnelutti decorre de uma visão unitária do ordenamento jurídico.

Enrico Allorio produziu importante contribuição para o debate quando, em 1948, publicou o célebre "*Saggio polemico sulla giurisdizione volontaria*", no qual sustentou que a coisa julgada é o sinal inequívoco da verdadeira e própria jurisdição.[7] Da mesma forma, Eduardo Couture sustentava que a coisa julgada é "*la piedra de toque del acto jurisdiccional. Donde hay cosa juzgada hay jurisdicción y donde no hay cosa juzgada no existe función jurisdiccional*". Dizia Couture que a coisa julgada e sua coercibilidade são inerentes à jurisdição. Para o professor uruguaio, o caráter de irreversibilidade que as decisões judiciais transitadas em julgado ostentam não aparecem em nenhum outro modo de atuação do poder público. Uma constituição pode ser substituída por outra, uma lei pode ser derrogada por outra lei, um ato administrativo pode ser revogado por outro ato administrativo, um ato jurídico privado pode ser modificado por outro ato jurídico, porém uma sentença transitada em julgado, com autoridade de coisa julgada, não pode ser substituída, derrogada e nem revogada por outra sentença.[8]

Giovanni Verde após demonstrar a insuficiência de todos os conceitos de jurisdição sob o aspecto do seu conteúdo (atuação do direito objetivo, composição da lide, atuação de sanções, concretização do ordenamento jurídico), da sua teleologia ou de sua estrutura (formação da coisa julgada), acaba concluindo que a única definição possível é a que se baseia no seu aspecto subjetivo. Conclui Verde: "*a jurisdição é a atividade exercida pelos juízes*", o que, convenhamos, pouco ou nada diz sobre o tema.[9]

3. O PAPEL DOS PRECEDENTES NA CONSTRUÇÃO DE UM CONCEITO CONTEMPORÂNEO DE JURISDIÇÃO

Em 1964, ao discorrer sobre os "*grandes sistemas do direito contemporâneo*",René David concluiu que "o *lugar atribuído às decisões judiciárias entre as fontes do direito opõe os direitos da família romano-germânica à common law*".[10]Essa clássica distinção, tantas vezes ouvida, parece não mais descrever fielmente os nossos tempos. Ao

7 ALLORIO, Enrico. *Saggio polemico sulla giurisdizione volontaria. Rivista Trimestrale di diritto e procedura civile*, 1948, pp. 487-529.

8 COUTURE, Eduardo J., Fundamentos del derecho procesal civil, Buenos Aires: Roque Depalma editor, 1958, p. 43.

9 VERDE, Giovanni. *Profili del processo civile,* Vol. 1, 6 ed., Napoli: Jovene, 2002, p. 35. Apud GRECO, Leonardo. *Jurisdição voluntária moderna.* São Paulo: Dialética, 2002, p. 19.

10 DAVID, René, *Os grandes sistemas do direito contemporâneo.* 4 ed. São Paulo: Martins Fontes, 2002, p. 147.

longo dos últimos anos, *rectius* das últimas décadas, nos países de tradição romano-germânica, inclusive no Brasil, a jurisdição passou a responder não só pela necessidade de resolver casos concretos litigiosos mediante uma decisão justa para as partes, assumindo também o papel de promover *unidade* ao Direito por meio da formação de precedentes vinculantes.[11] Na atualidade, a jurisdição não atua apenas solucionando *causas* para nelas *declarar ou constituir a norma jurídica concreta*. Mesmo que se considere que a criação do precedente está associada à resolução de uma causa, ainda assim passa a ser forçoso reconhecer que a decisão judicial que tem aptidão para formar precedente, além de norma jurídica do caso concreto, produz também "*norma jurídica geral*", a ser aplicada a casos semelhantes, o que resulta no reconhecimento do precedente jurisdicional como *fonte do Direito*.[12]-[13]

Nos países ligados à tradição do *civil law*, vários fatores ligados à consolidação do Estado Constitucional contribuíram para que fosse possível reconhecer na atividade jurisdicional de criação do precedente o papel de fonte do Direito.[14]-[15] A partir da segunda metade do século XX, o Constitucionalismo trouxe consigo uma normatividade fundada em princípios, baseada na centralidade dos direitos fundamentais, descritos na norma de maneira vaga, aberta e abstrata.[16] No Estado Constitucional, a resolução de problemas jurídicos não consegue mais resultar do mero raciocínio silogístico, subsumindo fatos a comandos normativos para, em seguida, extrair uma conclusão.[17] Ao decidir, juízes e tribunais passam a densificar direitos fundamentais, controlar a constitucionalidade do texto normativo, extrair um sentido conforme a Constituição, ponderar princípios, resolver antinomias, distinguir a *fattispecie* contida no preceito abstrato, definir a extensão e conferir significados a tipos, conceitos jurídicos indeterminados e cláusulas gerais. Tudo

---

11 MACCORMICK, Neil; SUMMERS, Robert e GOODHART, Artur. *Interpreting Precedents. A comparative study.* London and New York: Routledge: 1997.

12 PICARDI, Nicola. *Appunti sul precedente giudiziale. In: Rivista Trimestrale di Diritto e Procedura Civile,* 1985, pp. 201-208..

13 Kensel já reconhecia a possibilidade de um tribunal poder receber a competência para criar, através do precedente judicial, não só uma norma individual, mas também normas gerais, atuando como fonte do direito. KELSEN, Hans. *Teoria pura do direito.* 8.ed., São Paulo: Editora WMF Martins Fontes, 2009, pp.277-279

14 Sobre as fontes do Direito nos países de tradição do *civil law* e as transformações operadas pelo constitucionalismo, em especial em virtude do controle de constitucionalidade das leis, conferir MERRYMAN, John Henri PÉREZ-PERDOMO, Rogelio. *A tradição da civil law. Uma introdução aos sistemas jurídicos da Europa e da América Latina.* Porto Alegre: Sergio Antônio Fabris, 2009, pp. 45-52

15 LANDA, César. *Los precedentes constitucionales. In: Justicia Constitucional. Revista de Jurisprudencia y Doctrina,* Año III, Nº 5, enero-junio. Especial: El precedente constitucional, , Lima: Palestra editores, 2007, pp. 29-69.

16 BARBOZA, Estefânia Maria de Queiroz. *Precedentes judiciais e segurança jurídica: fundamentos e possibilidades para a jurisdição constitucional brasileira.* São Paulo: Saraiva, 2014, p. 239.

17 TARUFFO, Michele. *La motivazione della Sentenza Civile.* Padova: Cedam, 1975, pp. 149/170.

isso ampliou a importância do *"direito jurisprudencial"* e consolidou, entre nós, a noção do *"judge-made-law"*.[18]

No Estado Constitucional ocorre a dissociação entre texto e norma, passando a norma a ser considerada como o texto interpretado. Antes da interpretação o que há é o texto, não a norma, de modo que a norma não antecede à atividade do intérprete. A norma não é uma decisão prévia, simples e acabada[19], ela somente surge a partir do momento em que o intérprete interage com o texto, extraindo o seu significado a partir de uma gama de valorações e escolhas possíveis. Em suma, a norma é fruto da outorga de um sentido ao texto pelo intérprete.

Além disso, no Estado Constitucional os princípios ganham força normativa, de modo que a norma jurídica passa a ser subdividida entre regras e princípios. Como os princípios, em geral, têm uma carga de generalidade mais alta, isso amplia a equivocidade na norma, exigindo do intérprete a utilização de um modelo hermenêutico não apenas cognitivista, que se baseia na superada compreensão de que interpretar consiste em revelar o significado intrínseco e pré-existente da norma. Assim, o reconhecimento da força normativa dos princípios acaba se refletindo na adoção de outros critérios hermenêuticos da norma jurídica.[20] Interpretar passa a ser entendido como uma atividade valorativa, lógico-argumentativa, em que o intérprete pondera e faz escolhas possíveis de significados equívocos e abrangentes contidos no texto,[21]correlacionando as proposições normativas com as condicionantes fáticas da sua aplicação.[22]

Também no Estado Constitucional entram em crise as codificações, ao passo em que abundam estatutos e legislações especiais,[23] passando o ordenamento jurídico a priorizar microssistemas jurídicos, em contraponto aos códigos de ambições totalizantes típicos do positivismo prevalente no século XIX e ainda no início do século XX. Surge, então, uma notável *"inflação legislativa"*, que, com humor, René Savatier diz

---

18 MELLO, Patrícia Perrone Campos. *Precedentes. O desenvolvimento judicial do direito no constitucionalismo contemporâneo.* Rio de Janeiro: Renovar, 2008, pp. 48-52.

19 HÄBERLE, Peter. *Hermenêutica constitucional. A sociedade aberta dos intérpretes da constituição: contribuição para a interpretação pluralista e 'procedimental' da constituição.* Porto Alegre: Sérgio Antonio Fabris Editor, 1997, p. 30.

20 PEREIRA, Jane Reis Gonçalves. *Interpretação constitucional e direitos fundamentais: uma contribuição ao estudo das restrições aos direitos fundamentais na perspectiva da teoria dos princípios.* Rio de Janeiro: Renovar, 2006, pp. 215-289.

21 TARUFFO, Michele. *La corte di cassazione e la legge. Il vertice ambiguo. Saggi sulla cassazione civile.* Bologna: Il Mulino, 1991. p. 88.

22 HESSE, Konrad. *A força normativa da constituição.* Porto Alegre: Sérgio Antônio Fabris Editor, 1991, p. 22.

23 PICARDI, Nicola. *La vocazione del nostro tempo per la giurisdizione, in Rivista Trimestrale di Diritto e Procedura Civile,* Milano, Giuffrè, 2004. Em português: PICARDI, Nicola. *A vocação do nosso tempo para a jurisdição, In: Jurisdição e Processo.* Rio de Janeiro: Forense, 2008.

que, nos dias de hoje, chega a causar indigestão na sociedade.[24] Ao interno desses múltiplos microssistemas jurídicos também abundam conceitos jurídicos indeterminados e cláusulas gerais, tornando o ordenamento muito mais complexo do ponto de vista quantitativo e também qualitativo.[25]

Assim, a partir do momento em que o Direito passa a ser constituído por princípios com força normativa, em que avultam regras de elevada carga axiológica, cláusulas gerais e conceitos jurídicos indeterminados, em meio a múltiplos microssistemas jurídicos, o precedente passa a responder à necessidade de servir como instrumento de estreitamento da moldura normativa, o que contribui para reduzir seu âmbito de equivocidade e viabilizar a sua maior cognoscibilidade pela sociedade, funcionando como autêntica fonte do Direito.

4. A JUDICIALIZAÇÃO DA POLÍTICA

Vivemos um período de intenso protagonismo judicial. Cada vez mais questões relevantes e controvertidas do ponto de vista político vão sendo decididas pelo Poder Judiciário e não mais pelas instâncias políticas tradicionais, tornando ainda mais tênue a fronteira que divisa a *política* da *jurisdição*.[26]

Como ensina Carlos Alexandre de Azevedo Campos, dentre as grandes transformações que se seguiram ao marco constitucional de 1988, talvez a mais visível tenha sido a ascensão institucional do Poder Judiciário e, especialmente, do Supremo Tribunal Federal, que acabou se tornando *"participante ativo na formulação de políticas públicas e na condução do processo democrático brasileiro"*.[27] O Supremo Tribunal Federal deixou de ser apenas a última instância judicial, tendo se transformado no órgão responsável por dar a última palavra em qualquer debate que envolva desacordos políticos em nossa sociedade.

---

24 SAVATIER, René, *L'inflation législative et l'indigestion du corps social*, in Recueil Dalloz, 1977.

25 RIBEIRO, Ricardo Lodi. *A segurança jurídica do contribuinte. Legalidade, não-surpresa e Proteção à Confiança legítima.* Rio de Janeiro: Lumen Juris, 2008,p. 68.

26 Nicola Picardi diz que a jurisdição é a *"vocação do nosso tempo"* e que *"o problema das relações entre juízes e políticos tornou-se um nó difícil e perigoso"*, colocando *"em discussão os próprios pressupostos da jurisdição, que concernem à formação do Estado moderno e, por via de consequência, à própria organização dos poderes e da relação entre os poderes"*. A partir da análise de Ennio Cortese, Picardi aponta a existência de um movimento pendular entre legislação e jurisdição ao longo da história: *"No início do século XIX, Friedrich k. von Savigny, com uma feliz expressão, falou da 'vocação' do seu tempo para a legislação (...). No século XX, ao fim dos anos trinta, Mariano D'Amelio retoma tal expressão em um conhecido ensaio sobre a vocação do século XX para a codificação mas ao fim dos anos setenta, Natalino Irti falará da época da decodificação. Ao fim do século XXI, a situação parece enfim diferente e mais complexa. Poderíamos sintetizá-la falando de vocação do nosso tempo para a jurisdição e a doutrina jurídica"*: PICARDI, Nicola. *A vocação do nosso tempo para a jurisdição, In: Jurisdição e Processo.* Rio de Janeiro: Forense, 2008, p. 29.

27 CAMPOS, Carlos Alexandre de Azevedo. *Dimensões do ativismo judicial do STF.* Rio de janeiro: Forense, 2014, p.28.

Embora o fenômeno venha sendo identificado pela expressão *"judicialização da política"*, Luís Roberto Barroso lembra que a judicialização de que se trata não é apenas da política, mas também da moral, da vida e das relações sociais.[28] Seja qual for o tema que nos encoraja o debate público, o assunto acaba desaguando no Poder Judiciário e, especialmente, no Supremo Tribunal Federal, que, assim, é chamado a se manifestar sobre praticamente tudo: do procedimento de *impeachment* da Presidente da República ao consumo de pipoca nas salas de cinema; do direito à união estável entre casais do mesmo sexo à promoção de professores da rede estadual; da criação de municípios, demarcação de terras indígenas, guerra fiscal entre estados ao direito ao aborto, à eutanásia e às pesquisas científicas com embriões humanos.

Todo esse fenômeno merece acompanhamento. Afinal, é no mínimo preocupante que se esteja *alienando* das instâncias políticas tradicionais o poder de decidir sobre questões de ordem política, transportando esse poder decisório para as instâncias jurisdicionais, pois quando a sociedade transfere para o Judiciário o ônus de decidir questões polêmicas sobre as quais incidem desacordos políticos, ela abre mão de espaços de deliberação democrática, por melhor que seja, ao fim e ao cabo, a solução eleita pelo tribunal.

Como ensina Gustavo Binenbojm, *política* significa viver na *polis,* pressupondo a submissão a um governo de membros autônomos e iguais, em que questões de interesse comum são resolvidas mediante recurso às palavras e à persuasão, e não por meio da força (*rectius* de sentenças e acórdãos).[29] A política não admite soluções heterônomas e adjudicadas, típicas da jurisdição. Ao contrário, a política pressupõe autonomia, participação e autogoverno coletivo. Por isso, a *judicialização da política* é, a rigor, a negação da própria *política*.

Uma sociedade que transfere suas escolhas para soluções adjudicadas tende a ser uma sociedade *infantilizada*, marcada pela crença de que é necessário entregar a um *"ente superior"* a solução dos seus problemas e a escolha dos seus caminhos. Em sociedades infantilizadas, a população alimenta o anseio por decisões superiores e impositivas, pronunciadas por uma autoridade que encarna a figura daquele que detém o saber e o poder, conferindo proteção, impondo condutas e, assim, aliviando o sentimento de impotência humana[30]. Não é à toa que Ingeborg Maus afirma que o Poder Judiciário assumiu todas as características tradicionais da imagem do *"pai"* e que seu crescimento no século XX foi acompanhado de sua representação em contor-

---

28 BARROSO, Luís Roberto. *Judicialização, Ativismo Judicial e Legitimidade Democrática*, artigo disponível em http://www.migalhas.com.br, acesso em 11 de fevereiro de 2010.

29 BINENBOJM, Gustavo. *Poder de polícia ordenação regulação. Transformações político-jurídicas, econômicas e institucionais do direito administrativo ordenador.* Belo Horizonte: Ed. Forum, 2016, p. 27.

30 Sobre "sociedades infantilizadas, cfr. FREUD, Sigmund. *O futuro de uma ilusão*; tradução de Renato Zwick, Porto Alegre: L&PM, 2010, pp. 71 e 72.

nos de veneração religiosa, em que juízes aparecem como "*profetas*" ou "*deuses do Olimpo do direito*".[31]

Procurando explorar o conjunto de *causas* que acarretam esse estado de coisas, Luís Roberto Barroso diz que muitas vezes *os atores políticos preferem transferir para o Judiciário o* ônus de decidir questões polêmicas e que implicam em desacordos morais, a fim de evitar o desgaste na deliberação de temas divisivos.[32]

O sensível descrédito da população com as instâncias políticas tradicionais também ajudou nessa transferência de poder para o Judiciário, que passou a assumir o papel de grande "*guardião das promessas civilizatórias*"[33] da nação. Ao longo dos anos, a confiança nos espaços majoritários de poder foi sendo erodida através de incontáveis escândalos de corrupção e mau uso dos recursos públicos, ao que se somaram constantes frustrações com planos econômicos que prometiam milagres e um sem número de promessas vãs de dias melhores para o povo. Segundo Gustavo Amaral, esses fatores causaram o pré-conceito de que as decisões governamentais não têm a coisa pública e o bem comum em tão elevada conta quanto deveriam, proporcionando uma legitimação popular à intervenção do Judiciário em decisões outrora restritas à Administração e ao Legislativo.[34]

O nosso modelo de *constitucionalização abrangente* foi igualmente decisivo para o fenômeno da judicialização da política. A instalação de uma Assembleia Constituinte após mais de vinte anos de regime autoritário propiciou que um número extraordinariamente grande de aspirações políticas reprimidas fosse transportado para o texto constitucional. Constitucionalizar uma aspiração política significa transformá-la em Direito, viabilizando a sua proteção pela demanda judicial. Como exemplifica Luís Roberto Barroso, "*se a Constituição assegura o direito de acesso ao ensino fundamental ou ao meio-ambiente equilibrado, é possível judicializar a exigência desses dois direitos, levando ao Judiciário o debate sobre ações concretas ou políticas públicas praticadas nessas duas áreas*".[35]

Também é inegável que contribuiu para esse estado de coisas o nosso *peculiar*

---

31 MAUS, Ingeborg. *Judiciário como superego da sociedade: O Papel da atividade jurisprudencial na 'sociedade órfã'.* Novos Estudos, nº 58, novembro 2000. Fundação Carlos Chagas.

32 BARROSO, Luís Roberto. *Constituição, Democracia e Supremacia Judicial: Direito e Política no Brasil Contemporâneo,* artigo disponível em http://www.migalhas.com.br, acesso em 12 de janeiro de 2011.

33 A expressão foi extraída de um artigo do professor DANIEL SARMENTO chamado *Neoconstitucionalismo no Brasil: Riscos e Possibilidades. In:Neoconstitucionalismo.* Coordenadores Regina Quaresma, Maria Lúcia de Paula Oliveira e Farlei Martins Riccio de Oliveira, Rio de Janeiro: Forense, 2009. pp. 267 a 301. Também publicado em *Por um Constitucionalismo Inclusivo:História Constitucional Brasileira, Teoria da Constituição e Direitos Fundamentais.* Rio de Janeiro: Lumem Juris, 2010. pp. 233 a 271.

34 AMARAL, Gustavo. *Direito, Escassez & Escolha. Critérios Jurídicos para Lidar com a Escassez de Recursos e as Decisões Trágicas.* 2 ed. Rio de Janeiro: Lumen Juris, 2010, p. 8.

35 BARROSO, Luís Roberto, *Judicialização, Ativismo Judicial e Legitimidade Democrática.* http://www.oab.org.br/editora/revista/users/revista/1235066670174218181901.pdf (último acesso em 12/07/2016).

e abrangente sistema de controle de constitucionalidade, que combina aspectos do sistema americano e europeu, ao que se pode somar o amplo elenco de legitimados para a propositura da ação direta de inconstitucionalidade e os diversos objetivos da nossa jurisdição constitucional, que inclui o controle da inconstitucionalidade por omissão, tanto pela via do mandado de injunção, quanto pela ação direta de inconstitucionalidade por omissão, além das ações declaratórias de constitucionalidade e a arguição de descumprimento de preceito fundamental. Esse amplo sistema de jurisdição constitucional, segundo Daniel Sarmento, favoreceu, em larga medida, o processo de judicialização da política, tornando praticamente impossível que alguma questão relevante seja resolvida no âmbito parlamentar sem que os perdedores no processo político recorram ao Supremo Tribunal Federal para que "Ele" dê a palavra final à controvérsia, com base na sua interpretação da Constituição.[36]

6. A DESJUDICIALIZAÇÃO DA RESOLUÇÃO DE CONFLITOS.

Pari passu ao fenômeno da *"judicialização da política"*, do *"ativismo judicial"* e da *"expansão dos poderes decisórios de juízes e tribunais"*, estamos presenciando uma paradoxal tendência à *"desjudicialização da resolução de conflitos"*, representada pelo estímulo normativo à busca cada vez maior a métodos consensuais de solução de controvérsias, como também pela crescente utilização de formas heterônomas de resolução de conflitos fora do âmbito dos aparelhos da justiça estatal.

Segundo Michele Taruffo, o recurso *"em massa"* aos métodos consensuais de resolução de controvérsias é um dos fenômenos *"mais relevantes"* na recente evolução de muitos ordenamentos, não sendo eles mais apresentados como métodos residuais, mas como as *"vias mestras"* que as partes *"devem"* seguir para resolver seus conflitos.[37]

Na Inglaterra, Neil Andrews afirma que as *Civil Procedural Rules* de 1998 proporcionaram uma mudança na cultura litigiosa dos tribunais. A instância pública para julgamento, afirma o professor da Universidade de Cambridge, *tornou-se um dos últimos recursos na Inglaterra, acarretando "forte declínio da procura pelo Judiciário."*[38]

Segundo Loïc Cadiet, a tendência do direito francês é *incontestavelmente* o de favorecer a conciliação das partes. Os métodos consensuais de resolução de controvérsias tornaram-se "a expressão da *tendência* do direito francês,"[39] que passam a

36 SARMENTO, Daniel. *Por um Constitucionalismo Inclusivo:História Constitucional Brasileira, Teoria da Constituição e Direitos Fundamentais.* Rio de Janeiro: Lumem Juris, 2010.

37 TARUFFO, Michele. *Uma Alternativa a Las Alternativas: Modelos de Resolución de Conflictos. In Páginas Sobre Justicia Civil.* Traducción de Maximiliano Arambro Calle. Marcial Pons, 2009.

38 ANDREWS, Neil. Orientação e revisão de tradução Teresa Arruda Alvim Wambier. *O Moderno Processo Civil.* São Paulo: Editora Revista dos Tribunais, 2009.

39 CADIET, Loïc. *I modi alternativi di regolamento dei confliti in Francia tra tradizione e modernità.* Rivista Trimestrale di Diritto e Procedura Civile. Ano LX, 2006, Ed. Giuffrè, Milano, p. 1.169 a 1.194.

funcionar como procedimentos direcionados a uma solução amigável do *conflito*, distinguindo-se da via judicial, em que se resolve a apenas a *lide*.

Segundo Rodolfo de Camargo Mancuso, essa tendência à desjudicialização da resolução de conflitos está associada à convicção de que a solução da lide pela via da sentença judicial vem impregnada do peso da intervenção estatal, é demorada e acirra os ânimos, que se inflamam durante o debate judicial e, ao final, transformam as partes litigantes em vencedor e vencido, o que exacerba ainda mais a litigiosidade ao interno das relações sociais.[40] A solução da lide pela decisão judicial de mérito está, na visão de Mancuso, "*gradualmente perdendo terreno*"[41].

Michele Taruffo afirma que são várias as razões que se encontram na base desse fenômeno, dentre as quais o fato de que os métodos consensuais de resolução de controvérsias promovem uma justiça *coexistencial*, que se prefere às formas de justiça *conflitual*.[42] Além disso, para Taruffo, tais métodos consensuais crescem de maneira proporcional à ineficiência da Justiça do Estado, não sendo casual que na Alemanha, onde a justiça é acessível e funciona de maneira rápida e eficiente, proporcionando uma tutela eficaz aos direitos, os métodos "alternativos" não tenham se desenvolvido tão bem.[43] Assim, dado que a Justiça do Estado não funciona, o legislador trata de desviar a maior quantidade possível de controvérsias para fora dos canais judiciais, com o fim de reduzir a carga de trabalho dos juízes e permitir às partes encontrar alguma solução dos seus problemas. Em essência, o legislador envia a seguinte mensagem: "*uma vez que o Estado não está capacitado para oferecer uma tutela jurisdicional eficiente para seus direitos, dirijam-se ao outro sítio – a conciliação ou a arbitragem – para resolver suas controvérsias*".[44]

No Brasil, Código de Processo Civil de 2015 traz importantes avanços na disciplina dos métodos não jurisdicionais de solução de conflitos, notadamente a conciliação e a mediação. O CPC, dentre as "*Normas Fundamentais do Processo Civil*", estabelece que é dever do Estado promover, "*sempre que possível, a solução consensual de conflitos*" (art. 3°, §1º), impondo que a "*conciliação, a mediação e outros métodos de solução consensual de conflitos*" sejam "*estimuladas por juízes, advogados, defensores públicos e membros do Ministério Público, inclusive no curso do processo judicial*" (§3º).

Ao enunciar os poderes e deveres dos juízes, o CPC os incumbe de "*promover, a qualquer tempo, a autocomposição, preferencialmente com auxílio de conciliadores e mediadores judiciais*" (art. 139, V). Além disso, o CPC determina que sejam criados nos tribunais "*centros de conciliação e mediação*" (art. 165), atividades informadas

---

40 MANCUSO, Rodolfo de Camargo. *A Resolução dos conflitos e a função judicial no contemporâneo Estado de Direito.* São Paulo: Editora Revista dos Tribunais, 2009, p. 12.

41 MANCUSO, *Op. cit.*, p. 20.

42 TARUFFO, *Op. cit.*

43 Para uma visão geral do sistema processual alemão, cfr. BENEDUZI, Renato. *Introdução ao processo civil alemão.* Salvador: JusPodivm, 2015.

44 TARUFFO, *Op.cit.*

pelos princípios da "*independência, da imparcialidade, da autonomia da vontade, da confidencialidade, da oralidade, da informalidade e da decisão informada*".

Humberto Dalla Bernardina de Pinho explica que "*Na conciliação e na mediação são as próprias partes que buscam, de forma consensual, a melhor solução para o conflito. O terceiro, nestes casos, atua como verdadeiro intermediador imparcial, funcionando unicamente como facilitador da comunicação e, consequentemente, da composição entre as partes*".[45]Prossegue o autor demonstrando as diferenças entre esses dois "*meios adequados de solução de conflitos*" como também as suas utilidades específicas:

> *"A conciliação é o método mais adequado para solução de conflitos cujas partes não detenham vínculos anteriores. Trata-se, portanto, de um conflito circunstancial.*
> *Como terceiro imparcial, o conciliador deve incentivar as partes para que proponham soluções que lhes sejam favoráveis, notadamente em sede patrimonial e pecuniária.*
> *A mediação, por sua vez, pressupõe relacionamento entre as partes anterior ao conflito. Para o êxito na mediação, o mediador deverá ser profundo conhecedor do conflito existente entre as partes, o que torna a mediação mais demorada do que a conciliação.*
> *O mediador, pela tarefa estabelecida, não oferece proposta ou intromete na negociação, somente agindo para que as próprias partes amadureçam a relação conflituosa".*[46]

Mas o esforço legislativo de fornecer ao país um sistema legal de solução consensual de controvérsias não se esgota no Código de Processo Civil. Também a Lei n° 13.140, de 26 de junho do 2015, disciplina a mediação entre particulares como meio de solução de controvérsias, como também a autocomposição de conflitos no âmbito da administração pública.

De fora parte a busca por soluções *autocompositivas* de conflitos, dentre os quais se destacam a mediação e a conciliação, o Brasil já experimenta há algum tempo outros mecanismos não-judiciais de solução *heterocompositiva* de conflitos, dentre os quais a arbitragem, disciplinada pela Lei nº 9.307, de 23 de setembro de 1996.

A "*desjudicialização da resolução de conflitos*" também caminha em outras frentes, como se vê no novo "*reconhecimento extrajudicial de usucapião*", que, a partir da entrada em vigor do novo CPC, passou a ser processado diretamente perante o cartório do registro de imóveis da comarca em que está situado o imóvel usucapiendo (art. 1.071).

Recentemente, em Portugal, a Lei n° 32, de 30 de maio de 2014, aprovou o "*procedimento extrajudicial pré-executivo*". Por esse procedimento, o credor, munido de um título executivo que consubstancie obrigação líquida, certa e exigível, postula a um "*agente de execução*" a realização de diligências voltadas à identificação do patrimônio do devedor. Concluídas as diligências, o agente de execução notifica o devedor, que poderá ter seu nome incluído em lista pública de inadimplentes.

---

45 PINHO, Humberto Dalla Bernardina de. *Direito processual civil contemporâneo*, Vol. 2: processo de conhecimento, cautelar, execução e procedimentos especiais. São Paulo: Saraiva, 2016, p. 89.

46 PINHO, *Op. cit.* (*Direito processual civil...*), p. 89

Paralelamente, vai crescendo, inclusive na América Latina, a ideia de que pode haver *autêntico* exercício da jurisdição fora do próprio Estado, o que tensiona o milenar princípio segundo o qual a jurisdição é um monopólio estatal que constitui emanação da soberania (*iudiciaria potestas pars summi imperii).*[47]

Por exemplo, a Constituição boliviana, de 2009, consagra, em seu art. 199, a *"Jurisdição Indígena Originária Campesina"*, dispondo que nações e povos indígenas *"ejercerán sus funciones jurisdiccionales y de competencia a través de sus autoridades, y aplicarán sus principios, valores culturales, normas y procedimientos propios"*. De forma bastante semelhante, a Constituição do Equador, de 2008, em seu art. 171, também assegura às autoridades das comunidades, povos e nações indígenas o exercício de funções jurisdicionais, com base em suas tradições ancestrais e seu direito próprio.

Também a Constituição espanhola de 1978, no art. 125, inclui os chamados "tribunais consuetudinários e tradicionais" no âmbito da "administração da Justiça", ao passo que o artigo 19º da Lei Orgânica do Poder Judicial reconhece como tribunais consuetudinários o*Tribunal de Las Aguas de la Vega Valencia* e o *Consejo de Hombres Buenos de Múrcia,* que se ocupam da resolução de litígios resultantes da utilização da água para irrigação das áreas rurais próximas às cidades de Valência e de Múrcia, na Espanha. Compostos por agricultores eleitos, esses tribunais realizam sessões públicas, onde são dirimidos os conflitos que lhes são submetidos por meio de decisões proferidas em caráter definitivo, firme e executório.

6. COMO EXPLICAR ESSE CURIOSO PARADOXO QUE ENVOLVE A JUDICIALIZAÇÃO DA POLÍTICA E A DESJUDICIALIZAÇÃO DA RESOLUÇÃO DE CONFLITOS?

É curiosa a contemporaneidade desses dois fenômenos: estamos *levando* a política para o ambiente judicial e, ao mesmo tempo, *afastando* desse ambiente a função de resolver conflitos de interesses intersubjetivos. Como explicar esse curioso paradoxo que envolve a expansão do poder judiciário sobre a política e a tendência à desjudicialização da resolução de conflitos? Será que essas duas tendências paradoxais podem ter causas comuns? Acreditamos que sim. Embora o ponto deva ser aprofundado em algum outro estudo, gostaria de explorar, aqui, pelo menos uma hipótese.

Ao longo dos séculos o papel da lei foi o de expressar *mandamentos* e *proibições: vetare et jubere* (proibir e ordenar). A função primária da norma era a de comprimir, restringir e não a de libertar. O foco da lei estava direcionado ao estabelecimento de

---

47 Como ensina Leonardo Greco, o monopólio estatal é uma característica histórica da jurisdição, que nos acompanha a aproximadademente 1.700 anos, desde a Antiguidade, desde o período da *cognitio extraordinária,* no direito romano, a partir do século III d.C., passando pela Idade Média, pela Idade Moderna e chegando até a Idade Contemporânea. GRECO, Leonardo. *Instituições de processo civil. Introdução ao Direito Processual Civil,* Vol. 1, Rio de Janeiro: Forense, 2009,pp. 65-66.

deveres, e não à instituição de direitos. O indivíduo era encarado como objeto do poder, um sujeito passivo. A política ocupava-se não dos direitos do cidadão; estava, sim, preocupada com os seus deveres, dentre os quais ressalta como principal o de obedecer as leis.[48]

Com o nascimento do Estado de Direito, e principalmente com a passagem do Estado liberal clássico ao Estado social de Direito, passa-se a adotar o ponto de vista do cidadão, em vez do ponto de vista do príncipe. O código dos deveres é substituído pelo código dos direitos. *"Nessa inversão da relação entre indivíduo e Estado, é invertida também a relação tradicional entre direito e dever. Em relação aos indivíduos, doravante, primeiro vêm os direitos, depois os deveres"*.[49] Assim, surgem novos direitos, cada vez mais extensos e não mais restritos aos direitos de liberdade. Nascem os direitos sociais, os direitos políticos, os direitos coletivos. Eclode, portanto, aquilo que Norberto Bobbio chama de a *"Era dos Direitos"*.

A partir do momento em que o foco passa a incidir no cidadão e na instituição de seus direitos, as pretensões políticas dirigidas contra o legislador aumentam exponencialmente para a busca – cada vez maior – *de mais enovos direitos*. Quanto maior o número de direitos estabelecidos pelo legislador, maior se torna também o número de direitos violados, o que aumenta a pressão sobre o Poder Judiciário. Além disso, o aumento do número de regras comporta também um *"desenvolvimento exponencial das possibilidades de combinações"*, pois *"quanto mais regras, maior a possibilidade de antinomias e de contradições internas do ordenamento"*,[50] o que também acaba por expandir a litigiosidade e o papel do Poder Judiciário na organização das Fontes do Direito.

Na medida em que os direitos são inflacionados, as pretensões por uma tutela jurisdicional tornam-se também cada vez mais numerosas, propiciando uma explosão de litigiosidade e a incapacidade do Poder Judiciário de resolver, em tempo razoável, as demandas que lhe são dirigidas, o que faz com que o Estado passe a estimular a busca por outros instrumentos de tutela de direitos, gerando, assim, o fenômeno da *desjudicialização da resolução de conflitos*.

Ocorre que, apesar de toda a inflação legislativa, as instâncias políticas tradicionais não conseguem saciar os cidadãos com direitos na velocidade e proporção que eles desejam, razão pela qual novos caminhos de reivindicação política são buscados e explorados, o que faz com que pretensões políticas em número cada vez mais elevado deságuem no Poder Judiciário, gerando o fenômeno da *judicialização da política*.

Em suma, acreditamos que essas duas tendências, a *"judicialização da política"* e a *"desjudicilialização da resolução dos conflitos"*, embora revelem um paradoxo, podem ter origens comuns, associadas à incessante busca de novos direitos e a incapacidade das instituições estatais de *instituí-los* e *assegurá-los* de maneira rápida e eficaz.

---

48 BOBBIO, Norberto. *A Era dos Direitos*. Rio de Janeiro: Elsevier, 2004 – 10ª reimpressão, p. 55.

49 BOBBIO, *Op. Cit.* p. 56.

50 PICARDI, *Op. cit.*, p. 6.

7. CONCLUSÃO

As teorias clássicas da jurisdição, em geral ligadas às ideias de substitutividade, de monopólio estatal, de justa composição da lide ou aplicação do direito a casos concretos não mais conseguem definir o instituto nos nossos dias, impondo que sejam desenvolvidos esforços para sua redefinição. A metodologia jurídica e a própria Teoria Geral do Direito transformaram-se sensivelmente nas últimas décadas, não podendo a Teoria Geral do Processo permanecer imune a essas mudanças.

Cada vez mais é possível observar questões políticas controversas sendo decididas pelo Poder Judiciário. Por diversas razões, acabamos alienando esse tipo de decisão das instâncias políticas tradicionais para a esfera judicial, tendo o Poder Judiciário assumido o ônus de decidir, de forma adjudicada, quaisquer questões polêmicas sobre as quais incidam desacordos morais e políticos. Paradoxalmente, os sistemas processuais de várias partes do mundo passaram a estimular que conflitos de interesses sejam resolvidos por mecanismos *consensuais* ou *extrajudiciais* de solução de controvérsias, como a conciliação, a mediação, a arbitragem e a jurisdição não-estatal. Além disso tudo, a jurisdição passa a desempenhar não apenas a função de enunciar a norma jurídica aplicável ao caso concreto, mas também o papel de criar normas jurídicas gerais obrigatoriamente aplicáveis a hipóteses semelhantes por meio de precedentes vinculantes.

Procurando levar tudo isso em consideração e sem a mínima pretensão de encerrar o assunto, quero finalizar esboçando a definição de que a jurisdição é a atividade, predominantemente estatal, por meio da qual se busca a solução de conflitos e controvérsias individuas, coletivas ou políticas de forma autocompositiva ou heterocompositiva, criando a norma jurídica do caso concreto e, eventualmente, estabelecendo norma jurídica geral aplicável a casos semelhantes por meio de precedentes persuasivos ou vinculantes.

OS EMBARGOS DE DIVERGÊNCIA, "MODELO" 2015

Teresa Arruda Alvim

Trata-se, indubitavelmente, de um dos recursos mais interessantes do processo civil brasileiro. Está-se, aqui, diante de um recurso que tem o potencial de se transformar em eficiente criador de harmonia, previsibilidade, em suma, segurança jurídica. Ensinamentos do direito comparado são capazes de tornar este instrumento muito mais útil do que, à primeira vista, parece ser.

Os embargos de divergência foram bastante alterados, no CPC de 2015, principalmente, quanto às suas hipóteses de cabimento. Procurou-se dar aos embargos de divergência bastante rendimento, de molde a que cumpram *com eficiência* a sua função que é, em última análise, a de *desestimular* recursos para o STJ ou STF. Isto porque o fato de haver tese jurídica sobre a qual haja divergência *interna corporis*, no Tribunal Superior, é elemento que, obviamente, estimula recursos. O objetivo dos embargos de divergência é, exata e precisamente, o de uniformizar a jurisprudência dos Tribunais Superiores, internamente.

Portanto, quanto mais largas ou abrangentes forem as hipóteses de cabimento dos embargos de divergência, a tendência é a de que menor seja o número de recursos especiais ou extraordinários interpostos.

Os incisos têm como marca visível a intenção do legislador no sentido de "desmanchar" a jurisprudência que, equivocadamente, restringe indevidamente o cabimento deste recurso, à luz do CPC de 1973. É o que se percebe claramente, por exemplo, no art. 1.043, III, como se verá.

Os incisos I e II nada mais fazem que descrever as hipóteses clássicas de cabimento dos embargos de divergência. O acórdão de órgão fracionário – turma ou seção – adota tese jurídica diferente da que adotou qualquer outro órgão do mesmo tribunal, inclusive o pleno, sendo ambos: acórdão embargado e divergente, relativos ao juízo de admissibilidade (II) ou sendo, ambos, relativos ao juízo de mérito (I).

A novidade está justamente no inciso III, em que a nova lei admite expressamente o confronto de acórdãos – recorrido e divergente – não necessariamente do mesmo *nível de cognição*. Pode tratar-se de acórdão de mérito, posto lado a lado com acórdão de não conhecimento do recurso, desde, é claro, que este último, de não conhecimento, se baseie em matéria de mérito. Isto porque o objetivo é *uniformizar*: as duas decisões devem ser uma o "avesso" da outra. A existência de ambas deve revelar falta de uniformidade do entendimento do Tribunal sobre certa tese jurídica. Este dispositivo, como afirmamos acima, tem o claro propósito de por fim à jurisprudência que, teimosamente, não admitia embargos de divergência, se *ambos* os acórdãos não fossem ou de mérito ou de admissibilidade. Esta exigência é absolutamente injustificável, pois o que importa é que as decisões **expressem desarmonia** no pensamento do Tribunal como um todo.

Exatamente nesta linha, e pelas mesmas razões, redigiu-se o IV do art. 1.043, que deixa claro que divergência ocorrida entre acórdão que julga *recurso* e *ação de competência originária* do Tribunal também pode ensejar embargos de divergência. Não importa, pois, o "veículo": importa a desarmonia. Este dispositivo foi revogado pela Lei nº 12.256/2016. Mas foi uma revogação ineficaz, porque remanesce na lei o § 1.º. Este § 1.º acrescenta: podem ser confrontados acórdãos que julgam *ações* com acórdãos que julgam *recursos*. Era repetitivo em relação ao IV, mas, felizmente, não foi revogado.

Também com o objetivo de alargar as hipóteses de cabimento do recurso, em conformidade com o que já preconizava a doutrina, o § 2.º (quase igual ao inciso II, revogado pela Lei nº 13.256/2016) diz que a divergência pode dizer respeito a *direito processual* ou a *direito material*.[1] Nada mais racional: a uniformidade do direito se impõe *em ambos os planos* – direito material e processual – com o fim de gerar segurança e previsibilidade. Da mesma forma, deve atingir-se o objetivo de diminuir a quantidade de recursos para os Tribunais Superiores se se lograr obter harmonia quanto a teses processuais. Razão nenhuma há para se entender o contrário.

Acolhendo ponderação doutrinária[2] o art. § 3.º traz a regra no sentido de que o acórdão divergente pode ser da *mesma turma* (ou do mesmo órgão fracionário, embora a lei não o diga) que proferiu o acórdão recorrido, se tiver havido mudança em mais da metade de seus membros. É porque, de rigor, não será o "mesmo" órgão.

O § 4.º explicita *como* se demonstra a divergência: com certidão, cópia ou citação da fonte oficial ou credenciada da jurisprudência, inclusive *internet*, onde tenha sido publicado o acórdão divergente, ou a sua reprodução indicando a fonte, sempre mencionando o que os *identifica* ou os *assemelha*.

Neste dispositivo fica claro o que anunciamos nas linhas introdutórias deste artigo: a esta ferramenta de uniformização da jurisprudência se deve atribuir um grau de eficácia muito maior do que aquela que lhe vem sendo atribuída no que tange à criação de previsibilidade para o jurisdicionado. Este recurso não se presta exclusivamente a corrigir discrepâncias de decisões sobre casos *absolutamente idênticos*. Há necessidade, isto sim, de que exista *identidade jurídica estrutural*, de *essência*, embora, às vezes, os fatos sejam diferentes. É que nem sempre a desarmonia se revela quando são decididos de modos diferentes casos *iguais*: por exemplo, a incidência de um tributo sobre certa operação jurídica. Às vezes, os fatos não são idênticos, mas o fenômeno jurídico é o mesmo. Então, se forem decididos diferentemente, a desarmonia se revela.

---

1 José Carlos Barbosa Moreira. *Comentários ao Código de Processo Civil.* 17ª ed. Rio de Janeiro: Forense, vol. V. nº 340, p. 639

2 Sergio Seiji Shimura. Embargos de divergência. In: WAMBIER, Teresa Arruda Alvim (coord.). *Aspectos polêmicos e atuais do recurso especial e do recurso extraordinário*. São Paulo: RT, 1997, p. 414-427

Sobre a possibilidade de se usar o mesmo raciocínio jurídico em situações fáticas diversas, em razão de *identidade essencial* entre os casos, é útil o estudo do direito estrangeiro. Vejam-se estes dois casos retirados da jurisprudência inglesa: ambos os casos eram 'iguais', pelo critério da identidade essencial – foi o *Addie & Sons (collieries) Ldd v. Dumbreek* [1929] A C 358 a *House of Lords* estabeleceu a regra de que o proprietário não tem o dever de cuidado (*duty of care)* ou seja, não responde pelos prejuízos causados a invasores de sua terra, a não ser que tenha agido imprudentemente (=*recklessly*) ou deliberadamente. Em *Herrington v. British Railways Board*, uma criança entrou por uma cerca rompida na estação de trem e foi eletrocutada quando em contacto com o *live rail*. As autoridades ferroviárias sabiam que crianças atravessavam o trilho e que a cerca estava quebrada, mas não a tinham consertado. O precedente de Addie foi aplicado, pois se considerou que as autoridades ferroviárias teriam sido imprudentes.

O estudo de como se faz o uso de precedentes no *common law* certamente pode auxiliar o jurista brasileiro a extrair maior utilidade de alguns instrumentos de que dispomos. Isto porque, lá, não se usam apenas precedentes como base de uma decisão sobre caso que seja idêntico àquele subjetivamente ao acórdão anterior. Basta que se trate de dois casos cuja *essência jurídica* seja a mesma, embora fatos possam ser diferentes.

Os ingleses, como se sabe *extraem* a *regra jurídica* de um caso concreto e a aplicam (quando for o caso) às hipóteses subsequentes. O direito material nasce (é concebido) no seio das decisões judiciais, quando se trata de temas, por exemplo, como o direito contratual, não disciplinado por *statutes* (direito positivo, lei escrita).

Nosso sistema permite, aliás, exige, que aprendamos com juristas do *common law*. Explicamos.

Há muitos expedientes, no CPC de 2015, que se prestam a uniformizar as decisões de casos iguais em que a identidade, em nosso entender, deve ser *absoluta*, como, por exemplo, o julgamento de recursos especiais ou extraordinários repetitivos ou o incidente de resolução de demandas repetitivas. Mas os embargos de divergência são recurso que se presta a uniformizar a jurisprudência de questões idênticas, mas não só: também por meio de um método de analogia mais requintado, que *não* deve partir unicamente da identidade *absolutamente integral* das situações fáticas subjacentes aos acórdãos confrontados.

Não pretendemos, evidentemente, analisar detida e profundamente cada um dos institutos, das figuras, dos entendimentos doutrinários que têm por objetivo gerar estabilidade do direito, consistindo em modos, verticais ou horizontais, de uniformizar a jurisprudência. Muitos deles acabam favorecendo de modo inequívoco a *eficiência* do Judiciário, proporcionando o "julgamento" de mais de um caso de uma vez, por meio de um procedimento recursal diferenciado.

Mas a uniformização da jurisprudência, seja ela feita horizontalmente, por exemplo, com a decisão conjunta de vários casos, horizontalmente por meio da COMPARAÇÃO de um caso com outro, ou verticalmente, por exemplo, pela súmula vinculante, podem obedecer aos critérios de vinculação por *identidadeabsoluta* ou de vinculação por *identidade essencial*.

Podem-se separar os institutos que promovem uniformização por *identidade essencial* daqueles institutos (ou entendimentos) que promovem esta uniformização por *identidade absoluta*.

Os embargos de divergência são instrumento que permite criar harmonia no sistema a partir da comparação de decisões de casos idênticos e semelhantes (iguais na essência).

Os poderes do relator (art. 932, IV), que o julgamento antecipado da lide (art. 332), o julgamento de recursos especiais e extraordinários repetitivos (dos arts. 1.036 e ss.), só podem ser usados quando se está diante de questões identificáveis por *identidade absoluta*.

Os exemplos são inúmeros.

Casos que apresentam, entre si, identidade absoluta, pois que giram em torno de questões jurídicas *idênticas*, e, portanto, podem ser tratados de modo "coletivizado", são, por exemplo, os REsps 1243.887-PR e 1.247.150-PR, sobre a competência para julgar liquidação de sentença coletiva; ou o REsp 1068.944 em que se resolveu que, em demandas sobre a legitimidade da cobrança de tarifas por serviços de telefonia, há litisconsórcio necessário da Anatel, tendo-se ratificado a súmula 356 (STJ), no sentido de ser legítima a cobrança de tarifa básica; e ainda, o REsp 1.106.654, em que se decidem que a pensão alimentícia incide sobre o 13.º salário e sobre 1/3 que se paga sobre o mês de férias.

A reclamação (usada para conformar o entendimento dos juizados especiais do do STJ), o recurso especial e extraordinário, os embargos de divergência,[3] a súmula vinculante, o entendimento que "objetiviza" o julgamento de questões constitucionais incidentalmente, em ações individuais ou coletivas (não em ADIN ou em ADicon), podem prestar-se a gerar uniformidade a partir da comparação de decisões sobre casos idênticos, mas também por *identidade essencial*, não absoluta.

A vinculação e consequente uniformização por identidade essencial, demanda esforço interpretativo maior, e não se faz no "atacado". Faz-se *caso a caso*, já que os fatos subjacentes à tese que deve ser aplicada podem não ser *exatamente* idênticos, e normalmente não o são. Para que seja possível o uso destes remédios para criar mais harmonia no sistema, às partes deve ser dado o direito de incluir na decisão de segunda instância *todos os aspectos fáticos da decisão que entenderem relevantes*, por meio dos embargos de declaração.

O novo CPC, no art. 489, § 1.º, deixa esta necessidade muitíssimo clara: alude a um standard mínimo de qualidade da fundamentação da decisão judicial para que esta possa considerar-se *juridicamente existente*.

Antonio Magalhães Gomes Filho assevera enfaticamente: "A motivação deve ser *completa* [destaques do autor]: além de [o juiz] estar obrigado a justificar pontualmente escolhas parciais, que conduzem à decisão, e os critérios empregados, cumpre,

---

3 Modificamos aqui a posição que sustentamos anteriormente em Recurso Especial, Recurso Extraordinário e Ação rescisória, 2ª ed. São Paulo, RT, 2009, p. 337.

ainda, ao juiz, demonstrar que foram levados em consideração *todos* os elementos *potencialmente* úteis à decisão" (destaques nossos)".[4]

É relevante que constem da decisão os pontos ou questões que, se examinados, teriam o condão de alterar a decisão proferida. Estes, é claro, são relevantes.[5] Também devem constar os elementos efetivamente levados em conta para que a decisão fosse proferida como foi. Isto se torna ainda mais relevante quando se trata de acórdão do 2.º grau de jurisdição.

É que a comparação entre as decisões, para fim de se verificar se são ou não desarmônicas, só se faz, nos recursos de estrito direito, à luz do que consta da decisão de que se recorreu. Portanto, os *fatos devem estar lá*. E, se não estiverem, podem os embargos de declaração ser usados com esta finalidade.

---

4 A motivação das decisões penais. São Paulo, Revista dos Tribunais, 1977, p. 176.

5 Nesse sentido, observa em parecer, inserido na *RePro* 116, ainda no prelo: "Havia, pois, *argumentos* que deveriam ter sido apreciados, mas não o foram; plenamente *cabíveis e procedentes*, em consequência, os embargos de declaração opostos pelo SINTRES, nos quais se denunciam as omissões do acórdão embargado e por meio dos quais se postula sua *reforma*, de modo a que seja rejeitada a preliminar nele indevidamente acolhida. A hipótese se insere entre aquelas nas quais doutrina e jurisprudência admitem efeitos *infringentes* aos embargos de declaração, levando-se em conta a omissão no exame de argumento relevante, que, se acolhido, poderia conduzir a resultado diverso. A propósito, diz o Enunciado 278 do TST: *"A natureza da omissão suprida pelo julgamento de embargos declaratórios pode ocasionar efeito modificativo no julgado"*. A hipótese claramente sugere a aplicação da tese. Da mais recente produção do Superior Tribunal de Justiça, cabe destacar acórdão cuja tese central certamente aproveita ao consulente na demonstração da possibilidade de recebimento de seus embargos declaratórios com efeitos modificativos: referimo-nos ao REsp 493.877-SP,assim ementado: *"EMBARGOS DE DECLARAÇÃO. Argumento não apreciado. Embargos com efeito modificativo. Ação de cobrança. Título executivo prescrito– O juiz pode apreciar nos embargos de declaração fundamento arguido na réplica para afastar a alegação de falta de interesse de agir do credor que tem título executivo e propõe ação ordinária. Tendo sido afirmado na réplica que o credor assim agia porque o título já estaria vencido há muito tempo, portanto já não tinha força executiva, o juiz que enfrenta esse argumento nos declaratórios pode atribuir a este efeito modificativo e alterar a sentença anterior para permitir o prosseguimento da ação. Recurso não conhecido"*(4.ª T., rel. Min. Ruy Rosado de Aguiar, j. 05.06.2003, *DJU* 15.12.2003, p. 316). O caso julgado pelo STJ guarda óbvia semelhança com o que se estuda neste parecer, uma vez que, em ambos, havia argumento, suscitado pela parte mas *não apreciadona decisão da causa*, que teoricamente poderia conduzir o órgão judicial a resultado inverso (no precedente aqui transcrito, acolheu-se preliminar de ausência de interesse de agir, conquanto o autor houvesse procurado demonstrar a necessidade de recorrer ao processo de conhecimento, diante da perda de eficácia executiva de seu título, em decorrência da passagem do tempo; na hipótese em análise, o Tribunal Superior do Trabalho extinguiu o processo por impossibilidade jurídica do pedido, embora o autor da ação rescisória, sem êxito, houvesse tentado chamar a atenção do órgão judicante para a real natureza da decisão rescindenda e para o entendimento sumulado no Supremo Tribunal Federal, nitidamente contrário à tese prevalecente na decisão embargada)" (Carlos Roberto Barbosa Moreira, Embargos de declaração, possibilidade de seu provimento, com alteração do acórdão embargado, se este deixou de examinar argumento suscitado pelo embargante, cuja apreciação pode conduzir a resultado diverso, Revista de Processo, São Paulo, v. 29, nº 116, p. 239-250, set./out. 2004.).

Assim, é claro, para que se faça uniformização com base na *identidade essencial* dos casos cotejados, é necessário haja, na decisão, a *adequada descrição dos fatos*. Assim, em REsp, com base na discrepância da jurisprudência ou em Embargos de Divergência, pode-se chegar à tão almejada harmonia no sistema.

Vale a pena fazer-se referência daqui a casos em que existe evidente divergência e rompimento da harmonia do sistema, em que tem que ser admitido o controle pela via recursal, mas que ainda não chegou ao fim.

Em certa ação civil pública intentada contra empresa de telefonia, houve condenação a que se abrisse uma loja (que tinha sido fechada) e ao pagamento de indenização por danos morais à comunidade local, no patamar de R$ 500.000,00 (danos morais coletivos). O REsp foi improvido (598.281-MG). Foram interpostos embargos de divergência e foi escolhido como paradigma acórdão do mesmo STJ, em que se conclui que o dano moral está sempre vinculado à noção de dor, de sofrimento psíquico, tendo, portanto, caráter individual, inexistindo dano moral coletivo.

Observe-se que, no caso, o Recurso Especial foi improvido e se declarou, na decisão de improvimento, que o dano moral coletivo ocorre *in re ipsa*.

É extremamente criticável, por tudo o que até agora se tem dito neste artigo, a postura do STJ no sentido de que não caberiam Embargos de Divergência quando se trata de corrigir *quantum* fixado a título de dano moral. Dizem, os acórdãos, que, nestes casos "não há diversidade de tratamento jurídico aplicado a situações inteiramente idênticas", esquecendo-se que esta não é senão *uma* das formas de desarmonia, uma das hipóteses em que se manifesta a ruptura da coerência do sistema.

Também quando os *casos são diferentes* e as *soluções jurídicas* dadas são *iguais*, há desarmonia, que deve ser corrigida seja por embargos de divergência, seja por recurso especial com base em divergência jurisprudencial.

Obviamente a perda de uma filha e a perda do dedo mínimo não podem ensejar indenizações de mesmo valor. Nem valores desproporcionais, aquela menor do que esta.

No entanto, a posição que tem prevalecido no STJ é a de que não cabem embargos de divergência quando se tratar de dano moral.[6]

Salta aos olhos do desacerto da decisão da Corte Especial do STJ, que considerou inadmissível embargos de divergência para estabelecer quais os critérios de fixação do valor arbitrado a título de multa para o descumprimento de decisão liminar, pelo fato de haver diferenças nos casos subjacentes aos acórdãos impugnado e paradigma, no que diz respeito aos fatos.[7]

O fato de serem fatos diferentes não impede, como é obvio, de apontar como corretos (ou incorretos) alguns critérios como (i) o grau de eficiência da multa, (ii) as condições econômicas do réu, (iii) o valor da obrigação e tantos outros.

Nem todos os casos têm um caso "gêmeo", ou seja, há casos quase únicos. Pode-se pensar em um caso de família caracterizado por tantas peculiaridades, que não

6 Emb de Div. em REsp 472.790-MA (2005/0135439-3), rel. Min. Barros Monteiro, j. em 15.02.2006.

7 STJ, Ag Int nos EREsp 1396065/PE, Corte especial, j em 16.08.2017, rel. Min. Felix Fischer).

sirva de "exemplo" para nenhum outro. Posso, ainda, repetir exemplo que dei em trabalho já escrito, consistente em que uma senhora perdeu o prazo para trocar suas notas por notas daquela que seria subsequentemente a moeda corrente no país, por ter sofrido um acidente. Quando se recuperou, acionou o Estado com base no princípio do enriquecimento sem causa.[8] Mas quem sabe, até em casos como estes não haveria um núcleo de significado que permite sejam postos lado a lado com outros...

Enfim, se trata de um tema difícil, delicado, mas incontestavelmente fascinante. Seu estudo e sua compreensão mais profunda, à luz do direito comparado, pode levar a que se crie mais harmonia no sistema, e, portanto, grau mais elevado de previsibilidade e de segurança jurídica.

---

8 Transcreve-se aqui trecho da petição inicial:
"1. A autora, que hoje tem 76 anos, em meados de 1994 recebeu verbas correspondentes a diferenças de salário, férias, abono, PIS e PASEP, em razão de sua aposentadoria como funcionária pública do Estado de São Paulo. Efetuou o saque, em dinheiro, de aproximadamente vinte e cinco milhões de cruzeiros reais, diretamente do banco pagador.
"Ocorre que, imediatamente após o referido saque, a autora foi vítima de atropelamento e permaneceu internada na Clínica de Repouso "Refúgio Tremembé" Ltda. S/C durante o período de *24 de junho de 1994 a 10 de novembro do mesmo ano*. Importa ressaltar que a autora é pessoa idosa que, à época, contava com 71 (setenta e um) anos de idade e não possui parentes ou amigos próximos, exceto a irmã, procuradora que neste ato a representa e que, na oportunidade dos fatos, encontrava-se em viagem de trabalho.
"Durante o período em que a autora permaneceu internada entrou em vigência a Lei Federal nº 8.880, de 27 de maio de 1994, que, em seu art. 2º, introduziu em nosso sistema monetário nacional a unidade REAL, extinguindo a então moeda *cruzeiro real* (art. 3º, §§ 3º e 4º, da Lei nº 8.880/94), a partir de 1º de julho de 1994. Estabeleceu referida lei prazos para a troca das moedas cruzeiro real, cruzeiro e cruzado novo, sendo que o mesmo expirou em 30 de setembro de 1994, consoante se depreende da resposta da missiva enviada pela autora ao réu Banco Central do Brasil, em anexo.
"Assim, na data em que a autora recebeu alta hospitalar, aos 10 de novembro de 1994, o prazo para troca do dinheiro que tinha em mãos já havia expirado, não obtendo êxito em substituí-lo diretamente no Banco réu.
"A autora, nada obstante não ter efetuado a troca da moeda que possui em seu poder, dentro do prazo estipulado pela referida lei federal, tem em seu patrimônio o valor correspondente ao indigitado dinheiro, nada importando a denominação da unidade Trata-se, pois, de direito constitucionalmente garantido (art. 5º, *caput* [da CF]), não podendo ser violado por disposição contida em lei federal".
"Prossegue a Procuradora Cláudia Cimardi, que redigiu a presente inicial, sustentando que o *valor* correspondente às cédulas (= lastro, cuja sustentação cabe ao Banco Central do Brasil) integra o patrimônio da Autora e negar a substituição das cédulas equivale a privá-las (às cédulas) de circulação, descaracterizando-as, o que é ilegal e inconstitucional, principalmente porque a substituição delas não se operou por razões alheias à sua vontade." (Recurso especial, recurso extraordinário e ação rescisória, 2ª ed. São Paulo, RT, 2009, p. 106, nota 19.

O PODER DE AUTORREGRAMENTO DA VONTADE NO CONTEXTO DA MEDIAÇÃO E DA CONCILIAÇÃO

Trícia Navarro Xavier Cabral

1. O INCREMENTO DA AUTONOMIA PRIVADA NO CPC/15

O estudo da autonomia privada[1] no processo civil tem ganhado fôlego na academia diante das novas perspectivas trazidas pelo CPC/15.

Com efeito, o CPC/15 foi idealizado com o compromisso de resgatar a credibilidade do Poder Judiciário, solucionando o problema de morosidade nos julgamentos, democratizando o processo, melhorando o acesso à justiça, simplificação e aprimorando as técnicas processuais e harmonizando os valores constitucionais da segurança jurídica e da efetividade.

Com isso, a Lei nº 13.105, de 16 de março de 2015 estabeleceu novas diretrizes redefinindo a ideologia do processo civil e as regras de condutas procedimentais, adequando-as à realidade social e jurídica.

De certa forma, o CPC/15 se aproxima do formato do CPC/39, no sentido de tentar adotar um Código mais simples, flexível e com maior participação das partes, em um movimento cíclico e pendular dos modelos legais.

Além disso, positivas experiências estrangeiras foram incluídas na nova legislação, incrementando-se as técnicas processuais e permitindo uma maior disponibilidade do procedimento pelas partes.[2]

Essas transformações do Direito Processual Civil tiveram por objetivo ajustar a disciplina à evolução social, cultural e jurídica de nosso ordenamento. Isso porque, no

---

1 O tema envolvendo o poder de liberdade de conduta das partes dentro do processo pode ser visto na doutrina sob as expressões "autonomia privada", "autonomia da vontade" e "autorregramento", dependendo do critério utilizado pelo autor. O termo "autonomia privada" tem sido considerado o mais adequado por decorrer do direito à dignidade humana e do princípio democrático, que sustentam a noção de liberdade, sendo que a "autonomia da vontade" teria uma conotação mais subjetiva, principiológica, enquanto que o termo "autorregramento" seria restrito ao conceito de negócio jurídico, não envolvendo outras formas e níveis de liberdades comportamentais. (RAATZ, Igor. Autonomia privada e processo civil: negócios jurídicos processuais, flexibilização procedimental e o direito à participação na construção do caso concreto (Coleção Eduardo Espíndula). Salvador, JusPODIVM, 2017, p. 167-172.)

2 Cf.: CAPONI, Remo. Autonomia privata e processo civile: gliaccordi processual. In: SCARSELLI, Giuliano (Org.). *Poteri del giudice e diritti delle parti nel processo civile*: atti del Convegno di Siena del 23-24 novembre 2007. Napoli; Roma: Edizioni Scientifiche Italiane, 2010. p. 145-159. Quaderni de Il Giusto Processo Civile, 4).

CPC/73, o legislador adotou uma maior rigidez formal para alcançar segurança jurídica e previsibilidade, já que este último modelo ideológico causou exageros inaceitáveis, com a prevalência da forma sobre a finalidade do processo, que é a entrega jurisdicional completa, com a solução integral do mérito.

E para além de alterações procedimentais, o CPC/15 se propõe a equilibrar a participação dos sujeitos processuais, até então muito focada na atuação do magistrado.

Note-se que o nosso modelo de processo civil sempre encampou o maior protagonismo do juiz em relação às partes. Agora o CPC/15 tenta imprimir técnicas que prestigiam a autonomia privada no campo processual.

E para atingir o desiderato, diversos institutos foram criados ou aperfeiçoados, viabilizando a expressão da autonomia privada no processo, bem como a sua compatibilização com a postura ativa do juiz.[3]

Com efeito, uma das maiores novidades do Código de 2015 foi o prestígio à autodeterminação das partes quanto ao objeto e ao procedimento, o que, se levada a sério, poderá causar uma verdadeira mudança genética no processo civil[4], alterando sobremaneira o formato da relação processual, com a transferência às partes de maior ingerência sobre o modo de desenvolvimento do processo, em contraposição ao que atualmente fica a cargo do juiz.

Destarte, o exercício da autonomia privada constitui um direito fundamental e pode ser externado de diversas formas e com diversos graus de liberdade, representando, em última análise, importante expressão da dignidade da pessoa humana, tendo como fonte primária a Constituição Federal (art. 5º, *caput*).

Por esta razão, a intenção do legislador foi transpor o direito fundamental à liberdade para o processo civil, reconhecendo-o como meio legítimo de manifestação da vontade das partes, harmonizando, assim, a participação dos sujeitos processuais, por meio de instituição de variadas formas de autorregramento da vontade pelas partes, as quais devem conviver com as prerrogativas do juiz.

Importante salientar que defender a autonomia privada no processo civil não é defender um sistema adversarial e nem o privatismo no processo civil, já que a liberdade pode conviver com a atribuição de poderes ao órgão jurisdicional, mas sim prestigiar o modelo cooperativo de processo, que articula os papéis das partes e do juiz no ambiente processual, equilibrando a liberdade individual e o exercício do poder pelo Estado.

Dessa forma, a autonomia privada se alinha com o princípio da cooperação estabelecido no art. 6º, do CPC/15, e ainda pode ser conjugada com outras normas fun-

---

3 Nesse sentido: GRINOVER, Ada Pellegrini. *Ensaio sobre a processualidade*: fundamentos para uma nova teoria geral do processo. Brasília: Gazeta Jurídica, 2016, p. 5.

4 Remo Caponi, em artigo primoroso, analisa a mutação genética que vem acontecendo no direito processual para se permitir que haja maior ingerência das partes no procedimento, afastando-se a antiga dicotomia entre o direito público e o direito privado (CAPONI, Remo. Autonomia privata e processo civile: gliaccordi processual. In: SCARSELLI, Giuliano (Org.). *Poteri del giudice e diritti delle parti nel processo civile*: atti del Convegno di Siena del 23-24 novembre 2007. Napoli; Roma: Edizioni Scientifiche Italiane, 2010. p. 145-159. Quaderni de Il Giusto Processo Civile, 4).

damentais do processo, como a do art. 5º, que trata da boa-fé objetiva dos agentes processuais, a do contraditório efetivo dos arts. 7º e 9º, e a da vedação de decisão surpresa pelo magistrado do art. 10.

Nesse contexto, o CPC/15 instituiu um verdadeiro microssistema legal de proteção ao livre exercício da vontade no processo civil, com normas relativas a diferentes institutos que se adequam à ideia de liberdade procedimental, podendo-se citar como hipóteses: a) o estímulo à autocomposição; b) a delimitação do objeto litigioso e do recurso; c) os negócios processuais típicos; d) a cláusula geral de negociação processual (negócios processuais atípicos); e) o prestígio à arbitragem; f) o saneamento compartilhado e negociado; entre outros.

Essas as potencialidades geradas com o novo Código de Processo Civil e as modulações dos atos e disposição das partes dentro do processo demandam que os profissionais do direito tenham a exata compreensão de como identificar as hipóteses e de qual o regime jurídico adequado, até mesmo para se reconhecer os limites e sua forma de controle, garantido a aceitação e a aplicabilidade desses novos institutos, gerando, como consequência, uma mudança de mentalidade e de comportamento.

Portanto, importante se faz acompanhar o desenvolvimento desse novo modelo democrático de processo, eliminando excessos capazes de comprometer a sua sustentação jurídica.

2. CONCILIAÇÃO E MEDIAÇÃO NO CPC/15[5]

Antes de fazer a correlação entre o exercício da autonomia privada no processo civil e a conciliação e a mediação, importante traçar um panorama geral destes últimos institutos para fins de contextualizar melhor o assunto.

O novo Código de Processo Civil estabeleceu como uma de suas premissas o incentivo ao uso de formas não adjudicatórias de solução de conflitos, como a mediação e a conciliação. Em seguida foi promulgada a Lei nº 13.129/15, que alterou a Lei nº 9.307/96 e aperfeiçoou o uso da arbitragem. Posteriormente, foi publicada a Lei nº 13.140/15 que trata da mediação nas esferas pública e privada, formando, assim, um microssistema de meios adequados de solução de controvérsias.

Registre-se que o CNJ, por meio da Resolução 125, desde 2010 já chamava para o Poder Judiciário a responsabilidade de incrementar as atividades de conciliação e mediação[6] como mecanismos legítimos de resolução de controvérsias, tanto as pré-processuais como as judicializadas. E em 08 de março de 2016, foi publicada a Emenda 2

---

5 A primeira versão deste tópico foi publicada pela autora na coluna semanal Processualistas, do site JusBrasil. Disponível em: http://processualistas.jusbrasil.com.br/artigos/346227885/ncpc-conciliacao-e-mediacao.

6 Sobre a origem e evolução do instituto da mediação, cf.: CHASE, Oscar G. I metodi alternativi di soluzione dele controversie e la cultura del processo: il caso degli Stati Uniti D'America. In: VARANO, Vincenzo (Org.). *L'altragiustizia*: il metodi alternativi di soluzione dele controversie nel diritto comparato. Milano: Dott. A. Giuffrè Editore, 2007, p. 129-156.

que alterou e acrescentou artigos e Anexos à Resolução 125/10, compatibilizando o referido ato normativo às novas legislações.

Esse aparato legal deu um contorno contemporâneo ao acesso à justiça, disponibilizando amplas formas de ingressar no Poder Judiciário, e diferentes maneiras de se sair dele, com o uso da técnica que melhor atender às particularidades do conflito. Trata-se do modelo de Justiça Multiportas[7], que permite que os litígios sejam resolvidos por mecanismos que não se resumem à sentença adjudicada.

Aliás, importante ressaltar que o conceito contemporâneo de jurisdição abrange a justiça estatal, a justiça arbitral e a justiça conciliativa, uma vez que todas elas constituem formas legítimas de pacificação social.[8]

E seguindo essa tendência, o CPC/15 menciona a mediação e a conciliação em diversas passagens, deixando claro o seu incentivo ao uso destes métodos de solução de controvérsia, sem prejuízo da possibilidade do uso de outros instrumentos de resolução de conflito.

Os métodos da conciliação e da mediação possuem relevantes distinções. Na conciliação, apropriada para as relações sem vínculo de continuidade, o conflito é tratado pelo conciliador de modo a atender apenas aos interesses imediatos das partes, fazendo com que o alcance da autocomposição encerre a disputa, sem priorizar o relacionamento das partes envolvidas.

Já na mediação[9], adequada para a resolução de conflitos em que houver vínculo anterior entre as partes, o mediador, na qualidade de terceiro imparcial e devidamente capacitado, auxilia e estimula os interessados a identificarem ou a desenvolverem soluções consensuais que gerem benefícios mútuos. Em outros termos, na mediação as próprias partes constroem, em conjunto, um sistema de decisão, satisfazendo a todos os envolvidos e oxigenando as relações sociais, com a participação de um terceiro intermediando ou facilitando o alcance do entendimento.[10]

A conciliação e a mediação têm como objeto direito disponíveis ou direitos indisponíveis que admitam transação. Sua aplicação é ampla, podendo ocorrer antes,

---

7 ZANETI JR., Hermes; CABRAL, Trícia Navarro Xavier. *Justiça Multiportas*: mediação, conciliação, arbitragem e outros meios de solução adequada de conflitos. (Coleção Grandes Temas do Novo CPC – vol. 9). Salvador: JusPODIVM, 2017.

8 Cf.: GRINOVER, Ada Pellegrini. *Ensaio sobre a processualidade*: fundamentos para uma nova teoria geral do processo. Brasília: Gazeta Jurídica, 2016, p. 18-20.

9 "Pode-se entender por mediação o instrumento de natureza autocompositiva marcado pela atuação, ativa ou passiva, de um terceiro neutro e imparcial, denominado mediador, que auxilia as partes na prevenção ou solução de litígios, conflitos ou controvérsias." GALVÃO FILHO, Mauricio Vasconcelos; WEBER, Ana Carolina. Disposições gerais sobre a mediação civil. In: PINHO, Humberto Dalla Bernardina de (Org.). *Teoria geral da mediação à luz do projeto de lei e do direito comparado*, Rio de Janeiro: Lumen Juris, 2008, p. 19-20.

10 PINHO, Humberto Dalla Bernardina de. Mediação – a redescoberta de um velho aliado na solução de conflito. In: *Acesso à justiça*: efetividade do processo (org. Geraldo Prado). Rio de Janeiro: Lumen Juris, 2005.

durante ou depois de um processo judicial, e ainda incluir controvérsias envolvendo interesses privados ou públicos. Essa abrangência dos institutos favorece a resolução de diferentes controvérias e funciona como importante ferramenta à disposição do jurisdicionado.

Registre-se, ainda, a possibilidade de serem dirimidos conflitos coletivos e por transação por adesão nas controvérsias envolvendo a Administração Púbica Federal direta, suas autarquias e fundações, bem como nos litígios de natureza tributária e objeto de ação de improbidade administrativa.

Aliás, no campo público, a conciliação e a mediação podem ser vistas sob a perspectiva do acesso à justiça, e, ainda, sob o contexto da Administração Pública.

No que tange à Administração Pública, tanto a Lei de Mediação quanto o CPC/2015 tratam da utilização da mediação e da conciliação em conflitos envolvendo os entes públicos, e entre estes e os privados. Sem dúvida essa previsão legal representa uma quebra de paradigmas sobre a possibilidade de disputas que envolvam interesse público se resolvem mediante autocomposição, com benefícios para todos os participantes. O assunto, que sempre foi alvo de intensos debates na doutrina pela questão da indisponibilidade, começa a ter uma interpretação condizente com o grau de interesse público envolvido no conflito, permitindo que controvérsias transacionáveis, ainda que referentes a direitos indisponíveis, sejam objeto de autocomposição, sepultando, assim, restrições injustificáveis e sem efetividade.

Além dessas diferenciações não há dúvidas de que a Administração Pública pode e deve criar parâmetros e critérios objetivos, por meio de regulamentações específicas, capazes de lastrear e legitimar os acordos eventualmente firmados, dando segurança jurídica a todos os envolvidos. O que não pode é a Administração Pública refutar de plano as possibilidades de se resolver conflitos sob a pecha de indisponibilidade do direito ou de falta de previsão legal, o que, infelizmente, tem ocorrido na prática.

No âmbito do Poder Judiciário, o aparato legislativo envolvendo o tema exigiu a criação de uma estrutura própria para atender a esses novos modelos de resolução de conflitos, que inclui a necessidade de regulamentações internas, espaços físicos e de pessoal capacitados para a atuação na solução de controvérsias pré-processuais e judiciais, sem prejuízo de ainda homologar os acordos formulados extrajudicialmente, transformando-os em título executivo judicial.

Já o campo privado terá um papel imprescindível na evolução e na consolidação do uso dos meios autocompositivos de resolução de controvérsias. Isso porque, embora o Poder Judiciário seja importante para chancelar, neste momento inicial, a cultura de utilização desses mecanismos, o fortalecimento do âmbito privado poderá absorver parte da atividade de solucionar os conflitos, resolvendo-os integralmente fora do Judiciário e evitando, inclusive, a judicialização, sem prejuízo de as entidades privadas estabelecerem parcerias com a Administração Pública para compartilhar práticas e ensinamentos.

De acordo com a legislação em vigor, as câmaras privadas poderão ser instituídas por profissionais de diversas áreas do conhecimento e devem ter em seus quadros conciliadores e mediadores capacitados nos moldes das diretrizes do CNJ, para que elas possam ser habilitadas perante o NUPEMEC do tribunal e indicadas aos CEJUSCS, bem como para que seus acordos sejam devidamente homologados. Na realidade, os mediadores e conciliadores poderão se inscrever tanto no cadastro nacional do CNJ – sistema que será alimentado pelo próprio interessado, pela indicação de seu currículo e sua qualificação, das avaliações dos usuários e também do seu custo -, como no cadastro estadual eventualmente criado pelo tribunal e vinculado ao NUPEMEC.

Ademais, a mediação e a conciliação podem ser realizadas de diversas formas, como pela internet ou outro meio de comunicação que permita a transação à distância, e ainda por parte domiciliada no exterior, facilitando, assim, a utilização desses importantes instrumentos de pacificação social.

Surge então, um novo mercado de trabalho, não só para os profissionais autônomos no âmbito do direito privado, mas também para a estrutura da Administração Pública, que poderá criar câmaras de prevenção e resolução administrativa dos conflitos para dirimir controvérsias envolvendo somente os órgãos públicos, ou entre estes e o particular.

Outra novidade foi o lançamento recente pelo CNJ da Mediação Digital[11], que é uma plataforma dirigida aos conflitos de massa, podendo ser utilizada, ainda, em créditos tributários. O objetivo é evitar a judicialização e reduzir o número de processos, e, ainda, quebrar o paradigma da educação contenciosa. A ferramenta funciona aproximando as partes por meio de troca de mensagens e informações virtuais, cujo acordo poderá ser homologado judicialmente.

Ademais, no FONAMEC (Fórum Nacional de Mediação e Conciliação) realizado nos dias 14 e 15 de abril de 2016 em Cuiabá/MT, o CNJ anunciou a criação do Escritório Digital, plataforma capaz de agregar e compatibilizar os diferentes sistemas de informática para auxiliar os advogados, contendo, ainda, a possibilidade de acesso a um link que permite a realização de mediação ou conciliação extrajudicial, cujo resultado poderá ser vinculado ao processo em tramitação para a homologação do acordo pelo juiz competente.

A resistência dos advogados ao uso da mediação e conciliação também será amenizada com a entrada em vigor das alterações do Código de Ética da categoria, uma vez que seu artigo 48 regulamenta de forma expressa os honorários conciliatórios e seu tratamento junto aos clientes[12]. Aliás, a OAB também poderá contribuir sobremaneira para a mudança de postura dos advogados, por meio de uma nova política corporativa que valorize a autocomposição.

Importante também nesse processo de consolidação dessa nova cultura será o engajamento das universidades, seja incluindo nas grades curriculares uma disciplina sobre a temática e mudando a educação litigiosa dos profissionais do direito, seja firmando parcerias para fomentar o uso desses mecanismos autocompositivos.

---

11 Disponível em: <http://www.cnj.jus.br/mediacaodigital/> . Acesso em: 23 de maio de 2016.

12 Disponível em: http://www.oab.org.br/arquivos/resolucao-n-022015-ced-2030601765.pdf. Acesso em: 23 de maio de 2016.

Como se vê, o Brasil tem sido prestigiado com um amplo acervo legislativo que autoriza e estimula a mudança de paradigma, de cultura e de atitude pelos atores e participantes dos conflitos sociais e de sua resolução. A judicialização excessiva das controvérsias criou problemas quantitativos e qualitativos na forma de se atender ao jurisdicionado, e somente a adoção de um novo modelo de justiça – o que inclui a participação do setor privado – com diferentes possibilidades de resolução dos conflitos, será capaz de equilibrar os papéis das instituições no alcance da pacificação social, humanizando as relações e resgatando a credibilidade dos diferentes segmentos da sociedade civil.

Nesse amplo contexto envolvendo os métodos adequados de resolução de disputas, podem ser extraídas inúmeras formas de exercício da autonomia privada, conforme será visto a seguir.

3. AUTONOMIA PRIVADA NO CONTEXTO DA CONCILIAÇÃO E DA MEDIAÇÃO

Conforme acima mencionado, o CPC/15 procurou democratizar a relação jurídica processual, estabelecendo um equilíbrio na atuação dos sujeitos processuais, especialmente por incrementar o exercício da autonomia privada dentro do processo, tentando harmonizar as condutas das partes com a atuação do juiz.

E essa nova perspectiva processual também se refletiu nos institutos da mediação e da conciliação, uma vez que permitiu que em diversas situações as partes pudessem exercer certo grau de disponibilidade no trato dos referidos métodos autocompositivos.

Assim, a resolução do conflito pela conciliação ou mediação pode ser entendida como uma forma legítima de exercício do poder de autorregramento pelas partes dentro do processo, o que se concretiza na potencialidade de fazer diversas escolhas relativas a variados aspectos da aplicação da mediação e da conciliação.

Desse modo, sem pretender exaurir as hipóteses, serão abaixo relacionadas algumas formas de expressão da autonomia privada no contexto da conciliação e da mediação no processo civil, sendo que muitas deles constituirão verdadeiras convenções processuais.

a. Preferência pelo uso de métodos adequados de solução de controvérsias

A primeira forma de exercício do poder de autodeterminação das partes se refere à própria opção pela realização de conciliação e mediação, ao lado da solução adjudicada.

Com efeito, o sistema multiportas de solução de conflitos instituído peloCPC/15 e que fomenta o uso dos métodos consensuais de solução de conflitos – como a mediação e a conciliação – está regulamentado no artigo 3º, §§ 2º e 3º, inserido no capítulo inicial que trata das normas fundamentais do processo civil. O referido texto normativo privilegia a solução consensual dos conflitos, o que deve ser estimulado tanto extrajudicialmente quanto no curso do processo judicial.

Aqui é importante lembrar alguns dos benefícios do uso da justiça conciliativa: a) é um método normalmente mais barato; b) a solução para o conflito é mais rápida, especialmente em comparação com o tempo de tramitação do processo judicial; c) as próprias partes ajudam a construir uma resolução para a controvérsia de modo a legitimar melhor o seu resultado; e d) o risco de descumprimento da avença diminui em relação a uma solução imposta pelo juiz.

Quanto à escolha entre a conciliação ou a mediação, embora as partes possam, num primeiro momento, indicar sua opção por um ou por outro meio autocompositivo, caberá ao final ao facilitador escolhido ou distribuído pelo tribunal verificar a adequação do método eleito pela(s) parte(s) para solucionar o caso concreto e, caso haja incompatibilidade, deverá encaminhá-las para outro meio de resolução de disputas.

b. Opção pela autocomposição judicial ou extrajudicial

As partes podem optar pelo uso dos métodos adequados de solução de conflitos, no âmbito extrajudicial, ao lado do processo judicial, como forma de dispor do tipo de ambiente que melhor atender aos seus objetivos.

Registre-se, novamente, que a resolução de conflitos extrajudicial, ou seja, no campo privado, terá um papel imprescindível na evolução e na consolidação do uso dos meios autocompositivos de solução de controvérsias. Isso porque, embora o Poder Judiciário seja importante para chancelar, neste momento legislativo inicial, a cultura de utilização desses mecanismos, o fortalecimento do âmbito privado poderá absorver parte da atividade de solucionar os conflitos, resolvendo-os integralmente fora do Judiciário, evitando a judicialização, sem prejuízo de as entidades privadas estabelecerem parcerias com o Poder Público para compartilhar práticas e ensinamentos.

Por esta razão, além de regulamentar a prática da conciliação e da mediação no âmbito judicial, o CPC reconhece expressamente a conciliação e a mediação extrajudiciais, passíveis de constituir título executivo extrajudicial (art. 784, IV, CPC) ou judicial, caso sejam homologadas (art. 515, III, CPC), que são realizadas por órgãos institucionais ou por profissionais independentes, mediante regulamentação por lei específica. Assim, o instrumento de transação referendado pelo Ministério Público, pela Defensoria Pública, pela Advocacia Pública, pelos advogados dos transatores ou por conciliador ou mediador credenciado pelo tribunal, são exemplos de formas legítimas de autocomposição extrajudicial.

c. Momento de dispor dos métodos autocompositivos

As partes podem dispor dos meios autocompositivos em diversos momentos, como antes, durante e mesmo após o processo judicial. Registre-se que, no que tange à resolução extrajudicial da controvérsia – que também pode se dar pode ocorrer antes, durante ou após o processo judicial -, caberá ao CPC abranger apenas os reflexos judiciais dos acordos eventualmente firmados extrajudicialmente pelas partes. Na Lei nº 15.140/15 a mediação extrajudicial é tratada nos arts. 21 a 23, cujas normas devem ser observadas por todos que se valerem desta modalidade. Na prática forense tem sido comum as partes fazerem acordo – judicial ou extrajudicial – após o julgamento do feito pela segunda instância, impedindo que o procedimento ingresse na fase de cumprimento de sentença.

d. Eleição de local para a autocomposição

São variados os ambientes que permitem a composição do conflito pelas partes. Na esfera extrajudicial, a autocomposição pode se dar por meio das câmaras privadas, pelos órgãos ou câmaras administrativos eventualmente criados, ou mesmo por meio dos CEJUSCS instalados pelos tribunais de justiça. E na judicial, com a participação de um auxiliar da justiça ou mesmo do próprio magistrado – no caso específico da conciliação -, já que a atividade da mediação deve ser de atribuição exclusiva do mediador, não podendo o juiz mediar processos sob a sua jurisdição.

A Lei nº 15.140/15 também contempla no art. 42 outras formas e locais para a resolução de conflitos, como as mediações comunitárias, escolares, e por serventias extrajudiciais, com exceção da mediação nas relações de trabalho, que será regulada por lei própria. Já o art. 46 autoriza a mediação pela internet ou outro meio de comunicação que permita a transação à distância, como através de videoconferência, podendo, inclusive, envolver parte domiciliada no exterior.

Atento a esta demanda, o CNJ criou no art. 6º, X, da Resolução 125/2010, o Sistema de Mediação e Conciliação Digital ou à distância para atuação pré-processual de conflitos e, havendo adesão formal pelo tribunal, para atuação em demandas em curso. Trata-se de uma plataforma dirigida aos conflitos de massa, podendo ser utilizada, ainda, em créditos tributários, sendo que a ferramenta funciona aproximando as partes por meio de troca de mensagens e informações virtuais, cujo acordo poderá ser homologado judicialmente.

Desse modo, o formato de autocomposição por meio eletrônico, também conhecida como mediação *on-line,* é uma tendência em crescimento, seja pela evolução tecnológica, seja pela facilidade que disponibiliza ao mundo globalizado, especialmente na área comercial.

e. Escolha do conciliador ou mediador pelas partes

O art. 168, do CPC permite a escolha do facilitador pelas partes. Assim, antes ou durante a demanda judicial as partes poderão firmar convenção processual relativa à escolha do conciliador, mediador ou câmara privada que atuará intermediando o diálogo entre elas, que poderá ou não estar cadastrado no tribunal. Trata-se de excelente opção legislativa, já que a relação de confiança entre o facilitador e as partes é fundamental para o bom desenvolvimento do procedimento.

Para fins de escolha do conciliador ou mediador, as partes podem levar em consideração variados critérios, como a sua capacitação, o valor cobrado, a sua experiência, a sua formação de graduação, o cadastramento no tribunal, entre outros.

Registre-se que o art. 25 da Lei de Mediação dispõe que, na *mediação judicial*, os mediadores não estarão sujeitos à prévia aceitação das partes. Apesar disso, não há incompatibilidade entre essas normas. O fato de o sistema judicial possuir uma forma preestabelecida de distribuição de conciliadores e mediadores, não afasta a possibilidade de as próprias partes escolherem, via negócio jurídico processual, o profissional que irá atuar na demanda.

Assim, se as partes escolherem, de comum acordo, o conciliador, mediador ou a câmara privada, o juiz deverá tomar as providências para garantir que a sessão seja conduzida pelo profissional eleito; caso não haja essa opção pelas partes, o juiz deverá proceder na forma do §2º, do art. 168, ou seja, mediante distribuição alternada e aleatória (art. 167, §2º), entre os cadastrados no tribunal, observada a respectiva formação.

f. Presença de mais de um conciliador ou mediador

Dependendo da natureza ou da complexidade do conflito, pode ser recomendável a participação de um coconciliador ou comediador para conduzir o processo autocompositivo. Isso porque algumas disputas envolvem áreas de conhecimento diferentes, de modo a justificar que mais de um conciliador ou mediador conduzam o diálogo entre as partes, permitindo que profissionais com habilidades, técnicas, características e experiências distintas facilitem a negociação e possibilitem a efetiva resolução da disputa, tendo ainda como benefício conferir mais segurança às partes quanto à qualidade do resultado alcançado.

Assim, conflitos familiares envolvendo diferentes questões e disputas empresariais ou societárias seriam exemplos de casos com recomendação de atuação de mais de um facilitador. A necessidade de atuação de mais de um profissional pode ser indicada pelo juiz, pelo conciliador ou mediador originário, ou a requerimento das próprias partes, mas será imprescindível a anuência destas últimas, ainda que de forma tácita, conforme dispõe o art. 15, da Lei de Mediação.

g. Dever de confidencialidade

Trata-se do dever de manter sigilo sobre todas as informações obtidas na sessão, salvo autorização expressa das partes, violação à ordem pública ou às leis vigentes, não podendo ser testemunha do caso, nem atuar como advogado dos envolvidos, em qualquer hipótese.

O art. 166, §1º, que diz que a confidencialidade abrange todas as informações produzidas no curso do procedimento, sendo que o teor ali produzido só poderá ser usado para fins diversos com autorização expressa das partes. Por sua vez, o §2º do mesmo artigo estabelece que, em razão do sigilo, o mediador e os membros de sua equipe não poderão divulgar fatos ou elementos decorrentes da mediação. Já os artigos 30 e 31 da Lei de Mediação tratam da confidencialidade de forma extensiva, abrangendo todas as informações, todos os participantes, e impedindo, inclusive, que os dados sejam utilizados como prova em processo de arbitragem ou judicial, excetuando, apenas, as informações de ordem tributária, aplicando-se, ainda, às sessões privadas.

O princípio da confidencialidade é de suma importância para a credibilidade da conciliação e mediação, pois permite que os participantes exponham os verdadeiros motivos do conflito, possibilitando o alcance de soluções mais próprias dos reais interesses das partes. Por isso, é primordial que seja estabelecida uma relação de confiança entre as partes e os facilitadores, bem como no procedimento em si, fazendo com que esse diferencial gere, inclusive, uma eficiência e preferência no uso desses mecanismos de solução de controvérsias.

Contudo, o princípio não é absoluto e comporta exceções, cujo rol é apenas exemplificativo: a) quando as partes dispensarem o sigilo e expressamente autorizarem a revelação dos dados das sessões; e b) quando houver violação à ordem pública ou às leis vigentes, como a prática de crimes durante o processo autocompositivo.

De qualquer forma, todos os fatos e circunstâncias envolvendo a confidencialidade ou a sua exclusão devem ser comunicados às partes e registrados em ata, para as providências cabíveis.

h. Procedimento

O art. 166, §4º prevê expressamente a livre autonomia dos interessados sobre as regras procedimentais, o que, sem dúvida, é um atrativo para o uso da mediação. São normas dirigidas às partes e não ao juiz ou ao auxiliar da justiça, e que permitem a flexibilização do processo autocompositivo (forma e conteúdo) para adequá-lo as particularidades da causa, objetivando a solução adequada do conflito.

Essa constatação é relevante, principalmente para fins de interpretação da obrigatoriedade da audiência de conciliação ou mediação prevista no início do procedimento comum pelo art. 334, do CPC/15.Isso porque a regra ali inserta é dirigida às partes, ou seja, não está na esfera de disponibilidade do juiz, tanto que exige a conversão de vontades dos dois polos da demanda para que o ato seja designado ou afastado do procedimento. Trata-se, pois, de um direito subjetivo processual do jurisdicionado ao uso desses métodos autocompositivos de solução de controvérsias, e não de ato de poder ou de gestão do magistrado. Daí porque não se pode concordar com a corrente doutrinária que defende que a falta de estrutura ou a "intuição" do juiz quanto à inviabilidade de acordo justificaria a dispensa da referida audiência[13]. Em outros termos, a possibilidade de flexibilização procedimental ou a falta de estrutura judiciária não autorizam a supressão da audiência pelo magistrado e não podem comprometer a finalidade legislativa e nem o exercido desse direito pelas partes.

---

13 Nesse sentido ver: GAJARDONI, Fernando da Fonseca Gajardoni. Sem conciliador não se faz audiência inaugural do novo CPC. Disponível em: http://jota.uol.com.br/sem-conciliador-nao-se-faz-audiencia-inaugural-novo-cpc. Acesso em: 15 de maio de 2016.

Por outro lado, se as partes estipularem extrajudicialmente, por meio de instrumento público ou particular, um pacto de mediação ou conciliação extrajudicial prévia obrigatória, ou uma convenção processual para dispensar a audiência inicial de conciliação ou mediação, e, uma vez alegadas as referidas circunstâncias pelos interessados nos autos, deverá o juiz respeitar a manifestação de vontade indicada e não designar o ato. Pode ocorrer também de as partes, ainda que não convencionado expressamente, já tendo se submetido a tentativas pretéritas de autocomposição sem êxito, informarem ao juiz sobre a impossibilidade de entendimento, requerendo, por conseguinte, o não agendamento da audiência de conciliação ou mediação. Em todas as hipóteses a audiência será excluída, com fulcro no art. 334, §4º, I e art. 190, ambos do CPC. Há, inclusive Enunciado 19 aprovado no FPPC (Fórum Permanente de Processualistas Civis), que diz: ***19.*** *(art. 190) São admissíveis os seguintes negócios processuais, dentre outros: [...]pacto de mediação ou conciliação extrajudicial prévia obrigatória, inclusive com a correlata previsão de exclusão da audiência de conciliação ou de mediação prevista no art. 334; pacto de exclusão contratual da audiência de conciliação ou de mediação prevista no art. 334; [...]. (Grupo: Negócio Processual; redação revista no III FPPC- RIO e no V FPPC-Vitória)*

Assim, as partes podem formular convenções processuais para fins de realização ou de exclusão de sessão de conciliação ou mediação.

Outro exemplo seria a possibilidade de as partes solicitarem sessões ou audiências adicionais de mediação e conciliação. Sobre o tema, há Enunciado aprovado no VII FPPC (Fórum Permanente de Processualistas Civis) de São Paulo, que diz: ***577.*** *(arts. 166, §4º; 696; art. 2º, II e V da Lei nº 13.140/2015) A realização de sessões adicionais de conciliação ou mediação depende da concordância de ambas as partes. (Grupo: Mediação e Conciliação (CPC e Lei nº 13.140/2015)*. Neste último caso, no âmbito do processo judicial, importante observar o limite temporal máximo de 02 (dois) meses da data de realização da primeira sessão de que trata o art. 334, §2º, do CPC.

Ainda sobre o aspecto formal, deve-se registrar que as partes podem optar por homologar ou não o acordo, conforme a pretensão de transformá-lo ou não em título executivo judicial.

Na esfera extrajudicial, nos termos do art. 784, IV, do CPC, o instrumento de transação referendado pelo Ministério Público, pela Defensoria, pela Advocacia Pública, pelos advogados dos transatores ou por conciliador ou mediador credenciado pelo tribunal, constitui título executivo extrajudicial. Caso as partes pretendam a sua homologação, o acordo constituirá título executivo judicial, na forma do art. 515, III, do CPC.

Já no campo processual, se houver acordo, o mesmo deverá ser homologado e constituirá título executivo judicial, conforme art. 515, II, do CPC. Interessante observar que o parágrafo único, do art. 28, da Lei de Mediação estabelece que, no âmbito do processo, os autos serão encaminhados ao juiz, que determinará o arquivamento do processo ou, se requerido pelas partes, homologará o acordo e o termo final da mediação por sentença, determinando o arquivamento do processo. Notem-se aqui algumas impropriedades técnicas da lei especial em relação à lei processual. Primeiro porque o juiz não poderá simplesmente determinar o arquivamento do feito se as partes não requererem a homologação do acordo, devendo dar um provimento judicial que encerre o processo, ainda que por perda de interesse superveniente (art. 485, VI, do CPC/2015). Depois porque, se o acordo versar apenas sobre parte do conflito, o feito deverá prosseguir em relação aos demais pedidos (art. 354, CPC/2015). Ademais, o §11 do art. 334 é expresso ao determinar que a autocomposição, no âmbito judicial, deverá ser homologada por sentença.

Quanto à presença do advogado, no âmbito extrajudicial, as partes têm autonomia de estarem ou não acompanhadas pelo profissional (art. 10, da Lei de Mediação). Porém, no âmbito judicial, a presença do advogado é obrigatória, nos termos do art. 334, §9º, e 695, §4º, ambos do CPC.

Outro aspecto processual passível de convenção pelas partes se refere à suspensão do feito para a tentativa de autocomposição pela mediação ou conciliação. Com efeito, prevê o art. 313, II, que as partes podem convencionar sobre a suspensão. Da mesma forma, o art. 16, da Lei de Mediação estabelece que a possibilidade de as partes requererem, conjuntamente, a suspensão do curso do processo para se submeter à mediação, inclusive sem previsão de prazo e de recurso para a decisão que suspender (§1º). A possibilidade de suspensão do feito também se verifica nas ações de família, nos termos do art. 694, parágrafo único, do CPC.

Por fim, as partes podem convencionar sobre as despesas processuais da autocomposição, nos moldes do art. 88, §2º, do CPC.

9. Conteúdo da autocomposição

As partes podem dispor sobre todos os direitos que admitam autocomposição. Até mesmo alguns direitos indisponíveis que admitam transação podem ser objeto de conciliação e mediação.

Ademais, os acordos podem ser parciais ou totais, ou seja, versarem sobre todo ou parte do conflito. Com efeito, sobre o assunto há Enunciado aprovado no VII FPPC (Fórum Permanente de Processualistas Civis) de São Paulo, que diz: ***576****. (arts. 166, §4º; 354, parágrafo único) Admite-se a solução parcial do conflito em audiência de conciliação ou mediação. (Grupo: Mediação e Conciliação (CPC e Lei nº 13.140/2015).*

Não obstante, o objeto da avença pode de natureza individual ou coletiva.

As partes também podem dispor sobre a extensão (objetiva e subjetiva) do conteúdo do acordo, para incluir questões ou terceiros inicialmente não constante do processo ou do conflito (art. 515, §2º, do CPC), desde que, obviamente, haja a concordância de todos os envolvidos.

Além disso, o conteúdo do acordo pode envolver direito material, procedimental ou ambos. Destarte, as partes podem incluir na composição tanto o objeto litigioso do processo, como disposições sobre o procedimento, como é o caso da renúncia à interposição de recurso, antecipando, assim, o trânsito em julgado.

Ressalte-se, inclusive, a necessidade de se observar alguns requisitos e limites relativos ao conteúdo da autocomposição. No campo do direito material, devem ser observados capacidade dos sujeitos e o atendimento ao princípio da decisão informada, a licitude do objeto, a forma prescrita ou não defesa em lei, proporcionalidade e razoabilidade das cláusulas do acordo e até mesmo a sua executoriedade, ou seja, a viabilidade prática de cumprimento da obrigação. Já quanto ao aspecto processual, faz-se importante atender à capacidade processual, à forma escrita, e a outros requisitos processuais se relacionam com a cláusula do devido processo legal, especialmente o contraditório e a imparcialidade do terceiro intermediador, no que couber. Cada um desses requisitos deve ser avaliado de acordo com as particularidades de cada método de resolução de controvérsias, sendo necessário, ainda, considerar os aspectos peculiares do caso em concreto apresentado.[14] Como limites, tem-se que os direitos fundamentais constitucionais e processuais não podem ser violados.

4. CONSIDERAÇÕES FINAIS

O incremento daautonomia privada pelo CPC/15 talvez seja um dos traços mais marcantes da nova sistemática, uma vez que confere ampla liberdade às partes de interferirem na condução do procedimento.

Além disso, esse poder de autorregramento pode ser exercido de diversas formas no processo civil, e, se bem adaptado ao ordenamento jurídico, terá o condão de modificar significantemente a dinâmica da relação jurídica processual, por meio de um maior equilíbrio na participação dos sujeitos processuais, com uma cooperação efetiva de todos.

Essa potencialidade no processo civil ainda demandará uma mudança de cultura, já que a comunidade jurídica é apegada à predeterminação do procedimento pela lei e à atuação do juiz como protagonista do processo. Com efeito, a ideia de as partes se autodeterminarem em termos de procedimento em um ordenamento em que se delega tanta iniciativa ao Estado-Juiz traz novas perspectivas, e o novo nem sempre é compreendido na velocidade esperada pelo legislador.

De qualquer modo, uma das formas de expressão do autorregramento da vontade pelas partes é por meio dos institutos da conciliação e da mediação, que permitem diversas escolhas e disponibilidades, não só sobre o próprio direito material, mas também sobre o desenvolvimento do procedimento.

Essa flexibilidade que os referidos meios autocompositivos proporcionam às partes tende a ser um grande atrativo para a sua consolidação na prática forense.

Portanto, a efetividade da conciliação e da mediação como instrumentos de expressão da autonomia da vontade dependerá de uma rede de iniciativas, mas, de qualquer forma, representa um avanço processual e legislativo digno de elogios e de esperança de uma justiça mais justa e cooperativa.

---

14 CABRAL, Trícia Navarro Xavier. *Ordem Pública Processual*. Brasília: Gazeta Jurídica, 2015, p. 445-451.